사바에서 부르는 불이不二의 노래

유마경과 이상향

사바세계에서는 힌두 신들의 노예였던 사람들이
이 불국이라는 나라에서는 주인이 되어
사바세계를 이상세계로 바꾸는 역할을 한다.

유마경은

중생이 주인이 되어
이상세계를 실현할 수 있는 길을 제시하는
불국佛國의 법률서다.

사바에서 부르는 불이(不二)의 노래

유마경과 이상향

화공 강설

민족사

머리말

    불자들은 흔히 불교는 무엇이며 어떻게 해야 하는지에 대하여 질문을 하면 아예 모른다며 한 발짝 물러선다. 몇 십 년을 절에 다녀도 그저 절이나 하고 염불이나 하며 능력껏 시주하여 복을 빌고 공덕을 쌓는 것이 오늘날의 불교 신자로서의 역할이다. 심즉불心卽佛 - 마음이 곧 부처다 - 이라고 하였으니, 불자의 마음에 가식이 없고 거짓이 없다면 이러한 불교를 한다고 하여 하등 잘못이 있다고 할 것이 없다. 그렇다고 하여 여기서 어디서부터 잘못되었는지를 논하고자 하는 것은 아니다. 단지 그 문제를 해결할 수 있는 단서를 여기서 제시하고자 한다.

    흔히 "기독교에서 성경이 차지하는 무게만큼의 권위를 가진 그런 한 권의 불전이 없다."고 하는 불자를 가끔 만나곤 한다. 이 뜻은 성경 한 권으로 신앙생활에 아무런 의심도 없고, 어떻게 신앙을 해야 하는지, 무엇이 핵심적인 가르침인지를 스스럼없이 피력하는 기독교인들처럼, 불교도에게 있어서 무엇이 불교의 핵심적인 가르침인지, 그 가르침을 어떻게 하라는 것인지 등의 문제에 관해 의심을 풀어 줄 수 있는 한 권의 경전을 찾고 있다는 의미일 것이다. 이러한 문제라면 유마경이 그 답을 제시하고 있다. 불자로서의 신앙생활에 대한 방법론을 논한다면 유마경 한 권이면 충분하고도 남는다. 특히 유마경은 재가불자를 위한 경전이라고 해도 과언이 아니다. 지식욕에 의해 불교 교리를 철학적 내지는 학문적인 섭렵을 하고자 하는 것이 아니라고 한다면, 유마경 한 권이면 재가불자로서 불교를 어떻게 할 것인가라는 질문에 대한 답이 다 들어 있다고 할 수 있다.

불교를 교리적으로만 이해한다는 것은 비단 교리적 이해만을 논하더라도 그것은 부분적이라고 할 수 있을 것이다. 불전에는 불교 교리로써는 이해 불가의 용어나 사고思考가 인도 문화를 배경으로 가끔 등장한다. 이 뜻은 인도 문화를 이해하지 못하는 사람에게는 붓다의 교법만으로는 이해하기 힘든 표현이 불전에는 가끔 등장한다는 말이다.

불교가 이미 세계적 종교로 발전한 지는 오래되었지만, 그 내용에 있어서 과학적이요, 논리적인 머리로는 도저히 이해하지 못할 부분을 접할 수 있다. 그것이 교리적인 문제라면, 진리를 토대로 한 전개여서 이해하지 못할 부분은 전법傳法이 잘못되었거나 기록이 잘못된 경우 이외에 있어서는 안 될 일이다. 그러나 문화적 배경에 의한 용어 내지는 사고의 표현은 우선 그 지역의 문화를 알지 못하면 붓다의 교법 자체를 도저히 이해할 수 없는 일이 벌어진다.

인도에서 탄생한 불교가 다른 지역과 나라에 전파되었으나 그 경전에 깔려 있는 문화적 배경을 경험해 보지 못한 사람들은 경전에서 말하고자 하는 표현이 무엇을 뜻하는지 사실 이해하기 쉬운 일은 아니다. 이와 같은 문제를 종교사회학 내지는 지정학적으로 이해하면 문화적 배경에 의한 표현뿐만 아니라 비단 교리적이라 하더라도 교법의 이면에 감춰져 있는 다른 차원의 불교관에 접근할 수 있을 것이다. 예를 들면, 제행무상諸行無常 – 일체 만물은 항상하는(변하지 않는) 것이 없다 – 이라는 구절은 더 이상 불교용어라고 고집할 필요도 없이 널리 알려져 있는 말이다. 불교 교리적 이해만으로 제행무상을 이해한다고 해서 잘못되었다는 것은 아니다. 다만 이 문구를 인도의 종교와 그것을 근본으로 한 사회문화를 배경으로 할 때 제행무상이라는 불교의 가장 기초적인 교리의 이해는 한층 깊어지고 다양해진다.

브라만(Brahmā)이라는 우주의 근본 원리와 아트만Ātman이라는 기초 원리를 배경으로 하는 카스트 제도, 이를 근본으로 하는 인도의 사회 제도, 그로부터 파생된 인도의 종교 문화와 붓다의 제행무상이라는 교법과의 만남은 단순한 불교 교리만의 해석에서 끝나지 않는다. 여기에는 불교가 인도에서 태어나서 그 모태인 인도로부터 추방(?)당해야 하는 원인이 있을 수 있기 때문이다. 종교를 바탕으로 한 지금의 인종 차별적 인도 사회를 보면, 불교가 그 출생지로부터 추방당하지 않았다면, 오히려 이상한 것이다. 불교는 인도에서 뿌리내리기 힘든 종교였다.

불교는 교리적으로 인간과 인간 사이의 평등을 주장할 뿐만 아니라 인간과 만물을 평등선상에서 본다. 그러나 인도 사회에는 불교가 태어나서 2,500년이 지났지만 아직도 카스트라는 인간 차별적 계급 제도가 엄연히 존재하고 있다. 이 뜻은 불교가 카스트 제도로 인하여 이득을 취할 수 있는 지배 계급 또는 기득권자들의 사회 속에서 완전히 뿌리를 내릴 수 없었기 때문일 것이다. 만약 카스트 제도 속의 지배계급과 그 기득권자들을 불교가 완전히 제도하여 섭수하였다면, 오늘날의 인도 사회는 적어도 카스트라고 하는 인종 차별적 계급제도가 존재하지 않는 다른 모습으로 변해 있을 것이다. 아니 변해 있어야만 불교가 인도 사회에서 제대로 그 역할을 하였다고 할 수 있다. 이와 같이 유마경을 번역함에 있어서 그 사상적 배경과 용어에 대한 견해를 교리적인 해석뿐만 아니라 종교사회학적 입장에서 이해하려는 것이 본서에서 다루고자 하는 요점 중의 하나다.

어떠한 종교에서건 형이상학적 표현을 흔히 접할 수 있다. 오랫동안 같은 표현을 접하다 보면 머리로 즉 이성적으로 이해하기보다는 일상적인 생활 속에서의 느낌, 감성적으로 형이상학적인 표현을 이해하기도 한다. 감성적이라 표현한 까닭은 일상적 경험으로 이해하는 형이상학적 용어의 이해는 지혜 작용이 둔감해진 상태의 무지가 일으키는 오감과 육감에 기인하기 때문이다.

예를 들면, 우리는 인연이라는 말을 흔히 쓴다. 흔히 남자들 사이에서 처음 만나 나누는 대화 중 "이것도 인연인데 한잔 합시다."라는 말을 서로 나눈다. 그리곤 거리낌 없이 술자리를 만들고, 급기야 거리낌 없는 사이가 되어 버리는 막역지간의 연緣인 것처럼 변한다. 그 후 감당 못할 사건들이 벌어지고. 좋은 인因(?)으로 시작하여 악연으로 끝맺음하는 비이성적인 묘한 문화 속에서 '인연'이라는 단어가 가볍게 쓰이고 있다.

이러한 감성적 행동은 우리나라 사람들의 특성으로 다른 나라에서는 좀처럼 볼 수 없는 인연의 쓰임새다. 인연이라는 말은 연기緣起라는 말과 동의어쯤으로 생각하면 크게 틀리지는 않을 것이다. 연기의 의미를 여기서 논하고자 하는 것은 아니나, 샤캬무니 붓다가 처음 깨달음을 얻었다고 하는 내용이 바로 연기법이다. 지극히 이성적인 상태에서 얻을 수 있는 법[진리]이다.

또 다른 예로, 동서고금을 막론하고 숭고한 사랑을 논하곤 한다. 이 사랑이라는 말이 어떠한 경우에는 지독한 편견에 의해 남용 당한다. 반면 불교에서는 사랑을 흔히 독으로 취급한다. 그러나 보살의 중생 구제에는 그 바탕에 절대적 인간애가 작용하고 있으며 숭고한 사랑이 깔려 있다. 대승불교가, 최소한 유마경이 보살사상을 지향하는 경전이라면, 사랑을 단순히 독으로 취급할 수 없는 이유가 여기에 있다. 아니, 오히려 사랑을 바탕으로 하지 않고서는 아무것도 이룰 수 없는 것이 불교다.

불교에서 금하고 있는 사랑이라는 것은 집착을 근간으로 한 욕망을 사랑이라 오인하는 경우다. 그래서 경전상에 나타나는 형이상학적 용어를 어떻게 이해할 것인가라는 점이 유마경 번역에 앞서 뇌리를 떠나지 않았다. 이와 같이 유마경 번역과 더불어 인도인들의 특이한 사고와 문화를 배경으로 한 형이상학적 용어를 어떻게 이해할 것인가라는 질문과 그에 대한 답이 본서에서 중요한 위치를 차지하고 있다.

유마경의 번역과 더불어 해설 내지는 잡다한 군더더기를 덧붙였는데, 이는 독자에게 본문 이해와 함께 일반적 불교 교리의 이해를 돕기 위한 시도였다. 불교 교리를 연구하는 입장에 있는 분들뿐만 아니라 불교를 처음 접하는 분들에게도 읽힐 수 있는 내용이었으면 하는 바람으로 시도한 것이다. 유마경의 심오한 도리에 사족을 붙인 감이 없지 않으나, 독자들 중 단 한 분만이라도 그 사족에 의해 아뇩다라삼먁삼보리를 향한 마음을 일으킨다면 어떠한 핀잔이 돌아오더라도 받아들일 생각으로 시작된 것이다.

유마경은 지금까지 한역본만 존재하고 산스크리트어 사본이 없는 것으로 알려져 있었으나, 그 사본이 1999년 7월에 티벳의 포타라 궁에서 발견되어 세상에 얼굴을 드러냈다. 한역본은 현존하는 것으로서 3종이 있는데, 본서에서 사용한 텍스트는 그 중 가장 널리 알려져 있는 구마라습鳩摩羅什의 『유마힐소설경維摩詰所說經』이며, The SAT Daizōkyō Text Database에서 인출하였다. 번역작업 중 위의 산스크리트어 사본의 연구서로서 2011년 출간된 우에키 마사토시植木雅俊의 『범한화대조 · 현대어역 유마경梵漢和對照 · 現代語譯 維摩經』을 참조하여 산스크리트어 사본과 한역과의 비교에 도움을 받았다.

필자는 오랫동안 책의 출간을 주저해 왔다. 출판에 의한 잘못된 지식의 전달이나 그 남용의 폐해는 거둬들일 수 없는 것이기 때문이다. 한 예로, 중국 송대의 대 유학자며 주자학의 창시자인 주자朱子는 20대에 『대학大學』에 대한 주석서를 쓰고, 그 천재적 재능을 스스로가 찬탄하기도 했다. 그러나 10여 년 후, 그가 30대에 대학의 주석서를 다시 쓰면서, 20대에 쓴 주석서의 오류를 시인하며 젊은 혈기에 의한 것이니 폐기되어야 한다고 후회의 글을 남겼다. 그리고 40대, 50대, 60대에 들어서도 계속 『대학』에 대한 새로운 깨달음을 얻고 그에 대한 주석서를 고쳐 쓰기도 했다. 마지막 그의 『대학』에 대한 견해는 '모르겠다'였다.

특히 컴퓨터만능시대가 된 오늘날에는 지식(?)이 공해가 된 지 오래다. 거기에 날개를 단 듯 '표현의 자유'라는 의미심장한 사상까지, 그 사상의 해害 · 무해無害가 검증된 듯 아닌 듯 남녀노소를 막론하고 회자되고 있다. 본서가 또 다른 공해를 낳는 우를 범하지 않았으면 하는 마음 간절할 뿐이다.

2014년 봄
화공 합장

서막

유마경과 이상세계

제1장 중생세계가 불국토

현실세계는 번민의 늪인가?

　인생은 고苦라는 전제 조건에서부터 붓다는 출가의 삶을 시작한다. 왕자로서 왕위 계승을 포기하고 사문沙門(스라마나śramaṇa) 즉 수행자라 불리는 편력유행자遍歷遊行者로서 수행의 길로 들어선다. 그리고는 인류사에 유례가 없는 '깨달음'이라는 세계를 이 현실세계에 실현시킨 인물로서 시공을 초월하여 존경과 신앙의 대상으로 받들어지고 있다.

　일반적으로 사람은 부와 권력 그리고 명예를 추구하면 하였지, 그 위치에서 고난과 고통의 상징인 수행의 길로 들어서진 않는다. 붓다가 왕궁의 호화로운 삶에서 출가수행의 고통스런 삶으로 전환할 수밖에 없었던 이유는 무엇일까? 학자들 사이에서는 간간히 이웃 나라〔코사라Kosala 국〕의 위협에 의한 풍전등화 같은 나라의 운명을 어찌지 못한 고통에서 벗어나기 위한 수단이었을 것이라는 조용한 추측이

없진 않다.[1]

우리가 살고 있는 이 세상을 불교에서는 사바세계娑婆世界라 한다. '사바'세계란 산스크리트어의 사하saha를 음사音寫한 말이며, '참고 견디지 않으면 살아갈 수 없는 세계'라는 뜻이 담겨 있다. 즉 우리가 살고 있는 이 세상은 자기 멋대로 살아갈 수 없는, 참고 견디며 살아야 할 고통스런 세상이라는 뜻이다. 그 이유로 붓다는 깨달음을 이룬 후 처음으로 녹야원에서 교진여憍陳如[아즈냐 카운디냐Ajña Kaundinya] 등 다섯 비구를 위하여 설한[초전법륜初轉法輪] 네 가지 진리[사성제四聖諦 – 고제苦諦 · 집제集諦 · 멸제滅諦 · 도제道諦] 가운데 고제苦諦에서 밝힌 사고팔고四苦八苦[2]를 예로 들어 설명한다.

이와 같은 붓다의 설법이 아니라 하더라도 일생을 통하여 누구라고 할 것 없이 이 세상을 살아가는 한 반드시 원하지 않는 고통을 받게 마련이다. 『법화경』「보문품普門品」에 7난難[3]이라고 하여 고통의 종류를 설하고 있듯이, 사람이 흔히 받을 수 있는 고통의 원인으로

---

1 사실 붓다가 출생한 나라 카필라바스투Kapilavastu(가비라迦毘羅)는 붓다 재세시在世時에 샤캬 족에게 원한을 가지고 있던 코사라Kosala 국에 의해 멸망되었다. 당시의 코사라 국은 마가다 국과 함께 갠지스 강 유역을 중심으로 중인도를 양분하던 대국이었으며, 샤캬 족은 지리적으로 코사라 국의 세력범위 내에 속하였다. 이러한 지정학적 조건이 붓다가 코사라 국의 파세나디波斯匿[프라세나짓Prasenajit] 왕과의 교류에서 샤캬 족은 코사라 국의 주민이라고 설하게 된 동기가 되었을 것이다.
2 사고팔고란 생 · 로 · 병 · 사의 사고四苦와 애별리고愛別離苦–사랑하는 사람[사물]과 헤어져야 하는 고통, 구부득고求不得苦–구하고자 하는 사람[사물]을 갖지 못하는 고통, 원증회고怨憎會苦–원수 같은 사람[사물]과 만나야 하는 고통, 오성음고五盛陰苦[혹은 오음성고]–즉 오온五蘊[오음五陰, 색色 · 수受 · 상想 · 행行 · 식識]으로 이루어진 육신으로부터 받는 심신의 고통.
3 7난難이란 경전에 따라 다소 차이는 있으나 법화경에서는 화난火難 · 수난水難 · 나찰난羅刹難 · 도장난刀杖難 · 귀난鬼難 · 가쇄난枷鎖難(뇌옥에 갇히는 난) · 원적난怨賊難의 일곱 가지 난을 들고 있다.

오늘날 어디에서나, 누구에게나 예고 없이 일어날 수 있는 화재 · 홍수 · 조난 · 살해 · 악마 · 감금 · 원적怨賊 · 음욕 등의 재난 등이 있다. 이러한 재난은 언제 나에게 다가올지 모르니 사람은 항상 불안을 안고 살아간다. 결국 우리는 고해苦海 속에서 살아가고 있다는 뜻이다. 이 점이 불교의 출발점이요, 여기에서 출발하려는 까닭은 붓다의 가르침〔교법〕을 통하여 누구나가 다 겪고 있는 이 고통의 세계에서 고통이 없는 이상의 세계〔이상향 - 열반〕로 나아가고자 하는 것이다.

붓다의 가르침은 이 사바세계가 고통의 세계라 하여 영원히 그 고통에서 빠져나올 수 없다는 것이 아니다. 오히려 고통의 원인을 제거함으로써 우리의 이상향인 열반에 이를 수 있다는 것이 붓다의 가르침이다. 원인을 제거한다 하여 외부적인 요인〔조건〕이 고통의 원인이어서 그 조건을 제거한다는 것이 아니다. 같은 조건에서도 어떤 때는 그것이 고통이었다가 어떤 때는 오히려 즐거움으로 다가오는 것을 보면 확실히 고통의 원인은 외부에 있는 것이 아니라 마음에서 만들어 내는 것이다. 고통이란 마음이 느끼는 수없이 많은 감정 중에서 아픔을 나타내는 하나의 마음의 모습일 뿐이다.

또 어떠한 외부의 조건에서도 항상 고요함 내지는 한 가지에 몰두할 수 있는 것도, 어떠한 조건 자체가 고통이라고 하는 요소를 지니고 있지 않다는 것을 말해 주는 것이다. 그렇다고 하여 마음을 한 가지에 몰두할 수 있다 하더라도 반드시 좋은 일만 있는 것은 아니다. 오히려 나쁜 경우가 우리의 주변에서 허다하게 일어나고 있다. 요즈음 인터넷 게임에 빠진 사람들은 집에 불이 나는지, 자기의 아이가 죽어가고 있는지, 심지어는 자기 스스로가 죽어가고 있는지도 모르고 가상세계에서의 게임에 몰두하여 현실세계에서 일어나고 있는 것처럼 느끼고 감동하고 있다.

원리는 지극히 간단하다. 인간의 모든 희·로·애·락의 원천은 외부에 있는 것이 아니라 오직 내부의 문제에 지나지 않는다는 것이다. 받아들이는 주인공이 환경의 지배를 받지 않고 오직 요지부동의 마음의 소지자일 때 이 사바세계가 바로 불국토요, 불국토에 있으면서도 마음이 불안하면 그 불국토라는 곳이 바로 지옥이 되는 이유다. 이 요지부동의 마음을 불교용어로 무념무상無念無想이라고 할 뿐이다.

이 무념무상이 연못가에 놓여 있는 바위처럼 미동도 하지 않는 마음의 절대적 부동不動 상태를 말하는 것은 결코 아니다. 이러한 상태는 명령을 받지 않은 로봇이나 아예 감정이 없는 목석과 다를 바 없는 무생물이지 인간이 될 수 없다. 인간의 감정을 지니면서도 무념무상의 경지에 이른다는 것은 내·외부에서 일어나는 모든 현상을 지극히 자연스러운 변화로 받아들일 뿐이라는 것이다. 바람이 미친 듯이 불었다가도 언제 그랬냐는 듯이 미동도 하지 않는 것은 모든 사람들이 자연스럽게 받아들이면서, 자기를 중심으로 일어나는 주변 환경의 변화에는 아주 민감하게 받아들임으로써 환경의 변화에 따라 희·로·애·락에 빠지는 나의 마음이 문제인 것이다.

이러한 희·로·애·락하는 감정은 나를 중심으로 해서 외부를 바라볼 때 일어나는 현상일 뿐이다. 바라보는 시야가 나를 중심으로 하지 않을 때, 주변 환경의 변화는 더 이상 나를 어쩌지 못한다는 원리가 바로 제법무아諸法無我라는 붓다의 교법이다. 간단히 말하면 환경의 지배를 받지 말라는 말이다. 나의 내·외에서 일어나는 어떠한 현상에도 집착하지 말라는 가르침이다.

불교의 교법에서는 이렇게 원칙론적으로 인간의 감정을 이해하나, 현실세계에서 그렇게 받아들이지 못하니 이세계가 바로 중생계로 돌변하는 것이며 고해의 세계로 탈바꿈하는 것이다. 그러므로 우리가 사는 이 현실세계를 사바세계로 만드는 것도, 또는 열반의 세계로 만드는 것도 그 주인공이 바로 '나(我)'라고 하는 중생이다.

불교가 미래를 위한 가르침이며 현실세계를 오직 고해로만 바라본다면 붓다의 가르침은 현실세계를 살아가는 우리에게는 무의미할 것이다. 설사 붓다의 가르침을 이생에서 다 이루지 못한다 하더라도 수행 또는 공덕을 쌓는 것이 미래세에 깨달음을 얻기 위한 것이라고만 한다면 그것 또한 현실세계를 살아가는 중생에게는 별 의미가 없다. 고통 받는 사람들에게 오늘을 살아가는 바로 이 사바세계에서 그 고통에서 벗어날 수 있을 때, 아니 완전히 벗어나는 것이 아니라 단 한 발자국이라도 고통의 세계에서 멀어질 수 있는 자기 혁신을 이룰 때, 불교가 또는 붓다의 가르침이 현실세계를 살아가는 우리에게 의미를 부여한다.

현실세계에서 '인생'이라는 드라마는 언제나 어디서나 나를 주인공으로 만든다. 주인공인 이상 누구나가 이 현실이라는 무대에서 비극의 주인공이고 싶어 하지는 않는다. 다만 자기가 자기의 인생을 살아가지 않는 자에게는 선택의 여지가 없을 뿐이다. 스스로의 운명을 남에 의해서 움직이는 자는 고통의 굴레에서 벗어날 수 없는 비극의 주인공으로서만이 이 현실이라는 무대에 등장한다. 진정한 내가 누구인지를 고민하지 않고 살아가는 사람에게는 환경의 변화에 따라 그 인생은 희·로·애·락하며 그저 끌려다닐 수밖에 없기 때문이다. 드라마 속에서 각본에 짜인 그대로 꼭두각시처럼 움직이는 삶은 결국 현실세계에서는 통용되지 않는다. 이러한 삶을 살아가는 한 고통스러운 무대에서 벗어나고자 하나 벗어날 길이 없다는 말이다.

유마경은 이 고통의 무대에서 벗어날 수 있는 방법과 그 길을 제시하고 있다. 즉 현실세계가 바로 이상세계라는 것을 불이법문不二法門 – 이원론적인 대립적 사고의 초월 – 으로써 설파하려는 것이 유마경의 요지라고 할 수 있다. 유마경의 가르침은 사바세계에 한쪽 발을 깊숙이 빠뜨리고 있는 나의 운명(인생)을 미래에 내디딜 다른 한쪽 발로써 내가 나아가고자 하는 곳 – 이상세계 – 으로 남의 힘에 의해서가 아니라 내 스스로의 힘으로 나를 운전해 다다른다는 가르침이다.

인생의 비극은 비교로부터 시작

인생의 비극은 비교로부터 시작한다고 한다. 고통스러운 삶에서 벗어나려면 비교하지 말라는 뜻이다. 선불교에서 수행자의 지침서로 알려진 『신심명信心銘』에 "지도무난至道無難 유혐간택唯嫌揀擇"이라 하여 도에 이르는 것은 어렵지 않으니, 다만 비교우위해서 취사선택만 하지 않으면 된다고 한다.[4] 과연 현실세계에서 비교하지 않고 살아갈 수 있을까? 우리의 가치관은 대부분 이원론적 비교로부터 생겨나는 것이다. 그렇다고 한다면 인간은 사물·사건을 있는 그대로

---

4 지도무난至道無難을 흔히 "지극한 도는 어렵지 않다"고 풀이하는 것을 볼 수 있다. 이러한 해석이 틀렸다고 반론을 펴고자 하는 것은 아니지만, 위의 해석과는 뉘앙스가 조금 다르다. '지극한 도'가 있다면 '지극하지 않은 도'가 있을 테니, 지극한 도가 어렵지 않다면 지극하지 않은 도는 어렵다는 말이 된다. 도에 '지극한'이라는 색깔을 입히는 것 자체가 도에서 멀어진 느낌이다.

의 절대적 가치를 판단하지 않는다는 뜻이다. 그러니 사물을 대립적 관계에 의해서 인식한다는 말이다.

　그러나 불교에서는 일상생활에서 매일같이 겪는 그 대립적 관계, 즉 이상과 현실, 성공과 실패, 번뇌와 보리菩提[지혜], 흑과 백, 선과 악 등의 대립적 가치관은 나를 중심으로 하여 분별함으로써 생겨나는 차별심으로 본다. 스스로의 마음에서 만들어 내는 이 차별심, 분별심이 바로 고통의 원인이라고 불교에서는 파악하고 있다. 사실 불·보살은 중생에게는 구세주가 될지언정 사마외도邪魔外道[5]들에게는 야차보다도 더한 악마로 받아들여지게 된다. 내가 나를 중심으로 하지 않을 때는 사마외도라는 차별심조차 생기지 않는다. 단지 여기서 사마외도라고 구별하는 까닭은 그들의 삶의 방식이나 태도가 자타를 불문하고 인간이 벗어나고자 하는 고뇌의 원인이기 때문이다.

　우리가 생각하고 있는 선과 악, 성공과 실패는 언제나 선과 악, 성공과 실패라는 가치를 그대로 지니고 있지도 않으며, 도리어 선이 악이 되며, 악이 선이 되는 결과를 낳기도 하고, 실패가 성공이요, 또 성공이 알고 보니 실패였다는 것을 나중에 깨닫는 일이 허다하다. 일체 사물이 무상하기 때문에 그러하며, 또 스스로의 무지[무명無明]에 의해 성공과 실패 또는 악과 선을 바로 못 보기 때문이기도 하다. 그러므로 불교에서는 사물을 있는 그대로 보라고 한다. 사물을 인위적인 배움이나 경험에 의지하여 분석하고 차별함으로써 오히려 사람은 사물과는 동떨어진 왜곡된 가치관을 갖게 된다. 결국 그 왜곡된 사고를 바탕으로 한 행동은 고통과 연결되는 결과를 낳기 마련이다.

5　사마외도란 불교수행을 방해하는 악마나 붓다의 가르침을 따르지 않고 사도邪道를 행하는 자들을 통칭해서 일컫는 말이다.

그러므로 사물의 절대적이고 궁극적인 가치관은 분석적이고 논리적인 사고로써 얻어지는 것이 아니니 사물을 있는 그대로 바라보라고 불교에서는 주장한다. 불교에서 흔히 논하는 지혜란 사물을 있는 그대로 바라볼 수 있는 힘을 말한다. 지혜를 스스로 증득한다는 것이 바로 깨달음이요, 고통에서 벗어나는 해탈을 의미하는 것이다. 유마경에서는 이러한 분별을 떠난 차별이 없는 세계를 불이법문이라 하였으며 이원론적 대립으로부터 초월하는 가르침을 내리고 있다.

불교학자 사이구사 미츠요시三枝充悳는 원하지도 않은 것이 피하려하나 피할 수도 없는 고통이야말로 현실세계 속에서의 우리 본래의 모습이라고 한다. 원하지도 않는 것이 또한 피할 수도 없으니, 고苦란 '자기모순'이요 '자기부정'에 지나지 않는다는 것이다.[6] 생각하는 바와 같이 되지 않고, 바라는 것을 이룰 수 없는 정도로 끝나지 않고, 오히려 그 욕구와는 반대방향으로 나의 인생은 제멋대로 나아간다.

더욱이 그것이 나의 외부에서 사물이 등을 돌리는 것이 아니며, 외부의 강제에 의해 역방향으로 나아가는 것 또한 아니다. 내가 나에게 스스로 등을 돌림으로써 찾아오는 고통이다. 내가 나 자신이 바라는 것을 스스로 망가뜨리는 꼴이다. 보통 외부에서 오는 고통은 현상적인 문제로부터 기인하는 것이어서 피하려 하면 대부분 우리는 피할 수 있다. 원하는 바를 바꾼다든지 조금 참으면 지나갈 수 있는 고통이기 때문이다.

그러나 내부에서 스스로에게 등을 돌리는 것, 다시 말하면, 자기모순을 일으키는 문제는 본질적으로 나의 내적 세계에 근본하며, 선

---

6 사이구사 미츠요시三枝充悳, 『대승이란 무엇인가大乘とは何か』, 법장관法藏館, 경도京都, 2001, p. 16 참조.

천적인 문제요, 피하려 해도 피할 수 없을 뿐만 아니라 자기가 자기에게 스스로 문제를 일으키는 것이다. 대승불교에서는 이러한 현실세계에 처한 인간의 마음을 문제로 삼으며, 구제받기 힘든 중생을 문제로 삼는다. 특히 유마경에서는 보적보살寶積菩薩[7]이 이러한 사바세계에 어떻게 하면 정토, 불국토를 건설할 수 있는지를 묻는 것으로부터 시작한다. 즉 현실세계를 이상사회로 만들겠다는 것이 보적보살의 질문의 요지다.

현실세계를 이상사회로

그러면, 왜 보적보살은 이 세상을 불국토로 바꾸려고 하였을까? 경전에 의하면, 보적보살은 대부호의 아들이라고 한다. 장자의 아들이면 무엇 하나 부족함 없이 유복한 삶을 살았을 것이다. 오늘날 많은 사람들이 하나같이 바라는 경제적으로 부족함이 없는 환경 속에서 살았다는 말이다. 마치 붓다가 출가 이전에 왕자로서 삶을 살았던 것과 비견되는 부분이다. 설사 부유한 집안의 아들로 태어나 물질적으로 아쉬운 것 없이 살 수 있었다고는 하더라도, 사바세계 속의 삶이라 그 스스로도 참고 견디지 않으면 안 되는 일이 어찌 없었을까.

---

7 구마라습의 번역본 『유마힐소설경維摩詰所說經』에는 보적보살을 "장자자보적長者子寶積"이라 하여 장자의 아들 보적이라고 표현하고 있어 보적이 보살인지 단순히 장자의 아들인지 확실하지는 않으나, 산스크리트어 사본에서는 분명히 "보적보살ratnakaro bodhi-sattvo"이라고 보적이 보살의 신분임을 보이고 있다. 그러므로 본서에서는 이후 보적을 보적보살로 통일한다. 원문 "ratnakaro bodhi-sattvo"에 대해서는 우에키 마사토시植木雅俊 역譯, 『범한화대조·현대어역 유마경梵漢和對照·現代語譯 維摩經』 암파서점岩波書店, 동경, 2011, pp. 8~9 참조.

현실세계에서 대부분의 사람들이 바라는 남부럽지 않은 부를 가진 사람이, 남들이 보아 조그마한 일인데도 불구하고 스스로가 얻으려는 것을 얻지 못하였다고 하여 삶을 마감하는 부자들도 있다. 그 역으로 남들이 보아 삶 자체가 고통일 수 있으며, 이 세상을 살아가는 것만으로도 지극히 힘든 사람들도 있다. 그러나 그들 스스로는 이 사바세계가 바로 그들의 이상세계를 실천하는 실험실이다.

전쟁에서 한쪽 다리를 잃어버리고, 외발로 살아야 할 이유를 찾지 못하며 세상을 비관만 하던 사람이 두 발을 잃고도 의족에 의지하여 걷기 연습을 하고 있는 사람을 만났다. 몇 걸음 떼지 못하고는 넘어지고 또 일어나고, 그러기를 수없이 반복하고 있다. 어떤 사람인가 하고 궁금하여 가까이 다가서는데 또 실수하여 넘어지려고 한다. 순간 자기도 모르게 스스로를 의지하던 지팡이를 팽개치고 손을 내밀었다. 손을 내미는 순간 외발의 사나이도 그대로 넘어지고 말았다. 그러고는 두 사람이 각자의 모습을 파악하는 데는 그다지 많은 시간이 필요치 않았다. 그러는 스스로의 모습을 보고 외발로써 사바세계에 할 수 있는 일이 있다는 것을 깨달은 것이다. 즉 외발로써 사랑하는 사람을 대할 면목도 없거니와 그러한 삶을 유지해야 할 이유가 없다는 고정관념을 깨뜨린 것이다. 이러한 경우의 인생이란 삶의 보람을 느끼는 것이라고 정의할 수 있을 것이다. 외발의 고통의 현실세계가 남을 도울 수 있다는 기쁨과 행복의 이상세계로 바뀌는 순간이다. 사바세계와 이상세계는 둘이 아니며, 나 이외의 외부에 달리 존재하는 세계 – 타방세계 – 가 아니라 바로 나의 내면세계에 펼쳐지는, 나의 마음에 의해 만들어지는 차별상에 지나지 않는다.

보살에게는 중생계가 불국토

사바세계에 불국토를 건설할 수 있는 방법을 묻는 보적보살에게 붓다는 '중생계가 보살에게는 불국토'[8]라고 답한다. 이 말은 중생에게 이 사바세계는 오직 사바세계일 뿐이지만, 보살에게 있어서는 사바세계도 또 그 어떠한 세계도 그 곳이 바로 불국토라는 뜻이 된다. 이 말은 불국토라는 곳이 사바세계와는 달리 존재하는 세계가 아니라 생각하는 사람의 능력에 따라 그들의 마음속에 있다는 것을 유마경은 일러주고 있다.

여기에서 보살이란 어떠한 사람이기에 이 사바세계가 그들에게 있어서는 불국토가 된단 말인가? 유마경에서 보살의 마음가짐은 어떠한 것이며 그들의 수행이란 어떤 것인지를 제5장 「문수사리문질품文殊師利問疾品」에서 한가득 예를 들고 있지만 그러한 보살행의 덕목에는 공통된 마음가짐이 있다. 한마디로 줄여서 그들의 마음가짐을 말하자면, 자기중심으로 세상을 살아가지 않는다는 것이다. 즉 무아사상을 실천하는 사람들이라는 것이다.

그리고 그들의 수행에 있어서는 반야경의 무아無我라는 원리 원칙론에서 그 실천행으로 나타나는 자기희생, 즉 어떤 행동을 취함에는 항상 중생의 교화와 구제에 중점을 두고 있다. 그러므로 자기희생

---

8 『유마경』에는 "중생지류衆生之類 시보살불토是菩薩佛土"라 하여 중생세계가 바로 보살의 불국토라고 하고 있다. 여기서 중생지류衆生之類의 '류類'에 해당하는 산스크리트어 사본을 보면, '크셰트라kṣetra'로서 영지, 토지, 자궁, (불)토 등으로 나타나고 있다. 그러므로 중생지류衆生之類를 중생이 사는 세계 즉 중생계라고 번역한 것이다. 우에키 마사토시植木雅俊, 『범한화대조·현대어역 유마경』Ibid. pp. 16~17 참조.
흔히 크셰트라kṣetra를 음사하여 '찰刹'로 표기하며, 한자 '토土'를 덧붙여 찰토刹土로도 쓰인다. 선찰대본산이라고 할 때 '찰'의 의미는 선 수행을 하는 '도량'이라는 의미다.

적 보살행이란 무아無我의 실천행이라는 말의 유의어에 지나지 않는
다. 무아이기에 자기희생이라는 수식어 자체가 오히려 무색한 것이
다. 단지 그와 같은 수식어가 붙은 까닭은 보살행이란 무아사상 위에
나타나는 중생을 구제하기 위한 행위가 자기희생적이라는 것이다.

　여기서 한 가지 짚고 넘어가야 할 문제가 있다. 만약 보적보살이
위에서 말하는 진정한 보살도를 이룬 '보살bodhisattva'이라고 한다면,
보적보살에게 있어서도 이 사바세계는 정토요, 불국토여야 한다. 그
러나 보적보살은 사바세계를 불국토로 건설하려면 어떻게 해야 하
는지에 대해 질문을 하고 있다. 이 뜻은 보적이 보살이라 불리고는
있으나, 보살도를 완전히 이룬 보살이 아니라 '대승불교를 실천하는
수행자' 또는 '대승불교를 향해 마음을 일으킨 자' 혹은 "아녹다라삼
먁삼보리9를 향해 마음을 일으킨(발보리심發菩提心) 자"라는 의미로 보
아야 할 것이다.

　또 대승불교를 수행하는 보살은 출가자와 재가자로 구별해서 볼
수 있다. 보적보살은 즉 재가자로서의 보살이라는 의미다. 다시 말
하면, 보적보살은 재가불자로서 이 사바세계에 불국토를 건설하려
고 하는 대승불교를 수행하는 장자의 아들이라고 보면 크게 틀리지
않을 것이다. 반면 유마경의 「보살행품 제11」과 「법공양품 제13」에
서 출가자로서 보살도를 수행하는 승려들을 보살승菩薩僧이라고 하
여 성문의 출가제자들과 구분하고 있다. 뿐만 아니라 보살승을 대

---

9 아녹다라삼먁삼보리阿耨多羅三藐三菩提란 아눗타라삼약삼보디anuttarāsamyaksaṃ-
　bodhiḥ의 음사로서 무상정득정각無上正等正覺 또는 무상정등無上正等, 정등각正等覺
　등으로 한역한다. 즉 '위없는 올바르고 완전한 깨달음'이라는 의미로서 최고의 올바르고
　완전한 깨달음 즉 '완전한 지혜'를 말한다.

승불교를 향해 마음을 일으킨 출가 승려로서 재가보살과도 구분하고 있다.

부파불교와 스루파 신앙

일반적으로 불교는 어렵다고 한다. 어렵다는 의미는 보통사람이 불교의 교리적인 이해 또는 수행 방법이 접근하기 쉽지 않다는 말과 다를 바 없다. 이 점은 비단 오늘날 불교가 다방면에서 사회와 격리된 까닭도 있겠지만, 그 원인은 먼 과거, 붓다의 열반 후 교단이 분열하기 시작한 때부터 찾지 않으면 안 될 것이다.

불교가 보통사람이 이해하기 어려운 종교 또는 가르침으로 알려진 사연에는 여러 가지 이유가 있을 수 있으나, 우선 다른 어떤 종교와도 비교할 수 없을 만큼 방대한 경전의 종류와 그 양에 있다고 할 수 있다. 그 경전의 종류라는 것도 한 시대 한 사람에 의해 쓰여진 것이 아니라 다양한 시대에 다양한 지방에서 다양한 사람들에 의해 쓰여진 것이니 더욱 이해하기 힘든 요소를 안고 있다. 대체적으로 초기경전에 속하는 아함부 경전은 불멸 후 100년쯤에 이루어진 제2차 결집 이후부터 문자화된 것으로 알려져 있지만, 그 경전이 아직까지 발견되었다는 소식이 없는 것으로 보아 현존하는 것도 아니다. 그렇다고 하여 그 뒤에 편집되었다고 하는 현존하는 경전상의 붓다의 교법이 잘못 전해졌다는 의미는 아니다.

전통적으로 인도에는 스승의 가르침을 그대로 외우는 수행도 있다. 아난이 붓다를 모신 것은 약 25~6년 간이다. 그동안 듣고 배운 가르침을 제1차 결집[10] 때 낭송하고, 그 자리에 모인 500명의 아라한 arhat[11]과를 얻은 비구들로부터 그 내용이 틀림없음을 승인받는 형식으로 붓다의 교법이 전해 졌다고 한다. 그 후로 여러 제자들이 모여 그 가르침을 함께 외우는 것이 하나의 수행이었을 것이다. 이런 까닭으로 현존하는 초기경전을 붓다의 육성에 가장 가까운 가르침으로 여긴다.

인도의 고대 도시 비야리毘耶離(이하 바이샤리Vaiśālī로 표기)는 유마경이라는 드라마가 펼쳐진 곳이다. 이곳은 고대 인도 사회에 있어서도 아주 특이한 곳으로, 제2차 결집(경전 편찬 작업)이 열렸던 곳이다. 그리고 정치적으로는 공화정치를 베풀었던 나라로 알려져 있다. 승조僧肇가 지은 『유마경』 주석서인 『주유마힐경注維摩詰經』에는 "구마라습(스승님)에 의하면 그 나라에는 국왕이 없고 단지 500명의 거사가 함께 나라를 통치한다."[12]는 설명이 있다. 그리고 승조 자신도 스승의 해설을 따르고 있다. 당시의 인도는 작은 왕국들로 이루어져 있었으며, 갠지스 강의 북방에 위치한 바이샤리라는 상업도시를 수도로 하는 밧지Vajji(Skt. Vṛji)라는 나라는 선거에 의해 나라를 다스릴 지도자

10 제1차 결집은 불멸 후 머지않아 수보리(수부티Subhūti)를 수장으로 500명의 아라한(비구승)들이 모여, 아난은 붓다의 교법 즉 경經을 낭송하고, 우바리Upāli는 계율을 낭송하여 그 내용이 틀림이 없음을 대중들이 승인하는 것으로 교단의 결속과 붓다의 가르침이 잘못 전해지는 것을 막기 위한 모임.

11 아르핫arhat(P. arahant)은 의역으로 응공應供, 복전福田 또는 무학無學이라고도 함. 줄여서 나한羅漢이라 하며 일체의 번뇌를 끊고 이루어야 할 모든 것을 완성한 사람이라는 뜻. 성문승(불제자)의 최고위의 성자로서 사향사과四向四果(초기불교의 수행 단계를 그 과정과 성취한 경지에 의해 8단계로 분류한 것) 중 최종의 단계에 오른 성자.

12 什曰: 彼國無王, 唯五百居士, 共治國政, 今言主, 眾所推也. 肇曰: 毘耶離國, 無有君王, 唯有五百長者, 共理國事, 月蓋, 眾所推重故, 名主. 『주유마힐경注維摩詰經』 승조僧肇 찬撰, 『대정장大正藏』 vol. 38, p. 401. 단지 승조는 그의 주석에서 당시에 월개月蓋 장자가 밧지국의 정치적 지도자였다는 것을 밝혀 놓았다.

를 선출하였던 것으로 보인다.[13]

이러한 지역의 특성상 제2차 결집 때 비교적 진보적이요, 자유로운 환경에서 살아왔던 바이샤리의 승려들이 전통과 보수적인 수행을 고집하는 장로들에게 시대의 흐름과, 지역과 환경의 변화 등에 따른 열 가지 항목(10事)에 걸쳐 수행의 완화를 요구하게 된 것은 자연스러운 행보였을 것이다. 그러나 전통을 고수하려는 교단 내의 보수적인 다수에 의해 그들의 요구는 받아들여지지 않았고(10사비법事非法, 기존 계율에 어긋난 10가지 사항), 이것을 시점으로 지도자 없는 내부의 분쟁은 교단의 분열로 이어지는 필연적 절차였다고 볼 수 있다. 교단은 전통적이고 보수적인 상좌부와 현실적이고 진보적인 대중부로 두 쪽이 났으며, 이것을 근본분열이라고 한다.

그 후 기원전 3세기 후반쯤부터 교단은 부단히 분열을 일으켜 부파불교의 시대를 맞이하게 되었으며 이것을 또한 지말支末분열이라고 한다. 부파불교로 발달한 교단이 각자의 입장을 주장하게 되고, 그 주장이 전통이 되어 교리화하며, 이 교리는 또한 전통이 되어 불교교단의 분리가 정점에 달하는 기원전 2세기 말엽에는 부파불교의 사상이나 교리는 초기불교의 사상이나 교리와 심각한 차이점을 보이게 되었다. 분파마다 각자 연구한 대로 교리를 주장하다 보니 그 주장이 시간의 흐름과 함께 점점 그들 사이에서조차 벌어지는 현상을 가져왔다. 이것이 또한 불교를 이해하기 어렵게 만드는 또 다른 요인이기도 하다.

부파불교의 발달이 필연적으로 일어난 것이라면, 전문성을 띤 부

---

13 바이샤리Vaiśālī에 관한 연구는 나까무라 하지메中村元, 현대어역 대승불전 3, 『유마경維摩經』『승만경勝鬘經』. 동경서적東京書籍, 동경東京, pp. 17~18 참조.

파불교의 교리연구에 호흡을 같이 하지 못하던 이들, 이른바 실천수행을 내세우는 민중들에 의해 대승불교(마하야나mahāyāna)의 흥기는 자연스럽게 유도된 것이라고 볼 수 있을 것이다. 붓다의 교설은 이미 각 분파의 주장에 따라 복잡하게 얽혀져 있는데, 민중운동의 성격을 띤 대승불교까지 가세하여 불교의 교리와 그 교단은 한층 복잡다단한 양상을 띠게 되었다.

불교를 흔히 종교라기보다는 철학이요, 전지전능한 신의 존재와 그의 능력에 의지하려는 믿음을 중심으로 하기보다는 진리에 대한 실천 수행을 근본으로 한 깨달음을 중시하는 가르침이라고 한다. 그렇다면, 불교교리의 연구는 왜, 어떻게 시작되었을까? 그것이 깨달음을 향한 수행과 어떤 관련이 있고, 불교의 전파 즉 전법륜에 끼친 영향이 무엇인지를 파악하는 작업이 불교의 교법이 복잡다단하게 변하여 대중들로부터 외면당하는 이유를 밝히는 일이며, 또 대승불교가 일어난 까닭과 보살사상의 발달을 이해하는 데 도움이 될 것이다.

불교의 교리가 복잡다단하게 변하여 특수화되고, 그럼으로써 교단은 재가불자 내지는 민중들로부터 믿음을 얻지 못하는 사태에 이르게 된 것이다. 그 배경에는 스투파stūpa(탑塔, 부도浮屠) 신앙이 한 몫을 하고 있다. 붓다의 사리는 붓다가 생전에 활동하던 주변의 왕국들로부터 서로 모셔가겠다는 이유로 급기야 전쟁까지 벌어졌다고 한다. 왜 붓다의 가르침을 전해 줄 수 있는 위대한 제자들이 아니라 교법은 물론 말 한마디 해 주지 않는 그의 사리를 모셔가기 위해 서로 붓다의 가르침을 받았던 통치자들이 갈등을 일으켰을까?

언제부터인지는 모르지만 인도에는 그들의 조상이나 성자들의 사리를 모시는 스투파에 공양을 올리고 기도를 함으로써 복을 빌 수 있다는 민간신앙이 있었다. 특히 성자의 사리를 극진히 모시면 나라의 부흥을 일으킬 수 있다는 신앙이 붓다의 사리를 서로 모셔가려한 원인이었을 것이다. 분명한 것은 붓다의 사리를 모시는 까닭이 붓다의 가르침을 따르거나 기리기 위한 것이 아니며, 불교의 홍포를 위한 것은 더더욱 아니라는 것이다. 오늘날의 기복종교와 조금도 다를바 없는 모습이다. 이처럼 미신 또는 기복종교의 폐단이 얼마나 컸으면 대승경전 특히 금강경에서 물질적 보시의 공덕에 대한 표현을, 갠지스 강의 모래알 숫자만큼 많은 국토에 칠보로 가득 채워 보시하더라도 사구게四句偈[14]라고 표현되는 경전의 한마디 말을 쓰고, 외우며, 전하는 것보다 못하다고 하였을까. 유마경 또한 금강경의 그 사상을 그대로 답습하고 있다.

금강경의 물질적 보시에 관한 이러한 표현을 흔히 불교학을 연구하는 학자들은 물질적 보시는 아무리 많아도 어디까지나 유한한 것이며, 한마디의 말이라도 붓다의 가르침을 전한다는 것은 무한한 공덕이 되기 때문이라는 논리를 펴곤 한다. 이러한 논리가 교리적으로 틀렸다는 것은 아니나 여기서는 무의미한 교리적 해석이요, 논리에 지나지 않는다.

즉 당시의 신자 또는 인도인들의 종교적 성향이 가히 미신적이라는 것에 그 의미를 찾아야 할 것이다. 이생의 복을 빌고 내생의 보다 나은 삶을 기원하는 물질적 보시가 보살로서의 이타행利他行으로 공덕을 쌓는 진정한 보시의 의미로서가 아니라, 어디까지나 그 보상을

---

14 사구게란 반드시 네 마디의 말이라는 의미라기보다는 한 마디의 진리의 말씀으로 이해할 수 있을 것이다. 이 한 마디의 진리를 표현하는 형식을 한역에서는 8자 4행으로 한 것이다. 제1막 각주 316 참조.

바라는 욕망을 근본으로 한 미신적 신앙에서 기인한 것이기 때문이다. 이러한 미혹(무명)에서 벗어난 보시를 제시한 것이 바로 사구게四句偈 즉 붓다의 한마디 가르침을 전하는 것이 진정한 보시라고 하는 것이다. 갠지스 강의 모래알 숫자만큼 많은 국토에 칠보로 가득 채운 보시가 아니라 단 한 알의 곡식이라도 배고픈 사람에게 베푸는 것이 어찌 공덕이 되지 않고, 그 행위가 어찌 보살의 진정한 보시가 되지 않는다는 말인가. 오늘날 많은 불교신자들의 물질적 보시가 당시의 인도인들의 그것과 그다지 다르지 않다는 것이 현대 불교가 지닌 진정한 문제점이라고 할 수 있다.

옛날 중국의 성현들도 공덕에 대해 이와 유사한 말을 한 것이 있다. 순자에 의하면 보통사람은 다른 사람에게 선물을 할 때 재물로 하지만 군자는 말씀(가르침)으로 선물을 한다고 하였다.[15] 즉 한마디 말로 진리를 전하는 것이 어떠한 재물로 보시하는 것보다 더 큰 공덕이 된다는 것이다. 아무리 많은 국토에 가득 채운 보물이라도 물질이란 언젠가는 다할 날이 있는 유한한 것이요, 단 한마디의 진리라도 그것이 전해지기만 한다면 그 공덕은 무한하기 때문일 것이다. 유마경에서는 이를 무진등無盡燈에 비유하고 있다. 하나의 등불이 백 천의 등불을 밝힐 수 있는 것과 같이 어두운 곳은 모두 밝히되 어두운 곳이 존재하는 한 그 밝힘은 기어이 다하지 않는다는 가르침이다.

불멸 후 얼마 지나지 않아 8등분 되어 주변의 왕국에 모셔진 붓다의 사리는 인도 역사상 최초로 통일을 이룬 아쇼카Aśoka 왕이 그가 치룬 전쟁의 참화를 통해 깨닫는 바 있어 불교에 귀의하고, 불교의 전

---

15 君子, 贈人以言, 庶人, 贈人以財.: 『순자荀子』「대략편大略篇」에 순자가 안자晏子(안영晏嬰)의 말을 인용한 것으로서 좋은 말[가르침]은 어떠한 재화보다 고귀하다는 뜻.

파 차원에서 붓다의 사리를 인도 전역으로 퍼뜨렸으며, 따라서 사리를 모시기 위한 수많은 스투파가 세워지게 되었다. 붓다의 사리가 모셔져 있는 스투파에 불자는 물론 일반민중(브라만교도, 후의 힌두교도)들도 불탑에 공양을 올리기 위해 모여들기 시작하였으며, 이것은 불교교단에 끼친 영향을 제외하고서는 아주 자연스러운 현상이었다.

전통적으로 출가 수행자(비구)는 편력유행하며 교법을 전하고 걸식으로 연명하는 것이 수행의 한 방편이었다. 그러나 시간의 흐름에 따라 교단의 분열과 함께 그 수행방법에도 변화가 왔으며, 편력유행하며 걸식하는 것을 힘들어하던 승려들은 사람들이 공양을 올리는 스투파를 중심으로 한곳에 정착, 폐쇄적이며 독선적인 삶으로 은둔하기 시작하였다. 이것이 인도 민중의 스투파 신앙이 불교교단에 끼친 부정적 영향이라고 할 수 있을 것이다.

제2장 아비달마와 실천수행

보살사상과 대승불교의 흥기興起

　스투파를 중심으로 정착생활을 시작한 승려들은 편력유행과 걸
식하는 시간을 교법에 대한 연구-이를 아비달마abhidharma[16]라고
함-에 전념하게 되고, 교리연구에 전념하면 할수록 불교에서는 일
찍이 다루지 않았던 형이상학적 분야에까지 그 범위를 넓혀 갔다.
각자의 교파에서 주장하는 사상과 교리는 점점 그 깊이를 더해감에
따라 전문화되고 난해하게 변하였으며, 불교 특유의 교법-무아사
상-에도 변화가 생기기 시작하였다.[17]

---

16 아비달마abhidharma를 대법對法이라 한역하기도 한다. 즉 붓다의 교설-법法-에 대해
　이론적으로 체계화한 것이라는 뜻으로 대법이라고 한 것이다. 주로 부파불교의 논서를
　지칭하는 말로서 아비담阿毘曇이라고 음사하기도 함.
17 부파불교에서 세력을 떨치던 설일체유부說一切有部sarvāstivāda의 경우 모든 현상을 구
　성하는 기본적인 실체로서 유법有法, 법체法體(달마dharma)를 상정하고, 이 유법은 멸
　하는 법 없이 과거ㆍ현재ㆍ미래에 걸쳐 계속 존재한다(법체항유法體恒有、삼세실유三
　世實有)는 설을 주장.

은둔과 권위주의에 빠진 출가사문을 중심으로 한 교단은 재가불자와 민중들의 구원의 소리로부터 멀어지게 된 시점이다. 교법에 대한 연구는 왕이나 제후 또는 지방의 유력자들의 후원에 힘입어 스투파를 중심으로 한 곳에 정착함으로써 수세기 동안 그 꽃을 피웠다. 그러나 다른 한면, 승려[논사論師]들의 삶은 폐쇄적이며 지식욕에 사로잡힌 그들의 형이상학적 연구는 불교의 실천적 교법을 이론불교로 변질시켰다. 인도인들의 뛰어난 상상력에 힘입어 불교교리는 전문인들에게조차 난해하게 발전하였으니 일반인들에게 있어서는 불교란 어려운 종교로 각인되었을 것이다.

　　형이상학적 문제 – 예를 들면, 세계의 시간적인 유한성과 무한성, 그리고 공간적인 유한성과 무한성[18] – 에 대한 불교의 기본적인 태도는, 붓다의 무기無記 즉 직접적 응답을 회피하는 것이었다. 붓다의 무기로서의 응답은 형이상학적인 문제에 응답을 할 수 없기 때문이 아니라, 문제 자체의 이율배반적인 요소에 의해 답이 없는 것일 뿐이다. 그 대신 붓다는 독화살의 비유[19]로써 실천적이요, 현실적인 해결

---

18 여기서 제시한 세계의 유한성과 무한성에 대한 형이상학적 문제는 고대로부터 풀 수 없었던 것으로 외도들이 붓다의 깨달음을 시험하기 위해 제시하여 그 답변을 요구했던 14(혹은 10)가지 문제 중, 그 첫째와 둘째에 해당함. 붓다는 이 형이상학적 문제에 응하지 않음으로써 일관하였으므로 이 사건을 14(혹은 10)무기無記라고 함.
19 『전유경箭喩經』에 나오는 비유로서, 붓다의 제자 마라구마라摩羅鳩摩羅가 좌선을 하던 도중, 붓다가 10무기로써 응수한 상기 본문의 형이상학적인 문제에서 스스로 헤어나지 못하자, 붓다가 그를 위해 독화살의 비유로써 그의 무의미한 의문에서 벗어나게 한 가르침이다.
　　어떤 사람이 독화살을 맞아 쓰러지자 가족들이 놀라 뛰쳐나와 독화살을 빼려 하였다. 그러자 그 사람이 가족들을 제지하며 독을 치료하기 위해서는 우선 어떠한 독이 사용되었으며, 화살촉은 무엇으로 되어 있고, 화살대와 쏜 사람의 이름은 무엇이며, 생긴 모습, 키 등등 독화살에 연관된 모든 것을 알고 난 후에야 올바로 치료할 수 있다고 하며 가족들을 모두 내 보냈다. 가족들이 돌아오기도 전에 그 사람은 독이 퍼져 죽었다는 비유로

책을 제시하였다.

이와 같이 불교의 기본적 실천행은 무지[무명無明]에 대한 지혜의 작용을 지극히 중시함과 동시에 지식욕에 근거한 형이상학적 논리의 전개에는 오히려 엄격하였음을 알 수 있다. 지식[지知]이 앎으로 끝나지 않고 현실세계의 실천행을 대신할 때 그 지知는 현실과 유리된 사상누각砂上樓閣이 되기 때문이다. 현실의 실천을 벗어난 앎은 그림의 떡이며, 산정을 오르기 위한 안내판을 읽고서 산을 오르지 않는 것과 같다.

교법 연구가 깊어지면 깊어질수록 논사들의 출가 전의 배경과 그들의 소속된 분파에 따라 분열의 골은 깊어만 갔다. 실천이 따르지 않는 앎[지식의 확장]은 교단에 있어서 오히려 독으로 작용하였던 것이다. 중국 명대明代의 대 유학자며 선禪의 대가로 알려져 있는 왕양명王陽明의 실천주의적 가르침, 지행합일知行合一이 돋보이는 것도 교단 분열의 원인이 무엇이라는 것을 자각하고 있다는 증거다. 양명陽明 왕수인王守仁은 안다는 것은 행行하는 것의 시작이요, 행行한다는 것은 안다는 것의 완성이며 그것[지와 행]은 하나의 일이라고 선언한다. 성인의 학문이란 단지 이것 하나를 수행하는 것이며 안다는 것과 행한다는 것이 나뉠 수 있는 것도 아니요, 두 가지로 보아서도 안 된다고 하였다.[20]

하나의 단체가 일어나 성장하면 그것이 또 필연적으로 분리되고

서 쓸모없는 일에 인생을 낭비하지 말라는 경고의 가르침이다. 『전유경箭喩經』, 『대정장大正藏』 vol. 1, pp. 917~918.
이 독화살의 비유는 『중아함경中阿含經』 권제60, 제221경에도 수록되어 있다.

20 知者行之始, 行者知之成, 聖学, 只一箇功夫, 知行, 不可分作兩事. 王陽明 『전습록傳習録』 권상 「육원정소록陸原静所録」

사라진다는 것, 즉 성주괴공의 진리에서 벗어날 수 있는 것은 아무것도 없다. 불교교단의 근본 분열은 바이샤리의 승려들이 요구한 계율의 완화가 받아들여지지 않았기 때문에 일어난 것처럼 보이나, 그것은 표면적인 것일 뿐이지 근본적으로는 일찍이 붓다 생전에도 분열의 조짐은 있었다. 현실세계에서 어디서나 누구에게나 일어날 수 있는 일들이 붓다의 교단이라 하여 일어나지 말라는 법은 없다.

당시 샤캬 족의 왕자였던 싯달타가 출가하여 최고의 성자인 붓다가 되어 많은 사람들을 교화한다고 하니 유행병처럼 샤캬 족의 젊은 이들이 출가의 길로 나섰다. 그렇다고 하여 그들이 출가 후에도 다 한마음 한뜻으로 붓다를 따랐던 것은 아니었던 것으로 보인다. 출가의 삶이 얼마나 힘들었으면 환속하여 다시 출가하기를 7번이나 하였던 제자도 있었을까.

붓다가 열반에 들자 "이제 우리는 자유의 몸이 되었다."라고 외친 비구도 있었으며, 붓다의 사촌으로 알려진 데바닷타Devadatta는 교단의 제자 500명을 이끌고 나가 교단의 분열을 꾀하였으며, 또 그는 당시 마가다국의 왕자였던 아자타샤트루Ajataśatru(아사세阿闍世)를 꾀어 부왕父王을 유폐시키고 정권을 잡도록 사주하였으며, 데바닷타 자신은 붓다를 죽여 종교계를 통솔하려고 했던 사실도 있었다.[21] 이러한

---

21 아자타샤트루Ajataśatru는 데바닷타의 꾐에 빠져 그의 아버지인 빔비사라Bimbisāra 왕을 옥에 가두어 굶겨 죽였으며, 그를 구하려던 어머니 위제희韋提希(이하 바이데히Vaidehī) 조차 유폐시켰다. 이를 비탄한 바이데히는 옥중에서 붓다의 구원을 청하며, 전생에 어떠한 인연으로 붓다의 인척인 데바닷타가 붓다를 죽이려 하고 자기의 자식이 부모를 죽이는지에 대한 가르침과, 고통스러운 사바세계로부터 벗어나 정토세계에 태어날 수 있는 가르침을 받는 내용을 배경으로 한 경전이 바로 『관무량수경觀無量壽經』이다.
아자타샤트루의 의역意譯은 '미생원未生怨'이며 '전생의 원한'이라는 의미다. 그 원한이란; 마가다 국의 빔비사라 국왕 부부가 늦게까지 자식이 없자 점술사에게 그 원인을 물

요소들에 의해 교단의 분리가 단순히 바이샤리의 승려들과 전통적이요, 보수적인 승려들 간의 이견으로 일어난 것이라고만 볼 수는 없는 까닭이다.

부파불교의 발달은 승려들의 폐쇄적이요, 은둔적인 삶에 한층 박차를 가하게 되었다. 전문적인 교리 연구에 몰두한 승려들은 붓다의 교법에 대한 변화도 꾀해 교묘히 그리고 다분히 바라문교[힌두교의 전신]의 사상을 유입시키고 있었다. 붓다를 수식하여 지칭하는 여래의 열 가지 이름[여래십호如來十號][22]가 있는데, 그 가운데 아라한阿羅漢 arhat[23]은 붓다의 또다른 하나의 이름이었다. 그러나 보수적인 상좌부의 분파 가운데 막대한 세력을 떨치고 있던 설일체유부說一切有部(혹은 줄여서 유부有部라고도 함)에서는 출가사문[성문승聲聞乘][24]이 수많은 생

었다. 점술사는 숲속에서 수행 중인 선인이 도를 이룬 후 이 세상을 하직하고, 그 공덕으로 다시 이 세상에 국왕의 아들로 태어나 인도의 전설상의 왕인 전륜성왕이 될 것이라고 하였다. 빔비사라 왕은 아들을 기대하는 조급한 마음을 참지 못하고 그 선인이 도를 이루기도 전에 죽여서 하루라도 빨리 자식을 얻고자 하였다. 그 후 부인이 잉태를 하고 아들을 낳았으니, 이 아들이 아자타샤트루다. 그 선인은 도를 이루기 직전에 죽임을 당하였으므로 그 원한을 품은 채 빔비사라 왕의 아들로 태어났다고 하여 미생원이라 불리게 된 것이다. 그러한 전생의 인연으로 아들이 아버지를 죽이는 결과를 초래한 것이다.

22 여래십호란 응공應供 · 정변지正遍知 · 명행족明行足 · 선서善逝 · 세간해世間解 · 무상사無上士 · 조어장부調御丈夫 · 천인사天人師 · 불佛 · 세존世尊으로 아라한은 한역으로 응공에 해당함. 힌두교의 3대 신들 중, 비슈누Viṣnu는 세계 구제의 신으로서 10종의 화신으로 나타난다고 한다. 이 '10'이라는 숫자가 불교의 '여래십호如來十號'에 어떤 영향을 미쳤는지는 모르나 전혀 관계가 없다고 할 수 없을 것이다.

23 아라한阿羅漢은 arhat의 음사로서 '존경' 또는 '공양을 받을 자격이 있는'이라는 의미로서 '응공應供'이라고 한역하기도 함. 서막 각주 11 참조.

24 출가사문이라는 의미로서 본서에서는 성문승聲聞乘과 성문성聲聞聖이라는 두 표현을 사용하고 있다. 전자는 수행하여 최고의 경지에 도달할 수 있는 것을 아라한과라고 보는 소위 '소승'적 성향을 띤 승단을 대표하여 지칭하는 표현이다. 이에 대하여 대승사상을 따르는 승려를 보살승이라고 불렀다. 후자는 붓다의 제자 일반을 지칭하는 표현으로서 성문의 성현이라는 의미를 지닌다.

을 거쳐 최후에 도달할 수 있는 경지를 아라한과阿羅漢果라 하여 성문사과聲聞四果 중 최고위에 두고 있다.

성문〔슈라바카śrāvaka〕 즉 붓다의 육성 – 가르침 – 을 들은 출가제자들이 몇 생을 통해 수행하여 마지막 도달할 수 있는 경지가 붓다가 아니라 아라한이며, 붓다가 될 수 있는 사람은 오직 한 사람, 샤캬무니 이외에는 없다는 교의敎義를 만들어 낸다. 아라한이란 깨달은 사람이라는 뜻으로 붓다buddha를 수식하는 또다른 이름이지만, 설일체유부는 이것을 차별화하여 붓다의 경지는 샤캬무니 이외의 인간은 성취할 수 없는 경지로 상정하고 있다.

즉 유부有部는 그들의 논서論書〔아비달마abhidharma〕에서 샤캬무니 붓다를 신격화하여 샤캬무니 붓다 스스로가 "나는 인간이 아니다.……붓다."라고 선언한 것처럼 꾸미기까지 하게 된다. 심지어는 붓다와 함께 고행했던 다섯 비구들에게 "나를 고타마Gautama라거나 (속세의) 성명으로 부르지 말라. 그렇게 부르는 자는……극심한 고통을 받을 것이니라."[25]라고까지 하여 없었던 붓다의 말을 지어내어 불교를 교조주의적 성격으로 탈바꿈시켰다. 그들 스스로 출가제자와 재가

---

25 是時, 五人雖復, 恭敬而猶, 呼佛爲具壽, 或復稱, 佛爲喬答摩. 佛即告言, 汝等勿呼, 如來爲具壽, 亦勿稱觸姓名, 若故爾者……受諸劇苦. 『아비달마대비바사론阿毘達磨大毘婆沙論』, 『대정장大正藏』 vol. 27, p. 914.
　열반경에 의하면 붓다가 열반에 들기 전에 최후로 500명의 아라한과를 증득한 비구들에게 붓다가 열반에 든 이후에 비구들 서로 간에 어떻게 불러야 하는지에 대한 내용이 있다. 나이가 어린 비구가 장로를 접할 때는 '대덕大德'이나 '구수具壽(아유스맛āyusmat)'라는 말로써 존경을 나타내고, 장로는 어린 비구를 부를 때 그들의 이름과 성 또는 '친구'라는 표현으로 불러야 한다고 설하고 있다. 이로 보아 인도불교에서는 출가하였다고 하여 별도의 불명을 가지지 않았다는 것을 알 수 있다.
　불교가 중국에 들어와서 출가의 뜻으로 세속의 성명을 쓰지 못하게 하였으니, 성씨로서는 붓다의 제자라는 의미로서 샤캬의 음사인 '석釋'자를 쓰며, 불명佛名이라 하여 세속의 이름 대신 출가사문의 이름을 사용하게 된 것이다.

불자 특히 여인과의 사이에 차별을 두어 출가사문의 권위를 세우고, 성문 즉 슈라바카śrāvaka의 의미인 붓다의 가르침을 들은 제자들에서 비구니와 재가불자를 제외하고 오직 출가 비구승만으로 승가僧伽[26]를 한정하기에 이른다.

이렇게 하여 보수적이요, 전통적인 교단은 붓다의 신격화와 더불어 출가 비구승들은 비록 억겁의 수행을 요구하나 깨달음을 이룰 수 있는 경지 즉 아라한까지는 다다를 수 있다는 가능성을 설정하기에 이르렀다. 재가불자들은 출가하기 전에는 깨달음을 얻을 수 없으며, 더더욱 여인은 남자의 몸을 받기 전에는 불법을 이룰 수 없다는 차별상을 두어 불교 교단을 출가 비구승 중심의 교단으로 성격 지우게 되었다.

이에 반기를 든 진보 성향의 승려들과 재가불자들이 우선 공양을 올리는 것으로 공덕을 쌓기 위하여 스투파에 몰려든 민중들을 대상으로 붓다의 근본 정신, 중생 구제의 정신으로 돌아가자는 새로운 운동을 펴기 시작한 것이다. 이것이 대승불교라는 종교 운동이요, 또한 민중 운동이기도 한 것이었다. 이와 같이 교리 연구는 교단 내부에서 조차 분열을 일으킬 수 있는 요인을 스스로가 불러들이고 있었다.

설일체유부의 전통을 이어받은 남방불교에서는 지금도 여인의 출가를 금지하고 있다. 심지어는 대승불교의 전통을 이어받은 티벳 불교에서조차 여인의 출가를 허락하지 않고 있다. 유교와 도교의 영

---

26 승가僧伽란 상가saṃgha의 음사로서 화합중和合衆 또는 중衆이라 한역하며, 불교의 수행자들의 모임이라는 뜻으로 사부대중(비구, 비구니, 우바새, 우바니)을 통합하여 말하는 것이나, 후에 부파불교에 의해 승려-특히 비구승-들의 집단으로 각색되었음. 대승불교에서도 최초의 사부대중의 의미에서 점점 승려(비구 · 비구니)의 집단으로 변색되었음.

향을 받아서 그런지 아니면 토속적 문화에 의한 것인지, 혹은 두 요인이 함께 작용을 해서인지는 모르지만, 대승불교의 전통을 잇는 동양 삼국에서는 심산유곡에 사원을 짓고 여인 출입 금지구역으로 만들어 사원 자체를 성역화(?)하였던 과거도 있었다.

오늘날 티벳 불교가 미국과 유럽에 전파되어 서양인들 속에서도 출가하는 사람들이 더러 있다. 그런데 그들은 불교의 교리에 남녀의 차별이 없음을 내세워 여인의 출가 금지라는 전통을 따르지 않는다. 다만 티벳 사원에서는 출가할 수 없으니 여인의 출가를 허락하는 나라에 가서 계를 받고 티벳 승려의 옷을 걸치며 티벳 승려들과 함께 수행하는 모습을 볼 수 있다. 티벳 승려들도 그들의 전통을 타 국민에게 강요를 할 수 없어 그런지는 모르지만 그대로 내버려 두고 있는 것이 현실이다. 현대판 불교교단의 모순과 교단 분열의 전초를 보는 것 같다.

또 다른 예로, 아비달마 편찬에 몰두했던 승려들에 의해 불전에 묘사된 붓다의 내외적 상호는 붓다의 초인적이고 초능력적인 특징을 구상화하여 추종자들은 그들의 이상적 형상으로 바꾸어 놓았다. 그리고 외형적으로는 32상相 80종호種好를 설정했는데, 32상 80종호는 인도인들의 전설상의 전륜성왕이나 붓다에게만 나타나는 것이라 하여 그 누구에게도 나타나지 않는 특징으로 만들고, 내적 능력은 전지전능하다는 모든 인도의 신들보다 위에 올려 놓았다. 인간 붓다의 신격화는 그 절정을 맞이하는 모습이다.

실제의 붓다의 모습은 어떠하였을까? 샤캬무니 붓다 스스로의 인물상으로 아함부 경전에 나타나는 모습은 전지전능한 신이 아니라 지극히 인간적이다. 권위주의적인 모습은 찾아 볼 수 없을 뿐만 아니라 그의 설법을 듣는 모든 성문제자聲聞弟子들, 즉 출가자와 남녀 재가불자들을 막론하고 어떠한 차별상도 없다.

붓다는 스스로를 '인간'이라 표현하기도 하고, 자기를 소개하는 부분에서 '좋은 친구 같은 사람'이라 하였으며, 유부에서 주장하는 바와는 달리 그 누구라도 그의 속성俗姓인 고타마Gautama라고 부르거나 또는 세속적 호칭을 사용하더라도 전혀 개의치 않았다. 출가 성문이라 하여 깨달음을 얻을 수 있고 재가 성문이라 하여 깨달음을 얻을 수 없다는 편견은 아예 있을 수 없는 것이 불교의 교법이다. 어찌하여 불교도가 근본 불교교리를 왜곡하면서까지 힌두의 문화와 사상을 받아들여 폐쇄적인 교리연구에 몰두하고 그들의 아비달마 논서를 소의경전으로 삼았던 까닭은 무엇일까? 그 이유를 크게 나누어 두 가지로 볼 수 있을 것이다.

첫째 출가자의 신분과 그 성향에 따라 그들의 불교적 사상의 배경으로 작용하는 경우를 들 수 있다. 예를 들면, 출가 이전의 세속적 배경으로부터 완전히 탈피하지 못한 브라만교도였던 사람들이 그들의 사상을 불교에 조금씩 유입 내지는 접목함으로써 그들의 논서에서 점차 불교의 특성이 희박해져 가거나 아예 브라만교 또는 이교도적 사상을 불교의 근본교리인 것처럼 왜곡시키는 경우다.

둘째, 전통적 편력 유행의 수행법을 버리고 은둔함으로써 진보성향적인 일반 민중이나 불교도들로부터 외면당하자 살아남기 위한 타협으로 브라만교(힌두교)의 문화와 정신을 불교에 접목하기 시작함으로써 점차 불교 특유의 사상과 수행법이 희석된 경우다. 이러한 경향은 대승불교도들에게서도 엿볼 수 있다. 불교도라면 누구라도 한 번쯤은 외웠을 반야심경에서 이러한 경향을 찾을 수 있기 때문이다.

대승경전 가운데서도 가장 짧은 경전으로 알려져 있는 반야심경에 적지 않은 분량의 주문呪文[27]을 삽입하고 있다. 원시경전에서는 찾아볼 수 없는 현상이 대승경전의 발전과 함께 나타난 브라만교 내지는 힌두교의 영향이라고 할 수 있다.

그러나 오늘날 불교의 발전상을 보면 이러한 성향이 설일체유부와 같은 보수적 성향을 띤 불제자들에게만 있었을까 하는 의문이 인다. 불상이나 경전 자체를 신격화 내지는 우상화하여 그것에 제 3의 힘이 있는 것으로 믿고, 붓다의 가르침이나 경전상의 내용을 실천하기보다는 그저 맹목적 믿음으로써 불자의 역할을 다하는 것으로 아는 승려 내지는 재가불자들이 이 시대라 하여 없다고 할 수 없는 현실 때문이다. 아니 대부분의 불자가 여기에 속할 것이다. 불교가 우상숭배나 하는 미신쯤으로 대접을 받게 되는 근본 원인을 불교도 스스로가 제공하고 있는 꼴이다.

이 점은 대승불교에서 지향했던 붓다의 교법(달마dharma) 즉 진리에 대한 믿음(신信)의 불교, 논리 또는 철학적 교리(아비달마abhidharma)보다는 중생구제의 실천행을 보여준 붓다(불佛)에 귀의처를 두었던 전통

---

27 흔히 주문呪文을 다라니dhāraṇī라고 하며, 총지總持 또는 능지能持라고 한역함. 범문梵文의 주문을 번역하지 않고 그대로 독송하는 것으로 일자일구一字一句에 무한한 의미를 내포하고 있다고 하며, 주문을 외우면 그 어떠한 장애도 제거할 수 있고 갖가지 공덕을 받을 수 있다고 알려져 있다.
일반적으로 짧은 주문을 진언이라 하며 긴 것을 다라니라고 한다. 흔히 천수경에서 '신묘장구대다라니'라고 하는 긴 주문이 이에 속하며, '옴마니반메훔Oṃ maṇi padme hūṃ'이 진언에 속한다. 후자는 한국 불자들이 흔히 외우는 주문이지만, 티벳이나 몽골, 네팔의 불교도가 연화수보살蓮花手菩薩에게 극락왕생을 기원할 때 외우는 주문으로 일체의 지혜, 해탈, 구제, 복덕의 근원이 되는 것으로서 6자字로 되어 있어 '육자대명주六字大明呪'라고도 한다. 이 연화수보살蓮花手菩薩이란 여의보주를 갖고 연화좌에 앉아 있는 여의륜관음如意輪觀音이라고도 한다.

이 변질되어, 믿음은 맹목적 미신으로, 숭배의 대상이었던 인간 붓다는 우상에 지나지 않는 불상佛像으로 둔갑한 까닭이다. 교단 내부의 부패에 의해 예나 지금이나 불교는 단지 호구지책糊口之策의 수단으로 변질되었으니 교단은 그들에게 먹고 살기 위한 시장바닥이 되었을 뿐이다.

붓다의 가르침은 머지않아 전 인도와 이웃나라에까지 전파되었지만, 교단 내에서의 정법이 약 500년 간 이어졌을 뿐, 그 후 타락하기 시작한 인도불교가 바로 상법에 속한다. 이후 12C~13C경 힌두교와 이슬람교의 공격을 받아 불교는 그 탄생지로부터 사라졌으니, 불교교단이라 하여 어찌 성주괴공 하는 자연법이의 진리에서 자유로울 수 있었을까. 힌두 사회와 그 문화 속에서 살아남기 위하여 받아들였던 힌두교에 의해 불교는 탄압을 받았으며 기어이 견디지 못하고 무너져 버린 것이다.

정법에 속한 인도불교의 정통성이 교단 내부에서부터 점차 희박해지자 대승불교의 봉기는 자연법이의 진행 속에서 자연스레 일어났으며 그리고 새로운 국면으로 성장하였다. 이렇게 하여 현실적이요, 실천적인 불교를 지향하는 진보성향의 출가자와 재가불자들은 폐쇄적이요, 은둔적인 승가로부터 떨어져 나가 새로운 불교를 향한 대중운동을 전개하였으니, 대승불교의 봉기는 사람들이 모여드는 스투파를 중심으로 하여 점차적으로 여러 곳에서 일어나게 되었다.

대승불교는 승가의 폐쇄적이고도 이론적인 법(아비달마abhidharma)의 불교에서 현실적이고도 실천적인 믿음(붓다Buddha)의 민중운동이며, 승가의 은둔적 수행의 개인 지향적 깨달음의 불교에서 이타적 중생구제의 승가saṃgha의 불교운동이었다. 그들과 함께 대승불교를 전개하고자 나선 대중부에 속한 승려[보살승]들과 재가불자들을 일컬어 보살菩薩(보디샷트바bodhisattva; 보디샷타bodhisatta)이라고 부르며, 그들은 아 뇩다라삼먁삼보리[완전한 지혜의 완성]를 향해 마음을 일으켜 중생구제 의 실천행을 현실화하였다.

'보디샷트바'라는 말의 근원을 찾아보면,『자타카Jātaka』나「연등불수 기燃燈佛授記」등에 붓다의 전신이 보디샷트바였다고 하는 내용이 나 타난다. 그러면 보디샷트바라는 말은 언제부터 사용되었던 것일까? 많은 불교 학자들에 의해 연구되어진 바를 요약하면 5부部 빠리Pāli 경전[28] 중 소부小部를 제외한 4부 니카야Nikāya와, 한역경전인 아함부 의『장아함경長阿含經』과『증일아함경增一阿含經』에는 보디샷트바라는 단어가 나타나지만, 룸비니 동산에 세워진 아쇼카 왕의 석주 비문에 는 보디샷트바라는 단어가 나타나지 않는다. 그러니 보디샷트바라 는 단어가 아쇼카 왕의 석주가 세워진 이후부터 4부 니카야나 아함 부 경전이 나타난 사이쯤이라고 보아서 큰 문제는 없을 것이다. 사실 언제부터 보디샷트바라는 단어가 사용되었는지에 대해 많은 석학들 이 머리를 짜내고 있지만, 그 문제가 그다지 중요하다고 여겨지지 않 는다.

초기불교 경전에 보살행으로서의 중생 구제가 비록 어떠어떠한 덕목이 중생 구제에 속한다고 규정하고 있지는 않지만 초기 교단의 편력 유행이 즉 중생 구제의 행에 속할 것이다. 보살행은 유마경에서 도 논하고 있는 사무량심이라든가 사섭법, 십선법 등 초기경전에 나

---

28 빠리 경전이란 다량의 문헌을 지닌 남전南傳 불교 경전[초기경전]에서 주로 사용된 언 어가 빠리Pāli어로서 아리안 계통의 언어로 알려져 있다. 지금도 스리랑카를 중심으로 남 방불교국가 등지에서 빠리어를 사용한 문헌이 등장한다.

타나는 붓다의 근본 정신에 그대로 드러나 있기 때문이다. 단지 보디
삿트바라는 단어와 대승이라는 말이 필요했었던 이유는 기존의 폐
쇄적이고 독단적이며 은둔적이면서 보수적인 교단에 반기를 든 대
중운동에 의한 것이지, 대승불교적 사상이나 보살적 수행이 초기불
교 시대에 없었던 것은 아니다.

그러면 보살행이란 도대체 무엇이며 언제부터 있었던 것일까?
샤캬무니 붓다가 깨달음을 얻기 위한 수행은 교리 연구와는 하등 연
관이 없는 자기희생적 편력 유행이라든가 단식 등의 고행 그리고 명
상이었다. 그리고 깨달음을 얻은 후 제자들에게 삼법인[제행무상諸行
無常, 제법무아諸法無我, 열반적정涅槃寂靜]의 진리와 연기법, 사성제, 팔정
도, 사무량심 등의 불교의 기본적인 가르침으로 올바른 명상에 들어
깨달음을 얻을 수 있도록 유도하였다. 그러나 무엇보다 중요한 수행
은 최초의 교단 구성원이었던 다섯 비구 ─ 붓다가 깨달음을 얻기 전
에 함께 고행하던 수행자 ─ 와 60명의 샤캬족 출가자들에게 각자 흩
어져서 붓다의 교법을 전하게 하였던 편력 유행을 통한 중생 구제였
던 것이다. 즉 달리 말하면 초기의 불제자들의 수행은 중생 구제의
활동이었다.

여기서 간과할 수 없는 점은 샤캬무니 붓다는 왜 최초의 제자들
을 중생 구제로 내보냈으며, 무엇으로 어떻게 구제하라는 것이었을
까 라는 의문이다. 대승불교에서 논하는 '중생 구제'란 초기불교 시
대에는 무엇을 뜻하는 것이었을까? 붓다 스스로도 그러하였지만, 출
가하였으니 가진 것이 없어 물질적인 중생 구제란 불가능한 이야기
다. 또 수행한 지 얼마 되지 않았으니 ─ 붓다와 함께 고행을 했던 다
섯 비구를 제하고 ─ 도력이 있을 리 없고, 그러니 신통이나 특출한 지

혜로써 사람들을 도울 수 있는 능력도 없었을 것이다.

중생 제도란 흔히 불교의 교법을 믿어 지혜를 얻고, 깨달아 부처가 되게 하는 것이라는 원론적인 의미는 여기에서는 무의미하다. 이렇게 생각하는 까닭은 브라만 계급이거나 속세를 벗어나서 수행을 하는 종교적 생활을 하는 사람들을 제외하고는 깨달음의 세계에 관심을 가질 수 있는 사람이 얼마나 될까 하는 의문이 일기 때문이다. 그렇다면, 당시에 현실적으로 중생을 구제한다는 것은 무엇을 의미하는 것일까?

중생 구제에 나선 붓다의 제자들의 도움이 필요한 사람들이라면 당시의 인도 사회에 가장 만연하였던 사회악 내지는 무지에 의한 악습으로 고통을 받거나 또는 지배자들에 의해 억압받는 피지배자들이었을 것이다. 붓다의 제자들이 중생 구제를 위해 접근한 방법도 중생의 고통에 대한 물질적이고 외부적인 것이 아니라 근본적인 해결을 추구하려는 것이었을 것이다. 그 근본적인 해결이라는 것은 핍박받는 개개인의 정신세계의 혁신, 즉 인종차별제도에 대한 저항 수단으로서 물리적인 방법이 아니라 정신적인 재무장을 통하여 이루려는 것이 당시 초기 교단이 추구하였던 중생 구제였을 것이다.

카스트 제도에 핍박받던 하층민들의 정신적 재무장을 통한 구제에 나선 붓다의 제자(젊은 수행자)들이 캐치프레이즈로 들고 나선 것이 제행무상諸行無常이요 제법무아諸法無我다. 이 세상에는 항구 불변하는 것은 아무것도 없으며, 태어나면서부터 정해져 있는 운명을 살아야 할 아무런 주체(영혼, 자아)도 없다고 만인에게 공표함으로써 하층민 스스로는 물론, 인종차별이 만연한 인도 사회에 새로운 종교관과 인생관, 그리고 사회관을 퍼뜨린 것이다. 만인을 평등하게 보며 기존의 인종차별적 악법과 악습에서 벗어날 수 있는 지혜와 기존 세력과 싸울 수 있는 용기, 그리고 정신적으로나마 그들의 핍박으로부터 벗어날 수 있는 기회를 안겨주는 것이 초기 불자들의 중생 구제였을 것이다. 기존 브라만의 세력에 핍박받던 하층민들을 불교도로 인도하여 깨달음에 이르게 한다는 불교의 원론적인 중생 구제는 여기에서는 그다지 의미가 없어 보인다.

붓다의 제자들이 중생 구제의 가르침으로 내세운 제행무상이나 제법무아를 불교 교리적 측면에서 볼 것인가 아니면 종교사회학적인 관점에서 볼 것인가에 따라 초기 인도불교의 이해는 크게 달라진다. 교리적 관점이란 승단의 수행 차원에서 기존 종교관에 의한 고정관념에서 벗어나 혁신적인 자기 개혁으로 모든 속박에서부터 벗어나 해탈에 이를 수 있다는 길의 제시를 말한다. 사회학적 관점이란 붓다의 가르침이 인도 사회에 끼친 영향으로서 기존 종교관에 기인한 인종차별을 근본부터 부정하며, 인도의 기존의 지배계급 세력에 저항하는 종교개혁을 의미한다. 사회학적 관점에 대해서는 다음 항, 〈인도불교의 멸망〉에서 좀 더 자세히 논하려 한다.

우선 교리적 측면에서 보면, 제행무상의 가르침은 열반경에 "제행무상諸行無常 시생멸법是生滅法 생멸멸이生滅滅已 적멸위락寂滅爲樂 – 만물은 무상한 것, 이것이 생멸〔윤회〕의 법이니, 이 생멸의 법을 멸하면, 〔인생 고뇌로부터 벗어난〕 적멸의 낙이니라."라고 한 것에서도 알 수 있듯이, 불교가 브라만교를 바탕으로 한 차별문화에서 벗어날 수 있는 가장 근본적인 사상이다. 무상한 것으로부터의 집착에서 벗어나 그로부터 일어나던 모든 번뇌 망념을 멸하는 것이야말로 진정한 적멸이며, 이 적멸이 바로 해탈이라는 것이다.

이 게송을 달리 설산게雪山偈라고 하며, 이 명칭은 붓다가 과거세에 설산(히말라야)에서 고행을 하였을 때 설산동자라 불렀던 것에 기인한다. 불멸의 진리가 어떻게 차별적이며 왜곡된 문화를 지닌 한 사회와 나라를 혁신할 수 있었는지, 그 이전에 한 개인인 수행자의 삶부터 혁명을 가져다 주게 된 동기를 여기서 잠시 소개하려 한다.

제석천帝釋天(석제환인釋提桓因)은 아뇩다라삼먁삼보리[29]를 얻기 위한 설산동자의 고행이 얼마나 확고한 것인지 시험하기 위해 나찰로 화해서 윗 게송 전반을 읊었다. 어떻게 지혜를 얻을 수 있는지 가르쳐 줄 붓다가 없던 무불無佛시대에 지혜의 완성을 이루기 위해 노심초사하던 설산동자의 귀에 "제행무상諸行無常 시생멸법是生滅法"이라는 게송이 들려 왔다. 진리의 가르침임을 알아들은 설산동자는 누가 이 게송을 읊었는지 몹시 궁금하여 주변을 살폈으나 읊을 만한 사람은 발견하지 못하고 흉악한 나찰만 발견했을 뿐이다. 행여흉악하기 짝이 없는 나찰이 진리의 게송을 읊었으리라고는 믿지 않았지만 주변에 나찰 이외에는 아무도 없었다. '설마 저 나찰이…'라고 스스로를 의심하면서도 나찰에게 그 게송을 읊었는지 물었다. 의아하게도 그 게송은 나찰로부터 설해진 것이었다.

전반의 두 게송(시구)으로써는 생生이 무상한 것인 줄은 알 수 있지만 그러나 어떻게 살라고 하는 것인지에 대한 가르침이 없다는 것을 알아차린 설산동자는 나머지의 가르침도 알고 있는지를 물었다. 물론 나찰은 알고는 있지만 그냥은 말해 줄 수는 없고 지금 배가 몹시 고프니 그대(설산동자=붓다)의 육체를 먹이로 준다면 말해 주겠다고 한

---

29 지혜의 완성이라는 의미. 서막 각주 9 참조.

다. 마지막 두 구句를 듣고 싶었던 설산동자는 조금도 망설이지 않고 높은 곳으로 올라갔다. 나머지 구절 "생멸멸이生滅滅已 적멸위락寂滅 爲樂"을 나찰이 읊자 설산동자는 약속대로 뛰어 내렸다. 나찰은 본래의 제석천의 모습으로 화하여 떨어지는 설산동자를 구하였다.[30]

이 이야기는 보살의 구도정신을 나타내는 자타카의 한 예로서, 설산동자는 곧 붓다가 과거세에 보살로서 수행할 때의 이름이다. 사원의 벽화 가운데 절벽에서 뛰어내리는 젊은 수행자와 그 아래에서 입을 벌리고 있는 나찰의 그림이 설산동자를 배경으로 한 자타카의 내용이다. 설산동자의 스토리는 흔히 자타카Jātaka[31]에 나타남직한 지혜의 완성을 위한 자기희생적 보살행을 근본으로 한다.

대승불교의 현실적 실천행을 새로운 종교운동 또는 불교운동으로 규정하나, 그렇다고 하여 대승적 실천행이 새로운 것은 아니다. 전통적이자 보수적이며 전문성을 요구하는 불교를 비판한 운동이 대승불교라는 것이다. 붓다 재세시에 중생 구제의 실천운동이 대승불교의 효시며 그 실천행을 수행하는 제자들이 바로 보살이요 그들이 실천했던 수행이 보살행이었다.

유마경에서도 논하고 있지만, 대승불교가 표면화되고 대승경전

---

30 또 다른 줄거리로는 설산동자가 높은 곳에서 뛰어내리기 전에 나찰이 후반의 두 문구를 설하자, 설산동자는 그 완전한 법문을 죽기 전에 남기기 위해 이곳저곳 나무나 바위에 새겨 두고 나찰을 향하여 뛰어내렸다고 한다.

31 자타카Jātaka는 한역으로 본생담本生譚, 사타가闍陀伽라고도 하며 고대 인도의 불교설화의 하나라고 하나, 불교 이전에 인도에 퍼져 있던 교훈적 민화民話를 불교에서 차용하여 불교설화로 발전시킨 것이다. 그러므로 자타카의 본래의 의미는 인도의 교훈적 설화 내지는 민화를 의미한다. 이러한 자타카의 설화는 발후트Bhārhut의 조각에 남아 있으며, 그 조각에는 붓다의 전생인 보살이라는 의미나 붓다에 관한 이야기는 나오지 않는다. 발후트의 스투파는 인도의 숭가Śuṅga 왕조(185BC.~72BC.) 시대의 건조물로서 1873년 영국 군인이었던 컨닝햄 알렉산더Cunningham Sir Alexander에 의해 발견, 세상에 알려졌다.

이 유포됨에 따라 보살행이란 어떤 것인지에 대해 정의를 내리기 시작한 것이지, 대승불교 운동이 일어난 후 보살행이 새로이 시작된 것은 아니다. 단지 당시에는 대승이라거나 그것에 대한 소승이라는 개념 자체도 없었고, 특별히 그러한 수행을 하는 제자들을 구별하여 보살이라고 불러야 할 이유도 없었다. 유마경에서도 소승이라는 단어를 사용하고 있지만, 대승보다 열등하다는 의미로 받아들이는 것은 종교인으로서의 자세뿐만 아니라 상좌부〔테라바다Theravāda〕 불교를 이해함에 있어서도 올바른 태도는 아니다.

여기서 대승과 소승에 대한 간단한 구별을 하자면, 깨달음을 향한 수행 덕목이 자기중심적으로 더 치우친 입장을 소승이라고 하며, 깨달음을 향한 수행 덕목이 자기 희생적인 성향을 띤 입장을 대승이라고 할 수 있을 것이다. 대승에 있어서 자기희생의 대상이 사람에 한정하지 않고 뭇 중생에게까지 미치고 있다.

예컨대 요즈음 애완동물을 버리는 사람들이 많아졌다고 하는데, 사람의 손길이 닿지 않으면 애완동물들의 삶은 야생동물보다도 더 비참해진다. 유기된 애완동물들을 돌봐주는 사람들을 달리 말하면 현대판 보살들이 아닐까. 자기희생적 수행을 달리 말하면 보살행이라고 할 수 있을 것이다.

대승불교를 뜻하는 '마하야나mahāyāna'라는 말이 처음으로 보이는 것은 반야부 경전 중 가장 오래된 것으로 알려진『팔천송반야경八千頌般若經』이라고 한다. 여기에 나타나는 〔육〕바라밀행이 대승불전에서 보살행의 덕목으로서 제시하고 있는 것 가운데 최초라고 볼 수 있다. 이후 유마경에서는 보살행이 어떠한 것인지 한가득 그 예를 쏟아내고 있지만, 기본적으로 붓다가 되기 위한 수행덕목이 반야바라밀이라는 것이며, 모든 여래가 다 이 반야바라밀에 의지하여 붓다가 되었다고 하는 것이 보살행에 대한 반야경의 요지다. 유마경에서도 어떠한 사람이 보살인지 그 정의를 내리고 있지만, 많은 학자들에 의해 정의한 바를 간략히 요약하면, 보살bodhisattva(보디삿타bodhisatta)이란 '지혜(보디bodhi)를 구하고 있는 유정有情으로서 지혜를 얻을 것이 확정되어 있는 유정'이라고 할 수 있을 것이다.[32]

인도 불교의 멸망

기존의 인도 종교관은 기원전 15C~13C경 인도에 침입한 아리안 족에 의해 만들어진 것이다. 그들은 4성계급제를 만들어 원주민인 드라비다Dravida 족과 문다Munda 족 등 모든 피지배자들을 최하층 계급인 노예계급으로 분류, 그들의 시중을 들게 하였다. 뿐만 아니라 사성계급제도는 한번 정해지면 자자손손 그 신분을 바꿀 수도 없지만, 직업 또한 바꿀 수 없도록 종교적 배경을 설정해 두었다.

인도의 전통종교 즉 브라만교와 그 교리로부터 파생된 차별문화, 소위 카스트 제도의 근저에는 브라만Brahman이라는 항구 불변하는 우주의 근본원리이자 창조주로서의 존재, 그리고 그 성질을 그대로 지닌 개인을 지배하는 원리인 아트만이 있다. 이 아트만을 피조물에게 주입시킴으로써 운명론적 탄생이라는 독특한 문화가 창출된 것이다. 또한 카스트 제도를 지키기 위한 수단으로 아리안 족과 피지배

---

32 히가타 류쇼干潟龍祥, 『본생경류의 사상사적 연구本生經類の思想史的研究』, 산희방불서림山喜房佛書林, 동경東京, 1978, p. 57.

계급 간의 혼혈을 막고, 이를 어긴 자들을 불가촉천민不可觸賤民[33]이라 하여 4성제에도 들지 못하는 인간 이하의 위치에 내려 놓았다.

아리안 족의 사성제四姓制 제정으로 지배계급의 피지배계급에 대한 영원한 지배욕을 근본으로 한 종교적 근간을 이룬 것이 이른바 브라만교(후의 힌두교)며, 이것은 변할 수 없는 진리라고 하여 인도인들은 사회계급문화를 종교와 결부시켰다. 물론 아리안 족으로 구성된 브라만 계급이거나 크샤트리야, 바이샤 출신은 각자의 출신으로서 자자손손 불변하는 운명을 지니고 태어나지만, 요가수행을 통해 아트만과 브라만이 둘이 아님(범아일여梵我一如)[34]을 깨달음으로써 고통의 세계에서 벗어나 영원한 행복의 세계(해탈)에 도달한다는 종교관을 지녔다. 또 이들은 요가(명상)수행에 의해 더 나은 생으로 다시 태어날 수 있다고 하여 재생족再生族이라고도 한다.

물론 노예집안에서 탄생한 후손은 노예라는 아트만을 지녔으므로 자자손손 노예다. 이들은 어떠한 수행이나 공덕을 쌓는다 하더라도 바뀔 수 없다고 하여 일생족一生族이라고도 한다. 기득권자들에 의해 그 기득권을 놓지 않으려는 욕망 위에 카스트라는 불평등의 인

---

33 아리안 족들이 인도의 선주민 즉 피지배계층과의 혼혈을 막기 위해 바루나varuṇa(원래는 '색'이라는 의미 즉 피부의 색으로써 카스트 제도를 설정하는 근간이 되었음.) 신神을 제정, 그들 자신을 '아리안 바루나'라고 하며 피부색이 짙은 선주민들을 다사 바루나Dāsa varuṇa라고 하여 차별을 두었다. 바루나는 자티jāti(탄생의 의미)와 결합하여 인도 사회의 계급제도를 피부의 색으로써 서열을 정하는 근간으로 삼았다. 토속병에 저항력이 없는 아리안 족들이 인도의 선주민들과의 혼혈에 의해 병에 걸리자 이를 막기 위해 타 민족과의 결혼을 금지시켰다고도 함.

34 범아일여梵我一如 사상을 불이일원론不二一元論이라고도 한다. 이때의 범梵이란 신이라는 의미가 아니라 태초부터 존재하는 생명의 근원 혹은 우주의 원리라는 의미며, 브라만교의 성전인 베다에 의하면, 개인의 실체로서의 아我(아트만)와 우주에 두루 존재하는 범梵(브라만)이 둘이 아님을 깨달음으로써 모든 속박으로부터 자유의 몸이 되며 고통에서 벗어나 궁극의 해탈을 이룰 수 있다고 한다.

종차별제도를 만들고, 그 제도를 뒷받침할 종교적 · 철학적 체계를 갖춘 것이 부분적이나마 인도의 종교요, 문화다.

이러한 종교와 문화를 지닌 사회에서 초기 불교승려들의 편력 유행을 통한 중생제도는 카스트 제도를 아무런 저항 없이 하나의 문화로 받아들이는 피지배자들, 무지에 의해 차별이 차별인지도 모르며 어리석게 살아가는 사람들을 깨우치게 했던 계몽운동이었다. 또한, 지배자들에 의해 설정된 카스트 제도 속에서 태어나면서부터 노예며 자자손손 노예로부터 벗어날 수 없다는 사상적 설정, 그 설정을 뒷받침하는 철학적〔베다Veda[35]→우파니샤드〕, 종교적〔바라문교→후의 힌두교〕체계화로부터 벗어나, 가상적 현실세계[36]를 부정하고 진리의 현실세계에 눈뜨게 하는 민중운동이었다. 즉 붓다의 제행무상諸行無常 제법무아諸法無我의 가르침은, 인도의 전통적 사고思考며 또 그 사고가 카스트 제도의 근간을 이루는 아트만ātman 사상[37]〔자아의 본질 또는 영혼〕을 근본적으로 부정하는 무폭력 혁명이었던 것이다.

브라만교를 바탕으로 하는 인도 사회에서 불교교리의 위치는 기존세력에 대한 사상적 · 문화적 이단아였으며, 그 영향은 기존 세력

---

35 베다Veda란 인도의 가장 오래된 종교문헌으로서 바라문교의 근본성전이다. 인도의 종교 · 철학 · 문학의 근본이라고 할 수 있으며, 그 기원은 BCE 1500년경 인도의 서북지역에 이주한 아리안Aryan 족이 다양한 자연신을 찬미한 이래 약 1000년 간에 걸쳐 이루어 진 것이다. 베다Veda에는 최고의 리그 베다Ṛg Veda, 사마 베다Sāma Veda, 야주르 베다 Yajur Veda, 그리고 아탈바 베다Atharva Veda로 분류하고 있다.

36 여기서 '가상적 현실세계'란 실재하지 않는 사상이나 이론, 가식, 거짓 등이 표면적으로 진실인 것처럼 받아들여져, 그것으로 인하여 있는 그대로의 현실세계를 보지 못하는 것을 말함.

37 아트만ātman이란 인도 철학의 근본원리의 하나로 '호흡' 또는 '생명원리'라는 의미가 있으나, 발전하여 일반적으로 개인의 심신 활동의 기초 원리로서 자아의 본질 또는 영혼이라는 의미로 받아들여지고 있다. 우파니샤드Upaniṣad 철학에서는 이 아트만이 브라만─우주의 근본원리─과 동일 즉 범아일여梵我一如라고 보며 이것이 궁극의 진리라고 함.

을 뒤엎을 수 있는 혁명적인 것이었다. 혁명은 혁명이되 무혈혁명이며, 종교혁명이요, 문화혁명이라고도 할 수 있을 것이다. 인도 사회에 불교가 치켜든 깃발은 만물의 창조주인 신을 내세우는 브라만의 사상과 교리를 부정하는 표상이었다. 그리고 브라만교를 바탕으로 한 카스트 문화와, 지배층과 피지배층 간의 계급사회를 근본부터 흔들어버리는 제행무상諸行無常이요, 제법무아諸法無我의 도리를 깨달음으로써 인간이면 누구든지 차별 없이 최후의 경지인 열반적정涅槃寂靜에 이를 수 있다는 가르침이었다.

　인도의 범신론적 종교사회에 불교를 불교라고 할 수 있게 특색지을 수 있었던 3법인의 가르침은 불교 교리적 관점에서 이해하기보다는 종교사회학적 관점에서 바라볼 때 불교가 인도 사회에 끼친 영향은 한층 더 커진다. 그러므로 제행무상을 단순히 "만물은 항상 하는 것이 없고 한시도 가만히 있지 않고 변한다."는 의미만으로 이해하면, 설사 그 의미가 진리라고 하더라도 인도불교와 그 문화를 이해하기에는 한계에 봉착한다. 불교의 3법인의 의미를 종교사회학적으로 접근할 때 그 의미는 한층 더 뚜렷해진다. 인도불교에 있어서 제행무상의 의미는 오히려 인도의 전통적 종교와 문화의 근간을 뿌리부터 뽑으려는 혁명적 사고에 더 큰 의미를 내포하고 있다.

　여기서 제행무상이요, 제법무아라는 가르침은 항구 불변하며 만물의 창조주인 신神(God)도 존재하지 않으며 자자손손 불변하는 출신성분의 주체도 없다는 의미로서 인도 사회에 커다란 반향을 일으킨 것이다. 물론 이러한 교리의 실천행으로 붓다의 교단은 그 구성원으로서 노예 계급인 수드라Sūdra나 불가촉천민(혼혈인)들이 포함되었다는 것은 말할 나위도 없다. 이러한 붓다의 교법을 근본으로 한 불교도의 수행법 또한 인도 사회에 커다란 반향을 일으켰을 것이다. 불교 교단에 수드라 계급 즉 노예 계급에 속하는, 아리안 족의 인도 침입 이전의 선주민들이 아무런 차별 없이 붓다의 제자로 받아들여졌다는 사실이 이를 증명하고 있다. 붓다의 10대제자 중 지계제일의 호칭을 얻은 우파리Upāli 존자가 바로 샤캬 족의 이발사였던 수드라 계급이었다.

이와 같이 불교의 수행법은 스스로의 무지에 대한 지혜의 증득(상구보리上求菩提)이며 타인의 무지에 대한 구제운동(하화중생下化衆生)이었다. 이 중생 구제 운동이 바로 대승적 사상을 근본으로 한 보살행이며 초기의 뭇 성문들이 행하였던 수행이었다. 다만 그러한 수행에 대승이라거나 보살행이라는 그 어떠한 이름도 붙일 필요가 없었을 뿐이며, 그런 까닭으로 보살행이라는 이름 자체도 불교교단의 초기에는 없었다.

불교적 용어로 중생 구제라고는 하나 사실 이 활동은 최초로 인도 사회의 카스트 제도를 타파한 종교(불교)운동이었으며, 불교의 사회운동이요, 무혈혁명이었다. 이것은 또한 인도의 독립을 이끈 간디의 사상적 원천이며 힌두로부터 불가촉천민의 해방을 주도한 암베드칼 Bhīmrāo Rāmjī Ambedkar(1891~1956)의 정신적 지주이기도 하다.

현대 인도에서 카스트 제도가 법적으로는 사라졌다고 하지만, 카스트 제도는 지금도 인도 사회 곳곳에 암적인 요소로 엄연히 존재하고 있는 것도 사실이니, 2천여 년 전 붓다 당시에는 말할 필요도 없을 것이다. 가히 상상이 되는 부분이다. 근대에 들어와 불가촉천민 출신인 암베드칼의 영향에 힘입어 힌두교도였던 많은 슈드라나 불가촉천민들이 불교로 개종하거나 또는 자이나교나 기독교, 이슬람교로 개종하는 현상은 진정한 종교인으로서의 자기혁신이라기보다, 어쩌면 힌두의 인종차별적 문화로부터 벗어나고자 하는 노력으로 보는 것이 더 타당할 것이다.

이러한 불교의 반 브라만교적 성향은 브라만교도들의 격렬한 저항을 가져왔으며, 붓다의 생존시에 늘 있었던 사건으로 경전의 이곳저곳에서 그 흔적을 볼 수 있다. 불교의 기본 교리가 숙명적으로 기존 인도 사회의 기득권자들에게 위협적이었다는 점이 불교가 그 탄생지인 인도에서 멸망할 수밖에 없는 운명이었을 것이다. 유마경은 물론 대승경전의 말미에 미륵보살에게 미래세의 불교를 부촉하고 아난존자에게 지금까지 설한 경전을 수지하고 널리 유포하게 한 것도 인도 사회가 안고 있는 종교적 · 문화적 배경이 결코 불교에 관대하지 않았다는 것과 무관하지 않을 것이다.

그리고 인도인들이 숭배하는 여러 신들을 불교를 옹호하는 수호신으로 경전에 등장시키는 것도 인도인들에게 불교는 외래의 종교도 아니고 더더욱 인도의 정신과 문화에 반하는 것이 아니라는 것을 내보이기 위해서였을 것이다. 경전상으로는 그 신들이 불교의 교법에 이바지하는 어떤 가르침이거나 교단이 본받아야 할 정신적 역할을 하는 것도 아니다. 유마경에서도 보이고 있듯 단지 교단을 수호하는 역할을 맡고 있을 뿐이다. 불교교단이 인도의 기존 종교와 문화로부터 얼마나 위협을 받아 왔었는지 또는 역으로 불교교단이 인도의 지배계급사회에 얼마나 위협적인 존재였는지 짐작이 가는 부분이다.

이러한 의미에서 많은 샤캬 족의 젊은이들이 출가의 길에 올랐다는 뜻을 반드시 수행하여 도를 얻기 위해서라고 볼 수는 없다. 당시 브라만교도들이 붓다의 깨달음을 의심하여 그를 따르는 젊은 브라만들이나 다른 계급 출신자들을 붓다의 꾐에 빠져 일도 하지 않고 빌어먹는 무리들이라고 힐난했었다. 인도의 전통적 종교와 문화에 기반을 둔 기존 세력에 반기를 든 붓다와 그의 추종자들에게 브라만 교도들은 위협의 존재였음을 간접적으로 증명하는 부분이다.

샤캬 족의 젊은이들에게는 붓다의 존재가 단지 깨달음을 얻은 정신적 지도자로만 다가왔던 것은 아닐 것이다. 그들에게 있어서 붓다는 그들이 받들어 모셔야 할 정치적 지도자였으며, 종족의 어른이었고, 존경의 대상이었으니 붓다와 불교 교단을 이단시 하는 브라만 교도들로부터 보호해야 할 당연한 이유가 되었을 것이다. 샤캬 족들이 유행병처럼 출가했던 까닭이 붓다를 수호해야 할 목적이 없지 않았다는 의미다.

유마경은 물론 그 밖의 여러 경전에도 샤캬 족의 젊은이들뿐만 아니라 많은 부류의 사람들이 붓다를 수호하는 역할을 했던 내용이 나온다. 불교교단을 외부의 비불교도들로부터 수호해야 할 이유는 불교교단 스스로가 안고 있기도 하지만, 파화합승破和合僧[38]이라 하여 내부로부터 화합을 깨뜨리는 죄를 가장 엄한 죄목 중 하나로 취급하였던 것도 당시의 상황을 잘 설명하고 있는 부분이다. 인도에서 불교가 사라진 것은 12C~13C경 힌두와 이슬람의 공격으로 불교사원은 그 자취를 감추게 되었던 것이 역사적 사실임에는 틀림없다. 힌두와 이슬람의 공격으로 불교교단이 쇠퇴한 것인지, 교단의 분열에 의해 쇠퇴한 것인지에 대해서는 갑론을박해야 할 이유가 없어 보인

---

38 파화합승은 오역죄 또는 오역五逆의 하나로서 다섯 종류의 죄악을 말한다. 부父·모母·아라한을 죽이거나, 불신佛身에 상처를 내거나, 승단의 화합을 깨뜨리는 자는 무간지옥에 떨어진다고 함.

다. 두 요소가 다 작용하였다는 뜻이다.

불교학에서 불교의 흥망성쇠를 정법正法 상법像法 말법末法, 3기로 구분한다. 정법이란 붓다의 열반 이후 500(혹은 1000)년 간을 말하며 올바른 가르침이 전해지고 그 가르침으로 깨닫는 자가 있다고 한다. 상법은 정법의 다음 500(혹은 1000)년 간을 말하며, 올바른 교법은 전해지지만 진실한 수행이 행해지지 않아 깨닫는 자가 없다는 시기다. 말법이란 상법이 지난 이후부터 만 년 동안을 말하며 더 이상 붓다의 가르침은 세상에 남아 있지 않고 수행하는 자도 깨닫는 자도 없으며, 단지 교법만 면면히 이어지는 시기를 말한다. 이 시기가 지나면, 미래의 부처로서 탄생할 미륵불의 세계가 열린다고 한다.

1203년 이슬람교도들의 습격으로 파괴된 비크라마시라Vikramaśīra 사원을 비롯해서 많은 대 사원들이 파괴되고 승려들이 살해당하는 것으로 보면 불교를 낳은 인도 사회는 불교를 버리기까지의 시간적 배려를 정법과 상법까지로 한정한 것 같다. 이 시기에 불교 최대의 대학이었다고 하는 나란다 대학도 파괴되었다고 하니 제행무상이 달리 없다.

한 나라의 체계가 무너지고 법이 사라지면 혁명이 일어나고 새로운 세상이 열리는 것과 같이 불교 교단에 있어서도 그러한 자연법이의 진리로부터 자유롭지 못하였다. 카스트 제도의 설정으로 인종차별이 만연한 인도 사회는 붓다의 3법인法印의 가르침으로 만인평등의 사상이 한때나마 전 인도를 휩쓸었다. 혁명이 일어나고 새로운 사상체계가 세워지면 계체수문繼體守文[39]이라 하여 당분간은 혁명으로

---

39 계체수문繼體守文이라 함은 무력으로 창업한 군주의 계승자가 무력을 가하지 않고 문文으로써 나라를 다스려 백성을 안심시키는 시대.

이룬 체계와 사상은 이어지고 그 법도는 지켜지게 마련이다. 붓다의 정법이 한동안 인도 사회에 영향을 미쳤던 시대가 이에 속할 것이다. 계체수문이 어느 정도 이어지면 서서히 그러한 체계에 타성이 생겨 질서는 무너지게 되고, 그 교단(또는 사회나 단체)은 타락하기 시작한다. 그리고는 그 교단 전체가 혼란에 빠지고 만다. 이를 틈타 외세(힌두와 이슬람)의 공격이 가해지면 오랜 전통의 역사를 지닌 교단이라고 하더라도 무너지는 것은 순간적으로 다가오게 된다. 인도불교의 쇠락은 이렇게 하여 교단 내의 타락과 외세의 침입에 의해 탄생에서부터 성장하기까지 모든 과정을 지켜왔던 모태로부터 사라졌던 것이다.

대승경전은 불전문학의 르네상스

대승경전을 논하기 이전에 경sūtra이란 무엇인가에 대해 정의를 내리지 않고서는 대승경전의 이해는 더더욱 곤란해질 것이다. 일반적으로 경에 대해 '붓다의 가르침' 정도로 이해하고 있다. 즉 붓다의 말씀을 기록한 것이라는 의미가 되는데, 붓다 스스로는 그의 언행이나 사상을 기록하여 남긴 적이 없다. 그러니 경은 그의 제자들에 의해 편집되었다고 보아야겠지만, 현재까지 많은 학자들에 의해 설왕설래하는 학설을 요약하면, 위에서 언급한 바와 같이 누구에 의해, 어디서 언제 편집되었는지 획기적인 자료가 발견되기 전에는 알 수 없다고 한다. 단지 한 사람이, 한 곳에서, 한날한시에 편집한 것이 아니라는 것은 틀림없다. 경전에 사용된 언어나 내용으로 그 성립 과정을 유추해 볼 때, 다양한 지방에서, 많은 사람들에 의해 편집된 것으로, 초기에 경전의 형식을 취하기는 하나 점점 교리의 발달과 함께 진화한 흔적이 뚜렷이 남아 있기 때문이다.

지금까지 현존하는 가장 오래된 경전인 아함부 경전이나 남방의 니카야 이전에도 편집된 경전 – 구부경九部經이나 십이부경十二部經 – 이 있었다고는 하나, 또 그것이 사실이라고 하더라도, 불행히 현존하는 것이 없기 때문에 알 도리가 없다. 제1차와 제2차 결집 때, 그것이 전설상의 구전으로 편집이 되었다고 하든 아니든 관계없이 유추해 볼 도리가 없다는 것이 학계의 통설이다.

한역으로 '아함阿含'이라 알려져 있는 산스크리트어는 아가마Āgama며 '성전聖典'이라는 의미다. 그러므로 불교뿐만 아니라 인도의 각 종교에서도 독자적인 아가마를 지니고 있다. 붓다가 설한 가르침은 아가마에 포괄적으로 수록되어 있으며, 이 아가마에 의해서만이 붓다의 직설이라는 것을 접할 수 있다. 다만 샤캬무니 붓다가 사용한 언어는 당시의 마가다Magadha 국에서 사용하던 속어였을 것이라고 추측하나, 그나마 마가다의 속어로 된 경전은 전무하다. 단지 불교의 전파에 의해 붓다의 교설은 인도 각지의 속어로 고쳐지고, 다시 표준어인 산스크리트어와 인도 중부의 속어에 속하는 빠리Pāli어로 남겨지는 과정을 거쳤다. 산스크리트어의 경전이 중국으로 전해져 아가마Āgama의 음사인 아함阿含이라는 제명題名으로 한역 아함경阿含經이 전해지고 있으며, 빠리어의 경전이 남방에 전해져 오늘날의 5부 니카야로 전해지는 것이다.

경은 붓다의 가르침 즉 친설이라는 보편적 이해를 현존하는 초기경전에 그대로 적용할 때, 현존하는 초기경전들은 대부분 불멸 후

100년경에 행해진 제2차 결집 이후에 성립된 것이라고 볼 수 있으니, 시간적으로 역사적 인물인 샤캬무니(463BC.~383BC.) 붓다와의 거리감은 어쩔 수 없는 것이다. 이러한 현상은 비단 불교에서만 있는 것이 아니라 세계 4대 종교 어디에서나 볼 수 있는 현상이다. 그러므로 종교에 있어서 성전聖典은 있을 수 있으나 정전正典은 없다고 한다.[40] 아가마는 각 분파에 의해 재정비되고 정교화 내지는 전문화의 성격을 띠게 되어 아비달마로 발전하게 된 것이며, 여기에 반기를 들고 일어난 운동이 대승불교운동이며 재가불교운동이다.

대승에의 운동은 또한 일시적인 것이 아니라 지속적으로 일어난 것이며, 어느 특정 지역이라기보다는 스투파 신앙과 함께 인도 전역에 걸쳐 다양하게 일어난 것이다. 전문적인 교리 연구―아비달마―가 재가불자나 일반인들에게는 아무런 도움이 되지 않을 뿐만 아니라 오히려 그들의 신앙심에 의구심만 증폭시키는 결과를 낳았다. 각 지역으로 흩어져 있던 스투파를 중심으로 모여들었던 민중은 그들의 대승불교에의 움직임에 정당성을 찾기 시작하였고 그 정당성은 붓다의 중생 구제라는 자기희생을 기본 정신으로 하는 실천수행에 뿌리를 내린 것이다. 즉 보살사상이란 자기희생을 기본으로 한 민중의 실천운동이다. 이것을 문학적으로 표현한 것이 대승경전의 시작이라고 할 수 있다.

딱딱하고 난해하기 그지없는 법에 대한 연구(아비달마)에서 탈피하여 자유와 무한의 세계로 잘 발달된 인도인들의 상상력은 전통적인 자타카의 일화逸話를 받아들여 붓다의 교법을 바탕으로 일반 민중을

---

40 성전聖典과 정전正典의 차이점에 관해서는 사이구사 미츠요시三枝充悳『대승이란 무엇인가大乘とは何か』, 法藏館, 東京, 2001, pp. 184~188 참조.

위한 대승경전의 꽃을 피우기 시작했다. 그러므로 대승경전은 붓다의 기본 정신과 교법을 사상적 배경으로 한 작자 미상의 픽션fiction이라 할 수 있다.

초기의 경전이 진화와 진화를 거듭하는 과정을 거쳐 오늘날의 완전한 경의 형태를 한 것과 같이 대승경전 또한 유사한 경로를 거쳐 오늘날의 체계화된 대승경전이 이루어졌다고 볼 수 있다. 초기경전의 성립과 같이 대승경전이 언제부터 어디에서 누구에 의해 시작되었는지는 알 도리가 없다고 해도 과언이 아니다. 다만 지금까지 발견된 대승경전을 중심으로 한 연구결과는 기원전 150~100년 전후해서 인도의 불교계는 대 변혁을 맞이한다. 즉 불교문학의 르네상스를 맞이한 것이다.

기존 세력에 반기를 들고 새로운 운동을 전개함에는 추구하는 목적과 그 방법이 기존의 그것과는 달리하는 것이 일반적이다. 대승불교 운동이라 하여 이러한 보편성에서 벗어나는 것은 아니다. 그렇다고 하여 대승불교 운동이라 할 역사적 분기점이 분명히 남아 있는 것도 아니며, 오직 그 사상적 근거 정도를 대승경전에서 찾아볼 수 있을 뿐이다.

대승경전에는 흔히 '불佛'이라는 보통명사로서 샤캬무니 붓다의 역할이 아닌 또 다른 과거의 부처로서 등장한다. 이것은 무엇을 의미하는 것일까? 과거불 사상은 비교적 오래된 것으로서 붓다의 재세시 在世時에도 이 사상은 있었다고 한다. 과거에 부처가 있었다는 의미는 미래에도 부처가 있을 것이라는 의미를 내포하고 있다.

부파불교에서 붓다는 오직 한 분으로 한정하지만, 여기에 반하여 대승불교는 현실세계를 이상세계로 즉 불국토요 정토며, 그들이 지향하는 최종의 목표는 시간이 아무리 걸린다 하더라도 부처를 이루는 것이지, 그 아래 단계에 위치한 아라한과가 아니라는 사상을 전개하기에 이르렀다. 위에서 논한 바와 같이 보살이란 "지혜를 구하고 있는 유정有情"이거나 "지혜를 얻을 것이 확정되어 있는 유정"으로서 억겁의 생을 통해 반야바라밀을 찾아 자기희생의 수행을 거쳐 부처를 만나 수기를 받고 미래세에 반드시 부처를 이룬다는 전대미문의 상상력을 발휘한다. 즉 위에서 언급한 『자타카』나 「연등불수기」의 불전문학이 세상에 출현하게 된 것이다.

이러한 다분히 문학적 요소를 띤 픽션fiction이 반야부 경전을 위시하여 대승불전 전반에 걸쳐 나타난다. 그 스토리의 전개도 점점 진화하여 법화경에 이르러서는 말법시대에 오직 이 경만이 일체 중생을 다 제도할 수 있다는 – 일천제一闡提〔잇찬티카icchantika〕[41]까지도 포함 – 교설로 발달하기에 다다른다. 초기불교의 오역죄五逆罪 사상이 일체중생개유불성一切衆生 皆有佛性 – 모든 중생은 부처의 종자를 지니고 있다 – 의 사상으로 발전한 것이다.

상상력이 풍부한 인도인들의 불전문학은 이상향을 향한 비현실적인 묘사를 서슴지 않았다. 현실세계가 엄하면 엄할수록 현실세계에서의 삶을 부정함과 동시에 이상향 – 불국토 혹은 정토 – 으로 향한 기대를 저버리지 않았다. 현실세계〔사바세계〕의 부정이 현실세계의 이상세계 즉, 번뇌즉보리煩惱卽菩提요, 사바세계가 바로 열반涅槃이

---

41 잇찬티카Icchantika란 오역죄를 범한 중죄인으로서 성불할 수 있는 인자因子가 없는 중생을 말함. 의역하여 단선근斷善根 또는 신불구족信不具足이라고 한역하기도 함. 경에 의하면 무간지옥에 떨어져 무불시대를 거쳐 새로운 부처가 세상에 출현하더라도 무간지옥에서 벗어날 수 없으며, 영원히 성불할 수 없다고 함. 대승불전의 진화와 함께 법화·열반에서는 일천제도 결국에는 성불할 수 있다는 이론을 확립하게 됨.

라는 등식을 이끌어내게 되었다. 현실세계에서의 고통이 극심하면 할수록 고통 받는 스스로의 존재는 자기가 바라는 모습이 아닌 자기 모순의 환상일 뿐이다. 고통의 현실은 실제의 자기 모습일 수 없고, 꿈이요, 환이며, 물거품이요, 그림자 같은 것이라고 선언하기에 이르렀다. 고통 받는 자기의 모습은 일시적인 환상에 의한 것일 뿐이다. 그러니 금강경에서 "인간의 육신은 마치 꿈이요, 환이며, 거품이요, 그림자 같고, 또 이슬이나 번개와 같다(일체유위법一切有爲法 여몽환포영如夢幻泡影 여로역여전如露亦如電 응작여시관應作如是觀)."라고 육신의 무상함을 설파하고 있다. 이와 같이 유위법의 무상함을 깨닫기만 한다면 여래를 본다는 것은 여반장이라는 것이 이 경전에서 설하는 요지다.

현실세계의 자기 부정과 함께 현실세계 속에서의 완전한 인간상 – 보살 – 을 그리기 시작하였다. 이것이 대승경전의 기본적 자세다. 어떠한 환경에서건 어떠한 상태에서라도 스스로 고통 받는 생을 원하는 사람은 없기 때문이다. 불교는 현실세계 자체를 부정하는 것은 아니다. 대승불전은 지역에 따라 또는 부파에 따라 발전 진화를 거듭하며 그 교리와 사상의 극대화를 이루었다.

많은 대승경전들에는 각기 그 독특한 이름과 의미를 갖고 있다. 금강경은 금강석과 같은 지혜로 번뇌 망념을 깨뜨린다는 의미라고 하나, 오히려 금강석처럼 깨뜨리기 어려운 번뇌 망념의 실체를 드러내는 경이라고 보기도 한다. 화엄경은 보살이 일체의 수행을 성취한 공덕을 꽃에 비유하여 그 공덕으로써 불국토를 장엄하는 내용을 주제로 지어진 이름이다. 우주는 비로자나毘盧遮那(바이로차나Vairocana) 붓다의 현현顯現으로서 한 티끌 속에 전 우주가 들어 있고, 한순간 속에 영원을 안고 있는, 일즉일체一卽一切요 일체즉일一切卽一의 우주관을 전개하고 있다.

법화경은 연꽃에 비유한 경으로서 연꽃은 꽃이 피기도 전에 봉오리 속에 씨앗을 품고 있는 특수성을 중생의 불성에 비유한 경전이다. 또 연 씨가 수천 년을 지나도 썩지 않고 있다가 적당한 때를 만나면 싹을 틔우듯, 뭇 중생도 언젠가 때를 만나면 불종자佛種子가 그 싹을 틔워 부처가 될 수 있다는 의미를 내포하고 있다.

능가경楞伽經(랑카바타라수트라Laṅkāvatārasūtra)은 랑카Laṅka라는 산 또는 섬에서 붓다가 설한 경전이라 하여 설법의 지역을 제명으로 한 경전이며, 보디달마Bodhidharma가 중국으로 건너와 선을 전할 때, 혜가에게 전한 유일한 경전이기도 하다. 유마경보다는 뒤에 출현한 경으로 알려진 승만경勝鬘經(슈리마라데비싱하나다수트라Śrīmālādevīsiṃhanādasūtra)은 유마경과 같이 주인공이 세속인으로서 다만 여기서는 여인인 승만 부인(왕비)의 이름을 따서 지어진 경전이다. 붓다의 면전에서 '여인설법'이라는 형식을 취하며, 당시의 세속 여인의 이상적인 모습을 그리고 있다.

이와 같이 대승경전은 사회의 각 처 각 분야에 산재해 있는 문제들을 다루고 있으며, 불교의 사회관·인생관·세계관·우주관 등 인간과 관련된 전 분야를 망라하고 있다고 해도 과언이 아니다. 대승불전은 이렇게 하여 발전 진화하며 다양성을 띤 불전문학의 꽃을 피우고 성전聖典의 한계를 초월하여 철학과 함께 사회과학의 분야에까지 그 발을 넓히게 된 것이다. 그중 극적이요, 감동적으로 불교의 인생관과 사회관을 희극화하여 드라마로 펼친 것이 바로 유마경이라고 할 수 있다.

유마경이란?

유마경은 대승불교가 일어난 초기에 쓰여진 것으로 알려진 반야부般若部 경전에 대한 실천 응용편이라고 볼 수 있다. 반야경이 주창하는 일체 만물은 모두 조건(연緣)에 의하여 한시적으로 생겨난(기起) 것이며, 이와 같이 연기緣起에 의해 존재하는 만물은 일 분 일 초라도 변하지 않는 "이것이 주체(실체)다"라고 할 만한 것이 없다는 공空 이론 즉 붓다의 교법에 대한 실천 덕목을 논하는 경이 유마경이다. 단지 그 덕목을 실천할 수 있는 수행자를 보살로 한정하고 있는 것이 특징이다. 다시 말하면 유마경이 출현하게 된 동기는 대승불교의 필연성에 있다. 하지만 그 이면에는 출가 수행승 즉 당시의 성문승들이 수행으로 일삼던 교리 연구(아비달마)에 대한 반기를 여실히 보여주는 것이다.

반야부 경전의 공사상에 대해 그 실천론적 가르침 즉 "법조차도 버리지 않으면 안 된다(여벌유자如筏喩者 법상응사法尚應捨 하황비법何況非法)."라는 명구에서 붓다의 가르침은 어디까지나 고통에서 벗어날 수 있는 길잡이요, 방편이지 그것을 연구하고 거기에 집착하는 것이 수행일 수 없다는 것을 역설적으로 강조하고 있다. 마치 금강경의 '여벌유자如筏喩者'에서 말하듯 뗏목은 강을 건너는 데 필요한 것이지 언덕에 다다르면 아무리 강을 건너게 해 준 고마운 물건이라도 버려야 한다는 것은 당연한 일이다. 무거운 뗏목을 등에 지고서 가고자 하는 목적지인 산정으로 올라갈 수는 없다. 그러므로 반야경의 가르침은 원리론이라고 한다면, 그 응용편 또는 실천론을 보여주는 경이 바로 유마경이다.

수행자에게 실천행이란 대승 · 소승을 떠나서 오직 상구보리上求菩提하고 하화중생下化衆生하는 입장이라는 한 길이다. 실천 없는 교리 연구란 험난한 산을 오르기 위한 안내판을 읽고서 산은 오르지 않고 그 안내판의 글귀가 아름답다거나 문법이 맞지 않는다는 등 그리고 누가 썼으며, 언제, 왜 등등을 연구하는 꼴이다.

그러므로 유마경 제일장「불국품佛國品」에서 보살들이 불국토를 정화하는 실천행에 대한 질문에, 중생계가 보살에 있어서 불국토니, 불국토의 정화는 내 주변, 내 이웃을 이롭게 하는 것이라고 한다. 보살이 불국토의 정화로 삼는 것은 모든 중생들에게 요익한 것이라는 것이다. 유마경에 이름 모를 3만 2천의 보살들이 출현한다는 것은 그만큼 많은 불자들이 알게 모르게 중생들이 고통 받는 도움의 손길이 닿지 않는 어두운 곳에서 보살행을 하고 있다는 뜻이며, 그들이 지혜의 완성을 이루기 위해 자기희생적 삶을 영위하고 있다는 것을 대변하고 있다.

유마경에는 붓다의 10대 제자는 물론 대승경전의 주역인 대 보살들, 범천 · 제석천 · 천녀 그리고 수많은 사람들이 등장하는데, 그 중 주인공으로 나타나는 인물이 바로 유마 거사다. 유마경에 의하면, 유마 거사는 과거세에 붓다를 모시고 수행하여 비록 세속인으로서 가져야 할 것과 거느려야 할 것을 버리지 않고 세속의 모든 법을 따르나 거기에 머물러 있지 않으며, 그의 능력은 신통 자재하며 변재 무변하여 그를 능가할 수 있는 사람은 오직 붓다 이외에는 없다고 한다.

그의 사회활동에 있어서는 사회사업가라 할 수 있고, 또 그는 공화정책을 편 곳으로 알려져 있는 밧지 국의 수도 바이샤리 사람으로서 정치에 있어서는 지도자로서 활약을 하였다고 한다. 종교적으로는 재가자로서 불도에 정통하며 그 실천 수행으로서는 육바라밀의 어느 한쪽이라도 등한히 하지 않는다. 가난한 사람들에게 베풂에 인색하지 않고, 뭇사람들에게 존경의 대상이라고 한다.

그런 그가 붓다의 제자들 – 성문제자, 보살을 막론하고 – 에게는 돌변하여 야차(?) 같은 모습으로 등장한다. 그러니 붓다의 뭇 제자들은 유마 거사를 만나기를 꺼려한다. 심지어 그가 병석에 드러누워 있다는데도 병문안을 가지 않겠다고 한다. 스승인 붓다가 병문안을 가라고 하는데도 병문안을 가지 않겠다고 하니 유마 거사에게 보통 원한이 있는 것이 아니다. 이 정도면 유마 거사가 아니라 누구라도 붓다의 십대제자들을 소인이라 할 판이다.

유마 거사의 병명

유마 거사도 육신을 지닌 인간이다. 인간이라면 누구나 할 것 없이 몸이 아프거나 병이 드는 것은 정상이다. 사람이 병든다는 것은 유별난 것이 아닌데도 유마 거사는 병든 것으로써 유난을 떨고 있다. 유마 거사는 도대체 어떤 병이 들었기에 유난을 떠는 것일까? "일체 중생이 아프니 나(보살)도 아프다"는 명구에서 그 본질이 잘 나타나 있다. 그는 육체의 병이 들어 자리에 드러누운 것이 아니다. 자식이 아프면 부모도 아프듯, 일체 중생이 아프니 유마 거사도 아프다는 것이다. 유마 거사에게는 고통받는 일체 중생이 그의 자식에 다름없다.

그렇다면 자식들의 어디가 아프다는 것일까? 중생들의 육신이 아픈 것이라면 유마 거사가 그들을 위해 약을 베풀었을 터이니 육신이 아픈 것은 아니다. 육신이 아프다거나 가난, 또는 죽어가는 사람이 있어 슬프다거나 자연적인 재해에 의해 피해를 입어 고통스럽다거나 등등은 지극히 자연스러운 것으로, 누구에게나 어디에서든지 일어날 수 있는 아픔이다. 그것을 가지고 중생이 아프다고 하지는 않았을 것이다.

나라가 풍전등화 같은 처지에 놓였는데 지도자나 통치자, 위정자로서 백성들의 안위가 걱정되지 않는다면 그들은 설사 매국노라고 매도되지는 않는다고 하더라도 결코 비난의 대상에서 제외될 수는 없을 것이다. 애국자가 나라의 안위를 걱정하는 까닭은 내 나라라는 것이 없어지기 때문이기보다는 나라를 잃고 사람이 사람답게 살아갈 수 없는 처지에 놓일 백성들의 미래가 걱정되어서일 것이다. 나 스스로는 나라가 있건 없건 어디에서나 잘 살 수 있는 능력이 있어 고통스러울 것이 없지만 내 가족, 내 이웃, 내 친지, 내 민족이 지배자들에 의해 노예처럼 고통 받고 살아야 할 처지에 놓일 것이 한없이 고통스러운 것이다. 우리의 선대는 일찍이 나라를 잃고 앞날을 기약할 수 없는 처지에 빠져 침략자들의 노략질에 고통 받았던 경험이 있었다. 그러기에 민족의 지도자들은 어려운 처지에 놓인 민족과 백성을 위해 목숨을 걸고 독립운동을 하였던 것이리라. 보살이란 중생이 느끼는 이러한 아픔을 함께 아파하는 지도자를 두고 일컫는 말일 것이다.

중생이 아파하는 원인이 유마 거사에게는 자연발생적인 것이 아픔의 원인일 수 없는 것이어야 한다. 유마 거사는 스스로를 보살이라고 하니, 보살이 앓지 않는 병을 중생은 앓고 있으며 그 중생의 병 때문에 유마 거사가 아프다는 것이다. 유마 거사가 중생의 병을 치유하기 위해 스스로가 그 병에 걸렸다는 것이며, 동사섭의 방편으로써 중생의 병을 치유하겠다는 것이다. 그런데 유마 거사가 사용하는 치유법은 충격요법이다.

붓다의 10대 성문 제자들과 교단에서 내로라 하는 보살들이 나름대로 중생교화를 하노라고 하는데 유마 거사에 의하면 그것이 잘못되었다고 한다. 하나같이 모두가 다 그들의 수행에 대해 유마 거사에게 호되게 당한 경험이 있기 때문이다. 이와 같이 붓다의 '내로라 하는' 제자들이 일개의 보살에게 당하는 장면은 무엇을 의미하는 것일까? 다시 말하면 유마경 저자의 입장에서는 지금까지 교단에서 해왔던 승려들의 철학적·전문적인 교리 연구와 폐쇄적이고 은둔적이며 보수적인 중생 구제의 방법은 교단 내에 힌두의 영향력이 점차 확장일로에 있던 당시에는 맞지 않는다는 의미가 내포되어 있다. 오늘날 불교가 중생 구제의 과제로 불교인은 어떠한 자세로 임해야 하는지에 대해 각성을 요구하는 부분이다.

한국불교는 오랫동안 정치적(유교) 탄압에 의해 산중으로 들어가야 했으며, 그것이 타성이 되어 산중에 은거하는 것이 하나의 덕목처럼 여겨지게 되었다. 또 36년 간 나라를 잃어버린 아픔과 동족 간의 전쟁을 치르는 등 가히 견디기 힘든 격변의 세월과 그 후 밀어닥친 급격한 근대화와 외래문물의 유입은 한국의 모든 분야의 전통적 가치관을 뒤흔들어 놓았다. 이러한 파동은 한국불교계라고 하여 피해가지는 않았다. 사회의 요구라는 미명하에 산중불교는 세속으로 내려왔고, 세속으로 내려온 한국불교는 세속화에 박차를 가하여 세속의 비리에 아무 말도 못하는 벙어리가 되었으며, 도움의 손길을 요하는 곳에 중생제도라는 푯말만 세운 1,500여 년 역사의 화석이 되고 말았다. 유마경은 이러한 한국불교에 무엇이 필요한지를 시간과 공간을 뛰어넘어 보여주고 있다.

한국불교의 문제점은 과도한 세속화에 의해 전통적 수행방법이 사라진 것이 문제다. 급변하는 사회에 살아남기 위한 타협인지는 모르지만 한국불교가 접하고 있는 교육·경제·사회·문화 등 다방면에서 세속에서 요구하고 있는 이상으로 더 세속화되어 버렸다. 전통적으로 승려들이 출가하면 익혀야 할 수행은 사원 중심으로 이루어졌었는데, 오늘날에 와서는 갓 출가한 승려들이 세속적 학교교육기관을 통하여 출가함으로써 전통적 수행의 단절과 함께 출가자들의 세속문화가 여과 없이 산중에까지 침투되는 결과를 가져왔다. 이러한 전통의 단절이 한국불교의 발전과 미래에 문제점으로 대두되고 있는 현실이다.

인도불교가 살아남기 위하여 브라만교를 근본으로 하는 세속문화를 여과 없이 불교교단에 받아들임으로써 오히려 인도에서 태어난 불교가 그 모태로부터 버림받는 결과를 초래했다고 해도 과언이 아니다. 한국불교 또한 사회의 변화에 부응하는 것은 좋으나 그 근본사상조차 흔들어버리는 세속문화가 불교교단 깊숙한 곳까지 침투한 모습은 미래의 한국불교가 인도의 전철을 밟지 말라는 법은 없으리라는 느낌이 든다.

요즈음 가장 큰 사회적 이슈가 되는 부분은 경제라고 한다. "행복을 돈으로 살 수 있다고 생각하는가?"라는 질문은 오래 전부터 많은 조사기관이나 학자들의 중요한 과제였다. 모든 종교나 학문에서는 돈으로 행복을 살 수 없다고 하지만, 사람들의 실질적인 답변은 놀랍게도 "그렇다"이며 그것도 높은 비율로 그렇지 않다는 답변을 무색케 한다. 실제로 부자(나라)가 가난한(나라) 사람보다 더 행복해야 하는데 그렇지 않다는 연구결과는 많이 있다. 그럼에도 불구하고 사람들은 한결같이 돈으로 행복을 살 수 있다고 믿고, 그래서 부자가 되기를 원한다.

오늘의 한국 불교 교단[42]이 사회로부터 받는 지탄 또한 금전과 관련된 부분이 가장 큰 문제로 대두되고 있다. 즉 승려들도 성현의 가르침이나 인생 경험으로부터의 현실 등에서 "행복은 돈으로 살 수 없다."라는 진리에는 그다지 관심이 없다는 것을 간접적으로 보여주는 부분이다. 오늘의 한국 불교 교단에서 행하고 있는 모습은 유마경에서 논하고 있는 대승불교의 보살의 모습과 정 반대의 길로 나아가고 있는 꼴이다. 결국 살아남기 위한 타협이 무엇을 위한 살아남기인지 그대로 드러나는 부분이다. 승속을 막론하고 많은 불자들이 한국 불교의 위기를 말한다. 분명 위기를 알고 있고, 보고 있으며, 서로 논하고 있는데, 진정 해결할 문제를 대하면 회피한다.

각 종단은 종단대로 소수집단의 이익을 추구하고 인정人情주의에 빠져 문제의 심각성을 희석시키거나 아전인수적으로 사건을 왜곡되게 바라본다. 혹은 '나 혼자서 어떻게 거대한 단체, 집단을 움직일 수 있나, 안 된다'는 부정적인 회의와 함께, 스스로 '둥글게 화합하며 사는 것이 미덕이다'라며 자기 미화를 하고 있다. 한 가지 분명한 것은 집단이 개인에게 작용하는 힘이 개인이 집단에 미치는 영향보다 더 큰 작용을 미칠 때는 그 사회의 전체적 하강 내지는 타락이 일어난다는 것이다. 왜냐하면, 이러한 경우 일체의 모든 것에 걸려 있는 일

---

42 한마디로 한국 불교 교단이라고는 하지만 어느 대표적인 불교 교단을 지칭하는 것이 아니라 현 한국 불교가 안고 있는 부파불교적 교단 전체를 말하는 것이다. 전통적이라고 자칭하는 조계종을 위시하여 일제강점기 때의 영향을 받은 대처 불교 교단과 그 후의 대한민국 정부 수립 이후의 종교법에 의한 분파의 설립 등 모든 교단이 붓다라고 하는 교주를 중심으로 하며, 그 교법을 실천하는 집단을 통칭하는 뜻임.

생을 통한 개인의 수행과 연구의 위대함, 정신적 내지는 도덕적 · 윤리적 가치성이 필연적으로 침해를 받기 때문이다.

소수 집단이 저지르는 비리에 소속원으로서의 도덕성이나 사회에 대한 정의는 더 이상 바랄 수 없는 시대에 우리의 미래가 노출되어 있다. 그러므로 단테Dante는 그의 서사시『신곡神曲Divina Commedia』「지옥편」에서, "지옥의 가장 뜨거운 곳은 도덕적 위기에 처하였음에도 불구하고 중립을 표방하여 아무런 행동을 취하지 않는 무리들이 떨어져야 할 곳"이라고 절규하였던 것이다. 한국불교의 위기를 말하면서도 아무런 행동을 취하지 않는 무리가 바로 우리의 승단이라고 대변하는 것이다.

유마경의 하이라이트

유마경의 하이라이트는 그 무엇보다도 불이법문不二法門에 있다고 한다. 불이법문에 대해서는 제9장「입불이법문품入不二法門品」에서 31보살들과 문수보살 그리고 불이법문에 대한 문수보살의 질문에 유마 거사의 묵묵부답까지 합하면 모두 33가지의 불이不二의 예를 들고 있다. 불이법문, 즉 둘이 아니라는 가르침은 무엇을 의미하며, 그 의미는 현실세계에서 실현가능한 것일까? 불이의 가르침은 이원론적 대립의 초월을 의미한다. 무엇이 불이법문인지에 대한 문수보살의 질문에 유마 거사의 답변은 무언無言이었으며, 그의 묵묵부답에 대해 문수보살은 진정한 불이법문이라고 극찬하고 있다. 문수보살에 의하면, 일체 법에 있어서 말할 수도 설명할 수도 없는, 볼 수도 알 수도 없는, 모든 문답을 여읜 것이 바로 불이법문이라고 한다. 묵묵부답 즉 무언은 그 어떠한 이론이나 사상의 분석과 이원론적 대립에서는 벗어나 있지만, 진정 묵묵부답이 불이의 세계일까?

일반적으로 가부可否의 질문에 묵묵부답이면 긍정으로 받아들인다. 이 긍정이라는 의미의 함축도 오직 가부의 질문이 전제되었을 때만이 가능한 일이다. 만약 문수보살 이외 31보살들의 불이에 대한 견해를 전제로 하지 않을 경우에도 유마 거사의 무언이 문수보살이 찬탄한 불이의 의미를 띨 수 있을까? 유마 거사의 묵묵부답이 불이법문이 될 수 있는 오직 한 가지 경우는 모든 세상사에 대한 이론적이고 분석적인 답변이 전제되었을 때만이 존재한다. 아무런 의미를 내포하고 있지 않는 무언에는 불이법문은 물론 그 어떠한 가치관도 거기에서 유출해 낼 수 없다. 말 한마디 못하고 아무런 생각이 없는 사람의 무언의 행동이 무념무상의 경지에 다다른 사람의 무언의 행동과 같을 수 없는 까닭이 여기에 있다.

번뇌 망념에 고통스러운 사람은 그 고통에서 벗어나려 안간힘을 다 쓰게 마련이다. 답을 찾기 위해 방법을 찾고, 스승을 찾아 길을 나섰지만, 방향을 잃고 이곳저곳 헤매며 답은 쉽게 찾아지지도 않는다. 답답한 심정에 날은 어둡고 비바람은 몰아치며, 갈 곳이 없어 허둥대는 스스로의 처지를 무심히 바라보다, 우연히 연못가에 우두커니 놓여 있는 기암괴석을 바라보고 홀연히 깨닫는다. 허둥대는 스스로의 초라한 모습과, 똑같이 비바람을 맞고 있는 기암괴석의 의연한 모습이 서로 비견되었을 때, 말 한마디 하지 않는 기암괴석의 천만마디보다 더한 무게의 가르침, 즉 무념무상의 세계로 들어서는 것이다.

번뇌 망념에 대한 무념무상이요, 대립에 대한 무언일 때 불이법문은 이루어진다. 현실세계의 고통에서 또 다른 세계의 이상향을 찾는 것이 아니라, 현실세계가 고통스러운 원인은 그 세계를 고통스럽게

하는 나에게 기인한 것이니, 그 원인의 제공자인 스스로가 원인을 제
거한 순간 현실세계가 바로 이상세계라는 것이 유마경의 기본적 가
르침이다.

유마경의 문헌정보학적 탐구

유마경이라는 제명은 구마라습의 번역본을 표본으로 하면, 자세
히는 『유마힐소설경維摩詰所說經Vimalakīrtinirdeśa-sūtra』이라고 한다. 1999
년에 티벳의 포타라Potala 궁[43]에서 발견된 산스크리트어 사본에 나타
나는 제명을 보면 비마라키르티니르데샤Vimalakīrtinirdeśa로 되어 있다.
비마라키르티Vimalakīrti〔유마힐〕라는 재가자가 경의 주인공으로 등장하
며, 그의 이름을 따서 만들어진 경전이다. '비마라Vimala'는 '깨끗한'
이라는 의미로서, '마라mala' - '오염' 또는 '허물' - 에 '비vi' - '분리' -
라는 단어가 붙어 생겨난 말이다. '키르티kīrti'는 '명성'이라는 의미이
니, 현장 스님이 번역한 유마경의 이름을 『설무구칭경說無垢稱經』이라
고 한 까닭은 바로 비마라키르티Vimalakīrti라는 이름의 의미에서 따온
것이라고 할 수 있다.

산스크리트어 사본에 '수트라sūtra(경經)'라는 말이 없는 것에 어떤
의미가 있는 것은 아닐까? 유마경의 마지막 장에서도 이 경전의 이
름에 대해 언급하고 있지만 산스크리트어 사본이건 한역본이건 모
두 '수트라'라는 단어는 없다. 대승경전의 저자를 승려라고 하지만

---

43 포타라Potala 궁은 티벳의 라사시 북서의 마루포리(티벳어로 홍산紅山이라는 의미)의
   산정에 있는 궁전으로 달라이라마가 거주하는 종교 내지는 정치의 중심지였다. 포타라
   Potala라는 이름은 관음보살이 상주하는 곳으로 알려진 보타락가補陀落迦 또는 보타락
   補陀落에서 유래된 것이다.

그 어떠한 증거도 남아 있지 않다. 혹 세속인이 썼기에 경이라는 단어를 붙이지 않았는지도 모른다. 누가 썼는지는 사실 중요하지 않다. 경이라는 단어가 붙어 있든 없든 그 내용이 대승사상을 배경으로 하여 서로 어긋나지 않는다면 대승경전이라 하여 잘못될 것이 없다.

유마경의 한역본으로서는 역사적으로 7종이 있었다고 하나 현존하는 것으로는 아래의 3종류가 전부다.

1) 『유마힐경維摩詰經』2권 지겸支謙(222~229)역
2) 『유마힐소설경維摩詰所說經』3권 구마라습鳩摩羅什(406)역
3) 『설무구칭경說無垢稱經』6권 현장玄奘(649~650)역

한역 3종 번역본 중에서도 흔히 유마경 하면 구마라습의 『유마힐소설경維摩詰所說經』이 가장 많이 알려져 있으며, 한역본 이외에 산스크리트 사본과 티벳어 번역본이 현존하고 있다.

산스크리트 사본은 일본의 대정대학종합불교연구소大正大學綜合佛敎硏究所의 학술조사단에 의하여 1999년 7월 티벳의 포타라궁에서 발견된 것이다. 79장의 패다라엽貝多羅葉[44]에 먹으로 쓰였으며 완전한 형태를 유지하고 있었다고 한다. 이 사본이 발견되기 이전에는 산스크리트어 사본이 존재하지 않는 것으로 알려졌으며, 단지 티벳어 번역본이 현존하고 있어 산스크리트어 원전이 어떠할 것이라는 정도를 짐작할 뿐이었다.

흔히 티벳어 번역본은 한역본과는 달리 토씨 하나 틀리지 않게 산스크리트 원본에 충실히 번역된 것으로 알려져 있다. 그러므로 티벳

---

44 패다라엽貝多羅葉 또는 패엽이라고도 하며 주로 야자와 같은 식물의 잎을 가공하여 종이처럼 사용한 필기도구로서 동남아시아나 남아시아에서 이용됐다.

어 번역본으로 산스크리트어 사본의 복구도 가능하다고 한다. 실제로 산스크리트어 사본이 발견되기 전까지는 유마경이 단편적으로 인용된 샨티데바Śāntideva(적천寂天)의 『대승집보살학론大乘集菩薩學論(식샤사뭇차야Śikṣāsamuccaya)』에서 그 원문을 부분적으로 유추해 낼 수 있었으며, 티벳어 번역본과 비교 연구한 결과 원본에 충실한 번역이라는 것이 입증되었다.

티벳에서 발견된 산스크리트어 사본의 연구서인 우에키 마사토시植木雅俊의 『유마경維摩經』(2011) - 범한화대조 · 현대어역梵漢和對照 · 現代語譯 - 에서 티벳어 번역본과 산스크리트어 사본 사이에 몇 곳의 상이점을 지적하고 있으나, 오히려 이 연구서로 인해 티벳어 번역본의 원본에 대한 충실성이 입증된 듯하다.

유마경은 타 대승경전에 비해 그 형식이나 내용이 한 편의 드라마다. 드라마라고 하여 흥미 본위의 일시적인 문제를 장막에 올리는 것이 아니다. 보통 오늘날의 드라마 소재로는 그 사회 또는 그 시대의 문제점이나 관심사가 당연히 채택되기 마련이다. 요즈음의 드라마에서는 예전 같으면 입에도 올릴 수 없는 문제를 당연한 것처럼 안방에까지 전파에 싣는 것을 보면 이 시대의 관심사는 종교적 입장에서 보면 도저히 이해할 수 없는 지경에까지 치닫고 있다.

예를 들면 동성애에 관한 문제가 성차별문제와 얽혀 사회에 이슈화되고 있다. 아직은 일부에 지나지 않지만 동성 간의 결혼을 법적으로도 인정하는 곳도 생겼다. 현대의 드라마에서 이슈화하는 문제라하여 그 문제가 다 정당화되어야 한다는 전제는 아니다. 이러한 점에서 유마경이라는 드라마에서 그 시대의 관객에게 보이고자 하는 문제점 또는 관심사는 무엇이며, 또 그 문제가 그 시대나 현 시대에 정당화되어야 할 전제성을 내포하고 있는 것일까?

유마경에서 다루고 있는 문제는 현대에 와서도 여전히 사회적으로나 불교 내부의 문제로서 풀어야 할 과제로 남아 있으며, 시공을 초월하여 항시 지켜져야 할 문제들이다. 여인과 남자, 재가불자와 성문聲聞 제자(승려), 실천 수행과 교리 연구, 현실세계와 이상세계 등 어떠한 형태로든 차별상을 근본으로 한 사회와 불교의 제반에 걸쳐 동시대에 풀어야 할 과제들이 이 유마경이라는 드라마의 소재로 장막에 오른다. 오늘날 출가 승려들이 재가불자를 대함에 있어서 그 수행의 우열로서 우위를 점하고 있다는 생각을 하는 것이 보편적일 것이다. 특히 남방불교에서는 이러한 특성이 다방면에서 드러나고 있다. 그러나 현실세계에서도 그러한 지는 아무도 모른다. 이 말은 실제로 그렇지 않다고 말하고 싶다는 의미를 내포하고 있다.

유마 거사처럼 세속적 삶 속에서 붓다의 교법을 실천하고 진리를 규명하고자 하는 것은 한국 불교의 미래가 현실사회 속에서 살아 있는 불교로서 활동할 것인가, 아니면 1,500여 년의 세월을 자랑하는 골동품으로 화하여 옛 영화를 관광 상품으로 팔아먹는 집단으로 전락할 것인가 하는 기로에서 선택의 여지를 남기지 않겠다는 의지다. 유마경의 보살정신을 어떻게 우리의 삶 속에서 재현할 것인가가 한국 불교의 미래를 살아 있는 불교로 할 수 있는가라는 물음과 일맥상통하는 부분이다.

유마경의 구성

유마경을 한 편의 드라마로 보면 3막 14장으로 구분되어 있다. 제1막에서는 다른 대승경전에서도 볼 수 있듯이 붓다와 그의 제자들 그리고 붓다의 설법을 듣기 위해 회상에 모여든 대중들이 등장하는 무대로서 제1장에서 제4장이 여기에 속한다.

제2막은 유마경의 주인공인 유마 거사가 처음으로 등장함과 함께 문수보살이 이끄는 붓다의 뭇 제자들과 회상에 모인 대중들이 유마 거사의 집에서 일으키는 갖가지 사건들을 볼 수 있는 무대다. 즉 이 무대는 제5장에서 제10장에 걸쳐 펼쳐지며 유마경에서 논하고자 하는 핵심적인 보살사상이나 그 수행덕목의 백미가 쏟아지는 무대이기도 하다.

제3막은 다시 붓다의 회상으로 돌아가서 유마 거사의 집에서 일어난 사건들을 붓다를 통해 재 점검받는 형식의 무대다. 제11장에서 마지막 제14장에 해당하며, 미륵보살에게 미래의 불교를 부촉하고 아난에게 부디 유마경을 수지하여 후대에 잘 전달할 것을 당부하는 것으로 대단원의 막을 내린다.

그러나 산스크리트어 사본과 티벳어 번역본에 의하면 3막 12장으로 되어 있다. 한역본에서 14장으로 된 까닭은 산스크리트어 사본의 제3장을 한역본(구마라습의 번역본을 표본으로 하면)에서는 2장으로 나누어, 제3장으로는 「제자품弟子品」, 제4장으로는 「보살품菩薩品」이라 하였고, 또 마지막 12장을 한역본에서는 제13장 「법공양품法供養品」과 제14장 「촉루품囑累品」으로 나누었기 때문이다. 한역본 3종은 모두 14장으로 되어 있지만 그 품명은 각각 다소의 차이는 있으나 크게 문제가 될 부분은 보이지 않는다.

산스크리트어 사본의 제3장과 제12장을 한역본에서 각각 2장으로 분리한 이유로는 한역본의 산스크리트어 원본이 그렇게 되어 있었던 것인지 아니면 유마경의 성격상 혹은 내용에서 분리하는 것이 오히려 이해에 더 큰 도움이 될 것이라 보아 그렇게 한 것인지는 알수가 없다. 다만 세분하는 느낌은 있으나 분리해서 보는 것이 유마경의 성격상 이해가 가지 않는 바는 아니다. 그렇게 보는 이유는, 유마경은 어디까지나 성문의 제자와 보살을 같은 위치에 놓고 보지 않기때문이다. 그리고 제12장 또한 의미로 보아 둘로 나누는 것이, 법공양과 미래 불교의 부촉이 더 두드러져 나타나는 것도 사실이다. 그러나 유마경에서 논하고자 하는 전체적인 의미에 있어서는 나누거나나누지 않거나 그다지 차이가 없어 보인다.

번역자 구마라습과 그의 일생

한역본 『유마힐소설경維摩詰所說經』의 역자 구마라습鳩摩羅什(344~413)은 중국 남북조시대에 활약한 역경승譯經僧으로 잘 알려져 있다. 그는 인도인 아버지 구마라염鳩摩羅炎(쿠마라야나Kumārayana)과 쿠차Kucha(구자龜玆: 현 신강新疆 위구르Uigur 자치구) 국왕의 여동생 사이에서태어났다.

본서에서도 텍스트로 사용되었지만 『유마힐소설경』은 현존하는유마경 한역본 중에서도 가장 널리 애독되는 걸작으로 알려져 있다. 구마라습은 출가한 그의 어머니를 따라 그가 9세 되는 해에 인도로들어가 불교에 입문, 처음에는 초기불교[45]를 배웠으나 얼마 지나지

---

45 여기서 '초기불교'라 함은 흔히 소승불교라고 표현하지만, '소승'이란 대승에 대한 열등한
   의미를 내포하고 있으므로 불교학에 있어서 소승불교라는 단어는 합당한 용어가 아니므
   로 초기불교라고 하였음. 혹은 원시불교라고도 하나 본서에서는 그 의미를 구분하지 않

않아 대승불교로 전환하여 나가르주나Nāgārjuna(용수龍樹)의 반야공관에 심취하게 되었다.

학자들의 연구에 의하면 그는 중국에 반야경을 홍포한 도안道安(312~385) 스님의 초청으로 중국으로 들어와 413년에 생을 마칠 때까지 경전 번역에 일생을 바쳤다고 한다. 이 시기가 전진前秦의 왕 부견符堅[46]의 시대로서 그의 장군 여광呂光이 쿠차 국(구자국龜玆國)을 함락시키고 구마라습을 량주涼州로 데리고 왔던 시기였을 것이다. 양주涼州에 도착한 여광은 전진前秦의 왕 부견이 살해당했다는 것을 알고 량주에 정착, 나라를 일으키고 군주로서 군림하였다. 구마라습은 이때부터 16~7년간 양주에 머물면서 중국어를 익혀 희대의 대번역가가 되었을 것이다.

후진後秦의 요흥姚興이 양주를 함락시키고 구마라습을 401년에 장안으로 데리고 왔으며, 그를 번역사업에 치중하게 하였다고 한다. 요흥은 그의 천재성을 알아보고 고향으로 돌아가려는 그를 붙잡아 두기 위하여 아름다운 궁녀 10명을 선출하여 그를 보필하게 하였다. 고향으로 돌아가기 전에 그의 천재성을 남기고 가라는, 즉 후손을 남기라는 의도였다고 하니 그의 천재성은 전무후무한 것이라고 할 것이다.

승려로서 10명의 궁녀들과의 사생활은 그를 따르던 제자들에 의해 오해를 불러일으키기에 충분하였으며, 깨달음을 향한 그의 열정

고 초기불교로 통일함.

46 부견符堅은 불교에 심취하여 불교 전파에 크게 기여한 군주로도 잘 알려져 있다. 고구려의 소수림왕 2년(372)에 승려를 보내 한반도에 정식으로 불교가 들어오게 된 것도 그의 역할이다.

도 그로 인해 퇴색되었다. 그러나 그의 불법佛法을 향한 열정은 반야경의 공관空觀에 근거를 두고 이원론적인 현상세계를 초월하여 번뇌즉보리煩惱卽菩提의 실천행으로 사바세계가 곧 이상세계임을 실현한 삶이었다. 사바가 곧 열반임을 설하는 유마경의 불이법문은 고향으로 돌아가지 못하는 그에게 장안長安이 곧 열반지였음을 충분히 자각하게 하였을 것이다. 경전 번역을 통한 불법의 이상세계와 궁녀들과의 현실세계가 둘이 아님을 실천한 그의 생애는 그가 열반에 듦과 함께 그의 제자들에 의해 입증되었다.

그의 열반과 법화경에 얽힌 이야기는 구전口傳으로 끝나기에는 시사하는 바가 너무나도 크다. 그것은 현실세계와 열반의 세계가 둘이 아니라는 불이不二의 세계世界에서 노닐었던 그의 삶을 대변하는 것이며, 중국의 수많은 번역가들 중에서도 그를 최정상의 위치에 올려 놓음에도 조금도 이상하지 않을 내용을 지니고 있다. 그의 불이의 세계에서의 삶을 이해하지 못하는 제자들에게 의법불의인依法不依人의 가르침과 함께 법화경의 가르침을 저버리지 않을 것을 당부하였다고 한다.

여인들 속에서 헤어나지 못하는 것 같은 그의 삶의 태도를 비난하며 그의 가르침 또한 믿을 것이 못 된다고 생각하는 제자들에게 한 가지 조건을 내 걸었다. 그가 죽으면 시신을 다비하되 다 타고 재만 남는다면 그의 가르침을 믿지 않아도 좋으나, 만약 그의 혓바닥이 타지 않는다면 그가 생전에 일렀던 가르침을 믿으라는 조건이었다. 물론 그의 혓바닥은 타지 않고 살아 있는 생명체처럼 움직이고 있었다고 한다. 이러한 이야기가 전해 내려온다는 것이 중국 불교사에 그의 존재감을 한층 두드러지게 한다.

그의 번역서들 중에서도 법화경은 불후의 명작으로 알려져 있다. 역서라기보다는 오히려 창작이라고 보는 학자가 한 둘이 아니다. 법화경의 저자가 누구인지는 모르나 그 원저자보다 구마라습의 안목이 더 뛰어나다는 뜻일지도 모른다. 지금까지도 그 어떠한 한역 법화경보다 구마라습의 한역『묘법연화경』이 애독되고 있음이 이를 증명하는 것인지도 모를 일이다.

법화경 이외 그가 번역한 경전들 중 아미타경, 유마경, 반야경 등 대승경전은 한문漢文문화권 국가에 널리 애독되었으며,『중론中論』,『대지도론大智度論』등 나가르주나(용수龍樹)의 공관사상을 설한 논서의 번역은 중국불교계에 불교의 사상체계를 새로이 확립시킨 역작으로 알려져 있다.

구마라습은 일생을 통해 35부 300권 이상에 달하는 경전을 한역하였으며, 이외 그의 제자 승조僧肇(374~414)에 의해 편집된『유마힐소설경維摩詰所說經』의 주석서인『주유마힐경注維摩詰經』과 여산廬山 혜원慧遠 선사와의 왕복서간집으로『대승대의장大乘大義章』이 현존한다.『주유마힐경注維摩詰經』은 구마라습이 유마경을 번역하고 직접 강의하였던 해설과 그의 제자들 도생道生과 도융道融, 승조僧肇의 주석을 승조가 편집한 것이다. 본서의 번역으로『주유마힐경』을 참조하여 큰 도움을 받았다.

제 **1** 막

유마 거사의 병과
붓다의 제자들

제1장 무명無名 보살들의 보살행
불국품佛國品 제1

불국佛國의 세계와 등장인물

사바세계라고 하는 무대에는 많은 신들이 각자 역할을 맡아 인간과 더불어 호흡을 같이 한다. 신들이 인간사회에서 하는 역할이라는 것은 인간이 한시도 벗어날 수 없음에도 불구하고 어찌지도 못하는 길흉화복을 주재하는 일이다. 그러니 모든 인간은 신들에게 꼼짝도 못하는 연약한 존재로서 일생 동안 그들이 믿고 있는 신들의 종이 되어 불쌍하게 인생을 연명한다. 그 중에서도 인도India만큼이나 많은 신들이 대소사에 깊이 참여하여 인간의 삶을 좌지우지하는 나라도 이 지구상에서는 찾기 힘들 것이다.

이러한 인도 사회를 지탱하는 신들을 스스로의 호법신장으로 거느리고 깨달음이라고 하는 새로운 세계를 연 샤카무니 붓다가 사바세계에서 고뇌하지 않고도 살아갈 수 있는, 일찍이 그 유래가 없는 불국佛國이라는 나라를 새로이 설립하였다. 이제 그 나라가 어떠하며, 이 나라에 살 수 있는 백성은 어떠한 사람이어야 하는지에 대해 유마경이라는 드라마의 배우들에 대한 오리엔테이션을 지금부터 하려는 것이다.

이 불국이라는 나라를 운영하는 위정자 또는 지도자를 보살이라고 하며 불국의 백성들이 바로 중생이다. 보살이 될 수 있는 자격은 무아無我를 실천하되 행위자로서 행하는 모든 일은 오직 중생이라고 하는 고뇌에서 헤어나지 못하는 사람들을 고뇌로부터 벗어나게 하는 것뿐이다. 고뇌하는 중생을 구제하는 방법은 단순히 대승이라는 법률에 따르면 되는 것이다. 인종을 구별하지 않고 나라를 분별하지도 않으며, 전 인류와 뭇 생명체들조차 평등하게 보아 죄를 지은 자들을 벌하는 것이 아니라 더 이상 같은 죄를 짓지 않도록 일깨우는 것이 이 불국이라는 나라의 법률이다.

불국의 법을 지키려는 중생들의 호위를 맡은 수호자들이 다름 아닌 중생들의 희로애락을 좌지우지하였던 힌두의 신들이다. 이렇게 사바세계에서는 힌두 신들의 노예였던 사람들이 이 불국이라는 나라에서는 주인이 되어 사바세계를 이상세계로 바꾸는 역할을 한다. 유마경은 중생이 주인이 되어 이상세계를 실현할 수 있는 길을 제시하는 불국佛國의 법률서다.

이와 같이 나는 들었다

모든 경전에서와 같이 유마경에서도 그 첫 시작은 '이와 같이 나는 들었다'라는 문구로부터 시작한다.

【1-1】 이와 같이 나는 들었다. 한때, 붓다가 바이샤리Vaiśālī에 있는 암라〔빠리〕[1]Āmrapālī의 〔망고〕나무 숲(과수원)에서 8천 명의 대비구승과 3만 2천 명의 보살과 함께 계셨다.

如是我聞. 一時, 佛在 毘耶離, 菴羅樹園, 與大比丘衆, 八千人, 俱菩薩, 三萬二千.

유마경이라는 드라마의 대본을 열어보니 첫마디가 "이와 같이 나는 들었다."라고 한다. 처음부터 저자는 이 대본이 스스로의 창작이 아니라고 선언을 하는 부분이다. 요즈음 학문으로 표현하자면 타인의 언설을 편집한 것이다. 그런데 표현방법에 있어서는 타인의 아이디어를 그대로 인용하는 것이 아니라 주관적 관점에서 가르침을 전달하고 있다. 즉 샤카무니 붓다가 '이렇게 말씀하셨다'가 아니라 '이와 같이 나는 들었다'라는 문구로써 저자의 개인적인 감정을 싣고 있다.

다시 말하면 '중생의 몸이라 사바세계에서 어리석게 살다가 어떠한 계기로 붓다의 가르침을 얻어 그로부터 나의 삶이 달라졌다는 것'을 언중에 내포하고 있다. 그러니 많은 사람들에게 이 가르침을 알려야겠다는 의도가 다분히 엿보인다. '나처럼 이 가르침을 한번 들어보라. 반드시 어리석은 생각과 삶에서 벗어날 수 있을 것이다.

---

1 암라수원菴羅樹園의 '암라菴羅'는 암라빠리Āmrapālī의 약자로 상업도시인 바이샤리Vaiśālī의 유녀遊女의 이름이며, 암라수원은 그녀가 소유하고 있던 망고나무 숲을 말한다. 암라빠리는 암마라파리菴摩羅婆利, 암라파리菴羅婆利, 암라녀菴羅女 등으로 한역되며, 그녀가 태어나자마자 바이샤리의 외곽 망고나무 숲에 버려졌기 때문에 그와 같은 이름을 얻었다고 한다. 빼어난 미모로 태어난 까닭에 성장하여 유녀가 되었으며, 그녀의 아들 카운디냐Kauṇḍinya에 의해 출가하여 비구니가 되었다고 알려져 있다. 여기에 대해서는, 우에키 마사토시植木雅俊 역譯,『범한화대조 · 현대어역 유마경』, p. 30, footnote 16 참조.

그러면 당신들도 나처럼 고통으로부터 벗어날 수 있을 것이다'라는 염원을 담고 유마경이라는 드라마를 펼치고 있다.

뿐만 아니라 '이와 같이 나는 들었다'라는 문구에서 불교가 지닌 종교적 성향을 엿볼 수 있다. 붓다의 가르침 혹은 진리의 말씀은 광대무변하여 '이러한 것이다'라고 한정지을 수 있는 것이 아니라는 것이다. '나의 능력이 고만하여 붓다의 가르침을 이렇게 들었지만 그것만으로도 삶이 달라졌다. 그런데 근기가 수승한 사람이라면 그 깨우침은 무한할 것이다'라는 진리의 무한성, 즉 무유정법無有定法 — '이것이 진리다'라고 정해져 있는 것이 없는 법(진리) — 의 도리를 이 문구는 내포하고 있다.

저자는 유마경이라는 드라마를 통하여 붓다의 가르침을 그의 능력껏 펼치려 하고 있다. 그러나 그것이 전부가 아니라는 겸허한 마음을 엿볼 수 있는 문구다. 타종교의 성전에는 대부분 교주(혹은 교조)의 교시를 그대로 전달하는 형식이다. 그 교시를 따라야 교주의 구원을 받을 수 있다는 것을 전제 조건으로 제시한다.

그러니 지금까지 옹고집을 부리며 '내 인생은 나의 것이니 어떻게 살든 간섭하지 말라'는 식의 고정관념에서 벗어나서 귀를 열고 한번 들어나 보라고 뭇 중생들에게 막힌 귀를 뚫을 수 있는 기회를 제공하는 것으로부터 드라마는 시작한다. '이와 같이 나는 들었다'는 문구는 마치 "귀 있는 자여, 들어라! 여기 불사不死의 문은 열렸노라." 라는 선언처럼 들린다.

흔히 경전에 나타나는 문구로서 응병여약應病與藥이라는 표현을 쉽게 접할 수 있다. 즉 병든 사람의 증세에 따라 알맞은 약을 투여한 다는 의미다. 중생의 능력에 따라 가르침을 내려 어떠한 열악한 환경에 처해있는 사람이라고 하더라도 가르침을 내려 어떠한 열악한 환경에 처해 있는 사람이라고 하더라도 고정관념을 깨뜨리고 귀를 열기만 한다면 병을 반드시 고칠 수 있는 약을 이 경전에서 얻을 수 있을 것이라고 저자는 스스로의 경험을 토대로 피력하고 있다. '내가 지금까지 듣도 보도 못한 세계를 보일 테니 각자의 입장에서 받아들여 어리석은 삶에서 벗어나라'는 염원이 담긴 문구로부터 시작하는 것이 불교의 경전이다.

여시아문如是我聞의 실체

불교경전은 '이와 같이 나는 들었다'라는 정해진 문구로부터 시작한다. 이 문구는 초기경전(또는 원시경전)이든 대승경전이든 불문하고 모든 경전에 공통된 점이다. 여기에서 '나는 들었다'고 하는 '나'란, 출가 후 25년 간 한시도 붓다의 곁을 떠나지 않았던 아난阿難(아난다 Ānanda)을 가리키는 말이다.

붓다의 입멸 후 교단의 단합을 위한 제1차 결집 때, 마하카샤파 Mahākāśyapa(이하 가섭 존자)를 중심으로 500명의 아라한과를 증득한 비구들이 모여 아난이 붓다로부터 받았던 가르침을 낭송하면 결집에 모인 비구들이 그 내용을 승인한 것으로부터 전래된 것이라고 한다.

여기서 아난이 '나는 들었다'라는 말로 현존하는 사람이 과거에 들었던 사실을 현재에 발설하는 형식으로 시작하지만, 불교경전은 붓다의 가르침을 아난의 생존 이후에 기록한 것이므로 논리적으로 맞지 않는다. 특히 대승경전은 오래된 경전이라 하더라도 기원전 1

세기경에 시작된 것이라고 하니 시간적으로 도저히 아난이 들었던 것을 400년이 지난 후대의 사람이 붓다의 육성 그대로 전하는 것이라고 하기에도 논리적으로는 무리가 있다.

그렇다면 불교경전을 어떻게 이해할 것인가라는 문제가 남는다. 현존하는 사람이 들었던 것을 기억하는 형식으로부터 시작한다 하여, 불교를 붓다의 육성을 들은 그대로의 가르침을 전하는 것으로 이해하려는 태도는 불교를 샤캬무니Śākyamuni라고 하는 한 개인을 우상 숭배적 종교로 폄하하는 태도며 교조주의적 가르침으로 타락시키는 작업이라고 할 수 있다.

불교의 교법은 붓다의 육성으로부터 시작된 것이나, 붓다가 창조한 것은 아니다. 우주의 생성 이전에도 우주의 괴멸 이후에도 변하지 않는 진리를 붓다가 발견한 것에 지나지 않는다. 그러므로 샤캬무니 붓다 시대에 과거불 사상이 있었다는 것은 논리적으로 조금도 이상할 것이 없다. 즉 샤캬무니 붓다 이전의 붓다들도 다 이 진리를 발견하고 그 진리를 전한 것이다.

이 교법의 전래가 붓다의 열반 후 무불無佛시대인 현세에도 불교가 살아 있는 까닭이며, 이 교법을 의지해서 수많은 크고 작은 깨달음을 얻은 성자가 각 지역에서 중생 구제의 자비행을 할 수 있는 것이다. 그리고 미래세에도 이 교법에 의지해서 새로운 무대에서 새로운 가르침으로 중생 구제와 보다 나은 삶을 그려나가는 것이 미래불교의 모습일 것이다. 그러므로 반야경에서 "무유정법無有定法이 아뇩다라삼먁삼보리"라고 하였다. 즉 '이것이 진리다'라고 정해져 있는 것이 없는 법[진리]이 지혜의 완성이라고 한다.

도덕경에서도 제1장에 이와 유사한 대목이 있다. "도가도道可道

비상도非常道", 즉 "도는 도일 수 있다. 그러나 그 도는 항상하는 도는 아니다", 내(내 나라, 내 가족)게 꼭 지켜져야 할 법이라 하여 타인(남의 나라, 남의 가족)에게도 지켜져야 할 법이라고는 하지 말라는 뜻이다. 그러므로 대승경전은 붓다가 발견한 진리, 즉 교법을 바탕으로 한 픽션fiction이라 할 수 있다.

불교에 있어서 교법은 중생이 깨달음이라는 방향을 향해 나아가게 하는 원동력이요, 길잡이다. 즉 그 깨달음을 향해 나아간다는 말은 사바세계 속에서 어리석지 않게, 그리하여 덜 고통스럽게 살아가는 길을 찾는 작업이요, 궁극적으로는 모든 고통에서 벗어나는 해탈에 이르는 길이다. 또 참고 견디지 않으면 살아갈 수 없다는 이 사바세계에서 고도의 정신문화를 향유하며, 이 고통의 세계 속에서 이상사회를 그대로 이룰 수 있는 근본원리가 지혜의 완성이라는 깨달음이다. 단지 붓다의 교법이라는 연장을 얼마나 세련되게 다룰 수 있으며, 어떻게 다루느냐에 따라서, 어떤 사람은 대통령이라는 자리에서 도둑질을 하고, 어떤 사람은 화장실 청소를 하는 자리에서도 보살행을 할 뿐이다. 붓다의 교법을 세련되게 잘 다루는 사람은 매일매일 한 발자국이라도 이 사바세계에서 피안의 세계로 다가갈 것이며, 잘 못 다루는 사람은 매일매일 내딛는 발자국마다 지옥의 고통을 맛볼 것이다.

이 불국품은 유마경 전체의 서문에 해당한다. 유마경이 대승경전 속에서도 재가자가 주인공으로 등장하는 것에서 알 수 있듯이, 재가불교의 성격이 강하다. 그럼에도 불구하고, 서문은 타 불교경전에서도 그 유형을 볼 수 있듯이, 붓다가 그의 제자들과 뭇 불교의 수호신으로 등장하는 힌두의 신神인 범천·제석천 등의 권속들과 일반 신자를 포함한 수많은 대중들과 함께 야단법석의 무대를 장엄하고 있다. 유마 거사가 등장하기 시작하는 제2 방편품에도 유마 거사가 실지로 활동하는 것이 아니라 그가 어떠한 사람인지에 대한 소개 정도로 끝난다.

【1-2】 〔그 보살들〕[2]은 뭇사람들에게 잘 알려져 있었으니, 대지大智[3]〔지혜의 완성〕의 근본수행〔육바라밀행〕[4]을 모두 성취하였고, 〔그것은〕 제불의 위신력〔가호加護〕에 의해 이루어진 것이었다. 〔그들은〕 불법의 성곽城郭[5]을 지키기 위해 정법〔대승법〕을 수지하며, 사자후로써 널리 시방에 그 이름을 날렸다. 뭇 사람들로부터 청을 받지 않고서도 그들을 친구처럼 편안하게 대하며, 〔불 · 법 · 승〕 삼보를 이어 융성하게 하여 끊어지지 않게 할 수 있는 〔보살〕들이었다. 〔그들은 또〕 악마들의 원한을 항복받고 모든 외도들을 제압하여 모두 다 청정하게 하며 영원히 속박〔개전蓋纏〕[6]으로부터 벗어나게

---

2 여기서 '그들'이란 3만 2천 명의 보살들을 말함. 티벳어 번역본과 산스크리트어 원본에는 먼저 비구승들의 공덕과 지혜의 완성에 대해 상세히 논하고, 후에 보살들의 지혜에 대해 따로 논하고 있지만, 구마라습의 한역본에는 비구승들의 공덕과 지혜의 완성에 대해서는 생략하고, 보살들의 공덕과 지혜만 논하는 형식으로 되어 있다.

3 대지大智란 일체종지一切種智를 말하며, 생존하는 모든 것은 근본적으로 실체가 없어 공하며, 평등하고 무차별하다는 진리를 앎과 함께, 현상세계에 나타나는 개개의 성상性相을 여실히 깨달아 아는 붓다의 최고의 지혜. 구마라습의 제자 승조에 의하면 대지란 일체종지를 말하며, 이 지혜는 육바라밀과 육신통으로써 뭇 수행의 근본이 되며 모든 보살대사들이 이러한 근본 수행을 다 구비하였다고 한다. "肇曰. 大智一切種智也. 此智以六度六通衆行爲本. 諸大士已備此本行." 승조 찬撰, 『주유마힐경注維摩詰經』, 『대정장大正藏』 vol. 38, p. 328.

4 보살의 근본수행이란 흔히 육바라밀행을 말하는 것이므로 여기서 지혜의 완성을 이루기 위해서는 제불의 가호가 필요하다고 한다.

5 법성法城이란, 불교 교단은 물론 붓다의 교법을 뜻하며, 보살들이 이를 외도들로부터 수호하기 위한 역할의 은유적 표현.

6 개전蓋纏이란 지혜의 완성을 이루기 위한 수행에 방해가 되는 것으로서 5개蓋 10전纏이 있음. 5개蓋란; 탐욕貪欲, 진에瞋恚, 수면睡眠, 도회掉悔(조울증), 의법疑法(무결단無決斷). 10전纏이란; 무참無慚(부끄러워함이 없는 행위), 무괴無愧(반성함이 없는 마음), 질

하였다.

衆所知識, 大智本行, 皆悉成就, 諸佛威神之所建立. 爲護法城, 受持正法, 能師子吼, 名聞十方. 衆人不請, 友而安之, 紹隆三寶, 能使不絶. 降伏魔怨, 制諸外道, 悉已淸淨, 永離蓋纏.

【1-3】 〔그들의〕 마음은 항상 무애한 해탈경에 안주하고 〔깊은〕 신념과 정定(삼매)과 총지總持(다라니dhāraṇi)[7]와 변재는 끊어지지 않았으며, 보시 · 지계 · 인욕 · 정진 · 선정 · 지혜 및 방편력 등을 갖추지 않은 것이 없었다. 무소득과 무생법인[8]의 경지에 이르렀으며, 이미 순리에 따라 후퇴하는 일이 없는 붓다의 가르침을 전하는〔법륜을 굴리는〕 자들이었다. 법상法相(모든 사물의 성상性相)을 잘 이해하여 중생의 근기를 알고, 모든 중생을 망라하여 두려움이 없는 경지에 이르게 하였다.

心常安住, 無礙解脫, 念定總持, 辯才不斷, 布施 · 持戒 · 忍辱 · 精進 · 禪定 · 智慧 及方便力, 無不具足. 逮無所得, 不起法忍 已能隨順, 轉不退輪. 善解法相, 知衆生根, 蓋諸大衆, 得無所畏.

투질妬嫉, 간석慳惜(인색함), 후회後悔, 수면睡眠, 조광躁狂(광신적인 행위), 혼침昏沈, 분노忿怒, 복장覆藏(죄罪를 숨기는 행위).
승조에 의하면, 5개 10전이 있으나, 실은 헤아릴 수 없이 많은 전纏〔번뇌〕이 있다. 〔그러나〕 신구의 삼업을 청정히 한 즉, 개전蓋纏은 번뇌가 될 수 없다고 한다. "肇曰. 蓋五蓋, 纏十纏. 亦有無量纏, 身口意 三業悉則, 蓋纏 不能累也." 승조 찬撰, 『주유마힐경』 Ibid. p. 329.

7 총지總持란 선법善法을 지녀 잃지 않게 하고 악법惡法을 일으키지 않게 한다는 의미며, 그러므로 능지能持라고도 한다. 주문呪文으로 범문梵文을 번역하지 않고 그대로 독송하며, 주문을 독송함으로써 갖가지의 장애를 제거하고 모든 공덕을 받을 수 있다고 함. 일반적으로 긴 주문을 다라니라고 하며, 짧은 주문을 진언眞言이라 하여 구별함. 흔히 진언을 범어로는 다라니dhāraṇi라기보다 만트라mantra를 적용함.

8 불기법인不起法忍이란 무생법인無生法忍의 다른 표기로서, 생멸하는 윤회의 세계를 초월한 절대불변의 진리를 깨달은 안심의 경지를 말함.

【1-4】 공덕과 지혜로써 그들의 마음을 닦고, 상호相好⁹로써 몸을 장엄하
니, 그 모습은 비교할 수 없이 뛰어나 세상에 있는 모든 장신구를 다 버
렸다[장신구가 필요 없었다]. [그들의] 명성은 드날려 수미산보다 더 높고, 신
심의 굳음은 마치 금강석과 같았으며, 법의 보석은 두루 비추어 감로의
비를 내려주는 듯하고, 모든 말과 소리 중에서도 미묘하기 으뜸이었다.

功德智慧, 以修其心, 相好嚴身, 色像第一, 捨諸世間, 所有飾好. 名稱高遠, 蹂
於須彌, 深信堅固, 猶若金剛, 法寶普照, 而雨甘露, 於衆言音, 微妙第一.

【1-5】 연기의 [법칙]에 통달하여 모든 사견을 끊고, 유·무의 [이원론적]
견해에 다시금 닦아야 할 것이 조금도 남아 있지 않았다. 법을 폄에 두려
움 없는 모습은 마치 사자가 부르짖는 것과 같고, 그들이 교법을 설하는
바는 마치 번개가 진동하는 것 같았다.

深入緣起, 斷諸邪見, 有·無二邊, 無復餘習. 演法無畏, 猶師子吼, 其所講說,
乃如雷震.

【1-6】 사량思量[비교 분별하는 마음]은 없으며, 이미 사량[분별]을 초월하였으
니,¹⁰ 뭇 법의 보물을 수집함에 마치 해로海路를 인도하는 [항해]사와 같

---

9 상호相好란 32상相 80종호種好의 준말. 즉 32가지의 신체상의 특징과 80종의 부차적인
  특징을 말함. 붓다와 인도의 이상적인 제왕이라고 하는 전륜성왕이 갖출 수 있다는 신체
  상의 뛰어난 특징.
10 여기서 '사량 분별의 초월'이란 사량[비교]한다거나 사량[비교]하지 않는다는 세계를 초
  월한 경지를 말한다. 『유마힐소설경維摩詰所說經』의 역자 구마라습의 제자 승조에 의하
  면, 이미 법신을 증득하여 무위의 경지에 들면 마음은 지혜로써 구할 수 없으며, 모습은
  형상으로써 취할 수 없다. 그러므로 무량無量이라고 한다고 하였다. 그러나 육주六住
  이하는 사량 분별하는 마음이 있다는 것이다. "肇曰: 旣得法身, 入無爲境, 心不可以智
  求, 形不可以像取, 故曰無量. 六住已下, 名有量也." 『주유마힐경注維摩詰經』 Ibid. p.
  330.

았다. 모든 진리의 깊고 미묘한 의미를 깨달았으며, 중생의 취향과 성향의 변화를 잘 알았다. 비교할 수 없는 붓다의 〔자유〕자재한 지혜와 10력力[11], 무외無畏[12]와 18불공不共[13]이라는 〔능력에〕 가까이 다가섰다.

無有量, 已過量, 集衆法寶, 如海導師. 了達諸法, 深妙之義, 善知衆生, 往來所趣, 及心所行. 近無等等, 佛自在慧, 十力·無畏·十八不共.

【1-7】 일체의 모든 악취세계[14]를 폐쇄하였지만(육도윤회를 벗어났지만), 그러

승조가 육주이하六住已下라고 한 육주는 십주十住 중 여섯 번째에 속하며, 십주란 보살이 보살행을 하여 증득할 수 있는 52위 중, 최하위의 십신十信을 지나 그 다음 단계에서 수행하는 보살을 지칭하는 것이다. * 이하已下는 이하以下와 같은 의미로 사용됨.

11 10력力이란 붓다가 지닌 10가지의 지혜의 힘: 1) 처비처지력處非處智力; 도리에 적합한지 적합하지 않은지를 분명하게 아는 지력. 2) 업이숙지력業異熟智力; 업보의 인因과 그 과果를 잘 아는 지력. 3) 정려해탈등지등지지력靜慮解脫等持等至智力; 사선四禪, 팔해탈八解脫, 삼삼매三三昧, 팔등지八等至 등의 선정에 대해 분명히 아는 지력. 4) 근상하지력根上下智力; 중생의 근기에 있어서 상하와 우열을 분명히 아는 지력. 5) 종종승해지력種種勝解智力; 중생의 갖가지 의향과 원망願望을 아는 지력. 6) 종종계지력種種界智力; 중생이나 모든 사물의 본성을 아는 지력. 7) 변취행지력遍趣行智力; 어떠한 수행에 의해 어떠한 도에 나아갈 것인가를 아는 지력. 8) 숙주수념지력宿住隨念智力; 자타의 과거생에 대해 바로 아는 지력. 9) 사생지력死生智力; 중생의 미래세에 대해 바로 아는 지력. 10) 누진지력漏盡智力; 일체의 번뇌를 다 끊고 부처로서의 깨달음을 얻는 지력.

12 무외無畏란 4무외無畏를 말하며, 설법을 할 때 네 가지 두려워하지 않는 자신감을 뜻한다. 그 네 가지란: 1) 정등각무외正等覺無畏; 바르고 완전한 깨달음을 얻었다고 하는 자신自信. 2) 누영진무외漏永盡無畏; 일체의 번뇌를 완전히 끊었다고 하는 자신自信. 3) 설장도무외說障道無畏; 도의 장애인 번뇌에 대해 설하였다고 하는 자신自信. 4) 설출도무외說出道無畏; 번뇌를 끊을 도를 설하였다고 하는 자신自信.

13 18불공不共은 18공불법不共佛法의 준말로서 다른 사람과 공통으로 지니지 않는 붓다만이 가지고 있는 18가지의 특징. 1)~3) 신·구·의 삼업에 과실이 없는 것. 4) 중생에 대해 평등한 것. 5) 선정에 의해 마음이 안정한 것. 6) 일체 모든 것을 포용하여 버리지 않는 것. 7)~11) 중생 구제의 욕欲, 정진, 염력, 선정, 지혜에 물러나지 않는 것. 12) 해탈로부터 물러나지 않는 것. 13)~15) 중생 구제를 위해 삼업을 나타내는 것. 16)~18) 과거·현재·미래의 삼세에 대해 통달한 것.

14 악취란 악도라고도 하며, 중생계의 6도 중 3악취 혹은 3악도 즉 지옥·아귀·축생의 3

나 (중생을 위하여) 5도道[15]에 (다시) 태어나서 그 몸을 나타내고, 대 의 왕이 되어 (중생의) 뭇 병을 치료하며, 병에 따라 약을 복용케 하였다. (이와 같이) 한량없는 공덕을 모두 성취하고, 한량없는 불국토를 모두 장 엄하여, 그것을 보고 들은 자로서 이익을 보지 않은 사람이 없었다. (보살 들의) 지은 바 모든 (공덕)을 아무리 말하더라도 다하지 못한다. 이와 같 이 일체의 공덕을 두루 구족하였다.

關閉一切, 諸惡趣門, 而生五道, 以現其身, 爲大醫王, 善療衆病, 應病與藥, 令 得服行. 無量功德 皆成就, 無量佛土 皆嚴淨, 其見聞者, 無不蒙益. 諸有所作, 亦不唐捐. 如是, 一切功德, 皆悉具足.

보살은 볼룬티어volunteer의 어머니

여기에서는 보살이란 어떠한 사람인지에 대해 상세히 설명하는 부분이다. 즉 보살의 정의를 장황하게 늘어놓은 것이라 할 수 있다. 보살이라는 말은 '지혜를 구하고 있는 유정有情'이거나 '지혜를 얻 을 것이 확정되어 있는 유정'이라는 의미며, 이는 수천수만 번의 윤 회를 거듭하며 깨달음을 얻기 위해 무한이라 할 수 있는 긴긴 세월 을 수행해 온 고타마 싯달타Siddharta의 전생의 이름이었다. 이 장면에 나타나는 삼만 이천의 무명의 보살들의 능력과 종교적 성향·인간 성·사회성 등을 여실히 보여주고 있으며, 이는 전통적 불제자들의

도를 말함.
15 5도란 지옥·아귀·축생·아수라·인간·천상의 육도중생계 중 아수라를 지옥에 포함시 켜 오도중생 세계로 나눈 것. 인도불교에서는 부파에 따라 오도 또는 육도로 분류하고 있음.

종교적 성향이라든가 인간성·사회성과는 사뭇 다르다.

붓다의 열반 후 불교 교단에는 붓다를 대신하여 교단을 이끌고 갈 차세대의 종교 지도자가 있었던 것은 아니었다. 열반경에 의하면, 아난이 붓다의 열반 후 어떻게 수행해야 하는지에 대한 질문에, "자등명自燈明 법등명法燈明하라"는 붓다의 마지막 가르침이 있다. 잘 다듬어진 자기 스스로를 의지할 곳으로 삼으며, 교법을 의지할 곳으로 삼고 수행하라는 뜻이다. 불교교단에 붓다 이후 교단을 이끌고 갈 통솔자가 없었다는 것이 이 말로써 증명되는 부분이다.

또 열반경에 "의법불의인依法不依人하라"는 말도 이와 일맥상통하는 뜻이다. 진리의 교법에 의지하여 수행하되 그 법을 설하는 사람에게는 의지하지 말라고 하였으니 오직 교법에 의해서만이 스스로를 통제할 수 있으며, 그 가르침은 스스로가 수행하지 않고서는 증득할 수 없는 것이다. 강력한 중앙집권적 통솔자가 없다는 의미는 자유는 있을 수 있으나 교단이 쉽게 분열을 가져다 주는 계기가 되었을 것이다.

구마라습의 한역본에는 비구승들의 공덕과 지혜에 대해서는 아무런 설명이 없다. 현장 스님의 번역본에도 마찬가지로 비구승에 대해서는 언급하지 않는다. 그들이 사용한 원전에는 비구승에 대해서는 아무런 설명이 없었던 것일까? 아니면 구마라습과 현장 스님이 읽었던 산스크리트어 원전에 비구승에 대해서 최근 티벳에서 발견된 산스크리트어 사본과 같은 설명이 있었거나 아니면 어떤 다른 설명이 있었다면, 그들이 왜 비구승에 대해 아무런 언급을 하지 않았을까? 설사 그들이 번역하기 위해 사용한 원전에 비구승에 대한 설명이 없었거나, 또 있었다 하더라도 번역본에 비구승에 대한 설명 없이 보살들의 공덕과 지혜에 대해서만 장구하고 세세한 설명을 하고 있는 것에는 어떤 중대한 이유가 있어 보인다.

유마경에 등장하는 주인공이 붓다의 제자가 아니라 재가불자라는 것, 대승불교의 특징인 보살도의 수행, 그것도 재가보살의 수행을 강조하려는 의도는 아닐까. 그렇지 않다면 비구승들의 얻은 바 공덕과 지혜를 보살들의 그것과 차별을 두지 않으려는 의도로 볼 수 있을 것이다. 실제 산스크리트어 사본의 내용에는 표현의 차이는 비록 크지만 비구승과 보살들의 지혜와 공덕을 찬양하는 의미에 있어서는 차이가 없다고 볼 수 있다.[16]

대승불교가 일어나고 대승경전이 나타나는 배경을 생각하면, 비구승들의 수행방법이나 그들의 종교적 성향을 비판할 법한데 짧게나마 그들의 전통적이고 보수적인 수행에 의해 개개인이 얻은 지혜를 찬탄한 것을 보면, 유마경의 저자로서는 적당하게 비구승들의 능력을 찬탄함으로써 오히려 재가불자들의 보살행을 더 돋보이게 하는 효과를 보이는 것 같다.

아무튼 구마라습의 한역본에 있어서의 '그들'이란 팔천 명의 비구승과 삼만 이천 명의 보살들 모두를 일컫는 뜻으로도 받아들일 수 있을 것이다. 다만, 유마경의 재가불교의 혁신적 성격으로 보아 한역본에 비구승에 대한 설명이 없는 이유가 재가보살의 수행을 강조하

---

16 산스크리트어 사본의 비구승 부분에는; "모두가 아라한으로서 더러움이 없고 번뇌를 끊었으며, 자유자재하여 마음의 해탈을 얻고, 완전히 해탈한 지혜를 가지고 있었으며, 태어남도 최고요, 위대한 모습이며, 의무를 다하고, 해야 할 일을 성취하였다. 마음의 짐을 모두 여의고, 자기의 목적을 달성하였으며, 삶과 얽혀 있는 모든 것을 소멸하고, 바른 지혜에 의해 해탈한 마음의 소유자로서 모두가 '마음의 자유'라고 하는 최고의 경지에 도달해 있었다."라는 본문이 있음. 우에키 마사토시植木雅俊, Ibid. pp. 2~3, §2 참조.

려는 의미가 더 타당성이 있어 보인다. 이러한 의미에서 그들이란 보
살들로 보는 것이 무난할 것이다.

【1-8】 그들(보살들)의 이름은; 등관보살, 부등관보살, 등부등관보살, 정자재
왕보살, 법자재왕보살, 법상보살, 광상보살, 광엄보살, 대엄보살, 보적보
살, 변적보살, 보수보살, 보인수보살, 상거수보살, 상하수보살, 상참보살,
희근보살, 희왕보살, 변음보살, 허공장보살, 집보거보살, 보용보살, 보견
보살, 제망보살, 명망보살, 무연관보살, 혜적보살, 보승보살, 천왕보살, 괴
마보살, 전덕보살, 자재왕보살, 공덕상엄보살, 사자후보살, 뇌음보살, 산
상격음보살, 향상보살, 백향상보살, 상정진보살, 불휴식보살, 묘생보살,
화엄보살, 관세음보살, 득대세보살, 범망보살, 보장보살, 무승보살, 엄토
보살, 금계보살, 주계보살, 미륵보살, 문수사리법왕자보살이었다. 이와 같
은 보살들이 3만 2천이나 있었다.

其名曰 等觀菩薩, 不等觀菩薩, 等不等觀菩薩, 定自在王菩薩, 法自在王菩薩,
法相菩薩, 光相菩薩, 光嚴菩薩, 大嚴菩薩, 寶積菩薩, 辯積菩薩, 寶手菩薩, 寶
印手菩薩, 常擧手菩薩, 常下手菩薩, 常慘菩薩, 喜根菩薩, 喜王菩薩, 辯音菩薩,
虛空藏菩薩, 執寶炬菩薩, 寶勇菩薩, 寶見菩薩, 帝網菩薩, 明網菩薩, 無緣觀菩
薩, 慧積菩薩, 寶勝菩薩, 天王菩薩, 壞魔菩薩, 電德菩薩, 自在王菩薩, 功德相
嚴菩薩, 師子吼菩薩, 雷音菩薩, 山相擊音菩薩, 香象菩薩, 白香象菩薩, 常精進
菩薩, 不休息菩薩, 妙生菩薩, 華嚴菩薩, 觀世音菩薩, 得大勢菩薩, 梵網菩薩,
寶杖菩薩, 無勝菩薩, 嚴土菩薩, 金髻菩薩, 珠髻菩薩, 彌勒菩薩, 文殊師利法王
子菩薩, 如是等, 三萬二千人.

무명無名 보살들의 역할

여기서 52명의 보살들을 열거하고 있지만, 다른 대승경전에서는 볼 수 없는 이름들이 대부분이다. 3만 2천의 보살들 중 왜 52명이 등장하는지, 이 숫자에 어떤 의미가 있는지는 알 수 없다. 다만, 이름이 잘 알려져 있지 않은 보살들을 열거함으로써 이 경전이 추구하고자 하는 의미는 명확하다. 즉 무수히 많은 이름 없는 재가불자들이 붓다의 교법을 이행하고, 그들의 수행은 붓다의 제자들 즉 비구승들이 추구하는 교파적 전문 교리 연구에 전념하는 전통적이고 보수적인 방법이 아니라 붓다의 정신을 이어받은 중생교화 즉 사회의 곳곳에 도움을 필요로 하는 사람들을 구제하는 실천행을 하는 보살들이며, 그들의 수행 덕목은 바로 앞에서 한가득 늘어놓은 바 있다.

3만 2천이라고 하는 보살들이 등장하는 이유로 크게 나누어 두 가지로 볼 수 있을 것이다. 하나는 교단 내부적인 문제로 기존 수행승들에 대한 민중불교운동의 현상이며, 또 다른 하나는 교단 외부적인 요인으로서 유마경 출현 당시의 브라만교의 영향에 의한 것이다.

첫째, 교단 내부적인 문제란, 1~2세기경 유마경이 출현할 때쯤이면 인도에서도 불교가 타락하기 시작한 시기라 할 수 있다. 은둔적이고 독선적인 성문승들이 형이상학적이고 철학적인 교리 연구에 몰두하자, 그들이 하지 못한 중생 구제를 소위 유마경에서 보살이라 불리는 잘 알려져 있지 않은 재가불자들이 위에서 논하는 수행 덕목을 펼쳤을 것이다.

불자라는 이름하에 이웃 중에 아픈 자가 있으면 물심양면으로 도와주고, 인도 사회에서 카스트 제도에 의해 핍박받았던 그 어떠한 사람을 만나더라도 평등하게 대하며, 그들이 쌓은 지혜와 공덕으로써 스스로를 드러내니, 가식적인 모습을 숨기기 위해 보석으로 치장할 필요도 없다. 그들의 활동무대는, 태양이 만물을 기르듯 붓다의 가르침이 전 인도 사회에서 고통받던 사람들에게 태양과 같은 존재로서 부각되거나, 전 인도를 대상으로 하는 나라의 도움과 같은 적극적인 무대가 아니라, 태양의 빛이 미치지 못하는 사회의 어두운 구석이었을 것이다. 그들이야말로 붓다의 교법을 알게 모르게 따르던 이름 없는 수많은 재가불자들이었을 것이다. 뭇 보살들을 먼저 나열한 후, 마지막에 붓다의 지혜의 상징으로서 등장하는 문수보살을 배치한 것은 유마경이 이름 없는 재가불자(보살)들의 능력을 문수보살과 대등한 입장에 놓고, 유마 거사와 함께 보살로서의 주인공이라는 것을 암시하고 있다고 볼 수 있다.

둘째, 교단 외부적인 요인에 의한 것이란, 대승경전이 출현하기 직전의 인도 불교는 스투파를 중심으로 한 교단의 내·외적으로 바라문교의 영향을 크게 받고 있었다. 그 영향을 초기 대승경전에서 배제할 수 없었을 것이다. 새로운 대승불교 운동을 전개하는 과정에서 기존 세력에 대항할 힘을 민중으로부터 얻으려는 노력이 초기 대승불전에 그대로 나타난 것이라 볼 수 있다.

바라문교의 범신론적 영향이 불전에 유입되어 한없이 많은 신들의 이름이 나열되는 결과를 초래한 것이다. 같은 맥락으로 위에 열거한 52명의 보살들 중 관세음보살과 미륵보살 그리고 문수보살 등 몇 보살들을 제외하고 알 수 없는 보살들의 이름이 대거 등장한다. 지금이야 알 수 없는 보살들이라 할 수 있지만 유마경이 출현할 당시에는 위에 등장하는 보살들이 유마경의 출현에 크게 도움을 주었거나 혹은 그 당시 많은 사람들에게 위용을 떨쳤던 브라만 교도로서 유명 인사였는지도 모를 일이다.

특히 후자의 경우 현대사회에 있어서도 흔히 불사를 할 때 도움을 주었거나 직접적 도움을 주진 않았지만 사회적 인지도가 큰 인사의 이름을 불사佛事의 연기緣起에 이름을 올려 놓는 경우와 크게 다르지 않을 것이다. 3만 2천의 보살들 가운데 52인의 보살들의 이름을 나열한 것은 그들이 붓다의 가르침을 따르는 보살들이었거나 아니면 개중에는 인도 사회에 영향력을 가지고 있었던 브라만교도 혹은 지방의 유지였던 사람들로서 유마경 출현에 도움을 주었던 사람들이라고 볼 수 있을 것이다.

【1-9】 또 범천왕Brahmā 시기尸棄Śikin 등 만 명의 〔범천의 신들〕과 〔그 외에 범천의〕 사천하로부터 붓다를 예방하고 법을 청하기 위해 따라왔다. 또 만이천의 천인(제석천帝釋天, 샤크라Śakra)들이 있었고, 다시 그 외에 〔제석천의〕 사천하로부터 〔천제들을〕 따라 〔붓다의〕 회상에 참석하였다. 더불어 그 외에도 위력이 있는 모든 하늘과 용신 · 야차 · 건달바 · 아수라 · 가루라 · 긴나라 · 마후라가 등이 모두 회상에 참석하였다. 많은 비구 · 비구니 · 우바새 · 우바이도 함께 회상에 참석하였다.

復有萬 梵天王 · 尸棄 等 從餘四天下, 來詣佛所 而聽法. 復有萬二千 天帝, 亦從餘四天下, 來在會坐. 并餘. 大威力 諸天 · 龍神 · 夜叉 · 乾闥婆 · 阿脩羅 · 迦樓羅 · 緊那羅 · 摩睺羅伽 等 悉來會坐. 諸比丘 · 比丘尼 · 優婆塞 · 優婆夷 · 俱來會坐.

【1-10】 그때, 붓다는 수없이 많은 대중들로부터 예를 받고 그들에게 둘러

싸여 그들을 위해 법을 설하셨다. 〔그 모습은〕 마치 수미산 왕이 큰 바다에 〔우뚝 솟아〕 나타나는 것 같았다. 갖가지 보물로 〔장식된〕 사자좌에 안좌하여 회상에 참석한 모든 대중을 포용하는 것 같았다.

彼時, 佛與無量百千之衆, 恭敬圍繞, 而爲說法. 譬如, 須彌山王, 顯于大海, 安處衆寶, 師子之座, 蔽於一切諸來大衆.

【1-11】 이때, 바이샤리Vaiśālī 성의 장자의 아들, 보적이라고 하는 〔보살〕이 5백 명의 장자의 아들들과 함께 칠보로 〔장식된〕 양산을 가지고, 붓다가 계신 곳에 이르러, 이마를 〔붓다의〕 발에 대고 예를 올리며, 각자 갖고 왔던 양산을 다 함께 붓다께 공양을 올렸다. 붓다는 위신력으로 모든 보물로 만들어진 〔5백 개의〕 양산을 하나의 양산으로 만들어, 삼천대천세계[17]를 두루 덮었으니 이 세계의 드넓은 모습이 다 그 속에 나타났다.

爾時 毘耶離城, 有長者子, 名曰寶積, 與五百長者子, 俱持七寶蓋, 來詣佛所. 頭面禮足, 各以其蓋, 共供養佛. 佛之威神, 令諸寶蓋, 合成一蓋, 遍覆 三千大千世界, 而此世界, 廣長之相, 悉於中現.〕

【1-12】 또 이 삼천대천세계의 수미산·설산·목진린다산·마하목진린다산·향산·보산·금산·흑산·철위산·대철위산·큰 바다·강·내·샘, 및 해·달·별·천궁天宮·용궁·뭇 존귀한 신궁神宮〔등〕 모든 것이 다 보물로 된 양산 속에 나타났다. 또 시방의 제불과 제불의 설법의 〔회상〕도

---

17 삼천대천세계三千大千世界란 화엄경에 나타나는 문구로서 불교의 광대무변한 우주관을 나타내는 수식어다. 세계의 중심에 있다고 하는 수미산을 중심으로 일日·월月·사대주四大州·육욕천六欲天·범천梵天 등을 포함한 세계를 1세계라고 하며, 이러한 세계가 천 개 모인 것을 소천세계, 소천세계가 천 개 모인 것을 중천세계, 중천세계가 천 개 모인 것을 대천세계라고 하여 삼천세계 또는 삼천대천세계라고 함.

보물로 된 양산 속에 나타났다. 이때 모든 대중들은 일찍이 보지 못하였던 붓다의 신통력을 보고 감탄하여 합장하며 붓다께 예를 올리고, [붓다의] 존안을 우러러보며 한시도 눈을 떼지 못하였다. 이에 장자의 아들 보적[보살]이 붓다의 면전에서 게송으로써 [붓다의 위신력을] 찬탄하였다.

又此 三千大千世界, 諸須彌山·雪山·目眞隣陀山·摩訶目眞隣陀山·香山·寶山·金山·黑山·鐵圍山·大鐵圍山·大海·江河·川流·泉源 及 日·月·星辰·天宮·龍宮·諸尊神宮, 悉現於寶蓋中. 又十方諸佛, 諸佛說法, 亦現於寶蓋中. 爾時 一切大衆, 覩佛神力, 歎未曾有, 合掌禮佛, 瞻仰尊顏, 目不暫捨. 於是, 長者子寶積, 即於佛前, 以偈頌曰.

불전에 등장하는 힌두 신들의 무대

불교경전에는 왕왕 범천이나 힌두의 신들이 불교의 수호신으로서 등장한다. 붓다의 교법과는 아무런 연관도 없지만 앞서 서막의 '유마경과 이상세계'에서 언급하였듯이 유마경이 출현할 당시의 불교 교단은 브라만교(힌두교의 전신)를 근본으로 하는 전통문화에 젖어 있는 민중들을 외면할 수는 없었을 것이다. 불교가 외래의 종교도 아니며 더욱 인도의 정신과 문화에 반하지 않는다는 것을 내보여야 하는 까닭이기도 하다.

또 다른 면에서 불교도의 노력은 대승경전에서도 볼 수 있다. 대승경전에서 가끔 주문(다라니 혹은 진언)이 등장하는데 인도인들에게 친숙한 범천의 신들이나 힌두에 등장하는 많은 신들이 경전에 등장하는 이유와 같은 맥락에서 볼 수 있을 것이다. 반야심경의 마지막에 주문이 나오는데 그 방대한 반야부 경전을 축약하고 또 축약해서 가장 핵심만 추려 263자로 하였다고 한다. 그중 주문에 관해 사용된 자수가 23자며, 주문 자체만으로도 18자가 사용되었다. 다시 말하면, 주문이 반야심경에 차지하는 중요도는 심대하다 할 수 있다. 그런데, 그 내용은 주문이니 비논리적·비철학적이며, 경전의 요지라고 할 '공空'과는 아무런 관련이 없다. 왜 반야심경의 작자는 구태여 경전의 내용과는 관계가 없는 주문을 마지막에 삽입하였을까? 논리적이지 않고 철학적이지 않으며, 더욱이 과학적이지 않으며 지극히 종교적인 주문을 삽입하였을까?

불교는 흔히 믿음의 종교가 아니라 깨달음의 가르침이라고 한다. 여기서 종교적이라 함은 반야심경이 깨달음의 가르침뿐만 아니라 종교적 믿음의 성격까지 갖추고 있다는 말이다. 이러한 현상은 원시경전에서는 찾아보기 힘들다. 주문을 외우고, 신통을 부리며, 맹목적 믿음을 강조하는 행위, 즉 종교적 영역에서나 찾아 볼 수 있는 수행덕목은 바라문교(힌두의 전신)에서는 흔한 광경이다.

대승경전 가운데에서도 반야부 경전은 초기에 나타난 대승경전으로서 가장 주술적인 면을 많이 내포하고 있다. 이는 대승경전이 인도의 전통적 종교관에서 벗어나지 못한 일반 민중에 다가서려는 하나의 방편이었을 것이다. 대승경전의 서두에는 대부분 붓다가 설법을 하기 전에 야단법석野壇法席의 무대를 장엄하는 장면이 나온다. 등장인물이 어떤 사람인지, 몇 사람이나 되는지, 주인공이 누구인지 등과 설법을 하기 위한 무대 설치가 이루어지는데, 야단법석에 참석하는 사람들의 인물상을 그리는 부분에서 대부호들이 서로를 뽐내는 듯이 보석으로 장식한 수레를 타고 나타난다. 갖은 보석으로 치장을 하고 야단법석에 참석해서는 한결같이 그들이 가져온 보석들을 보시하는 장면이 나온다.

현실세계에서 잘사는 사회 또는 잘사는 나라를 유심히 살펴보면, 많은 여건들 중, 우선 기부·기증문화가 뿌리를 내리고 있는 것을 볼 수 있다. 즉 불교용어로 말하면 보시문화가 잘 발달되어 있다는 말이다. 물질적으로 가진 자가 가지지 못한 자에게 베푼다는 것은 한편 경제적으로 소득분배에 의한 사회기능의 촉진제가 되었을 것이다.

보살행에서 육바라밀의 수행을 반드시 강조하는 까닭이 꼭 보살의 정토 즉 이상세계의 구축을 위해서만 필요한 것이 아니라 현실세계에서도 육바라밀이 이루어 질 때 그 사회는 잘사는 사회요, 그 나라는 잘사는 나라임에 틀림없다. 즉 현실세계가 이상세계로 탈바꿈하는 순간이다. 5백 명의 장자의 아들들이 그들이 가져온 칠보로 장식된 양산을 붓다께 보시하자 붓다는 그 5백 개의 양산을 하나로 만들어서 삼라만상은 물론 그곳에 모인 모든 부류의 청중들이 다 그 속에 나타나게 하였다고 한다. 이 장면은 무엇을 의미하는 것일까?

보적보살을 위시해서 그의 친구들 5백 명의 장자의 아들들이 붓다의 회상에 나타날 때는 각자 스스로가 나는 어떤 가문의 아들이라고 자랑이라도 하듯 온갖 장신구로써 치장한 수레나 코끼리를 타고 뜨거운 태양을 가릴, 칠보로 장식한 양산을 쓰고 위풍당당하게 나타났을 것이다. 그곳에는 보살들과 천신들 등 수없이 많은 훌륭한 사람들이 한마음으로 붓다의 설법을 듣기 위해 자리를 같이하고 있었다. 붓다의 회상에 당도하자 그들이 섬겼던 위대한 사람들 또는 신들이 신분의 고하를 불문하고 모두 붓다를 중심으로 다소곳이 모여 있는 모습을 보고 그들이 스스로를 드러내려 하였던 모습은 오히려 부끄러운 꼴이 되었다. 5백 명의 장자의 아들들이 가져왔던 양산을 모두 붓다께 헌신함으로써 그들의 어리석음을 뉘우치는 모습이 눈에 들어온다.

붓다의 회상에 모일 때는 수없이 많은 부류의 사람 또는 천신들 그리고 다른 부류의 중생들이 각자 다른 신분과 모습으로 나타났으나, 붓다는 그들을 조금도 차별함이 없이 모두 포용하여 하나로 만든 양산 속에 나타나게 하였으니, 이는 붓다의 가르침과 이를 따르는 교단에는 만인萬人 만물萬物이 다 평등하다는 것을 보인 것이다. 청중들 또한 붓다의 만인을 포용하는 자애와 위엄, 그리고 붓다를 따르는 교단의 위용에 각자가 내세우던 '나'라는 존재의 허상을 그들 스스로가 내려 놓은 형상이다. 이러한 붓다의 위신력을 본 보적보살이 찬탄의 게송을 읊지 않을 수 없었던 것이다.

【1-13】 "눈은 맑고 커 마치 푸른 연꽃 같고, 마음은 맑아 이미 모든 선정을 다 이루셨습니다. 오랜 세월 깨끗한 업을 쌓아 〔그 공덕을〕 헤아릴 수 없고, 〔마음의〕 적정寂靜으로써[18] 중생을 제도하시니 계수례[19]를 올립니다.

目淨脩廣如靑蓮, 心淨已度諸禪定. 久積淨業稱無量, 導衆以寂故稽首. (1) ①[20]

---

18 산스크리트어 사본의 일본어 번역에 의하면, '도중이적導衆以寂'에 해당하는 부분은 "〔사람들의〕 마음을 적정의 길로 인도하는 사문이신 …"이라고 되어 있다. 그러나 이에 앞서 "〔마음의〕 적정에 의해서 최고의 완성에 도달하신…"이라는 문구가 있어 오히려 "도중이적導衆以寂"의 문체로 보아서는 '이적以寂'을 후자의 입장에서 해석하는 것이 무난해 보인다. 우에키 마사토시植木雅俊, Ibid. pp. 2~3, §2 참조.

19 인도의 전통 예법으로서, 가장 존경하는 사람에게 예를 올릴 때, 한쪽 무릎을 땅에 대고 상대방의 발을 두 손으로 감싸며 머리를 조아리는 예법. 인도나 스리랑카 등 불자들은 지금도 스님들께 이와 같이 계수례를 올리고 있음.

20 (1) 표시는 한역본에 있는 게송이고 ① 표시는 티벳어 번역본과 산스크리트어 사본에 있는 게송임. 예컨대 (9), (10), (13)의 게송 같은 경우는 한역본에는 있지만, 티벳에서 발

【1-14】 이미 대성현의 신통의 변화무쌍으로써 두루 시방의 무량한 국토를 나타내심을 보았습니다. 그곳에서 모든 부처님이 법을 설하심을 이곳에서 일체의 상황을 보고 들었습니다.

既見大聖 以神變, 普現十方 無量土. 其中諸佛 演說法, 於是一切 悉見聞. (2) ②

【1-15】 법왕〔붓다〕의 법력은 모든 중생들을 초월하고, 항상 법의 재보財寶로써 일체〔중생〕에게 베푸십니다. 모든 법의 성상性相〔성품〕을 분별하지만, 최고의 진리〔제일의第一義의 자리〕에서 움직이지 않으시며〔벗어나지 않으며〕, 이미 모든 법에서 자재함을 얻으셨으니, 그러므로 이러한 법왕께 계수례를 올립니다.

法王法力 超群生, 常以法財 施一切. 能善分別 諸法相, 於第一義 而不動, 已於諸法 得自在, 是故稽首 此法王. (3) ③

【1-16】 법은 있는 것도 아니요 또한 없는 것도 아니며, 인연에 의해서 모든 법은 생겨난다고 설하셨습니다. 나〔주체〕도 없고, 만드는 것〔행위자〕도 없으며, 받아들이는〔지각知覺〕 자도 없고, 선악의 업도 또한 사라지는 것이 아닙니다.

說法不有 亦不無, 以因緣故 諸法生. 無我 · 無造 · 無受者, 善惡之業 亦不亡. (4) ④

【1-17】 처음 붓다께서 〔보리수〕나무 〔아래서 수행하고〕 계실 때, 악마의 무리를 도력으로 제어하고, 적멸의 감로〔실상법〕²¹와 대각의 도의

견된 산스크리트어 사본에는 없음. 이하 같음.
21 구마라습에 의하면, 감로멸甘露滅이란 적멸감로며, 이는 실상법이라고 하였다. "什曰:

성취[22]를 증득하였습니다. 이미 마음의 움직임도 없고, 받아들이는 것도 없으니, 모든 외도들을 다 굴복시키셨습니다.

始在佛樹 力降魔, 得甘露滅 覺道成. 已無心意 無受行, 而悉摧伏 諸外道. (5) ⑤

【1-18】 법륜[23]을 세 번[24] 대천세계[25]에 굴리셨지만, 그 바퀴는 본래 언제나 청정하였습니다. 천도天道와 인도人道의 〔중생이〕 도를 얻으니, 이것이 그 증거가 되며, 삼보를 이 현상現狀세계에 나타내셨습니다.

三轉法輪 於大千, 其輪本來 常淸淨. 天人得道 此爲證, 三寶於是 現世間. (6) ⑥

【1-19】 이 미묘한 법으로써 뭇 중생을 제도하시니, 〔그들은〕 한번 〔가르침을〕 받아 물러나지 않고, 언제나 고요함을 지키나이다. 늙고 병들며 죽는 〔고통을〕 제도하신 대의왕이시여, 마땅히 법의 바다 그 덕의 한량없음에

梵本云, 寂滅甘露. 寂滅甘露, 卽實相法也."『주유마힐경注維摩詰經』Ibid. p. 333.

22 각도성覺道成에 대하여 승조가 이르기를; 대각의 도는 적멸하여 무상無相이며, 그 맛은 신도 감응하는 바니 마치 감로에 비견되는 것이다. 보리수에서 먼저 악마를 항복받고, 후에 감로적멸과 대각의 도를 이루었다고 설명하고 있다. "大覺之道, 寂滅無相. 至味和神, 諭若甘露. 於菩提樹, 先降外魔, 然後 成甘露寂滅, 大覺之道."『주유마힐경』Ibid.

23 붓다가 설한 교법을 수레바퀴에 비유한 것으로 불교 혹은 붓다의 상징으로 쓰이고 있음. 붓다의 가르침은 한 곳에 머무르지 않고 수레바퀴가 구르듯 어떠한 곳이건 어떠한 사람이건 차별하지 않고 전해진다는 상징성을 지니고 있음.

24 삼전법륜三轉法輪이란 삼전십이행三轉十二行의 법륜으로서 붓다가 녹야원에서 성문승을 위해 고·집·멸·도의 4제를 설함에 있어서 시示·권勸·증證의 삼전三轉에 의거하였던 것을 말함. 시전示轉은 사제四諦의 법리를 보이는 것이며; 권전勸轉은 사제四諦의 수행을 권하여 나아가게 하는 것이고; 증전證轉은 붓다 스스로가 이미 증득한 것을 보여서 예증例證하는 것을 뜻함. 각 4제에 삼전三轉이 있어 삼전십이행상三轉十二行相이라고도 함.
승조에 의하면 처음 녹야원에서 교진여 등을 위해 삼전의 사제법문을 대천세계에서 설하신 것이라 하였다. "肇曰: 始於鹿苑, 爲拘隣等, 三轉四諦法輪, 於大千世界也."『주유마힐경』Ibid.

25 대천세계란 삼천대천세계를 말함. 제1막 각주 17 참조.

예를 올립니다.

以斯妙法 濟群生, 一受不退 常寂然. 度老・病・死 大醫王, 當禮法海 德無邊.
(7) ⑦

【1-20】 불명예와 명예[26]에도 움직이지 않는 모습은 마치 수미산과 같고, 선인善人이건 선인이 아니건 평등하게 자비를 베푸십니다. 마음과 행동의 평등함은 마치 허공과 같으니 누가 사람의 보배임을 듣고 공경하며 믿지 않겠습니까?

毀・譽不動 如須彌, 於善・不善 等以慈. 心行平等 如虛空, 孰聞人寶 不敬承.
(8) ⑧

【1-21】 이제 세존께 별것 아닌 이 양산을 바치나니, 〔양산〕속에 우리들의 삼천〔대천〕세계와, 모든 하늘나라와 용신이 사는 궁전과 건달바뿐만 아니라 야차들도 나타났습니다.

今奉世尊 此微蓋, 於中現我 三千界, 諸天龍神 所居宮, 乾闥婆等 及夜叉. (9)

【1-22】 세간의 모든 존재하는 것을 보이시니 〔여래의〕10력力[27]으로 〔중생을〕 불쌍히 여겨 이러한 신통을 보이심에 뭇 중생이 희귀한 것을 보고 모두 붓다께 탄복하였습니다. 이제 우리들은 삼계의 스승님께 계수례를 올

---

26 승조僧肇에 의하면 훼예毁譽란, 훼毁와 예譽로서 8풍風 중의 두 가지라고 한다. 8풍이란 이利〔이익〕・쇠衰〔쇠약: 육신의 허약과 재정적인 부족〕・훼毁〔불명예〕・예譽〔명예〕・칭稱〔칭찬〕・기譏〔중상모략〕・고苦・락樂으로서, 사람의 감정을 소란스럽게 하는 8가지의 나쁜 바람〔악풍惡風〕을 말한다. "肇曰: 利・衰・毁・譽・稱・譏・苦・樂, 八法之風, 不動如來." 『주유마힐경』, 『대정장大正藏』 vol. 38, p. 333.

27 10력이란 승조僧肇에 의하면 여래의 별칭에 불과하다고 한다. "十力 是如來之別稱耳." 『주유마힐경』 Ibid. 혹은 제1막 각주 11 참조.

립니다.[28]

悉見世間 諸所有, 十力哀現 是化變, 衆覩希有 皆歡佛. 今我稽首 三界尊. (10)

【1-23】 대 성인이신 법왕(붓다)은 중생의 귀의처니, 깨끗한 마음으로 부처
님을 뵙고 기뻐하지 않는 자가 없습니다. 각자가 세존을 뵘에 세존의 면
전에 있는 것으로 보니, 이것은 즉 신통력의 불공법不共法[29]이라 할 것입
니다.

大聖法王 衆所歸, 淨心觀佛 靡不欣. 各見世尊 在其前, 斯則神力 不共法. (11) ⑨

【1-24】 붓다는 한 말씀(일음一音)으로써 법을 설하시나, 중생은 무리에 따
라서 각각으로 이해하며, 모두 세존께서는 같은 말을 하셨다고 생각합니
다. 이것은 즉 신통력의 불공법이라 할 것입니다.

佛以一音 演說法, 衆生隨類 各得解, 皆謂世尊 同其語. 斯則神力 不共法. (12) ⑩

【1-25】 붓다는 한 말씀으로써 법을 설하시나, 중생은 각자 이해하는 바에
따라서 두루 수행하여 유익함을 얻으니 이는 즉 신통력의 불공법이라 할
것입니다.

佛以一音 演說法, 衆生各各 隨所解, 普得受行 獲其利. 斯則神力 不共法. (13)

【1-26】 붓다는 한 말씀으로써 법을 설하시나, 어떤 사람은 두려움을, 혹은

---

28 "이제 세존께 별것 아닌 이 양산을 바치나이다. …" 이하의 부분은 산스크리트어 사본이
나 티벳어 번역본에는 나타나지 않음. 현장 스님 번역본에는 해당하는 부분이 있으나 미
묘한 차이가 있음. 이로써 구마라습과 현장 스님이 한역한 산스크리트어 사본이 포타라
궁에서 발견된 사본과 다른 것이었다고 볼 수 있을 것이다.
29 불공법不共法이란 18불공불법不共佛法을 줄여서 말하는 것임. 제1막 각주 13 참조.

환희를, 또는 싫어하는 마음을 일으키고, 혹은 의심을 끊으니 이는 즉 신통력의 불공법이라 할 것입니다.

佛以一音 演說法, 或有恐畏, 或歡喜, 或生厭離, 或斷疑. 斯則神力 不共法. (14) ⑪

【1-27】 10력[30] 〔즉 여래의〕 대 정진에 계수례를 올립니다. 이미 무소외[31]를 얻으심에 계수례를 올립니다. 불공의 법에 계심에 계수례를 올립니다. 일체 〔중생〕의 대도사임에 계수례를 올립니다.

稽首 十力大精進. 稽首 已得無所畏. 稽首 住於不共法. 稽首 一切大導師. (15) ⑫

【1-28】 뭇 결박을 끊을 수 있으심에 계수례를 올립니다. 이미 피안에 이르심에 계수례를 올립니다. 모든 세간을 능히 제도하심에 계수례를 올립니다. 영원히 생사의 윤회에서 벗어나심에 계수례를 올립니다.

---

30 10력에 대해서는, 제1막 각주 11과 27 참조.
31 무소외는 4무외를 말함. 4무외란 불보살이 법을 설함에 아무런 두려움을 가지지 않는 4가지의 자신自信. 붓다의 경우; 일체지무외一切智無畏(일체의 지혜를 깨달았다고 하는 자신으로부터 타인의 어려운 질문에도 두려움 없는 안온 부동의 경지)·누영진무외漏永盡無畏(일체의 번뇌로부터 해탈하여 타인의 어려운 질문에도 두려움이 없는 자신)·설장도무외說障道無畏(중생이 불도를 수행함에 장애가 되는 외도의 사악한 법을 붓다의 지혜로써 두려움 없이 설파하는 경지)·설진고도무외說盡苦道無畏(3계의 고해를 벗어나 해탈에 드는 도를 설하며, 여기에 대한 의혹에 두려움이 없는 경지). 보살의 경우; 능지무외能持無畏(붓다의 일체법을 듣고, 체득하여 언제나 잊지 않고 중생에게 설함에 두려움이 없는 자신)·지근무외知根無畏(일체중생의 근기를 알고, 각자의 근기에 맞는 붓다의 설법을 보임에 두려움이 없는 자신)·결의무외決疑無畏(일체중생의 의문에 대해 두려움이나 불안을 갖지 않고 적절히 답하여 해결할 수 있다는 자신)·답보무외答報無畏(일체중생의 질문에 두려움을 느끼지 않고 자유자재로 응답하여 의문을 제거할 수 있다는 자신).

稽首 能斷衆結縛, 稽首 已到 於彼岸. 稽首 能度諸世間. 稽首 永離生死道. (16) ⑬

【1-29】　중생의 오고 가는 상(육도윤회)을 모두 알며, 제법에 있어서 능히
　　　해탈을 얻고, 세간에 집착하지 않으심이 마치 연꽃이 〔흙탕물에 때 묻지
　　　않는 것〕과 같아 언제나 능히 공적空寂〔무위〕의 행에 임하십니다.
　　悉知衆生 來去相, 善於諸法 得解脫, 不著世間 如蓮華, 常善入於 空寂行. (17) ⑭

【1-30】　제법의 상³²에 통달하시어 걸림이 없으니, 마치 허공과 같이 의지
　　　하는〔걸리는〕 바 없음에 계수례를 올립니다."
　　達諸法相 無罣礙, 稽首 如空無所依. (18) ⑮

천계天啓문학과 게송偈頌

여기서 보적보살이 회상에 모인 모두를 대표해서 붓다의 공덕과
지혜를 게송으로써 찬탄하고 있다. 인도 문화에서 아랫사람이 윗사
람을 게송으로 찬탄하는 것이 일반적인지 어떤지 필자는 경험이 일
천하여 잘 모르지만, 사실 붓다의 공덕과 지혜, 신통력을 중생의 입장
에서 찬탄한다는 것은 마치 어린아이가 산전수전을 다 겪은 어른을
칭찬하는 것 같은 느낌이라 이해가 잘 되지 않는다. 그러나 인도인의
입장에서 보면 지극히 자연스런 수순이라 볼 수 있을지도 모른다.
　이와 같은 게송을 읊는 전통이 선종에 이어져 수행자가 깨달음을

---

32 법상法相이란 일체 존재의 차별의 모습 즉 삼라만상의 있는 그대로의 모습.

얻어 오도송을 읊거나 임종시에 임종게를 읊는 형식으로 발전되었다. 중국에 불교가 들어오기 전에는 종교[33]라는 개념이 없었으며, 더더욱 종교단체나 그 수용 수단으로서의 사원이라는 건축문화도 없었다. 불교교단의 성립 이후 도교나 유교가 종교적 성향을 띠게 되었으며 부수적으로 사원 개념의 건축도 더불어 발전하게 된 것이다.

경전에서 위와 같은 게송을 읊는 형식은 불교에서 시작되었다기보다는 인도의 고유 문화를 불교에서 받아들인 것이라고 볼 수 있다. 이러한 게송의 형식을 불교가 받아들인 것은 아리안 족의 인도 침입이후 브라만 계급의 사제들이 하늘에 감사하는 찬미가를 읊는 것으로부터 시작되었다고 볼 수 있을 것이다. 붓다 출현 이전에 이와 같은 천계天啓문학인 찬미가를 체계화한 리그 베다Rg Veda의 영향을 불교도들이 받아들여 게송문학으로 발전시킨 것이다.

대승불전에 붓다를 찬미하기 위한 게송이 나타나는 현상은 민중으로부터 일어난 대승불교운동이 브라만교도들의 영향을 무시할 수 없었을 것이며, 혹은 대승경전이 출현할 당시에는 아직 불교의 영향이 인도 사회에 지대한 영향을 미치고 있었을 때이므로 직접적으로 브라만 교도들이었던 사람들이 불교로 전향하여 천계문학의 형태를 대승경전에 유입하였을지도 모를 일이다. 아무튼 많은 대승경전에서 붓다를 찬미하는 게송문학을 볼 수 있는데, 이는 인도 전통의 리그베다에 나타나는 천계문학의 영향으로 보아 크게 틀리지 않을 것이다.

보덕보살이 읊은 게송에서 붓다의 일음설법一音說法에 대한 찬탄

---

33 종교라는 단어는 한자어로 표기되나 중국의 고유 단어가 아니며, 영어의 'religion'에 해당하는 의미로 쓰인 한자어 '종교宗敎'는 일본의 메이지明治시대에 일본인들에 의해 처음 사용된 단어다.

을 하는 부분이 있다. 수많은 청중들에게 붓다는 한마디 한목소리로써 법을 설하더라도 모든 청중은 붓다의 가르침이 오직 자기를 위해서 이 법을 설하는 것이며, 그것으로써 환희심을 일으키고, 각자가 근기에 맞는 깨달음을 증득한다고 한다.

부모가 같은 말을 하더라도 죄를 지어 마음이 조마조마한 아들은 부모의 말을 꾸지람으로 듣고 속으로 용서를 빌 것이며, 부모와의 대화가 그리운 아들은 같은 말이라도 부모의 육성을 듣는 것만으로도 그리움이 넘쳐 환희심을 낼 것이다. 자식의 깨닫는 바는 다르지만 부모의 한마디는 각자가 자신을 위한 것이라고 생각하기 마련이다. 붓다의 일음설법을 세간법의 일상에서 일어나는 평범한 일과 비교한다는 것이 적절하지 않을 수도 있으나, 청중으로서의 느낌이 어떠하리라는 것은 감지할 수 있을 것이다.

붓다의 일음설법은 그 대상을 마치 애민중생여적자哀愍衆生如赤子 - 번민에서 헤어나지 못하는 중생을 다스리기를 마치 갓난 자식처럼 - 로 대하니 청중이 어떠한 부류의 사람(중생)이라 하더라도 붓다의 한마디 설법에 그들이 느낄 수 있는 모든 감상 즉 환희와 절망, 슬픔과 기쁨 등을 느끼되 하나의 뜻으로 받아들인다는 것이다.

청중들 속에는 반드시 붓다를 따르는 자들로 채워져 있었던 것은 아닐 것이다. '무엇을 어떻게 말하는지 한번 들어보자'는 붓다의 깨달음을 의심하는 사람들이거나, 또는 붓다의 교단을 해치려는 이교도들도 있었을 것이며, 붓다의 육성을 들을 수 있는 천재일우의 기회로 여겨 만사를 제쳐두고 회상에 참석한 초발심자도 있었을 것이다. 그러나 뜻을 달리하는 수많은 청중들이라 하더라도 일음설법으로써 그네들이 느끼는 것은 각각 다르지만 한 가지 공통된 점은 각자 다른 느낌으로 감동과 감화를 받았다는 것이다.

모든 번민으로부터 해탈한, 지혜의 완성을 이루어 깨달음을 얻은 자의 경험에서 오는 설법이 회상에 모인 뭇 중생들의 번민을 풀어줄 수 있는 교묘하고 오묘한 진리를 바탕으로 한 것임에는 의심의 여지가 없을 것이다. 회상에 모인 많은 사람들의 바라는 바가 다 다르고, 지혜를 근본으로 한 근기가 다 다르며, 삶의 질이 다른 사람들에게 한 번의 설법으로써 '붓다가 오직 나를 위해서 설하시는 법문'이라고 느끼게끔 할 수 있다는 것은 종교의 세계에서 있을 수 있다 하더라도 결코 범상한 일은 아니다.

붓다의 위신력으로 일어난 일음설법을 종교적 측면에서 불가사의한 현상으로 이해할 수도 있겠지만, 그렇다면 현실적으로 일어날 수 있는 일음설법이란 어떤 것일까 하는 의문이 인다. 붓다의 위신력만으로 일어날 수 있는 일음설법이라면 현실을 살아가는 우리에게는 아무런 의미가 없기 때문이다. 설사 붓다의 일음설법과 그 차원이 다르다고 하더라도 현실세계에서 한마디의 설법이 수많은 사람들에게 다른 느낌으로 한 가지 동일한 깨달음을 얻을 수 있는 것이라면 충분히 현실세계 속의 일음설법이라고 할 수 있을 것이다.

한 예로 미국의 수도 워싱턴 디씨Washington D.C.에 있는 링컨 메모리얼Lincoln Memorial의 지하에는 마틴 루터 킹 목사의 "나는 꿈이 있습니다 I have a dream"이라는 연설을 항시 틀어놓고 있다. 킹 목사의 특유한 목소리, 어디선가 그 떨리는 듯한, 살짝 격앙된, 그러나 호소력 강한 연설이 들려오면 사람들은 그 소리의 진원지를 찾아 발걸음을 멈춘다. "절망의 골짜기에서 흐느적거리지 않게, 친구들이여, 나는 오늘 여러분들께 말하려 합니다. 비록 우리가 오늘의 어려움에 직면해 있지만, 그리고 내일 또한 그 어려움에 직면하겠지만, 그러나 나는 아직 꿈을 지니고 있습니다."[34] 그의 꿈이란, 모든 인류는 평등하며, 자유와 정의, 피부의 색으로서가 아니라 인격체로서 판단되는, 노예와 주인이었던 아들딸들이 함께할 수 있는 그런 세계였다.

듣고 있노라면 자기도 모르게 목소리 자체만으로도 감동을 받을 수 있는 연설이다. 1963년 8월 28일 미국의 수도에서 시작되었던 그의 민중운동에 수백 수천만의 인류는 모두 한뜻으로 감동을 받았을 것이다. 피부색만으로도 차별을 받던 아프리칸 – 아메리칸들은 그의 연설을 통해 새로운 삶의 원동력을 일으켰을 것이고, 인종차별적 문화에 젖어 있던 사람들에게는 회한의 뉘우침이 일어났을 것이며, 혁신의 사회를 기다리던 사람들은 희망의 빛을 보았을 것이다. 그들의 느낌은 각자 다르지만 한 목소리에서 얻은 것은 쉽게 잊지 못할, 잊히지 않을 감동이었을 것이다. 그의 연설이 설사 붓다의 일음설법과 비교되어져서는 안 될 것이라고 하더라도 현실세계에서의 일음설법이었으면 하는 바람이다.

【1-31】 이때 장자의 아들 보적(보살)이 이러한 게송을 다 읊고, 붓다께 여쭙기를: "세존이시여! 여기 오백의 장자의 아들들은 모두 아뇩다라삼먁삼보리심[35]을 이미 일으켰습니다. 이제 불국토의 청정에 대해 듣기를 원하오니, 단지 바라는 바는, 세존이시여, 뭇 보살들이 〔불〕국토(이 사회)를 맑힐 수 있는 수행에 대해 설하여 주시기 바랍니다."

---

34 Let us not wallow in the valley of despair, I say to you today, my friends. And so even though we face the difficulties of today and tomorrow, I still have a dream. Martin Luther King, Jr. 1963년 8월28일, "I have a dream"에서 발췌.

35 아뇩다라삼먁삼보리 혹은 지혜의 완성을 향한 마음. 서막 각주 9 참조.

爾時 長者子 寶積, 說此偈已, 白佛言: 世尊, 是五百 長者子, 皆已發 阿耨多羅
三藐三菩提心. 願聞得 佛國土淸淨. 唯願世尊, 說諸菩薩, 淨土之行.

【1-32】 붓다가 말씀하시길: "훌륭하다, 보적이여. 모든 보살들을 위해 여
래에게 〔불국〕토를 맑힐 수 있는 수행에 대해 묻다니! 잘 들어라. 잘 듣고,
이 말을 잘 생각해 보아라. 마땅히 너희들을 위해 설할 것이니라." 그러자
보적〔보살〕 및 오백의 장자의 아들들은 가르침을 받아 〔설법을〕 들었다.

佛言: 善哉, 寶積. 乃能 爲諸菩薩, 問於如來, 淨土之行. 諦聽諦聽, 善思念之.
當爲汝說. 於是 寶積, 及五百 長者子, 受敎而聽.

【1-33】 붓다가 말씀하시길: "보적이여! 중생계〔중생지류衆生之類〕[36]가 바로
보살의 불국토니라. 왜냐하면, 보살은 교화할 중생에 따라서 〔그 중생계
를〕 불국토로 삼으며, 조복 받을 중생에 맞추어서 〔그 중생계를〕 불국토로
삼고, 뭇 중생이 응당히 어떠한 국토로써 붓다의 지혜에 들어가야 할 것
인가에 맞춰서 〔그 중생계를〕 불국토로 삼으며, 뭇 중생이 응당히 어떠한
국토로써 보살〔행〕의 근본을 일으킬 수 있을까에 따라서 〔그 중생계를〕 불
국토로 삼느니라.

佛言: 寶積, 衆生之類, 是菩薩佛土. 所以者何, 菩薩 隨所化衆生, 而取佛土, 隨
所調伏衆生, 而取佛土, 隨諸衆生, 應以何國, 入佛智慧, 而取佛土, 隨諸衆生,
應以何國, 起菩薩根, 而取佛土.

【1-34】 그 까닭은, 보살이 〔이러한〕 국토를 정토로 삼는 것은 모든 중생들

---

36 중생지류衆生之類의 '류類'에 해당하는 산스크리트어는 '크셰트라kṣetra'며 국토라는 의
미가 있음. 서막 각주 8 참조.

에게 요익한 것이기 때문이니라. 비유컨대, 어떤 사람이 빈 땅에 궁전을 건립하고자 한다면, 장애 없이 뜻대로 되겠지만, 만약 허공중에 〔건립하고자〕 한다면 결코 이룰 수 없는 것과 같으니라. 보살도 이와 같이 중생들의 〔원願, 깨달음〕을 성취시키기 위한 까닭에 불국토로 삼기를 원하는 것이지, 불국토로 삼으려 하는 것은 공연히 그러는 것이 아니니라.

所以者何, 菩薩 取於淨國, 皆爲饒益 諸衆生故. 譬如有人, 欲於空地, 造立宮室, 隨意無礙, 若於虛空, 終不能成. 菩薩如是 爲成就衆生故, 願取佛國, 願取佛國者, 非於空也.

【1-35】 보적이여! 마땅히 알라. 직심直心이 바로 보살의 정토니라. 〔그래서〕 보살이 성불할 때, 아첨하지 않는 중생이 그 국토에 태어나느니라. 심심深心[37]이 바로 보살의 정토니라. 〔그래서〕 보살이 성불할 때, 공덕〔중생을 구제할 수 있는 힘〕을 갖춘 중생이 그 국토에 태어나느니라. 보리심[38]이 바로 보살의 정토니라. 〔그래서〕 보살이 성불할 때, 대승의 〔가르침을 수행하는〕 중생은 그 국토에 태어나느니라.

寶積, 當知. 直心, 是菩薩淨土. 菩薩成佛時, 不諂衆生, 來生其國. 深心, 是菩薩淨土. 菩薩成佛時, 具足功德衆生, 來生其國. 菩提心, 是菩薩淨土. 菩薩成佛時, 大乘衆生, 來生其國.

【1-36】 보시가 바로 보살의 정토니라. 〔그래서〕 보살이 성불할 때, 일체를 잘 버리는 중생이 그 국토에 태어나느니라. 지계가 바로 보살의 정토니

---

37 심심深心이란 붓다의 교법을 의심치 않는 깊은 믿음.
38 보리심이란 아뇩다라삼먁삼보리심을 말하며, 깨달음을 얻고자 하는 마음을 뜻한다. 서막 각주 9 참조.

라. 〔그래서〕 보살이 성불할 때, 10선도善道[39]를 수행하여 원을 이룬 중생이 그 국토에 태어나느니라. 인욕이 바로 보살의 정토니라. 〔그래서〕 보살이 성불할 때, 32상相으로써 장엄하는 중생은 그 국토에 태어나느니라.

布施, 是菩薩淨土. 菩薩成佛時, 一切能捨衆生, 來生其國. 持戒, 是菩薩淨土. 菩薩成佛時, 行十善道, 滿願衆生, 來生其國. 忍辱, 是菩薩淨土. 菩薩成佛時, 三十二相, 莊嚴衆生, 來生其國.

【1-37】 정진이 바로 보살의 정토니라. 〔그래서〕 보살이 성불할 때, 일체의 공덕을 부지런히 닦은 중생은 그 국토에 태어나느니라.

선정이 바로 보살의 정토니라. 〔그래서〕 보살이 성불할 때, 마음을 잘 다스려 어지럽히지 않은 중생은 그 국토에 태어나느니라. 지혜가 바로 보살의 정토니라. 〔그래서〕 보살이 성불할 때, 올바르게 마음을 집중하는 중생은 그 국토에 태어나느니라.

精進, 是菩薩淨土. 菩薩成佛時, 勤修一切, 功德衆生, 來生其國. 禪定, 是菩薩淨土. 菩薩成佛時, 攝心不亂衆生, 來生其國. 智慧, 是菩薩淨土. 菩薩成佛時, 正定衆生, 來生其國.

【1-38】 4무량심[40]이 바로 보살의 정토니라. 〔그래서〕 보살이 성불할 때,

---

39 10선도란 10선업도善業道의 준말로서 열 가지의 선한 행위를 말함. 신身·구口·의意 3업으로부터 짓는 10악惡의 반대 행위; 몸으로 저지르는 세 가지 업, 즉 살생·투도偸盜·사음邪淫과 입으로 짓는 네 가지 업, 즉 망어妄語(거짓말)·양설兩舌(이간질)·악구惡口(험담)·기어綺語(꾸밈말), 그리고 마음으로 짓는 세 가지 업, 즉 탐욕·진에瞋恚·사견邪見의 반대 행위를 10선업도라 함.

40 4무량심이란, 네 가지의 한량없는 이타심. ①자慈; 남에게 즐거움을 안겨주는 마음. ②비悲; 남의 슬픔을 덜어주는 마음. ③희喜; 만인의 기쁨을 자기의 기쁨으로 삼는 마음. ④사捨; 일체의 원망을 버리는 마음.

자慈 · 비悲 · 희喜 · 사捨를 성취하는 중생은 그 국토에 태어나느니라. 4
섭법⁴¹이 바로 보살의 정토니라. 〔그래서〕 보살이 성불할 때, 해탈에 임한
중생이 그 국토에 태어나느니라. 방편이 바로 보살의 정토니라. 〔그래서〕
보살이 성불할 때, 일체의 법에 있어서 방편을 써나 자유자재〔무애無礙〕한
중생이 그 국토에 태어나느니라.

**四無量心, 是菩薩淨土. 菩薩成佛時, 成就 慈 · 悲 · 喜 · 捨 衆生, 來生其國. 四
攝法, 是菩薩淨土. 菩薩成佛時, 解脫所攝衆生, 來生其國. 方便, 是菩薩淨土.
菩薩成佛時, 於一切法, 方便無礙衆生, 來生其國.**

【1-39】 37조도품⁴²이 바로 보살의 정토니라. 〔그래서〕 보살이 성불할 때,

---

41 4섭법이란 불보살이 중생을 교화하기 위한 네 가지의 수단과 방법을 말한다.
1) 보시布施; 구제하려는 중생이 필요로 하는 것, 재물이나 진리의 가르침 등을 베풀어
서로 친밀한 관계를 이끌어내어 불도로 인도하는 것. 2) 애어愛語; 구제하려는 중생에
게 부드러운 말로써 친밀함을 느끼게 하여 불도로 인도하는 것. 3) 이행利行; 구제하려
는 중생에게 신 · 구 · 의 삼업의 선행으로써 도움을 주어 친밀함을 느끼게 하여 불도로
인도하는 것. 4) 동사同事; 구제하려는 중생의 근기에 맞춰 중생의 소행에 동화하여 친
밀함을 보여 불도로 인도하는 것.

42 37조도법助道法 또는 37보리분법菩提分法으로서, 깨달음〔지혜의 완성〕을 이루는 데
도움이 되는 37가지의 수행방법-4념처念處 · 4정근正勤 · 4여의족如意足 · 5근根 · 5
력力 · 7각지覺支 · 8정도正道의 총칭. 37각지覺支 또는 37보리분菩提分이라고도 함.
1) 4사념처念處; ①신체가 부정하다고 관하는 것. ②감수感受 즉 지각의 고통을 관하는
것. ③마음의 무상함을 관하는 것. ④법의 무상함을 관하는 것. 2) 4정근正勤; ①이미
일어난 악을 끊도록 노력하는 것. ②아직 일어나지 않은 악을 행하지 않도록 노력하는
것. ③아직 일어나지 않은 선을 일어나도록 노력하는 것. ④이미 일어난 선을 더욱 증대
하도록 노력하는 것. 3) 4신족神足; 신족을 얻기 위한 네 가지의 뛰어난 선정. ①욕신족
欲神足; 수승한 선정을 얻고자 발원하는 것. ②근신족勤神足; 수승한 선정을 얻고자 노
력하는 것. ③심신족心神足; 수승한 선정을 얻고자 깊이 생각하는 것. ④관신족觀神足;
수승한 선정을 얻고자 명상하는 것. 4) 5근根; 깨달음의 근원이 되는 다섯 가지 능력. ①
신근信根, ②정진근精進根, ③염근念根, ④정근定根, ⑤혜근慧根. 5) 5력力; 5근根이
구체적으로 힘이 되어 나타나게 변화시키는 힘. ①신력信力; 마음을 청정하게 하는 힘,
②정진력精進力; 올바로 노력하는 힘, ③염력念力; 기억하는 힘, ④정력定力; 선정에

〔4〕념처念處 · 〔4〕정근正勤 · 〔4〕신족神足 · 〔5〕근根 · 〔5〕력力 · 〔7〕각지覺支 · 〔8〕정도正道를 〔수행하는〕 중생이 그 국토에 태어나느니라. 회향심[43]이 바로 보살의 정토니라. 〔그래서〕 보살이 성불할 때, 일체의 공덕을 구족하는 국토를 얻느니라.

三十七道品, 是菩薩淨土. 菩薩成佛時, 念處 · 正勤 · 神足 · 根 · 力 · 覺 · 道衆生, 來生其國. 迴向心, 是菩薩淨土. 菩薩成佛時, 得一切具足, 功德國土.

【1-40】　8난[44]으로부터 벗어나는 것을 설하는 것이 바로 보살의 정토니라. 〔그래서〕 보살이 성불할 때, 국토에 삼악[45]과 팔난이 일어나지 않느니라. 스스로 계행을 지키며, 남의 결점을 비난하지 않는 것이 바로 보살의 정토니라. 〔그래서〕 보살이 성불할 때, 〔그〕 국토에는 '죄〔금계禁戒〕를 범한

들게 하는 힘, ⑤혜력慧力; 진리를 이해하는 힘. 6) 7각지覺支; 깨달음에 이르게 하는 7가지 요소. ①택법각지擇法覺支; 진실된 가르침을 선택하고 잘못된 가르침을 버리는 것, ②정진각지精進覺支; 선택한 참된 가르침을 익히기 위해 노력하는 것. ③희각지喜覺支; 진실된 가르침을 실천하는 기쁨. ④경안각지輕安覺支; 사악함을 끊고 심신을 가볍게 하여 선근을 증장하는 것. ⑤사각지捨覺支; 경계의 대상에 대해 집착하는 마음을 버리고 평안한 마음으로 돌아가는 것. ⑥정각지定覺支; 선정에 들어 마음을 하나에 집중하여 흐트러지지 않게 하는 것. ⑦염각지念覺支; 정념正念에 머물러서 항상 정혜定慧를 균등하게 하는 것. 7) 8정도; 깨달음을 얻기 위한 8가지 도. ①정견; 바로 보기, ②정사; 바른 생각, ③정어; 바로 말하기, ④정업; 바른 행동, ⑤정명; 바른 생활, ⑥정정진; 바른 노력, ⑦정념; 바른 명상, ⑧정정; 바른 정신 통일.

43 회향심이란 스스로가 쌓은 공덕을 타인에게 돌려 자타가 함께 깨달음을 증득하기 위한 도움이 되게 하는 마음.

44 8난難이란 8난처難處, 8난해법難解法, 8비시非時, 8악惡이라고도 하며, 붓다를 볼 수 없고, 정법을 들을 수 없으며, 따라서 청정한 행을 닦아 보리도菩提道를 향해 나아갈 수 없는 여덟 가지의 경계를 말함. ①지옥과 ②아귀와 ③축생으로 태어나는 것, ④북울단월北鬱單越; 변방 지역, ⑤장수천長壽天에 태어나는 것, ⑥농맹음아聾盲瘖瘂; 감각기관에 장애가 있는 생, ⑦세지변총世智辯聰; 사견에 빠져 있는 삶, ⑧불전불후佛前佛後; 붓다의 출현 이전 또는 불멸 후에 태어나는 것.

45 3악이란, 6도(혹은 5도) 중 지옥 · 아귀 · 축생의 세계를 말하며, 3악도라고 함.

다'는 말조차 없느니라.

說除八難, 是菩薩淨土. 菩薩成佛時, 國土無有, 三惡八難. 自守戒行 不譏彼闕, 是菩薩淨土. 菩薩成佛時, 國土無有, 犯禁之名.

【1-41】 10선[46]이 바로 보살의 정토니라. 〔그래서〕 보살이 성불할 때, 수명은 도중에 요절하지 않고, 대부호로서 청정한 행동을 하며, 말은 성실하고 진실되며, 언제나 온화한 말을 씀으로써 권속들이 떠나지 않고, 다툼을 잘 융화시키며, 말에는 반드시 유익함이 있고, 질투하지 않고 화를 내지 않으며 바로 보는 중생이 그 국토에 태어나느니라.

十善, 是菩薩淨土. 菩薩成佛時, 命不中夭, 大富梵行, 所言誠諦, 常以軟語, 眷屬不離, 善和諍訟, 言必饒益, 不嫉不恚, 正見衆生, 來生其國.

왕생불국토의 자격

보덕보살이 설사 장자의 아들로서 그의 삶은 풍족하였는지는 모르지만, 그가 몸담고 있는 사회가 그다지 아름답지 않았거나 아니면 그의 주변에 고통 받는 사람들이 널려 있었을 것이다. 그러니 그가 사는 세계가 문란하고 사람이 살기에 그다지 적합하지 않았기에 보다 나은 세계, 정토세계의 건설을 어떻게 하면 되는지 붓다께 그 방법을 여쭈었다.

그의 질문에 중생이 머무는 사바세계가 바로 이상세계라고 붓다

---

46 10선善이란 10선업도善業道의 준말. 제1막 각주 39 참조.

는 역설하고 있다. 이 사바세계는 고통의 세계요, 생을 마치면 그 업보에 의해 또 다른 고통이 기다리는 미래를 기대할 수 없는 두려운 세계라고 알고 있는 중생에게, 보살에 의해 사바세계가 바로 열반의 세계요, 불국토가 될 수 있다는 가능성을 보이고 있다.

보살은 오직 상구보리 – 지혜의 완성 – 하고 하화중생 – 중생 구제 – 을 목표로 삼는다. 중생의 근기에 맞춰 중생이 머무는 어떠한 곳이라도 그곳을 불국토로 화하게 함으로써 스스로는 지혜의 완성을 이루는 것이다. 중생에게는 발보리심하게 하여 그들을 사바세계에서 피안으로 즉 해탈의 세계로 나아가게 하는 이곳이 바로 이상세계라는 것이며 불국토라는 것이다. 보살에게 있어서 불국토는 중생을 위한 것이며 그러므로 보살이 따로 있는 것이 아니라 보리심을 일으킨 중생이 곧 보살이므로 이 국토가 바로 중생에게도 불국토가 되는 것이다. 이 사바세계 이외에 타방에 불국토가 따로 있을 수 없고 정토세계 또한 그렇다는 것이다.

불국토 또는 정토세계란 어떠한 나라이며 어떠한 사회일까? 국토, 또는 세계라는 말로 표현하였다 하여 유한의 물질적 세계 또는 나라를 말하는 것이 아니다. 이 우주는 – 설사 삼천대천세계라 하더라도 – 반드시 성주괴공의 법칙에서 벗어날 수 없다. 언젠가는 이 우주도 괴멸된다는 말이다. 이 우주의 어느 곳엔가 타방세계로서의 정토세계가 있다면, 그 정토는 반드시 언젠가는 사라진다는 뜻이다. 언젠가는 사라져야 할 정토세계라면 그것을 무량수불이 계시는 무량불토라고 할 수 없다. 그러니 정토세계를 지구와 같은 토양으로 이루어진, 성주괴공하는 유한의 물질세계로 보아서는 불국토의 개념은 이해할 수 없다.

유마경에 의하면 직심直心(곧은 마음)이 정토요, 심심深心(깊은 마음)이 정토라고 한다. 그리고 사무량심이 정토요, 육바라밀이 정토라고 한다. 그러니 사무량심을 행하는 마음이 정토요, 육바라밀을 행하는 마음이 정토라는 말이다. 번뇌망념의 세계가 사바세계요, 극락의 세계가 정토세계라면 정토세계는 반드시 물질적 세계가 아니라 정신적 세계여야 한다. 사바세계에서의 번뇌망념이나 정토세계에서의 극락의 문제는 번민에 의한 고통을 받는다거나 아름다움에 의해 즐거움을 느낀다는 정신적인 문제에 관한 것이지 물질적 세계에 속하는 것은 아니기 때문이다. 고통이라거나 아름다움이라는 것은 물질적인 것으로써 한정지울 수 없는 정신적인 세계에서 일어나는 개개인의 가치관에 지나지 않는다. 이러한 모든 가치관은 현실세계에서 일어나는 현상이며, 고통의 원인을 제거하는 순간 현실세계는 이상세계로 각인될 것이며, 행복의 근원을 망각하는 순간 그 현실세계는 사바세계로 둔갑할 것이다.

정토삼부경에 의하면, 서방정토세계라는 말이 나온다. 그러므로 타방정토란 이 현실세계 이외에 서쪽으로 다른 어느 곳엔가 정토세계가 있는 것으로 해석하는데, 그러한 타방정토는 없다. 타방에 있다는 정토세계에도 번뇌망념으로 인해 괴로워하는 중생(인간)이 있다면 사정은 달라진다. 그리고 정토세계에 번민하는 중생이 존재한다는 것도 어불성설이다. 괴로워하는 인간이 존재하지 않는데 정토는 왜 필요할까? 사바세계도 정토세계도 희로애락하는 인간사 위에 필요한 것이지 중생이 없는 정토세계는 이미 정토세계일 수 없다.

앞에서도 논하였지만 유마경은 재가불자가 주인공이며, 재가불자를 위한 교법을 설한 가르침이며, 그 가르침에 의지하여 상구보리하고 하화중생을 실현함으로써 이 사바세계에서 고통스럽지 않게 살아갈 수 있는 세상을 구현할 수 있다는 것이다. 그러므로 이상세계의 실현은 보살이 하는 것이 아니라 중생이 실현하는 것이며 그들에게 있어서는 번뇌가 바로 보리[지혜]니 이 사바세계가 바로 불국정토다.

보살이 그러하듯 중생이 보리를 향하여 마음을 일으키고 보리를 증득할 수 있는 수행을 실천함으로써 차안[사바세계]에서 피안[열반]으로, 그 사이의 고해를 건널 수 있다는 것이 바로 보살도의 수행이다. 보살이라는 이름하에 보이지 않는 곳에서 자기 희생을 하여 남을 도우는 사람들의 이야기며, 법 없이도 살아갈 수 있는 성인군자들의 모습이 바로 이 장면에 그려져 있다.

인간사회에서 흔히 착한 사람이라 불리는 사람들이 보살의 정토에 태어난다고 한다. 그런 착한 사람이란 어떤 부류의 인간일까? 유마경은 우선 '직심直心' 즉 곧은 마음을 제일 먼저 앞세운다. 우리가 살고 있는 이 사바세계가 얼마나 삐뚤어져 있으면, 곧은 마음 즉 직심을 가지는 것 자체가 바로 정토라고 할까? 세상 사람들이 얼마나 왜곡되게 살면 곧은 마음의 소유자가 바로 보살이라고 할까? 사람이 어떠한 사회에서거나 올바르게 살 수 있도록 학교에서나 사회에서 교육을 하지 않는 것도 아니지만, 배운 바대로 살 수 없는 커다란 유혹이 도처에서 도사리고 있어 틈만 나면 스스로 배움을 배신하게 만든다. 우리가 살고 있는 이 세상에서는 웬만해서는 곧은 마음을 지닐 수 없으니 유마경의 저자는 직심 자체가 정토라고 하였을 것이다. 직심을 행하는 사람이 중생 구제를 위하여 자기 희생을 한 보살이 부처가 되어 탄생하는 그 불국토에 태어난다고 한다. 그 어떠한 어려운 환경에서도 지혜의 완성을 향하여 한번 결심한 마음을 굽히지 않고, 어떠한 협박과 권력의 힘 앞에서도 굴하지 않는 굳건한 마음으로 중생 구제와 지혜의 증득에 매진하는 자가 청정국토에 태어난다고 한다.

즉 사바세계에서 권력이나 부, 명예를 얻기 위해 아첨이나 아부를 하지 않고 곧은 마음으로 붓다의 교법을 수행하는 자에게는 바로 그 세계가 보살의 정토며 고통에서 벗어날 수 있다고 역설하고 있다. 붓다의 가르침대로 배운 바를 실천하고 실현하는 자가 바로 보살이라고 한다. 그 실천의 무대가 바로 이 현실세계다. 그러니 현실세계가 정토세계며 불국토라는 것이다.

유마경이 설해지기 전에 수만은 군중이 암라빠리에 모여들었다. 그중 몇몇 대승경전에 출현하는 잘 알려진 보살 이외에 삼만 이천이라는 이름 없는 보살들이 심심深心 즉 붓다의 가르침에 의심치 않고 깊은 신앙으로써 공덕을 쌓아 불국토에 태어난다고 한다. 이름이 널리 알려져 있지 않은 보살이란 어떠한 사람들일까? 붓다의 교법을 실천하는 수없이 많은 재가 불자들이 나라나 부호들의 구제가 채 미치지 못하는 곳에서 남몰래 활약하며 그들의 힘닿는 만큼 중생 구제를 행하는 자들이 곳곳에 깔려 있다는 뜻일 것이다.

전통적으로 출가 사문이 해 왔던 편력 유행을 통한 중생 구제가 그들의 은둔적 교리 연구로 수행 덕목이 바뀌자 출가 수행자들과 재가 불자들과의 사이에 괴리감이 생기게 마련이다. 민중들은 새로운 불교운동을 일으키게 되었으니 그들의 실천행으로써 남몰래 중생 구제에 힘쓴 사람들이 곳곳에서 일어났을 것이다. 이러한 재가 불자들의 활약상을 유마경의 저자는 알고 있었을 것이다. 단지 그들을 사회에 드러낼 정도로 친분이 없었거나 아니면 모르는 사람들이어서 그들의 이름을 드러내지는 않았지만 보살이라고 칭하고 있는 것이리라. 유마경의 저자는 이렇게 착한 사람들이 정토세계, 불국토에 태어난다고 한다. 그렇게라도 하여 착한 사람들에게 보상을 해 주고 싶었는지도 모른다. 우리의 주변에도 이러한 사람들이 곳곳에서 알게 모르게 남을 돕고 있다. 일반적으로 그들로부터 도움을 받아왔던 사람들은 그들이 사라지고 나서야 겨우 깨닫는 경우가 허다하다. 그들이 사라진 이후 주변이 어떻게 변하는지에 따라서 그들이 행해 왔던 보살행이 어떠한 것이었는지 알게 되는 것이다.

【1-42】　이와 같이, 보적이여! 보살은 그의 직심直心에 따라 바로 행동에 옮기느니라. 그 행동에 따라서 심심深心(의심 없는 깊은 믿음)을 얻고, 그 심심深心에 따라서 마음을 조복(통찰洞察)[47] 받느니라. 마음의 조복에 따라 말과 행동이 일치하며, 말과 행동이 일치함에 따라서, 회향[48]할 수 있게 되느니라. 그 회향에 따라 방편이 있으며, 그 방편에 따라 중생을 성취(완전히 정화淨化)[49]하게 하느니라.

如是 寶積, 菩薩 隨其直心, 則能發行. 隨其發行, 則得深心. 隨其深心, 則意調伏. 隨意調伏, 則如說行. 隨如說行, 則能迴向. 隨其迴向, 則有方便. 隨其方便, 則成就衆生.

---

47 조복에 해당하는 산스크리트어 사본의 일본어 번역본과 티벳어 번역본에는 '통찰洞察'로 되어 있음.
48 회향의 산스크리트어는 빠리나마pariṇāmā로서 '회전하다', '변화하다'라는 의미이나, 대승불교에서 회향의 의미는, 스스로가 수행한 선행의 결과를 타인에게 돌려 소기의 기대를 얻는 것을 말한다. 제1막 각주 43 참조.
49 중생의 성취란, 마음에 번뇌망념이 있으므로 고통이 일어나는 것이며, 그 고통으로부터 벗어나는 것이 중생의 목적을 성취하는 것이니, 즉 번뇌망념을 청정하게 한다는 것이다. 산스크리트어 사본의 일본어 번역본에도 '완전한 정화'로, 티벳어 번역본에는 '청정'으로 되어 있다.

【1-43】 중생의 성취에 따라서 불국토도 청정하게 되며, 불국토의 청정에 따라서 설법도 청정하게 되며, 설법의 청정에 따라서, 지혜가 청정하게 되느니라. 지혜의 청정에 따라서, 그 마음도 청정하게 되며, 그 마음의 청정에 따라 즉 일체의 공덕이 청정하게 되느니라. 그러므로 보적이여, 만약 보살로서 정토를 이루고자 하면 마땅히 그 마음을 청정하게 하여야 하느니라. 그 마음이 청정한 즉 불국토도 청정하게 되기 때문이니라."

隨成就衆生, 則佛土淨, 隨佛土淨, 則說法淨, 隨說法淨, 則智慧淨. 隨智慧淨, 則其心淨, 隨其心淨, 則一切功德淨. 是故 寶積, 若菩薩 欲得淨土, 當淨其心. 隨其心淨, 則佛土淨.

견성見性의 의미

이 장면에서 붓다는 확실히 불국토가 타방의 어느 곳에 있는 것이 아니라 즉 중생의 마음이 청정하면 중생이 살고 있는 그 국토가 바로 청정한 불국토라는 것이다. 그러므로 직심直心과 심심深心을 근본으로 하여 일상생활에서 어떠한 환경의 변화가 오더라도 초발심 즉 아뇩다라삼먁삼보리를 향한 근본 마음이 흔들리지 않도록 항시 유념하여 지켜봐야 한다는 것이다.

어떠한 환경에서나 어떠한 경우를 당하더라도 자기의 마음이 어디를 향하고 있는지 언제나 살펴보아 혹 아뇩다라삼먁삼보리를 향한 초발심이 직심과 심심에서 벗어나 있으면 곧바로 되돌려 놓음으로써 일상생활 속에서 지혜를 증득하게 되고, 그 지혜로써 고통의 원인도 제거할 수 있게 되며 마음의 청정을 유지할 수 있다는 것이다. 이렇게 자기의 마음을 한시도 놓치지 않고 지켜보는 수행이 즉 견성見性이다.

여기서 말하는 견성이란 선종에서 논하는 견성성불의 의미는 아니다. 즉 견성이란 깨달음을 향한 수행과정에서 직심과 심심을 머리로 아는 것이 아니라 어떠한 환경의 변화에서도 그 마음이 흔들리지 않고 나아가고자 하는 길에서 벗어나 있는지 어떤지를 살펴보는 견성이라는 뜻이다. 언제나 나의 마음이 어디를 향하고 있는지, 그 향하고 있는 마음이 붓다의 가르침에 어긋나는 것이라면 즉각 되돌려 놓기 위한 수행이 견성이다.

흔히 선종에서는 견성이라 함은 확철대오確徹大悟의 의미로서 조그마한 의심도 남아 있지 않은 완전한 깨달음을 말하고 있지만 그때의 견성이란 본래의 청정심, 즉 마음에 염심이나 번뇌망념이 사라진 중생의 본래면목을 본다는 의미다. 어떠한 경계의 대상으로부터도 마음이 흔들리지 않고 집착하지 않으며 물들지 않는 마음을 지니는 것이 깨달음의 경지며, 그러한 경지를 항상 유지하는 힘을 지닌 자가 깨달음을 얻은 붓다라는 것이다. 붓다가 출현한 세계가 달리 존재하는 것이 아니라 이 사바세계에서 직심과 심심을 항상 유지하고, 그로부터 일상생활 속에서 지혜를 증득하여 더 이상 마음에 의혹이 없다면 이 사바세계가 바로 청정한 불국토라고 붓다는 선언하고 있는 장면이다.

불자가 궁극적으로 추구하는 것이 깨달음이라고는 하나 일상생활에서 일어나는 가족 간의 문제, 또는 인척 간 내지는 친구, 이웃, 사회에서의 문제를 원만히 해결하지 못하는 입장에서 궁극적 깨달음의 세계를 고집한다는 것은 무의미한 것이다. 일상생활에서 문제가 일어난다는 것은 문제가 되는 그 무엇인가의 경계(조건)에서 자유롭지 못하기 때문이다. 깨달음이란 스스로의 고정관념을 깨뜨린, 어떠한 상태 속에서도 막힘이 없다는 말과 동의어라고 할 수 있을 것이다. 그러므로 각자覺者[깨달은 사람]란 대자유인이라는 말과 다를 바 없다.

일상생활에서 무엇이 문제인지, 순간순간 나의 마음이 어디로 향하고 있는지, 그 방향이 붓다의 교법에 어긋나면 어긋난다는 것을 깨우치는 순간 그 마음을 되돌려 놓아야 한다. 그것이 마음을 조복 받는다는 것이며, 그에 따라 말과 행동이 일치하는 언행일여言行一如의 세계에 드는 것이다. 언행일여의 경지가 바로 마음이 청정함으로써 가능한 것이며, 불국토 즉 현실세계 속에서 나의 삶의 터전이 청정하게 된다는 것이다. 마음이 청정하여 일상생활의 터전에서 문제가 일어나지 않는 것이 바로 불국토라는 말이다.

보살의 정토로서 먼저 직심·심심·보리심을 일으켜 이타利他를 행하여 공덕을 쌓는 중생이 불국토에 태어난다는 것을 보이고, 차례로 6바라밀·4무량심·4섭법·방편·37도품·회향심 등 소위 대소승의 법을 막론하고 교단의 구체적 실천방법을 총망라하고 있다. 즉 대소승의 수행방법에 구애받지 않고 이타의 행을 거듭함으로써 불국토의 청정을 이룰 수 있으며, 불국토가 청정함에 따라 설법과 지혜가 청정해지며, 지혜가 청정해짐에 따라 그 마음이 청정해지며, 그 마음이 청정해짐에 따라 일체의 공덕이 청정해진다는 것이다.

【1-44】 이때, 사리불舍利弗(사리푸트라Śāriputra: 이하 사리불)이 붓다의 위신력을 승인하고 이러한 생각을 하였다. '만약 보살의 마음이 청정한 즉 불국토도 청정해진다면, 우리 세존께서 본래[과거에] 보살이었을 때, [그의] 마음이 어찌 청정하지 않았을까? 그리고 이 불국토도 청정하지 않은 것은 마

찬가지지 않은가?'라고.

爾時 舍利弗, 承佛威神作是念. 若菩薩心淨, 則佛土淨者, 我世尊 本爲菩薩時,

意豈不淨? 而是佛土, 不淨若此.

【1-45】 붓다가 그의 마음을 아시고, 사리불에게 말씀하셨다.

"〔너는〕 어떻게 생각하느냐, 해와 달이 깨끗하지 못하기 때문에 그래서 맹
인이 보지 못하느냐?"〔사리불이〕 대답하기를 "아닙니다, 세존이시여. 이
것은 맹인의 허물일지언정 해와 달의 탓은 아닙니다." "사리불이여, 〔그와
같이〕 중생의 죄이니라. 그러므로 여래 불국토의 장엄하고 청정한 모습을
보지 못하는 것도 여래의 허물이 아니니라. 사리불이여, 나의 이 국토는
청정하지만 그러나 너희들은 보지를 못하는구나."

佛知其念, 即告之言, 於意云何, 日月豈不淨耶, 而盲者不見. 對曰: 不也, 世尊.

是盲者過, 非日月咎. 舍利弗, 衆生罪故. 不見如來, 佛土嚴淨, 非如來咎. 舍利

弗, 我此土淨, 而汝不見.

우물 안 개구리의 비계

이 장면에서 지혜제일이라고 불리는 사리불이 그 잘 돌아가는 머
리를 굴려서 논리적으로 붓다의 설법이 맞지 않는 부분을 지적해 내
고 있다. 다시 말하면 뭇 외도〔브라만교도〕들이 당시에 샤카무니 붓다
의 깨달음에 대한 의문을 가질 법한 사안에 대해 사리불을 등장시켜
의문을 해소시키는 장면이다.

그들이 믿고 있던 이상세계는 어디까지나 천상의 세계요, 이 지상

은 사바세계로서 고통을 여읠 수 없는 곳이라는 고정관념에 사로잡혀 있는 사람들이다. 정토의 세계와 사바의 세계는 두 종류의 다른 세계라는 이원론적인 가치관에 사로잡힌 고정관념을 지닌 사람이라는 뜻이다. 그들에게 있어서는 이 지상의 삶은 어디까지나 내생의 영락을 위해 희생되어야 할 운명이며, 그러므로 브라만의 가르침에 따라 요가 수행으로써 내생을 보장 받을 수 있다는 윤회관이다.

사리불의 생각이 당시 일반인들이 느끼는 붓다의 가르침에 대한 의심이라고 볼 수 있을 것이다. 사람은 자기가 아는 것만큼 세상을 본다고 한다. 즉 수행을 하여 마음이 맑은 자는 이 사바세계가 청정국토요, 반면 번뇌망념에 물든 정도에 따라 중생의 고통은 이 사바세계가 바로 지옥이기도 하고 축생도이기도 하다는 말이다. 때로는 서로를 헐뜯으며 난장판이 되는 것을 아수라장이라고도 하는데, 서로 못 잡아먹어 난리를 치는 사람들에게는 이 사바세계가 바로 아수라의 세계라는 뜻이다.

『장자』의 「추수」편에 의하면, 우물 안 개구리는 아무리 바다를 설명해도 바다같이 넓은 세상을 이해하지 못한다. 그 까닭은 우물이라고 하는 공간의 제약을 받기 때문이다. 베짱이는 추운 겨울의 세계를 말로써 설명한들 이해하지 못한다. 시간의 제약을 받기 때문이다. 배움이 일천한 선비는 아무리 도에 관해서 설명해도 알아듣지 못한다. 일천한 배움에 의한 고정관념의 제약을 받기 때문이다.[50] 한마디로 중생이 지니고 있는 고정관념을 깨뜨리지 않고서는 청정 불국토 속에서도 그 세계를 지옥이라고 할 것이다. 반면 모든 고정관념에서 벗

---

50 "井蛙不可, 以語海者, 拘於虛也. 夏蟲不可, 以語於冷者, 篤於時也. 曲士不可, 以語於道者, 束於敎也." 『장자莊子』 외편外篇 제17 「추수秋水」.

어나 자유로울 때, 아수라 속에서도 열반의 세계에 이를 것이다. 아니 아수라라는 개념 자체가 존재하지 않을 것이다.

불교에서는 흔히 깨달음의 세계를 논하곤 한다. 깨달음이란 도대체 무엇을 말하는 것일까? 깨달음이란 모든 고정관념을 깨뜨리고 사事·물物을 있는 그대로 받아들일 수 있을 때 나타나는 정신세계를 말하는 것이다. 사事·물物을 있는 그대로 받아들이니 개인적인 가치관에 의해 일어나는 번뇌망념이라는 것이 있을 수 없는 것이고, 설사 있다하더라도 그것에 의해 사물 사건을 판단하지 않는다. 번뇌망념으로부터 벗어났으니 그로부터 일어나는 정신적 고통이 있을 수 없다는 것이다. 그렇다고 하여 육신으로부터 일어나는 고통조차 사라진다는 의미는 아니다.

사대四大로 뭉쳐진 인간의 육신으로부터 오는 고통은 자연스러운 것이며, 인위적으로 피할 수 있는 것은 아니다. 인위적으로 육신의 고통을 피하려고 하는 것 자체가 자연법이自然法爾에 어긋난 욕망을 근본으로 한 번뇌망념이다. 인간이 육신을 지니고 있는 한 자연의 변화와 함께하는 육신의 변화에서 오는 고통은 피할 수 없다. 그러나 깨달음을 얻은 사람이라고 한다면 그 육신의 고통은 있을지언정, 그 고통이 그의 정신세계를 억제할 수는 없다. 이러한 의미에서 깨달음을 얻었다는 뜻은 나의 육신을 포함한 외부의 경계대상으로부터 얽매이지 않는 완전히 자유로운 사람이라는 것이다. 그러므로 육신이 병들고 늙는다는 것이 그의 정신세계를 번거롭게 하지 못한다는 것이다.

【1-46】 이때 상투머리를 한 브라만 신(시기범왕尸棄梵王)이 사리불에게 말하기를: "그러한 생각을 하지 마세요. 이 불국토를 청정하지 않다고 생각하

지 마세요. 왜냐하면 내가 샤카무니 붓다의 국토를 보니 청정하기가 마치 자재천궁[51]과 같습니다."

爾時 螺髻梵王, 語舍利弗: 勿作是意. 謂此佛土, 以爲不淨. 所以者何, 我見 釋迦牟尼 佛土淸淨, 譬如自在天宮.

【1-47】 사리불이 말하기를: "내가 보기에 이 국토는, 구릉과 항감杭坎(구덩이), 형극荊棘(가시덤불)과 사력沙礫(모래자갈), 흙과 돌, 여러 산들의 지저분한 것으로 가득 차 있습니다." 상투머리를 한 브라만신 이 말하기를: "스님(인자仁者)[52]의 마음에 고하가 있어, 붓다의 지혜에 의지하지 않기 때문에 이 국토를 청정하지 않게 볼 뿐입니다. 사리불이여, 보살들은 일체중생에 있어서 모두 다 평등하며, (그들의 마음은) 오로지 구도求道에 전념(심심深心)하며 청정합니다. 붓다의 지혜에 의지한즉 이 불국토가 청정하게 보입니다."

舍利弗言: 我見此土 丘陵·坑坎·荊棘·沙礫·土·石, 諸山 穢惡充滿. 螺髻梵言: 仁者 心有高下, 不依佛慧故, 見此土 爲不淨耳. 舍利弗, 菩薩 於一切衆生, 悉皆平等, 深心淸淨. 依佛智慧, 則能見此, 佛土淸淨.

돼지와 붓다의 차이

이 장면에서 브라만 신과 사리불을 통해 제일장의 결론을 내리고

---

51 자재천궁이란 3계 중 욕계欲界의 가장 높은 곳에 위치한 타화자재천他化自在天의 궁전을 말함. 이 세계(천天)에 태어나는 자는 타인이 일으킨 욕망의 대상을 자유자재로 받아들여서 자기의 즐거움으로 바꿀 수 있는 능력이 있다고 함.

52 여기서는 인자仁者를 '스님'이라고 번역하였으나, 상대를 존칭으로 지칭하는 뜻이 있으므로 그 대상이 보살일 경우 '보살'로서, 또는 그 대상이 일반인으로서 복수일 경우 '어진 이들'로, 그 대상에 따라 호칭을 달리하였다.

있다. 인간이 지닐 수 있는 모든 가치관은 경계의 대상에 있는 것이 아니라 그 대상 경계를 접하는 주체의 능력과 자질에 따라 달라진다는 것이다. 조선의 태조 이성계와 무학 대사의 대화가 이 장면에 적절한 예가 되지 싶다.

> 태조: "대사! 대사는 짐이 무엇으로 보이시오?"
> 무학 대사: "소승의 눈에는 대왕께서 부처로 보입니다."
> 태조: "짐의 눈에는 대사가 돼지로 보입니다."
> 무학 대사: "돼지의 눈에는 일체가 돼지로 보이며, 부처의 눈에는 만물이 다 부처로 보입니다."

노자의 『도덕경』에도 이와 유사한 가르침을 내리고 있다. 상근기의 사람들에게 도에 관해서 말하면, 그들은 부지런히 그 가르침을 닦아 도를 이루려 하고, 중근기의 사람들에게 도를 말하면, 때로는 부지런히 도를 닦다가도 때로는 그 가르침을 잊어버린다. 하근기의 사람들에게 도에 관해서 말하면 그들은 도리어 크게 웃고 만다고 한다. 웃지 않으면 오히려 도가 아니라는 것이다.[53] 요즘 세속사회에서 신문이나 TV에서 주지라거나 회주 등으로 이름을 날리는 승려들 사이에 수행이나 도[진리]에 관해서 말하면 어리석은 사람 취급 아니면 미친 놈 정도의 대접이 돌아온다. 세상물정 모른다는 것이다. 도가 밥 먹여 주느냐는 식이다.

삼국지에 등장하는 오吳나라의 대 지략가 노숙魯肅이 오랜만에

---

53 "上士聞道, 勤而行之. 中士聞道, 若存若亡. 下士聞道, 大笑之. 不笑, 不足以爲道."
『도덕경』제 41장.

그의 후배 여몽呂蒙을 만나 대화하던 도중, 그의 지략이 옛날과 다름에 깜짝 놀랐다. 그가 알고 있던 여몽이 아닌 다른 사람이 되어 있었던 것이다. 선배의 놀라는 모습에 여몽이 하는 말이 대장부〔선비〕삼일 만나지 못하면 괄목상대刮目相對해야 한다며 노숙을 한층 놀라게 한다. 노숙에게 여몽은 과거 코흘리개였다. 괄목상대란 달리 표현하면 지금까지 지니고 있던 고정관념을 깨뜨리고 버리라는 말이다.

도를 논하는 수행자〔대장부〕가 괄목상대는 못 될지언정 비웃음의 대상이 되고 마는 세상이라고 한다면 아무리 수행을 잘한 성현이라 할지언정 이 세상에 더 이상 살아 있어야 할 이유가 있을까 싶다. 그렇다고 하더라도 수행자가 살아야 할 이유가 없는 것은 아니다. 이에 대해서는 유마경의 「제자품 제3」에서 설법제일로 알려져 있는 부루나富樓那〔부루나미다라니자富樓那彌多羅尼子(푸르남마이트라야니푸트라 Pūrṇaṃmaitrāyaṇīputra)〕존자[54]의 예가 적격이지 싶다. 여기서 논하고자 하는 부루나가 붓다의 십대 제자들 중 설법제일의 별명을 지닌 부루나인지 아닌지는 확실하지는 않으나, 붓다와 〔또 다른?〕부루나의 대화 속에서 목숨을 아끼지 않고 중생 구제에 나서는 일화를 소개하고 있다. 부루나에 의하면, 수행자의 목숨이란 가히 중생 구제에 바치는 것이라고 할 것이다.[55]

'3일'이라 하니 생각나는 문구가 있다. 이왕 사족을 달았으니 한마

---

54 부루나미다라니자富樓那彌多羅尼子라는 긴 이름이지만, 일반적으로 부루나富樓那 Pūrṇa로 통용되며, 붓다의 10대 제자들 중 설법제일이라는 별명을 지니고 있다.

55 본서 제1막, 제3장: 유마 거사의 힐난과 붓다의 십대 제자들의 수행(제자품弟子品 제3) 문단 참조.

디 덧붙이자면, 사대부가 3일 간 책을 읽지 않으면 지켜야 할 법도와 행동이 흉중에서 서로 어긋나니 스스로가 거울을 봐도 면목이 서지 않는다. 뭔가 한마디 해야 할 장소에서도 마음이 비었으니 하는 말마다 가식이요, 진솔한 맛이 없다. 오히려 청중이 듣기 부끄러워 외면을 하고 만다. 중국의 북송北宋시대 산곡山谷 황정견黃庭堅 거사의 말이다.[56]

여기서 책이라고는 하지만 포르노 잡지나 삼류소설을 말하는 것이 아니다. (그렇다고 하여 이러한 책이 사람들에게 불필요하다고 주장하는 것은 아니다.) 인간은 무엇을 인간이라 하는지, 무엇을 하며 어떻게 살아야 하는지에 대한 성현의 가르침을 논하는 것을 말한다. 인간이 인간에 대한 자각과 자각의 실천, 그리고 현실세계에서 그 자각의 실현을 이룸으로써 비록 짧은 인생이지만 이 생生이 의미 있는 삶이기를 바라는 뜻의 말씀일 것이다.

인간은 누구나가 다 어떠한 위치에서건 의미 있는 삶을 살기를 원한다. 남에게 욕을 듣는 삶을 바라는 사람은 없다. 대통령을 지내더라도 도둑질을 하니 남에게 욕을 듣고, 설사 폐지 수집으로 연명하더라도 평생을 모은 재산을 사회에 헌납하니 그를 성인처럼 받든다. 의미 없는 인생으로 일생을 보내게 되는 까닭은 환경이 그렇게 만들었거나 천성으로 언행이 일치하지 않는 삶을 살았기 때문이다.

이러한 사람도 성현의 가르침을 배우고 실천하였다면 스스로가 원하는 삶을 영위할 수 있었을 것이다. 그러나 습관을 잘 못 들이면

---

56 산곡山谷 황정견黃庭堅, "士大夫 三日不讀書, 則義理 不交於胸中. 對鏡覺, 面目可憎. 向人則, 語言無味." 『산곡집山谷集』. 야스오까 마사히로安岡正篤 『취고당검소醉古堂劍掃』 PHP文庫, p. 161.

남에게 비판받는 행위를 할 뿐이다. 몰라서 실천하지 않는 것이 아니라 배우고서도 실천을 하지 않으니 스스로가 의미 있는 삶을 살려고 해도 이미 돌이킬 수 없는 상황에 처해서는 당황하는 것이다. 『한비자韓非子』에 의하면, 책 한 권 읽지 않는데 겉은 번지르르하게 하고 다니는 것을 화이부실華而不實이라고 하였으며, 배웠으나 실천하지 않는 것은 허이무용虛而無用이라고 했다. 즉 그러한 배움은 아무짝에도 쓸모없다는 말이다.

조과鳥窠[57]도림道林 선사禪師와 백낙천白樂天(백거이白居易 혹은 낙천樂天 거사)의 만남은 실천의 의미를 극대화하는 좋은 예가 될 것이다. 조과도림 선사는 나무에 둥지를 틀고 사는 새처럼 나무 위에서 생활하고 있었기에 별명이 조과다. 학문과 불법에 조예가 깊은 낙천樂天 거사가 도림 선사의 기이한 도인의 삶에 대한 이야기를 듣고 사실 확인 차 스님을 찾았다. 아니나 다를까, 스님이 소나무 가지 위에서 참선하는 모습이 괴이하다 못해 자못 위험해 보인다.

백낙천: "스님! 위험합니다. 왜 나뭇가지 위에서 그러고 계세요?"
도림 선사: "소승이 보기에는 거사가 더 위험해 보입니다."
백낙천: "저야 머리로는 하늘을 위로 하고 두 발로는 단단한 땅 위에 서 있으니 무엇이 위험하겠습니까?"
도림 선사: "마음에는 욕망의 불이 타고 있으며 배웠다는 아만이 파도처럼 넘실대니 어찌 위험하다 아니하리오."

---

57 도림 선사가 소나무 가지에 집을 짓고 사니 까치가 곁에 둥지를 치고 함께 살았다고 하여 작소鵲巢 화상이라고도 불리었다.

지방의 최고 권력자로 부임한지라, 권력으로 보나 학식으로 보나 누가 감히 자기를 두고 위태롭다고 할 수 있을까. 거사는 40세에 어머니를 여의고 얼마 지나지 않아 어린 딸도 잃었다. 거기에 정치적으로도 힘을 잃어 실각, 급기야 좌천되기도 하였다. 나이 50에 항주杭州 자사刺史를 자처하여 부임지로 내려가 중앙의 권력 다툼에서 벗어나 불교와 도가의 가르침에 힘을 쏟을 때였다. 누구나가 겪을 세정의 번민을 이미 경험한지라, 거사가 스스로의 내면세계에 숨겨져 있던 비밀이 드러난 듯하자, 스님의 말씀이 지당하다고 느꼈지만 그대로 물러설 수 없어 한마디 더 물었다.

백낙천: "그럼 무엇이 불교의 가르침입니까?"

도림 선사: "어떠한 악한 짓도 하지 말고, 모든 착한 일을 할 것이며, 스스로 그 마음을 맑히면, 그것이 바로 붓다의 가르침입니다."[58]

백낙천: "그야 세 살 먹은 어린아이도 아는 것 아닙니까?"

도림 선사: "세 살 먹은 어린이도 알고 있는 것을 여든 살 먹은 노인이 행하지를 못하니 알고 있은들 무슨 소용이 있단 말이오."

그 후 거사는 참선 수행에 전념하였다고 한다. 향산(낙천) 거사는 도림 스님의 인도 하에 큰 깨달음을 얻게 되어 걸림 없는 행적이 주

---

58 "諸惡莫作 衆善奉行. 自淨其意 是諸佛敎." 「칠불통계게七佛通誠偈」라 하여 샤카무니 이전에 존재했었다고 하는 여섯 붓다와 샤카무니를 포함한 일곱 붓다(과거칠불過去七佛)가 공통으로 설한 가르침을 하나로 요약한 것으로 알려진 게송. 이 의미는 붓다의 교법이 샤카무니 붓다로부터 시작된 가르침이 아니라 그 예전의 붓다로부터 있었던 가르침이라는 뜻. 즉 붓다의 가르침은 창조된 것이 아니라 붓다에 의해 발견된 것이라는 의미. 『증일아함경』, 『대정장大正藏』 vol. 02, p. 551, 『법구경』, 『대정장大正藏』 vol. 04, p. 567 등에 수록되어 있음.

옥같은 그의 시에 남아 있다.

【1-48】 여기서 붓다가 발가락으로 땅을 누르자 즉시 삼천대천세계가 수백 수천의 진기한 보석으로 장식되어, 마치 보장엄불의 무한한 공덕의 보배로 장엄된 국토처럼 되었다. 모든 대중은 일찍이 보지 못했던 〔광경이라고〕 찬탄하였다. 그리고 모든 대중이 다 스스로 보배의 연화에 앉아 있는 것을 보았다.

於是, 佛以足指按地, 即時 三千大千世界, 若干百千 珍寶嚴飾, 譬如 寶莊嚴佛, 無量功德, 寶莊嚴土. 一切大衆, 歎未曾有. 而皆自見, 坐寶蓮華.

【1-49】 붓다가 사리불에게 말씀하시기를: "너희들은 잠시나마 이 불국토의 장엄을 보았느냐?" 사리불이 답하기를: "그렇습니다, 세존이시여. 본래 본 적도 들은 적도 없습니다. 이제 불국토의 장엄과 청정함을 다 보았습니다."

佛告 舍利弗: 汝且觀是, 佛土嚴淨? 舍利弗言: 唯然 世尊. 本所不見, 本所不聞. 今佛國土, 嚴淨悉現.

【1-50】 붓다가 사리불에게 말씀하시길: "나의 불국토는 언제나 이와 같이 청정하니라. 〔그러나〕 하근기의 사람들을 제도하기 위해서 이런 뭇 더럽고 지저분한 국토를 보일 뿐이니라. 말하자면 모든 하늘나라에서는 보배로 〔만든〕 그릇으로 식사를 하지만 그들의 복덕에 따라서 음식은 차이가 있는 것과 같으니라. 이와 같이 사리불이여, 만약 사람의 마음이 청정하면 이 국토의 공덕 장엄을 볼 것이니라."

佛語 舍利弗: 我佛國土, 常淨若此. 爲欲度斯, 下劣人故, 示是衆惡, 不淨土耳.

譬如諸天, 共寶器食, 隨其福德, 飯色有異. 如是 舍利弗, 若人心淨, 便見此土, 功德莊嚴.

신통의 세계

중생이 중생일 수밖에 없는 까닭은 있는 것을 있는 그대로 보지 않고, 스스로의 경험이나 지식을 배경으로 가치 판단한 고정관념으로 보기 때문이다. 그들의 역량에 따라 다소 차이는 있으나, 그 고정관념을 깨뜨리기 전에는 여전히 이 세계는 고통 받고 괴로워하지 않으면 안 되는 사바세계에 지나지 않는다. 사바세계에 머물고 있는 뭇 중생들의 고통스런 삶을 보아왔던 사람들에게는 현실세계 이외에 달리 어떠한 세계가 있는지, 붓다의 설법으로는 정토세계가 있다고는 하나, 그 세계가 어떻게 청정한 세계인지는 상상할 수 없는 것임에는 틀림없다. 이 장면에서 불국토의 청정함을 믿지 못하던 많은 대중들에게 육안으로 확인할 수 있게 붓다가 신통으로 그 청정함을 보이고 있다. 한마디로 업장이 두터운 중생은 스스로가 눈으로 확인하지 않고서는 누구의 말도 믿지 않는다는 것을 나타내고 있다.

사월초파일의 연등이나 크리스마스트리의 휘황찬란한 모습을 보면 너나 없이 남녀노소 모두가 다 환희심을 낸다. 잠시만이라도 성현의 가르침을 잊지 않으려고 노력 내지는 생각만이라도 떠올리게 된다. 물론 종교적 배타심을 버렸을 때 하는 말이다. 그러나 초파일이 지나고 크리스마스가 지나고 나면 평상시의 번뇌망념에 사로잡힌 종교적으로 무기력한 생활로 되돌아가고 만다. 이것만 보아도 눈으로 확인하고서야 믿는 사람은 하근기에 지나지 않는다. 많은 사람들은 스스로가 경험해 보지 않은 것은 잘 믿으려 들지 않는다. 그러나 스스로가 죽어봐야 사람은 언젠가는 죽는다는 것을 믿는 사람은 없다. 경험해 보지 않고서도 믿을 수 있는 것이 얼마든지 있다는 것을 보여주는 부분이다.

다만 고정관념에서 벗어나지 못할 때, 진리를 진리로 받아들이지 못할 뿐이다. 그런데 붓다는 왜 신통으로나마 애써서 나타낸 불국토의 청정을 그대로 두지 않고 거두어 들였을까? 즉 안식眼識으로 인식한 세계는 의지할 것이 없다는 것을 말하는 것이며, 그와 같은 세계는 일시적이며 유위법의 세계라는 것을 보여주는 암묵의 가르침이라 할 수 있을 것이다.

그러면 붓다의 신통은 어떻게 이해해야 할까? 붓다는 발가락으로써 신통을 부려 뭇 청중이 염증을 일으키던 사바세계를 일시에 청정한 불국토로 나타내었다. 시간적인 문제지만 우리의 인식의 세계에서 비통과 환희의 느낌도 순간적이다. 연등이나 크리스마스트리의 점화도 순간적인 것이다. 전기라고 하는 매개체를 통해, 신체적 경험에 의한 믿을 수 있는 과학과 신통이라고 하는 믿기 어려운 정신적 경험과의 차이점이 있을 뿐이다.

그런데, 눈이 불편한 사람(맹인)에게도 전기라고 하는 밝은 환희의 세계가 있을까? 마음이 맑은 사람에게는 눈으로 확인할 수 없는 밝은 세계를 볼 수 있다. 엄마와 어린 딸 사이에 불신이 사라지는 순간〔마음이 맑아지는 순간〕서로의 눈빛으로 두 사람 사이에, 제한적이긴 하지만, 환희의 세계가 순간적으로 열린다. 붓다의 신통은 그 자리에 모인 뭇사람들과의 사이에서 이렇게 이루어진 것은 아닐까? 신통이란 고정관념에서 벗어나는 순간의 마음의 변화에서 오는 새로운 가치관이 아닐까?

붓다가 내 보이신 불국토가 육안으로건 심안으로건 불구하고 눈으로 보아 분별할 수 있었으니, 그 불국토의 모습(형상)은 불국토로 보일 뿐 어디까지나 유위법에 지나지 않는 형색의 세계다. 인간이 사바세계라고 하는 현실세계에는 온갖 오물과 위험투성이인 독극물들, 그리고 사람들이 귀하게 여기지 않는 돌과 모래, 잡초와 가시덤불 등으로 이루어졌지만, 붓다가 신통으로 보인 불국토라는 모습은 온갖 보석으로 장엄된 휘황찬란한 형상이다. 진정 불국토란 형색으로 분별할 수 있는 세계란 말인가? 진정 온갖 보석으로 치장된 세계가 아름다운 세계여서 그곳이 불국토란 말일까?

보석으로 장엄된 세계가 아름답게 보이는 것은 오직 그 반면의 세계를 인식할 때만이 아름답다는 느낌이 있을 뿐이다. 『도덕경』에 이와 유사한 가르침을 볼 수 있다. "천하 사람들이 다 그것을 아름다운 것으로 아는데 이것이 추악할 때만이 (그것이) 아름답게 여겨진다."[59]고 한다. 온갖 보석으로 치장된 방안에서만 평생을 살아야 한다고 생각해 보자. 청정하고 아름답기는커녕 끔찍하지 않을까? 보석의 광채에 시야가 어두워지지 않는 한 그 어느 누구도 칠보로 장엄된 세계에 살고자 하는 사람은 없을 것이다. 설사 보석에 눈먼 여인이라 하더라도.(이 표현은 결코 여성 비하나 성차별적 의미로 쓰여 진 것은 아니다.)

즉 붓다가 보이신 불국토는 이원론적인 세계관에서 느낄 수 있는 잠깐 동안의 환상에 지나지 않는다. 뭇 청중들이 염증을 내던 사바세

---

59 "天下皆知美之 爲美斯惡已" 『도덕경』 제2장.

계를 휘황찬란한 보석으로 장엄된 청정 불국토로 바꾸었던 것은 단지 사바세계가 불국토라는 것을 깨닫지 못하는 청중들에게 청정 불국토가 달리 존재하는 것이 아니라는 것을 보이기 위한 것이다. 그러니 애써 만들었던 불국토를 지우지 않을 수 없었을 것이다. 온갖 보석으로만 이루어졌다는 보장엄불의 불국토에 사는 보살들이나 중생들(혹 존재한다면)은 이 사바세계의 온갖 기화요초와 동물들, 그리고 오염이요, 위험투성이라고 여기는 사물들을 오히려 청정한 불국토를 장엄하는 보물(형색)로 볼 것이다. 사실 우주의 적당한 거리에서 지구를 보면 푸른색을 띤 아름답기 그지없는 모습으로 보인다. 더 먼 곳에서 보면 여타의 별들과 같이 노란색이거나 푸른빛으로 반짝이는 별처럼 보이겠지만.

붓다가 잠시나마 신통으로써 보장엄불의 세계처럼 이 사바세계를 보석으로 장식하여 보는 사람으로 환희심을 일으키게 한 것은 청중들로 하여금 아뇩다라삼먁삼보리의 마음을 일으키게 하려는 것일 뿐이다. 진정한 불국토란 형상으로 한정지을 수 있는 유위법의 세계일 수 없는 것이다. 야납의 주관적인 사고라고 하더라도 이 사바세계의 형형색색의 사물들, 모든 동·식물들, 그리고 눈보라·비바람이 몰아치는 풍경 등의 모습이 칠보로 장식된 청정국토라는 세계보다 더 아름다우며 살맛나는 불국토에 가깝다고 본다. 청정 불국토를 칠보로 장식된, 수천 수만 가지의 보물들로 이루어진 모습으로 내 보인 것은 인간의 보물을 향한 욕망을 이용한 것에 지나지 않는다. 내 주변의 돌이나 나무 등 지천에 깔려 있는 모든 사물들이 다 보석이라고 하면, 그 어느 누구도 그러한 보석으로 치장하려 하지는 않을 것이다. 지천으로 깔려 있는 보석들 속에 보석이 아닌 희귀한 무엇인가가 오히려 보물이 되어 그러한 것으로 치장하려 할 것이다. 유마경의 저자 또한 인도인이라 치장하는 것을 아주 좋아하는 인도인들의 습성을 여실히 드러내 보인 것인지, 이상세계의 형상을 보석으로 가득 찬 모습으로 묘사한 장면이라고 할 수 있을 것이다.

【1-51】 붓다가 이 국토의 장엄을 나타내셨을 때, 보적(보살)이 데려온 5백의 장자 아들들은 모두 무생법인[60]을 증득하였으며, 8만 4천의 사람들도 모두 아뇩다라삼먁삼보리에의 마음을 일으켰다.

當佛 現此國土 嚴淨之時, 寶積所將, 五百長者子, 皆得 無生法忍, 八萬四千人, 皆發阿耨多羅三藐三菩提心.

【1-52】 붓다가 신통을 부렸던 발을 거두어들이자, 거기서 세계는 다시 옛 모습으로 돌아갔다. 성문승을 추구하는 3만 2천의 천상의 (중생)과 사람들은 모두 유위법은 다 무상하다는 것을 알고, 번민(진애塵埃)를 멀리 여의고 법안정法眼淨[61]을 증득하였으며, 8천의 비구들은 여러 교법을 받지 않고도 번뇌를 끊는 법을 알았다.

佛攝神足, 於是世界, 還復如故. 求聲聞乘, 三萬二千 天及人, 知有爲法, 皆悉無常, 遠塵離垢, 得法眼淨, 八千比丘, 不受諸法, 漏盡意解.

---

60 무생법인에 대해서는 제1막 각주 8 참조.
61 법안정이란 미혹과 깨달음이라는 양면의 세계에 걸쳐 인과의 법칙을 밝힌 네 가지의 진리(4제諦)를 바로 볼 수 있는 지혜의 눈을 말함. 고제苦諦 : 이 세상은 일체가 다 고해다. 집제集諦 : 그 고통의 원인은 바로 번뇌. 멸제滅諦 : 그 번뇌를 멸하는 길은, 도제道諦 : 바로 8정도며, 8정도를 실천, 수행함으로써 번뇌를 멸한 이상의 세계 즉 열반에 이를 수 있다는 것을 볼 수 있는 지혜의 눈이 법안정이다.

심즉불心卽佛

불교를 흔히 한마디로 표현하라고 한다면, 그것은 심心 즉 마음이라고 한다. 그래서 예부터 심즉불心卽佛이라는 명구로서 불교란 무엇인가라는 질문의 답변으로 애용되어 왔다. 유마경 제1장이야말로 한마디로 마음이란 무엇인지를 표현하려 한 것이라고 여겨진다. 마음이 곧 부처요, 마음이 곧 불국토며, 마음이 곧 지옥이요, 마음이 곧 악마며 등등 한없이, 이 세상에 있는 모든 것을 마음으로 대신할 수 있다. 마음이 곧 우주다. 이를 일체유심조一切唯心造 - 일체 만물은 오직 이 마음의 조작에 의한 것이다 - 라고 옛 조사들은 일러 왔다.

붓다의 형상을 32상相 80종호種好로 규정하고 있지만, 이것은 어디까지나 인도 불교도들에 의한 인간 샤캬무니 붓다의 지혜와 능력을 초인적이고 초능력적인 특징으로 구상화한 것에 지나지 않는다. 인도인들의 전설상의 전륜성왕에게 나타난다는 이상적 형상으로 바꾸어 샤캬무니 붓다를 신격화한 것이라고 할 수 있다. 이것은 어디까지나 인도불교문화의 한 일면으로 이해할 부분이지 여기에 어떤 진리가 있을 것이라는 등 범부에게서는 나타날 수 없는 상호라는 등의 연구에 연구를 거듭하여 불교의 교법으로 이해하려는 것은 올바른 태도라고 할 수 없다.

물론 불교란 무엇인가라는 질문에 붓다의 가르침 즉 교법으로 접근하는 것은 답을 찾으려는 하나의 방법에 지나지 않는다. 다양한 방법에 의해 그 질문의 답에 접근해야 한다는 것에는 이의가 없다. 다만 유마경 제1장 '불국품'에 있어서 핵심적인 가르침은 심心, 즉 마음이 곧 부처요, 불국토라는 것이다.

붓다가 신통을 부렸던 발을 거두어들이자 주변의 모습은 다시 옛 모습으로 돌아갔지만, 그 신통을 보았던 뭇사람들은 진정 불국토가 어떠한 모습인지를 잠시나마 맛봄으로써 무상無常의 유위법으로부터 벗어날 수 있었을 것이다. 그러나 이와 같은 신통의 불국토 또한 형상(형색)으로 나타낸 유위법에 지나지 않는다. 붓다의 힘에 의해 불국토가 있다는 것을 확신한 것이지만, 이로써 유위법의 무상함을 깨닫고 법안정法眼淨을 얻어 무상한 세계에의 집착에서 벗어날 수 있었다고 한다.

이 시대에는 유마경에서 소개하고 있는 붓다와 같은 신통을 일으킬 수 있는 사람은 없다. 설사 불자가 아니더라도 유위법이라는 것은 무상하다는 것 정도는 머리로 알고 있다. 다만 머리로 아는 것이 가슴으로 와 닿지 않을 뿐이다. 실천이 안 되니 유위법에 집착하고, 해서는 안 될 짓을 하였으니, 고통은 곧 따르게 마련이다. 붓다의 신통을 보고서 8천 명의 비구들이 다른 가르침을 받지 않고서도 번뇌를 끊는 법을 알았다고 한다. 이 시대에 붓다와 같은 신통을 맛보아야 그나마 유위법의 무상을 가슴으로 깨닫고 쉽게 번뇌를 끊을 수 있을 텐데, 그러지 못하니 이 말법시대는 더더욱 붓다의 교법을 가까이 하지 않으면 다른 방법은 없다는 뜻일 것이다.

제2장 거짓과 방편의 불가사의
방편 품方便品 제2

진정한 방편

유마경의 주인공인 유마 거사가 처음으로 등장하는 장면이다. 방편이라 하면 불교를 아는 분이건 모르는 분이건 이 말을 모르는 사람은 없을 것이다. 불교용어로서 일반화된 단어 중 그 단어의 의미가 제대로 사용되는 경우는 그다지 많지 않다. 중도中道라든가 화두, 인연, 야단법석 등 나름대로 사회의 각 분야에서 흔히 사용되는 단어들이다. 언어란 진화하는 것이니 원래의 의미를 반드시 지녀야 할 이유는 없지만, 잘못 쓰일 때는 오히려 폐해가 발생하게 마련이다. 그 중 방편이라는 단어도 왜곡되게 사용하는 경우가 허다하다.

편리에 따라서 승속을 막론하고 거짓말을 하고서도 '방편으로'라고 하며, '방편'이라면서 그것을 쓰는 사람의 허물을 오히려 덮거나 무마하려는 의미로 악용되고 있다. 유마 거사의 방편을 보면, 방편을 씀에 있어서 가장 중요한 점은 그것이 쓰는 사람을 위해서 쓰이는 것이 아니라 반드시 방편의 대상을 위해 쓰인다는 점이다. 이 점이 보살도를 행하는 사람이 쓰는 방편과 거짓이거나 속임수로써 '방편'이라고 하며 자기의 이익과 자기의 편의를 위해 쓰는 사람들의 차이다.

【2-1】 그 때에, 바이샤리라는 대도시에 유마힐이라는 장자(릿챠비Licchavi 족)가 있었는데, [그는] 일찍이 [과거세에] 무수한 붓다께 공양을 올려 [뿌리] 깊은 선근의 업을 심고 무생법인(안심입명)을 증득하였으며 [그의] 변재는 막힘이 없었다. [그는] 신통을 부렸으며, 갖가지의 다라니를 지녀 두려움이 없는 경지를 터득하여 원한을 품은 악마들을 항복 받아, 심원한 불법의 문[세계]에 들어섰다.

爾時 毘耶離 大城中, 有長者, 名維摩詰, 已曾, 供養 無量諸佛, 深植善本, 得無生忍, 辯才無礙. 遊戲神通, 逮諸總持, 獲無所畏, 降魔勞怨, 入深法門.

【2-2】 지혜바라밀(지도智度)[62]을 선용하고, 방편에 통달하여 대원을 성취하고, 중생들의 마음의 취향을 분명히 알았으며, 또 능히 그들의 근기가 수승하고 둔감함을 분별할 수 있었다. 오랜 세월 불도에 있어서 이미 마음은 온전히 대승에 확신을 갖고 있었다. 모든 일에 깊이 생각할 줄 알고, 붓다의 위의에 있으며 마음은 바다와 같이 넓었다.[63] 모든 붓다가 탄식하

---

62 지혜바라밀에 해당하는 원문은 '지도智度'며 육도 즉 6바라밀의 하나다.
63 구마라습에 의하면, 바다에는 세 가지의 덕성이 있다고 한다. 첫째, 무한히 깊고 넓은 덕성. 둘째, 청정하여 더럽혀지지 않는 덕성. 셋째, 한량없는 진귀한 보배를 지니고 있는 덕성. "什曰: 海有三德. 一曰, 深廣無邊. 二曰, 淸淨 不受雜穢. 三曰, 藏積 無量珍寶. 菩薩三德, 義同海也." 『주유마힐경注維摩詰經』 『대정장大正藏』 Ibid. 이와 같이 유마 거사의 넓은 마음을 바다에 비유한 것이다.

는 바며, 불제자들과 제석천, 범천과 세계의 군주(세주世主, 사천왕)들로부터 공경을 받았다. 사람들을 제도하기 위해 방편으로 바이샤리에 거주하고 있었다.

善於智度, 通達方便, 大願成就, 明了 眾生心之所趣. 又能分別, 諸根利鈍. 久於佛道, 心已純淑,[64] 決定大乘. 諸有所作, 能善思量. 住佛威儀, 心大如海. 諸佛咨嗟, 弟子・釋・梵・世主所敬. 欲度人故, 以善方便, 居毘耶離.

욕망欲望과 대원大願의 차이

이 장면에서 유마 거사란 어떤 사람인지 육하원칙적 소개를 하고 있다. 한마디로 깨달음을 얻어 무애자재한 사람이며 이 세상에 태어난 이유는 사바세계의 중생들을 제도하기 위해서라고 한다. 여기서 그의 능력을 잠시 살펴보면, 변재로써 어떤 사람과 대화를 하더라도 막힘이 없다고 한다. 차후(제3장과 제4장)에 등장하는 장면이지만 붓다의 10대 제자와 내로라하는 보살들이 모두가 다 유마 거사에게 말로써 당하였던 것을 보면 그의 변재는 붓다 이외에 당할 사람이 없는 것이 틀림없다.

이로 보아 유마경의 저자가 어떠한 사람인지 지금으로서는 알 수

---

64 『주유마힐경注維摩詰經』에 의하면, 본문 심이순숙心已純淑의 '숙淑'은 '숙熟'으로 되어 있다. 대승으로 향한 마음을 논하는 곳이어서 불교에 일찍이 입문하였지만, 대승불교를 수행할 마음의 자세가 무르익었다는 의미로서 후자가 선택되었을 것이다. 승조에 의하면, 대승에 의지를 굳힐 수 있는 마음은 7주住 이상의 보살이면 가능하다고 보고 있다. "肇曰: 七住以上, 始得決定也." 『주유마힐경注維摩詰經』, 『대정장大正藏』 vol. 38, p. 339.

없으나, 단지 한 가지만은 추측할 수 있다. 그 스스로가 변재에 있어서는 가히 당할 자가 없었으리라는 것이다. 그 변재의 백미라고 할 곳이 문수보살이 대중을 거느리고 유마 거사의 병문안을 가서 두 사람이 나누는 대화 즉 제7장 「관중생품觀衆生品」에서 볼 수 있다.

여기서 한 가지 짚고 넘어가야 할 대목이 있다. 유마 거사가 "방편에 통달하여 대원을 성취하였다."고 한다. 어떠한 종교를 믿건 한 사람의 종교인으로서 그들이 믿는 종주건 가르침이건 무작정 따르는 사람은 없을 것이다. 무엇인가를 얻기 위한 욕망이 믿음이라는 행위의 바탕에 깔려 있기에 없는 시간을 할애하여 종교에 이바지한다. 흔히 기도를 하기 위해 절을 찾아온 신도들에게 "대원大願을 발發하면 소원을 이룰 수 있다."고 스님들이 말한다. 소위 기복불교의 전형이다. 이때의 소원은 탐·진·치라고 하는 삼독三毒이 치열하게 활동하는 개개인의 욕망을 근본으로 한 것이어서 그 소원이 이루어지건 이루어지지 않건 상관없이 그 행위자는 삼독에 중독되어 있는 것이다. 그러면, "대원을 발한다."는 것이 무슨 뜻인지, 어떻게 하는 것이 대원인지, 대원이란 욕망과 어떻게 다른 것인지, 불교의 근본 사상에 입각하여 이러한 의문점을 밝히려는 것이다.

불교에서는 욕망을 독으로 보고 있다. 탐·진·치의 세 가지 독이라고 하여 불교에서는 반드시 끊어야만 완전한 지혜를 얻어 해탈에 이른다고 한다. 인간이 심신으로 고통스러워하는 까닭에는 원인이 있는데, 그 원인으로서 이 세 가지의 독에 중독되었기 때문이라는 것이다. 이 세 가지 독이 신身·구口·의意 삼업三業[65]을 통해 그 증상이

---

65 3업의 업이란 산스크리트어로 카르마karma로서 조작이라거나 창조한다는 의미다. 인간은 아我[주체]와 아소我所[객체]를 인식하는 것을 근본으로 하여 갖가지의 행동을 하게

밖으로 나타난다.

흔히 인간이 욕망이 없다면 "무엇을 목적으로 살아야 하나?"라고 한다. 승려가 출가하여 도를 이루려고 하는 것도 욕망을 근본으로 하는 것이며, 세속에서 잘 살기 위해서 열심히 일하는 것도 욕망을 근본으로 하는 것이니, 그 욕망이 어떻게 잘못 되었다는 것인가? 무엇을 어떻게 하면 대원大願이 되며 또는 욕망이 된다는 것인가? 기도로써 이루건, 도둑질로써 이루건, 그 무엇으로써 이루건, 이루어서 그 이룬 것이 원인이 되어 또 다른 고苦를 낳으면 그것은 욕망이요, 그 이룬 것으로써 고를 멸하면 그것은 대원이다. 다시 말하면 이루어서 탐·진·치 삼독을 소멸시킬 수 있는 소원이 대원이며, 이루어서 탐·진·치 삼독을 더 치열하게 키우는 소원이 욕망이다.

대부분의 신도들이 기도를 할 때, '무엇을 이루게 해 주소서'라고 한다. 예를 들면, 돈이 없는 사람이 기도를 하여 돈을 벌게 해 달라고 한다. 설사 돈을 벌었다고 하자. 조금 벌었건 많이 벌었건 상관하지 않고 만족한다면 문제는 없다. 이러한 경지를 오유지족吾唯知足 - 나 오직 만족할 줄을 안다 - 이라고 한다. 그러나 그 돈이 원인이 되어 더 큰 혹은 또 다른 원을 발한다면 그것은 욕망이다. 처음에는 먹을거리만 있으면 원이 없겠다고 한다. 이제 먹을거리가 해결되면 집 걱정이 되고, 입을거리가 걱정이 된다. 점점 인간의 욕망은 끝없이

되며, 이 행동·행위를 불교에서는 업이라고 한다. 현실세계에서는 의업意業으로 일으키는 것에는 그에 합당하는 응보라는 것이 있을 수 없으나, 불교에서는 특히 대승불교에서는 마음으로 짓는 모든 행위에도 응보가 있다. 마음으로 남을 속이거나 해치는 것은 현실세계에 실현되는 것이 아니니 사회법으로써는 어떠한 벌도 내릴 수 없다. 그러나 불교에서는 몸과 입으로 지은 죄와 같이 마음으로 범하는 죄도 인식함으로써 잠재의식에 각인되기 때문이다. 마음으로 지은 죄는 잠재의식에서 씨앗으로 남아 언젠가 때가 되면 언행으로 나타나서, 그것으로 인해 고통이라는 과보를 남길 것이다.

이어지고 더더욱 커진다. 왜냐하면 오유지족하지 못하는 한 인간은 사고팔고四苦八苦 중, 구부득고求不得苦 – 구하려 하나 얻지 못하는 고통 – 라는 원칙에서 벗어날 수 없기 때문이다.

기도하여 이룰 수 있는 것도 우연이건 필연이건 한두 번이지 언제나 이룰 수 있는 것은 아니다. 이루어서 그 이룬 것이 원인이 되어 고를 멸하는 경우란 어떤 것일까? 재가나 출가를 막론하고 수행자가 도를 이루려 발원을 하여 도를 이루었다면 그 도〔지혜〕에 의해서 일체의 망념〔고정관념〕으로부터 해탈할 수 있으니 고苦로부터 자유로울 수 있다. 이것이 대원을 이룬다는 것이다. 그렇다고 하여 이루려는 발원이 꼭 지혜의 완성인 도라야만 하는 것은 아니다. 일상생활에서 반드시 고치고자 하는 나쁜 습관이나, 소기의 목적을 이룸으로써 근심 걱정을 극복할 수 있으며, 그 이룬 것으로써 더 큰 소원 – 이룸으로써 고통의 씨앗이 되는 – 을 발하는 씨앗이 아니라면 그것이 욕망과 구별되는 대원이다.

많은 사람들이 정신일도 하사불성精神一到 何事不成 – 정신을 집중하여 일을 행하면 이루지 못할 것이 없다 – 이라는 말을 즐겨 쓴다. 물론 이 말의 쓰임새를 몰라서 거론하는 것은 아니지만, 자칫 이 말을 오해하면 큰일이 벌어질 수도 있다. 욕망을 근본으로 하는 정신일도 하사불성이라면 큰일이 아닐 수 없다는 것이다. 있을 수 없는 일이 이루어지거나 하기 어려운 일을 해냈을 때 사람들은 그 성취자로부터 깊은 감동을 받으며 가까워지려 한다. 그러나 있어서는 안 되는 일을 하거나 해서는 안 되는 일을 하였을 때 사람들은 그 행위자를 경멸하거나 멀리한다. 정신일도 하사불성에도 두 부류가 있음을 밝히려는 것이다.

수단과 방법을 가리지 않고 이루려는 것에 정신을 집중하면 못 이룰 것이 없겠지만, 그것이 도둑질이나 살인을 하기 위한 정신일도라면 그로 인해 감옥도 가고 살인도 하게 되며, 우리 사회에 하지 말라고 하는 짓을 하지 않고서는 이룰 수 없는 것임에 틀림없다. 이렇게 이루는 것은 이루어지더라도 그 이룬 것에 의해 이루기 전의 고통과는 또 다른 고통이 일어난다. 이러한 소원은 설사 이루어지더라도 그것을 욕망이라고 하는 것이다. 그리고 그러한 소원은 반복적으로 일어나며 끝날 날이 없다.

유마 거사의 "방편에 통달하여 대원을 성취하였다."는 것은 위에서 언급한 대로 방편이란 타인을 위해서 행하는 것이니, 방편에 통달하기 위해 지혜를 얻으려 노력하였을 것이고, 노력을 한다는 것은 무엇인가 원하기 때문이다. 그런데 그 원이라는 것이 남을 위한 것이니, 이룸으로써 그것이 원인이 되어 또 다른 행위자의 고통이 생겨나는 것은 아니다. 대원을 성취하였다는 것은 중생제도를 이루었다는 것이다. 나의 삼독을 제거하는 것을 우선으로, 그 지혜로써 타인의 삼독을 제거해 주는 것이 진정한 중생제도다. 교화를 받는 입장에서도 욕망의 성취가 아니라 대원의 성취를 이루는 것으로써 중생 구제에 나선 보살의 베풂이 법공양이 되는 것이며, 이러한 중생 구제가 보살행이라고 하는 것이다.

유마 거사의 능력 중, 그는 갖가지의 다라니를 지니고 있다고 한다. 다라니란 총지總持 또는 능지能持라고 한역하며, 범문梵文을 해석하지 않고 그대로 외움으로써 선법善法을 지녀 잃지 않게 하고 악법惡法을 일으키지 않게 한다고 한다. 주문呪文을 독송함으로써 갖가지의 장애를 제거하고 모든 공덕을 받을 수 있다고 하여 브라만(힌두] 교도들이 종교의식을 행할 때 외우는 것이다. 즉 유마 거사는 인도인이면 누구나가 한두 가지의 다라니를 외우지만, 그는 갖가지의 다라니에 능통하다고 한다. 유마경의 저자가 대승불교를 주장하면서 유마경의 주인공을 인도의 전통종교의 문화에서 벗어나지 못한 사람으로 묘사하고 있다. 대승경전에 보이는 브라만교의 영향이라고 할 수 있을 것이다. 단지 다라니가 불교에서 논하는 지혜의 완성을 이루어 깨달음을 증득하는 것과 어떤 연관관계가 있는지 유마경에 의해서는 미지수다.[66]

【2-3】 재산은 한량없어 수많은 빈민을 구하고, 계를 받들어 청정하니 모든 파계한 자들을 섭수하였다. 인욕으로써 행동을 조절하여 모든 화난 이들을 달래고, 대 정진으로써 모든 나태한 사람들을 섭수하였다. 일심과 선정禪定, 정적靜寂은 마음이 어지러운 모든 사람들을 제도하고, 확고한 지혜로써 무지한 모든 사람들을 섭수하였다.

資財無量, 攝諸貧民. 奉戒淸淨, 攝諸毀禁. 以忍調行, 攝諸恚怒. 以大精進, 攝諸懈怠. 一心禪寂, 攝諸亂意. 以決定慧, 攝諸無智.

【2-4】 비록 백의[세속의世俗衣]를 입었지만 사문의 청정한 계율을 받들어 지녔다. 비록 속가에 머물지만 3계[67]에 머물지 않고, 처자가 있지만 언제나 청정(범梵)한 행行을 닦으며, 권속[시자侍者]들이 있어도 언제나 멀리 떨어져 지냈다. 비록 장신구로 치장을 하였지만 그러나 〔32〕상相〔80종〕호好

---

66 그러나 힌두의 영향을 크게 받은 진언종에서는 다라니[주문]나 만트라[진언]가 깨달음과 밀접한 관계가 있어 보인다.
67 3계界란 욕계欲界, 색계色界, 무색계無色界로서 흔히 전 세계라는 의미로도 통용됨.

로써 신체를 장엄하였다.[68] 비록 음식을 먹는다고 하지만 그러나 선정禪
定의 열락悅樂으로써 맛으로 삼았다. 만약 도박장이나 유희장에 있을 때
면, 오로지 사람을 제도하기 위해서며, 이교도를 받아들이지만 바른 믿음
을 훼손치 않았다.

雖爲白衣, 奉持沙門, 淸淨律行. 雖處居家, 不著三界. 示有妻子, 常修梵行. 現
有眷屬, 常樂遠離. 雖服寶飾, 而以相好嚴身. 雖復飮食, 而以禪悅爲味. 若至博
弈戱處, 輒以度人. 受諸異道, 不毀正信.

【2-5】 비록 외전外典에 밝지만 언제나 불법을 즐겼으며, 모든 사람들로부
터 존경받았으니 공양 받는 이들 중 최고의 우대를 받았다. 정법을 굳게
지녀 〔남녀〕노소를 막론하고 교화하고, 일체의 생계의 다스림은 순조로우
며, 비록 속된 이익을 얻었다 하더라도 즐거워하지 않았다.

雖明世典, 常樂佛法. 一切見敬, 爲供養中最. 執持正法, 攝諸長幼. 一切治生諧
偶, 雖獲俗利, 不以喜悅.

【2-6】 어떠한 거리에 나가 있더라도 중생에게 도움이 되고, 나라를 다스
리는 일에도 많은 사람들을 구호하였다. 가르침에 임해서는 대승으로써
이끌고, 어떠한 배움의 장소에서도 무지한 아이들을 일깨워 주었다. 뭇
유곽에 들어가서는 그 욕망의 화근을 보이고, 어떠한 술집에 들어가서도
그의 의지를 지킬 수 있었다.

遊諸四衢, 饒益衆生. 入治政法, 救護一切. 入講論處, 導以大乘. 入諸學堂, 誘

---

68 이 말의 뜻은 유마 거사가 세속인으로서 비록 장신구로 몸을 치장하지만, 진정한 그의
성상은 붓다나 인도의 전설상의 존재인 전륜성왕이 지녔다고 하는 32상 80종호를 지녔
다는 것이다.

開童蒙. 入諸淫舍, 示欲之過. 入諸酒肆, 能立其志.

유마 거사의 보살행

여기서 매우 중요한 것은 소위 인간사회에 엄연히 행해지고 있으나, 성현의 가르침을 바탕으로 하면, 해서는 안 된다고 하는 것을 유마 거사가 하고 있다는 것이다. 그러나 그가 해서는 안 된다는 일을 하는 까닭은 모두 그러한 일에 빠져서 스스로를 통제하지 못 하는 사람들을 구제하기 위해서 방편으로써 그러한 일을 서슴지 않고 한다. 즉 동사섭의 행으로써 그 행동의 잘못을 상대에게 깨닫게 하여 악습을 멈추게 하는 것이다.

그의 행동이나 사상을 정리하면, 어떠한 일이나 물건에 선과 악이 정해져 있는 것이 아니라, 그 일이나 물건에 대하는 사람이 어떻게 하느냐에 따라 그 결과가 선 또는 악이라는 것이다. 아무리 좋은 것이라도 그것에 집착하여 빠져서는 안 된다는 것이다. '이것은 나쁜 것'이라고 미리 단정을 하거나, '저것은 좋은 일'이라고 단정하여 그 일에 집착하면 좋은 일도 집착에 의하여 오히려 나쁜 결과를 초래하게 되고, 나쁜 일이라고 단정 지어진 것도 방편으로 행함으로써 좋은 결과를 낳게 되기 마련이다.

유마 거사의 능력을 보면 열심히 산 흔적이 역력하다. 돈을 벌었으되 사람들에게 베풀었고, 청정히 살았으니 스스로에게는 엄격하였으며, 자기가 부리는 사람들이라 하더라도 부드럽게 대하였으니 가히 군자라고 하여 부족함이 없다. 현실세계에 이러한 사람이 있을 수 있을까 하는 의심이 날 정도다. 없다 하더라도 불자라면 유마 거사를 이상적 인간상으로 삼아야 한다는 메시지가 이 장면에서 강하게 엿보인다. 그를 만나는 사람들이 존경심을 보이지 않는 사람이 없다는 것이다. 유마 거사가 행하는 보살행의 모든 부분은 아니라고 하더라도, 단 한 부분이나마 불자로서 본받아야 한다는 것이 현실세계를 살아가는 오늘날의 불자들에게 주어진 과제가 아닐까? 이런 입장에서 유마경은 재가불자에게 있어서 수행의 교본이라고 하여 억설이라고 하진 않을 것이다.

【2-7】 장자들과 함께 있을 때면 그들 중에서도 존경을 받으니 수승한 법을 설하기 때문이다. 거사들과 함께 하면, 거사들 속에서도 존경을 받으니 그들의 집착을 끊어주기 때문이다. 크샤트리야Kṣatriya(이하: 찰제리刹帝利)들과 함께 있을 때면 찰제리들 가운데서도 존경을 받으니 인욕으로써 가르치기 때문이다. 바라문들과 함께하면 그들 중에서도 존경을 받으니 그들의 아만을 제거하기 때문이다.

若在長者, 長者中尊, 爲說勝法. 若在居士, 居士中尊, 斷其貪著. 若在刹利, 刹利中尊, 敎以忍辱. 若在婆羅門, 婆羅門中尊, 除其我慢.

【2-8】 대신들과 함께하면 대신들 가운데서도 존경을 받으니 정법으로써 가르치기 때문이다. 왕자들과 함께하면 왕자들 속에서도 존경을 받으니 충성과 효성으로써 보이시기 때문이다. 내관들과 함께하면 내관들 중에서도 존경을 받으니 궁중의 여인들을 교화하기 때문이다. 서민들과 함께하면 서민들 속에서도 존경을 받으니 복력을 일으키게 하기 때문이다.

若在大臣, 大臣中尊, 敎以正法. 若在王子, 王子中尊, 示以忠孝. 若在內官, 內官中尊, 化政宮女. 若在庶民, 庶民中尊, 令興福力.

【2-9】 범천과 함께하면 범천들 가운데서도 존경을 받으니 수승한 지혜로
써 가르치기 때문이다. 제석천과 함께하면 제석천들 중에서도 존경을 받
으니 무상無常을 보이시기 때문이다. 수호신들과 함께하면 그들 속에서도
존경을 받으니 모든 중생을 수호하기 때문이다. 장자 유마힐은 이와 같이
무한한 방편으로써 중생을 도왔다.

若在梵天, 梵天中尊, 誨以勝慧. 若在帝釋, 帝釋中尊, 示現無常. 若在護世, 護
世中尊, 護諸衆生. 長者維摩詰, 以如是等, 無量方便, 饒益衆生.

존경할 인간상의 정의

이 장면에서 표현된 인간상은 가히 성현이라고 한들 가능할까 의
심이 들 정도다. 어떠한 부류의 사람이라 하더라도 유마 거사를 존경
한다고 하니 그가 사람들에게 베푼 것이 상상을 초월하는 것이리라.
존경의 대상이 되는 원인을 살펴보면, 유마 거사를 존경하는 중생들
이 하나같이 스스로 잘할 수 없는 약점을 유마 거사가 실천해 보이
고 있다. 다만 실천행으로써 유마 거사가 진정으로 다방면에 재주가
있어 모든 사람들이 필요로 하는 것을 할 수 있었다기보다, 그의 실
천행의 근본은 방편술이라고 할 것이다. 방편이라고 하더라도 사섭
법 중에 동사섭으로써 각계각층의 사람들과 교류를 하면서 그들의
근기에 맞춰 그들이 이루고자 하는 것을 먼저 이루어 보임으로써 교
화를 하고 있다.

인간사회에 있어서도 내가 잘할 수 없는 부분을 잘하는 사람이 있다면 다른 것은 몰라도 그 분야만큼은 그 사람을 존경하게 마련이다. 그런데, 유마 거사는 잘하는 분야가 한두 가지가 아니니 문제다. 유마 거사야말로 뭇 인간의 이상형이라고 할 것이다. 아니면 아예 비교할 수 없는 인간상이어서 닮으려고 시도조차 하지 않을 수도 있을 것 같다.

타인으로부터 존경의 대상이 되는 사람으로 여기서는 논하지 않지만, 남이 하기를 귀찮아하는 것을 솔선수범하는 인간상이 있다. 소위 남의 뒤치다꺼리를 아무런 말 없이, 불평 없이 해내는 유형의 사람을 두고 하는 말이다. 이러한 사람의 유형은 눈에 띄는 능력을 갖고 있지 않으니 함께 있어도 존재감이 없다. 같이 있어도 그다지 사람들의 눈에 띄지는 않지만, 지나고 나면 그 사람의 존재를 느끼게 되는 유형의 보살행을 하는 사람들이다.

유마경에서 이름 없는 3만 2천의 보살들이 대부분 이와 같은 보살행을 하는 사람들이었을 것이다. 아무나 힘들이지 않고 할 수 있는 일이지만 하기는 귀찮은 일들을 말없이 해내는 사람들이 모임에는 가끔 있다. 이들이 존경의 대상이 되는 것은 그들이 사라진 이후의 그들의 존재감 때문일 것이다. 그들이 사라진 이후, 주변의 모습이 예전과 같지 않다는 것을 알게 되면 사람들은 그들의 존재감을 느끼게 마련이다.

유마 거사의 경우 스스로가 능력이 있으니 어떠한 부류의 사람을 만나더라도 그들이 필요한 것을 방편으로 해 줄 수 있었다고 한다. 그러나 보통의 보살행을 하는 사람으로서는 그러한 능력이 없다. 능력이 없다고 하여 타인의 존경을 받을 수 없는 가르침이라면 그것은 공평하지 못하다. 타인을 도울 수 있는 방편을 쓸 수 있는 능력이 없다 하더라도 이 육신 한 몸 움직여서 남을 도울 수 있는 보살행도 남으로부터 존경의 대상이 된다는 것을 여기서 논하고 싶을 뿐이다.

【2-10】 그가 이제 방편으로써 병이 들었음을 보였다. 그가 병이 들었기 때문에 국왕·대신·장자·거사·바라문과 여러 왕자들 내지 관속들 등 수많은 사람들이 모두 병문안을 왔다. 그렇게 내왕한 사람들에게 병을 핑계 삼아 널리 설법을 폈다.

其以方便, 現身有疾. 以其疾故, 國王·大臣·長者·居士·婆羅門 等 及諸王子, 幷餘官屬, 無數千人, 皆往問疾. 其往者, 維摩詰 因以身疾, 廣爲說法.

【2-11】 "여러 어진 이들이여, 이 육신은 무상한 것이며, 강하지도 않고, 힘도 없으며, 견고하지도 않습니다. 삽시간에 썩어질 물건으로 믿을 것이 못 됩니다. 고통과 번민, 그리고 뭇 질병의 집합소입니다.

諸仁者 是身 無常·無強·無力·無堅. 速朽之法, 不可信也. 爲苦爲惱, 衆病所集.

【2-12】 여러 어진 이들이여, 이와 같이 육신은 지혜가 밝은 사람이 의지할 곳이 못 됩니다. 이 몸은 마치 물안개 같아서 집거나 만질 수 없고, 이 몸은 마치 거품 같아서 오래 견디지 못합니다. 이 몸은 마치 아지랑이 같아서 갈애로부터 생겨나며, 이 몸은 파초 같아서 속이 견실하지 못합니다.

諸仁者, 如此身, 明智者 所不怙. 是身 如聚沫, 不可撮摩. 是身 如泡, 不得久立. 是身 如炎, 從渴愛生. 是身 如芭蕉, 中無有堅.

【2-13】 이 몸은 마치 환영 같아서 잘못된 생각에서 일어나고, 이 몸은 마치 꿈과 같아 허망한 것을 본 것입니다. 이 몸은 마치 그림자 같아서 업연에 따라 나타나며, 이 몸은 마치 메아리 같아서 모든 인연에 예속된 것입니다. 이 몸은 마치 구름 같아서 삽시간에 변하거나 사라지며, 이 몸은 마치 번개 같아서 한 생각에도 머물지 않습니다.

是身 如幻, 從顚倒起. 是身 如夢, 爲虛妄見. 是身 如影, 從業緣現. 是身 如響, 屬諸因緣. 是身 如浮雲, 須臾變滅. 是身 如電, 念念不住.

【2-14】 이 몸에는 주인이 없어 마치 흙과 같이 이루어져 있고, 이 몸에는 자아가 없어 마치 불과 같이 이루어져 있습니다. 이 몸에는 수명이 없어 마치 바람과 같이 이루어져 있고, 이 몸에는 사람이 없어 마치 물과 같이 이루어져 있습니다. 이 몸은 실다운 것이 아니라 사대四大를 집으로 삼고, 이 몸은 공한 것이어서 나도 나의 것에서도 떨어져 있습니다.

是身無主, 爲如地. 是身無我, 爲如火. 是身無壽, 爲如風. 是身無人, 爲如水. 是身不實, 四大爲家. 是身爲空, 離我我所.

【2-15】 이 몸은 무지하니 마치 초목이나 돌조각 같으며, 이 몸은 (스스로의) 작용이 없어 풍력에 의해 돌아가는 것과 같습니다. 이 몸은 깨끗하지 않아 오물과 나쁜 것으로 가득 차 있고, 이 몸은 헛되이 만들어진 것이라 비록 씻고, 닦으며, 입히고, 먹이더라도 반드시 마멸될 것입니다.

是身無知, 如草·木·瓦·礫. 是身無作, 風力所轉. 是身不淨, 穢惡充滿, 是身爲虛僞 雖假以澡·浴·衣·食, 必歸磨滅.

【2-16】 이 육신은 재앙이 되니 101가지의 병으로써 번민을 일으키며,[69] 이 몸은 마치 마른(옛) 우물 같아서 늙어서 핍박받을 것으로 이루어져 있습니다. 이 몸은 정해진 〔수명이〕 없으니 언젠가 반드시 죽음을 맞이하게 됩니다. 이 몸은 마치 독사와 같고, 원적怨敵이나 도둑(적적賊)과 같으며, 텅 빈 마을 같아서,[70] 〔5〕음陰, 〔18〕계界, 〔12〕입入이 모두 합쳐진 것일 뿐입니다. 여러 어진 이들이여, 이러한 것은 가히 싫어할 수 있으나 당연히 부처의 몸은 좋아하실 것입니다.

是身爲災, 百一病惱, 是身如丘井, 爲老所逼. 是身無定, 爲要當死. 是身如毒蛇,

如怨賊. 如空聚, 陰界諸入, 所共合成. 諸仁者, 此可患厭, 當樂佛身.

---

69 왜 우리의 육신에 101가지의 병이 생겨나는지 모르지만, 승조에 의하면, 육신을 이룬 사대 중, 한 요소에 101가지의 병이 생겨나니, 사대로써 404가지의 병이 동시에 함께 생겨난다고 한다. 그러므로 이 육신은 재앙덩어리라는 것이다. "肇曰: 一大增損則, 百一病生, 四大增損則, 四百四病, 同時俱作. 故身爲災聚也."『注維摩詰經』,『대정장』vol. 38, p. 342.

70 공취空聚에 대한 구마라습의 해설에 의하면; 육신을 비유함에, 네 마리의 독사로써 사대를 나타내고, 다섯 원수(원적怨敵)로써 5온(색·수·상·행·식)을 나타내며, 빈 마을(공취락空聚落)은 6입(혹은 6근-안·이·비·설·신·의), 도둑은 6진塵(색·성·향·미·촉·법)으로 묘사하여 아(주체)와 아소(객체)의 관계를 비유하고 있다. 그 원문 해석을 옮기면, 구마라습이 말하기를: 옛날 국왕에게 죄를 진 사람이 있었는데, 국왕이 그를 몰래 죽이려 하였다. 긴 통 속에 〔그를 가두어〕 네 마리의 독사로써 그를 수호하고, 다섯 사람의 원적과 도둑들로 하여금 칼을 뽑아들고 지키게 하였다. 선지식이 그를 달아나게 하자 그는 빈 마을로 달아났다. 도중에 멈추게 하여, 선지식이 다시 말하기를: "이 곳은 악적의 소굴이니 만약 이곳에 머물면 그들에게 붙잡힐 것이니라. 목숨을 잃거나 가진 것을 빼앗길 것이니 속히 달아나서 안전한 곳으로 숨어라." 그 사람은 가르침대로 즉시 그곳을 벗어났다. 큰물을 만나 뗏목을 엮어 물을 건너고, 안전한 곳에 몸을 숨기자 더 이상 우환이 없었다. 왕은 악마, 긴 통은 육신, 네 마리의 독사는 사대, 다섯 원적은 5음, 빈 마을은 6입, 악적은 6진의 비유니라. "什曰: 昔有人 得罪於王, 王欲密殺. 篋盛四毒蛇, 使其守護. 有五怨賊, 拔刀守之. 善知識語之令走. 其人即去, 入空聚落. 便於中止, 知識復言: 此處 是惡賊所止. 若住此者, 須臾賊至, 喪汝身命, 失汝財寶. 宜速捨離, 可得安隱. 其人從教, 即便捨去. 復見大水, 縛筏而渡. 渡已安隱, 無復衆患. 王喩魔也. 篋喩身也. 四蛇四大也. 五怨賊五陰也. 空聚落六入也. 惡賊六塵也."『주유마힐경注維摩詰經』, Ibid.

독사 굴 속에서 떨어지는 꿀을 받아 먹는 사람들

이 장면은 현실세계에서 일반인들의 병문안 사례와는 반대의 모습을 보이고 있다. 보통 병문안이라면 문안을 간 사람들이 병자를 위해 덕담이라거나 위로를 하기 위해 갖가지 좋은 말을 해 주는 것이 상식이다. 그러나 유마 거사는 그러한 상식에서 벗어나 있다. 일부러 아픈 척하여 사람들을 불러 모아 자기가 하고 싶은 말을 다하고 있는 것 같다. 그 하고 싶은 말이라는 것이 위문 온 사람들에게 아주 유익한 설법이다. 그러니 사람들이 찾아오지 않으려야 오지 않을 수 없다.

이 장면의 특징은 유마경이 반야부 경전의 영향을 받은 흔적이 뚜렷이 나타나는 부분이다. 금강경에서는 인간의 육신을 마치 꿈이요, 환이며, 거품이요, 그림자 같다고 하고, 또 이슬이나 번개와 같다(一切有爲法 如夢幻泡影 如露亦如電)고 하여 육신의 무상함을 설파하고 있다. 그러니 무상한 나의 육신에 의지하여 무가치한 것에 일생을 보낸다는 것은 어리석은 짓이라는 것이 유마 거사가 병문안을 온 사람들에게 일러주고 싶은 요지다.

유마 거사는 방편으로 스스로의 육신이 병들게 하여 많은 사람들이 병문안을 오게 하고, 병문안을 온 사람들에게 오히려 인간의 육신이 얼마나 무상한가를 설하고 있다. 인생 경험이 어떠하다는 것을 아는 사람이라면 어느 누군들 인생의 무상함을 모를까만은 그들에게 있어서는 구세주요, 우상의 대상이며, 부와 권력을 한 몸에 지닌 장자의 위치에서 이젠 병석에 누워 인생무상의 가르침을 내리고 있으니 그 영향력은 작지 않을 것이다. 특히 인생무상을 머리로는 이해하나 스스로가 바라는 바는 결코 영화와 번영이 영원토록 육신과 함께할 것을 마음속 깊은 곳에서부터 기대하는 사람들에게는 커다란 충격이 아닐 수 없다. 역시 유마 거사의 방편은 충격요법이라 할 만하다.

그의 방편은 금강경에서 논하는 육신의 무상함뿐만 아니라『불설비유경佛說譬喩經』에 나타나는 마른 옛 우물의 비유는 현대를 살아가는 많은 사람들에게는 자기 스스로가 현재 어떤 위치에서 무엇을 하고 있는지를 깨닫게 하는 가르침이다. 오늘날 오락 기구에 전 인생을 걸고 있는 사람들, 컴퓨터 게임이나 인터넷 도박 등으로 패가망신하는 사람들, 이기물利器物의 남용으로 정상적인 생활을 못하고 병이 나거나 심지어는 죽음을 초래하기도 한다. 이러한 사례들이 심심찮게 뉴스거리로 등장하고 있는 상황에서 유마경의 가르침은 시사하는 바가 크다.

비유경에 등장하는 오래된 우물의 이야기를 간단히 옮기면, 황야에서 길을 잃고 헤매는 사람이 산불을 만났다. 허겁지겁 피할 곳을 찾는데 숲속에서 화난 코끼리가 자기를 향하여 달려오고 있다. 혼비백산하여 무작정 달아나다 오래된 우물을 발견하였다. 그 우물 속으로 드리워진 나무뿌리를 타고 내려가 몸을 숨겼다. 그런데 급한 김에 몸을 숨기긴 하였지만 정신을 차리고 우물 속 사방을 둘러보니 네 마리의 독사가 혓바닥을 날름거리고 당장이라도 물어 버릴 기세다. 기겁을 하여 아래를 내려가려고 밑바닥을 쳐다보니 큰 뱀이 아가리를 있는 대로 벌리고 자기를 통째로 집어삼키려 한다. 더 이상 내려가지 못하고 위를 쳐다보니 희고 검은 두 마리의 쥐가 자기가 붙들고 있는 나무뿌리를 갉고 있다. 당장이라도 나무뿌리는 끊어질 것 같아 당황하여 위로 올라가려다 문득 입속으로 차가운 물방울 같은 것이 떨어졌다. 입속에 퍼지는 것이 달콤하고 향긋한 맛이라 우물 밖의 나뭇가지를 올려다 보니 꿀벌 집에서 꿀이 한 방울씩 떨어지고 있다. 떨어지는 꿀을 받아먹는 데 정신이 팔려 본인이 어떤 상황에 처하였는지 까마득히 잊어버렸다. 자기의 진면목을 잊고 허송세월을 하는 사람들에게 경종을 울리는 비유다.

여기서 황야는 미혹迷惑의 세계를 비유한 것이다. 사람이 무엇을 위하여 살아가며, 어디를 향하여 매일같이 아등바등 발버둥 치는지, 어떻게 살아야 할지 눈앞이 캄캄한 지경에 빠진 것을 말한다. 코끼리는 무상無常을, 오랜 우물은 생사의 언덕을, 가느다란 나무뿌리는 생명을, 네 마리의 독사는 인간의 구성 요소인 4대大, 지地 · 수水 · 화火 · 풍風을, 산불은 노老 · 병病을, 큰 뱀은 죽음을, 꿀은 오감의 감각기관을 비유한 것이다. 눈앞의 달콤한 현실세계에 안주하여 곧바로 닥쳐올 위험을 잊어버리고 무가치하거나 조그마한 일에 목숨을 바치는 어리석은 사람을 일깨우는 비유의 가르침이다.

선종에서는 흔히 이 육신을 분대糞袋(똥자루)라고 한다. 즉 인간의 육신은 나쁜 것들과 오물로 가득 찬 가죽 주머니라는 것이다. 또 다른 격언으로서 미인과 추녀 간의 차이는 가죽껍질 한 장 차이라는 것이다. 이 육신은 전혀 사랑하거나 집착하여 아껴야 할 이유가 없다는 비유다. 진면목을 잊어버린 인생은 무상한 것이며 이 육신은 더더욱 믿을 것이 못 된다는 또 다른 표현들이다. 유마 거사는 이러한 표현대신 몸소 병을 앓음으로써 미혹의 세계에서 오감의 유혹을 뿌리치지 못하는 사람들을 일깨우고 육신의 사랑보다는 본인의 본래의 모습을 사랑하게 하는 방법을 실현시킨 것이다. 그 실현 방법이 아래의 마지막 대목이다.

【2-17】 왜냐하면, 붓다의 신체(불신佛身)란 즉 법으로 이루어진 몸(법신法身)이니, 한
량없는 공덕과 지혜로부터 생겨납니다. 계 · 정 · 혜 · 해탈 · 해탈지견[71]
으로부터 생겨납니다. 자 · 비 · 희 · 사로부터 나옵니다. 보시 · 지계 · 인
욕 · 유화柔和 · 근행勤行 · 정진 · 선정 · 해탈 · 삼매 · 다문多聞 · 지혜의 모
든 바라밀로부터 생겨납니다.

所以者何, 佛身者, 即法身也. 從無量功德, 智慧生. 從戒 · 定 · 慧 · 解脫 · 解
脫知見生. 從慈 · 悲 · 喜 · 捨生. 從布施 · 持戒 · 忍辱 · 柔和 · 勤行 · 精進 ·
禪定 · 解脫 · 三昧, 多聞 · 智慧, 諸波羅蜜生.

【2-18】 방편과 6신통, 3명明[72]과 37도품, 지관止觀[73]과 10력力[74], 4무소외

---

71 계戒 · 정定 · 혜慧 · 해탈解脫 · 해탈지견解脫知見을 오분법신향五分法身香이라고
　한다.
　　1)계향; 신구의 삼업의 모든 허물을 여읜 계의 향.
　　2)정향; 마음의 적정으로 일체의 망념을 떠난 정定의 향.
　　3)혜향; 여래의 지혜로써 일체의 성상을 통찰한 지혜의 향.
　　4)해탈향; 일체의 속박으로부터 벗어난 해탈의 향.
　　5)해탈지견향; 일체의 속박으로부터 자유롭다는 것을 아는 해탈지견의 향.
72 3명明이란 부처나 아라한이 최초의 깨달음에 이를 때 반드시 증득한다고 하는 숙명명宿
　命明, 천안명天眼明, 누진명漏盡明의 세 가지 지혜. 육신통 중 세 가지에 상당함. 숙명
　명宿命明이란 자기나 타인의 과거세의 운명이나 상태를 아는 지혜. 천안명天眼明이란
　자기나 타인의 미래의 운명이나 상태를 아는 지혜. 누진명漏盡明이란 일체의 번뇌를 끊
　고 깨달음을 증득하는 지혜.
73 지관止觀이란 흔히 명상에 해당하는 불교용어로서, 지止(샤마타samatha)란 마음을 고요
　히 하여 한 곳에 집중시켜 흐트러지지 않게 하는 것이며, 관觀(비파샤나vipaśyana)이란 관
　찰한다는 의미로서 사물을 있는 그대로 관찰하는 수행을 말한다. 전자는 인도의 고유 수
　행법이나 후자는 샤카무니 붓다로부터 시작되었으며, 깨달음을 얻어 해탈에 이르는 불
　교 특유의 명상법이다.
74 10력에 대해서는 제1막 각주 11 참조.

無所畏[75]와 18불공법不共法[76]으로부터 나옵니다. 모든 불선不善의 법[남을 해치는 행]을 끊고, 일체의 선법善法[남을 이롭게 하는 행]을 거둬들이므로 생겨납니다. 진실과 불방일不放逸[77][방탕]로부터 일어납니다. 이와 같이 한량 없는 청정한 법으로부터 여래의 몸이 생겨납니다.

從方便生, 從六通生, 從三明生, 從三十七道品生, 從止觀生, 從十力·四無所 畏·十八不共法生. 從斷 一切不善法, 集一切善法生. 從眞實生 從不放逸生 從 如是 無量淸淨法, 生如來身.

【2-19】 여러 어진 이들이여, 불신佛身을 얻어 일체 중생의 병을 치료하려 거든 당연히 아뇩다라삼먁삼보리를 향한 마음을 일으켜야 합니다. 이와 같이 장자 유마힐은 여러 병문안을 온 사람들을 위해 그들에게 맞도록 설법을 하여 수없이 많은 사람들을 아뇩다라삼먁삼보리의 마음을 일으 키게 하였다.

諸仁者, 欲得佛身, 斷一切衆生病者, 當發阿耨多羅三藐三菩提心. 如是, 長者 維摩詰, 爲諸問疾者, 如應說法. 令無數千人, 皆發阿耨多羅三藐三菩提心.

법신法身과 화신化身

사바세계에서 중생의 육신으로 태어났으니 고통스런 삶으로부터

---

75 4무소외無所畏 또는 4무외無畏라고도 하며, 불·보살이 설법을 함에 있어서 두려움 없 이 자신을 갖고서 설할 수 있는 네 가지 덕망. 제1막 각주 12 참조.
76 붓다만 구비하고 있다는 18가지의 특질. 제1막 각주 13 참조.
77 방일이란 흔히 게으르다는 의미로 쓰이나, 여기서는 게으름뿐만 아니라 탐·진·치 삼독 에서 헤어 나오지 못하고 수행에 전념하지 않는, 방자하고 방탕한 생활을 하는 것을 말함.

벗어날 수 없었으나 붓다의 신체라면 설사 사바세계라 하더라도 좋아할 것이라고 한다. 불신佛身에는 삼신설이 있으니 법신法身과 보신報身, 그리고 화신化身(또는 응신應身)을 말한다. 불신을 칭송하기 위해 삼신불의 특징을 묘사하여 청정법신淸淨法身 비로자나불毘盧遮那佛, 원만보신圓滿報身[78] 노사나불盧舍那佛, 천백억화신千百億化身 석가모니불釋迦牟尼佛이라 찬불讚佛하기도 한다.

법신이란 흔히 비로자나毘盧遮那Vairocaṇa불이라고 하며, 법신불의 영원성, 우주적 존재로서의 불신을 표현하는 말이다. 그 우주적 존재가 변하여 인간으로 이 사바세계에 나타난 불신이 화신으로서 샤캬무니 붓다라는 것이다. 불신에 관한 많은 묘사들 중에서도 소동파蘇東坡는 당송팔대가의 문인답게 그의 오도송에서 멋들어지게 법신을 표현하고 있다. 야납이 출가하여 접한 불전에서 처음으로 입으로 큰 소리를 내어가며 외웠던 게송이다.

소동파가 당시 정권의 실세인 왕안석王安石의 미움을 사서 지방으로 좌천되었다. 그곳에서 동림사의 조각상총照覺常總 선사禪師의 위명을 듣고 스스로도 불법에 정통하다고 믿었던지라 상총 선사의 진위를 시험해 보겠다는 마음으로 동림사를 찾아 나섰다. 때는 한여름이라 흘린 땀을 식힐 양으로 웃통을 벗어젖히고 법당의 어간에 걸터앉아 고래고래 고함을 치며 상총 선사를 찾았다. 예기치 않은 큰 소리에 놀란 동자승이 뛰쳐나와 주변을 살펴보니 점잖은 사대부가 웃통을 벗어젖히고 법당의 어간에 걸터앉아 부채질을 하고 있다. 점잖은 사대부가 절에서 큰소리를 치시면 어떻게 하냐고 따지자, 호통을

---

78 보신이란 부처가 되기 위한 인因으로서 수행을 쌓고, 그 보응으로 완전한 공덕을 구비한 불신을 말한다.

치며 상총인지 뭔지 도인이라고 하는 땡추가 있다는데 나오라고 하라며 있는 대로 어깃장을 부린다. 그때 법당 모서리를 돌아서서 나타난 늙수그레한 스님이 다가와서 공손히 물었다.

"시주님은 뉘신데 이러시오?"
"나! 나로 말할 것 같으며, 칭秤씨요. 사람이 진짜인지 가짜인지 잴 수 있는 저울 칭秤, 칭씨란 말이오. 여기 상총인가 하는 스님이 도인이라는데 진짜인지 가짜인지 재보려고 왔소이다."
그 순간 상총 스님이 그의 귓가에다 대고 "악!" 하고 고함을 치셨다. 그리고는,
"이것(고함소리)은 몇 근이나 되오?" 하고 물었다.

사람의 진위를 저울로 잴 수 있는 칭씨라고 하니 이 고함 소리는 몇 근이나 되냐고 칭씨〔소동파〕에게 물었던 것이다. 중국에 칭씨라는 성은 없다고 한다. 설사 있건 없건 그것이 무슨 문제가 되랴! 한 마디의 말에 천하에 내노라 하던 소동파가 말문이 막혀 타고 왔던 말을 거꾸로 탔는지 바로 탔는지도 모르고 말이 가는 대로 내버려 두었다. 어디를 가는지 오는지도 모르고, 지금까지 익혀 왔던 8만 4천의 법문을 이리 생각해 보고 저리 찾아봐도 도무지 한 마디 고함소리에 내 놓을 답이 없다. 도무지 머릿속이 캄캄하여 자기가 어디에 있는지, 어디로 가는지, 존재의 유무 자체가 사라진 상태다. 문득 말이 멈춰 섰는데, 산속 어딘지 모를 계곡의 물소리가 귓전을 때린다. 그 순간 모든 것이 환해졌다. 꽉 막혀 있던 팔만사천의 법문이 한 순간에 다 뚫렸다. 이때의 깨달음을 시로 남긴 것이 오도송으로 전해 온다.

시냇물 소리가 바로 〔붓다의〕 광장설이니,

산색이 어찌 〔여래의〕 청정신이 아니겠는가.

밤사이 읊었던 팔만사천 게송(법문)을,

훗날 어떻게 사람들에게 〔내가 깨달은 바와〕 똑같이 이룰까.

溪聲便是廣長舌 山色豈非淸淨身

夜來八萬四千偈 他日如何擧似人

많은 스님들과 교제를 하며 경전을 가까이 하였던 동파 거사가 불법을 익혀 불교가 무엇인지 알고 있다고 자부하던 터라, 볼품없는 노승에게 한마디의 말로써 당하니 그 마음은 캄캄해지고, 배웠던 모든 불법은 더 이상 불법이 아니라 무용지물이었다. 얼마나 말을 타고 어디까지 왔는지도 모르고, 자기를 잊고 사물을 잊어 물아物我가 다 함께 멸한 상태에서 문득 어디선가 소리가 들린다. 순간 그 소리의 정체가 무엇인지를 깨달은 것이다.

경전으로, 선사들의 말씀으로만 듣던 무정설법이다. 무정설법이 어떠한 것이라는 것을 머리로 이해하고서 알고 있는 줄 알았는데, 상총 선사의 고함소리에 모든 알음알이가 다 별무소용이었다. 무심히 들려오는 계곡의 소리, 그것이 붓다의 광장설이요, 무정설법이었다. 그 소리에 동파 거사의 모든 고정관념이 깨뜨려졌던 것이다. 깨달음이란 고정관념을 깨고 그로부터 벗어나는 것이었다. 환히 밝아진 마음으로 팔만사천의 법문을 이리 생각해 보고 저리 살펴봐도 막히는 곳이 없다. 이 환희, 이 법열을 어떻게 그대로 사람들에게 안겨줄 수 있을까. 이 기막힌 법열의 세계를 사람들에게 알리고 싶어, 전수해 주고 싶어 안달이 난 듯한 동파 거사의 모습이 그의 마지막 한 구절에서 아른거리는 것 같다. 그가 느낀 법열의 세계를 말로써는 표현할 길이 없다는 것을 너무나도 잘 알고 있는 동파 거사의 모습이 그대로 드러나는 구절이다.

이러한 불신의 삼신 이외의 화신이 또 있다. 중생의 몸으로 이 사바세계에 태어났지만, 불법을 만나 중생의 몸이 바로 불신이라는 것을 알았고, 중생의 몸을 불신의 몸으로 화하게 하는 것이 화신이다. 이 화신은 붓다의 가르침을 따르는 수행에 의해 이루어질 수 있다는 것이다.

심즉불이라 하였으니 인간의 마음이 곧 부처라는 이야긴데, 나의 고통스런 마음이 어떻게 하면 부처로 변한다는 것일까? 인간이 좀 더 잘 살기 위해 발견하거나 만들어낸 학문 중에는 화학化學이라는 것이 있다. 자연계의 물질에 인위적인 힘을 가하여 자연의 물질을 변화시켜 얻고자 하는 새로운 물질을 찾아내는 학문이다. 이 학문에 의지해서 인간이 필요로 하는 물질을 자연계에서는 찾을 수 없으니 인위적으로 변화시켜 얻고자 하는 것을 만들어낸다. 이 물질의 변화를 다스리는 학문이 화학이다. 인문학이란 물질을 변화시키는 학문이 아니라 인간의 마음을 변화시키는 학문이다.

인간을 태어난 그대로를 다듬지 않으면 망아지처럼 천방지축이 된다고 하여 교육이 필요하다고 보는 쪽이 성악설을 주장하는 순자의 입장이다. 그와는 반대로 세상이 하도 험악하여 태어난 그대로 내버려두면 나쁜 영향을 받아 악한 사람으로 변하기 때문에 교육에 의해 착한 심성을 유지시켜야 한다고 보는 쪽이 성선설을 주장하는 맹자의 입장이다. 그들이 인간의 심성을 논한 것으로 유교에서는 성선설과 성악설이 있다는 등의 학설이 회자되고 있다. 어느 쪽이 옳다거나 그르다거나 할 수 있는 문제는 아니지만 단 한 가지 분명한 것은 인간의 본성이 성선설에 속하건 성악설에 속하건 그것이 중요한 것이 아니라 어떠한 심성이건 교육이 필요하다는 것이 양 학설의 요지다.

　불교에서는 인간을 지地 · 수水 · 화火 · 풍風, 4대大라고 하는 네 가지 요소가 유기적 통일을 이루면서 나타나는 오감五感과 육식六識을 지닌 생명체로 본다. 그런데, 이러한 생명체를 지닌 이상 이 사바세계에서는 고통을 안고 살아야 한다. 즉 사고팔고四苦八苦의 고통이 있다는 것이다. 그러나 고통스런 삶을 그대로 유지하며 살고자 하는 사람은 없다. 어떻게 해서라도 그 고통에서 벗어나고자 한다. 벗어나고자 하나 벗어날 수 있는 길이란 지금까지 인류사에서 발견된 것으로는 성현의 가르침뿐이라고 한다. 벗어날 수 있는 성현의 가르침을 따르자니 우선 그것 자체가 행하기 쉽지 않다. 어리석은 마음에 좀 더 쉬운 방법을 찾아 나선 것이 스스로의 업보대로 놀아나는 길이다. 그러니 인생을 쉽게 살려고 한 만큼 남보다 더 큰 고통을 안고 살아야 한다.

　이 고통스러운 삶에 혁신을 가져다 줄 무엇인가가 필요하다. 그 방법 중 불교에서는 깨달음이라는 세계를 새로이 열었다. 깨달음이란 사바세계에서는 자연 상태로서는 찾을 수 없으나 진리의 가르침 - 지혜의 완성(아뇩다라삼먁삼보리) - 에 의지하여 새로운 길로 들어서면 그곳에서 얻을 수 있다. 고통스런 삶에서 해탈의 세계로, 중생에서 부처로 변화시킨 화신化身이다. 태어난 그대로의 모습에 성현의 가르침을 더해 사바세계에서 고통스럽지 않은 삶으로 변화시킨 몸이다. 화신化身이란 이렇게 하여 얻어지는 새로운 생生을 말하는 것이다.

　그렇다고 하여 중생의 몸과 부처의 몸이 따로 있다는 뜻은 아니다. 중생의 몸 그대로가 부처의 몸이라는 것이다. 단지 중생으로서의 마음 즉 염심染心이 청정심[79]으로 변화하여 일으킨 몸이 화신이라는 것이다. 중생의 마음에서 성현의 마음으로 옮기는 것이 아니라, 그 자리 그 곳에서 마음을 어떻게 쓸 것인가에 따라 성현이기도 하고 중생이기도 하며, 아귀이기도 하다가, 보살이기도 하게 되는 것이다. 나를 어떻게 변화시킬 것인가 하는 것은 성현의 가르침 중 무엇을 닦을 것인가가 아니라 어떠한 가르침이건 어떻게 수행할 것인가에 달렸다. 성현의 가르침을 이행履行하여 오늘의 나의 모습에서 화하여 내일의 새로운 나를 만드는 것이 화신이다.

---

79 여기서 염심이 따로 있고 청정심이 따로 존재한다는 것은 아니다. 즉 염심에서 청정심으로 나의 마음이 옮겨가는 것이 아니라 염심의 자리가 바로 청정심의 자리라는 것이다. 오조 홍인 스님의 제자 중 신수神秀 스님과 혜능 스님과의 사이에 선 수행관에 대한 서로 엇갈리는 시구詩句가 있다. 신수 스님의 身是菩提樹, 心如明鏡台, 時時勤拂拭, 莫使惹塵埃에 대한 혜능 스님의 菩提本非樹, 明鏡亦非台 本來無一物, 何處惹塵埃라는 대구對句로서 후대에 선종이 남북의 선종으로 나뉘게 되는 원인이기도 하다. 『육조단경』,『대정장大正藏』vol. 48, p. 337.
여기서 중국선종사에 관해 논하고자 하는 것은 아니지만, 단지 신수 스님의 시구의 요점은 마음의 용用(쓰임)을 논하는 것이요, 혜능 스님의 시구의 요점은 그 마음의 체體를 논하는 차이가 있을 뿐이다. 신수 스님이 거울에 먼지가 앉지 않도록 부지런히 닦자고 한 그 바탕은 염심이건 청정심이건 둘이 아니라는 것이다. 변화하였다고 하여 염심이 사라지고 청정심이 새로이 나타나는 체體가 따로 있다는 것이 아니라는 뜻이다. 염심이었을 때는 그 염심이 자리하고 있던 그 자체가 청정심이 자리하는 곳이었는지 몰랐을 뿐이다. 그러니 염심이 곧 청정심이라는 뜻은 아니다. 그 마음자리가 곧 둘이 아니라는 것이다.

제3장 유마 거사의 힐난과
       붓다의 10대 제자들의 수행

제자품弟子品 제3

10대 제자들의 수난

　유마경에 붓다의 10대 제자들이 유마 거사에게 혼쭐이 나는 장면이다. 한편 재미있기도 하지만, 다른 한편으론 붓다의 대제자大弟子들이 한 분의 거사에게 형편없이 당하는 모습은 유마경의 주인공이 아무리 세속인이라고 해도 그다지 유쾌하지만은 않다. 대승경전이 픽션이라고는 하지만 출가자인 붓다의 제자들을 성문승聲聞乘이라 규정하고 그들의 도력을 대부분 비 출가자인 불자들로 형성된 보살승菩薩乘의 아래에 두려는 의도가 너무 인위적이라 확연히 눈에 띈다.

　사상적 발전 아래 불교의 가치관은 변화를 거듭하였으니, 교단 내에서는 승려들은 폐쇄적인 삶과 전문적인 교리 연구로 치달았고, 교단 외적으로는 재가불자들의 성문성聲聞聖들에 대한 불신에 기인한 새로운 불교운동의 전개로 이어졌다. 이러한 시대적 변화에 의해 성문성들과 재가불자들 사이에 붓다 이래의 전통은 그 맥이 끊어지고,

몇 백 년 후의 대승불교운동 또는 재가불교운동에 의해 붓다 재세시
在世時의 제자들은 민망한 모습으로 재가불자들의 웃음거리로 대승
불전에 등장하는 국면을 맞이하게 된 것이다. 이러한 불전문학은 불
멸 후 3~4백 년이 지나는 동안 불교 교단의 타락이 가져다 준 결과
의 한 일면이다. 즉 폐쇄적인 수행방법과 전문적인 교리 연구는 민중
의 시대적 요구를 충족시키지 못하였다는 것을 대승경전에서 단적
으로 보여주는 장면이라 볼 수 있다.

【3-1】 이때 장자 유마힐은 스스로 생각하기를: '병들어 침상에 누웠는데,
세존의 대자비심은 어찌 연민의 정을 드리우지 않을까?' 붓다가 그의 의
중을 아시고 즉시 사리불舍利弗에게 말씀하셨다: "네가 유마힐을 찾아뵙
고 병문안을 하여라."
사리불이 붓다께 말씀드리기를: "저는 감히 그분을 찾아뵙고 병문안을 드릴 수
없습니다. 왜냐하면, 기억하건대, 옛날 제가 숲속의 〔어느〕 나무 아래에서 고요
히 좌선(연좌宴坐)을 하고 있을 때 유마힐이 다가와서 저에게 말씀하셨습니다.
爾時 長者維摩詰 自念, 寢疾于床, 世尊大慈, 寧不垂愍. 佛知其意 即告舍利弗:
汝行 詣維摩詰問疾. 舍利弗 白佛言: 世尊, 我不堪任, 詣彼問疾. 所以者何, 憶
念 我昔曾於林中, 宴坐樹下, 時維摩詰, 來謂我言:

【3-2】 '사리불이여, 반드시 이렇게 좌선하는 것이 연좌宴坐라고 할 수는
없습니다. 연좌라는 것은 3계에 있어서 몸과 마음을 나타내지 않는, 이것
이 연좌라는 것입니다. 멸정滅定[80]으로부터 깨지 않고서도 뭇 위의를 나

---

80 멸정滅定이란 멸진정滅盡定, 멸수상정滅受想定, 멸진삼매滅盡三昧라고도 함. 일체의
   심작용心作用을 멸한 상태 즉 심心, 심소心所, 심심소心心所의 작용을 완전히 멸한 상

타내는, 이것을 연좌라고 합니다. 도법道法(깨달음)을 버리지 않고서도 범부의 세계를 나타내는, 이것이 연좌입니다. 마음이 안에도 주하지 않고 또한 밖에도 있지 않는, 이것을 연좌라 합니다.

唯舍利弗, 不必是坐, 爲宴坐也. 夫宴坐者, 不於三界 現身意, 是爲宴坐. 不起滅定, 而現諸威儀, 是爲宴坐. 不捨道法, 而現凡夫事, 是爲宴坐. 心不住內, 亦不在外, 是爲宴坐.

【3-3】 여러 가지 견해에 있어서 〔마음이〕 변하지 않고서도 37품品[81]을 수행하는, 이것이 연좌입니다. 번뇌를 끊지 않고서도 열반에 드는, 이것을 연좌라 합니다. 만약 이와 같이 좌선할 수 있다면, 붓다가 인가하는 바입니다'라고 하였습니다. 그때 저는, 세존이시여, 이 말을 듣고 묵묵히 할 뿐 한마디도 답변을 할 수 없었습니다. 그러므로 저는 그의 병문안을 갈 수 없습니다."

於諸見不動, 而修行三十七品, 是爲宴坐. 不斷煩惱, 而入涅槃, 是爲宴坐. 若能如是坐者, 佛所印可. 時我世尊, 聞說是語, 默然而止, 不能加報. 故我不任, 詣彼問疾.

연좌宴坐의 의미

사리불은 바라문 출신으로 대목건련(마하 목갈라야나Mahā–maudgalyāyana;

태. 부처나 해탈을 구비한 아라한이 정정의 장애를 벗어나서 법락法樂에 머무르기 위해 들어가는 무심정無心定을 말함. 이 경지에서는 상상과 수受를 비롯한 일체의 감각기관의 소연所緣(심작용心作用)을 멸한 상태임.
81 37품品이란 37조도법助道法을 말함. 제1막 각주 42 참조.

이하 목련 존자)[82]과는 이웃의 친구 사이라고 한다. 불교 교단에 입문하기 전에 회의론자懷疑論者로서 육사외도六師外道 중의 한 사람인 산자야 벨라티풋타Sañjaya Belaṭṭhiputta 선인仙人[83]의 제자였으나, 붓다와 함께 고행하였고, 붓다가 정각을 이룬 후 최초로 제자로 받아들인 다섯 수행자 중의 한 사람인 앗사지Assaji(아설시阿說示)를 만나 불교에 입문하였다.

이때 사리불이 앗사지로부터 들은 붓다의 교법이 「연기법송緣起法頌」이라고 한다.[84] 즉 일체만물은 원인이 있어 생겨나며, 그러므로 일체의 현상세계는 이 인과법칙에서 자유롭지 못한 것이다. 그러나 그 원인을 소멸함으로써, 인과의 윤회로부터 벗어나 해탈에 이를 수 있다는 가르침을 내리는 분이 바로 위대한 사문, 붓다라는 것이다. 자연법이의 인과법칙에 어디까지나 애매한 태도를 취하며 모든 형이상학적인 문제에 직접적인 해답을 기피하는 회의론자의 한 사람으

---

82 여기서 목련에게 존자라는 칭호를 붙인 것은 단순히 발음상의 문제로서 다른 의미는 없음. 문맥상 존자라는 칭호를 붙이는 것이 한국어의 존칭 어법에 맞는 경우 원문에는 없다고 하더라도 덧붙여서 문맥을 순조롭게 하였음.

83 회의론자懷疑論者 또는 불가지론자不可知論者로 알려진 종교지도자로서 영혼의 존재, 미래의 존재, 선악의 행위에 대한 인과응보의 유무 등 형이상학적인 문제에 대해 애매한 태도를 취하며, 판단을 유보하는 학파. 예를 들면, 미래의 유무에 대해, 있다고는 생각지 않고, 내세가 있다고도, 그것과 다르다고도, 그렇지 않다고도, 또 그렇지 않은 것도 아니라고도 생각지 않는다는 등의 애매한 답변으로 의론을 하였다고 한다. 이래저래 논의에서 빠져나간다고 하여 '미꾸라지 논법'이라고도 한다. 불전에 의하면 사리불과 목련 존자가 그에게 붓다의 제자가 될 것을 권유하였으나 스승의 위치에서 붓다의 제자가 된다는 것은 옳은 일이 아니라고 고집하였으며, 그 후 250명의 제자들이 붓다를 따르자 붓다를 향한 질투심을 제어하지 못하고 피를 토하였다고 한다.

84 諸法從緣起 如來說是因 彼法因緣盡 是大沙門說(일체 만물은 연緣(조건)으로부터 일어나고, 이러한 제법諸法의 원인을 여래는 설하셨다. 이러한 원인의 멸함도 (설하셨다). 이것이 대사문大沙門(여래)의 설하신 바다.) 의정義淨 찬撰, 「연기법송緣起法頌」, 『남해기귀내법전南海寄歸內法傳』, 『대정장大正藏』 vol. 54, p. 226.

로써 앗사지의 가르침에 감동을 받은 사리불은 붓다의 교단에 입문한 것이다.

그가 불교에 입문할 때 같이 산자야의 가르침을 받고 있던 목련 존자를 데리고 와 함께 출가하였으며, 그들이 붓다에 귀의하자 얼마 지나지 않아 산자야 선인의 제자 250명이 함께 불교 교단에 입문하였다. 사리불은 붓다의 외아들 라후라의 후견인으로도 잘 알려져 있다. 사리불은 천성으로 머리가 좋아 출가하자 곧 최상의 깨달음을 얻어 붓다의 신임을 받았으며, 때로는 그가 붓다 대신 설법을 하기도 하였다고 한다.

교단 내에서는 붓다 다음으로 설법을 잘하는 사람으로 칭송이 자자했던 사리불이 유마 거사에게 수행을 잘 못한다고 야단을 맞은 것이다. 교단 내에서의 그의 위치는 목련 존자와 더불어 2대 제자라는 별호가 붙을 정도로 활약이 대단했었다. 붓다의 사촌 데바닷타 Devadatta가 500명의 붓다의 제자들을 교단으로부터 끌고 나가 교단 분열을 꾀하여 가야Gaya에 모였을 때 사리불이 쫓아가서 그들을 교화하여 다시 데려오기도 했던 붓다의 가장 뛰어난 제자였다.

붓다보다도 연장자로 알려졌으며 목련 존자와 함께 교단의 후계자로서 주목을 받았으나 병을 얻어 고향으로 돌아가 열반에 들었다고 한다. 열반에 들기 전에 어머니와 더불어 모든 가족들에게 붓다의 교법을 설하고, 붓다께 귀의하게 하였으며, 목련 존자가 죽림외도竹林外道에게 죽장으로 맞아 빈사瀕死의 상태가 된 것을 보고 사리불은 "함께 출가하였고, 또 붓다의 제자가 되어 깨달음을 증득하였으니 함께 세상을 하직하자"고 하였다고 한다. 교단 내의 2대 제자가 붓다의 열반 이전에 세상을 떠나게 된 것이다.

붓다의 10대 제자 중 가장 머리가 좋다는 사리불이 제일 먼저 등장하는 데에는 나름대로 이유가 있어 보인다. 머리가 좋거나 공부를 잘한다는 것은 현실세계에서는 다방면에서 매우 유리한 입장에 있다고 볼 수 있다. 그러나 종교에서는 특히 불교에서는 그러한 장점이 오히려 단점이 되는 경우가 허다하다. 사리불의 경우가 바로 좋은 예라고 할 것이다. 그는 좋은 머리와 배운 지식으로 사물을 분별하고 판단하니, 도와는 거리가 먼 길로 수행을 하고 있었던 것이다. 불교(또는 종교)는 논리적이거나 분석적으로, 또는 과학적이거나 수학적으로 도를 얻을 수 있는 것은 아니다. 물질적 계산을 잘하면 흔히 말하는 불사는 잘할지 모른다. 그러나 깨달음 또는 지혜를 얻는 작업과는 오히려 역방향이다.

특히 선불교에서는 세속적 경험에서 오는 지식이나 학문적 지식은 오히려 독이 된다고 한다. 그러니 불립문자不立文字를 앞세워 교외별전敎外別傳을 주창하는 것이리라. 노자의 도덕경 제20장에도 절학무우絶學無憂라 하여 배운 지식 또는 배웠다는 아만심에 사로잡히지 않는다면 근심할 일이 없을 것이라는 가르침이 있다. 이미 들어 있는 지식이 사물을 있는 그대로 바라보게 하지 않고, 사리분별을 하게 하는 원동력이 되기 때문이다.

안다는 것이 제대로 아는 것이 아니니, 번뇌와 망념의 근원인데 머리를 비워야 사물을 있는 그대로 바라볼 수 있는 지혜가 열리는 것이다. 논리적이요, 분석적이니 모든 것을 분류하게 되고, 분류를 하니 유유상종이라 끼리끼리 뭉쳐서 급기야는 분파로 나뉘게 되고, 나뉘게 되니 네 편·내 편 하는 분쟁이 일어나는 것이 자연의 이치다. 머리가 좋아 지혜제일이라는 별명을 얻은 죄로 붓다의 제자들을 대표하여 머리로 분별하면 지혜의 완성을 이루지 못한다며 죄 없는 사리불이 유마경이라는 삼막극에서 피에로(어릿광대) 역할을 도맡아 해내고 있다.

유마경의 하이라이트는 무엇보다도 불이법문에 있다고 한다. 여기서 불이법문이라는 말 한마디도 나타나지 않았지만 사리불에게 연좌의 세계를 설하는 유마 거사의 의중은 이원론적 세계관의 모든 가치관이 둘이 아니라는 것을 나타내고 있다. 보통 어느 한쪽을 버려야 그 대신으로 다른 한쪽을 얻을 수 있다고 보는 것이 현실이다. 지혜로써 어떤 사물을 대하면 그 중도를 택할 수 있고 양자택일의 선택이 아니라 올바른 선택을 할 수 있게 된다는 요지라고 할 수 있다.

고요한 곳을 찾아 좌선한다는 것은 마음에 시끄러운 곳은 좋지 않다는 가치관이 있기 때문이며, 번뇌를 끊으려고 한다는 것은 열반을 염두에 두고 있는 까닭이라는 것이다. 고요하다거나 시끄러운, 번뇌라거나 열반이라는 이원론적인 사고에서 벗어난 좌선, 이러한 좌선이 연좌라고 유마 거사는 설파하고 있다.

【3-4】 붓다가 대목건련(이하, 목련 존자)에게 말씀하시길: "네가 유마힐을 찾아뵙고 병문안을 하여라."

목련 존자가 붓다께 말씀드리기를: "세존이시여, 저는 감히 그분을 찾아뵙고 병문안을 드릴 수 없습니다. 왜냐하면, 기억하건대, 제가 옛날 바이샬리 대성에 들어가서 시골 어귀에서 여러 거사들을 위해 법을 설하였는데, 그때 유마힐이 다가와서 저에게 말하였습니다.

佛告 大目犍連: 汝行 詣維摩詰問疾. 目連 白佛言: 世尊, 我不堪任, 詣彼問疾, 所以者何, 憶念我昔, 入毘耶離大城, 於里巷中, 爲諸居士, 說法時, 維摩詰 來謂我言:

【3-5】 '목련 존자여, 백의를 걸친 거사들을 위해 법을 설하심에 당연히 스님[仁者]85과 같이해서는 안 됩니다. 설법이란 당연히 여법如法하게 설해야 합니다. 법[진리]에는 중생이 없으니, 중생의 허물을 여읜 까닭입니다. 법에는 자아[我]가 없으니, 자아의 허물을 여읜 까닭입니다. 법에는 수명이 없으니, 생사를 여읜 까닭입니다. 법에는 〔개個〕인人〔윤회의 주체〕이 없으니, 전제前際〔과거〕와 후제後際〔미래〕가 단절되었기 때문입니다. 법은 언제나 고요한 모습[적연寂然]이니, 모든 상相을 멸한 까닭입니다. 법은 상相에서 벗어났으니, 무소연無所緣인 까닭입니다.

唯大目連, 爲白衣居士 說法, 不當如 仁者所說. 夫說法者, 當如法說 法無衆生, 離衆生垢故. 法無有我, 離我垢故. 法無壽命, 離生死故. 法無有人, 前後際斷故. 法常寂然, 滅諸相故. 法離於相, 無所緣故.

【3-6】 법은 이름이 없으니, 언어가 끊어진 까닭입니다. 법은 설說함이 없으니, 〔여섯 가지 고뇌의〕 각관覺觀86을 여읜 까닭입니다. 법은 형상이 없으니, 허공과 같은 까닭입니다. 법은 말장난[희론戱論]이 없으니, 필경 공空하기 때문입니다. 법은 아소我所〔객체, 대상〕가 없으니, 아소我所를 여읜

---

85 인자에 관해서는 제1막 각주 52 참조.
86 우에키 마사토시植木雅俊 역譯, 『범한화대조梵漢和對照·현대어역現代語譯 維摩經』에 의하면, '각관覺觀'은 '파波'로 대체되었으며, 그 의미로 인생에 불시에 찾아오는 여섯 가지 고뇌로서 기갈飢·갈渴·한寒·서暑·빈貧·미迷의 파랑波浪으로 해석하고 있다. 덧붙여, 구마라습이 한역 당시 사용한 산스크리트어 원본이, 현존하는 산스크리트어 사본과 다른 계통의 것이라고 보고 있다. 그러나 여섯 가지의 고뇌의 파랑波浪이라면 각관이라 하여 의미가 통하지 않는 것은 아니다. 고뇌에 대한 것이라면 오히려 각관이라 하는 쪽이 파랑波浪이라고 하는 것보다 더 쉽게 이해가 간다. 기갈飢·갈渴·한寒·서暑·빈貧·미迷의 고뇌는 느끼고〔각覺〕 보는〔관觀〕 것으로, 여섯 가지 고뇌의 각관으로부터 벗어났기 때문에 법에는 설할 것이 없다는 해석이 가능하다. 우에키 마사토시植木雅俊, Ibid. p. 117, footnote 58 참조.

까닭입니다. 법은 분별이 없으니, 모든 식識을 여읜 까닭입니다. 법은 비교함이 없으니, 상대相待[87]가 없기 때문입니다. 법은 〔원原〕인因에 속하지 않으니, 연緣〔조건〕이 없기 때문입니다. 법은 법성과 같으니, 모든 법〔법계〕에 들어 있기 때문입니다.

法無名字, 言語斷故. 法無有說, 離覺觀故. 法無形相, 如虛空故. 法無戲論, 畢竟空故. 法無我所, 離我所故. 法無分別, 離諸識故. 法無有比, 無相待故. 法不屬因, 不在緣故. 法同法性, 入諸法故.

【3-7】 법은 진여眞如를 따르니, 따를 바가 없는 까닭입니다. 법은 실제에 머무니, 어떠한 변화에도 움직이지 않기 때문입니다. 법은 동요가 없으니, 육진六塵〔번뇌〕에 의지하지 않기 때문입니다. 법은 오고감이 없으니, 언제나 머물지 않기 때문입니다. 법은 공空에 순응하고, 무상無相에 순응하며, 무작無作에 응합니다. 법은 좋고 나쁨을 여의고, 법에는 늘어남과 줄어듦이 없으며, 생겨나고 없어짐도 없고 돌아갈 바도 없습니다. 법은 안眼·이耳·비鼻·설舌·신身·심心을 초월해 있습니다. 법은 높고 낮음이 없으며, 법은 상주하여 움직임이 없습니다. 법은 일체의 관행觀行을 여의었습니다.

法隨於如, 無所隨故. 法住實際, 諸邊不動故. 法無動搖, 不依六塵故. 法無去來, 常不住故. 法順空, 隨無相, 應無作. 法離好醜 法無增損 法無生滅 法無所歸. 法過眼·耳·鼻·舌·身·心, 法無高下 法常住不動. 法離一切觀行.

---

87 상대相待란 두 사물이 서로 상대相對 관련해서 존재한다는 의미. 산스크리트 사본의 일본어 번역본에 의하면, '상대相待'는 상대相對의 의미로 쓰였음. 이 단어가 속해 있는 일본어 번역본의 문장에 의하면, "비교 상대할 것이 없으니 비등한 것〔으로서의 비교할 것〕이 없다." 우에키 마사토시植木雅俊, Ibid. p. 83, 참조.

【3-8】 목련 존자여, 법의 성상性相은 이와 같으니 어찌 설할 수 있겠습니까? 법을 설한다는 것은 설할 것도 없고 보일 것도 없습니다. 이 법을 듣는 자에게도 듣는 것도 없고 얻는 것도 없습니다. 말하자면, 마술사가 환인幻人〔허깨비〕을 위하여 설법하는 것과 같습니다. 당연히 이와 같은 뜻을 알고서 설법을 하셔야 합니다. 당연히 중생의 근기에 이둔利鈍이 있음을 간파하여, 잘 헤아려 막히는 바가 없어야 합니다. 대비심으로써 대승을 찬탄하고, 불은에 보답한다고 생각하여, 삼보가 끊어지지 않게 한 후에야 법을 설하셔야 합니다'라고 하였습니다.

唯大目連, 法相如是, 豈可說乎? 夫說法者, 無說無示. 其聽法者, 無聞無得. 譬如幻士, 爲幻人說法. 當建是意, 而爲說法. 當了衆生, 根有利鈍, 善於知見, 無所罣礙. 以大悲心, 讚于大乘, 念報佛恩, 不斷三寶, 然後說法.

【3-9】 유마힐이 이러한 법을 설하였을 때, 8백 명의 거사들이 아뇩다라삼먁삼보리의 마음을 일으켰습니다. 저는 여기에 대해 말 한마디 못하였습니다. 그러므로 저는 그의 병문안을 갈 수 없습니다."

維摩詰, 說是法時, 八百居士, 發阿耨多羅三藐三菩提心. 我無此辯, 是故不任, 詣彼問疾.

우란분절盂蘭盆節

여기서는 설법이란 어떻게 하는 것인지에 대해 설하고 있다. 법이란 무엇인지 그 정의를 내리고 있다고 해도 과언이 아닐 것이다. 그렇다고 하여 법에 대해 정의를 내릴 수 있다는 의미는 아니다. 아무리 많은 수식어로 법을 설명한다 하더라도 법을 설명할 수는 없다. 법은 언어를 여읜 자리에 있다고 유마 거사 스스로 밝히고 있다. 그럼에도 불구하고 유마 거사는 왜 입이 아플 정도로 이토록 법에 대해 말로써 설명하고 있을까? 사실 이 장면에서 목련 존자가 왜 유마 거사에게 당해야 하는지에 대해서는 일언반구 그 이유를 말하지 않는다. 단지 유마경의 저자는 당시의 성문승聲聞乘들이 재가불자들에게 여법하게 법을 설하지 못하는 것을 두고 그 비판의 대상으로 목련 존자를 지칭한 것에 지나지 않는다.

목련 존자 또한 성문이라는 이유로 유마경에서는 푸대접을 받고 있지만, 목련 존자의 명성은 10대 제자들 중에서도 교법의 전파와 교단의 발달에 가장 헌신적인 활약을 한 제자였다는 것은 잘 알려져 있다. 사실 그는 불교를 비판하는 타종교인들로부터 폭행을 당해, 그것이 원인이 되어 생명을 잃은 제자다. 오늘날 우리 주변에서 일어나고 있는 사건들은 우리가 살고 있는 이 시대 이 세상이 험악해서 일어나는 것이 아니라, 어느 시대건 어느 곳이건 인간 사회에 있어서 일어날 수 있는 일들이기 때문에 일어나는 것임을 보여주는 사건이다.

목련 존자는 붓다의 10대 제자들 중에서도 신통제일이라는 칭호를 얻은 제자다. '신통이 무애자재한데 어찌 외도들의 폭력을 어찌지 못하였을까'라는 의문이 일어날 수 있는 사건이다. 자칫 불자들이 샤캬무니 붓다를 전지전능한 신격체神格體로 오인하는 경우가 있다. 전지전능이란 이 세상에는 있을 수도, 있어서도 안 된다. 모든 신화 속에서 전지전능하다는 신들의 역할이나 그들의 하는 행동범위를 보면 인간의 상상력의 한계를 벗어나지 못한다. 인간이 전지전능이라는 사상과 단어를 만들어 내는 까닭은 인간 스스로가 스스로의 욕망을 있는 그대로 성취하기에는 너무나도 불완전한 능력의 소지자라는 것을 잘 알고 있기 때문일 것이다. 인간은 그들의 욕망을 이루고는 싶고, 그렇다고 하여 이룰 수는 없고, 그러니 그 욕망을 대신해서 이루어 줄 수 있는 대상이 필요한 것이다. 맹신이 일어날 수 있는 요지가 바로 중생의 욕망에 기인한다는 것을 말하는 것이다.

목련 존자와 얽혀 있는 사연 중 아귀도에서 고통 받고 있는 어머니를 구제하기 위해 많은 스님들을 모셔 공양을 올리고 스님들의 위신력으로 어머니를 아귀도에서 구할 수 있었다는 이야기가 단연 불교문화사 속에서도 독보적이다. 목련 존자가 살아 당시에 어머니의 행실이 부정하였다는 것을 알고 돌아가셔서는 분명 좋은 곳에 태어나시지 않았을 것이라고 생각하여 어머니가 태어났음직한 곳을 찾으니 아귀도에서 고통을 받고 있음을 보았다. 피골이 상접한 모습을 보고 신통으로 아귀도에 들어가 어머니께 음식을 드렸지만 아무리 먹으려 해도 입으로 들어가기 직전에 재로 화하여 먹을 수가 없었다.

신통제일 목련 존자도 어머니의 죄가 무거워 스스로의 힘만으로는 도저히 어쩌지 못한다는 것을 깨닫고, 붓다께 어머니를 도울 수 있는 방법을 청하였다. 『우란분경盂蘭盆經』에 의하면, 붓다께서 목련 존자에게 안거 동안 갖은 음식과 향유, 과일, 의복 등을 준비해 두었다가 안거가 끝나는 날 시방에 있는 모든 덕 높은 스님들을 초청하여 공양을 올리라고 한다. 시방의 모든 수행자가 한마음으로 청정히 이 공양을 받으면 그들의 덕은 반드시 클 것이므로 아귀도에서 고통 받는 어머니가 아귀도에서 벗어나서 때에 맞춰 해탈을 얻을 것이라고 한다. 이렇게 갖은 공양물을 준비하여 돌아가신 7대의 선조나 살아 있는 부모를 위하여 덕 높은 수행자를 공양하면 그 공덕으로 이미 돌아가신 자는 아귀도나 지옥의 고통에서 벗어나 때에 맞춰 해탈하여 천상에 태어날 것이며, 살아 있는 부모는 수명 장수 무병 복락을 누릴 것이라는 것이 이 경의 요지다.

이 날은 우란분절盂蘭盆節(울람바나Ullambana)이라 하여 해마다 불자들이 조상들을 위하여 공양을 올리는 날로 정해져 내려오고 있다. 이 날이 한국에서는 하안거가 끝나는 음력 7월 15일 백중으로 모든 사원에서 조상의 제사를 지내는 날이기도 하다. 이 이야기의 출처로는『우란분경盂蘭盆經』이나『보은봉분경報恩奉盆經』으로 알려져 있지만『우란분경』은『부모은중경』『선악인과경善惡因果經』과 더불어 중국에서 조작된 위경僞經으로서 인도에는 불교뿐만 아니라 힌두교에도 이러한 문화는 없다. 하안거가 끝나고 신자들이 수행승들에게 공양을 올리던 것이 발전하여 조상숭배와 아귀도의 중생을 공양하는 날로 변하였으며, 거기에 유교의 효와 윤리사상이 가미되어 성립된 경전이라고 볼 수 있다. 목련 존자와 우란분절의 관계는 불교 교리로써는 이해할 문제가 아니며, 불교 문화로 이해하지 않으면 안 될 것이다.

그런데 왜 하필이면 목련 존자일까? 여타 제자들보다 목련 존자일 때 그 효과는 백배 높아질 것이라는 것을 중국인들은 잘 알고 있었을 것이다. 아귀도에 출입을 할 수 있는 제자란 신통을 얻은 목련 존자 아니고서는 다른 제자들로서는 불가능한 일이라는 설정이다. 비단 신통을 얻은 목련 존자라 하더라도 혼자의 힘으로는 아귀도의 업으로부터 벗어나게 할 수 없는 일을 대덕스님들의 위신력으로 가능하다는 설정으로써 불교 교단과 재가불자와의 불가분의 연기를 만들었다. 또한 이로써 승려들의 사회적 지위 향상과 불교의 경제적 확립 그리고 불교의 토착화를 꾀하였을 것이다. 중국 불교 문화는 직접적으로 한국과 일본의 불교 문화에 영향을 끼쳤으며, 지금도 우란분절은 모든 승려들이 연중 가장 바쁜 날이기도 하다.

【3-10】 붓다가 대가섭(마하카샤파Mahākāśyapa; 이하 가섭 존자)에게 말씀하시길:
"네가 유마힐을 찾아뵙고 병문안을 하여라."

가섭 존자가 붓다께 말씀드리기를: "세존이시여, 저는 감히 그분을 찾아뵙고 병문안을 드릴 수 없습니다. 왜냐하면, 기억하건대, 제가 옛날 가난한 마을에서 걸식을 하고 있을 때, 유마힐이 저에게 다가와 말하기를: '가섭 존자여, 자비심이 있다고는 하지만 두루〔평등〕한 것은 아닙니다. 부호를 버리고 가난한 집만 찾아 걸식을 하지 않습니까?

佛告 大迦葉: 汝行 詣維摩詰問疾. 迦葉 白佛言: 世尊 我不堪任, 詣彼問疾. 所以者何, 憶念我昔, 於貧里 而行乞, 時維摩詰, 來謂我言: 唯大迦葉, 有慈悲心, 而不能普. 捨豪富 從貧乞.

【3-11】 가섭 존자여, 평등법에 머물면서 순차에 응하여 걸식을 행해야 합니다. 먹기 위해 〔걸식을〕 하는 것이 아니기 때문에 응당히 걸식을 행하셔야 합니다. 〔4대의〕 화합상和合相[88]을 깨뜨리기 위해서 응당히 췌식摶食[89]을 받으셔야 합니다. 〔시주를〕 받는다는 것이 아니기 위해 응당히 그 음

---

88 화합상이란 인간의 육신이 지·수·화·풍 사대가 화합하여 이루어진 심신이라는 뜻. 여기서 화합상을 깨뜨린다는 의미는 중생의 육신으로부터 벗어나서 법신을 증득한다는 의미.

89 췌식摶食이라 함은 수행자가 걸식을 할 때 시주자가 밥을 주먹밥처럼 둥글게 만들어서 공양을 올리는 것을 말한다. 인도나 동남아시아의 불교국가에서는 지금도 걸식수행자들에게 공양을 올리기 좋게 둥글게 뭉친 밥을 발우에 담아 시주하고 있다. 한편 손으로 음식을 먹는 사람들이 밥을 손가락으로 둥글게 만들어 먹는 모습이라고도 한다. 이 장면에서는 어느 쪽으로 해석을 하더라도 의미에는 큰 차이가 없어 보인다.

식을 받아야 합니다. 그 마을이 비었다는 마음으로 마을로 들어서야 합니다.[90] 보이는 형상은 마치 맹인이 〔보는 것〕과 같이, 들리는 음성은 마치 소리와 같이,[91] 맡는 향기는 마치 바람과 같이, 음식의 맛은 분별치 않아야 합니다. 어떠한 접촉을 느낌에는 지혜의 증득과 같이, 일체 만물을 알기를 환술幻術로써 이루어진 허깨비와 같이, 자성도 타성도 없으며, 본래부터 스스로 그렇게 된 것이 아닌 〔허깨비〕니 지금이라도 멸할 것이 없습니다.[92]

迦葉 住平等法, 應次行乞食. 爲不食故, 應行乞食. 爲壞 和合相故, 應取揣食. 爲不受故, 應受彼食. 以空聚想, 入於聚落. 所見色 與盲等, 所聞聲 與響等, 所嗅香 與風等, 所食味 不分別, 受諸觸 如智證, 知諸法 如幻相. 無自性, 無他性, 本自不然, 今則無滅.

【3-12】 가섭 존자여, 만약 여덟 가지의 삿된 법[93]을 버리지 않고 팔해탈八解脫[94]에 들어갈 수 있다면, 사악한 모습으로써 정법에 들어가고, 한 끼의 식사로써 일체중생에게 베풀고 모든 부처님과 성현들께 공양한 후라야 먹을 수 있습니다. 이와 같이 먹는 자는 번뇌가 있을 리 없고, 번뇌를 여읜다는 것도 없습니다. 마음을 집중하지도 않고, 마음을 집중에서 깨어나지도 않으며, 세간에 머무르지도 않고, 열반에 머무르지도 않습니다. 그

---

90 빈 마을(공취락空聚落)에 관해서는 제1막 각주 70 참조

91 음성을 소리와 같이 하라는 뜻은 인위적인 말을 무위자연의 소리를 듣는 것처럼 분별심을 일으키지 말라는 의미.

92 일체 만물이 허깨비와 같은 존재로서 자성도 타성도 없으니 멸할 것조차 없다는 뜻.

93 여덟 가지의 삿된 법(8사법邪法)이란 8정도에 반하는 행위. 8정도에 대해서는 제1막 각주 42의 37조도품 참조.

94 8해탈解脫이란 8가지 선정禪定에 의해 욕탐欲貪, 색탐色貪 등의 염심을 제거하여 해탈하는 여덟 가지의 단계. 8해탈解脫을 증득함으로써 구해탈아라한俱解脫阿羅漢-해탈에 이른 아라한-이 된다고 함.

렇게 베풂이 있는 자도 큰 복도 작은 복도 없고, 이익을 보려고도 않고, 손해를 보려고도 않습니다. 이러한 〔수행이〕 불도〔대승〕에 바르게 들어가는 것이며 성문승聲聞乘을 의지하지 않는 것입니다. 가섭 존자여, 만약 이와 같이 걸식을 한다면, 헛되지 않게 시주의 베푼 음식을 먹는다는 것입니다.'

迦葉, 若能 不捨八邪, 入八解脫, 以邪相, 入正法, 以一食, 施一切, 供養諸佛, 及 衆賢聖, 然後可食. 如是食者, 非有煩惱, 非離煩惱. 非入定意, 非起定意, 非住世 間, 非住涅槃. 其有施者, 無大福, 無小福, 不爲益, 不爲損. 是爲 正入佛道, 不依 聲聞. 迦葉, 若如是食, 爲不空食, 人之施也.

【3-13】 그때 저는 세존이시여, 이렇게 설하는 것을 듣고, 미증유함을 얻었습니다. 즉 일체의 보살들에게 깊은 경의의 마음을 일으키고, 또 이러한 생각을 하였습니다. '이분은 명문가의 사람으로 변재와 지혜는 이와 같을 수 있다. 누가 그의 이러한 〔설법을〕 듣고도 아뇩다라삼먁삼보리를 향한 마음을 일으키지 않겠는가. 나는 이제부터 다시는 사람들에게 성문과 벽지불의 수행을 권하지 않을 것이다.' 그러므로 저는 그의 병문안을 갈 수 없습니다."

時我 世尊, 聞說是語, 得未曾有. 卽於 一切菩薩, 深起敬心, 復作是念. 斯有家名, 辯才智慧, 乃能如是. 其誰聞此, 不發阿耨多羅三藐三菩提心. 我從是來, 不復勸 人, 以聲聞, 辟支佛行. 是故不任, 詣彼問疾.

걸식의 진수眞髓

가섭 존자의 두타dhūta[95][고행]는 샤캬무니 붓다의 교단에서는 따를 자가 없을 정도로 정통한 것이었다. 아무리 맛없는 음식이건 보잘 것 없는 물건이라도 불쌍한 사람들이나 동물들에게 베풀어 그들의 고통과 번민을 덜어 주는 공덕을 쌓을 수 있도록 가난한 사람들에게 밥을 빌었던 것이다. 남을 돕는 일이라면 가난한 자보다 여유가 있는 사람들이 더 쉽게 그리고 더 많은 불쌍한 사람들을 구할 수 있지 않을까? 가섭 존자에게는 현세에 가난한 자의 업보는 과거세의 탐욕스런 삶에 기인한 것이므로, 현세에도 남아 있을 탐욕스런 마음을 끊어 버릴 수 있도록 일부러 가난한 자들을 찾아다니며 걸식을 하였던 것이다.

이러한 마음을 유마 거사는 편협한 마음에 기인한 것으로 가차 없이 질타를 한 것이다. 도의 입장 즉 진리[승의제勝義諦]의 입장에서 보면, 빈자와 부자의 구별은 분별심이요, 차별심에서 오는 것이다. 가섭 존자로 대변된 당시의 성문들의 두타행은 대승불교의 평등사상이나 불이의 세계관과는 거리가 먼 고행에 지나지 않았던 것이다. 철저하고 냉철하게 도의 입장에서 불제자들의 편협적이고 보수적인 수행방법을 비판하는 장면이다.

사실 가섭 존자는 불교인은 물론 한국인이면 누구라 할 것 없이 잘 알고 있는 붓다의 제자다. 혹자는 '나는 모르는데'라고 의아해 하겠지만, 부연 설명을 하자면, 그의 이름은 모를지언정 그에 얽혀 있

---

95 두타dhūta란 수행승이 유행遊行 중 걸식과 노숙 등으로 의식주에 대한 탐욕으로부터 벗어나기 위한 고행.

는 스토리는 우리에게 아주 잘 알려져 있기 때문이다. 널리 알려진 불교 용어로 이심전심이라든가 염화미소라는 말이 있다. 불교가 중국으로 건너와 발전한 선종에서 유래한 단어로서 일상용어로 쓰이고 있다. 즉 염화미소는 중국 선종의 유래로서 인도로부터 전해 온 불전의 경·율·논 삼장에는 나타나지 않는 스토리다. 즉 중국 유래의 위경이나, 『인천안목人天眼目』『무문관無門關』『광등록廣燈録』『연등회요聯燈会要』 등 선종의 조사어록에서나 볼 수 있는 스토리다. 이는 선종이 중국 불교의 교종 종파에서 설정한 교상판석教相判釋[96]에 대응하기 위한 노력이라고 할 수 있다. 교상판석이란 중국 불교 교파에서 각자의 정통성을 주장하기 위해 타 교종의 소의경전所依經典과 비교 분석하여 자파自派가 붓다의 가르침을 따르는 진정한 정통성을 지닌 종파라는 것을 입증하기 위한 분석법이다.

선종에서 주장하는 유래는 붓다가 언설로써 표현할 수 없는 진리를 제자들에게 가르칠 방법이 없어 곤란한 입장에 놓이자 제석천왕이 한 송이의 우담바라優曇波羅udumbara를 내려주자 붓다는 그 꽃으로써 법을 설하셨다는 줄거리다. 야단법석에서 심심미묘한 법을 설하심에 문득 우담바라를 집어 들고 대중에게 보이셨다 - (염화시중拈華示衆). 그 의중을 많은 대중 가운데 오직 가섭 존자만이 알고 미소를 지으니 부처님의 참뜻을 안 제자는 가섭 존자뿐이었다 - (가섭미소迦葉微笑). 이 사건을 한마디로 염화미소拈華微笑라 하며, 한마디의 말도 없이 부처님의 미묘한 법을 전하고 전해 받으니 이로써 이심전심이 이루어진 것이다. 선종에서의 정통성은 언설의 가르침이 아

---

96 교상판석에 관해서는 본서의 제3막 4장, 미래세의 불교 「촉루품囑累品 제14」〈보살의 성상性相〉 참조.

니라 붓다의 이심전심이야말로 유일하고 진정한 가르침이라고 주장하는 것이다.

붓다는 다른 제자들과는 달리 고행으로 몰골이 말이 아닌 가섭 존자를 매우 우대하였으며, 한 때 법석의 반을 양보하여 그를 옆에 앉게 하였으나 가섭 존자는 붓다의 권유를 사양하고 가장 말석에 앉았던 제자다. 중국의 선종에 의하면, 붓다의 열반 후 가섭 존자가 그 법을 이어받고 교단의 제 2대 종조가 되었으며 선종에서는 초조初祖로 여긴다.

붓다와 가섭 존자와의 만남에 대해 간략히 요약하면, 가섭 존자는 브라만 출신으로 부와 권력을 모두 가졌으나 붓다와 만나기 전에 세속의 삶을 버리고 브라만교의 가르침에 따라 오랫동안 고행을 하였다. 불을 섬기어 신통력을 얻기도 해서 그를 추종하는 제자가 많이 있었다. 하지만 붓다의 대각과 신통력 그리고 그의 추종자들에 의해 알려진 위명은 가섭 존자의 승부심에 불을 지피기에 충분하였다. 두 성현의 존재는 한 산중에 두 마리의 호랑이 격이었으니 붓다와 가섭 존자의 만남은 필연적이라고 할 수 있을 것이다.

가섭 존자의 전기에 의하면, 그의 출가 이전의 삶은 무엇 하나 부족함이 없었으나 세속적 삶에 뜻이 없고 종교에 깊은 관심을 갖고 있었다. 부모의 성화에 못 이겨 결혼을 약속하지만 하나의 조건을 내걸었다. 지상에는 존재하지 않을 것 같은 아름다운 여인상을 황금으로 조각하여 그와 꼭 닮은 여인을 데려오면 결혼하겠다는 것이었다. 즉 결혼을 하지 않겠다는 암시였다. 그러나 16개 촌락의 소유주였던 부모는 가진 부와 권력으로써 조각상과 닮은 여인을 찾게 하였고, 기어이 그러한 여인을 데려오자 가섭은 어쩔 수 없이 그 여인과 결혼을 하였다.

한편, 그 부인 또한 세속적 삶에 뜻이 없었으며 수행하여 해탈을 이루는 것이 꿈이었다. 그러나 그녀 역시 부모의 성화에 못 이겨 결혼을 결심하였고, 가섭 존자와 짝을 이루게 되었다. 다만 두 사람은 서로의 속마음을 알고 부모가 살아 계시는 동안만이라도 부부인 척하자고 약속하였다. 그들은 결국 부모님들께 후손을 안겨 드리지 않았다. 처음의 약속대로 부모가 돌아가시자 두 부부는 고행의 길에 나섰다. 부인은 5년 후 - 그 이전에는 비구니의 처소가 생기기 전이었기 때문에 여인들의 출가가 이루어 지지 않았음 - 붓다의 제자 즉 비구니가 되었다. 그녀가 바로 비구니들 중 고행과 계율의 제일인자가 된 바드라 카필라니Bhadra Kapilaanii(발타라가비라야跋陀羅迦毘羅耶)다.

한편, 가섭 존자는 자기의 수행처 근처를 지나가는 붓다를 보고 외경으로부터 나타나는 모습에서 범상치 않음을 느끼고 불같이 일어나는 승부심을 어쩌지 못했다. 붓다의 처소에 독사를 집어넣어 붓다의 능력을 시험하려 하였으나 그 다음날 아침에 아무런 일도 없었던 것처럼 처소에서 걸어 나오는 붓다를 보고 그 연유를 물었다.

"어떻게 하여 당신은 독사에 물려 죽지 않을 수 있었습니까?"
"가섭 존자여! 자기를 제어할 수 있는 자는 독사는 물론 그 무엇이건 제어할 수 있습니다."
"붓다여! 어떻게 하면 자신을 제어할 수 있습니까?"
"가섭 존자여! 당신은 불을 숭배하였지만, 진정 불타고 있는 것은 당신의 눈이요, 그 대상이며, 그 식識의 세계입니다. 또한 귀와 코, 혀, 육신과 마음, 그리고 그 대상들과 식의 세계가 그러합니다. 이 불길은 탐욕의 불길이요, 성냄의 불길이며, 어리석음의 불길입니다. 육감과 그 대상인 6경에 의하여 생겨난 의식 세계에 집착하지 않으면 탐욕의 불길도 사라지며, 성냄의 불길도 사라지고, 어리석음의 불길도 사라집니다. 탐·진·치 삼독으로부터 벗어남으로써 자신을 제어한 승리자가 될 수 있습니다.”

이렇게 하여 붓다의 제자가 된 가섭 존자는 자기가 입고 있던 비단옷을 벗어 방석으로 삼아 붓다가 그 위에 앉게 하고 계수례를 올려 스승과 제자의 의식을 치르게 되었다. 그 비단옷의 부드럽고 따스함을 일러 주자, 가섭 존자는 붓다가 걸치고 있던 누더기와 바꾸기를 예를 다하여 간청하였다. 붓다는 쾌히 승낙하고 당신의 누더기를 가섭 존자에게 주니, 그는 사시장철 비가 오나 눈이 오나 그 누더기 외에는 시주자들이 베푸는 어떠한 옷도 받지 않았다고 한다.

가섭 존자의 고행은 엄격하였으며 열반에 드는 날까지 멈추지 않았다. 그가 고행을 하기에 너무 노쇠하여 붓다로부터 물려 받았던 누더기만을 걸치고 나무나 바위 밑을 숙소로 하기에는 더 이상 불가능할 정도로 쇠약해졌음에도 불구하고 그의 엄격한 고행은 이어졌다. 붓다는 늙고 쇠약해진 그에게 걸식을 그만두고 시주자들의 공양을 받기를 권하고, 무거운 누더기보다 시주자들이 공양 올린 가볍고 부드러운 옷을, 또 바위나 나무 아래에서의 취침을 그만두고 당신 곁으로 오기를 권하자, 가섭 존자는; “부처님이시여! 처음 출가할 때 주신 이 누더기 외에 그 어떠한 부드러운 옷도 입어 본 적이 없습니다. 걸식한 것 이외 어떠한 음식도 먹지 않았으며, 저에게 있어서 고행은 고통스러운 삶이 아니라 행복한 삶입니다. 바라는 바 없이 만족할 줄 아는 환희를 맛보았습니다. 어찌 이 고행을 그만두라 하십니까?”라고 하였다.

　그의 고행은 가히 붓다의 고행 이외 그 어느 누구도 따를 수 없는 경지에 다다라 있었다. 어느 날 가섭 존자가 가난한 자들이 모여 사는 곳에서 걸식을 하게 되었다. 그 곳에서 나병 환자가 식사를 하는 것을 보고 공손히 그에게 다가섰다. 그 나병환자는 썩어 문드러져 가던 손으로 먹던 밥을 가섭 존자의 발우에 나누어 주고 식사를 계속했다. 가섭 존자의 발우에는 밥 한 덩이와 함께 그의 손가락 하나가 떨어져 있었다.

　가섭 존자는 주저치 않고 그 밥을 먹었다. 구역질도 일으키지 않고 아무렇지 않게 먹었다고 한다. 가섭 존자는 부처님의 10대 제자들 중에서 두타頭陀 제일이란 칭호를 얻음에 조금도 부끄러움이 없는 수행자였다. 가섭 존자의 외모는 특이하여 흔히 탱화 속에서 정수리가 툭 불거지고 누더기를 걸쳤으며 10대 제자들 중 가장 나이가 많은 것처럼 보이는 분이다. 유마경에서 비판의 대상으로 등장하나 그의 수행은 결코 비판의 대상이 될 수 없는 경지의 것이었다.

【3-14】　붓다가 수보리(수부티Subhūti; 이하 수보리)에게 말씀하시길: "네가 유마힐을 찾아뵙고 병문안을 하여라." 수보리가 붓다께 말씀드리기를; "세존이시여, 저는 감히 그분을 찾아뵙고 병문안을 드릴 수 없습니다. 왜냐하면, 기억하건대, 제가 옛날 그의 집에 들어가서 걸식을 하였습니다. 그 때 유마힐께서 저의 발우에 음식을 가득 담아주면서 말하였습니다.

佛告, 須菩提: 汝行 詣維摩詰問疾. 須菩提 白佛言: 世尊, 我不堪任, 詣彼問疾. 所以者何, 憶念我昔, 入其舍, 從乞食. 時維摩詰, 取我鉢, 盛滿飯, 謂我言:

【3-15】 '수보리여, 만약 음식에 있어서 평등할 수 있다면, 제법도 또한 평등할 것입니다. 제법이 평등하면, 음식에 있어서도 또한 평등할 것입니다. 이와 같이 걸식을 하신다면 〔이〕 음식을 드실 수 있습니다.

唯須菩提, 若能於食等者, 諸法亦等. 諸法等者, 於食亦等. 如是行乞, 乃可取食.

【3-16】 만약 수보리여, 음욕과 분노와 치심을 끊지 않고, 또 지니지도 않으며, 몸〔유신견有身見〕[97]을 망가뜨리지 않고도 그 모습을 유지하고, 치심과 애욕을 소멸하지 않고, 지혜[98]와 해탈을 일으키며, 5역상逆相[99]을 가지고서 해탈을 증득하고, 또한 해탈도 속박도 하지 않고, 4제諦[100]를 보지도 않으며, 보지 않는 것도 아니며, 과보를 받지도 않으며, 받지 않는 것도 아니며, 범부도 아니며, 범부의 법으로부터 벗어나는 것도 아니고, 성인聖人도 아니며, 성인이 아닌 것도 아니며, 일체의 법을 성취하였다고 하지만 그러나 제법의 상으로부터 벗어난다면, 그러면 음식을 드실 수 있습니다.

若須菩提, 不斷 婬 · 怒 · 癡, 亦不與俱, 不壞於身, 而隨一相, 不滅癡愛, 起於明脫, 以五逆相, 而得解脫, 亦不解 不縛, 不見四諦, 非不見諦, 非得果, 非不得果, 非凡夫, 非離凡夫法, 非聖人, 非不聖人, 雖成就 一切法, 而離諸法相, 乃可取食.

---

97 유신견有身見; 신체는 존재한다는 잘못된 견해.
98 지혜에 해당하는 한역은 '명명明明'이나, 여기서 명명의 의미는 무명無明의 반대되는 의미로 쓰였으므로, 무명의 대칭되는 의미로 '지혜'라고 번역함.
99 5역상逆相이란 5역죄를 말하며, ①살부殺父, ②살모殺母, ③살殺아라한, ④출혈불신出血佛身, ⑤파화합승破和合僧의 죄를 범하는 것을 말하며, 이 5역죄를 범한 자는 무간지옥에 떨어진다고 함.
100 4제란 고 · 집 · 멸 · 도를 말하며, 이에 대해서는 제1막 각주 61의 법안정 참조.

【3-17】　만약 수보리여, 붓다를 보지도 않고 법도 듣지 않으며, 저 육사외
　　　　도六師外道; 부란나가섭富蘭那迦葉(푸라나카샤파Pūraṇakāśyapa), 말가리구리자
　　　　末伽梨拘梨子(막카리고살리푸트라Makkaligośālīputra), 산자야비라지자刪闍夜毘羅胝
　　　　子(산자야벨라티푸트라Saṃjayabelratiputra), 아기다시사흠바라阿耆多翅舍欽婆羅(아
　　　　지타케사캄발라Ajitakeśakambala), 가라구타가전연迦羅鳩馱迦旃延(카쿠다카트야야나
　　　　Kakudakātyāyana), 니건타약제자尼犍陀若提子(니간다냐티푸트라Nirgrandhajñātiputra)
　　　　등, 이러한 분들을 스님의 스승으로 삼아 출가하여, 그 스승이 타락하는
　　　　곳에 스님도 또한 따라서 타락한다면 즉 〔이〕 음식을 드실 수 있습니다.
　　　　若須菩提, 不見佛, 不聞法, 彼外道六師; 富蘭那迦葉, 末伽梨拘梨子, 刪闍夜毘
　　　　羅胝子, 阿耆多翅舍欽婆羅, 迦羅鳩馱迦旃延, 尼犍陀若提子 等, 是汝之師, 因
　　　　其出家, 彼師所墮, 汝亦隨墮, 乃可取食.

【3-18】　만약 수보리여, 갖가지 사견에 빠지더라도 피안으로 건너가려 하
　　　　지 않고, 팔난에 허덕이더라도 그 어려움에서 빠져 나오려 하지 않으며,
　　　　번뇌와 마찬가지로 청정법에서도 벗어난다면, 스님이 무쟁삼매無諍三昧를
　　　　증득하고 일체중생도 또한 이러한 정定에 든다면, 스님께 시주를 하는 그
　　　　사람을 복전福田이라 부르지도 않고, 스님께 공양을 올리는 자가 삼악도
　　　　에 떨어진다면, 뭇 악마들과 한손을 함께하여 모든 번민을 일으키는 동료
　　　　로 삼는다면, 스님과 더불어 뭇 악마 및 여러 가지 번뇌와 동등하여 다르
　　　　다고 할 것이 없으며, 일체중생에게 원망하는 마음이 있고, 제불을 비방
　　　　하며, 법을 훼손하고, 중수衆數[101][교단의 일원]에 들어가지 않아 기어이 멸
　　　　도를 얻지 않는다면, 스님이 만약 이와 같으시다면, 〔이〕 음식을 드실 수

---

101 중수衆數의 '중衆'이란 사부대중을 뜻하며, 교단을 이루는 우바새, 우바이, 비구, 비구
　　니로 구분하는 남녀 재가자와 출가자로 이루어진 네 부류의 불자를 말한다.

있습니다.'

若須菩提, 入諸邪見, 不到彼岸, 住於八難, 不得無難, 同於煩惱, 離淸淨法, 汝
得 無諍三昧, 一切衆生, 亦得是定, 其施汝者, 不名福田, 供養汝者, 墮三惡道,
爲與衆魔 共一手, 作諸勞侶, 汝與衆魔, 及諸塵勞, 等無有異, 於一切衆生, 而有
怨心, 謗諸佛, 毀於法, 不入衆數, 終不得滅度, 汝若如是, 乃可取食.

【3-19】 그때 저는, 세존이시여, 이러한 말을 듣고 황망하여 이것이 도대체 무
슨 말인지 이해하지 못하였으며, 어떻게 답해야 할지 몰랐습니다. 얼른 발우
를 두고 그 집을 나서려고 하는데, 유마힐이 말하시기를: '수보리여, 발우를
거두심에 두려워하지 마십시오. 왜냐하면, 여래가 만드신 화인化人[환인幻人,
허깨비]이 만약 이런 일로 힐난하면 겁이 나시겠습니까, 나지 않겠습니까?'
제가 답하기를: '나지 않습니다.'

時我尊, 聞此語茫然, 不識是何言, 不知以何答. 便置鉢, 欲出其舍, 維摩詰言: 唯須
菩提, 取鉢勿懼. 於意云何, 如來 所作化人, 若以是事詰, 寧有懼不? 我言: 不也.

【3-20】 유마힐이 말하시기를: '일체제법은 마치 환화幻化의 상相[허깨비]과
같습니다. 스님은 이제 두려워하지 마십시오. 왜냐하면, 일체의 언설도
이러한 상相[허깨비]에서 벗어나지 않으며, 지혜가 있는 자는 문자에 집착
하지 않는 까닭으로 두려움이 없습니다. 왜냐하면, 문자는 자성으로부터
벗어나 있는 것입니다. 문자에 [집착함이] 없는 이것을 해탈이라 합니다.
해탈의 상相은 즉 제법諸法입니다'라고 하였습니다. 유마힐이 이 법을 설
하셨을 때, 2백 명의 천자天子들이 법안정法眼淨[102]을 얻었습니다. 그러므

---

102 인과의 법칙을 밝힌 네 가지의 진리[사제四諦]를 바로 볼 수 있는 지혜의 눈을 말함.
사제에 관해서는 제1막 각주 61의 법안정 참조.

로 저는 그의 병문안을 갈 수 없습니다."

維摩詰言: 一切諸法, 如幻化相. 汝今不應, 有所懼也. 所以者何, 一切言說, 不離
是相, 至於智者, 不著文字, 故無所懼. 何以故, 文字性離. 無有文字, 是則解脫. 解
脫相者, 則諸法也. 維摩詰 說是法時, 二百天子, 得法眼淨. 故我不任, 詣彼問疾.

진정한 해탈의 상相

　수보리라고 하면 금강경에 등장하는 주인공이며 사위성舍衛城(슈
라바스티Śrāvastī)의 급고독給孤獨[103] 장자의 조카로도 널리 알려져 있는
인물이다. 붓다의 10대 제자 중 해공제일解空第一이라는 별칭에서도
알 수 있듯이, 그의 공空에 대한 이해는 타의 추종을 불허하였다.

　어느 날 붓다가 도리천에 계신 어머니 마야 부인을 위하여 설법을
마치고 사바세계로 돌아오시게 되었는데, 그의 제자들이 서로 먼저
붓다를 맞이하겠다고 큰 기대를 하고 있었다. 그러나 수보리존자는
미동도 하지 않고 좌선삼매에 몰입해 있었다. 결국 많은 제자들 중
붓다를 제일 먼저 영접하게 된 사람은 연화색 비구니蓮華色比丘尼였
다. 비구니가 이를 만인에게 자랑하자 붓다는 "나를 가장 먼저 맞이
한 자는 그대가 아니라 수보리존자였느니라. 그는 공空의 도리를 체
득하여 나의 법신法身을 최초로 맞이하였느니라."라고 하였다고 한

---

103 급고독給孤獨 장자는 수닷타Sudatta(수달다須達多)를 가리키며, 부모 없는 고아들이나
　늘어서 자식이 없는 고독한 사람들을 불쌍히 여겨 급식을 베풀었다고 하여 '급고독給
　孤獨'이라는 별명이 붙었다. 샤카무니 붓다에 귀의하여 기원정사祇園精舍(제타바나비
　하라Jetavanavihāra)를 기증하였으며, 샤카무니 붓다의 많은 설법이 여기서 이루어졌다
　고 한다.

다. 수보리는 붓다를 맞이함에 형상의 내왕으로 한 것이 아니라 형상 없는 붓다의 마음을 일찍이 맞이하였던 것이다. 그는 해공제일이라는 별명 이외에 어느 누구와도 다투지 않아서 무쟁제일無諍第一이라는 별칭이 또 있다.

하루는 수보리의 설법을 듣고 감동을 받은 빔비사라 왕이 수보리의 거처로 조그마한 암자를 지어 기증했다. 무엇인가 잘못 되어 그 거처가 지붕이 없는 초암이 되었다. 그래도 아무런 불평 없이 그 곳에서 지내니 몇 달간 비가 내리지 않았다. 이젠 비가 내리지 않으니 농부들이 농사를 짓지 못하게 되어 곤란에 처했다. 사람들 사이에 수보리가 지붕이 없는 곳에서 지내니 하늘도 수보리의 덕을 알아 비를 내리지 못해서 가뭄이 들었다는 소문이 퍼졌다. 이 소문을 들은 빔비사라 왕이 수보리의 암자에 지붕을 잇도록 하자 그제야 비가 내렸다고 한다.

이렇게 해공제일이라는 별칭을 얻은 그지만, 역시 유마 거사의 안광에서 벗어날 수는 없었다. 하지만 여기서도 수보리의 공空의 이해에 대한 허점을 꼬집는 부분은 없다. 다른 제자들의 경우 그들의 전통적 수행에 대해 허점을 파악하고 그 허점이 무엇이며 어떻게 하면 그 허점을 보완할 수 있는지를 질타하는 형식으로 설하고 있다.

단지 여기서는 대승사상에 입각해서 공空이란 어떤 것인지 교리적이거나 철학적인 분석이 아니라 현실세계에서 그 의미를 찾고 있다. 공空이라는 말을 한마디도 하지 않고 또 철학적이고 논리적인 방법으로 어렵게 공空의 의미를 전개하는 것도 아니다. 공空의 도리를 터득하기위한 개인의 노력이 설사 개인에겐 지혜의 증장과 연결이 된다 하더라도 유마 거사의 입장에서는 개인의 수행이 사회성의 결여 위에 있는 것이라면 비판의 대상이 됨을 역설적으로 여실히 보여주는 장면이다. 유마 거사에게는 이론적 공의 이해란 화이부실華而不實이요, 허이무용虛而無用[104]에 지나지 않았을 것이다. 예부터 성현들은 번드르르한 말뿐인 이론은 공허해서 아무런 쓸모가 없다고 하였다.

공관空觀의 현실적 이해는 어떤 것일까? 우리는 병원이라고 하면 병을 고치는 곳이라는 일상적 관념을 가지고 있다. 이러한 일상적 관념이 자기와 관계를 갖게 되면 어떤 고정관념을 넘어 신앙적 맹신으로까지 발전하게 된다. 얼마 남지 않은 자기의 생명이 병원(의사)의 손에 달렸다는 것을 알게 되면 모든 것을 오로지 거기에 매달려 이성을 잃어버리는 것이 일반적이다. 그러나 진정 병원이라는 곳이 병을 낫게 하는 곳이라는 성상性相(nature)이 있을까? 공관의 현실적 입장에서 보면, 병원에서는 병든 사람의 병이 낫기도 하겠거니와, 병이 없던 사람이 그 곳에서 병을 얻을 수도 있고, 치료하여 살기도 하겠거니와, 병원에 가지 않았다면 살 수 있었을 것을 오히려 거기서 죽을 수도 있다. 이러한 일련의 사례라는 것도 일시적으로 일어날 수 있는 것이지 이렇다 할 그 무엇도 결정할 수 있는 것은 없다.

병원에 대한 공관의 이론적 이해는 이러하다고 하지만, 지행합일 – 지식과 행동의 일치 – 이 이루어지는 단계에 머물지 못하니, 사람이 스스로 필요한 쪽으로 마음을 기울이기 마련이다. 환자나 그 가족은 병원(의사)에게 그들의 집착에 대한 기대치를 높인다. 그 무엇도 정해져 있는 것은 없는 까닭으로, 때로는 그 기대치가 여지없이 허물어진다. 기대치에 마음을 쏟은 만큼 비례해서 고통은 더 크게 다가오

---

104 『한비자韓非子』「잡언雜言」 참조.

기 마련이다. 사물을 있는 그대로 바라보지 않고 스스로의 고정관념을 근본으로 해서 대상을 받아들인 소위 집착이라는 것의 소치다. 공의 도리를 머리로 이해하는 것이 아니라 마음으로 받아들였다면, 인위적인 집착에 의한 고통은 없었을 것이다.

유마 거사에 의하면 음식은 음식일 뿐 그것에 어떠한 의미도 부여하지 않을 때 만물을 대해서도 평등할 것이라고 한다. 수보리라는 이름으로 이 장면에 등장하지만, 어떤 수행자건 그 스스로가 수행자니 번뇌망념에서 벗어나 청정심을 유지하려 하였을 것이고, 그러한 마음으로 공양을 받아야 한다는 고정관념이 있었을는지도 모른다.

그러나 유마 거사는 그와 같은 어떠한 가치관도 가져서는 안 되는, 오직 음식에는 음식으로서의 평상심일 때 그 음식을 받을 수 있는 자격이 있다고 한다. 음식을 보시하였다고 하여 그것이 복전이 된다거나, 음식을 받을 수 있는 자격이 무엇이라거나, 어떠한 음식이어야 수행자가 받을 수 있는 것이라거나 하는 어떤 가치관을 띤 관념에서 벗어나지 않고서는 음식을 받을 수 없다는 철저한 무소유의 법칙을 역설적으로 한가득 예를 들고 있다. 그야말로 음식은 오직 음식일 뿐이다.

이렇게 음식을 받을 수 있는 사람의 자격을 유마 거사가 한가득 늘어놓자 수보리는 감히 발우를 받아들지 못하고 그냥 떠나려 하니, 그 모습을 본 유마 거사가 또 한마디 덧붙인다. 자기가 한 말에 떨어져서 음식을 받아들지 못하면 안 된다는 것이다. 말이란 허깨비 같은 것이어서 그것 자체가 지닌 그 어떠한 자성도 없다는 것이다. 언설에는 근본적으로 이렇다 할 자성이 없으므로 자기가 한 말에도 아무런 실체도 없으니 염려 말고 음식을 취하여 수행에 전념하라고 한다. 단

지 음식을 취하려는 자세는 무차별이어야 하며, 음식은 오직 음식일
뿐이라는 것을 잊어서는 안 된다는 메시지가 강하게 풍기는 언설을
남기고 있다.

【3-21】　붓다가 부루나미다라니자富樓那彌多羅尼子(푸르남마이트라야니푸트라
Pūrṇammaitrāyaṇīputra; 이하 부루나)[105]에게 말씀하시길; "네가 유마힐을 찾아뵙
고 병문안을 하여라."

부루나가 붓다께 말씀드리기를; "세존이시여, 저는 감히 그분을 찾아뵙고
병문안을 드릴 수 없습니다. 왜냐하면, 기억하건대, 제가 옛날 큰 숲속의
한그루 나무 밑에서 새로이 배우기 시작한 여러 비구들을 위해 법을 설하
고 있었습니다. 이때 유마힐이 다가와서 저에게 말하셨습니다.

佛告 富樓那彌多羅尼子, 汝行 詣維摩詰問疾. 富樓那 白佛言: 世尊, 我不堪任,
詣彼問疾. 所以者何, 憶念我昔, 於大林中, 在一樹下, 爲諸新學, 比丘說法. 時
維摩詰, 來謂我言:

【3-22】　'부루나여, 우선 당연히 정定에 들어서 이 사람들의 마음을 관한
연후에 법을 설하셔야 합니다. 상한 음식(성문승의 설법)으로써 보기寶器(신
학 비구)에 담는 일은 없어야 합니다. 당연히 이 비구승들의 마음에 품고
있는 생각을 아셔야 합니다. 유리[106](루비, 신학 비구)로써 저 수정(성문승, 소
승법)과 같다고는 할 수 없습니다.

唯富樓那, 先當入定, 觀此人心, 然後說法. 無以穢食, 置於寶器, 當知 是比丘,

---

105 부루나미다라니자富樓那彌多羅尼子라는 긴 이름이지만, 일반적으로 부루나富樓那
Pūrṇa로 통용되며, 붓다의 10대 제자 중 설법제일이라는 별명을 지니고 있다.
106 유리라고는 하나 오늘날 우리가 사용하는 유리가 아니라 칠보 중 하나로써 루비에 해당
한다고 볼 수 있다. 유리는 신학의 비구들을 비유한 것이며, 수정은 성문승에 비유한 것.

心之所念. 無以琉璃, 同彼水精.

【3-23】 스님은 중생들의 근원을 알 수 없지 않습니까. 〔설법으로〕 분발하여 〔마음을〕 일으켜도 소승법[107]으로써는 얻을 것이 없습니다. 그들 스스로 아픈 곳이 없는데, 그들을 상처 내는 일은 없도록 하십시오. 큰 길을 가고자 하는데, 작은 길을 보이지 마십시오. 큰 바다를 소 발자국 속으로 넣을 수는 없습니다. 태양의 빛으로써 저 반딧불과 같이 할 수 없습니다.

汝不能知, 衆生根源. 無得發起, 以小乘法. 彼自無瘡, 勿傷之也. 欲行大道, 莫示小徑. 無以大海, 內於牛迹. 無以日光, 等彼螢火.

【3-24】 부루나여, 이 비구들이 오래 전에 대승으로의 마음을 일으켰지만 도중에 그 뜻을 잊어버렸을 뿐입니다. 어떻게 소승의 가르침으로써 그들을 교도할 수 있겠습니까. 제가 볼 때, 소승의 지혜는 미천하여 마치 맹인과 같아, 일체중생의 근기가 수승하고 열등함을 분별할 수 없습니다'라고 하였습니다.

富樓那, 此比丘 久發大乘心 中忘此意. 如何 以小乘法, 而敎導之. 我觀小乘, 智

---

107 여기서 소승小乘이라는 단어에 해당하는 산스크리트어로는 오늘날 학자들 간에 히나야나hīnayāna가 쓰이지만 유마경의 산스크리트어 사본에는 이 단어가 나타나지 않는다. 구마라습의 『유마힐소설경維摩詰所說經』 안에는 소승小乘이라는 단어가 5회 나타난다. 『유마힐소설경』 내의 대승大乘이라는 한역의 원어로는, 우에키 마사토시植木雅俊譯, 『범한화대조 · 현대어역 유마경梵漢和對照 · 現代語譯 維摩經』에 의하면, 마하야나mahāyāna가 쓰였지만, 그에 대한 소승이라는 한역의 원어로는 '협소하다'라는 의미의 프라데시카인드리야prādeśikēndriya가 쓰였다. (산스크리트 원문에 대해서는 우에키 마사토시植木雅俊, Ibid. p. 129 참조).

그러나 다른 곳에서도 소승이란 단어에 해당하는 한역의 원어로 프라데시카차르야 prādeśika-caryā가 쓰이고 있다. 차르야caryā의 의미로는 activity, moving, performances 등이 있으니, 이러한 의미로 보아서는 프라데시카차르야prādeśika-caryā로 소승이라는 한역이 가능하다고 할 수 있을 것이다.

慧微淺, 猶如盲人, 不能分別, 一切衆生, 根之利鈍.

【3-25】 그리고는 유마힐이 즉시 삼매에 들어 이 비구들로 하여금 스스로 의 숙명을 알게 하였습니다. 〔그들은〕 일찍이 5백의 부처님을 모시고 뭇 공덕의 근본을 심어 〔그 공덕을〕 아뇩다라삼먁삼보리로 회향시켰었습니 다. 〔그들은〕 즉시 본래의 마음으로 활연히 돌아갈 수 있었습니다.

時 維摩詰, 卽入三昧, 令此比丘, 自識宿命. 曾於 五百佛所, 植衆德本, 迴向 阿耨多羅三藐三菩提. 卽時豁然, 還得本心.

【3-26】 여기서 모든 비구들은 계수례로써 유마힐의 발에 예를 다했습니 다. 그러자 유마힐은 〔그들을〕 위해 법을 설하여, 아뇩다라삼먁삼보리에 서 두 번 다시 물러남이 없게 하였습니다. 제가 생각하건대, '성문승은 사 람의 근기를 보지 못하니 법을 설함에 적당하지 못하다.' 그러므로 〔저는〕 그의 병문안을 갈 수 없습니다."

於是 諸比丘, 稽首禮, 維摩詰足. 時維摩詰, 因爲說法, 於阿耨多羅三藐三菩提, 不復退轉. 我念, 聲聞 不觀人根, 不應說法. 是故不任, 詣彼問疾.

불석신명 不惜身命

이 장면에서는 유마 거사가 드러내 놓고 성문승의 수행을 대승적 입장에서 비판하고 있다. 사실 부루나의 입장에서는 아무런 잘못이 없다고 할 수 있다. 대승적 입장이라고 하더라도 부루나가 이제 갓 출 가하여 수행의 첫 발자국을 떼려는 승려들에게 비록 소승의 아라한과의 수준에서 도울 수 있는 방법으로 설법을 시도하였다고 보면 잘 못이 있다고 할 수 없다. 사실 대승불교에서는 힘닿는 만큼 베풀어 내가 나아가고자 하는 피안을 향하여 그와 함께 가는 것이 보살행이다.

설사 성문승이라 하더라도 대승적 차원에서 중생교화의 방편을 적용하면 보다 아래의 성문에게 한 단계 위의 교법을 설하는 것은 당연한 일이다. 그렇지 않으면 완전한 지혜를 얻은 자만이 법을 설할 수 있다는 결과를 초래한다. 유마 거사가 제시하는 설법자의 자격을 갖춘 선각자는 샤카무니 붓다를 제외하고 본인 이외에 누가 더 있을까? 둘을 아는 수행자가 하나를 아는 초심자를 배에 태워서 함께 고해를 건너는 것이 대승사상이다.

이 장면에서 유마 거사의 취지는 가르칠 자격이 없는 사람이 무지무구한 사람을 가르치면 자칫 가르치지 않느니만 못하다는 것이 그 요점이다. 소학교에 다니는 순진무구한 어린아이들에게 세정의 얄팍한 경험을 토대로 아이들을 인도한답시고 가르치는 의식 없는, 소위 요즈음 젊은이들의 말로 개념 없는 선생들에게 일러주는 장면이라고 보면 틀림없을 것 같다.

야납이 오랜 세월(32년 간) 외국에서 돌아와 얼마 되지 않은 때였다. 길가 모서리의 이층 커피가게에서 창 너머로 사람들의 모습을 내려다보고 있었다. 부산의 교통이 복잡한 어느 건널목에서 유치원생 정도의 남자아이가 왼손을 치켜들고 오른손은 산부인 듯 배가 부른 어머니에게 붙잡혀 있었다. 한 눈으로 보아 건널목을 건너가고자 애를 쓰는 모습이다. 허나, 어느 누구 한 사람 차를 세워 그 모자를 안전하게 건너갈 여유를 주지 않는다. 엄마는 틈만 나면 차 사이로 뛰어 건너려는 듯 몸짓을 하고 아이는 왼손을 더더욱 치켜들고

"엄마!"라고 고함을 친다. 지금 건너면 안 된다는 뜻일 테다. 엄마는 아이의 손을 놓고 먼저 건너다 따라오지 않는 아들에게 야단을 치며 빨리 오라고 한다. 아이는 왼손을 치켜들고 발을 동동거린다. 엄마는 되돌아와 아이를 끌고 가듯 데리고 간다. 가는 도중에도 아이는 그 팔을 내리지 않았다. 대한민국 미래의 한 부분을 보는 것 같아 그 장면이 머릿속을 떠나지 않는다. 유마 거사가 그 모습을 보았다면 뭐라고 하였을까?

그렇다고 하더라도 설법제일이라는 별명을 가진 부루나가 진정 가르칠 자격이 없다고 하는 것은 또 다른 문제로 남는다. 즉 성문제자가 브라만교의 인종차별적 교리에 근거한 카스트 문화의 타성에 젖어 출가를 하였다고는 하나, 그로부터 벗어나지 못하는 초심자(수드라나 불가촉천민 출신의 비구)들에게 제행무상이요, 제법무아라는 불교의 기본교리를 설한다는 것은 필요불가결한 수순이다. 이 장면의 요점은 때 묻지 않은 제자(신학新學)들에게 그들의 근기도 모르는 성문제자가 잘못 가르쳐, 자칫 그들을 대승으로의 길로 나아가지 못하게 해서는 안 된다는 점이다. 그러나 대승으로 나아가게 하기 위해서는 우선적으로 붓다의 근본 교법을 가르치지 않을 수 없다. 부루나는 그 역할을 수행했을 뿐이다.

부루나Pūrṇa라는 이름으로 경전에 나타나는 사람으로 동일 인물인지 어떤지는 확실하지는 않지만, 10대 제자 중 설법제일로 알려진 부루나와 슈로나파란타카Sronāparāntaka(혹은 수로니輸盧那)라는 지역에서 무역을 하던 사람으로 후에 붓다께 귀의하여 깨달음을 얻고, 고향으로 돌아가 흥포하다고 알려진 고향사람들을 교화하여 5백 명의 아라한을 출현시킨 사람이 있다.

설법제일 부루나는 역시 브라만 출신으로 그의 아버지는 붓다의 아버지인 정반왕淨飯王(슛도다나Śuddhodana)의 국사로 알려져 있는 사람이다. 그의 어머니는 붓다가 고행하던 시절 함께 수행하였고, 또 최초로 붓다의 제자가 된 다섯 비구 중, 교진여憍陳如(아즈냐 카운디야Ajña Kaundinya)의 여동생이라 하며, 그의 생일이 붓다와 같은 날이라고 한다. 설법을 잘하여 그가 교화한 사람이 99,000인에 달하였으며, 붓다의 10대 제자들 중에서 사리불은 시간만 나면 좌선을 하고 있는 부루나를 찾아가 교법에 대한 문답을 하였다고 한다.

슈로나파란타카와 인연이 있는 부루나가 역사적 인물로서 설법제일 부루나와 같은 사람인지 아니면 동명이인인지는 현재의 자료로써는 분별하기 쉽지 않다. 그리고 이 문제는 여기서 그다지 중요하지도 않다. 다만 여기서 부루나에 관해 이야기 하고자 하는 요점은 그의 포교〔전법륜轉法輪〕의 열정에 있다. 당시의 인도 사회에서 전법의 의미 – 중생교화 – 가 얼마나 중요한 것이었던가를 확연히 보여주는 일화라고 볼 수 있기 때문이다.

그는 무역상으로서 붓다가 깨달음을 얻어 수많은 사람들을 교화하고 있다는 소식을 그의 친구로부터 들었다. 고향의 흉포하고 무지한 사람들을 생각하면 그들에게도 붓다의 가르침을 전하여 좀 더 나은 삶을 살아갈 수 있는 기회를 줄 수 있다면 하는 것이 그의 소원이었다. 하루는 그의 친구네 집에 머물게 되었는데 집안이 꼭 잔치를 하는 듯 갖은 음식을 하고 물건을 들이느라 분주한 분위기다. 친구에게 새장가를 드느냐고 물으니 아니라고 한다. 그리곤 붓다가 제자들을 거느리고 이 마을에 오셨다고 하면서 붓다께 설법을 청하기 위하여 스님들에게 올릴 공양물을 준비하고 있다고 한다.

부루나는 붓다의 설법을 한 번도 들은 적이 없어서 친구에게 부탁하여 그 법회에 참석하게 되었다. 처음으로 붓다의 설법을 들은 부루나는 붓다께 고향 사람들을 일깨울 수 있는 법을 청하였다. 그리고 어리석게 살아가는 고향사람들을 교화하기 위해 고향인 슈로나파란타카로 돌아가겠다고 한다. 붓다 또한 그 곳 사람들이 무식하고 흉포하여 그들을 교화하기가 지극히 어려운 일이라는 것을 아는지라 부루나를 염려하여 물었다

붓다: "만약 너의 고향사람들이 네가 아무리 열심히 교법을 설한들 듣지 않는다면 어떻게 하겠느냐?"

부루나: "저의 설법을 듣지 않아도 그들은 착하고 어진 사람들이라고 생각 하겠습니다. 그들은 나를 비웃지 않기 때문입니다."

붓다: "그러면, 그들이 너의 설법을 듣지 않고 비웃으면 어떻게 하겠느냐?"

부루나: "그들은 착하고 어진 사람들이라고 생각하겠습니다. 그들은 나를 욕하지 않기 때문입니다."

붓다: "그러면, 그들이 욕을 하면 어떻게 하겠느냐?"

부루나: "내 고향사람들은 착하고 어진 사람들이라고 생각하겠습니다. 그들은 몽둥이나 돌로 나를 치지 않기 때문입니다."

붓다: "너의 고향사람들이 몽둥이나 돌로 치면 어떻게 하겠느냐?"

부루나: "그래도 그들은 착하고 어진 사람들이라고 생각하겠습니다. 칼과 창으로 베거나 찌르지 않기 때문입니다."

붓다: "만약 그들이 칼이나 창으로 베고 찌르면 어떻게 하겠느냐?"

부루나: "그들은 착하고 어진 사람들이라고 생각하겠습니다. 상처는 입힐지언정 나를 죽이지 않는 까닭입니다."

붓다: "만약 네 고향사람들이 너를 죽인다면 어떻게 하겠느냐?"

부루나: "그들은 진정 착하고 어진 사람들이라고 생각하겠습니다. 붓다의 제자들 중에서 깨달음을 증득하여 더 이상 이 세상에 남아 있어야 할 이유가 없어 제자들이 스스로 목숨을 끊는 고통을 받아야 하지 않습니까. 만약 그들이 나를 죽여 준다면 스스로 목숨을 끊는 고통을 받지 않아도 되는 까닭입니다. 붓다의 교법을 그들에게 펼칠 수만 있다면, 이 한 몸 버린다는 것은 너무나 감사한 일입니다."[108]

이렇게 하여 부루나는 붓다의 허락을 받아 고향으로 돌아가서 붓다의 교법을 홍포하여 그 홍포하다는 사람들 속에서 500명의 아라한을 배출하였다고 한다.

【3-27】 붓다가 마하가전연摩訶迦旃延(마하카트야야나Mahākātyāyana, 이하 가전연)에게 말씀하시길: "네가 유마힐을 찾아뵙고 병문안을 하여라."

가전연이 붓다께 말씀드리기를; "세존이시여, 저는 감히 그분을 찾아뵙고 병문안을 드릴 수 없습니다. 왜냐하면, 기억하건대, 옛날 부처님께서 모든 비구들을 위해 법의 요체를 간략하게 설하셨습니다. 후에 제가 그 뜻을 부연하기를 무상의 뜻이요, 고苦의 뜻이며, 공의 뜻이요, 무아의 뜻이며, 적멸의 뜻이라고 하였습니다.

佛告, 摩訶迦旃延: 汝行 詣維摩詰問疾. 迦旃延 白佛言: 世尊, 我不堪任, 詣彼問疾. 所以者何, 憶念昔者, 佛爲諸比丘, 略說法要. 我卽於後, 敷演其義, 謂無常

---

108 이 내용은 『잡아함경』에 나타나며, 원문이 긴 까닭으로 인용은 생략함. 위 본문은 경전 내용을 그대로 번역한 것은 아니며, 이 장면의 문맥에 맞도록 의역한 것임. 『잡아함경』, 『대정장』 vol. 2, p. 89 참조.

義, 苦義, 空義, 無我義, 寂滅義.

【3-28】 이때 유마힐이 다가와서 저에게 말씀하시길: '가전연이여, 생멸하
는 심행心行[전도망상][109]으로써 실상[110]의 법을 설할 수는 없습니다. 가전
연이여, 제법은 필경 불생불멸하니,[111] 이것을 무상이라 말합니다. 5수음
受陰[112]은 깊이 관찰[통달洞達]하면 공하여 생기生起[본래 존재]하지 않습니
다. 이것을 고苦라고 말하는 것입니다. 제법은 구경에 가서는 실체가 없
으니[무소유], 이것이 공이라는 뜻입니다. 아我와 무아無我는 둘이 아니니,
이것이 무아의 의미입니다.

時維摩詰, 來謂我言: 唯迦旃延, 無以生滅心行, 說實相法. 迦旃延, 諸法畢竟,
不生不滅, 是無常義. 五受陰 洞達, 空無所起. 是苦義. 諸法究竟, 無所有. 是空
義. 於我 · 無我, 而不二. 是無我義.

---

109 생멸심행生滅心行이란 경계 대상에 따라 마음의 활동이 일어났다 사라졌다 하는 모습
   을 말함. 그러므로 생멸심행이란 망상에 지나지 않는 중생의 마음의 활동.
110 실상實相이란, 진실의 있는 그대로의 모습을 말하는 것이며, 이때의 '상相'이란 무상無
   相을 의미하니, 실상은 즉 무상無相이라는 것이다. 이 실상이 붓다의 깨달음의 내용이
   다. 그러니 망상으로써 붓다의 깨달음의 세계를 설할 수 없다는 것이 이 단락의 요지
   다. 실상의 유의어로서, 일실一實, 일여一如, 일상一相, 무상無相, 법신法身, 법성法
   性, 열반涅槃, 무위無爲, 진제眞諦, 진성眞性, 실제實際 등을 들 수 있다.
111 존재하는 모든 것은 실체가 없는, 공한 성상性相이므로 끊임없는 형상의 변화가 있을
   뿐, 이유도 없이 홀연히 생겨나는 것도 아니요 불현듯이 사라지는 것도 아니다. 그러
   므로 존재하는 모든 것은 무상하다고 하는 것이다.
112 5수음 혹은 5음陰, 5온蘊이라고도 하며, 인간의 육체와 정신을 색色 · 수受 · 상想 ·
   행行 · 식識으로 나누며, 이 다섯 가지가 임의[假設]로 모여 생겨난 것이 인간이다. 그
   러므로 5온가화합蘊假和合이라고도 한다. 5온이란 즉 인간을 달리 표현한 용어며, 무
   아를 나타내는 의미를 지닌다. 인간의 육신이란 임의로 생겨난 5온가화합蘊假和合이
   므로 무상한 것이요, 구마라습에 의하면, 무상한 존재는 반드시 무너지고 사라지니, 이
   것이 바로 고통이라는 것이다. "什曰, 無常壞法, 所以苦也." 『주유마힐경注維摩詰經』,
   『대정장大正藏』vol. 38, p. 354.

【3-29】 법은 본디 (불에) 타는 것이 아니니[113] 이제 즉 멸할 것이 없습니다. 이것이 적멸의 뜻입니다, 라고 하였습니다. 이렇게 (유마힐이) 법을 설할 때, 그곳의 모든 비구들은 마음으로 해탈을 증득했습니다. 그러므로 저는 그의 병문안을 갈 수 없습니다."

法本不然, 今則無滅. 是寂滅義. 說是法時, 彼諸比丘, 心得解脫. 故我不任, 詣 彼問疾.

실상법實相法

가전연 존자의 출신에는 이설이 많다.[114] 가전연이 언제 출가하여 붓다의 교단에 들어왔는지는 확실하지 않으나, 일설에 그는 인도 서부

---

113 법본불연法本不然의 '연然'은 태운다는 의미의 '연燃'과 같은 용도로 쓰이므로, 여기서 는 보편적 용도인 '그러하다'라는 의미보다 '태우다'는 의미가 문맥을 더욱 분명하게 드 러냄. 구마라습에 의하면, 이 대목은 열반의 의미를 밝히고 있다고 한다. 생사로 연유 하여 타서 없어지니 멸할 것이 있다는 것이다. 생사란 타는 것이 아니며, 열반에는 멸 할 것이 없다. 열반(이라고 하는 것조차) 멸한 이것이 진정한 적멸이다. "什曰: 明泥洹 義也. 由生死 然盡故 有滅, 生死即不然, 無泥洹滅. 泥洹滅, 眞寂滅也." 『주유마힐경 注維摩詰經』, Ibid.
　이 해설에 대한 승조의 부연설명이 이 대목의 이해를 돕고 있다. 승조에 의하면, 소승에 서는 삼계란 치열히 불타고 있으므로, 그것을 멸함으로써 무위를 증득한다고 한다. 그 런데, "치열히 탄다"고 이미 정하였으니 '멸'이라고 하는 것이다. 대승의 관점에서는 본 디 타는 것이 아니다. 그러니 무엇이 멸할 것인가. 타는 것도 아니요, 멸하는 것도 아닌 이것이 진정한 적멸이다. "肇曰: 小乘 以三界熾然故, 滅之 以求無爲. 夫熾然 旣形故, 滅名以生. 大乘觀法, 本自不然, 今何所滅. 不然不滅, 乃眞寂滅也." 『주유마힐경注維 摩詰經』 Ibid.
114 출신설로서; ①서인도의 아반티Avanti 왕국의 바라문 출신설과, ②남인도의 바라문 출신 설이 있다. 남인도설로서는 싯달타의 탄생시에 그가 장래 부처가 될 것이라고 예언한 아 시타Asita 선인仙人의 제자였으나, 선인의 가르침으로 붓다의 제자가 되었다는 설이다.

의 아반티Avanti 왕국의 신하로서 왕명을 받아 붓다를 자국으로 모셔가 기 위하여 여러(혹은 7인) 대신들과 함께 붓다의 회상으로 왔으나, 모셔가기도 전에 붓다의 설법을 듣고 바로 출가한 제자로 알려져 있다.

그는 관료 출신답게 붓다의 설법의 요의를 잘 파악하였으며, 아무리 어려운 철학적 내용이라고 하더라도 누구에게라도 알아들을 수 있도록 해설을 잘하였으므로 교단 내에서도 논의제일論議第一이라는 칭호를 얻은 제자였다.[115] 여기서는 그의 호칭에 걸맞게 붓다의 설법을 듣지 못하였거나 또는 들었다 하더라도 이해하지 못한 비구들에게 붓다의 설법에 대한 부연 설명을 하는 곳에 유마 거사가 나타나 방해라도 하는 것 같은 장면이 그려진다.

가전연이 부연한 법의 내용은 불교 교리의 근간을 이루는 요체라 할 수 있다. 불교의 삼법인 즉 제행무상(일체의 모든 현상은 항상恒常하는 것이 없다), 제법무아(일체의 모든 존재는 아我(실체)가 없다), 열반적정涅槃寂靜(번뇌를 여읜 깨달음의 세계는 고요하며 안락하다), 그리고 일체개고一切皆苦(일체의 모든 현상은 고苦다)라는 초기불교의 기본교법의 내용이다. 무상이 무엇이며, 왜 무상한지, 고통의 원인은 무엇이며, 공이란 무엇을 의미하는지, 무아란 어떤 경우를 말하는 것이며, 적멸은 어떠한 경지를 말하는 것인지에 대한 자세한 설법을 가전연은 관료답게 초심자들에게 논리정연하게 설명하였을 것이다. 단지 가전연이 성문승으

115 일설에는 어려서부터 머리가 좋아 한 번 들은 것을 바로 외우는 능력이 있었으며, 그의 형도 브라만으로서 박학하여 사람들에게 브라만교의 근본성전인 베다를 강의하였다고 한다. 그가 베다를 강의하면 가전연은 한 번 듣고 외우는 것으로 끝나지 않고 내용을 완벽하게 이해하였다고 한다. 형이 동생의 자질을 심히 질투를 하니 가전연의 신변에 위험이 있을 것을 염려한 나머지 그의 아버지가 그를 아시타 선인에게 보내어 브라만교를 익히게 하였다. 그러나 가전연이 너무나 총명하여 그의 질문에 답을 하지 못한 선인이 그를 붓다에게 보내어 붓다의 제자가 되게 하였다는 설이 있음.

로서 그의 심행心行은 순간순간에 생멸하는 경지에 있으니 실상법인 교법을 설할 자격이 없다는 것을 유마 거사가 강조하고 있다.

이 의미는 무엇을 내포하고 있을까? 실상법이란 실상법계라는 뜻으로, 진실의 모습으로서의 이법理法의 세계를 말하는 것이며, 즉 일체의 모든 존재의 있는 그대로의 모습이 진실 그 자체라는 것을 의미한다. 여기에 유마 거사가 불교의 기본 교법의 요체에 부연하여 정의를 내리는 내용인데, 간략하나 매우 이해하기 쉽게 풀고 있다. 그의 정의는 단정적이나 매우 강렬한 메시지를 내포하고 있다.

즉 불교의 기본 교법은 유마경이 탄생될 무렵이나 그 이전에 아비달마 논사들에 의해 철학적이요, 논리적으로 충분하고도 넘칠 정도로 분석되었다. 그러나 그것이 새로이 교단에 입문한 제자들이나 재가불자에게는 현실과는 동떨어진 이론으로서 현실세계에 있어서는 사상누각에 불과하며 난해하기까지 하여 초심자들에게는 오히려 번뇌망념만 키우는 꼴이 되었다. 이는 불교철학이라고 할 기본내용을 부파불교[116]가 형성될 당시의 성문승들이 오히려 복잡하게 분석하고 이론화하여 어렵게 설명하는 점이나, 또 서로의 이론과 주장이 상이하기까지 하다는 점 등을 유마경 저자는 논의제일이라는 칭호를 얻은 가전연이라는 이름을 빌려 비판하는 의미가 배경에 깔려 있다고 볼 수 있다.

아비달마 논사들이 연구에 연구를 거듭함에 따라 그들이 풀어놓은 교법의 기본 사상이 복잡다단하게 변하고, 그럼으로 해서 실천보다는 형이상학적인 세계의 중요성을 강조하는 교단으로 불교의 성

---

116 인도 불교 사상 불멸 후 100년경에 보수적인 상좌부와 진보적인 대중부로 나뉜 뒤 수백 년 동안 20여 파로 분리되었다. 현 남방불교는 상좌부의 일파로서 대승불교의 맥을 잇는 동북아시아의 불교와는 수행 방법을 달리하고 있다.

격이 변한 것을 재가불교 운동 내지는 대승불교 운동을 통해 실천 없는 이론의 허상을 여실히 보여주고 있다. 흔히 불교에서 논하는 '도道'라든가 '공空'이라는 단어는 형이상학적인 말이다. 형이상학이 학문만으로서 그 역할이 끝난다면 그 학문은 현실세계에 살아 있다고 할 수 없다. 형이상학이 형이하학적인 세계에 녹아 있어 형이상·하가 이원론적 사고로 분리되어 각자의 세계를 구축하는 것이 아니라, 하나로서 현실사회에 실천되어질 때 의미를 가지는 것이다.

예를 들면, 제행무상이요, 제법무아라는 형이상학적 가르침은 이를 법인法印(캐치프레이즈)으로 삼는 불교가 인도 사회의 인종차별적 문화인 카스트 제도의 병폐를 타파할 수 있는 사상적 근거를 확립한 것이다. 붓다 당시에는 비록 교단 내에서만이 이행되었겠지만, 인도 사회의 각 분야에서 실천하고자 하는 노력을 볼 수 있는 반면, 지배계급과 기득권자들은 현실세계에서 받아들이려 하지 않는 이율배반적인 행동을 하고 있다. 그들에게 제법무아라는 진리는 산을 오르지 않는 사람의 등산 안내판에 불과한 것이다. 불교가 제대로 지배계급이나 기득권자들을 섭수하였다면 오늘날의 인도 사회에 카스트라는 말 자체도 남아 있지 않았겠지만, 더더욱 불교가 그 모태로부터 푸대접을 받는 일은 없었을 것이다.

전 세계의 사상가들이나 지식인들이 불교를 고도의 정신수양에 빼놓을 수 없는 훌륭한 종교로 인정하는데, 어찌하여 그렇게 뛰어난 종교를 탄생시켜 놓고서도 미신적이고도 저급한 종교(?)로부터 사람들은 헤어 나오지 못하는 것일까? 현실세계에 유행하고 있다고 해서 그것이 결코 인간 사회 내지는 자연계에 필요한 것이요, 유익하기 때문은 아니다. 지배계급 또는 기득권자(인간)들의 욕망에 의해 인간 사회 또는 자연계에 해악을 끼치는 것일수록 더 정당화되어 기실 우리 사회의 근간이 되어야 할 가치 있는 것 즉 실상법은 무시당하고 있는 실정이다.

【3-30】 붓다가 아누룻다Anuruddha(S. Aniruddha, 이하 아나율阿那律)에게 말씀하시길: "네가 유마힐을 찾아뵙고 병문안을 하여라."
아나율이 붓다께 말씀드리기를: "세존이시여, 저는 감히 그분을 찾아뵙고 병문안을 드릴 수 없습니다. 왜냐하면, 기억하건대, 제가 옛날 어떤 곳에서 경행經行〔포행〕을 하고 있었습니다.
佛告 阿那律: 汝行 詣維摩詰問疾. 阿那律 白佛言: 世尊, 我不堪任, 詣彼問疾. 所以者何, 憶念我昔, 於一處經行.

【3-31】 그때 엄정嚴淨이라 불리는 범천의 왕이 만 명의 범천〔권속〕들과 함께 밝은 광명을 발하며 저에게 다가오더니 계수례를 하고는 저에게 묻기를: '아나율이여, 스님의 천안은 어디까지 볼 수 있습니까?'
저는 즉시 답하기를: '거사님이시여, 나는 이 석가모니의 불국토인 삼천대천세계를 봄에 손바닥 안의 암마륵〔망고〕 과일을 보는 것 같습니다.'라고 하였습니다.
時 有梵王名曰 嚴淨, 與萬梵俱, 放淨光明, 來詣我所, 稽首作禮, 問我言: 幾何 阿那律, 天眼所見? 我卽答言: 仁者, 吾見此 釋迦牟尼佛土, 三千大千世界, 如 觀掌中, 菴摩勒果.

【3-32】 그때 유마힐이 다가와서 저에게 말하시기를: '아나율이여, 천안으로 보는 것이 형상으로 이루어진 것〔성질〕입니까? 아니면 형상을 이룬 것〔성질〕이 없는 것입니까? 만약 형상으로 이루어진 것〔성질〕이라면 즉 외도의

오통五通〔다섯 가지 신통〕과 같고, 만약 형상으로 이룬 것(성질)이 없다면, 즉 이것은 무위니 볼 것이 있다고 할 수 없습니다'라고 하였습니다.

時 維摩詰, 來謂我言: 唯阿那律, 天眼所見, 爲作相耶? 無作相耶? 假使 作相 則, 與外道 五通等, 若無作相, 即是無爲, 不應有見.

【3-33】　세존이시여, 그때 저는 묵묵히 있었을 뿐입니다. 모든 범천들은 그 말을 듣고 예전에 듣도 보도 못한 것을 얻고, 즉각 예를 올리며 묻기를; '이 세상에 누가 진정한 천안을 가진 자입니까?'

유마힐이 답하기를: '붓다, 세존이 계시는데, 진정한 천안을 얻으신 분입니다. 항상 삼매에 계시고 모든 불국토를 다 이상二相〔이원론적〕으로써 보시지 않습니다.'

世尊, 我時默然. 彼諸梵聞, 其言 得未曾有. 即爲作禮, 而問曰: 世孰 有眞天眼者? 維摩詰言: 有佛世尊, 得眞天眼. 常在三昧, 悉見諸佛國, 不以二相.

【3-34】　이때 엄정 범왕 및 그 권속 중 5백 명의 범천의 중생이 다 아뇩다라 삼먁삼보리를 향한 마음을 일으켰습니다. 〔그리고〕 유마힐의 발에 예를 마치고 홀연히 사라졌습니다. 그러므로 저는 그의 병문안을 갈 수 없습니다."

於是, 嚴淨梵王, 及其眷屬, 五百梵天, 皆發阿耨多羅三藐三菩提心. 禮維摩詰足已, 忽然不現. 故我不任, 詣彼問疾.

아나율의 맹세

어쩌면 유마경이 출현할 당시에는 승려를 포함한 많은 종교인들이 신통이란 미명하에 혹세무민을 하였을 것이다. 그때나 지금이나 무지한 사람은 항상 있기 마련이고, 무지하니 실상을 알지 못하고 또 사견을 정견으로 받아들일 수밖에 없었을 것이다. 과학이 사회의 최첨단을 선도해 가는 이 시대에도 사이비 종교인 내지는 무속인들이 호구지책으로 별것 아닌 것을 신통이라고 하거나 또는 신통인 것처럼 속이는 일을 하고 있으니 2천여 년 전에는 오죽하였을까.

유마경의 저자는 유마 거사를 내세워 이러한 폐단을 통렬히 비판하고자 하였을 것이다. 여기 그 본보기로 아나율이 이용된 것이라 볼 수 있다. 천안제일 아나율이 그의 능력을 과시하였다거나 신통력이 없는데 마치 천안통을 이룬 것처럼 행동을 하였기에 그것을 비판하기 위해 유마경에 등장시킨 것은 아닐 것이다. 유마경의 출현 당시에는 수많은 무속인 또는 각종의 종교인들이 신통이라든가 민간요법 등으로 혹세무민하였을 것이다.

불교에서는 설사 신통이 있다 하더라도 그것이 생사의 고뇌로부터 벗어날 수 있는 해탈, 즉 깨달음을 얻는 것과는 아무런 관계가 없다고 한다. 신통을 얻었다 하여 생·노·병·사의 네 가지의 고통과 거기에 네 가지를 더한 여덟 가지 고통에서 벗어난 것이 아니요, 생사윤회의 업으로부터 해탈한 경지가 아니기 때문이다.

아나율의 천안이란 어떤 세계를 말하는 것일까? 우리가 본다는 것은 육안으로써 사물을 분별하는 것을 말한다. 즉 형상을 지닌 것을 볼 수 있다는 말이다. 그렇다고 하여 형상을 지닌 모든 것을 다 볼 수 있다는 것이 아니라 시계視界라는 한계에 의해 보아서 분별할 수 있는 능력이 정해져 있다. 그러나 아나율은 이 삼천대천세계[사바세계]를 손바닥 안에 있는 하나의 망고처럼 볼 수 있다고 한다. 그의 능력은 시계의 한계가 없다는 말이다. 진정 천안이 아니고서는 시계의 한계가 없는 그의 능력은 육안으로써 도저히 있을 수 없는 심안의 능력을 지닌 것이 틀림없다. 그런데 말을 잘못 하였던 것일까, 하필이면 손바닥 안의 망고처럼 사바세계를 볼 수 있다고 했을까?

아함경에 의하면 그는 육안으로는 바늘에 실도 꿰지 못한다고 한다. 유마 거사에 의하면 형상으로 이루어진 것을 시계의 한계도 없이 손바닥 안의 과일을 보듯이 사바세계를 본다는 것은 외도들의 신통에 지나지 않고, 형상으로 이루어진 것이 없는 것이란 무위를 말하는 것이니 볼 것이 없는데 손바닥 안의 과일처럼 사바세계를 본다고 했으니 그것은 거짓이 된다.

아나율로서도 할 말이 있을 수 없다. 망고는 어디까지나 형상에 지나지 않는 것이다. 금강경에 형상으로써는 여래를 볼 수 없다며, 설사 여래의 상호로 알려진 32호상으로써도 여래를 볼 수 없다고 한다. 32호상(형상)으로써 여래를 볼 수 있다면 인도의 전설상의 왕이라고 하는 전륜성왕이 32호상을 지녔으니 그가 바로 여래라야 한다.[117] 아나율의 천안이란 육안과는 아무런 관계가 없다. 오직 번뇌망념으로부터 벗어난 청정심의 소유자만이 가질 수 있는 심안(혜안)으로써 세상을 바라볼 수 있는 경지를 말하는 것이리라.

아나율은 붓다의 사촌으로 알려져 있으며, 그에게는 많은 재미있고 감동적인 스토리가 그의 출가 수행과 더불어 얽혀 있다. 샤캬무니 붓다가 대각을 이루고 그의 가르침을 널리 펼치자 수많은 추종자가

---

117 "佛言, 須菩提, 若以三十二相, 觀如來者, 轉輪聖王, 則是如來. 須菩提 白佛言: 世尊, 如我解佛所説義, 不應以三十二相, 觀如來. 爾時 世尊, 而説偈言: 若以色見我, 以音聲求,我, 是人行邪道, 不能見如來." 『금강반야바라밀경』, 『대정장』 vol. 8, p. 752.

생기며 제자들이 그를 따랐다. 그 이름이 붓다의 고향에 알려지자 샤캬 족의 젊은이들 사이에 출가하는 것이 유행처럼 퍼졌다. 붓다의 사촌이자 아나율의 형인 마하나마Mahānāma는 많은 젊은이들이 출가하는 것을 보고 자기 집안에서도 한 사람 출가를 해야겠다는 생각으로 동생 아나율을 불렀다. 동생에게 출가할 의향이 있는지를 묻자, 타고나면서부터 낙천적인 아나율은 출가 수행의 고난을 겪어야 할 이유를 모르니 당연히 거절하였다. 동생의 거절로 형이 출가할 뜻을 비치고 대신 그가 해 왔던 모든 집안의 대소사를 맡게 하였다. 그러자 농사일이며, 집안의 권속들, 하인 하녀들을 거느리는 일, 그들이 굶주리는지 병이 들어 죽어가는지 등을 살피는 일, 가뭄과 홍수에는 어떻게 하며 등등 듣기만 하여도 귀찮은 일보다는 아나율은 출가의 길을 선택하였다.

형과의 사이에서는 출가의 문제가 해결되었지만 이젠 그의 어머니가 허락을 하지 않는다. 그의 어머니에게 아나율은 눈에 넣어도 아프지 않을 자식이었다. 출가 전 4계절에 맞춘 궁중 생활을 했던 붓다처럼 아나율에게도 봄, 여름, 가을, 겨울, 철 따라 쾌적한 별장이 있어 부족함이 없는 생활을 하였으며 춤이며 스포츠 어느 것 하나 못 하는 것이 없는 만능선수였다고 한다. 무엇 하나 부족함 없이 자란 아나율로서는 만사에 태평이요, 힘든 일이 없었다. 이런 아들이 출가를 고집하니 그의 어머니는 현 국왕이요, 그의 사촌인 밧디야Bhaddiya[118]

---

118 밧디야Bhaddiya는 빨리어로서 이에 해당하는 산스크리트어는 Bhadrika 혹은 Bhadraka로 알려져 있다. 불전에는 두 사람의 밧디야가 등장하며, 여기에 등장하는 샤캬 족의 국왕으로서의 밧디야와 샤카무니 붓다가 고행하던 시절 함께 수행하였던 5인의 수행자 중한 사람인 브라만 출신의 밧디야가 있다. 그는 싯달타가 출가하자 그의 아버지 정반왕이 아들의 호위를 부탁하여 싯달타와 함께 수행의 길로 나섰던 사람이다.

가 함께 출가를 하면 허락하겠노라고 조건을 내걸었다. 설마 국왕이 출가하리라고는 꿈에도 생각지 못한 일이었기 때문이다.

아나율은 국왕을 찾아가 사정을 말하고 같이 출가할 것을 간청하지만 보기 좋게 거절당했다. 그러나 아나율은 그의 뜻을 굽히지 않고 약속을 받아 낼 때까지 포기하지 않았다. 결국 국왕 밧디야는 함께 출가할 것을 약속한다. 하지만 나라의 살림살이 등 해야 할 일을 마무리 하는 데 필요한 7년 간의 시간을 요청하였다. 하고 싶은 것을 기다려 본 적이 없는 아나율이 말을 듣지 않자, 7년이 5년, 3년, 1년, 그래도 그의 결심은 꺾이지 않았다. 급기야 7일 간의 시간을 요청, 그 사이 출가 준비를 하고 다른 4명의 왕족 – 아난阿難(아난다Ānanda), 바구, 제바달다提婆達多(데바닷타Devadatta), 금비라金毘羅(캄필라Kamphilla) – 과 함께 6명의 샤캬 족의 젊은이들이 출가의 길에 올랐던 것이다.

한편, 아나율은 출가한 후에도 좀처럼 세속의 습관에서 벗어나지 못하였다. 어느 날 기원정사에서 붓다의 설법을 듣는 둥 마는 둥 꾸벅꾸벅 졸자 이를 본 붓다가 심하게 그를 꾸짖었다. 붓다의 꾸짖음에 정신을 차린 아나율은 설사 두 눈이 멀고 육신이 부서지더라도 졸지 않겠다는 맹세를 하고, 그 후 두 번 다시 졸지 않았으며 심지어 두 눈을 감는 것조차 하지 않고 용맹 정진을 하여 기어이 큰 깨달음을 얻었다. 오랫동안 감지 않은 그의 두 눈은 말라 버렸다. 아나율의 육안은 두 번 다시 빛을 보지 못하였지만 심안을 갖게 되었으니, 이로써 붓다의 10대 제자 중 천안제일이라는 칭호를 얻게 된 것이다.

한때, 아나율은 부처님의 설법을 듣기 위해 많은 대중과 함께 야단법석에 참석하였다. 때에 그의 누더기(가사)가 해졌음을 알고 기우려 하나 바늘에 실을 꿸 수가 없어 주위의 스님들에게 부탁을 하게 되었다. 누군가 공덕을 쌓아 깨달음을 얻고자 한다면 이 바늘에 실 좀 꿰어 달라고 하자, 누군가 다가와서는 자기가 실을 꿰어줄 수 있게 해 달라고 한다. 그 음성이 붓다임을 알아차리고 아나율은 의아해하며 여쭙는다.

"세존이시여! 저는 세존께 부탁을 드릴 수가 없습니다. 저는 다만 어떤 사람이건 덕을 쌓고 복을 빌려는 사람을 찾을 뿐입니다."
"아나율이여! 이 세상에서 나보다 더 덕을 쌓고 복을 빌려는 사람은 없느니라."
"세존이시여! 당신은 이미 대각을 이루신 분, 더 이상의 어떠한 덕을 쌓고 진리를 얻고자 하십니까?"
"아나율이여! 나 또한 법을 찾고 있으며, 진리를 추구함에는 끝이 없느니라."

붓다는 실을 꿰는 것뿐만 아니라 그의 가사까지 기워 주었다. 그리고 설사 붓다라고 하더라도 만족하는 것으로 멈춰서는 안 되는 6가지의 덕목으로서; (1)보시布施, (2)교계敎誡, (3)인욕忍辱, (4)설법說法, (5)중생애호衆生愛護, (6)무상정진無上正眞의 법法을 구해야 한다는 것을 설하였다.[119] 이와 같은 수행은 한계가 있어 깨달음으로써 끝나는 것이 아니라, 아무리 수행을 하더라도 충분하다는 한계는 없다는 것이다. 그러므로 붓다는 깨달음을 증득한 후 열반에 들 때까지 언제나 이 여섯 가지의 덕목을 추구하였으며, 정진을 멈추지 않았다.

---

119 "如來於六法, 無有厭足. 云何爲六, 一者, 施, 二者, 敎誡, 三者, 忍, 四者, 法說義說, 五者, 將護衆生, 六者, 求無上正眞之道." 『증일아함경』, 『대정장』 vol. 2, p. 719.

아나율의 붓다를 향한 애정은 어느 누구보다도 각별한 점이 있었다. 붓다가 열반에 들었을 때 마치 홀어머니를 여의고 천애 고아가된 양 슬퍼하며 아난 존자와 함께 밤을 새워 그 곁을 떠나지 않은 제자가 바로 아나율이었다.

살신성인

한편, 아나율과 함께 국왕 밧디야가 출가하자 샤캬 족을 이끌 새로운 지도자로서 아나율의 형 마하나마가 등장하게 되었다. 일설에의하면, 일찍이 이웃나라의 대국인 코사라 국에서 샤캬 족의 여인을왕비로 맞이하기 위해 카필라바스투Kapilavastu(가비라迦毘羅)를 찾아왔다. 샤캬 족은 자부심이 강한 부족으로서 이웃나라를 무력으로 짓밟고 있던 코사라 국의 파세나디Pasenadi 왕(파사닉왕波斯匿王)을 흉포한사람으로 여겨 샤캬 족의 공주를 그의 짝으로 맞이하게 할 수는 없었다. 샤캬 족의 귀족 출신의 딸 대신에 마하나마와 그의 노예 나가문다Nāgamundā 사이에 태어난 바사밧캇티야Vāsabhakkhattiyā를 샤캬 족의딸이라고 속여 코사라 국으로 보냈다.

그들 사이에서 태어난 비두다바Vidudabha(비유리毘瑠璃)가 8세(혹은16세)가 되는 해에 그의 어머니의 고향 카필라바스투에 와서 외조부인 마하나마의 집을 방문하였다. 부왕 파세나디가 카필라바스투에가서 궁술 등 무술을 배우고 오라는 명령을 내렸던 것이다. 그의 출신 내력을 알고 있던 샤캬 족이 비두다바를 보고 샤캬 족 노예의 아들이라고 놀렸다. 이에 분개한 그는 후에 복수할 것을 맹세하였다.

그가 왕위에 오르자 대군을 이끌고 카필라바스투를 쳐들어 갔다.

　이 소식을 들은 붓다께서는 울창한 보리수나무의 그늘을 마다하고 국경 지역의 대로에서 뜨거운 태양을 피하지 않고 비두다바를 기다리고 있었다. 비두다바는 붓다께서 뙤약볕에 서 있는 모습을 보고 보리수 숲을 가리키며 나무그늘 아래에서 수행하실 것을 권하였다. 붓다의 응답은 "보리수 그늘이 좋다고는 하나 내 고향 나무그늘 아래에서 쉬는 것만 같겠느냐!"라고 하였다. 그 보리수 숲은 코사라 국의 경계에 있었던 것이다. 붓다의 의중을 알아차린 비두다바는 대군을 물리치고 코사라로 되돌아갔다.

　그러나 비두다바는 어린 시절의 모욕을 잊지 못하고 두 번이나 더 카필라바스투를 쳐들어갔다. 그럴 때마다 붓다께서는 대로에서 햇볕을 피하지 않고 대군을 맞이하였다. 이로 인하여 붓다께서는 그 후 평생 두통을 앓았다고 한다. 비두다바가 네 번째 침략을 하자 붓다께서는 "샤캬 족이 저지른 업보는 붓다로서도 어쩔 수 없다!"고 하시며 더 이상 저지하지 않았다.

　한편 비두다바의 대군을 맞이한 샤캬 족의 국왕 마하나마는 그의 잘못을 인정하고 비두다바에게 잠깐의 시간을 요청하였다. 샤캬 족의 잘못으로 연유도 모르는 어린아이들과 저항할 수 없는 노약자, 아무런 잘못도 없는 하인과 노예들마저 희생 당하게 내버려 둘 수는 없었기 때문이다. 그들에게 샤캬 족이 코사라 국왕에게 잘못을 저지른 연유를 설명하고 잠시라도 피신할 수 있는 시간을 요청하였다. 그 잠시의 시간이란 마하나마가 연못 속에 들어가 숨을 쉬기 위해 물 밖으로 머리를 내미는 동안이면 족하다는 것이었다. 허락을 받은 마하나마는 물 속에 들어가 그의 머리카락을 풀어 물 속의 나무뿌리에

묶었다. 그렇게 그는 영원히 물속에서 떠오르지 않았다. 이렇게 하여 샤캬 족은 나라를 잃었으나 그의 살신성인의 보살행으로 모든 백성들의 생명은 구할 수 있었다고 한다.[120]

【3-35】 붓다가 우바리優波離(이하 우파리Upāli)에게 말씀하시길; "네가 유마힐을 찾아뵙고 병문안을 하여라." 우바리가 붓다께 말씀드리기를; "세존이시여, 저는 감히 그분을 찾아뵙고 병문안을 드릴 수 없습니다. 왜냐하면, 기억하건대, 옛날 두 비구가 있었는데, 계율을 범한 행동으로 부끄러워 감히 부처님께 여쭙지를 못하고 제게 와서 묻기를:

佛告 優波離: 汝行 詣維摩詰問疾. 優波離 白佛言: 世尊, 我不堪任, 詣彼問疾. 所以者何, 憶念昔者, 有二比丘, 犯律行 以爲恥, 不敢問佛, 來問我言:

【3-36】 '우바리여, 우리들은 계율을 범하여 정말 부끄럽기 짝이 없습니다. 감히 붓다께 아뢰지를 못하니, 바라건대, 우리들의 회한을 풀어 이 허물로부터 벗어나게 해 주십시오.' 〔라고 하기에,〕 저는 즉시 그들을 위해 여법하게 〔계율에 대해〕 해설하고 있을 때 유마힐이 다가와서 제게 말하시기를:

唯優波離, 我等犯律, 誠以爲恥. 不敢問佛, 願解疑悔, 得免斯咎. 我即爲其, 如法解說. 時 維摩詰 謂我言:

【3-37】 '우바리여, 이 두 비구승들의 죄를 거듭 키우는 일이 없도록 하십

---

120 이 스토리는 『증일아함경增一阿含經』 26권, 『대정장大正藏』 vol. 2, 「등견품等見品」 제34에 수록되어 있다. 원문을 그대로 번역한 것은 아니지만 줄거리는 원문에 충실하였으며, 장문인 까닭으로 원문을 인용하지 않음.

시오. 당연히 바로 〔죄를〕 제거하여 그들의 마음이 혼란스럽지 않게 하십시오. 왜냐하면, 그들의 죄의 성품은 안에 있는 것도 아니요, 밖에 있는 것도 아니며, 중간에 있는 것도 아닙니다. 마치 붓다가 설한 바와 같이 마음이 더러운 까닭으로 중생도 더러운 것입니다. 마음이 깨끗한 까닭으로 중생도 깨끗한 것입니다. 마음 또한 안에 있는 것도 아니요, 밖에 있는 것도 아니며, 중간에 있는 것도 아닙니다. 그 마음이 그러한 것과 같이 죄의 허물도 또한 그러합니다. 일체의 모든 사물도 또한 그와 같이 있는 그대로의 모습〔진여眞如〕에서 벗어나지 않습니다.

唯優波離, 無重增 此二比丘罪. 當直除滅, 勿擾其心. 所以者何, 彼罪性, 不在內, 不在外, 不在中間. 如佛所說, 心垢故, 衆生垢. 心淨故, 衆生淨. 心亦, 不在內, 不在外, 不在中間. 如其心然, 罪垢亦然. 諸法亦然, 不出於如.

【3-38】 만약 우바리여, 심상心相으로써 해탈을 얻었을 때, 허물이 있습니까, 없습니까?' 제가 답하기를: '없습니다.' 유마힐이 말하시기를: '일체중생의 심상에 허물이 없는 것도 또한 이와 같습니다. 우바리여, 망상이 바로 허물이요, 망상 없음이 청정한 것입니다. 전도가 바로 허물이며, 전도 없음이 청정한 것입니다. 자아가 있다고 하는 것이 바로 허물이요, 자아가 있다고 하지 않음이 청정한 것입니다.

如優波離, 以心相, 得解脫時, 寧有垢不? 我言: 不也. 維摩詰言: 一切衆生, 心相無垢, 亦復如是. 唯優波離, 妄想是垢, 無妄想是淨. 顚倒是垢, 無顚倒是淨. 取我是垢, 不取我是淨.

【3-39】 우바리여, 일체의 법은 생멸하여 조금도 머무르지 않아 마치 허깨비와 같고 번개와 같습니다. 제법은 서로 기다리지 않는가 하면 한 순간

도 머무르지 않습니다. 제법은 모두 망령되이 〔허상을〕 보는 것이니 마치 꿈과 같고 아지랑이 같습니다. 수중의 달과 같고, 거울 속의 상像과 같으며, 망상으로써 생겨납니다.

優波離, 一切法 生滅不住, 如幻如電. 諸法 不相待, 乃至 一念不住. 諸法 皆妄見, 如夢, 如炎, 如水中月, 如鏡中像, 以妄想生.

【3-40】 〔계율을〕 이와 같이 아는 사람을 계율을 봉행하는 〔사람〕이라고 부르는 것입니다. 〔계율을〕 이와 같이 아는 사람을 〔계율에 대해〕 이해를 잘하는 〔사람〕이라고 부르는 것입니다.' 여기서 두 비구가 말하기를: '수승한 지혜다. 이것은 우바리가 미칠 수 없는 수준이다. 계율을 지킴에 있어서도 말을 할 수가 없다.'

其知此者, 是名奉律. 其知此者, 是名善解. 於是 二比丘言: 上智哉. 是優波離, 所不能及. 持律之上, 而不能說.

【3-41】 저는 즉시 답하기를: '제 스스로 여래를 빼고는 아직 성문 및 보살로서 그의 수월하게 설법하는 변재를 제압할 수 있는 사람은 없습니다. 그의 지혜의 밝고 통달함은 이와 같습니다.' 그러자 두 비구는 회한을 거두고 아뇩다라삼먁삼보리를 향하여 마음을 일으키고 이와 같은 발원을 하며 말하기를: '일체중생이 다 이 말씀을 증득하기를 원하노라'고 하였습니다. 그러므로 저는 그의 병문안을 갈 수 없습니다."

我即答言: 自捨如來, 未有聲聞, 及菩薩, 能制 其樂說之辯. 其智慧明達, 爲若此也. 時 二比丘, 疑悔即除, 發阿耨多羅三藐三菩提心, 作是願言: 令一切衆生, 皆得是辯. 故我不任, 詣彼問疾.

무혈혁명

위에서 잠깐 논한 바와 같이 우바리는 샤캬 족의 이발사였다. 그는 당시의 국왕 밧디야를 위시해서 함께 출가의 길에 나섰던 여섯 샤캬의 젊은이들의 머리를 깎아 주기 위해 따라갔던 그들의 노예였다. 도중에 샤캬의 젊은이들이 깨달은 바가 있어 그들이 입고 있던 옷이라든가 값진 장신구, 타고 가던 말을 우바리에게 주며, 그동안 그들의 시중을 들었던 노고를 치하하며 집으로 돌아가게 하였다. 출가의 길에 오른 사람들이 세속의 값진 옷과 장신구 등이 필요할 리 없기 때문이다. 모든 것을 받아든 우바리는 집으로 돌아가던 발길을 멈추고 가진 것들을 모두 타인에게 보시하고는 도로 발길을 돌려 샤캬의 젊은이들과 합류하였다. 노예의 신분으로 값진 것을 소지하고 돌아가면 사람들에게 오해를 받아 오히려 그 물건들을 강탈하였다고 할 것을 잘 알기 때문이었다.

그리하여 그 스스로의 의지와는 상관없이 출가의 길로 들어섰으나 노예의 신분이라 학문을 이룬 것도 없고 그렇다고 하여 명상이나 요가 등 수행한 일도 없으니 교단에서 함께 수행한다는 것은 그로서는 어느 누구보다도 어려운 삶이었다. 이러한 사정을 잘 알고 있던 붓다는 오직 올바른 몸가짐 하나만으로도 깨달음을 얻을 수 있다는 설법과 함께 계율을 지키는 것으로 수행처로 삼게 하였고, 일생을 통해 청정한 삶을 지키려는 그의 노력은 그를 교단 내에서도 지계제일이라는 별칭을 얻게 한 원동력이 되었다.

우바리의 출가는 단순히 한 사람의 세속인이 승려가 되어 계율을 중심으로 수행하여 도를 이루었다는 불교 내부적 이해만으로 논할 수 없었다. 우바리의 출가에는 그 의미와 파급된 영향이 너무나도 큰 것을 내포하고 있기 때문이다. 불교 교법의 가장 근본이 삼법인이다. 제행무상·제법무아·열반적정이라는 불교의 근본교리는 불교도에 있어서는 출가 전에 지니고 있었던 인도 사회의 전통적 가치관 - 브라만교의 교리와 그 문화 - 으로부터 벗어나야만 받아들일 수 있는 반 브라만교적 개념이다.

붓다의 10대 제자弟子들만 하더라도 우바리만 제외하고 모두 브라만과 크샤트리야 출신이다. 샤카 족의 젊은이들이 유행병처럼 붓다의 제자가 되기 위해 교단에 몰려들 때, 국왕이었던 밧디야를 위시해서 아난 등 함께 출가했던 다섯 비구들이 그들의 머리를 깎아 줄 사람으로서 이발사였던 우바리 - 수드라 즉 노예로서 이때 출가하여 10대 제자 중 지계持戒 제일이 됨 - 를 대동하였던 것이다. 부처님께 출가할 뜻을 밝히고 허락해 주시기를 기대하던 샤카 족의 왕자들은 붓다로부터 마른 하늘에 벼락 같은 충격을 받았다. 출가를 허락하지만 하나의 조건이 있다는 것이었다. 즉 노예인 우바리를 먼저 머리를 깎여 출가시키고 그 후 우바리가 그들의 머리를 깎아야 출가를 허락한다는 것이다.

승가에는 먼저 출가한 자가 선배며 후배는 선배를 존경하며 따라야 하는 법이 있다. 그때 당시의 인도 사회 제도와 풍습으로서는 수드라가 왕족과 함께 식사한다는 것조차도 감히 상상하지 못하는 일이었다. 하물며 선배로 모셔야 한다는 규칙은 아무리 출가를 결심하였다지만 다섯 왕족들은 물론 어제까지 국왕이었던 밧디야로서는 참지 못할 치욕이었다. 밧디야는 드디어 참지 못하고 항의하기에 이른다.

"부처님이시여, 우바리는 우리들의 노예입니다."

"나도 알아, 밧디야. 나 스스로도 한때 왕족이었음이 자랑스러웠던 적이 있느니라. 그러나 알라! 그대가 부자요, 고귀하며 우바리는 가난하며 천민이라 하더라도 늙고 병듦에 차별이 없으며, 원수를 피하지 못하고, 사랑하는 이와 헤어지지 않을 수 없음에는 조금도 다름이 없느니라. 그러므로 모든 여래는 귀 · 천과 강 · 약에 관계없이 만물이 다 평등하다고 하셨느니라."

밧디야 외 다섯 샤캬의 젊은이들은 심한 꾸지람을 듣고 깨달은 바 있어 출가할 것을 맹세하였다. 이렇게 하여 샤캬 족과 더불어 여섯 비구가 탄생하게 되었다.

이 사건은 단순히 우바리가 먼저 출가하고 다섯 샤캬의 젊은이들이 나중에 출가한 간단한 일에 지나지 않는 것 같으나, 실로 이것은 인도 사회에서 전무후무한 대 역사를 이룬 사건이라 할 수 있다. 다시 말하면 무혈혁명을 일으킨 사건이라는 것이다. 인도 사회에 만연해 있는 악습으로 사람과 사람 사이의 차별제도, 노예의 자식은 영원히 노예로서 살아야 하는 죄 없이 천벌을 받는 것 같은 제도, 즉 카스트 제도다. 2500년 전에 카스트 제도라는 악행의 근본을 파악하고 그 악습을 타파할 수 있는 사상적 이론 – 제행무상과 제법무아 – 을 확립하여, 그 이론을 교단 내에서부터 실천함으로써 인도 사회의 지배계급과 제도권에 의해 저질러지고 있던 악행에 일침을 놓은 획기적인 사건이다.

수계의 의미

유마경에서는 우바리가 유마 거사에게 곤욕을 치루는 모습으로 등장하지만, 이 장면은 오히려 우바리처럼 계율을 지키는 것만으로도 아라한과를 증득할 수 있다는 것을 보여주는 좋은 사례라고 할 수 있을 것이다. 이 의미는 깨달음을 향한 수행에 계율이 차지하는 무게는 결코 가볍지 않으며, 필요불가결한 것이다. 그러나 21세기 과학의 첨단을 살아가는 이 시대에 학문적 연구로서의 필요에 의해 계율을 논한다면 모를까, 수행덕목으로써 계율을 논하는 일은 수행 자들 사이에서도 금기시하고 있는 실정이다.

계율이라고 하지만 좀 더 범위를 좁히면 5계 내지는 10계를 말하며, 비구 혹은 비구니에게 해당하는 계율로서 그 덕목이 250계 또는 500계를 설정하고 있으나 실질적인 차원에서는 무의미한 것이다. 그 까닭은 계율의 가장 기본적인 재가불자의 5계, 사미(니) 10계[121]조차 지킨다는 것은 승·속을 막론하고 거의 불가능에 가까운데, 250 내지 는 500계를 논한다는 것은 어찌 어불성설이라 하지 않을 수 있을까.

계율의 덕목을 다 못 지키더라도 종교에서 계율의 설정은 필요하

---

121 10계란, 1) 불살생不殺生; 산 생명을 죽이지 말라. 2) 불투도不偸盜; 도둑질을 하지 말라. 3) 불사음不邪淫(불음계不淫戒); 음행을 하지 말라. 4) 불망어不妄語; 거짓말을 하지 말라. 5) 불음주不飮酒; 술을 마시지 말라. 6) 불도식향만不塗飾香鬘; 장신구를 하거나 향료를 몸에 바르지 말라. 7) 불가무관청不歌舞觀聽; 노래를 하거나 춤을 추고 또 그러한 것을 보지 말라. 8) 부좌고광대상不坐高廣大牀; 높고 거대한(화려한) 침대를 쓰지 말라. 9) 불비시식不非時食; 시간(오전) 이외에 먹지 말라. 10) 불축금은 보不蓄金銀寶; 금은재보(금전)를 지니지 말라. 앞의 5덕목은 5계에 속한다. 오늘날 전 자의 5계는 꼭 지켜져야 할 덕목이라고 하더라도 후의 5계는 포교를 위하여 오히려 권 장하고 있는 실정이다.

다고 한다면 그것은 종교를 기만하는 것일 뿐 아무런 도움이 되지 못한다. 이는 시대적 또는 지역적 특성 때문이라도 일관되게 논해져서는 안 될 덕목이기 때문이다. 예를 들어 10계 중 마지막 덕목인 금전을 소지할 수 없다는 계율을 이 시대 이 나라에서는 지키고 살 수 없다. 수행자가 돈이 없어도 살아갈 수 있는 사회체제가 아니기 때문이다. 남방불교처럼 수행자가 탁발을 하며 살아갈 수 있는 사회도 아니며, 아무 숲속이나 산야에 초암을 짓고 수행을 할 수 있는 나라도 아니다. 교통수단을 이용하지 않고 걸어서만 다닐 수 있는 시대가 아니니 승려라 하여 운임을 받지 않아야 한다는 법이 있는 것도 아니다. 계율의 제정은 시대와 지역에 따라서 다시 정립되어야 할 문제가 남아 있다.

오히려 우리에게 더욱 중요하게 다루어져야 할 덕목으로서 열 가지 악행을 저지하는 수행으로 10선계善戒가 있다. 10선계라고는 하나 크게 나누어 신身·구口·의意 삼업三業에 의해 저질러지는 잘못을 경계하고자 하는 수행덕목이다. 즉 몸으로 범하는 살생·도둑질·간음, 입으로 범하는 거짓·헛된말·욕설·이간질, 마음으로 범하는 탐욕·화냄·어리석음을 말한다.

이와 같이 10선계를 중시하는 까닭은 출가 수행의 목적이라고 할 수 있는 지혜를 증득하기 위해서는 반드시 우선적으로 지켜져야 할 덕목이기 때문이다.『대열반경大般涅槃經』「범행품梵行品」에 의하면, 수행자(보살)가 보리(깨달음)를 얻기 위해 반드시 기본적으로 갖추어야 할 수행 덕목으로서 계戒·정定·혜慧 삼학三學을 설하고 있다.[122]

---

122 보리의 상相 또한 두 가지가 있으니, 첫째 상常이요 둘째 무상無常이다. 열반 또한 (두 가지가) 있다. …… 성문과 연각이 지닌 보리는 무상無常이라 하며, 보살과 모든 부처

우리의 삶에서 번민이 일어나는 까닭은, 인간의 힘으로서는 어쩔 수 없는 천재지변을 제외하고는, 계율에서 논하는 올바른 생활을 하지 않기 때문이다. 거짓말을 하니 그 후에 다가올 결과가 나를 행복하게 내버려 둘 리 없다. 올바른 삶을 영위하지 않고서는 번뇌를 멸하여 마음의 안정을 얻을 수 없고, 마음이 안정되지 않으니 지혜를 증득할 수 없는 것은 더 이상 설명을 필요로 하지 않는다. 여기서 지혜라 말하는 것은 사물을 있는 그대로 바로 볼 수 있는 힘을 말하는 것이다. 올바른 삶으로써 얻을 수 있는 지혜에 의지하여 한량없는 세월 동안 쌓아 왔던 고정관념을 깨뜨리고 불자가 얻고자 하는 불도[깨달음]를 완성하는 것이다.

그렇다고 하여 계율에 얽매여 수행의 대의를 잃어버리면, 오히려 계를 지키려는 집착에 의해 마음의 안정을 얻을 수 없게 된다. 그러니 계·정·혜 삼학三學은 부즉불리不即不離 – 서로 함께하려야 함께할 수 있는 것도 아니요, 떨어지려야 떨어질 수 있는 것도 아닌 – 의 관계며, 이를 통해서만이 아뇩다라삼먁삼보리[지혜의 완성]는 체현體現될 수 있다고 하는 것이다.

계율의 중요성은 꼭 수행자[종교인]에게만 해당하는 문제는 아니

<hr />

가 지닌 보리를 상常이라 이름한다. 선남자야! 도와 더불어 보리, 열반을 상常이라 이름하며, 일체중생이 언제나 한량없는 번뇌에 덮여 있어 혜안이 없는 까닭으로 [도, 보리, 열반을] 볼 수 없느니라. 그래서 모든 중생이 보고자 하므로 계·정·혜를 닦고, [계·정·혜를] 수행함으로써 도나 보리 또는 열반을 보느니라. 이것을 보살이 도나 보리 또는 열반을 증득하였다고 이름하느니라. "菩提之相, 亦有二種. 一者常 二者無常. 涅槃亦爾, …… 聲聞·緣覺, 所有菩提, 名爲無常. 菩薩諸佛, 所有菩提, 名之爲常. 善男子, 道與菩提, 及以涅槃, 悉名爲常, 一切衆生, 常爲無量, 煩惱所覆, 無慧眼故, 不能得見. 而諸衆生, 爲欲見故, 修戒·定·慧, 以修行故, 見道菩提, 及以涅槃. 是名菩薩, 得道菩提, 及涅槃也." 『대열반경』 제8 「범행품梵行品」, 『대정장』 vol. 12, p. 465.

다. 불교에서 제행무상이라는 교법을 설하지 않는다고 하더라도 성주괴공成住壞空의 법칙에서 벗어날 수 있는 것은 이 사바세계에서는 없을 것이다. 즉 우리가 살고 있는 이 지구도 수명이 있어 성주괴공의 법칙에서 벗어날 수 없다는 뜻이다. 그러나 지구가 성주괴공의 법칙에 의해 수명이 다하기 전에 인류의 멸망이 일어난다면 그것은 계율이 무너지는 것으로 인한 결과일 것이다. 여기서 계율을 논하는 까닭은 계의 덕목이 어떠하다거나 학문적으로 연구하기 위한 것이 아니다. 계를 지킨다는 것은 깨달음과 직접적 관계가 있기 때문이다. 계·정·혜 삼학의 부즉불리 관계를 부정할 수 있는 이론이 확립되기 전까지는 이것은 유효하다. 남이 잘 되는 것을 두고 보지 못하고 시기 질투를 하는 마음을 가지고서는 지혜가 있다고 할 수 없을 것이고, 더더욱 깨달음을 얻겠다고 하지는 못할 것이다.

오늘날 한국의 곳곳에서 위파싸나vipassana 수행원과 간화선 센터가 유행이다. 복잡하고 각박한 현대를 살아가는 사람들에게 이러한 수행이 도움이 안 된다는 의미는 아니지만, 진정 되돌아 봐야 할 부분은 스스로의 마음의 행처 즉 바로 지금 나의 마음이 어디를 향하고 있나 하는 것을 살펴보는 것이 우선되어야 하지 않을까. 이렇게 스스로의 마음의 향방을 들여다보는 수행을 야납은 견성見性이라 한다. 마음이 자신의 삶을 비관하고 있거나, 남을 비판 또는 속이려 하고, 무엇인가를 힘들이지 않고 얻으려는 생각이 꼬리에 꼬리를 물고 있다면, 이를 아는 순간 그 생각을 멈춰야 한다. 이렇게 비현실적인 생각에 빠져 깨어나지 못하는 것을 흔히 혼침昏沈이라고 한다. 위파싸나건 간화선이건 깨달음을 얻고자 좌선(명상)을 하지만 진정 그들의 마음의 향방이 세속적 목적의식에서 한 발짝 물러서 있지 않다면 수고로움만 더할 뿐 아무런 소용이 없을 것이다.

여기서 견성이라고는 하나 선종에서 직지인심直指人心 견성성불見性成佛이라고 하여, 깨달음을 얻어 성불한다는 의미로서 깨달음의 경지를 말하는 그 견성은 아니다. 단지 현재 나의 마음이 어디를 향하고 있는지 살펴보라는 의미다. 그 방향이 탐·진·치 삼독을 근본으로 한 마음 씀씀이면 어느 누구라도 그 마음이 본래 스스로의 마음이라고 할 사람은 아무도 없다. 탐·진·치 삼독에 중독된 마음이 본래 스스로의 마음이 아니라는 것을 안다고 하더라도 수행이 덜 되어 그 마음을 제어하지 못하니, 중독된 그 마음은 점점 커가고, 급기야 탐·진·치 삼독이 주인이 되어 인간의 행동을 좌지우지하게 하는 것이다.

우리는 세속적인 이익 추구를 목적으로 살아가는 사람, 즉 돈밖에 모르는 사람을 흔히 천박하다고 한다. 그 까닭은 이러한 사람들은 부모형제나 스승, 이웃과 나라라는 가치관보다 개인의 이익을 우선시하기 때문이다. 한편, 세속에 살면서도 세속에서의 의무는 등한히 하고 종교 특히 사이비 종교에 빠져 있는 사람들의 삶을 허황하다고 한다. 즉 부모나 처자식이 굶든 죽든 관여치 않고, 세속의 삶에 염증을 일으켜 도인이 되겠다고 심산유곡을 찾거나, 현실성 없는 공허한 도리를 내세워 그것이 진리인 양 고정관념에 사로잡혀 일생을 보내기 때문이다.

어느 종교에서나 세속에서의 삶에서 부지런히 열심히 일하라고 한다. 단지 한 발만 세속에 깊숙이 들여놓더라도, 앞으로 내디딜 한 발은 지금까지 후회하며 살아왔던 그런 곳에는 내려놓지 말라는 것이다. 유태교[쥬다이즘Judaism]를 근본으로 해서 기독교 계통의 종교에서 일주일 중 제 7일째 되는 날을 주일主日이라고 한다. 그 까닭은 사원으로 가는 것 외에는 일을 하지 못하도록 하기 위해서다. 그 날은 스스로를 돌아볼 수 있는 시간을 가지라는 의미가 있다. 그러나 머리로는 그렇게 하려고 해도 행동이 따르지 않으니 매일매일이 후회스런 나날로 거듭 되는 것이다. 최소한의 계율(5계 내지는 십선계)의 설정과 수계의 의미는 여기에 있다. 불자들로부터 "지키지도 않는 계율을 설정하면 무엇하며, 더더욱 지키지도 못할 계를 받으면 무엇하나"라는 말을 흔히 듣는다. 수계를 받되 받는 그날로 지킬 수만 있다면 그것보다 좋은 일이 어디 있을까.

계를 지킨다는 말은 욕망을 제어한다는 말의 동의어다. 설사 하루를 지키고 다음날 파계하더라도 수계를 받았다는 사실을 잊어버리지만 않는다면 앞으로 내디딜 한 발자국은 지금까지 내디뎌 후회하였던 곳에는 내려놓지 말자는 의식이 살아날 것이다. 그로부터 언젠가 그 발을 새로운 곳에 내려놓을 때, 지금까지 습관적으로 내려놓던 한 발을 되돌리는 방향 제시가 바로 수계에 있다. 수계의 의미는 망망대해를 헤매는 인생항로에 나아가야 할 올바른 삶의 방향 제시에 있다.

계를 지킨다는 것이 선행됨으로써 삶의 과정에서 반드시 찾아오는 번민으로부터 스스로를 고요히 안정시키고, 사물을 바로 보는 지혜의 증득으로써 깨달음의 세계가 열리는 것이다. 이러한 사고는 불교에서만 볼 수 있는 것은 아니다. 삼국지에 등장하는 제갈공명諸葛孔明이 그의 아들 사원思遠에게 보내는 편지에, 군자의 행동은 고요함으로써 수신修身하며 검소함으로써 덕을 키우는 것이라고 하였다.[123]

---

123 "夫君子之行, 靜以修身, 儉以養德." 제갈공명諸葛孔明, 「계자서誡子書」 참조.

검소한 삶이란 다름 아닌 계행을 지키는 것을 의미한다.

【3-42】 붓다가 라후라Rāhula에게 말씀하시길: "네가 유마힐을 찾아뵙고 병
　　　　문안을 하여라." 라후라가 붓다께 말씀드리기를: "세존이시여, 저는 감히
　　　　그분을 찾아뵙고 병문안을 드릴 수 없습니다. 왜냐하면, 기억하건대, 옛
　　　　날 바이샤리의 여러 장자의 아들들이 저에게 다가와서 계수례를 하고는
　　　　저에게 묻기를:

　　　　佛告 羅睺羅: 汝行 詣維摩詰問疾. 羅睺羅 白佛言: 世尊, 我不堪任, 詣彼問疾.
　　　　所以者何, 憶念昔時, 毘耶離 諸長者子, 來詣我所, 稽首作禮, 問我言:

【3-43】 '라후라여, 스님은 붓다의 아들이십니다. 전륜성왕의 자리를 버리
　　　　고 도를 위해 출가하셨습니다. 출가하면 무슨 이득이 있습니까?'라고 하
　　　　기에 저는 여법하게 출가 공덕의 이득을 설하게 되었는데, 그때 유마힐이
　　　　저에게 다가와서 말하시기를:

　　　　唯羅睺羅, 汝佛之子, 捨轉輪王位, 出家爲道. 其出家者, 有何等利? 我即 如法
　　　　爲說, 出家功德之利. 時 維摩詰, 來謂我言:

【3-44】 '라후라여, 마땅히 출가 공덕의 이득을 설하지 않아야 합니다. 왜
　　　　냐하면, 이득도 없고, 공덕도 없는, 이것을 출가라 합니다. 유위법에는 이
　　　　득이나 공덕이 있다고 설할 수 있습니다. 출가라는 것은 무위법이니, 무
　　　　위법에는 이득도 공덕도 없습니다.

　　　　唯羅睺羅, 不應說 出家功德之利. 所以者何, 無利 無功德, 是爲出家. 有爲法
　　　　者, 可說有利 有功德. 夫出家者, 爲無爲法. 無爲法中, 無利 無功德.

【3-45】 라후라여, 출가라는 것은 피차가 없고 중간도 없습니다. 62견見[124]을 떠나서 열반에 있으며, 지혜로운 자들이 받아들이는 곳이요, 성인이 행할 바의 곳입니다. 뭇 악마를 항복시키고, 5도중생을 제도하며, 5안眼[125]을 청정하게 하고, 5력을 증득하게 하며, 5근[126]을 세우는 것입니다. 그〔가족〕들에 〔대해〕 번민하지 않고,[127] 뭇 잡다한 악행〔악법〕으로부터 벗어나며, 외도를 물리치고, 가명〔희론戱論〕[128]을 초월하였으며, 진흙탕〔세속〕으로부터 벗어난 것입니다.

---

124 62견見이란 붓다의 재세시에 인도의 사상계에서 논의되어졌던 모든 견해를 총괄하여 분류한 것. 『장아함경』이나 『범망경』 등에 의하면, 외도들의 소집所執에 대한 견해에는 크게 나누어 두 가지가 있는데, 첫째, 과거에 대해서 일으키는 상견常見(본겁본견本劫本見)과 둘째, 미래에 대해서 일으키는 단견斷見(말겁말견末劫末見)으로 분류한다. 즉 단견과 상견에 대한 외도들의 사견邪見을 말한다. 상견常見(본겁본견本劫本見)으로는, 아我·세간世間에 관한 상론常論-4견, 역상역무상론亦常亦無常論-4견, 세간에 관한 변제邊際의 유무에 대한 질문으로 변무변론邊無邊論-4견, 천天에 관해서 확답을 부여하지 않는 종종론種種論-4견, 우주 창조에 대한 무인론-2견, 총 18견해見解가 여기에 속하고, 단견斷見(말겁말견末劫末見)으로는 사후 정신작용의 유무에 관해서, 유상론有想論-16견, 무상론無想論-8견, 비유상비무상론非有想非無想論-8견, 사후 신체의 소멸에 대해, 단멸론斷滅論-7견, 현재열반론現在涅槃論-5견, 총 44견해가 여기에 속한다.

125 5안眼이란: ①육안; 범부의 육신에 있는 번뇌 구족의 눈, ②천안; 육안으로 볼 수 없는 것까지 보는 초인적인 눈, ③혜안; 사물을 있는 그대로 볼 수 있는 지혜의 눈, ④법안; 진리를 볼 수 있는 눈, ⑤불안; 깨달음을 얻은 불신 구족의 눈.

126 5력과 5근이란 37조도법의 일부. 여기서 5근이란 안眼·이耳·비鼻·설舌·신身의 5근을 논하는 것이 아님. 제1막 각주 42 참조.

127 구마라습에 의하면, 불뇌어피不惱於彼의 '피彼'는 세속의 가족 구성원을 말함. 『주유마힐경注維摩詰經』에 의하면, "비록 세속인이 수행을 잘한다고 하지만, 부모·처자·권속들과 얽혀 있기 마련이다. 만약 〔가족 부양에 따른〕 물질적 침해는 반드시 그 과보가 따를 것이니, 그러므로 재가불자는 그들과의 인연에 번뇌가 있기 마련이다. 그러나 출가자는 이러한 얽힘이 없으니 〔가족에 대한〕 번민이 자연히 사라진다. 그러므로 그〔가족〕들로부터 번민하지 않는다고 하는 것이다." "什曰: 在家雖行善, 然有 父母妻子 眷屬之累, 若物來侵害, 必還加報. 是故在家, 是惱彼因緣, 出家 無此衆累, 則惱因自息, 故言 不惱彼也." 『주유마힐경注維摩詰經』, 『대정장大正藏』 vol. 38, p. 358.

128 가명假名이란 실체가 없는 사물에 임시로 붙인 명칭, 또는 말로써 개념을 설정한 것.

羅睺羅, 出家者, 無彼, 無此, 亦無中間. 離六十二見, 處於涅槃, 智者所受, 聖
所行處. 降伏衆魔, 度五道, 淨五眼, 得五力, 立五根. 不惱於彼, 離衆雜惡, 摧
諸外道, 超越假名, 出淤泥.

【3-46】　걸리고 집착함이 없으며, 아소我所〔我의 대상〕도 없고, 받아들이는
것도 없으며, 흐트러짐도 없습니다. 안으로 기쁨을 품으며 타인의 마음을
지켜주는 것이고, 선정禪定을 따르며, 뭇 과오로부터 벗어나는 것입니다.
만약 이와 같이 할 수 있다면, 이것이 참된 출가입니다.'

無繫著, 無我所, 無所受, 無擾亂. 內懷喜, 護彼意, 隨禪定, 離衆過, 若能如是,
是眞出家.

【3-47】　여기서 유마힐이 모든 장자의 아들들에게 말하시기를: '여러분들
정법에 〔귀의하여〕 기꺼이 다 함께 출가하시는 것이 좋습니다. 왜냐하면,
붓다의 세상〔출현〕은 실로 어려운 일이기 때문입니다.'
여러 장자의 아들들이 답하기를: '거사님이시여, 우리는 붓다의 말씀을 들
었습니다. 부모님이 허락하지 않으시면 출가할 수 없다고 하셨습니다.'

於是 維摩詰語, 諸長者子: 汝等 於正法中, 宜共出家. 所以者何, 佛世難值. 諸
長者子言: 居士 我聞佛言. 父母不聽, 不得出家.

【3-48】　유마힐이 말하시기를: '그렇습니다. 〔그러나〕 여러분들이 바로 아뇩다
라삼먁삼보리를 향하여 마음을 일으키면, 그것이 즉 출가며 구족(계)입니다.'
이때 서른두 명의 장자의 아들들은 모두 아뇩다라삼먁삼보리를 향하여 마
음을 일으켰습니다. 그러므로 저는 그의 병문안을 갈 수 없습니다.''

維摩詰言: 然. 汝等 便發阿耨多羅三藐三菩提心, 是即出家, 是即具足. 爾時

三十二長者子, 皆發阿耨多羅三藐三菩提心. 故我不任, 詣彼問疾.

깨진 질그릇

이 장면에서는 진정한 출가 사문의 길이 무엇인지를 재가자의 입장에서 밝히는 부분이다. 출가의 정의와 입장, 출가자의 마음가짐과 행동, 출가란 형상에 있는 것이 아니라는 것 등을 강조하고 있다. 어쩌면 출가 자체를 부정하는 입장인지도 모른다. 즉 출가와 재가 사이에는 그 어떠한 차별도 없다는 것을 나타내고 있기 때문이다. 더더욱 붓다의 아들을 내세워 출신 성분에 따라 출가의 공덕이 있을 것이라는 견해를 뿌리부터 잘라내는 단호한 면을 보이고 있다. 그러나 여기에서는 라후라만을 대상으로 하였다기보다 오히려 카스트에 젖어 있는 상류계급층의 출가자들이 그 출신 성분에 따라 출가의 공덕이 다를 것이라는 견해를 힐문하는 것이라고 보는 쪽이 더 의미가 있어 보인다. 출가란 말 그대로 세속적 가치관(유위법)으로는 그 의미를 논할 수 없고, 오직 이원론적인 가치관을 벗어난 무위법에서만이 진정한 출가라고 할 수 있다고 한다.

진정한 출가란 가족과 헤어진다거나 삭발을 하는 유형적인 것이 아니라, 유마 거사는 아뇩다라삼먁삼보리 즉 완전한 지혜를 증득하기 위한 마음을 일으키면 그것이 출가라고 하고 있다. 불교에 있어서의 목적은 깨달음을 얻음에 있으니, 깨달음의 세계에 출가·재가가 무슨 의미가 있느냐는 것이다. 사실 불교를 종교로서 보기보다 깨달음을 얻게 하는 가르침으로 보면, 깨달음은 눈이 없어 출가자라거나 재가자라는 구별을 하지 않는다. 깨달음은 평등한 것이어서 출가자라 하여 먼저 깨닫는다거나 재가자라 하여 깨닫지 못한다는 편견도 없다. 깨달음의 세계에는 남녀의 구별도 없고 노소의 차별도 없다. 지배자도 없으며 노예도 없다. 오직 아뇩다라삼먁삼보리를 일으켜 깨달음을 증득하는 것이 출가의 첫째 목적이요, 조그마한 지혜라도 그 얻은 바의 힘으로써 중생을 구제하는 것이 둘째 목적이다.

라후라는 붓다의 외아들로서 10대 제자들 중 가장 어린 나이에 출가하였다. 여러 가지 설이 있으나 10세 이전에 출가한 것으로 보인다. 붓다보다 연장자로 알려진 사리불이 이런 라후라를 후견인으로서 돌보는 역할을 하였다고 한다. 붓다의 아들이라고 하는 특수상황이 교단 내에서도 특별한 대접을 받기도 하였지만, 이러한 점이 오히려 그에게는 자극이 되어 계율을 돈독히 지키게 되었고 아무리 어려운 일도 말 없이 실행에 옮기는 수행자로 거듭나게 되었다. 이로써 어린 나이에 출가하였지만 뭇 비구들로부터 존경의 대상이 되었고, 교단 내에서도 밀행제일密行第一이라는 칭호를 얻게 된 것이다.

하지만 라후라도 어린 시절에는 아만심이 높았다. 붓다의 제자들을 멸시하여 곧잘 붓다로부터 훈계를 받곤 했다. 라후라의 성품이 어긋났음을 보았던 붓다께서 하루는 그의 처소에 불현듯 찾아갔다. 라후라는 질그릇에 물을 길어 붓다의 발을 씻겨드리고 예를 올린 후 공손히 분부를 기다리고 있었다. 붓다께서는 라후라에게 이 질그릇에 음식을 담아 먹을 수 있느냐고 물었다. 이미 발을 씻은 그릇이기 때문에 음식을 담을 수 없다고 하자 "네가 바로 이 질그릇 같은 놈이니라!"라고 질타하였다. 그리고는 그 질그릇을 발로 차 버렸다. 질그릇은 아래로 굴러 떨어져 깨졌다. 그리고는 깨진 질그릇을 주워 오라고 하고선 라후라에게 다시 물었다. "이 질그릇은 이제 쓸모가 있느냐, 없느냐?" "깨져서 더 이상 쓸모가 없다."고 대답하자, "네가 바로 이 깨진 질그릇과 같은 놈이니라. 출가하여 사문이 된 자로서 게으름을 피우고 아만심을 키우는 자는 이 깨진 질그릇과 같이 쓸모가 없느니라." 이후, 라후라는 수행에 게을리 하지 않고 많은 비구들에게 교법을 익혀 학습제일學習第一이라는 칭호를 얻기도 했다.

붓다의 라후라에 대한 교훈은 추호의 여지도 없었지만 그의 밀행에 대하여 "라후라의 밀행은 단지 나만이 그것을 잘 알고 있느니라."[129]라는 문구에서도 알 수 있듯 붓다의 라후라를 향한 사랑은 타의 추종을 불허하는 것이었다. "일체중생을 사랑하기를 나의 아들 라후라를 사랑하는 것과 같이!"라는 붓다의 말씀 또한 일체중생을 사랑한다는 말씀에 무게가 있지만, 그 무게의 중심은 오히려 라후라라는 것에는 의심의 여지가 없다.

【3-49】 붓다가 아난다Ānanda(이하 아난阿難)에게 말씀하시길: "네가 유마힐을 찾아뵙고 병문안을 하여라." 아난이 붓다께 말씀드리기를: "세존이시여, 저는 감히 그분을 찾아뵙고 병문안을 드릴 수 없습니다. 왜냐하면, 기억하건대, 옛날 세존께서 몸에 조그마한 병이 드셨기에 당연히 우유를 쓰려 했습니다. 저는 발우를 들고 대 바라문의 집을 찾아가 문 앞에 섰습니다.

佛告, 阿難: 汝行 詣維摩詰問疾. 阿難 白佛言: 世尊, 我不堪任, 詣彼問疾. 所以者何, 憶念昔時, 世尊身小有疾, 當用牛乳. 我即持鉢, 詣大婆羅門家, 門下立.

---

129 "羅睺羅密行, 唯我能知之." 구마라습 역, 『묘법연화경』, 『대정장』 vol. 9, p. 30.

【3-50】 그때 유마힐이 다가와 저에게 말하시기를: '아난 존자여, 무엇하러 아침 일찍 발우를 들고 여기에 계십니까?'

제가 답하기를; '거사님, 세존께서 작은 병이 드셨기에 우유를 쓰려고 합니다. 그래서 여기에 이렇게 서 있는 것입니다.'

時 維摩詰, 來謂我言: 唯阿難, 何爲晨朝, 持鉢住此? 我言: 居士, 世尊, 身小有疾, 當用牛乳, 故來至此.

【3-51】 유마힐이 말하시기를; '그만두십시오. 그만두십시오. 아난 존자여, 그런 말 하지 마십시오. 여래의 몸은 금강체입니다. 모든 악〔업〕을 이미 끊었고, 뭇 선〔업〕을 두루 갖추었습니다. 당연히 무슨 병이 있고 무슨 번민이 있겠습니까. 아무 말씀 마시고 가십시오. 아난 존자여, 여래를 욕보이지 마십시오. 다른 사람이 이런 얼토당토 않는 말을 듣지 못하게 하십시오. 덕망이 높은 여러 천계天界 및 타방의 정토에서 오신 뭇 보살들이 이말을 듣는 일이 없도록 하십시오.

維摩詰言: 止止, 阿難. 莫作是語. 如來身者, 金剛之體. 諸惡已斷, 衆善普會. 當有何疾, 當有何惱. 默往, 阿難. 勿謗如來. 莫使異人 聞此麤言. 無令大威德, 諸天 及他方淨土, 諸來菩薩, 得聞斯語.

【3-52】 아난 존자여, 전륜성왕은 조그마한 복덕으로도 오히려 무병하였습니다. 하물며 여래는 한량없는 복덕을 쌓았으며, 모든 면에서 뛰어난 분이십니다. 가십시오, 아난 존자여. 우리들로 하여금 이런 수치심이 들게 하지 마십시오. 외도나 범지梵志(바라문婆羅門)가 이 말을 들으면 당연히 이러한 생각을 하겠지요. 「무엇으로 이름하여 스승이라 할 것인가? 스스로의 질병도 구하지 못하면서 그러고도 〔중생의〕 모든 질병을 구하려고 하다니.」

阿難, 轉輪聖王, 以少福故, 尚得無病. 豈況 如來, 無量福會, 普勝者哉. 行矣, 阿難. 勿使我等, 受斯恥也. 外道 梵志, 若聞此語, 當作是念. 何名爲師? 自疾不能救, 而能救諸疾.

【3-53】 스님, 몰래 빨리 가시는 것이 좋습니다. 사람들이 듣지 않게 하십시오. 마땅히 아십시오. 아난 존자여, 모든 여래의 몸은 즉 이 법신法身이지 사욕신思欲身[130]이 아닙니다. 붓다는 세존으로서 삼계를 초월하신 분입니다. 불신佛身은 무루無漏며 모든 번민을 이미 다 소진하였습니다. 불신佛身은 무위로서 어떠한 수數(계산, 사량분별)에 떨어지지 않습니다. 이와 같은 몸에 무슨 병이 있을 수 있으며, 어떤 번민이 있겠습니까.'

仁, 可密速去, 勿使人聞. 當知阿難, 諸如來身, 即是法身, 非思欲身. 佛爲世尊, 過於三界. 佛身無漏, 諸漏已盡. 佛身無爲, 不墮諸數. 如此之身, 當有何疾, 當有何惱.

【3-54】 이때 저는, 세존이시여, 정말 부끄러운 생각을 하기를: '부처님 곁에서 잘못 알아들었던 것은 없을까?' 그 즉시 공중에서 소리가 들리기를: 「아난 존자여, 거사의 말씀과 같습니다. 다만 붓다는 오탁악세에 출현하시어, 현재 이 교법을 행하시어 중생을 제도하여 해탈케 하시는 것입니다. 가십시오. 아난 존자여, 우유를 받더라도 부끄러워 마십시오.」

時我 世尊, 實懷慚愧: 得無近佛, 而謬聽耶? 即聞 空中聲曰: 阿難, 如居士言. 但爲佛出, 五濁惡世, 現行斯法, 度脫衆生. 行矣. 阿難, 取乳勿慚.

---

130 사욕신이란 삼계에 윤회하는 육신으로서 육도의 중생신을 말한다. 산스크리트 사본, 일본어 번역본에 의하면 사욕신思欲身은 음식신飮食身으로 묘사되어 있으며, 음식신이란 음식물에 의해 유지되는 신체를 말함. 우에키 마사토시植木雅俊, Ibid. p. 111 참조.

【3-55】 세존이시여, 유마힐의 지혜와 변재는 이와 같았습니다. 그러므로 〔저는〕 그의 병문안을 갈 수 없습니다."

이와 같이 5백의 대제자들은 붓다께 각각 〔병문안을 가지 못하는〕 근본 연유를 말하고, 유마힐이 〔그들에게〕 말한 바를 말씀드리어 모두 병문안을 갈 수 없다고 하였다.

世尊, 維摩詰 智慧辯才, 爲若此也. 是故不任, 詣彼問疾. 如是, 五百大弟子, 各各向佛, 說其本緣. 稱述, 維摩詰 所言, 皆曰不任 詣彼問疾.

타아 신打啞禪

이 장면에서 붓다를 어떻게 볼 것인가라는 불교에 있어서 가장 근본적인 질문을 던지고 있다. 붓다란 즉 여래란 무엇인지, 인간인지 아니면 유마 거사가 말하는 금강불괴인지, 아니면 그 외의 무엇인지에 대해 정의를 내리는 장면이다. 흔히 샤캬무니 붓다를 역사적인 인물로 볼 때, 붓다는 육신을 지닌 인간 이외의 그 무엇도 아니다. 전지전능한 신도 아니며, 영원불멸하는 금강불괴도 아니다. 그러나 유마 거사가 지적한 붓다는 여래tathāgata를 법신으로 보고 있다. 법성신法性身으로 보고 있으며 피골로 이루어진 육신으로 보지 않는다는 의미다.

아난은 붓다의 10대 제자들 중에서도 가장 오랫동안 붓다를 가까이서 모셨던 제자다. 붓다가 법성으로서의 법신이 아니라는 뜻이 아니라, 당연히 인간 붓다를 25~6년 간 가까이서 시중들었으며, 이제 육신의 노쇠와 함께 병이 들었으니 간호하기 위해 우유를 걸식하게 되었을 뿐이다. 설사 붓다가 불신으로서의 법신이 아니라고 하더라도 오랫동안 한시도 곁을 떠나지 않고 가까이서 모시다 보면 어찌 육신이라고 한들 집착하지 않을 수 있을까.

유마 거사의 비난에 아난은 반박할 여지를 찾지 못하고 스스로가 정말 붓다의 육신에 집착하여 교법을 잘못 이해하는 것은 아닌지 반성하는 모습을 보인다. 이때 공중에서 아난을 돕는 소리가 들린다. 여기, 공중의 소리를 우리는 어떻게 이해할 것인가? 정말 제 3의 존재가 모든 사실을 꿰뚫고 있어 어려움에 처한 가련한 아난을 돕기 위해 출현한 것일까?

종교인으로서 일생에 한두 번 이와 같은 경험을 해 본 사람도 있을 것이다. 무엇인가 어려운 일에 봉착하여 스스로 결정을 내리지 못하고 깊은 번민에 빠졌을 때, 어떤 제3의 무엇(힘)으로부터 불현듯 들리는 소리, 어쩌면 불현듯 떠오르는 생각을 어디에선가 들려오는 소리로 착각할 수도 있는 경험을 하게 된다. 그 소리 또는 생각에 의지하여 결정을 내리게 된다. 종교를 이성적으로만 판단할 수 없는 문제지만, 본인의 가장 강력한 업식業識의 작용으로 절체절명의 순간을 결정하게 될 것이다. 그 까닭은 공중에서 들려오는 소리건, 어디에서 들려오는 가르침이건, 또 어떻게 들리건 또는 받아들이건 상관없이 그 말에 따르고 따르지 않는 결정을 내리는 것은 본인이기 때문이다. 이 뜻은 그 받아들인 결과가 좋건 나쁘건 책임을 져야 할 대상도 본인 이외에 어느 누구도 없다는 것이다. 이 장면에서는 공중에서 들려오는 소리가 굉장히 이성적이다. 유마 거사의 비난이 조금도 잘못 된 것이 없다고 한다. 즉 교리적으로는 붓다를 법신으로 보는 것이 당연하다는 것이다. 단지 붓다가 육신을 가지고 오탁악세에 출현한 까닭은 현재 이 교법으로써 중생을 제도하여 해탈케 하려는 것이라고 한다. 제행무상을 가르치면서 스스로의 육신은 무상하지 않은 모습을 보인다면 이것이야말로 이율배반적이지 않겠는가.

그러나 육신을 지닌 붓다가 없는 교단은 시간의 흐름과 함께 수행의 길인 붓다의 가르침뿐만 아니라 그들의 신앙의 대상으로서의 붓다가 필요불가결한 존재로 등극하기에 이르렀다. 불신佛身의 존재에 대한 이념화 내지는 신격화는 붓다의 가르침을 따르는 자들의 요구에 의해 점차 발전하게 된 것이다. '삼세제불三世諸佛'이라고 하는 경우 과거·현재·미래의 언제나 상주하는 여래(보살)를 가리키며, 불전(반야심경)에 등장하는 붓다가 이러한 경우에 해당한다.

이와 더불어 붓다를 육신으로 보는 것이 아니라, '붓다란 진리를 깨달은 존재'라는 의미에서 무상한 육신을 제거한 진리 그 자체로서의 붓다 본연의 체體, 형색을 벗어난 진실 그 자체로서의 체를 그려내기에 이른다. 특히 대승불교에 있어서 붓다를 영원불멸의 진리성 그 자체로 보려는 이념화가 확립된 것이다. 진리 즉 법(달마dharma)의 신체(카야kāya), 진리를 신체로 삼는 자라는 의미로서 법신 즉 다르마카야dharmakāya라 불리게 된 것이다. 유마 거사에게는 샤캬무니 붓다란 깨달은 자로서의 법성신이며 아난에게는 오랜 기간 곁에서 모셨던 한 인간이다. 단지 그 인간이 깨달음을 증득한 붓다라는 것이다.

흔히 선사들이 주고받는 대화는 일상의 대화법이나 관심사에서 벗어나 있는 경우가 있다. 때로는 일상의 범사凡事에서 벗어나 수행의 경지를 점검하려는 듯 선문답을 한다. 논리라든가 학문적 지식 내지는 분석적 사고는 일체 배제된 대화다. 일반인이 들을 때 도무지 사리분별이 있는 사람들이 주고받는 대화라고는 생각할 수 없는 방식이다.

이 장면에서 아난과 유마 거사가 생각하는 방식은 한 가지 일을 두 측면에서 달리 보고 있는 형국이다. 마치 선사와 세속인이 한 가지 일을 두 측면, 즉 깨달음의 세계와 현실세계라는 양 극의 대립적 가치관을 서로 피력하는 형식이다. 당연 유마 거사에게 있어서는 여래(샤캬무니 붓다)란 삼계의 육도윤회六道輪廻를 벗어난 법성신으로서 금강불괴이므로 병이 들 수 없다. 유마 거사는 당연히 여래의 체상體相(법신)을 피력한 것이며, 아난은 샤캬무니 붓다를 중생 구제를 위해 현현顯現한 화신으로서 육신을 논하는 것이다. 아난에게는 붓다가 노쇠해지고 병이 든 것은 육신이니 육신에 관한 시점視點으로 대화를 전개할 수밖에 없는 지경에 처해 있다. 이를 중재하는 역할을 공중에서 들려 오는 소리로 대신하고 있는 장면이다.

선사의 선문답과 일반인의 범사凡事에 대한 대화의 만남이 어떠한 결과를 초래하는 지에 대해 해학적으로 풀어놓은 단편이 예로부터 전해지고 있다. 중국 명대明代의 이개선李開先(1502~1568)에 의해 편집된 『중국소화中國笑話』에 「타아선打啞禪」이라 하여 웃지 못할 선문답의 맹점을 질타하는 이야기다.

변량汴梁 상국사相國寺 진여眞如 화상이 도박이나 유흥에 빠져 헤어나지 못하는 중생을 구제하겠다는 보살심으로 황금 열 냥을 내걸고 벙어리 선문답(아선啞禪)에 응할 상대를 찾는다고 그의 제자 철공徹空 스님으로 하여금 산문에 방을 써 붙이게 하였다. 즉 말을 하지 않고 선문답을 한다는 것이다. 가끔 산사에 볼 일이 있어 방문을 하곤 했던 마을의 푸줏간 주인이 상금이 걸려 있다는 방을 보고 자기가 한번 해 보겠다고 나섰다.

선사가 푸줏간 주인을 상대로 손가락을 이용하여 선문답을 시작했다. 선사가 손가락 하나를 불쑥 내밀었다. 그러자 푸줏간 주인은 손가락 두 개를 세웠다. 선사는 의외라는 눈빛으로 이번에는 손가락 세 개를 내보였다. 푸줏간 주인은 잠시 생각하는 듯하더니 손가락 다섯 개를 내밀었다. 그러자 선사는 엄지손가락을 내밀며 고개를 끄떡였다. 푸줏간 주인도 조금도 망설이지 않고 엄지손가락을 세웠다. 그리곤 번갈아가며 엄지로 선사를 한 번 가리키고 자기 쪽도 가리켜 보이고는 고개를 끄떡였다. 그러자 선사는 고개를 끄떡이며 만면에 미소를 짓는 것이 아닌가. 그리하여 선사는 제자 철공에게 상금 열 냥을 푸줏간 주인에게 주도록 하였다. 푸줏간 주인은 선사의 선문답에 통과를 하였던 것이다.

철공 스님은 두 사람 사이에 오고간 손가락 선문답의 세계를 이해하지 못하여 스승에게 손가락 선문답의 진의를 여쭈었다. 선사에 있어서의 선문답의 의미는; 하나의 손가락을 내밀며, '한 부처님이 이 세상에 출현하셨느니라'였다. 푸줏간 주인의 두 손가락의 의미를 '두 보살이 열반에 이르렀습니다'라고 선사는 받아들이고, 다시 세 손가락을 내보이며, '불법승 삼보가 널리 퍼졌느니라'라고 하니, 그 푸줏간 주인의 다섯 손가락을 '달마로부터 전해진 선법은 오대五代로 혜능에 전해졌습니다'라는 의미로 선사는 해석하였다. 하여 선사는 푸줏간 주인의 공부가 익었다는 것을 인가하는 의미로 고개를 끄떡였다. 푸줏간 주인이 손가락으로 선사와 자기 자신을 번갈아 가리킨 것을 선사는 '그럼, 스님과의 선문답에서 통과하였으니 스님이 나에게 상금을 주셔야 합니다'라고 확인하는 것으로 해석하였다. 그리하여 제자에게 상금을 주도록 하였던 것이다.

상금을 건네면서 철공 스님은 푸줏간 주인에게 손가락의 의미를 물었다. 푸줏간 주인에게 있어서 손가락의 의미는; 선사가 손가락 하나를 내밀자, '아! 스님이 드디어 돼지 한 마리를 파시려고 하나 보다.' 그래서 그는 '그러면 200냥 드리겠습니다'라는 의미로 손가락 두 개를 내밀었던 것이다. 선사가 손가락 세 개를 내밀자, 한꺼번에 세 마리를 사는데 온전히 다 쳐드릴 수는 없다고 생각한 푸줏간 주인은 손가락 다섯 개를 내밀며, '그러면, 500냥 드리겠습니다'라는 의미였다. 스님이 만족해 하시는 듯 고개를 끄떡이자, 계약이 성립되었다는 의미로 번갈아가며 손가락으로 스님과 자기를 가리켰던 것이다. 푸줏간 주인이 절에 자주 드나들었던 이유는 절에서 키우던 돼지에 관심이 있었기 때문이었다.

흔히 선원에서 갓 수행을 마치고 행각을 하는 스님들이 우연히 마주친 도반이나 지인들에게 선원생활에서 익혀 왔던 대화법 즉 선문답을 무심코 던진다. 선문답이라 하여 그가 무엇인가 깨달아서 선에 있어서 깨달음의 세계를 피력하는 것은 아니다. 단지 선문답의 - 알아 듣지 못할 비논리적인 단어의 나열, 그것도 선대의 선사들의 선문답에서 거저 무엇인가 매력을 느껴 흉내를 내는 정도인 - 형식적인 대화법을 흉내 낼 뿐이다. 생활태도나 가치관이 다른 삶을 해 왔던 입장에서는 논리적으로나 상식으로도 알아듣지 못할 말을 던지는 선방스님의 한마디에 어리둥절해 할 수밖에 없다. 어리둥절해 하는 상대를 무지하다고 하거나 아니면 아예 무시해 버리는 태도가 흔히 선방스님들에게서 볼 수 있는 대화법이다. 한쪽에서는 선문답이요, 다른 한쪽에서는 일상적인 인사를 나누고자 하는, 단순히 관심사가 다른 두 사람의 대화의 충돌일 뿐이다. 그 관심사 또한 둘 사이에 우열이 존재하는 것은 아니다.

아난은 일설에 붓다를 죽이고 스스로 교단의 통솔자가 되고자 했던 데바닷타Devadatta의 동생으로 알려져 있으며, 형과는 달리 출가 후부터 줄곧 붓다가 열반에 들 때까지 한시도 떨어져 있지 않았던 제자다. 그러므로 다문제일多聞第一이라는 칭호를 얻었으며, 붓다를 스승이라기보다는 가족의 혈육으로서 붓다 자신에게 집착한 제자로서도 잘 알려져 있다.

붓다에게 집착한 나머지 붓다의 열반 후 제1차 결집 때 500명의 아라한과를 얻은 1대 제자들이 동굴에 모여 붓다의 가르침을 되새길 때 참석하지 못하였다. 아난은 붓다의 재세시在世時에는 아라한과를 얻지 못하였기 때문이다. 가섭 존자로부터 힐책을 듣고 발심하여 일주일 동안 명상하여 깨달음을 얻고 결집에 참석할 수 있었다는 전기가 있다. 사원의 벽화에 절벽의 끝자락에 외발로 서서 합장하며 기도하는 자세로 서 있는 젊은 스님상이 바로 이 연기緣起를 벽화로 그린 것이다. 아난은 어쩌면 10대 제자 중 아나율과 함께 가장 인간적이라고 할 수 있는 제자였을 것이다. 붓다가 열반涅槃에 들자 아나율과 아난은 슬픔을 이기지 못하고 밤을 지새우며 울었다고 한다. 이로부터 통야通夜 즉 상가喪家의 밤샘이라는 전통이 생겼다고 한다.

이상과 같이 붓다의 10대 제자十大弟子 모두가 유마 거사로부터 비판을 받았던 사실이 낱낱이 밝혀졌다. 이는 유마경에서도 사용되어진 말이기도 하지만 성문승들의 소승적 사고나 수행이 대승사상과 비견되어, 대승사상이란 무엇을 어떻게 지향하며, 그것을 어떻게 수행하는 것인지를 밝히는 데 일조하는 역할이었다. 특히「제자품 제3」은 유마경 출현 당시의 성문승들의 수행 내지는 사상을 소승으로 분류하여 유마경에서 논하는 대승사상이 전통적 수행과는 다른 새로운 불교운동이라는 것을 각인시키는 역할을 하고 있다. 여기에 소승불교의 대표자로 발탁된 사람들이 10대 제자들이다.

그러나 유마경에서 사용되었다고 해서 '소승(불교)'이라는 단어의 사용이 당연시 되어도 좋다는 견해는 차별적이다. 소승이라는 말 자체가 지니고 있는 뉘앙스가 대승과 비교되어 열등하다는 의미로 쓰이니 하는 말이다. 유마경에서의 불이법문이라거나 또는 다른 대승불교 사상에서 특히 선불교에서 이원론적인 대립적 차별상을 여의지 않고서는 지혜의 완성(깨달음)을 이룰 수 없다는 가르침은 어렵지 않게 접할 수 있다. 구별을 해야 한다면 소승불교라는 말 대신에 초기불교라는 말로 대신함으로써 후대에 대승불교가 왜 민중들 사이에서 일어나야만 하였는지 그 연유를 바로 인식할 수 있게 하는 것도 하나의 방법일 것이다.

소승불교라고 알려진 남방불교에서는 대승경전을 붓다의 설說(가르침)이 아니라고 하여 외면하는 경향이 있다. 특히 성문승을 소승이라고 비판하는 유마경은 출가한 지 얼마 되지 않은 승려들에게는 아예 접근조차 못하게 하는 남방불교국가도 있다. 잘 알려진 바와 같이 붓다는 일생을 통하여 스스로 글을 남긴 적이 없다. 더더욱 붓다의 가르침을 기록으로 남겼다고 하는 최초의 초기경전조차 현존하지 않으니 진정한 붓다의 육성을 기록한 경전은 없다고 할 수 있다.

이 뜻은 비교적 붓다의 육성에 가깝다고 하는 아함부(니카야) 경전이라 하더라도 어디까지가 붓다의 육성인지는 새로운 초기경전이 발굴되기 전에는 알 도리가 없다. 대승경전을 외면하는 까닭이 붓다의 육성으로부터 시간적 격리가 더 멀기 때문이라고 한다면 그것은 불교를 생명이 없는 화석이나 골동품과 같은 것으로 치부하는 결과를 낳게 된다. 불교뿐만이 아니라 모든 종교는 교리적이건 문화사적이건 진화하게 마련이다. 시대와 지역에 따라 천차만별의 모습으로 변하여 오늘의 불교관을 이룩한 것이다. 지역과 문화 그리고 시대가 다르다고 하여 붓다의 교법이 달라질 수 있는 것은 아니다.

붓다의 육성에 더 가깝기 때문에 초기경전에 속하는 아함부(니카야) 경전만이 올바른 경전이라고 하거나, 혹은 그것은 소승경전이니 대승경전이야말로 이 시대에 올바른 경전이라고 하는 견해는 붓다의 가르침 자체를 모독하는 행위라고 할 것이다. 초기경전 없는 대승경전은 있을 수 없기 때문이다. 그리고 대승경전 없는 초기경전은 불교라는 화석에 지나지 않는다. 유마경에서의 성문승 비판은 어디까지나 그 시대의 승려들의 철학적인 교리 연구와 은둔적 수행관을 비판한 것이지 붓다의 가르침을 비판한 것이 아니다. 승려들의 수행은 어디까지나 대승적 중생 구제에 뜻을 두어야 한다는 강한 의지가 유마경에는 엿보인다.

제4장 일등조우—燈照隅의 무진등無盡燈

보살품 菩薩品 제4

보살들의 수난

이제 대승불교에서 성문의 제자들보다 한 수 높다고 보는 보살들의 차례다. 물론 유마경의 저자가 보살도를 수행하는 자를 올바른 불교도로 보는 경향이 있지만, 그렇다고 하여 모든 보살들이 다 유마 거사로부터, 유마 거사의 그 예리한 지혜와 변재로부터 자유로운 것은 아니다. 특히 미래세에 붓다가 될 것이라고 수기를 받은 미륵보살조차 유마 거사의 법망에서 벗어나지 못한 것을 보면 유마경에서는 수기의 의미를 그다지 중요시 하지 않는 듯이 보인다. 아닌 게 아니라 일체중생이 다 불성을 지니고 있고, 언젠가는 스스로의 본성이 청정법신이라는 것을 깨닫는다면 구태여 멀고 먼 미래세에 붓다가 되어 그 세계의 중생들을 구제할 것이라고 수기를 받아야 할 이유가 없지 않을까. 유마 거사는 이 점을 가차 없이 지적하고, 미륵보살의 수기설뿐만 아니라 다른 보살들의 수행에조차 보살도에 어긋나는 점이 있는지 없는지 대승의 공관에 입각하여 낱낱이 점검하는 장이다.

【4-1】 붓다가 마이트레야 보디삿트바Maitreya – bodhisattva(이하 미륵보살彌勒菩薩)에게 말씀하시길: "네가 유마힐을 찾아뵙고 병문안을 하여라."

미륵보살이 붓다께 말씀드리기를: "세존이시여, 저는 감히 그분을 찾아뵙고 병문안을 드릴 수 없습니다. 왜냐하면, 기억하건대, 제가 옛날 도솔천왕과 그 권속들을 위해 불퇴전의 경지의 행에 대하여 설하였습니다.

於是 佛告, 彌勒菩薩: 汝行 詣維摩詰問疾. 彌勒 白佛言: 世尊, 我不堪任, 詣彼問疾. 所以者何, 憶念我昔, 爲兜率天王, 及其眷屬, 說不退轉地之行.

【4-2】 그때 유마힐이 다가와서 제게 말하시기를: '미륵보살이여, 세존께서 보살〔인자仁者〕[131]에게 수기〔예언〕를 주시기를 한 생으로 아뇩다라삼먁삼보리를 얻을 것이라 하셨습니다. 어떠한 생으로써 수기〔예언〕를 받았다고 하시는 것입니까? 과거입니까? 미래입니까? 아니면 현재입니까? 만약 과거의 생이었다면, 과거의 생은 이미 사라진 것입니다. 만약 미래의 생이라면, 미래의 생은 아직 다다르지 않았습니다. 만약 현재의 생이라면, 현재의 생은 머무름이 없습니다. 마치 붓다가 설하시기를, 「비구여, 너희들은 이제 즉시〔찰나간〕에 태어나고, 또 늙고, 또 멸하느니라」라고 하셨습니다.

時 維摩詰, 來謂我言: 彌勒, 世尊授仁者, 記一生當得, 阿耨多羅三藐三菩提. 爲用何生, 得受記乎? 過去耶? 未來耶? 現在耶? 若過去生, 過去生已滅. 若未來生, 未來生未至. 若現在生, 現在生無住. 如佛所說: 比丘, 汝今卽時, 亦生, 亦老, 亦滅.

---

131 인자에 관해서는 제1막 각주 52 참조.

【4-3】　만약 생함이 없이 수기〔예언〕를 받는다면, 무생은 즉 이 정위正〔定〕位[132]니, 정정위에 있다면 또한 수기〔예언〕도 없고, 아뇩다라삼먁삼보리를 증득하는 일도 없습니다. 미륵보살이여, 어떤 것이 일생〔보처補處〕[133]의 수기〔예언〕를 받는다는 것입니까? 〔진〕여의 생生으로부터 수기〔예언〕를 받는 것입니까? 아니면 〔진〕여의 멸滅로부터 수기를 받는 것입니까? 만약 진여의 생生으로부터 수기를 받는다고 한다면 진여의 생이란 없고, 만약 진여의 멸滅로부터 수기를 받는다고 한다면 진여에는 멸이 있을 수 없습니다.

若以無生, 得受記者, 無生即, 是正位, 於正位中, 亦無受記, 亦無得 阿耨多羅三藐三菩提. 云何 彌勒, 受一生記乎? 爲從如生, 得受記耶? 爲從如滅, 得受記耶? 若以如生, 得受記者, 如無有生, 若以如滅, 得受記者, 如無有滅.

【4-4】　일체중생이 다 진여요, 일체법이 다 진여며, 뭇 성현도 다 진여고, 미륵보살도 진여입니다. 만약 미륵보살이 수기를 받는다면, 일체중생도 또한 마땅히 수기를 받습니다. 왜냐하면, 진여는 둘이 아니요, 다르지 않기 때문입니다. 만약 미륵보살이 아뇩다라삼먁삼보리를 증득한다면 일체중생도 또한 마땅히 다 증득할 것입니다. 왜냐하면, 일체중생은 즉 보리의 성상性相이기 때문입니다.

一切衆生, 皆如也, 一切法, 亦如也, 衆聖賢, 亦如也, 至於彌勒, 亦如也. 若彌勒得, 受記者, 一切衆生, 亦應受記. 所以者何, 夫如者, 不二, 不異. 若彌勒, 得阿耨多羅三藐三菩提者, 一切衆生, 皆亦應得. 所以者何, 一切衆生, 即菩提相.

---

132 정위正位란 깨달음에 의해 올바른 생존이 확립된 상태. 진여의 실상을 말함.
133 일생보처一生補處란 생사윤회의 세계에 보살로서 태어나는 것은 일생으로 끝나며, 다음 생은 붓다로 태어날 수 있는 위치를 말하며, 보살로서 최고위에 있는 등각을 말한다.

【4-5】 만약 미륵보살이 멸도를 증득한다면, 일체중생도 또한 마땅히 멸도를 얻을 것입니다. 왜냐하면, 제불은 일체중생이 필경에는 적멸이니, 즉 열반의 성상이며 두 번 다시 멸하지 않는다는 것을 아시기 때문입니다. 그러므로 미륵보살이여, 〔당신의〕 그러한 〔불퇴전의〕 법으로써 여러 천자天子들을 유혹하는 일은 없도록 하십시오. 실로 아뇩다라삼먁삼보리를 향하여 마음을 일으키는 사람도 없고, 또 물러서는 사람도 없습니다.

若彌勒得, 滅度者, 一切衆生, 亦應滅度. 所以者何, 諸佛知, 一切衆生, 畢竟寂滅, 即涅槃相, 不復更滅. 是故 彌勒, 無以此法, 誘諸天子. 實無 發阿耨多羅三藐三菩提心者, 亦無退者.

【4-6】 미륵보살이여, 마땅히 여기 모든 천자들로 하여금 보리〔깨달음〕를 분별하는 견해를 버리게 하십시오. 왜냐하면 보리는 몸으로써 얻을 수 있는 것이 아니요, 마음으로써 얻을 수 있는 것도 아닙니다. 적멸이 보리니 모든 형상을 멸한 까닭입니다. 불관不觀이 보리니 모든 연緣〔조건〕을 여읜 까닭입니다. 불행不行이 보리니 억념〔심心의 작용〕이 없기 때문입니다.

彌勒, 當令 此諸天子, 捨於分別, 菩提之見. 所以者何, 菩提者, 不可以身得, 不可以心得. 寂滅是菩提, 滅諸相故. 不觀是菩提, 離諸緣故. 不行是菩提, 無憶念故.

【4-7】 단절斷絶이 보리니 모든 견해〔허망분별〕를 버리기 때문입니다. 리離가 보리니 망상을 여읜 까닭입니다. 장障이 보리니 모든 원〔욕망〕을 막는 까닭입니다. 불입不入이 보리니 탐착貪着이 없는 까닭입니다. 순順이 보리니 진여에 수순隨順하는 까닭입니다. 주住가 보리니 법성에 주하는 까닭입니다. 지至가 보리니 실제에 이르기 때문입니다. 불이不二가 보리니 마음과 법〔대상〕을 여읜 까닭입니다.

斷是菩提, 捨諸見故. 離是菩提, 離諸妄想故. 障是菩提, 障諸願故. 不入是菩提, 無貪著故. 順是菩提, 順於如故. 住是菩提, 住法性故 至是菩提, 至實際故. 不二 是菩提, 離意法故.

【4-8】 평등(등等)이 보리니 허공과 같이 〔보리가〕 평등한 까닭입니다. 무위無 爲가 보리니 생주이멸이 없는 까닭입니다. 지知가 보리니 중생의 심행心 行을 알기 때문입니다. 모이지〔회會〕 않는 것이 보리니 모든 인식의 영역 〔십이처十二處, 입入〕을 만나지 않는 까닭입니다. 합合하지 않는 것이 보리 니 번뇌의 습으로부터 벗어나는 까닭입니다. 무처無處〔공간이 없는 것〕가 보 리니 형색이 없는 까닭입니다. 가명假名〔일시적인 명칭〕이 보리니 명자名字 는 〔실체가 없어〕 공空한 까닭입니다.

等是菩提, 等虛空故. 無爲是菩提, 無生住滅故. 知是菩提, 了衆生心行故. 不會 是菩提, 諸入不會故. 不合是菩提, 離煩惱習故. 無處是菩提, 無形色故. 假名是 菩提, 名字空故.

【4-9】 허깨비 같은 것이 보리니 취사〔선택〕가 없는 까닭입니다. 어지럽힘 이 없는 것이 보리니 언제나 스스로 고요한 까닭입니다. 선적善寂[134]이 보 리니 본성이 청정한 까닭입니다. 집착함이 없는 것이 보리니 조건에 얽매 임〔반연攀緣〕으로부터 벗어난 까닭입니다. 다를 바 없는 것이 보리니 제법 은 평등한 까닭입니다. 비교할 바 없는 것이 보리니 비유할 것이 없는 까 닭입니다. 미묘한 것이 보리니 제법은 알기 어려운 까닭입니다. 세존이시

---

134 승조에 의하면, 〔제법의〕 성상에는 부정함이 없는 까닭으로 적정에는 선하지 않음이 없 다. 선적善寂이란 적정寂靜에 순조롭게 잘 따르는 것이니, 언제나 청정한 도라고 하는 것이다. "肇曰: 性無不淨故, 寂無不善. 善寂謂 善順寂滅, 常淨之道也."『주유마힐경 注維摩詰經』,「대정장」Ibid. p. 363.

여, 유마힐이 이 법을 설할 때, 2백 명의 천자들이 무생법인[135]을 증득하였습니다. 그러므로 저는 그의 병문안을 갈 수 없습니다."

如化是菩提, 無取捨故. 無亂是菩提, 常自靜故. 善寂是菩提, 性淸淨故. 無取是菩提, 離攀緣故. 無異是菩提, 諸法等故. 無比是菩提, 無可喩故. 微妙是菩提, 諸法難知故. 世尊, 維摩詰 說是法時, 二百天子, 得無生法忍. 故我不任, 詣彼問疾.

수기受記의 유래

유마경이 반야경 출현 후에 나타난 경이라고는 하지만 이 장면은 특히 반야경을 읽고 있는 느낌이다. 금강경의 과거심 불가득過去心不可得이요 미래심 불가득未來心不可得이며 현재심 불가득現在心不可得이라는 가르침이 이 장면에서 응용되고 있기 때문이다. 과거와 현재 그리고 미래라는 시간의 문제와 마음(心)이라는 형이상학적인 존재의 문제를 내포하고 있는 경구다. 많은 금강경 해설서에서 흔히 이 경구를 해설함에 시간의 문제로 다루고 있다. 즉 과거란 이미 흘러간 것이어서 존재하지 않으며, 미래 또한 아직 도달한 것이 아니니 존재하지 않고, 현재라는 개념은 있다고 하는 찰나에 사라지고 없는 세계라고 한다.

그러면 시간이란 무엇을 의미하는 것일까? 사물의 독립된 개체의 존재처럼 시간이라는 것도 독립된 개체로 존재하는 것일까? 시간이란 어떤 사물과 같이 시각이나 촉각 등 모든 감각기관으로 확인할

---

135 무생법인에 관해서는 제1막 각주 8 참조.

수 있는 것은 아니다. 단지 시간이란 사물의 변화를 측정하는 단위일 뿐이다. 즉 사물의 변화가 없다면, 시간이란 존재할 수 없는 개념에 지나지 않는다. 태양을 중심으로 한 변화를 측정한 개념이 연·월·일·시·분·초라는 단위로써 오늘날 인간이 사용하는 시간을 나타내는 표현이다. 빛을 중심으로 한 시간의 표현은 밤과 낮이라고 하고, 계절을 중심으로 하면 봄·여름·가을·겨울이라고 하며, 사람을 중심으로 한 시간의 표현은 유아·소아·청년·장년 등의 표현으로 그 변화를 달리 할 뿐이다. 그러니 아무런 변화를 느낄 수 없는 어두운 곳에서는 시간의 흐름을 느낄 수 없다. 단지 사물의 변화를 경험한 사람의 상상에 의해 어두움 속에서도 시간은 흐른다는 개념만 있을 뿐이다.

또 나라에 따라 시간을 표현하는 단위가 다르다. 예를 들면, 인도인들이 사용한 시간의 개념으로 흔히 불전에 나타나는 겁kalpa(겁파劫波)이라는 표현이 있다. 1겁이 얼마나 긴 시간인지에 대한 정의는 이설이 많으나 여기서 다루어야 할 문제는 아닌 것 같다. 단지 겁이란 어떤 사물이 존재하는 것에서부터 사라지는 동안의 기간이라고 한다면, 한국인들은 '동해물과 백두산이 마르고 닳도록'이라는 표현을 쓴다. 시간은 어떤 변해야 할 매개체가 존재할 때 처음으로 인식되는 개념에 지나지 않는다.

결국 시간이란 홀로 독립해서 존재하는 것은 아니라는 뜻이다. 시간이 마음과 결부되어 과거·현재·미래라는 개념이 생겨난 것이다. 과거심이란 기억이라는 개념으로 인식되는 존재하지 않는 세계며, 미래심이란 기대라는 개념으로 인식되는 가상의 세계요, 현재심은 육식─안·이·비·설·신·의─을 통한 느낌으로 인식되는 개개인의 경험과 지식을 근거로 한 가치관의 세계에 지나지 않는다. 이러한 시간의 개념이 불교의 교리와 결부되어 수기라는 미래지향적 문화가 생겨난 것이다. 즉 성주괴공의 법칙을 부정하는 인간의 욕망〔불교도의 희망〕으로부터 생겨난 불법佛法의 영속성永續性을 표현한 것이 수기설이라고 할 수 있을 것이다.

여기서 샤캬무니 붓다로부터 수기를 받아 샤캬무니 다음으로 출현할 부처인 미륵보살이 유마 거사로부터 미륵보살 혼자만 수기를 받은〔또는 받았다고 하는〕 부당성을 질타하고 있다. 그렇다고 하여 미륵보살이 스스로 수기를 받았다고 자랑을 한 것도 아니다. 이로 보아 유마경이 출현할 당시에 미륵보살의 수기설이 존재하였던 것은 틀림없다. 수기授記란 붓다가 수행자에게 미래에 반드시 깨달아 붓다가 될 것이라고 예언, 그것을 보증하는 것을 말한다.[136]

유마경의 출현 이후에도 대승불전에서 미륵보살 이외에 수없이 많은 사람들이 수기를 받아 헤아릴 수 없는 먼 미래에 부처가 되어 각자의 불국토에 출현하여 그곳의 중생들을 교화한다고 한다. 특히 법화경 「수기품授記品」 또는 「오백제자수기품五百弟子受記品」 이외 여러 곳에서 붓다의 10대 제자는 물론 붓다를 죽이려 했던 데바닷타까지 수기를 받는다.

법화경에서 수기를 받는 제자들이 붓다가 되기까지 받들어 모셔야 할 붓다가 6만 2천 억이라거나 또는 3백 억 등 한없이 많은 부처에게 공양을 올려야 한다고 한다. 이 의미는 유마 거사가 논박하고 있는 핵심이 잘 드러나 있는 부분이다. 즉 수기를 받지 않는 또는 받

---

136 붓다의 입장에서는 수기를 주는 것이니 '수기授記'며, 수행자 입장에서는 수기를 받는 것이니 '수기受記'로 표현한다.

지 못할 중생은 없다는 뜻이다. 하기야 대승불교에서는 일체중생이 다 불성을 가지고 있다고 하니 구태여 붓다로부터 수기를 받지 않아도 언젠가는 반드시 붓다가 될 수 있는 능력이 있다는 뜻이다. 법화경에서 수기를 받은 제자들이 모셔야 할 붓다가 헤아릴 수 없이 많은데, 그 많은 붓다들은 누구로부터 수기를 받고 수기를 받은 제자들은 누구란 말인가. 『무량수경無量壽經』에도 법장보살法藏菩薩이 세자재왕불世自在王佛(로케스와라라자Lokesvararāja)로부터 아미타불이 될 것이라고 수기授記를 받고 있다.

미륵보살의 수기라고 하면 말법의 무불無佛시대가 지나고 나면 86억 7천만 년 후에 미륵보살이 용화수龍華樹[137] 아래에서 깨달음을 얻어 부처가 되어 도솔천에 출현하여 중생을 교화할 것이라고 하는 예언이다. 이 시기가 되면 태양의 수명이 다하게 되어 샤캬무니 붓다의 교법이 펼쳐진 사바세계가 끝나고 도솔천의 시대가 열린다고 한다.

미륵보살이 인도에서는 마이트레야Maitreya로 불리지만 인도의 종교와 밀접한 관계가 있는 조로아스트교Zoroastrianism[138]에서는 미트라Mithra 신으로 알려져 있다. 미트라 신앙은 조로아스트교─자라투스트라Zarathushtra로부터 파생─이전에 있었던 종교로서 기독교에 지대한 영향을 미쳤으며 '계약의 신' 또는 '광명의 신'으로 알려져 있다.

조로아스트교의 최고의 신으로서 아후라 마즈다Ahura Mazdā(지혜의 신)가 최종적으로 전지전능한 신으로 진화하여 그를 믿고 있던 사람들의 시대가 도래할 것이라는 신앙과, 기독교에서 최후의 심판이 일

---

137 샤캬무니 붓다가 보리수 나무 아래에서 깨달음을 얻듯, 미륵보살 또한 용화수 나무 아래에서 깨달음을 얻을 것이라는 전설상의 나무.
138 마즈다교Mazdaism 혹은 배화교拜火敎라고도 함.

어나고 신과 계약을 맺은 사람들에게 새로운 시대를 약속하는 신앙 등은 이 미트라교의 영향으로 탄생된 것이라 볼 수 있다. 미륵보살이 86억 7천만 년 후後에 등장해서 모든 중생을 구제한다는 설정도 이 미트라교의 아후라 마즈다 신앙의 변화된 모습의 하나라고 볼 수 있을 것이다.[139]

그런데 유마 거사의 논리는 뭇 중생이 다 불성을 가지고 있으며, 불성을 가지고 있으니 수기를 받지 않아도 언젠가는 미래에 붓다가 될 것이라는 것이다. 중생이 다 불성을 갖고 있다면 왜 구태여 미륵보살만이 미래에 붓다가 될 것이라고 꼭 수기를 받아야 할까? 이 장면에서 유마 거사가 설파하고 있는 내용은 하나하나가 다 논리적이요 비판할 여지가 없는, 불교의 교법에 조금도 어긋나는 것이 없다. 미륵보살의 수기설을 정면에서 파기하는 것을 보면, 어쩌면 유마경의 저자는 미륵보살이 미래세에 붓다로서 탄생한다는 수기설이 순수한 불교의 교법이 아니라는 것을 설파하려는 것인지도 모른다.

왜 대승불교에서는 수기설을 외부로부터 받아들이고 또 중요시하였을까? 대승불교에서는 성불의 필요조건으로 견불見佛과 수기受記를 들고 있다. 성불하기 위해서는 우선 발원을 하고 그 발원을 붓다로부터 인정을 받은 후에 수행에 전념하여 그로부터 붓다의 기별記別[예언][140]을 받지 않으면 붓다가 될 수 없다고 생각했었다. 여기서

---

139 이 조로아스트교 또한 힌두교의 한 일파라는 견해가 있다.

140 별기別記란 붓다가 제자에게 성불할 것을 예언하여 기술한 것 또는 그것을 설한 경전―『기별경記別経』―을 말함. 『기별경』을 분별경 또는 기설記說이라고도 하며, 문답체의 경을 기별이라고 하였다. '별기'에 해당하는 산스크리트어는 뱌카로티vyākaroti로부터 파생된 말로서 분별, 해답, 또는 설명이라는 뜻이 있으며, 이것이 변하여 "미래를 예언하다."라는 의미로 발전하게 된 것이다. 후세에 여래로부터 별기를 받고 예언을 설하는 수기작불授記作佛의 사상으로까지 전개된 것이다.

견불見佛 즉 부처를 뵙기 위해서는 우선 불국토에 왕생하여야 가능하며, 성불할 것을 발원하고 붓다로부터 기별記別[예언]을 받을 필요성이 설정된 것이다.

이러한 일련의 수기에 관한 설정은 샤캬무니 붓다의 열반과 함께, 성불하는 제자가 더 이상 있을 수 없다는 이론의 설정과, 직접 붓다로부터 가르침을 받지 않는 한 성불할 수 없다는 사상에 근거한 것이다. 그러므로 불국토의 왕생은 성불에 있어서 필요불가결한 조건이 되었다. 이러한 대승불전 편집자들의 사고를 유마경의 저자는 그 부당성을 지적, 비판하고 있다고 볼 수 있다.

【4-10】 붓다가 프라바뷰하Prabhāvyūha(광엄동자光嚴童子, 이하 광엄보살)에게 말씀하시길: "네가 유마힐을 찾아뵙고 병문안을 하여라."

광엄보살이 붓다께 말씀드리기를: "세존이시여, 저는 감히 그분을 찾아뵙고 병문안을 드릴 수 없습니다. 왜냐하면, 기억하건대, 제가 옛날 바이샤리의 대성을 나간 적이 있습니다. 그때 유마힐이 성으로 들어오시는 참이었습니다. 저는 즉시 인사를 드리고 여쭙기를: '거사님은 어디서 오시는 길입니까?'

佛告, 光嚴童子: 汝行 詣維摩詰問疾. 光嚴 白佛言: 世尊 我不堪任, 詣彼問疾. 所以者何, 憶念我昔, 出毘耶離大城. 時 維摩詰 方入城. 我即爲作禮, 而問言: 居士, 從何所來?

【4-11】 〔거사님이〕 저의 말에 답하시기를: '나는 도량〔깨달음의 곳〕에서 왔습니다.' 제가 여쭙기를: '도량이란 어떤 곳입니까?'〔거사님이〕 답하시기를: '직심直心이 도량이니 거짓이 없기 때문입니다. 실행에 옮기는 것이 도량이니 사물을 변별할 수 있기 때문입니다. 심심深心이 도량이니 공덕

을 쌓을 수 있기 때문입니다. 보리심[141]이 도량이니 오류를 행함이 없기
때문입니다.

答 我言: 吾從道場來. 我問: 道場者何所是? 答曰: 直心 是道場, 無虛假故. 發
行 是道場, 能辦事故. 深心 是道場, 增益功德故. 菩提心 是道場, 無錯謬故.

【4-12】 보시가 도량이니 보답을 바라지 않기 때문입니다. 지계가 도량이
니 대원의 구족을 얻기 때문입니다. 인욕이 도량이니 모든 중생들에게 있
어서 마음에 장애(충돌)가 없기 때문입니다. 정진이 도량이니 게으르지 않
기 때문입니다. 선정이 도량이니 마음이 조화롭기 때문입니다. 지혜智慧
가 도량이니 일체 만물을 나타난 그대로 보기 때문입니다.

布施 是道場, 不望報故. 持戒 是道場, 得願具故. 忍辱 是道場, 於諸眾生, 心無礙
故. 精進 是道場, 不懈退故. 禪定 是道場, 心調柔故. 智慧 是道場, 現見諸法故.

【4-13】 자慈가 도량이니 중생을 평등하게 대하기 때문입니다. 비悲가 도량이
니 힘든 일을 견디기 때문입니다. 희喜가 도량이니 진리에 기쁨을 느끼기 때
문입니다. 사捨가 도량이니 애증을 끊기 때문입니다. 신통神通이 도량이니
육신통을 이루기 때문입니다. 해탈解脫이 도량이니 〔번뇌망념으로부터〕 등을
돌리기 때문입니다. 방편方便이 도량이니 중생을 교화하기 때문입니다.

慈是道場, 等眾生故. 悲 是道場, 忍疲苦故. 喜 是道場, 悅樂法故. 捨 是道場, 憎愛
斷故. 神通 是道場, 成就六通故. 解脫 是道場, 能背捨故. 方便 是道場, 敎化眾生故.

【4-14】 사섭법四攝法[142]이 도량이니 중생을 섭수하기 때문입니다. 다문多聞

---

141 아뇩다라삼먁삼보리심의 준말. 서막 각주 9 참조.
142 사섭법에 관해서는 제1막 각주 41 참조.

이 도량이니 듣는 것과 같이 행하기 때문입니다. 복심伏心[통찰]이 도량이니 제법을 바로 관하기 때문입니다. 37품이 도량이니 유위법을 버리기 때문입니다. [4]제諦[진리]가 도량이니 세간의 [사람을] 기만하지 않기 때문입니다. [12]연기緣起[143]가 도량이니 무명에서 노·사까지의 모든[과정이] 끝이 없기 때문입니다. 모든 번뇌가 도량이니 여실히 알기 때문입니다.

四攝 是道場, 攝衆生故. 多聞 是道場, 如聞行故. 伏心 是道場, 正觀諸法故. 三十七品 是道場, 捨有爲法故. 諦 是道場, 不誑世間故. 緣起 是道場, 無明 乃至老·死, 皆無盡故. 諸煩惱 是道場, 知如實故.

【4-15】 중생이 도량이니 무아를 알기 때문입니다. 일체법一切法이 도량이니 제법이 공함을 알기 때문입니다. 항마가 도량이니 [악마에] 기울어져

---

143 연기緣起란 산스크리트어로 프라티트야-삼우트파다pratītya-samutpāda라고 하며, 샤캬무니 붓다가 깨달음을 증득한 연기법의 내용이라고 알려져 있다. 연기[인연생기因緣生起]법이란; 이것이 있으므로 저것이 있고, 이것이 생겨나므로 저것이 생겨난다. 이것이 없으므로 저것이 없고, 이것이 멸하므로 저것이 멸한다는 것이다. 즉 일체의 존재는 서로 인因이 되며 연緣이 되어 상호의존관계에 의해 존재한다는 도리를 말한다. 이러한 인연생기의 법칙을 인간의 존재 성립에 대비하여 12가지로 분류한 것을 12연기라 한다.
  1)무명無明; 과거세의 번뇌에 의해 인간이란 무엇인지, 사제四諦나 인연생기因緣生起의 법을 모르는 것. 2)행行; 무명을 근본으로 한 무의식 속에서의 신身·구口·의意를 통한 행위. 3)식識; 무의식에 의한 행위를 인식하는 식별작용. 4)명색名色; 심신을 통한 식별작용의 대상으로서 색色·성聲·향香·미味·촉觸·법法의 육경六境-스스로의 존재를 의식할 수 있는 상태. 5)육입六入[처處]; 심신의 여섯 기관[육근六根]이 확실히 활동하는 상태, 즉 안眼·이耳·비鼻·설舌·신身의 오관을 통해 감지한 것을 의식과 함께 작동하여 분별하는 능력이 생김. 6)촉觸; 의식적으로 경계대상을 판단할 수 있는 상태-대상과의 접촉. 7)수受; 심신의 발달에 의해 육경으로 받아들인 대상을 느끼는 희·로·애·락의 감정. 8)애愛; 마음으로 느낀 감정에 대한 집착을 느끼는 상태. 9)취取; 애착의 상태-자기중심의 분별에 의한 기호嗜好가 일어나는 상태. 10)유有; 자타에 대한 차별, 구별하는 의식-자타의 분별심이 일어나는 상태. 타인과의 관계에 의해 고·락을 의식하는 단계-우憂·비悲·고苦·뇌惱와 함께하는 생존. 11)생; 고락의 의식이 업으로 작용, 태어나는 것. 12)노사; 태어남으로써 삶의 진행과정으로 반드시 겪어야 하는 늙고 병들며 죽어야 하는 운명.

요동하지 않기 때문입니다. 삼계三界가 도량이니 〔삼계에〕 취할 바가 없기 때문입니다. 사자후가 도량이니 두려워할 바가 없기 때문입니다. 10력力과 4무외無畏와 18불공법不共法이 도량이니 모든 허물이 없기 때문입니다. 3명明[144]이 도량이니 남아 있는 장애가 없기 때문입니다. 일념지일체법[145]이 도량이니 일체의 모든 지혜를 성취하였기 때문입니다.

衆生 是道場, 知無我故. 一切法 是道場, 知諸法空故. 降魔 是道場, 不傾動故.
三界 是道場, 無所趣故. 師子吼 是道場, 無所畏故. 力·無畏·不共法 是道場,
無諸過故. 三明 是道場, 無餘礙故. 一念知一切法 是道場, 成就 一切智故.

【4-16】 이와 같이 선남자여, 보살이 만약 모든 바라밀에 상응해서 중생을 교화한다면, 일체의 동작, 발을 떼고 내려놓는 것이 다, 마땅히 아셔야 할진데, 도량으로부터 온 것이요, 불법에 머무는 것입니다. 이 설법을 들었을 때 5백 명의 천인들 모두가 아뇩다라삼먁삼보리를 향해 마음을 일으켰습니다. 그러므로 저는 그의 병문안을 갈 수 없습니다."

如是 善男子, 菩薩若應, 諸波羅蜜, 敎化衆生, 諸有所作, 擧足下足, 當知, 皆從
道場來, 住於 佛法矣. 說是法時, 五百天人, 皆發 阿耨多羅三藐三菩提心. 故我
不任詣彼問疾.

도량의 의미

이 장면에서 '광엄동자光嚴童子'가 등장하는데 문자 그대로는 이

---

144 3명明이란 숙명통(명), 천안통(명), 누진통(명). 제1막 각주 72 참조.
145 일념지일체법一念知一切法이란 한 생각에 일체의 모든 사물을 있는 그대로 아는 것이라는 뜻.

해가 가지 않는 부분이다. 우선 동자라는 말은 우리가 현재 사용하는 의미로는 어린아이를 말한다. 어린아이가 유마 거사를 상대해서 불교의 심오한 교법을 논하는 주요인물로 등장한다는 것이 가능한 일일까라는 의문이 인다. 티벳어 번역본이나 산스크리트어 사본에는 동자라는 말은 나타나지 않는다. 제1장 불국품에서 3만 2천의 보살이 등장하는데 그중 수십 명의 보살들 이름을 열거하고 있다. 거기에 광엄동자(프라바뷰하Prabhāvyūha)가 나타난다. 즉 이 장면에서 왜 광엄동자라고 표현되었는지는 모르겠으나, 광엄동자는 광엄보살이어야 드라마의 줄거리에 일관성이 있다. 동자라 하더라도 대승에 뜻을 두어 보살행을 수행함에는 아무런 지장은 없다고 본다면 동자(젊은) 광엄보살이라는 의미로도 이해할 수 있을 것이다.

여기서 도량의 정의를 한가득 늘어놓고 있지만 대승불교건 초기불교건 불문하고 불교에서 수행덕목으로 다루고 있는 직심, 심심深心, 보리심, 육바라밀, 사무량심, 사섭법, 사제四諦 등 실천 수행에 의해서만이 의미를 지니는 덕목이다. 배우고서 실행에 옮기지 않는 것은 높고 깊은 산을 오르기 위해 산에 갔으나 등산안내판을 읽기만 하고 정작 산을 오르지 않는 행동과 같다. 안내판을 읽어 산을 설명할 수 있을지는 모르지만 그 산을 오름에 일어날 수 있는 온갖 경계에 대한 변별은 있을 수 없다. 순자에 의하면 "배움은 끝이 없다. 그러나 배움은 그것을 행함에 이르러서야 멈춘다."[146]고 한다.

도량이라는 말은 흔히 수행처를 말한다. 수행의 덕목을 행할 수 있는 곳이라는 뜻이다. 그러나 유마 거사에 의하면 수행덕목 그 자

---

146 『순자』「근학편」에 "학불가이이이學不可以已"라 하였고, 또 「유효편儒效篇」에 "학지어행지學至於行之, 이지의而止矣"라 하여 배움과 그 실행에 역점을 두고 있다.

체가 도량이라고 한다. 결국 도량은 경계境界[대상] 즉 밖에 있는 것이
아니라는 뜻이다. 마음에 있는 것이지 마음의 대상 경계에 있지 않다
는 것을 장황하게 늘어놓은 것 이외 달리 해석할 여지가 보이지 않
는다. 이 장황한 예를 한마디로 한다면 선불교에서 흔히 사용하는 심
즉불心卽佛이라는 말과 일맥상통하는 장면이다.

흔히 선원의 스님들은 오랜만에 만나는 도반의 혈색이 좋으면
"법당이 좋습니다."라고 인사를 건넨다. 다시 말하면 이 육신이 바로
법당이요, 유마 거사의 표현을 빌리자면, 이 육신이 바로 도량이라는
말이다. 육신의 주인이 붓다(佛)니, 붓다를 모신 곳이 바로 법당이요,
도량이라고 공부를 잘한 도반에게 칭찬하는 뜻으로 쓰는 말이다. 유
마 거사의 사상이 지금 이 땅에 살아 있다는 증거다.

"직심이 도량이니 거짓이 없기 때문"이라는 말은 거짓 없는 마음
이 도량이라는 뜻일 테다. 인간이 살고 있는 이 사바세계에 얼마나
많은 사람들이 자기를 속이고 남을 기만하면 직심이 도량이라고 할
까. 곧은 마음만 지니고 있으면 따로 수행하기 위해 사원을 찾는다
거나 명상을 하기 위해 조용한 곳에 초암을 지을 필요가 없다는 말
을 유마경에서는 역설하고 있다. 우리는 사바세계에 몸담고 있는 한,
단 한 순간도 희로애락에서 벗어날 수 없다. 희로애락에서 벗어나는
것이 불도요, 깨달음의 세계며, 사바세계에서 벗어나는 것이라면, 우
리는 이 육신을 벗어나기 전에는 열반의 세계 즉 이상세계에 들어갈
수 없다. 까닭은 이 육신이 바로 오감·육감으로 이루어져 있는 유기
체며 그러한 유기체는 반드시 내외부의 조건에 의해 희로애락하게
되어 있기 때문이다.

거짓 없는 마음이 도량이라는 말은 무엇을 뜻하는 것일까? 희로

애락하되 그 바탕에는 가식이 없어야 한다는 것이다. 희로애락하되 무명(어리석음)을 바탕으로 한 것은 고통을 수반하는 감정일 뿐이다. 깨달음을 얻는다 하여 희로애락의 감정이 없어지는 것이 아니라 어리석은 짓이나 가식이라는 탐·진·치 삼독을 배경으로 해서 일어나는 행동에 의한 희로애락은 없다는 것이다. 사랑하는 사람과 만나서, 또는 즐거운 사람들과의 사이에서 일어나는 기쁨과 슬픔이 어찌 무가치한 감정일 수 있을까. 그 감정에 가식이 없고 거짓이 없으며, 어리석어서 일어나는 것이 아니라면, 그것이 바로 "직심이 도량이니 거짓이 없기 때문"이라는 일상생활 속에서 이룰 수 있는 이상세계라는 것이다.

진심을 바탕으로 하는 감정을 어떠한 상황 속에서도 곧게 지켜나가는 그 마음이 직심이며, 그 직심의 세계를 유지하는 것이 도량이라고 유마경은 강조하고 있다. 붓다의 교법이 오묘하고 미묘하여 말로 표현할 수 없고 보여 줄 수도 없는 것이 아니라 착한 마음으로 올바른 마음을 유지하는 그 자체가 붓다의 가르침이라고 한다. '칠불통계게七佛通誡偈'의 제악막작諸惡莫作, 중선봉행衆善奉行, 자정기의自淨其意, 시제불교是諸佛敎 – 어떠한 악한 짓도 하지 말고, 모든 착한 일을 할 것이며, 스스로 그 마음을 맑히면 그것이 바로 붓다의 가르침이니라 – 라는 게송이 바로 이를 잘 설명하고 있다.

사람이 살아간다는 의미는 무엇일까? 사람이 살아가는 한 알게 모르게 남을 괴롭히고 남을 죽이고 있다는 의미다. 내가 살기 위해서는 본의가 아니더라도 남을 죽이지 않고서는 살아갈 수 없다는 것이다. 자연계의 먹이사슬에서도 알 수 있듯 살아간다는 의미는 남을 죽여야만이 가능한 일이다. 자연스런 삶 속에서도 이러한데, 인위적인 마음으로 남을 괴롭히고 타의 생명을 죽인다면, 그것이 자정기의自 淨其意 – 스스로 그 마음을 맑힌다 – 라는 가르침에 어긋난다. 인위적 인 마음으로부터 벗어나서 착한 마음을 일으켜 남을 괴롭히지 않으 려고 노력하며, 하찮은 미물이라도 남의 생명을 귀히 여겨 덕행을 쌓 고, 잘못을 저지르지 않음으로써 보리심을 증장시킬 수 있다는 것이 유마 거사의 마음의 법칙이다.

기본적으로 이와 같이 스스로의 마음이 어디를 향하고 있는지, 그 방향이 성현의 가르침과 다르면 즉시 되돌려 놓아 곧게 유지하는 마 음, 이렇게 스스로의 마음을 지켜보는 수행이 바로 견성이다. 훈습의 힘에 의해 스스로가 막무가내로 행동하는지 어떤지 지켜보는 것이 수행〔見性〕이다.

【4-17】 붓다가 자가틴다라 보디삿트바Jagatindhara bodhisattva(이하, 지세보살持世 菩薩)에게 말씀하시길: "네가 유마힐을 찾아뵙고 병문안을 하여라."

지세보살이 붓다께 말씀드리기를: "세존이시여, 저는 감히 그분을 찾아뵙 고 병문안을 드릴 수 없습니다. 왜냐하면, 기억하건대, 제가 옛날 조용한 방에 머물고 있을 때, 마왕 파순波旬(파피야스Pāpīyas)이 1만 2천의 천녀들을 대동하고 마치 제석천왕처럼 악기를 연주하고 노래를 부르며 제가 있는 곳으로 다가와서, 그의 권속들과 함께 저의 발에 계수례를 하고, 합장 공 경한 후 한쪽에 서 있었습니다.

佛告 持世菩薩: 汝行 詣維摩詰問疾. 持世 白佛言: 世尊 我不堪任, 詣彼問疾. 所以者何, 憶念我昔, 住於靜室時, 魔波旬 從萬二千天女, 狀如帝釋, 鼓樂絃歌, 來詣我所, 與其眷屬, 稽首我足, 合掌恭敬, 於一面立.

【4-18】 제가 '이분은 제석천왕이리라'라고 생각하고 그에게 말하였습니다: '잘 오셨습니다, 카우시카Kauśika(교시가憍尸迦)여. 비록 복이 있다고는 하나 제 뜻대로 되지는 않는 법입니다. 마땅히 오욕의 무상함을 관하시고, 그럼으로써 선의 근본을 구하시어 신체, 생명, 재산을 지킬 수 있는 진리를 수행함이 어떠십니까?'

〔그가〕 저에게 말하시기를: '훌륭한 수행자시여, 여기 1만 2천의 천녀들을 받으셔서 청소라도 시키시기 바랍니다.'

我意 謂是帝釋, 而語之言: 善來 憍尸迦. 雖福應有, 不當自恣. 當觀 五欲無常, 以求善本, 於身命財, 而修堅法. 即語我言: 正士, 受是 萬二千天女, 可備掃灑.

【4-19】 제가 말하기를: '카우시카여, 이런 여법하지 않은 것으로써는 우리 수행하는 붓다의 제자들에게는 요긴함이 없습니다. 이분들은 저에게 합당하지 않습니다.' 그 말이 끝나기도 전에, 유마힐이 다가와서 제게 말하시기를: '〔그는〕 제석천왕이 아니라, 마왕이며, 〔지세〕보살을 여인〔마녀〕들로 가두어 두려고 왔을 뿐입니다.' 〔그리고〕 그 즉시 마왕에게 말하시기를: '여기 모든 여인들을 나에게 주실 수 있습니다. 나 같으면 당연히 받습니다.'

我言: 憍尸迦, 無以此 非法之物, 要我 沙門釋子, 此非我宜. 所言未訖, 時維摩詰, 來謂我言: 非帝釋也, 是爲魔來, 嬈固汝耳. 即語魔言: 是諸女等, 可以與我, 如我應受.

【4-20】 마왕이 놀라고 두려워 생각하기를; '유마힐이 나를 번거롭게 함이 없도록 해야지.' 〔그리고는〕 형체를 감추어 사라지려 하였으나 감추지를 못하고 또 그의 신통력이 다하여 사라질 수도 없었습니다. 그러자, 공중에서 소리가 들리는데, 말하기를: '파순아, 여인들을 그〔유마힐〕에게 주면 사라질

수 있느니라.' 마왕이 두려워 어쩔 줄 모르며 〔천녀들을〕 주었습니다.

魔即驚懼念, 維摩詰, 將無惱我. 欲隱形去, 而不能隱, 盡其神力, 亦不得去. 即聞 空中聲曰: 波旬, 以女與之, 乃可得去. 魔以畏故, 俛仰而與.

【4-21】 그러자 유마힐이 모든 천녀들에게 말하시기를: '마왕이 당신들을 나에게 주었으니, 이제 당신들은 모두 마땅히 아뇩다라삼먁삼보리를 향한 마음을 일으키십시오.' 그리고선 응하는 바에 따라서 법을 설하시고 도를 향한 마음을 일으키게 하였습니다. 그리고 다시 말하시기를: '여러분들은 도를 향한 마음을 일으켰습니다. 〔여기〕 법락法樂〔진리의 즐거움〕이 있어 스스로 만족할 수 있으니 마땅히 다시는 오욕락을 즐거움으로 삼지 않아야 합니다.'

爾時 維摩詰語 諸女言: 魔以汝等與我, 今汝皆當, 發阿耨多羅三藐三菩提心. 即隨所應, 而爲說法, 令發道意. 復言: 汝等 已發道意. 有法樂 可以自娛, 不應復樂, 五欲樂也.

【4-22】 천녀가 묻기를: '무엇으로 법락이라 합니까?'

〔유마힐이〕 답하시기를: '기꺼이 언제나 부처님을 믿고, 기꺼이 법을 들으려 하고, 기꺼이 대중께 공양하고, 기꺼이 오욕으로부터 떠나는 것입니다. 기꺼이 오음을 원수와 같이 보고, 사대는 독사와 같이, 그리고 내입內入[147] 은 공취空聚[148](빈 마을)와 같이 보는 것입니다. 기꺼이 도의道意에 따라 양보하고, 중생을 이롭게 하며, 그리고 스승을 받들어 모시는 것입니다.

---

147 내입內入의 입入이란 육근六根(안·이·비·설·신·의)과 그 인식의 대상인 육경六境(색·성·향·미·촉·법)으로부터 생겨나는 인식 성립의 영역(십이입十二入 혹은 십이처十二處)을 말함.
148 공취란 빈 마을이라는 의미로 육근의 무상함을 비유한 말. 제1막 각주 70 참조.

天女即問: 何謂法樂? 答言: 樂常信佛, 樂欲聽法, 樂供養衆, 樂離五欲. 樂觀五陰, 如怨賊, 樂觀四大, 如毒蛇, 樂觀內入, 如空聚. 樂隨護道意, 樂饒益衆生, 樂敬養師.

【4-23】 기꺼이 널리 베풀고, 계율을 굳게 지키며, 그리고 인욕하고 화합하는 것입니다. 기꺼이 부지런히 선근을 쌓고, 선정에 들어 어지럽히지 않으며, 그리고 마음의 때를 벗겨 지혜를 밝히는 것입니다. 기꺼이 보리심을 넓히며, 뭇 마군을 항복받고, 그리고 모든 번뇌를 끊는 것입니다. 기꺼이 불국토를 깨끗이 하며, 상호相好[149]를 성취하고, 그리고 뭇 공덕을 닦는 것입니다.

樂廣行施, 樂堅持戒, 樂忍辱 柔和. 樂勤集善根, 樂禪定不亂, 樂離垢明慧. 樂廣菩提心, 樂降伏衆魔, 樂斷諸煩惱. 樂淨佛國土, 樂成就相好, 故修諸功德.

【4-24】 기꺼이 도량을 장엄하며, 심원深遠한 법을 듣고도 두려워하지 않고, 그리고 삼해탈문[150]을 즐거워하되 비시非時[151]를 즐거워하지 않는 것입니다. 기꺼이 도반을 가까이 하고, 도반이 아닌 사람들과도 마음에 화를 내거나 장애가 없으며, 그리고 나쁜 도반을 보호하는 것입니다. 기꺼이 선지식과 가까이하고, 그리고 마음의 청정을 즐거워하는 것입니다. 기꺼이 무한한 도품道品(가르침)의 진리를 즐거이 닦는, 이러한 것을 보살

---

149 상호란 32상 80종호를 말함.
150 삼해탈문이란 공空의 삼매, 무상無相의 삼매, 무원無願의 삼매가 각각 해탈로 향하는 문이라는 뜻.
151 비시非時란 삼해탈문으로 향하는 공空의 삼매, 무상無相의 삼매, 무원無願의 삼매가 아닌 때. 즉 불락비시不樂非時란 삼해탈문에 들었다고 하더라도 그 궁극에 이르지 못하고 중도하차하는 것을 즐거워하지 않는다는 의미.

의 법락이라 합니다.'

樂嚴道場, 樂聞深法不畏, 樂三脫門, 不樂非時. 樂近同學, 樂於 非同學中, 心無
恚礙, 樂將 護惡知識. 樂親近善知識, 樂心喜清淨. 樂修無量, 道品之法, 是爲
菩薩法樂.

【4-25】 여기서 파순은 여러 천녀에게 말하기를: '나는 너희들과 함께 천궁
으로 돌아가고자 한다.'

모든 천녀들이 말하기를: 〔마왕께서〕 저희들을 이 거사님께 드렸습니다.
법락이 있었고, 저희들도 심히 즐거웠습니다. 다시는 오욕락을 즐기지 않
을 것입니다.'

於是 波旬, 告諸女言: 我欲與汝, 俱還天宮. 諸女言: 以我等 與此居士. 有法樂,
我等甚樂. 不復樂, 五欲樂也

【4-26】 마왕이 말하기를: '거사여, 이 여인들을 놓아주세요. 일체의 소유
물을 타인에게 베푸는 자를 보살이라고 합니다.'

유마힐이 말하시기를: '나는 이미 놓아드렸습니다. 여러분들은 바로 떠나
십시오. 일체중생으로 하여금 진리〔법〕를 원하는 〔마음을〕 구족하게 하십
시오.'

魔言: 居士, 可捨此女. 一切所有, 施於彼者, 是爲菩薩. 維摩詰言: 我已捨矣. 汝
便將去, 令一切衆生, 得法願具足.

【4-27】 그러자 모든 천녀들이 유마힐께 여쭙기를: '우리들은 마궁魔宮에서
어떻게 살아야 합니까?'

유마힐이 말하시기를: '여러 자매들이여, 법문이 있는데, 무진등이라고 합

니다. 여러분들은 마땅히 배우셔야 합니다. 무진등이란 비유컨대, 하나의 등불이 백 천의 등불을 밝힐 수 있는 것과 같습니다. 어두운 곳은 모두 밝히되 밝음은 기어이 다하지 않습니다.

於是 諸女問, 維摩詰: 我等云何, 止於魔宮? 維摩詰言: 諸姉, 有法門 名無盡燈. 汝等當學. 無盡燈者, 譬如 一燈燃, 百千燈. 冥者皆明, 明終不盡.

【4-28】 이와 같이 여러 자매여, 한 보살이 백 천의 중생을 제도해서 아뇩다라삼먁삼보리를 향한 마음을 일으키게 합니다. 이 도리의 뜻은 또한 멸진하지 않으니, 설한 바의 법에 따라 스스로 일체의 선법을 키우십시오. 이것을 무진등이라고 하는 것입니다.

如是 諸姉, 夫一菩薩, 開導百千衆生, 令發 阿耨多羅三藐三菩提心. 於其道意, 亦不滅盡, 隨所說法, 而自增益, 一切善法. 是名無盡燈也.

【4-29】 여러분들은 마궁魔宮에서 사신다고 하지만 이 무진등으로써 무수한 천자, 천녀들로 하여금 아뇩다라삼먁삼보리를 향해 마음을 일으키게 하면, 〔그것이〕 불은에 보답하는 것이요, 또한 일체중생을 요익하게 하는 것입니다.'

汝等 雖住魔宮, 以是無盡燈, 令無數 天子天女, 發阿耨多羅三藐三菩提心者, 爲報佛恩, 亦大饒益, 一切衆生.

【4-30】 그러자 천녀들이 머리를 조아려 유마힐의 발에 예를 올리고, 마왕을 따라 천궁으로 돌아가니 홀연히 사라졌습니다. 세존이시여, 유마힐이 이와 같은 자유자재한 신통력과 지혜와 변재를 가졌습니다. 그러므로 저는 그의 병문안을 갈 수 없습니다."

爾時 天女, 頭面禮 維摩詰足, 隨魔還宮, 忽然不現. 世尊, 維摩詰有如, 是自在 神力, 智慧辯才. 故我不任, 詣彼問疾.

무진등無盡燈

남을 돕는 일을 업으로 삼고 자기 희생을 통하여 무아의 진리를 체득하며 지혜의 완성을 이루는 사람들을 보살이라고 한다. 그렇다고 해서 이들이 남의 도움 없이 세상을 살아갈 수 있는 사람들이라는 것은 아니다. 다른 한편 이 세상에는 남의 도움 없이는 도저히 살아갈 수 없는 사람들도 있다. 설사 이러한 사람들이라고 하더라도 남에게 전혀 도움을 주지 않는 것 또한 아니다. 남에게 도움을 받아만 왔던 사람이 은혜를 갚기 위해 미약한 힘이나마 스스로의 생명을 희생하는 미담을 들을 때면 누구나 다 감동을 받는다.

어린 시절 나를 희생시켜 남을 돕는 일이야말로 훌륭한 사람이 되는 길이라는 가르침을 도덕시간에 들어보지 않은 사람은 없을 것이다. 이러한 시간이면 "촛불은 스스로의 몸을 불살라 어두운 주변을 밝힌다."는 이야기는 단골 메뉴처럼 따라다녔다. 전 인류의 어두움을 밝힐 수천 수만의 촛불이라도 단지 하나의 촛불이 불씨가 되어 모두를 밝힐 수 있다. 그렇다고 하여 그 불씨가 되었던 촛불의 생명이 없어지거나 짧아지는 일은 없다.

진리나 행복 또한 사람과 나누어 가진다고 하여 그 진리나 행복이 줄어드는 일은 없다. 오히려 나누면 나눌수록 더더욱 증장된다. 이것이 부처님의 말씀이요, 이러한 세계가 무진등無盡燈의 세계다. 유마 거사가 마녀들이 마궁으로 돌아가서라도 예전처럼 오욕락에 빠져 있을 것이 아니라, 붓다의 가르침을 한 번도 접해 보지 못한 그곳의 동료들에게 불법을 전할 수 있도록 무진등의 설법을 행하는 모습이 마치 불교의 교법이 인도에서 여타 지역이나 나라로 이어지는 형상이 연상되는 장면이다. 고통 받는 중생을 구제하고자 하는 붓다의 가르침이 점점 널리 전파되어 끝나지 않는 것을 하나의 등불이 헤아릴 수 없는 등불의 불씨가 된다는 비유의 말이다.

이 장면에서 마왕 파순의 등장은 지세보살이 수행을 잘하고 있자 그것을 방해하기 위해 그의 권속(천녀, 만 이천 명)을 거느리고 나타났다. 마왕 파순의 권속으로서 그를 따라다니던 천녀들이라면 마녀라는 이야기다. 마왕으로부터 보고 배운 것이라고는 항시 도를 깨우치려는 수행자들의 처소나, 붓다와 붓다의 제자들이 수행하는 곳에 나타나 더 이상의 지혜를 얻지 못하도록 방해하기 위해 유혹하는 여인들이라는 이야기다.

스님들 사이에서는 흔히 수행을 잘하고 있는 사람에게는 어느 단계에 올라서면 마魔가 잘 든다는 말을 하곤 한다. 그렇다고 하여 마왕 파순이라는 특정한 악마들이 존재하여 그들이 수행자를 괴롭히는 것처럼 이해한다면 그것은 삿된 견해다. 야납이 해인사 장경각 안내의 소임을 맡았을 무렵(73~4년경) 장경각에서 천일기도하던 스님이 계셨다. 이제 며칠만 지나면 천일기도 회향을 하는 날이라며 기대와 더불어 잔뜩 긴장을 하던 스님의 모습을 야납은 보았었다. 그날도 스님은 장경각의 조그마한 법당에 문을 닫아 놓고 홀로 기도를 하던 중이었다. 그날따라 유독 장경각을 참배하러 온 많은 사람들이 안에서 기도하는 독경소리가 들림에도 불구하고 잠겨 있는 문을 열려고 흔들거나, 열리지 않으니 불평불만을 터뜨리는 사람들이 많았다. 그런데 때마침 장경각주(스님)가 경판을 한 장 들고 바로 그 법당 앞에서 큰소리로 설명을 하는 것이 아닌가. 장경각주가 경판을 들고 안내를 하는 경우는 흔한 일이 아니었다. 아마도 장경각주와 인연이 있는 사람들이 찾아왔기에 그에 보답하기 위해 선심을 쓰셨던 것이리라.

그러자 기도에 한창이던 스님의 목탁소리가 순간 멈췄다. 얼마 지나지 않아 안에서 기도하던 그 스님이 야차 같은 모습으로 뛰쳐나와 삽시간에 장경각주가 들고 있던 경판을 빼앗아 들고 사람들을 흩어지게 하려는 것인지 막무가내로 후려치고 있었다. 잠깐 사이에 그 기도승은 바깥의 대상에 마음을 빼앗겨, 허무하게 천일기도를 이루지 못하게 된 것이다. 그날 이후 야납은 그 스님을 볼 수 없었다. 소위 스님들이 흔히 하는 말로 기도를 이루기 직전에 마가 들었다는 것이다.

마왕 파순이라는 말은 악마의 대명사로서 샤캬무니 붓다가 완전한 깨달음을 얻기 직전 요염한 여인의 몸으로 나타나 유혹하였다는 그 악마다. 마왕 파순이 변장을 하여 지세보살을 속이고 그의 수행을 방해하기 위해 나타난 것을 유마 거사가 보기 좋게 그의 실체를 드러내어 지세보살이 마왕에게 속아 넘어가기 직전에 구제한 것이다. 그렇다고 하여 유마 거사가 지세보살의 안목이 일천한 것을 비판하는 모습으로 나타난 것은 아니다. 오히려 지세보살을 마왕의 계략으로부터 보호함으로써 불법을 수호하는 역할을 하는 보살로서 등장한다.

뿐만 아니라 유마 거사는 마녀들을 위하여 법락이 무엇이며 어떻게 증득하는지에 관해 한가득 늘어 놓았다. 법락을 얻을 수 있는 수행덕목은 마녀들이 마왕 파순을 따라다니며 행해 왔던 모든 오욕락과 악행의 반대되는 것뿐이다. 부처님의 가르침을 따르고, 수행자들에게 공양을 올리며, 육신으로부터 일어나는 오욕락을 버리고, 착한 일을 하고 나쁜 일은 하지 말며, 마군들을 항복받고 번뇌를 끊고 불국토를 청정히 등등, 하염없이 보살이 보살도를 이루기 위해 수행하는 덕목을 그대로 이행하라고 한다. 여기서 마녀들이 유마 거사의 법문을 듣고 지혜의 완성을 향한 마음을 일으켜, 지금까지 헤어나지 못하던 오욕락으로부터 벗어나 모두 법락을 즐길 수 있는 존재로 화한다. 그들은 이름만 마녀지 행동은 보살이 이행해야 하는 덕목을 그대로 이행하려 하며, 법락을 맛보고 더 이상 오욕락에 떨어지지 않겠다고 한다.

그들이 살던 마궁魔宮, 악의 소굴로 다시 돌아가더라도 아뇩다라삼먁삼보리의 마음을 일으킨 자로서 어떻게 살아야 하는지에 대해, 붓다의 가르침을 접할 인연이 없는 동료 즉 이전의 동료였던 마녀들에게 법의 즐거움을 일러주고, 모두 지혜의 완성을 향한 마음을 일으키게 하여 어두운 삶을 살던 곳에 지혜의 불을 밝히라고 한다. 다시 말하면, 샤캬무니 붓다가 깨달음을 얻은 후, 최초의 제자들을 교화하고, 그리고는 흩어져서 뭇 중생을 교화하라고 일러주는 장면이 여기서 유마 거사에 의해 재현되고 있다. 천녀(마녀)들에게 아뇩다라삼먁삼보리심을 일으키게 하고, 법열의 즐거움이 어떤 것인지 경험하게 하여, 설사 다시 마궁으로 돌아가더라도 두 번 다시 오욕락에 빠지지 않을 수 있도록 하였던 것이다.

뿐만 아니라 유마 거사로부터 익혔던 법으로써 그곳의 마녀들을 교화하라고 한다. 마치 불제자들이 편력유행하며 카스트 제도라는 악습의 고통에서 빠져나오지 못하던 중생들을 교화하여 불제자로 만드는 장면을 유마 거사가 마녀들을 대상으로 재현한 것이다. 그 지혜의 등불이 한 곳에서 일어나 다시 다른 등불로 이어가고 또다시 다른 등불로 이어져 다함이 없이 하여 악의 소굴을 밝히라고 한다. 이렇게 하나의 지혜의 등불이 불씨가 되어 전 마궁을 불국토로 청정히 장엄하는 것이 바로 무진등의 법문이라 일러준다. 스스로의 악행을 멈추고, 아뇩다라삼먁삼보리를 향한 마음을 일으켜 뭇 마녀들에게 법락의 즐거움이 무엇인지 일러주어 악행을 멈추게 하는 것이 붓다의 가르침을 받은 은혜에 보답하는 것이라고 한다.

이 장면의 요지는 지세보살의 수행이 잘못 되었기 때문에 유마 거사가 그를 비판하는 것이 아니라, 진정한 중생 구제가 어떠한 것인지를 내보인 것이며, 악의 소굴이라는 곳에서 보살도를 행한다면 그곳이 불국토며 단지 이름이 악의 소굴일 뿐임을 드러내는 것에 있는 것 같다. 학교, 병원, 사원 등 어리석은 사람을 일깨워 준다거나, 병들어 고통스러워하는 사람을 치료하며 번민과 사행에 빠져 헤어나지 못하는 사람을 구제하는 등 보살도의 덕목이 이행되어야 할 곳에서 악행이 일어나면 그곳이 악의 소굴이며 단지 이름이 학교요, 병원이며 사원일 뿐이다. 그런 곳에 종사하는 스승이 마군이며, 의사가 마녀요, 성직자가 마왕일 뿐이다. 그들의 이름이 단지 스승이요, 의사며 성직자라는 것을 유마 거사는 설파하고 있다.

하나의 등불이라는 말이 나왔으니 내포하고 있는 의미는 다르지만 무진등의 법문과 일맥상통하는 명구가 있다. 일등조우一燈照隅[152]

---

152 일본 천태종의 개조 전교대사傳敎大師 최징最澄(767~822)은 『산가학생식山家學生式』에서 나라의 보배란 무엇인가. 보배란 도심道心이며, 도심이 있는 사람을 일러 국보

라 하여, 하나의 등불이 구석지고 어두운 곳을 밝힌다는 의미다. 나 스스로가 하나의 등불이 되어 내가 서 있는 나의 주변의 어두운 곳을 밝힌다는 의미다. 내가 서 있는 곳, 내가 서려는 곳이 뭇사람이 좋아하는 밝은 곳이 아니라, 아무도 서려고 하지 않는 어두운 곳이다. 일등조우라는 가르침에는 스스로는 수신修身은 하지 않고 치국평천하를 내세우며, 스스로의 가정은 시장바닥이나 전쟁터로 만들어 놓고 세계평화라거나 세계일화世界一花라는 말로 허황된 이론만 일삼지 말라는 의미가 내포되어 있다.

우선 내 가족, 내 친지, 내 이웃의 아픔을 살피라는 것이다. 현실세계의 실질적인 도움이 되는 눈에 잘 드러나지 않는 조그마한 일에는 아랑곳하지 않고, 오직 눈에 잘 드러나는 비현실적인 이론만 거대하고 허황한 일에 목소리를 높이는 것을 경계하는 가르침이다. 힘이 닿지도 않는 먼 곳의 아픔을 논하고, 보이지도 않는 곳의 문제를 드러내며, 해결할 수도 없고 해결해서도 안 될 문제를 나의 신념(종교)이나 고정관념에 어긋난다고 해서 무력 내지는 정치적 · 경제적 등 모든 수단을 총동원해서 구제라는 미명 하에 악행을 서슴지 않았던 역사가 한두 번이 아니었음을 우리는 알고 있다. 하나의 등불이 어두운 구석을 밝힘으로써 그것이 만 개의 등불이 되고, 만 등이 되면 어두운 한쪽 귀퉁이가 아니라 주변의 모든 어두운 곳을 밝히는, 이것이 바로 무진등의 법문이지 않을까.

라고 한다. 그러므로 고인이 말하기를 "경촌십매徑寸十枚, 비시국보非是國寶 조천일우照千一隅, 시즉국보是即國寶"(금은재보金銀財寶가 국보가 아니라 일등조우가 즉 국보니라.)라고 한 것에서 파생된 것임. 최징最澄 찬찬撰撰, 『산가학생식山家學生式』, 『대정장』 vol. 74, p. 623.

【4-31】 붓다가 장자의 아들 수닷타Sudatta[153](이하 선덕보살善德菩薩)에게 말씀
하시길: "네가 유마힐을 찾아뵙고 병문안을 하여라."

선덕보살이 붓다께 말씀드리기를: "세존이시여, 저는 감히 그분을 찾아뵙고
병문안을 드릴 수 없습니다. 왜냐하면, 기억하건대, 제가 옛날 스스로 아버
지의 집에서 큰 연회를 열었습니다. 일체의 사문과 바라문, 그리고 모든 외
도와 가난한 자, 하천민下賤民,[154] 독거인獨居人, 걸인 등에게 공양을 올리
기를 만 7일 동안 하였습니다. 그때, 유마힐이 저에게 와서 말하시기를:

佛告, 長者子 善德: 汝行 詣維摩詰問疾. 善德 白佛言: 世尊, 我不堪任, 詣彼問
疾. 所以者何, 憶念我昔, 自於父舍, 設大施會. 供養 一切沙門, 婆羅門, 及諸外
道, 貧窮下賤, 孤獨乞人 期滿七日. 時 維摩詰, 來入會中, 謂我言:

【4-32】 '장자의 아들이여, 큰 연회의 베풂이란, 당연히 당신이 준비한 것
과 같은 것은 아닙니다. 마땅히 법을 베푸는 모임이어야지 어찌 재물을
베푸는 연회를 하십니까?'

---

153 수닷타는 선덕善德보다는 수달다須達多로 더 많이 알려져 있으며, 자타카에 자주 등
   장하는 이름으로 샤캬무니 붓다의 전생에 보살로서 수행하던 시절의 이름이다.
154 여기서 '하천민'이라고는 하나 카스트나 힌두교도에 속하지 않는 아웃캐스트outcast(따
   돌림 받는 사람)로서의 불가촉천민인지는 알 수 없다. 불가촉천민은 카스트 제도 속에
   서 벗어난 사람들로서 BC.2C~AD.2C에 걸쳐 성립되었다는 마누 법전Manusmṛti에는
   나타나지 않는다. 마누 법전에 의해서는 유마경이 출현한 시기에 불가촉천민이 공식적
   으로 존재하였는지 알 수 없다. 참고로 불가촉천민이 나타나는 최초의 인도의 법전은
   AD.1C~3C에 걸쳐 성립된 비슈누Viṣṇu 법전이라고 한다. 만약 이 시기에 유마경이 출
   현하였다면, 이 장면에서 많은 부류의 사람들을 초청하여 공양을 올렸다고 하니 불가
   촉천민에 대한 기술이 있었을 것이다.
   유마경의 산스크리트어 사본에 하천민에 상당하는 단어는 'kṛpaṇa'로서 '불쌍한 사람'이
   라는 의미로 등장한다. 아무튼 구마라습이 '하천민'이라고 번역한 원어가 당시의 불가촉
   천민에 해당하는지는 알 수 없다. 비슈누 법전에 나타나는 불가촉천민에 해당하는 단어
   와 유마경의 'kṛpaṇa'를 대조하면 구마라습의 '하천민'의 의미가 무엇인지 밝혀질 수 있
   을 것이다. 우에키 마사토시植木雅俊, Ibid. pp. 160~161, 179, 참조.

제가 여쭙기를: '거사님이시여, 무엇을 법보시의 연회라고 합니까?'

답하시기를: '법보시의 연회란 전前〔시작〕도 없고 후後〔끝〕도 없습니다.[155] 일시에 일체의 중생을 공양하는 것을 법보시의 연회라고 합니다.'〔제가〕 묻기를: '무엇을 말하는 것입니까?'

長者子, 夫大施會, 不當 如汝所設. 當爲 法施之會, 何用 是財施會爲? 我言: 居士, 何謂 法施之會? 答曰: 法施會者, 無前無後, 一時供養, 一切衆生, 是名 法施之會. 曰: 何謂也?

【4-33】 〔유마힐이〕 말하시기를: '보리로써 자애심을 일으키고, 중생을 구함으로써 대비심大悲心을 일으키는 것입니다. 정법을 지킴으로써 희심喜心을 일으키고, 지혜를 섭수함으로써 사심捨心을 행하는 것입니다. 아끼고 탐하는 마음을 제어함으로써 보시바라밀[156]을 일으키고, 계율을 범하는 것을 바꾸어 지계바라밀을 일으키는 것입니다. 무아법으로써 인욕바라밀을 일으키고, 몸과 마음을 서로 떨어지게 함으로써 정진바라밀을 일으키는 것입니다. 보리菩提의 성상性相으로 선바라밀禪波羅蜜을 일으키고, 일체지로써 반야바라밀般若波羅蜜을 일으키는 것입니다.

謂以菩提, 起於慈心, 以救衆生, 起大悲心. 以持正法, 起於喜心, 以攝智慧, 行於捨心. 以攝慳貪, 起檀波羅蜜, 以化犯戒, 起尸羅波羅蜜. 以無我法, 起羼提波

---

155 선덕보살Sudatta이 7일 동안이라는 기간을 두고 보시를 하는 것을 비판하는 것이며, 어떤 기간을 두고 보시한다는 것은 그 기간의 시작과 끝이 있는 것이니, 진정한 보시는 시작도 끝도 없어야 한다는 뜻.

156 단바라밀檀波羅蜜이란 다나-파라미타dāna-pāramitā의 음사며, 보시 바라밀이라는 뜻이다. 아래에 6바라밀의 산스크리트어 음사로서 각각 지계바라밀=시라尸羅波羅蜜śila-pāramitā, 인욕바라밀=찬제羼提波羅蜜kṣānti-pāramitā, 정진바라밀=비리야毘梨耶波羅蜜vīrya-pāramitā, 선정바라밀=선禪波羅蜜dhyāna-pāramitā, 지혜바라밀=般若波羅蜜prajñā-pāramitā를 차례로 설명하고 있다.

羅蜜, 以離身心相, 起毘梨耶波羅蜜. 以菩提相, 起禪波羅蜜, 以一切智, 起般若
波羅蜜.

【4-34】 중생을 교화하여 공의 〔도리를〕 알게 하고, 유위의 법을 버리지 않
고 무상無相〔집착에서 벗어난 경지〕을 일으키며,[157] 〔오감의〕 감각기관이 활동
하는 것을 보이지만 무작無作〔경계대상에 끌림이 없는 경지〕을 일으키는 것입
니다.[158] 정법을 수호하여 방편력을 일으키고, 중생을 제도함으로써 사섭
법을 일으키는 것입니다. 모두에게 공경함으로써 아만심을 제거하는 법
을 일으키고, 육신과 수명, 재산의 〔문제〕에 대해 삼견三堅의 법[159]을 일으
키는 것입니다.

敎化衆生, 而起於空, 不捨有爲法, 而起無相, 示現受生, 而起無作. 護持正法,
起方便力, 以度衆生, 起四攝法. 以敬事一切, 起除慢法, 於身命財, 起三堅法.

【4-35】 6념念[160] 속에서 사념思念〔사유思惟〕의 법을 일으키고, 육화경六和

---

157 유위법이란 세속의 인위적인 규약이니 수행자로서 마땅히 그것으로부터 벗어나야 하
   지만, 대승보살은 그 속에 있으면서도 그것에 집착하지 않으니 유위·무위라는 이원
   론적인 세계에서 벗어나 있다. 그러므로 역설적으로 유위법 속의 무상無相의 경지에
   있는 것이다.
158 여기서 '수受'를 논하고 있지만, 5온을 대표하는 의미로서, 인간의 오감의 활동을 있는
   그대로 보이지만, 눈에 보이는 사물에 의해 마음이 흔들리지 않는 경지니, 무작無作 즉
   마음을 일으키지 않는 것이 진정한 법보시의 연회라는 것이다.
159 세 가지의 견실한 법을 일으킨다는 의미는 앞의 문구에서 신신身·명命·재財 세 가지
   가 견실하지 못한 것이니, 그 세 가지를 잘 제어하는 것이 법보시의 연회라는 것이다.
   육신과 생명 그리고 재보는 뜻대로 제어가 되는 것이 아니니 이 세 가지를 잘 제어하는
   것이 법보시가 된다는 것.
160 6념念이란 6수념隨念 또는 6사념思念이라고도 함. '염념念'이란 마음에 떠올려 기억하
   는 의미며, 여섯 가지의 염이란 염불, 염법, 염승, 염념(지持)계戒, 염념(보布)시施, 염
   念(생生)천天을 말하며, 앞의 셋은 귀의삼보에 해당하고, 뒤의 세 덕목은 재가신자에
   대해서 붓다가 설한 것이라고 알려진 가르침의 내용에 상당하는 것으로서, 따라서, 6

敬¹⁶¹에 있어서 질박質朴하고 직심直心〔올곧은 마음〕을 일으키는 것입니다. 올바른 선법을 행하여 올바른 생활을 일으키고, 마음을 청정히 하고 환희심歡喜心으로 성현을 가까이 모시는 것입니다. 악인을 미워하지 않고 마음을 조복調伏하며, 출가의 법으로써 심심深心을 일으키는 것입니다. 말하는 대로 행동함으로써 〔법문을〕 많이 들으려 하고, 싸우지 않음으로써 고요함을 일으키는 것입니다. 붓다의 지혜에 마음을 향하여 연좌宴坐를 일으키고, 중생의 속박을 풀어서 수행의 터를 마련하는 것입니다.

於六念中, 起思念法, 於六和敬, 起質直心. 正行善法, 起於淨命, 心淨歡喜, 起近賢聖. 不憎惡人, 起調伏心, 以出家法, 起於深心. 以如說行, 起於多聞, 以無諍法, 起空閑處. 趣向佛慧, 起於宴坐. 解衆生縛, 起修行地.

【4-36】 〔32〕상 〔80〕종호를 구비하고, 불국토를 청정히 함으로써 복덕의 업을 일으키는 것입니다. 일체중생의 생각을 알고 응하는 바와 같이 법을 설하여 지업智業〔지식을 쌓는 것〕을 일으키는 것입니다. 일체법은 취할 것도 버릴 것도 없다는 것을 알아 일상一相의 문〔세계〕¹⁶²에 들어 혜업慧業〔지혜

넘念은 본디 재가신자에 대한 가르침이었던 것이라고 할 수 있음.

161 6화경和敬 또는 6화라고 하며, 승가의 구성원이 서로 화합하고 경애하기 위한 실천덕목으로서의 여섯 가지 방법. (1)신화경身和敬-태도로써 화경和敬을 보이는 것. (2)구화경口和敬-언어로써 화경和敬을 보이는 것. (3)의화경意和敬-마음으로 화경和敬을 보이는 것. (4)계화경戒和敬-청정한 계행으로써 화경和敬을 보이는 것. (5)견화경見和敬-견해를 같이함으로써 화경和敬을 보이는 것. (6)이화경利和敬-자리이타의 수행으로써 화경和敬을 보이는 것.
유마경 이후에 분류된 것으로서 『대승의장大乘義章』 2, 중中에 의하면; (1) 신업동身業同-행동을 같이함. (2) 구업동口業同-말이 서로 일치함. (3) 의업동意業同-뜻을 같이함. (4) 동계同戒-계戒를 함께 지킴. (5) 동시同施-베풂을 같이함. (6) 동견同見-견해를 같이함. 『대승의장大乘義章』 2, 『대정장大正藏』 vol. 44.

162 일상一相의 문이란 일체만물의 법성은 공한 것이어서 취할 것도 버릴 것도 없다는 하나의 진리를 말하며, 이를 체득하여 지혜를 쌓는 것이 법보시의 연회라는 것이다.

를 쌓는 것을 일으키는 것입니다. 일체의 번뇌, 일체의 장애, 일체의 불선법不善法을 끊어 모든 선업善業(선근을 심는 것)을 일으키는 것입니다. 일체의 지혜와 일체의 선법을 증득함으로써, 일체의 불도를 이루는 데 도움이 되는 법[163]을 일으키는 것입니다.

以具相好, 及淨佛土, 起福德業. 知一切衆生 心念, 如應說法, 起於智業. 知一切法, 不取不捨, 入一相門, 起於慧業. 斷一切煩惱, 一切障礙, 一切不善法, 起一切善業. 以得 一切智慧, 一切善法, 起於一切, 助佛道法.

【4-37】 이와 같이 선남자여, 이러한 것은 법보시의 연회라 합니다. 만약 보살이 이러한 법보시의 모임에 계신다면, 대 시주가 되며 또 일체 세간의 복전이 되십니다.'

세존이시여, 유마힐이 이와 같이 법을 설할 때 바라문들 중에서 2백 명이 모두 아뇩다라삼먁삼보리를 향해 마음을 일으켰습니다.

如是 善男子, 是爲 法施之會. 若菩薩住, 是法施會者, 爲大施主, 亦爲一切, 世間福田. 世尊, 維摩詰 說是法時, 婆羅門衆中, 二百人 皆發 阿耨多羅三藐三菩提心.

【4-38】 저는 그때 마음의 청정을 얻고, 미증유하다고 감탄하여, 계수로써 유마힐의 발에 예를 올리고, 즉시 백 천의 가치 있는 영락瓔珞(진주목걸이)을 풀어 그것을 드렸습니다만, 받지 않으셨습니다. 제가 말하기를: '거사님이여, 부탁하건데, 반드시 받아 주시어 하시고 싶은 대로 하시기 바랍니다.' 유마힐은 영락을 받으시고, 이등분하여, 한 부분을 모인 사람들 중

---

163 일체조불도법一切助佛道法이란 37조도법을 말함. 제1막 각주 42 참조.

한 사람의 가장 가난한 거지에게 주고, 다른 한 부분을 난승여래難勝如來
께 올렸습니다.

我時 心得淸淨, 歎未曾有, 稽首禮, 維摩詰足, 卽解瓔珞, 價直百千, 以上之 不
肯取. 我言居士: 願必納受, 隨意所與. 維摩詰, 乃受瓔珞, 分作二分, 持一分, 施
此會中, 一最下乞人, 持一分, 奉彼 難勝如來.

【4-39】　모인 모든 사람들이 다 광명국토의 난승여래難勝如來를 알현하였
습니다. 또 영락이 그 부처님의 위에 있었는데, 변하여 네 기둥으로 된 보
대가 되고, 사면을 장엄하였는데, 서로 장애가 되거나 가려지지 않았습니
다. 그리고 유마힐이 신통을 다 보이고는 말하시기를: '만약 시주가 평등
심으로써 한 사람의 가장 가난한 걸인에게 보시하면 마치 여래복전의 성
상性相과 같으며, 분별함 없이 대비심을 평등하게 하여 보답을 바라지 않
으면 이것을 이름하여 구족의 법시라고 합니다.

一切衆會, 皆見 光明國土, 難勝如來. 又見珠瓔, 在彼佛上, 變成 四柱寶臺, 四
面嚴飾, 不相障蔽. 時 維摩詰, 現神變已, 作是言: 若施主等心, 施一 最下乞人,
猶如如來, 福田之相, 無所分別, 等于大悲, 不求果報, 是則名曰, 具足法施.

【4-40】　시중에서 최고로 가난한 한 사람의 걸인은 이러한 신통력을 보고,
그의 설법을 들었습니다. 〔그 곳에 있던 모두가 다[164]〕아뇩다라삼먁삼보
리를 향해 마음을 일으켰습니다. 그러므로 저는 그의 병문안을 갈 수 없
습니다."

---

164 본문 중에는 가난한 한 사람을 말하고 있으나 아뇩다라삼먁삼보리심을 일으킨 사람을
　　표현함에는 '개발皆發'이라 하였으니, 문맥으로 보아 그 자리에 모인 모든 사람들이 다
　　발심을 하였다는 것으로 해석함.

이와 같이 모든 보살들은 각각 붓다께 〔병문안을 가지 못하는〕 근본 연유를 말하고, 유마힐이 〔그들에게〕 말한 바를 말씀드리어 모두 병문안을 갈 수 없다고 하였다.

城中一 最下乞人, 見是神力, 聞其所說. 皆發 阿耨多羅三藐三菩提心. 故我不任, 詣彼問疾. 如是, 諸菩薩各各, 向佛說 其本緣, 稱述 維摩詰所言, 皆曰不任, 詣彼問疾.

법의 연회

베풂에는 세 가지가 청정해야 한다고 한다. 주는 사람과 보시물布施物과 받는 사람이 청정해야 한다는 것이다. 그렇지 않으면 진정한 보시가 될 수 없다고 한다. 주는 사람이 무엇인가 바라는 마음에서 보시를 한다면 그것은 뇌물과 다를 바 없고, 주는 물건이 도둑질한 것이면 그것은 범죄요, 받는 사람이 그것을 잘못 쓴다면 공덕이 될 수 없기 때문이다.

이 장면에서 법보시란 어떤 것이며 어떻게 하는 것인지 잔뜩 늘어놓았지만, 배고픈 자에게 배불리 먹이는 것이 선행되지 않는 법보시란 사실 무의미한 것이지 않을까. 여기서 선덕보살이 연회에 초청한 사람들을 보면 대부분 굶주림을 밥 먹듯 하는 사람들인 것 같다. 지금도 인도 사회는 심각한 빈부의 격차에 의해 굶주리는 사람이 많다고 한다. 유마경 출현 당시에야 굶주리는 사람이 지금보다 훨씬 많았을지언정 결코 적지는 않았을 것이다. 굶주림을 밥 먹듯 하는 사람들에게 보시란 오직 음식을 제공하는 것일 것이다. 그 이외에 법보시란 그림의 떡일 수밖에 없는 것이다.

선덕보살이 사문과 바라문, 그리고 외도, 가난한 자, 하천민下賤民[165][수드라 혹은 불가촉천민?], 독거인獨居人, 걸인 등 그들이 필요한 음식이나 재물로써 연회를 7일 간을 베풀었다는 것은 가히 아무나 흉내를 낼 수 있는 보시는 아니다. 이러한 선덕보살에게 재물로써 베푼다는 것은 진정한 연회가 아니라고 핀잔을 주며, 법보시야말로 진정한 연회라고 한다. 법보시가 진정한 연회인 것은 틀림없지만, 선덕보살이 연회에 초청한 사람들에게 우선적으로 필요한 것이 재물보시라는 것 또한 틀리지 않은 것 같다. 법보시의 연회가 필요하다면 재물로써 베푸는 연회 또한 필요한 것이다. 어떠한 연회건 위의 세 가지 청정한 보시의 원칙에서 어긋나지 않는다면 그 어떠한 보시건 비판받아야 할 수행덕목은 아닌 것 같다.

여기서 한 가지 간과할 수 없는 종교사회학적 문제가 있다. 선덕보살이 사람의 신분을 가리지 않고 수많은 사람들을 한자리에 초청하였다. 지금도 인도에는 수드라나 불가촉천민은 상위계급의 사람들과 함께할 수 없다. 마누 법전에 의하면 수드라가 무의식 중에라도 베다를 읊는 소리를 듣는다면 납을 녹여 그의 귀에 붓는 벌을 내려야 한다고 한다. 불가촉천민은 힌두교도들 즉 만인이 사용하는 우물이나 저수지의 물을 사용할 수 없다. 그 차별상을 일일이 다 드러낼 수는 없으나, 선덕보살이 베푼 연회 자리는 이 시대에도 인도에서는 특수한 경우를 제외하고는 불가능한 일이다. 그가 수많은 사람들을 차별하지 않고 연회에 초청하였다는 의미는 유마경이 추구하고

---

165 하천민에 관해서는 제1막 각주 153 참조.

자 하는 만인평등이라는 형이상학적 개념을 현실에서 실천하고 만인이 그 진리에 따르는 모습을 보이고 있다. 바라문(브라만)과 하천민이 한자리, 한 연회에 자리를 같이 하였다고 한다. 붓다의 교법을 실천한다는 것은 역시 혁명이라고 하지 않을 수 없다.

베풀기는 하지만 받는 사람이 필요한 것이 아니면 그 베풂이 설사 나라를 살 수 있는 보화라 하더라도 무가치한 것일 수 있다. 베풂이란 객관성이 없는 지극히 주관적인 사고에 의해 가치관이 형성되기 때문이다. 유식학에서 흔히 쓰는 말로 일수사견一水四見이라는 말이 있다. 같은 물이라도 천인天人이 보면 유리가 되고, 인간이 보면 물이지만, 물고기에게는 살아가는 집이다. 그러나 아귀가 보면 불로 보인다고 한다.[166]

야납이 출가한 지 얼마 되지 않은 70년대 초 쯤의 이야기다. 당시의 승려생활이란 세속적 문화생활은 당연히 금기시 되었던 시절이다. 우여곡절 끝에 부산 시내에서 지금은 기억도 나지 않는 어디에선가 상영하는 영화를 보러 홀로 나섰다. 범어사에서 버스를 타기 위해 걸어서 40분, 시내버스를 한 번 갈아타고, 하여 영화를 보고 돌아오는 길이었다. 범어사 입구 종착역에 내리려고 차비를 내니 차장보살(아가씨)이 그냥 내리라고 한다. 사연인즉 도중에서 어느 보살님(아줌마)이 차비를 대신 내 주었다는 것이었다. 야납은 그때 그 순간의 감정을 지금도 잊지 않고 있다. 이름도 성도 모르는 승려의 차비를 몰래 내 주고 가신 그 보살님과 그 뜻을 그대로 전해 준 차장보살님의 마음을 범어사로 걸어서 올라가는 내내 되새겼다. 그 감정이 지금까

---

166 "一水四見 不同也. 所謂人間見水, 天見瑠璃, 餓鬼見火, 魚見宮殿." 유범宥範 기紀, 『대일경소묘인초大日經疏妙印鈔』, 『대정장』 vol. 58, p. 103.

지 이어지고 이어지니 가히 그들의 보시가 야납에게 있어서는 영원히 이어질 법보시다.

유마 거사가 선덕보살에게 중생을 교화하여 공의 도리를 알게 하되, 유위의 법을 버리지 않고 무상의 개념을 일으키게 하는 것이 법보시라고 하는 대목이 있다. 일체개공一切皆空 - 일체제법은 다 고정된 실체가 아니라 공하다 - 고 하는 붓다의 근본 가르침이 자칫 유위법은 무가치한 것이라고 오해하여 세속의 삶에 의미를 잃고 무기력해져 버린다면 이러한 가르침은 오히려 법보시가 아니라 중생을 잘못 인도하는 것이다.

유마경의 저자가 당시 불자들 사이에 붓다의 교법을 잘못 이해하고 허무주의에 빠진 사람들이 있었거나, 아니면 저자 스스로가 불교의 공관에 신심이 약하거나 교법이 일천한 불자들이 허무주의적 사고에 빠질 우려가 있다고 보고 경계하는 노파심절의 문구인지도 모른다. 유위의 법을 버리지 않고 무상의 개념을 일으킨다는 것은 형이하학적인 세계 속에서 형이상학적인 삶을 영위하는 모습이라고 할 수 있을 것이다.

위의 문구는 간단히 말해서 세속의 삶 속에서 열심히 노력하되 그 삶에 집착하지 말라는 뜻이다. 집착해야 할 만큼 유위법의 세계에 어떤 고정된 실체가 없으니 붓다의 근본 교법인 제행이 무상하다는 것을 잊지 말라고 일깨우는 가르침이 또한 법보시라고 한다는 것이다. 고정된 실체가 없다는 말은 고정관념으로써는 사물 사건의 실체를 있는 그대로 볼 수 없다는 뜻이다. 길을 걷다 보면 한 발자국 뗄 때마다 눈앞의 모습이 변한다. 대상 그 자체도 시시각각 변하고 있지만 보는 사람이 변함으로써 대상은 새로운 국면을 보여준다.

백척간두진일보百尺竿頭進一步[167]라는 말이 있다. 성패를 막론하고 하는 일의 정점에 다다랐으나 얻어야 할 답을 찾지 못하고 진퇴양난에 봉착하였을 때, 한 발 더 나서라는 것이다. 나설 곳이 더 이상 없는데 한 발 더 나서라고 한다. 절벽의 벼랑에 섰는데 거기서 한 발 더 내디디라고 하니 떨어져 죽으라는 말 아닌가. 목숨과 같은 중요한 일이라 붙들고서는 혼신의 힘을 다 바쳤지만 결국 백척간두에 몰렸다. 붙들고서는 혼신의 힘을 다했으니 더 이상 붙들고 있다고 하여 나아질 일은 일어나지 않는다. 집착하는 일에서 그 집착을 놓는다는 것은 포기라거나 실패를 의미한다.

진일보라는 말은 무엇을 의미하는 것일까? 한 방향으로 나아가던 곳에는 더 이상 나아갈 곳이 없으니, 방향을 틀어 다른 쪽으로 한 발자국 떼기 시작하면, 지금까지 붙들고 있었으나 이루지 못했던 그 일이 달리 보이게 마련이다. 방향을 틀어 뗀 한 발자국이 지금까지 붙들고 있었으나 이루지 못했던 그 일과 무관한 것인 것 같으나, 다른 두 길이 결코 서로 무관하지 않다는 것도 알게 된다. 지금까지 이루려 했으나 왜 이루어지지 않았는지 그 원인이 보일 수 있다. 집착했던 일에서 손을 놓는 순간 세상의 가치관은 새로운 것으로 변한다. 새로운 안목으로 지금까지 집착했던 것을 바라보면 거기엔 한없이 많은 다른 길이 보이게 마련이다.[168]

현실세계에서 법보시란 어떤 경우일까? "말 한마디가 천 냥 빚을 갚는다."는 속담이 있다. 그 한마디 말이 항상 상대를 기쁘게 하는 아

---

167 『대혜보각선사어록』 9권, 『대정장』 vol. 47, p. 847.
168 백척간두진일보百尺竿頭進一步를 꼭 이렇게 해석해야 한다는 의미는 아니다. 다만 하나의 예로서 문구의 이해에 도움이 되었으면 하는 의도다.

름다운 말이어야 하는 것은 아니다. 이러한 일은 빚을 갚으려는 일념에서 나오는 말이기보다는, 욕망에 근본한 모든 것을 내려놓고 진실된 모습이 드러나는 말일 경우에 가능한 일이다. 미담은 일시적으로 상대를 안정 내지는 기쁘게 할지 모르지만 오히려 독이 되는 경우가 허다하기 때문이다. "가는 말이 고와야 오는 말이 곱다."는 격언도 있지만, 남을 진정 돕기 위한 것이라면 설사 오는 말이 곱지 않더라도 상대에게 근본적으로 도움이 되는 말이어야 한다.

특히 선사와의 대담에서는 유위법으로써 상대를 일시적으로 기분 전환하는 것보다는 근본적인 문제에 접근하려는 태도가 확연하여 제3자의 입장에서는 대화 그 자체만으로는 오해의 여지가 여실히 드러나기도 한다. 일본 임제종의 중흥조로 500년에 한 사람 태어날까 말까 하는 명승이라는 칭호를 얻은 백은 선사白隱禪師(1686~1769)와 무사(사무라이)의 대화가 하나의 좋은 예가 될 수 있을 것이다.

어느 날 한 사무라이가 백은 선사를 찾아왔다. 사무라이는 칼을 차고 집 밖을 나서면 그곳이 바로 전장이다. 싸움에서 이기면 살아서 그 문으로 다시 돌아오고, 지면 그날이 바로 그 문을 나서는 마지막 길이 되는 삶을 사는 사람들이다. 매일매일이 상대를 죽이지 않으면 자기가 죽어야 한다는 지옥 같은 삶일지도 모른다. 그래서 그러한지 그 사무라이가 선사께 여쭈었다.

"지옥은 있습니까? 천당이란 어떤 곳입니까? 만약 지옥과 천당이 있다면, 그곳으로 들어가는 문은 어디에 있습니까? 나는 어떻게 하면 그 천당이라는 문으로 들어갈 수 있겠습니까?"

그의 삶이 순탄치 않았던지 쉴 틈 없이 질문을 쏟아내었다. 사무라이의 하루는 오직 삶과 죽음이라는 기로에서 왔다 갔다 하는 것 이외에는 선택의 여지가 없다. 오늘은 어쩌다 살아남았을지 모르지만 언젠가는 스스로도 그리하였던 것처럼 자신도 남의 칼에 당장 내일이라도 죽임을 당할 수도 있다. 그에게 있어서 하루하루가 지옥 같은 삶이다. 그는 죽더라도 지옥으로 가기보다는 천당으로 가기를 원했으며, 그리고 또 그 문은 어디에 있는지를 알고 싶었던 것이다.

백은 선사는 칼을 찬 그를 보고서 모를 리 없건만, "거사는 무엇 하는 사람이오?"라고 물었다. 사무라이라는 직업은 설사 죽음을 택할지언정 굴하는 법이 없는, 스스로의 존재를 지극히 엄격히 함과 동시에 자부심을 지닌 사람들이다. 죽음을 눈앞에 두더라도 조금도 주저하지 않고 목을 내 놓을 수 있는 긍지를 지닌 사람들이다. 그는 위풍 당당히 "나는 사무라이며 사무라이들의 대장의 자리에 있는 사람이오!"라고 답하였다.

그러자 선사는 느닷없이 큰소리로 웃으며 그 사무라이를 빈정거렸다. "거사가 사무라이들의 대장이라고? 내가 보기에는 거지발싸개 같은데…."라고 하며 말을 끝내기도 전에 법당 쪽으로 쏜살같이 달아났다. 가만히 있으면 단칼에 목이 날아갈 것이라는 것쯤은 선사로서도 스스로가 누구에게 무슨 짓을 저질렀는지 잘 알고 있기 때문이다. 사무라이는 죽었으면 죽었지 남에게 모욕을 당하는 것을 참지 못한다. 칼을 빼들고 선사를 단칼에 베어버릴 위세로 뒤쫓아 갔다.

선사는 그가 다가오는 순간 돌아서며, "이것이 바로 지옥이니라. 이 칼, 이 분노, 나는 사무라이다라고 하는 자긍심, 그것들과 함께 여기 지옥의 문이 열렸노라!"라고 호통을 쳤다. 순간 사무라이는 번개가 뇌리를 때리는 듯 미동도 할 수 없었다. 스스로가 무엇을 어떻게 하고 있는지 자기의 모습을 돌이켜 보니 그 곳엔 악귀가 서 있었다. 칼을 물리고는 고요히 선사께 스승으로서의 예를 다했다. 그러자 선사는 그에게 "여기 천당의 문이 열렸노라!"라고 한다. 선사의 목소리는 고요히 울리는 산사의 종소리처럼 울려 퍼졌다. 선사의 부드러운 가르침은 그의 뇌리에 새겨졌다. 지혜를 동반한 이러한 말 한마디가 그 사무라이에게는 바로 법보시가 아닐까. 스님과 사무라이가 한바탕 소란을 피운 그곳이 바로 법보시의 연회이지 싶다.

이로써 붓다의 10대 제자뿐만 아니라 믿었던 보살들조차 유마 거사의 병문안을 갈 수 없다는 이유가 드러났다. 유마경이라는 드라마에서 두 주인공, 유마 거사와 문수보살이 서로 만나 대화를 하기 전까지가 서막에 속한다. 유마 거사의 능력이 어디까지 미치는지, 그리고 붓다의 제자들은 그의 능력을 감당할 수 없다는 것이 이 서막에서 밝혀졌다. 그리고 대승불교에서는 무엇을 지향하는지, 어떻게 그것을 수행하는지, 그리고 소승불교의 병폐가 무엇인지 등을 밝히는 장막이라고 할 수 있다.

여기서 대승불교라고는 하지만 그 수행덕목이 따로 있는 것이 아니라 초기불교에서의 수행덕목을 그대로 답습하는 정도에 지나지 않는다. 자·비·희·사의 사무량심, 보시·애어愛語·이행利行·동사同事의 사섭법四攝法, 십선도, 계·정·혜 삼학 등 초기불교의 모든 수행 덕목을 그대로 따르는 것이며, 대승보살의 수행 덕목으로 육바라밀六波羅蜜이 더해졌을 정도다. 육바라밀이라는 수행 덕목도 초기불교의 수행 덕목과 다를 것이 전혀 없다. 단지 자리自利·이타利他의 사상을 강조하는 것이 다를 뿐이다.

제 2 막

문수보살과
유마 거사의 대담

제1장　유마 거사와 아픔의 실체
문수사리문질품文殊師利問疾品 제5

유명 보살들의 이름의 유래

이제 유마경이라는 드라마의 제2막, 본론에 들어설 차례다. 여기서부터 유마경의 제2의 주인공이 등장한다. 문수보살은 붓다의 지혜의 상징이다. 앞에서도 논한 바 있지만, 특정한 이름을 지닌 보살은 가상의 인물이지 실존했던 샤카무니 붓다의 제자가 아니다. 가상의 인물이라 하지만 무작정 어떤 이름이건 관계없이, 대승경전에 등장시키는 것이 아니라 붓다가 지닌 성품과 공덕, 지혜와 변재 등 모든 특징을 하나하나 대표할 수 있는 이름으로 등장시킨다.

가령 샤카무니 붓다의 자비를 상징하는 보살로선 관세음보살이라든가, 관세음보살이라 하더라도 또 하시는 자비의 종류에 따라 형용사가 한없이 붙는다. 관자재, 천수천안관세음 또는 천수천안관자재, 십일면관세음 등 인도인들의 상상력에 따라 보살의 이름이나 그 특징은 한없이 늘어난다. 비단 관세음보살뿐만 아니라 문수보살 등

인기 있는, 즉 사람들에게 가장 중요시 되는 특징을 지닌 보살은 많은 별칭을 갖고 있다.

이렇게 많은 별칭을 지닌 특정의 보살이라든가, 다양한 보살의 이름 또는 신들의 이름이 대승경전에 등장하는 이유를 한마디로 표현하면 힌두의 범신론적인 사고를 지닌 불자들이 그 습을 버리지 못하고 불교에 그대로 나타낸 것이라 할 수 있을 것이다. 이와 같은 현상은 비단 불교경전에서만 나타나는 것이 아니라 오히려 그 근본은 힌두의 신들에게서 쉽게 찾을 수 있다.

힌두교에서는 한 분의 신이 수없이 많은 이름으로 등장하거나 또는 한 분의 신이 수없이 많은 역할을 하는 신으로 둔갑하여 나타나기도 한다. 예를 들면, 시바Śiva 신은 힌두교의 3대 신들 중 하나지만 그의 역할은 가히 한정시킬 수 없을 정도로 다양하다. 파괴의 신인가 하면, 완전히 그 반대의 의미인 생산 또는 창조의 신이기도 하다.

시바 신을 믿는 신자가 불교로 전향을 하였던지, 아니면 힌두의 일파인 시바 교도敎徒의 영향을 받은 불자들이 그 믿음을 그대로 불교에 받아들였던지, 어느 쪽이건 시바 신은 대자재천大自在天으로서 불교의 호법신으로 둔갑하여 등장한다. 시바Śiva를 한역漢譯하여 '습파濕婆'로서 경전에 등장하는 분이 바로 힌두교의 3대 신들 중의 한 분이다. 또 크리슈나Kṛṣṇa[169]는 힌두교의 3대 신의 한 분인 비슈누Viṣṇu(태양의 활동을 상징하며, 우주의 유지라든가 세계를 구제하는 신)의 화신들 중의 한 분으로서 반신반인半神半人적 영웅으로도 나타난다. 힌두교에서 크리슈나의 출현은 힌두 학자나 힌두교도들 속에서도 크리슈

---

169 산스크리트어에서 'r'는 자음과 모음의 역할을 동시에 한다. 그러므로 Kṛṣṇa의 음사를 크리슈나로 한다.

나를 정의한다는 것은 무리라고 한다. 이러한 힌두의 영향이 불교에 있어서 관세음보살의 현신이라든가 지장보살의 중생 구제의 서원 등으로 불교경전의 편찬에 크게 작용한 것이라고 볼 수 있다.

【5-1】 이때 붓다가 문수사리文殊師利(만주슈리Manjuśri)에게 말씀하시길: "네가 유마힐을 찾아뵙고 병문안을 하여라."

문수사리가 부처님께 사뢰기를: "세존이시여, 그 거사(上人)는 상대하기 힘든 [사람]입니다. 실상에 깊이 통달하여 법의 요체를 잘 설하고, 변재는 막힘이 없고 지혜는 [자재]무애합니다. 일체의 보살의 법식(보살행)을 다 아시며, 제불의 비장祕藏(분별할 수 없는 깨달음의 경지)에 들어가지 않는 곳이 없습니다. 뭇 마군들을 항복받고 신통을 부립니다. 그의 지혜와 방편은 이미 다 득도하였습니다. 그렇다고 하지만, 당연히 부처님의 성지를 받들어 그를 예방하여 병문안을 하겠습니다."

爾時 佛告, 文殊師利, 汝行 詣維摩詰問疾. 文殊師利 白佛言: 世尊, 彼上人者, 難爲詶對. 深達實相, 善說法要, 辯才無滯, 智慧無礙. 一切菩薩, 法式悉知, 諸佛祕藏, 無不得入. 降伏衆魔, 遊戲神通, 其慧方便, 皆已得度. 雖然, 當承佛聖旨, 詣彼問疾.

【5-2】 그 대중들 중 모든 보살과 대 제자, 제석천, 범천, 사천왕 등이 모두 생각하기를: '이제 두 대사大士, 문수사리와 유마힐이 함께 대담을 하겠구나. 묘법을 설할 것이 틀림없다.' 즉시, 8천의 보살들과 5백의 성문들, 백 천의 천인들이 모두 따라가기를 원했다. 이리하여 문수사리는 여러 보살들과 대 제자들 및 모든 천인들로 둘러싸여 바이샤리 대성에 들어갔다.

於是衆中, 諸菩薩·大弟子·釋·梵·四天王 等, 咸作是念: 今二大士, 文殊師
利, 維摩詰共談, 必說妙法. 卽時 八千菩薩, 五百聲聞, 百千天人, 皆欲隨從. 於
是 文殊師利, 與諸菩薩·大弟子衆, 及諸天人, 恭敬圍繞, 入毘耶離大城.

【5-3】 이때 장자 유마힐이 생각하기를: '이제야 문수사리와 대중들이 다
함께 오시는 구나.'〔그리고는〕즉각 신통력으로 그의 실내를 비워버렸다.
소유하고 있는 모든 것과 여러 시자들을 물리치고 오직 침대 하나만 두고
아픈 사람으로서 누워 있었다.

爾時 長者維摩詰 心念: 今文殊師利, 與大衆俱來. 卽以神力, 空其室內. 除去所
有, 及諸侍者, 唯置一床, 以疾而臥.

문수보살의 등장

문수보살에 관해서 많은 이설이 있지만 관세음보살이나 다른 유
명한 보살들과는 달리 역사적 실존인물이 모델이 되었을 것이라는
설이 있다. 『문수사리반열반경文殊師利般涅槃經』에 의하면 이를 뒷받
침이라도 하듯 문수보살이 범덕梵德이라는 바라문 출신으로 등장한
다.[170] 그러나 실존인물이 모델이 되었다고 하더라도 문수보살을 역
사적 인물로 볼 수 있는 것은 아니다. 역사적 인물로 본다면, 붓다의

---

170 『문수사리열반경文殊師利般涅槃經』에 의하면, "붓다가 발타바라跋陀波羅에게 고하
시기를: "이 문수사리는 대자비심이 있느니라. 이 나라의 다라多羅라는 마을의 범덕이
라는 바라문가에서 태어났느니라.""佛告 跋陀波羅: 此文殊師利, 有大慈悲. 生於此
國, 多羅聚落, 梵德 婆羅門家." 섭도진聶道眞 역譯, 『문수사리반열반경文殊師利般涅
槃經』, 『대정장大正藏』vol. 14, pp. 480~481.

제자로서가 아니라 초기 교단과는 무관한 대승불교운동이 일어난 이후의 인물이어야 한다.

유마경 제2막 제1장에서 드디어 붓다의 교단 내에서 지혜의 상징인 문수보살이 나섰다. 유마 거사의 지혜와 변재는 문수보살이 아니고서는 감당할 수 있는 다른 제자는 없다는 이야기다. 유마경의 두 주인공이 만난다면 지금까지 유마 거사가 수행을 잘한다는 붓다의 제자들에게 대하였던 것을 생각하면 반드시 볼거리가 생길 것이라고 생각한 대중들이 모두 따라나섰다.

문수보살은 많은 대중을 거느리고 유마 거사의 집으로 찾아 나섰다. 그런데, 유마 거사의 행동이 미심쩍다. 스스로가 있는 그대로를 보여주는 것이 아니라 가식적인 모습을 만들어 낸다. 재력이 있는 장자였으니 장식품이나 값진 물건이 많이 있었을 텐데, 왜 그런 것들을 다 치우고 빈방으로 만들어야 하며, 시자들을 다 내 보내고 홀로 가난한 사람들이 사는 모습을 연출해야만 하는지에 대해 의문이 든다.

유마경에서는 유위법은 멀리하고 무위법을 가까이 한다는 이원론적인 사고를 배제하고 있다. 즉 유마경의 하이라이트인 불이세계 不二世界를 유마 거사 스스로가 파기하고 있다. 살던 모습 그대로를 보여줌으로써 오히려 가지면 가진 대로, 없으면 없는 대로의 모습 속에서 그 사람의 진의가 드러나는 것인데, 신통으로 그의 참된 모습을 감추어버렸으니 이를 어떻게 이해해야 할까? 스스로의 자연스런 모습을 감추었다고 해서 문수보살이 알아채지 못할 리 없겠지만, 앞으로 두 사람 사이에 벌어질 대화의 무대장식으로는 빈방이 제격이라는 것을 미리 설정해 두는 것이 아닐까?

【5-4】 문수사리는 이미 그의 집에 들어서서 실내가 비어 소유물이 하나도 없고, 오직 하나의 침상에 〔유마 거사가〕 홀로 누워 있는 것을 보았다. 이 때 유마힐이 말하기를: "잘 오셨습니다, 문수사리여. 오지 않는 상으로 오셨고, 보지 않는 상으로 보셨습니다."[171]

文殊師利, 既入其舍, 見其室空, 無諸所有, 獨寢一床. 時 維摩詰言: 善來, 文殊師利. 不來相, 而來. 不見相, 而見.

【5-5】 문수사리가 말하기를: "그렇습니다, 거사여. 만약 이미 왔다고 하면 또 다시 올 수 없고, 만약 이미 갔다고 하면 또 다시 갈 수 없습니다. 왜냐하면 왔다는 것은 와야 할 곳이 없다는 것이요, 갔다는 것은 다다를 곳이 없다는 것이며, 보았다는 것은 또다시 볼 수 없다는 것이기 때문입니다.[172] 잠시 이 일은 접어두고, 거사여, 이 질병은 참을 만한지, 아닌지, 치료하여 차질이 있는지, 심해졌는지, 세존께서 은근히 물으시는데 한량이 없습니다. 거사여, 이 질병은 무엇으로 인해 일어난 것입니까? 병이 들어 오래 되었습니까? 어떻게 하면 나을 수 있는 것입니까?"

文殊師利言: 如是居士. 若來已, 更不來. 若去已, 更不去. 所以者何, 來者 無所

---

171 유마 거사의 말은 두 가지로 이해할 수 있을 것이다. 첫째, 일체개공一切皆空—모든 현상은 실체가 없고 공한 것이다—이니 실체가 없는 물건이 오고 갈 수 있을 리 없고, 보는 것과 보이는 대상이 있을 수 없다는 의미로서 진여실상의 체體를 논하는 입장. 둘째, 문수보살의 행위는 유위법이 아니라 무위의 세계니 오고 가는 행위, 보거나 보지 않는 모든 행위에 집착함이 없으니 마음에 어떠한 가치관도 일으키지 않고(무작無作) 유마 거사의 병문안을 왔다는 의미로서 진여실상의 용用의 입장.

172 문수보살의 답변은 자칫 말장난같이 보이나, 여기에는 제행諸行의 시간과 공간의 부즉불리不卽不離의 관계에 대한 문제가 내포되어 있다고 볼 수 있다. 즉 공간적인 행위자와 그 대상(장소)은 실체가 없으니 항시 변하며, 시간적인 오늘의 행위자는 내일의 행위자일 수 없고, 오늘의 대상(장소)은 내일의 대상이 될 수 없다. 과거는 미래일 수 없다는 것이다.

從來, 去者 無所至所, 可見者 更不可見.

且置是事. 居士, 是疾寧, 可忍不, 療治有損, 不至增乎, 世尊, 慇懃 致問無量.
居士, 是疾 何所因起? 其生久如? 當云何滅?

【5-6】 　유마힐이 말하기를; "치癡[어리석음]와 유애有愛[집착]로부터 나는 병이 든 것입니다. 일체중생이 병든 까닭에 나도 병들었습니다. 만약 일체중생의 병이 사라지면 즉 나의 병도 없어질 것입니다. 왜냐하면, 보살은 중생을 위해 생사에 들기 때문입니다. 생사가 있으니 병이 드는 것입니다. 만약 중생이 병으로부터 벗어난다면, 보살도 또한 병이 없어질 것입니다.

維摩詰言: 從癡有愛, 則我病生. 以一切衆生病, 是故我病. 若一切衆生 病滅, 則我病滅. 所以者何, 菩薩爲衆生, 故入生死. 有生死則, 有病. 若衆生 得離病者, 則菩薩 無復病.

【5-7】 　비유컨대, 장자에게 오직 한 아들이 있는데, 그 아들이 병이 들면 부모도 또한 병이 들고, 만약 아들의 병이 나으면, 부모도 또한 낫는 것과 같습니다. 보살도 이와 같이 모든 중생에게 있어서 그들을 사랑하길 마치 〔자기의〕 아들처럼 합니다. 중생의 병이 즉 보살의 병이니, 중생의 병이 나으면 보살도 또한 낫게 됩니다. 또 다시 말씀드리면, 이 병이 무엇으로 인하여 생겼느냐 하면, 보살의 병은 대비심으로 일어나는 것입니다."

譬如 長者唯有一子, 其子得病, 父母亦病. 若子病愈, 父母亦愈. 菩薩如是, 於諸衆生, 愛之若子. 衆生病則, 菩薩病, 衆生病愈, 菩薩亦愈. 又言, 是疾 何所因起, 菩薩病者, 以大悲起.

대비심으로 일어나는 병

여기서 유마 거사는 불자란 무엇을 위해 수행하며 살아야 하는지를 확실히 보여주고 있다. 어쩌면 당시의 불자(승려)들이 깨달음 혹은 교리 연구를 하기 위해 일념으로 각자의 길을 갈 뿐 세상의 돌아가는 모습에는 무관한 수행을 하고 있지 않았을까. 초기경전에 의하면, 붓다가 현세에 계실 때의 수행은 그렇지 않았다.

붓다가 깨달음을 얻은 후 같이 고행을 하던 5명의 수행자를 깨닫게 하여 제자로 삼았고, 또 60명의 샤캬 족의 사람들을 출가시켜 깨달음을 증득케 한 후, 각자 흩어져서 중생 교화의 길을 나서게 하였던 장면이 경전에 나온다. '혼자서 가되 같은 길을 둘이서 가지 말라'라는 가르침은, 각자 흩어져서 그의 깨달음을 되도록 많은 사람들에게 전파하여 그들을 일깨우기 위한 방편이었을 것이다.

당시의 인도 사회는 카스트 제도라는 족쇄를 만들어 지배자가 피지배자를 영원히 종속시키려는 힘의 논리를 근간으로 한 욕망이 깔려 있었다. 이러한 종교와 정치, 문화 속의 피지배자들이 그 족쇄로부터 벗어난다는 것은 피지배자의 입장에서는 카스트 제도를 허용하고 있는 종교 · 정치 · 문화를 부정하고, 이러한 배경으로부터 벗어남으로써 가능해 진다.

붓다의 깨달음과, 그의 제자들과 더불어 중생 교화 활동은 소위 인간 위에 인간이 있다는 생각 자체가 지배계급의 오만과 편협된 속성을 내 보이는 것이라는 폭로였다. 지배자들에 의해 설정된 기존 종교 정치 문화에 젖어 있는 타성을 깨뜨리고 새로운 삶으로의 길이 있다는 계몽 운동이 붓다의 교단으로부터 시작된 것이다. 이렇게 억

울하게 고통 받는 사람들을 사랑하니 중생 구제에 나선 불제자들의 마음이 어찌 아프지 않았을까.

중생이 어리석고 애착이 있다는 것은 당연한 일이다. 그것으로 말미암아 중생들이 고통스러운 병이 든 것이다. 그런데 진작 병이 든 중생은 삶의 고통이 어디에서부터 오는 것인지도 모르고 있을 뿐만 아니라 스스로가 병이 들었는지조차 모르고 그저 고통스러워할 뿐이다. 중생의 일을 곧 나의 일로 삼는 유마 거사는 그들이 어떻게 살아가는지, 어떤 고통을 앓고 있는지 한시도 등한히 하지 않고 살핀다. 그들은 삼독에 중독이 되어 나날이 고통스러우나 해독할 방법을 모르고 그저 앓고 있을 뿐이다. 그 모습이 안타까워 유마 거사 스스로도 병이 들었다고 한다. 그 원인으로 스스로도 어리석고 애착이 있어서라고 한다. 유마 거사는 어리석음이나 애착이 없는 사람이라고 유마경의 첫머리에 일찍이 소개되어 있다.

여기서 그의 어리석음이나 애착은 마치 아픈 자식을 가진 부모와 같은 그런 것이라고 한다. 그러니 자식의 병이 나으면 부모도 자연히 병으로부터 벗어나듯 스스로도 중생들이 다 교화되어 올바른 삶을 살아간다면 자연히 병으로부터 벗어날 수 있다는 것이다. 유마 거사의 어리석음과 애착은 삼독의 독에 중독이 되어 생겨난 것이 아니라 중생을 자식처럼 사랑하는 대자비심이 근본이었다.

현실적으로, 의미는 다르지만, 어린 자식과 놀아주는 [한국][173] 부

---

173 '한국' 부모라고 한정한 까닭은, 꼭 한국에만 한정짓는다는 의미는 아니지만, 서양 특히 미국의 부모들이 어린 자식들과 함께하는 모습을 비교하면, 그들은 어른이 어린아이 흉내를 내며 어린 자식들의 수준에 맞추지는 않는 것 같아 한국 부모라고 한정한 것이다. 많은 한국 부모들은 그들의 어린 자식들과 함께할 때 어린아이 흉내를 내며 수준을 아이에게 맞추는 경우가 허다하다.

모를 보면, 어른이 어른답게 노는 것이 아니라 어른이 어린아이처럼 노는 것을 볼 수 있다. 자식을 사랑하다 보면 어리석은 짓도 또 남다른 애착도 서슴없이 행한다. 이런 부모를 일러, '딸 바보' 또는 '손자〔녀〕 바보' 등 전문용어(?)가 생겨나는 것도 근본적으로는 사랑이라는 자비심이 깔려 있기 때문일 것이다.

불교에서는 사랑〔情〕은 독이라고 하였는데, 부모가 자식을 향한 사랑, 보살이 중생을 향한 사랑은 어찌하여 독이 아닐까? 그 까닭은 기본적으로 베풀되 보답을 바라지 않는 것이 부모의 사랑이요, 보살의 사랑이기 때문이다. 자식들로부터 조금 섭섭한 일을 당하면 "내가 너를 어떻게 키웠는데"라고 공치사를 하는 요즈음의 부모 사랑은 유마경에서 논하는 그런 부모의 사랑으로부터 많이 변질된 것이다.

【5-8】 문수사리가 유마 거사에게 말하였다. "거사여, 이 방안은 왜 비었고, 시자는 왜 없습니까?" 유마힐이 말하였다. "모든 불국토 또한 다 비어 있습니다." "무엇으로 비었다고 합니까?" "공〔空〕으로써 비었다고 합니다." "공은 무엇으로 공이라고 합니까?" "무분별로써 공한 까닭에 공이라고 합니다." "공은 분별할 수 있습니까?" "분별도 또한 공입니다." "공은 마땅히 어떻게 구해야 합니까?" "마땅히 62〔사邪〕견見[174]에서 구합니다." "62

---

174 62견 혹은 62사견邪見이란 나〔아我〕와 우주와의 관계를 시간과 공간의 범주에서 피력한 견해의 근거가 될 수 있는 요소를 불교적 입장에서 요약하여 분류한 것이다. 범망경梵網經 등에 상세히 설하고 있으나 요약하면;
　　1) 과거에 관한 18가지의 근거: (1) 영원론永遠論; 아我〔나〕와 우주에 대해, 오온五蘊은 아我임과 동시에 우주며 상주(영원불변)한다는 설(4가지). (2) 부분적 영원론部分的永遠論; 아我와 우주에 대해, 일부분 상주하며 일부분은 무상하다는 설(4가지). (3) 유한무한론有限無限論; 우주에 대해, 유한하기도 하며 무한하기도 하다는 설(4가지). (4) 궤변론詭辯論; 애매한 논리로서 결정할 수 없는 의론議論(4가지). (5) 무

[사邪]견見은 어떻게 구해야 합니까?" "제불의 해탈에서 구합니다."

文殊師利言: 居士, 此室何以, 空無侍者? 維摩詰言: 諸佛國土, 亦復皆空. 又問: 以何爲空? 答曰: 以空空. 又問: 空何用空? 答曰: 以無分別, 空故空. 又問: 空 可分別耶? 答曰: 分別亦空. 又問: 空 當於何求? 答曰: 當於 六十二見中求. 又 問: 六十二見, 當於何求? 答曰: 當於諸佛, 解脫中求.

【5-9】 다시 묻기를: "제불의 해탈은 마땅히 어떻게 구해야 합니까?"

답하기를: "당연히 일체중생의 심행心行(번뇌망념)에 있어서 구해야 합니다. 또 보살이 질문하신 바 왜 시자가 없느냐 하면, 일체의 마군들 및 모든 외도들이 다 저의 시자입니다. 왜냐하면 뭇 마군들은 생사를 즐기고, 보살은 생사에 있으나 (생사를) 버리지 않습니다.[175] 외도들은 모든 사견을 즐기며, 보살은 사견에 있어서 동요하지 않기 때문입니다."

又問: 諸佛解脫, 當於何求? 答曰: 當於 一切衆生, 心行中求. 又仁所問, 何無侍 者, 一切衆魔, 及諸外道, 皆吾侍也. 所以者何, 衆魔者, 樂生死, 菩薩於生死, 而 不捨. 外道者, 樂諸. 見 菩薩於諸見, 而不動.

인생기설無因生起説; 아我와 우주는 원인 없이 생겨난다는 설(2가지).
　　2) 미래에 관한 44가지 근거: (1) 유상론有想論; 사후에 의식작용이 존재하는 아我 가 있다는 설(16가지). (2) 무상론無想論; 사후에 의식작용이 없는 아我가 있다는 설(8가지). (3) 비유상비무상론非有想非無想論; 사후에 의식작용이 있지도 없지도 않는 아我가 있다는 설(8가지). (4) 단멸론斷滅論; 사후에 단멸한다는 설(7가지). (5) 현세열반론現世涅槃論; 현세에서 이 육신으로써 고를 멸해 열반을 실현한다는 설(5가지).
175　수행자라면 응당히 생멸법을 멀리하고 무위법에 들어야 한다. 그러나 중생 구제를 외 치는 보살로서 중생이 몸담고 있는 생사윤회의 세계를 멀리 할 수는 없다. 보살이 생멸 의 세계에 있지만 스스로는 생사의 그 무엇에도 집착하지 않는 경지에 있다. 그러니 생 멸법을 버린다거나 버리지 않는다거나 하는 이차원의 세계에 있지 않으며, '생사에 있 으나 생사를 버리지 않는다'는 것 자체도 사실 지나친 설명에 지나지 않는다.

빈방의 잡취

앞 장면에서 유마 거사가 인위적으로 자기의 방을 비운 이유는 제행의 실상, 진리의 모습을 구상화하기 위한 자구책이었음이 이 장면에서 드러났다. 문수보살이 왜 방안이 이렇게 휑하냐는 질문에 유마거사의 답변은 이 세상에 비지 않은 것이 무엇이 있느냐고 되묻고 있는 것 같다. 모든 불국토가 다 비어 있다고 한다. 제행이 무상하고 제법이 무아니 무엇 하나 고정된 실체가 있을 리 없다. 이를 공이라고 표현하니 비었다고 할 뿐이다.

그런데 유마 거사가 공이라는 형이상학적인 말을 아비달마 논사들이 어렵사리 풀어나가는 것과는 달리 아주 간단히 설명하고 있다. 62사견 즉 잘못된 견해로부터 벗어나는 것으로 공이라는 도리를 깨달을 수 있다고 한다. 62사견이란 다름 아닌 유아견有我見이라거나 우주의 상주불변론 등 불교에서 논하는 삼법인의 제행무상과 제법무아에 반하는 견해라고 볼 수 있다. 불교에 반하는 견해라고 해서 사견이라는 것이 아니라, 그들의 견해에 따라 수행하더라도 그들이 추구하는 열반에 도달할 수 없다는 것이 사견이라고 부르는 이유다. 객관적으로 62사견에 속한 수행자들이 열반에 들었다는 사람이 없는 것으로도 이의를 달 필요가 없을 것 같다.

중국에도 춘추 전국 시대에 제자백가라고 해서 도를 논하고 인생을 논하며 정치이념을 논하는 수없이 많은 가르침이 쏟아져 나왔다. 춘추 전국이라는 난세에 부국강병의 필요에 의해 정치이념이나 이상론 등 수많은 사상가들에 의해 이념이 난무하였지만 시간의 흐름과 함께 유가나 도가 등이 그 맥을 이어가고 있는 형국이다.

붓다 당시의 인도에도 소위 불전에 등장하는 육사외도六師外道 이외에 수없이 많은 사상가·철학자들이 형이상학적 사고에 관해 온갖 이설을 쏟아내고 있었다. 단지 불전에서는 모든 이설의 근거가 될 수 있는 요소를 62가지로 분류하였으며, 그중 중요한 삿된 견해를 추려 육사외도라고 불렀던 것이다. 62가지라고 하지만 크게 나누어 과거와 미래에 있어서 중생의 심행心行(번뇌망념)이 어떻게 되는가에 대한 형이상학적 접근이라고 할 수 있을 것이다.

이와 같은 사견은 붓다의 10(혹은 14)무기설無記說[176]과 유사한 점이 있다. 결과적으로 답이 없는 질문이거나 답을 필요로 하지 않는 논박일 뿐이다. 유마 거사는 이러한 사견에서 벗어나는 것이 해탈이라고 한다. 사견에서 놀아나는 중생을 사견으로부터 벗어나게 하여 그들을 해탈하게 하는 것이 중생 구제요, 중생 구제가 보살이 사바세계에서 노니는 이유며, 중생 구제를 성취함으로써 보살도 또한 해탈을 이룬다는 의미다.

사견이라고 하여 특별히 우리가 생각하는 일상의 시비라는 견해에서 벗어나는, 악마들이나 소위 나쁜 사람들이 일으키는 견해라는 뜻은 아니다. 조선시대의 당파싸움이 서로의 견해가 옳다고 주장하는 것으로부터 일어난 것이라고 한다면, 그래서 그 당파싸움으로 인하여 나라가, 백성이 고통을 받았다면, 그 견해가-시비를 막론하고-바로 사견이라는 것이다. 남녀 간의 시비라거나 부모형제 간의 시비

---

176 10무기설이란; 1) 세계는 상주하는 것인가, 2) 무상한 것인가?-시간적으로 한정된 것인가, 아닌가. 3) 우주는 끝이 있는가(유변有邊), 4) 없는가(무변無邊)-공간적으로 한정되었는가, 아닌가. 5)육체는 영혼과 동일한 것인가, 6) 동일하지 않는가? 7) 사후 정신은 존속하는가, 8) 존속하지 않는가? 9) 사후 정신은 존속하기도 하고 존속하지 않기도 하는가? 10) 사후 정신은 존속하는 것도 아니고 존속하지 않는 것도 아닌가?

가 올바른 삶으로 나아가는 길의 제시가 아니라면, 그 시비에 의해 가족이 또는 개인의 삶이 고통스럽다면, 그 시비는 사견이라고 유마 거사는 정의하고 있다.

유마 거사는 마군이나 외도들을 시자로 삼는다고 하니 달리 시자를 둘 필요가 없다. 남들이 볼 때 유마 거사의 집에서 시자로 일하는 사람들을 유마 거사는 시자로 부리지 않는다는 말이다. 불교의 입장에서는 마군이나 외도란 사견에 빠져 헤어나지 못하는 중생에 지나지 않는다. 그들을 시자로 삼는다는 뜻은, 유마 거사 스스로는 사견에 움직이지 않으니 그들을 가까이 함으로써 사견에서 빠져나올 기회를 제공한다는 것이다. 사섭법 중 동사섭의 실천행을 일상에서 이루고 있는 모습이다.

종교적 입장에서 보면 마군이나 외도란 달리 표현하면 이교도라 할 수 있을 것이다. 현대 종교사회에서 이교도에 대한 편견은 자칫 논쟁을 불러일으키고 이단시하여 급기야 집단 싸움으로 진행하는가 하면, 전쟁으로까지 치닫게 되며, 그러한 역사를 인류는 가지고 있다. 유마 거사는 이들을 가까이 두고 함께 생활한다고 하니 불교인이라 하여 바라문이나 타 종교인들과 분쟁을 일으키지 않는다는 것을 말해주고 있다.

【5-10】 문수사리가 말하기를: "거사의 병은 어떠한 성상性相〔어떻게 아프신〕인 것입니까?" 유마힐이 말하기를: "저의 병은 형체가 없어 볼 수 없습니다." 다시 묻기를: "이 병은 몸과 합한〔몸에서 일어난〕 것입니까? 마음과 합한〔마음에서 일어난〕 것입니까?"

답하기를: "몸과 합한 것이 아니니 몸은 상相을 떠난 까닭이요, 또한 마

음과 합한 것도 아니니 마음은 마치 환영과 같기 때문입니다." 다시 묻기를: "지·수·화·풍의 사대四大 중에서 어떤 요소의 병이십니까?"

답하기를: "이 병은 지地의 요소(지대地大)에서 〔일어난 것은〕 아니나 또한 땅의 요소를 여의지도 않으며, 물과 불과 바람의 요소도 또한 이와 같습니다. 그러나 중생의 병은 사대로부터 일어나며, 그들이 병이 들었으므로 나도 병이 들었습니다."

文殊師利言: 居士所疾, 爲何等相? 維摩詰言: 我病無形, 不可見. 又問: 此病身合耶? 心合耶? 答曰: 非身合身相離故 亦非心合心如幻故. 又問: 地大·水大·火大·風大, 於此四大, 何大之病? 答曰: 是病非地大, 亦不離地大, 水火風大, 亦復如是. 而眾生病, 從四大起, 以其有病, 是故我病.

보살이 앓는 병의 실체

육신을 지닌 자로서 병이 들지 않는 사람은 없다. 불교에서는 생·노·병·사를 인간으로서는 피할 수 없는 네 가지의 고통〔사고四苦〕라고 보지만, 요즈음의 의학계에서는 늙는다는 것조차도 하나의 병으로 보는 견해가 있다고 한다. 그렇게 봐도 늙지 않는 사람은 없으니 결국 병이 들지 않는 사람은 없다는 것이다. 그런데 유마 거사의 병은 형체가 없어 볼 수 없다고 한다. 즉 어떤 병세도 없고 증상이 나타나는 것도 아니라는 것이다. 그러니 의사가 고칠 수 있는 병은 아니다.

21세기 의학의 발달은 현대과학의 어느 분야보다 뒤처지지 않았다고 할 수 있을지 모르지만, 고치지 못하는 병이 더 많으리라 생각한다. 유마 거사의 병은 중생이 아프니 생겨난 것이지만, 중생은 육신이 있기 때문에 병이 생긴다고 한다. 보살은 중생이 아픈 한 아픔에서 벗어날 수 없다는 뜻이다. 그러므로 아무리 세상이 각박해지더라도 보살이 있는 한 또한 그 세상을 치유할 것이다. 보살의 병이 치유되는 길은 오직 한 길밖에 없기 때문이다.

그 스스로가 해야 할 일 즉 모든 중생을 구제하는 일을 해 마치기 전에는 보살의 병은 치유되지 않는다. 유마 거사의 병은 흔히 불전에 등장하는 유명한 보살들의 서원과 같이 일체중생을 다 제도하기 전에는 결코 먼저 성불하지 않겠다는 의지를 보이는 것이라 할 수 있다. 이와 같은 정서를 잘 표현하는 한국인들이 애용하는 말에 구순의 어머니가 대문 밖을 나서는 칠순의 아들에게 차[길] 조심하라고 당부하는 모습이다. 유마 거사가 중생을 대하는 모습이 한국인의 노모가 같이 늙어가는 자식 걱정하는 그런 모습일 것이다.

누구나가 다 언젠가는 이 세상을 하직한다. 그리고 이 세상에 태어날 때는 순서가 있지만 하직할 때는 순서가 없다고 한다. 중생의 병은 지·수·화·풍 사대로부터 생겨난다고 하니 이 육신이 있는 한 병은 언제든지 찾아오기 마련이다. 병이라는 놈이 언제 나에게 찾아오더라도 그것은 자연스러운 것이지 나에게만 찾아오는 불행한 사건은 아니다.

세상의 모든 사람들은 각자 스스로가 맡은 바 일을 충실히 함으로써 보람된 삶을 살기를 원한다. 그러나 각자 해야 할 일을 다하지 못하니 스스로의 인생을 보람되게 운영하지 못하는 것일 뿐이다. 후천적 생활의 잘못된 환경이나 습관 또는 생각에 의해 일으키는 병이라면(이미 이러한 요인으로 인해 불행하게 희생당한 사람들도 있지만) 그 잘못된 환경과 생각이나 습관을 고침으로써 병을 이길 수 있다.

그러나 선천적으로 병약한 몸으로 태어나 일생을 병과 싸우는 것만으로도 힘에 벅찬 사람들이 있다. 그러나 그들이 병과 싸우는 모습을 보여주는 것만으로도 그들은 충분히 보람된 삶을 살아가고 있다고 할 수 있다. 그 이유는 그들이 이 세상에 태어나서 스스로가 해야 할 일을 다하고 있기 때문이다. 그들의 병은 몸과 합한(몸에서 일어난) 것도 아니며 마음과 합한(마음에서 일어난) 것도 아닌 선천적인 것이기 때문이다. 이것이 이 장에서 보여주는 중요한 메시지다. 설사 그들의 병의 원인이 인간이 만들어낸 자연환경의 파괴에 의한 재앙에서 기인한 것이거나, 그들 스스로의 전생의 업에 의한 것이라 하더라도 이 메시지는 유효하다.

【5-11】 이때 문수사리가 유마힐에게 묻기를: "보살은 응당히 어떻게 병든 보살을 위로해야 합니까?"

유마힐이 말하기를: "몸이 무상하다고 설하되 몸을 싫어하고 벗어나라고는 하지 마십시오. 육신에 고통이 있다고 설하되 열반의 즐거움을 설하지 마십시오. 몸이 무아임을 설하고, 중생의 교화와 제도를 설해야 합니다.

爾時 文殊師利問, 維摩詰言: 菩薩 應云何慰喩, 有疾菩薩? 維摩詰言: 說身無常, 不說厭離於身. 說身有苦, 不說樂於涅槃. 說身無我, 而說敎導衆生.

【5-12】 육신의 허망함(공적)을 설하되 필경의 적멸을 설하지 마십시오. 앞서 지은 죄의 참회를 설하되 그러나 과거로 빠져들게는 설하지 마십시오. 나(병든 보살)의 병으로써 중생들의 병을 가슴아파하고, 마땅히 숙세의 무수한 겁의 고통을 알게 [하십시오]. 마땅히 일체중생의 요익을 생각하여

〔과거에〕 닦았던 복덕을 기억하며, 청정한 삶〔정명淨命〕에 있어서 생각하고, 근심 걱정을 하지 않게 〔하십시오〕. 항상 정진을 하고 있으니, 당연히 의왕이 되어 중생의 병을 치료할 수 있을 것이라고 하십시오. 보살은 마땅히 이와 같이 병든 보살을 위로하고 그로 하여금 기뻐하게 하셔야 합니다."

說身空寂, 不說畢竟寂滅. 說悔先罪, 而不說入於過去. 以己之疾, 愍於彼疾, 當識宿世, 無數劫苦. 當念饒益, 一切衆生, 憶所修福, 念於淨命, 勿生憂惱. 常起精進, 當作醫王, 療治衆病. 菩薩應, 如是慰喩, 有疾菩薩, 令其歡喜.

보살의 병문안

사람이면 누구나가 다 일생 동안 경험해야 할 일들 중에 병자를 간호하는 일이 있다. 가족이거나 친지 또는 이웃이라 하더라도 아픈 자를 어떻게 대해야 하는지가 얼마나 중요한가는 스스로가 아파본 사람이면 모르지 않을 것이다. 그런데 경험이 있는 사람이라 하더라도 막상 아픈 사람을 대하면 불편한 마음이 들기는 마찬가지일 것이다. 아프다는 것 자체가 불편한 모습이기 때문이다.

위독한 중환자의 병문안을 가면 정말 어떻게 위로를 해야 할지 막막한 경험을 한 사람이 많을 것이다. 특히 종교인은 이러한 경우를 많이 접한다. 가벼이 위로한답시고 성현의 말씀을 전할 수도 없고, 그렇다고 아무 일 없다는 듯이 해맑은 얼굴로 대할 수도 없으며, 더더욱 울고불고 한다면 오히려 병문안이 아니라 환자에게 부담을 안겨 주는 꼴이 될 것이다. 문수보살이 이러한 사정을 알고 아픈 보살을 위해 어떻게 위로를 해야 할지 지혜와 변재가 출중한 세속인에게 물었다.

유마 거사의 첫마디가 "몸이 무상하다고 설하되 병든 몸을 싫어하고 벗어나라고는 하지 말라"고 한다. 위로한답시고 자칫 한마디 오해하기 쉬운 말을 잘못 뱉으면 병자로서 한없이 예민해져 있는 상태에서 그 말에 상처를 받아 허무주의에 빠져 세상일에 무기력해지거나 아예 생을 포기하는 사태가 일어날 수 있다. 불교교리를 일러준 답시고 섣불리 공이 어떻다는 둥 무상이 어떻다고 하면 올바른 상태에서도 이해하려 하지 않는 사람을 자칫 염세주의자로 만들지 말라는 경고다.

요즈음 상담심리학이라는 학문이 유행한다고 한다. 기독교 계통의 종교를 바탕으로 하여 상담심리학이 유행하더니 급기야 불교에서도 흉내를 내고 있다. 불교를 가르치는 한국의 대학 곳곳에서 불교 상담심리학이라는 학과를 개설하여 전문 인력도 없고 경험도 없이 타 종교의 데이터를 그대로 빌려다 쓰고 있다. 그럼에도 불구하고 대학에서 너나할 것 없이 대학원 과정을 개설하여 많은 학인을 불러들이고 있다. 그 까닭으로 불교 교리 자체가 인생 상담의 요체요, 심리학의 결정체라는 것이다. 설사 그렇다고 하더라도 불교 상담심리학 이전에 이수해야 할 것은 불교가 무엇인지에 대한 공부와 그 실천행이 선행되어야 하는 것이다.

대학에서 인기과목을 개설하는 것이야 탓할 일이 아니지만, 자격증을 남발하여 1, 2년 상담심리학 강의를 들었던 것으로 – 그것도 자격이 있는 선생의 강의도 아닌 – 유자격자인 것처럼 실전을 하게하는 무모한 사례가 일어나고 있다. 지극히 위험하지 않을 수 없다. 전문적 지식이나 자격도 없는 사람을 배출하여 전문인으로 착각하게 끔 자격증을 남발하고, 그들이 타인의 아픔을 가볍게 진단함으로써 내담자들을 오히려 위험에 처하게 하는 일들이 주변에 심심찮게 일어나고 있다.

한 예로, 비즈니스를 잘하고 있던 경제인이 갑자기 몰아닥친 경제 파동으로 견디기 힘든 심리적 압박을 받고 있었다. 가족들은 물론 가까이에 있는 어느 누구에게도 그 어려움을 털어놓지 못하던 중 우연히 상담사라는 사람을 만났다. 무심코 내비친 내면의 어려움을 들어주던 상담사를 가끔 만나게 되었다. 어느 날 괴로워하는 그에게 상담사는 본인도 타인의 경제적 어려움을 어쩌지 못하니 바쁘다는 듯이 무심코 정신과 의사를 소개시켜 주겠다고 한다.

그 경제인은 그 다음날 유서를 남겼다. 그 유서에는 "내가 이렇게 살겠다고 발버둥치는 모습이 남에게는 미친 놈으로 보이나 보다."라는 문구가 있었다. 목숨을 가볍게 다루는 문제는 개개인의 문제라고 하더라도, 정신과 의사라는 상담사의 말 한마디가 직ㆍ간접으로 그의 생을 좌지우지하였던 것은 부정할 수 없는 사실이다. 상담심리야말로 오랜 인생 경험과 의학적 전문 지식 내지는 임상 실험 등 모든 다방면의 요소를 고루 갖춘 자격자가 맡지 않으면 언제 어디서건 위험한 일이 일어날 수 있는 분야다. 더더욱 불교상담이라고 한다면 우선 상담의 기술적 지식이 중요한 것이 아니라 불교의 실천과 그 수행의 깊이가 중요한 것이다. 일천한 학문적 지식만으로 감당할 분야가 아님을 이 장면에서 유마 거사와 문수보살의 대화로써 보여주고 있다.

육신을 지니고 있는 한 병이 드는 것은 당연한 일이다. 병이 들었다고 해서 왜 내가 병이 들어야 한단 말인가라고 그 병에서 헤어나지 못하고 스스로 해야 할 일을 못하고 무너져버린다면 그것은 보살의 본분사本分事〔해야 할 일, 즉 중생 구제〕를 망각한 처사임에 틀림없다. 그러니 유마 거사는 이 육신은 진실된 자아가 아님을 설하고, 설사 병이 들었지만 보살로서 해야 할 중생 교화와 제도에 전념하게 해야 한다고 한다.

현재 비관적인 상태라 할지라도 이생에 보살로서 해야 할 일을 망각하고 비켜가려는 것은 결코 있어서는 안 된다는 것을 강조하고 있다. 대신 현재의 비관적인 상황을 이겨내는 법을 일러주고 있다. 내가 병이 들어 고통스러운 것으로 타인의 고통을 이해하고, 그들을 요익하게 하며, 그러기 위해 전생에서부터 닦아 왔던 복덕과 청정한 삶으로써 오히려 대의왕이 되어 주변의 병든 중생을 구제하라고 한다. 병든 사람을 위문한다는 것이 얼마나 위험하고 힘든 일인지를 유마 거사는 이 장면에서 설파하고 있다.

【5-13】 문수사리가 말하기를: "거사여, 병이 있는 보살은 어떻게 그 마음을 조복 받습니까?"

유마힐이 말하기를: "병든 보살은 응당히 이와 같이 생각해야 합니다. '지금 나의 이 병은 다 전생의 망상과 전도, 모든 번뇌로 인해 생겨난 것이다. 실상實相의 법法이 아니니 누가 병이 들었다는 것인가? 왜냐하면 사대가 합해진 까닭으로 임시로 이름하여 몸이라고 하는 것이다. 사대에 주인이 없으며, 육신도 또한 아我가 없다. 또 이 병이 들었다는 것도 다 나에 대해 집착한 까닭이니, 그러므로 나에 있어서 응당히 집착을 일으켜서는 안 된다'〔라고 생각해야 합니다〕.

文殊師利言: 居士 有疾菩薩, 云何調伏其心? 維摩詰言: 有疾菩薩應作是念. 今
我此病, 皆從前世, 妄想顚倒, 諸煩惱生. 無有實法, 誰受病者. 所以者何, 四大合
故, 假名爲身. 四大無主, 身亦無我. 又此病起, 皆由著我, 是故於我, 不應生著.

【5-14】 이미 병의 근본을 알았다면, 아상 및 중생상[177]을 제거해야 합니다.
마땅히 법에 대해 상념想念하여 이러한 생각을 하셔야 합니다. '단지 뭇 법
〔요소. 오온〕[178]이 합하여 이루어진 것이 육신이다. 생겨난 것은 단지 법〔오온〕
이 일어난 것이요, 소멸하는 것도 단지 법〔오온〕이 소멸하는 것이다.'

既知病本, 即除我想, 及眾生想. 當起法想, 應作是念. 但以眾法, 合成此身. 起
唯法起, 滅唯法滅.

【5-15】 또 이 법〔오온〕은 각각 서로 알지 못하며, 생겨 날 때, '나는 생겨 난
다'고 하지 않으며, 소멸할 때도 '나는 소멸한다'고 하지 않습니다. 병든
보살이 법〔사물〕에 대한 생각을 멸하기 위해 당연히 이러한 생각을 하여야
합니다. '이 법상法想〔존재에 대한 생각〕이란 또한 전도〔잘못된 견해〕요, 전도란
즉 큰 우환이다. 나는 마땅히 그로부터 벗어나야 한다.'

又此法者, 各不相知, 起時 不言我起, 滅時 不言我滅. 彼有疾菩薩, 爲滅法想,
當作是念. 此法想者, 亦是顚倒, 顚倒者, 是即大患. 我應離之.

---

177 『금강경』의 문구로서 식경사상識境四相; 아상我相·인상人相·중생상眾生相·수자
상壽者相을 말함. 아상이란 오온으로 이루어진 이 육신에 실상이 있다고 하는 견해 즉
아견我見이라고도 함. 인상이란 아我가 즉 사람이라는 견해, 인견人見이라고도 함. 중
생상이란 아我는 오온에 의해 생한다고 하는 견해, 즉 중생견. 수자상이란 아我는 일생
동안 수명이 있어 주住한다고 하는 견해, 즉 수자견이라고도 함.
178 법을 오온이라고 보는 이유는 아상과 중생상이 오온으로 이루어진 것이므로, 뭇 법이
합하여 이루어진 것이 아상이요, 중생상이라면 그 법이란 오온을 가리키는 것이라 하
여 의미가 다르지 않을 것이다.

【5-16】 무엇이 벗어난다는 것입니까? 아我와 아소我所〔나의 것〕로부터 벗어나는 것입니다. 무엇이 아我와 아소我所를 벗어나는 것입니까? 이법二法을 여의는 것입니다. 무엇이 이법二法을 여의는 것입니까? 내內〔아我〕와 외外〔피彼, 경계〕[179]를 생각하지 않고, 제법에 있어서 평등〔하나의 공空〕함을 말합니다. 무엇이 평등입니까? 나〔아我〕도 평등하고 열반도 평등한 것입니다. 왜냐하면, 아我 및 열반, 이 둘은 다 공하기 때문입니다.

云何爲離? 離我·我所. 云何 離我·我所? 謂離二法. 云何 離二法? 謂不念, 內外諸法, 行於平等. 云何平等? 爲我等, 涅槃等. 所以者何, 我及涅槃, 此二皆空.

【5-17】 무엇으로 공이라 합니까? 단지 말일 뿐〔실체가 없는 것〕이기 때문에 공한 것입니다. 이와 같이 이법二法[180]에는 결정지을 수 있는 성품이 없는 것입니다. 이 평등의 〔도리를〕 증득하면, 여병餘病이 있지 않습니다. 단지 공병空病만이 있을 뿐이지만, 공병도 또한 공한 것입니다.'[181] 병든 보살이 무소수無所受〔육감에 의해 마음을 일으키는 것〕은 없으나, 모든 감수感受[182]

---

179 내외란 육근-안·이·비·설·신·의-과 육경-색·성·향·미·촉·법-의 다른 표현. 그러므로 내외제법內外諸法이란 오위백법을 총 망라한 것을 말한다.

180 이법이란 이원론적인 견해, 즉 아·아소, 내·외, 아·열반 등 대립적 견해.

181 공병空病이란 나와 대상경계가 함께 실체가 없다는 아공我空·법공法空의 도리를 알았지만, 일체가 다 공하다는 그 진리, 공空에 집착한 모습을 공병이라고 한다. 구마라습에 의하면, 우선 나〔아我〕도 없고 대상〔법法〕도 없다는 것은 알았지만, 그러나 아직 공이라는 것을 버리지 못한 것이다. 공이라는 것을 버리지 못했다는 것은 즉 공이 도리어 번뇌가 되니, 번뇌가 즉 병이라고 하였다. "什曰: 上明 無我無法, 而未遺空. 未遺空則 空爲累, 累則是病." 승조僧肇 찬撰, 『주유마힐경注維摩詰經』, 『대정장大正藏』 vol. 38, p. 377.

182 구마라습에 의하면 '제수諸受'란 세 가지의 느낌을 말하며, 그 셋이란 고수苦受·낙수樂受·사수捨受〔불고불락不苦不樂〕를 말한다. 즉 대상에 의해 느낌을 일으키지만 그러나 제어할 수 있는 느낌으로 '세 가지의 느낌〔삼수三受〕'이라고 한다. "什曰: 受謂苦樂捨三受也, 若能解受無受, 則能爲物受生, 而忍受三受也." 승조僧肇 찬撰, 『주유마힐경注維摩詰經』 Ibid.

속에 있습니다.[183] 아직 불법을 구족하기 전이라면 또한 수受〔감각작용〕를 멸하여 깨달음을 취하지 못할 것입니다.

以何爲空? 但以名字, 故空. 如此二法, 無決定性. 得是平等, 無有餘病. 唯有空病, 空病亦空. 是有疾菩薩, 以無所受, 而受諸受. 未具佛法, 亦不滅受, 而取證也.

【5-18】 설사 육신에 고가 있다 하더라도 악취중생을 생각하고 대비심을 일으켜야 합니다. 나는 이미 〔나의 병을〕 조복하였다면 역시 일체중생의 〔병도〕 마땅히 조복해야 합니다. 단 그 병을 제거해야지 법〔요소〕을 제거하면 안 됩니다. 병의 근본을 끊기 위해 그들〔중생〕을 교도합니다.

設身有苦, 念惡趣衆生, 起大悲心. 我旣調伏, 亦當調伏, 一切衆生. 但除其病, 而不除法. 爲斷病本, 而敎導之.

【5-19】 무엇이 병의 근본이라 합니까? 반연이 있음을 말합니다. 반연을 따르는 것이 병의 근본이 됩니다. 무엇이 반연하는 곳입니까? 그곳은 삼계라고 합니다. 어떻게 반연을 끊습니까? 무소득으로써 〔끊습니다〕. 만약 무소득이면, 즉 반연이 없습니다. 무엇을 무소득이라 합니까? 이견〔이원론적 견해〕을 여읜 것입니다. 무엇이 이견입니까? 내견〔아我〕과 외견〔아소我所, 외경外境〕입니다. 이것을 무소득이라 합니다.

何謂病本? 謂有攀緣. 從有攀緣, 則爲病本. 何所攀緣? 謂之三界. 云何斷攀緣? 以無所得. 若無所得, 則無攀緣. 何謂無所得? 謂離二見. 何謂二見? 謂內見外

흔히 유식학에서 감각〔수受〕을 다섯 가지로 나누며, 그 다섯 가지란, 우수憂受 · 희수喜受 · 고수苦受 · 낙수樂受 · 사수捨受〔불고불락不苦不樂〕로 구분한다.
183 보살이란 감각기관에 의해 일어난 감정에 집착하는 바가 없으니 그것에 의해 마음을 일으키지는 않는다. 그렇다고 하여 감각의 세계에서 벗어난 장승이나 돌부처처럼 무감각하다는 것은 아니다.

見, 是無所得.

【5-20】 문수사리여, 이것이 병든 보살이 그 마음을 조복 받고, 늙고 병들고, 죽는 고통을 끊기 위한 것입니다. 이것을 보살의 지혜[보리菩提]라고 합니다. 만약 이와 같지 않다면, 그가 치유한 노력은 지혜로운 이점이 없습니다. 비유컨대, 원수를 무찌르고서야 즉 용감하다고 할 수 있는 것과 같습니다. 이와 같이 노·병·사를 거듭 제거하는 자를 보살이라고 합니다.

文殊師利, 是爲 有疾菩薩, 調伏其心, 爲斷 老·病·死·苦. 是菩薩菩提. 若不如是, 己所修治, 爲無慧利. 譬如勝怨, 乃可爲勇. 如是 兼除, 老·病·死·者, 菩薩之謂也.

병든 보살의 마음가짐

이젠 병든 보살이 어떻게 스스로의 마음을 추스려야 하는지 문수보살이 병든 유마 거사에게 물었다. 이에 대해 우선 병의 근원부터 알아야 한다고 한다. 병의 근원은 전생의 업보로부터 생겨난 것이라고 한다. 전생에 저질렀던 번뇌 망상이 원인이 되어 생겨난 것이며, 그 허망한 분별심은 진실한 법이 아니니 내가 병이 든 것이 아니라고 한다. 단지 임시로 사대가 뭉쳐서 이러한 병이 나타난 것이요, 그 사대[육신]에는 나라고 하는 주인공이 없다고 한다. 그러므로 나는 진실로 병이 든 것이 아니라고 생각해야 한다는 것이다. 병이라는 것도 다 나라고 하는 것에 대한 집착이 원인이 되어 생겨나는 것이니 집착에서 벗어나는 것이 중요하다고 한다. 그리고 나에 대한 집착에서 벗어나는 방법으로 이 육신의 실상을 바로 보라는 것이다. 그 실상이란 육신은 사대가 우연히 만나서 생겨난 것이니 그 사대의 요소는 생겨났다가는 소멸하기를 반복하는 것이며, 이러한 생각조차도 잘못된 것이니, 결국 제법실상은 고정된 실체가 아니라 공하다는 것이다.

이후 유마 거사는 병든 보살이 스스로의 육신이 병이 들었지만 이 육신이야말로 믿을 것이 못 된다는 이야기를 계속 하고 있는 것에 지나지 않는다. 이와 같이 유식학에서나 논할 법한 이론은 도대체 무엇을 말하고자 하는 것일까? 이 육신에서는 나라고 하는 실체를 찾을 수 없으니, 이 육신이 나일 수 없고, 그러니 내가 병이 들었다는 생각은 하지 말라는 것이다.

한국인이라면 누구나가 다 목욕탕에서 경험하는 일이지만 스스로의 몸의 때를 밀어 아무런 생각 없이 물로 흘려 버린다. 즉 지금까지 내가 나라고 믿고 있던 한 부분이 떨어져 나가는, 아무런 생각 없이 버리는 나의 편린이 즉 사대로부터 이루어진 요소들이다. 내가 믿고 있는 이 육신이 좀 더 큰 덩어리의 때에 지나지 않는다고 보면 크게 틀리지 않는다. 그 큰 덩어리의 때가 아프다고 한다면 아무도 그 덩어리에 집착할 사람은 없을 것이다.

이 육신조차도 집착할 아무런 이유가 없다는 말이다. 사람들이 때를 미는 까닭은 '때는 더럽다'는 가치관 때문이다. 그러나 고산지방의 건조한 곳에서 때를 밀다가는 살아남기 힘들다. 오히려 때가 낀 그 위에 기름을 잔뜩 발라야 살이 터지지 않고 견뎌낼 수 있다. 고정관념으로 지닌 가치관을 어떻게 깨뜨리느냐에 따라 우리의 육신에 생긴 병 또한, 마음으로 제어 가능한, 마치 목욕탕에서 생각 없이 흘려 버리는 때와 같이, 일생을 살아가면서 한두 번 일어날 수 있는 조그마한 사건에 불과하게 되는 것이다.

이렇게 스스로의 육신에서 생겨나는 병을 내 몸의 때와 같이 본다면 때가 낀 육신에 마음을 실을 이유가 없다. 다만 이러한 육신을 지니고 있는 '나'라는 실체가 없는 존재가 거기에 집착하여 생겨나는 병이니, 병을 일으키는 주체는 마음이라는 것이다. 마음을 조복 받음으로써 병뿐만 아니라 사고팔고의 모든 고통에서 벗어날 수 있다고 한다. 스스로가 병을 통제하게 되면 이젠 중생의 병을 제거하는 일에 힘쓰라고 한다.

종교에서나 성현들의 가르침 또는 도덕이나 윤리에서 누구나 할 것 없이 착하게 살라고 가르친다. 그 까닭은 착하게 삶으로써 그 인생이 보람되며 누구나가 추구하는 행복을 누릴 수 있다는 것이다. 그런데 현실세계에서는 그렇지 못하다는 것 또한 초등학교 어린 아이들조차도 알고 있다. 이 말은 성현의 가르침대로 살다가는 현실세계에서는 항시 남에게 괴롭힘을 당하거나 아니면 행복하게 살 수 없다는 것을 스스로의 경험 또는 다른 사람들의 경험을 통해서 잘 알고 있다는 뜻이다. 성현의 가르침이건 학교에서 배운 도덕률이건 아무리 따져 보아도 결코 잘 살아서는 안 될, 소위 범법을 저지르는 '나쁜 놈'이라는 사람이 현실세계에서 누구보다도 더 많은 것을 누리며 잘 살고 있는 것을 보았기 때문에 그렇게 느낄 것이다.

반면 누구보다도 더 잘살아야 할, 성현의 가르침을 실천하고자 하는, 올바르고 착한 사람이 불의의 사고를 당하거나 병이 들어 불행한 삶을 보내는 것, 또는 사회나 집단으로부터 괴롭힘을 당하는 모습을 보아왔기 때문일 것이다. 어떤 사람이 진정 착한지 악한지는 별개의 문제로서 그 진위를 여기서 따진다는 것은 무의미하다. 그러나 모든 것을 누리며 살아가는 사람이건 또는 남으로부터 괴롭힘을 당하는 사람이건 불문하고 행·불행에 있어서는 이야기가 달라진다.

현실세계와 이상세계와의 사이에 엄연히 존재하는 괴리를 어떻게 이해하는가에 따라 그 사람의 행·불행이 좌우될 수 있기 때문이다. 모든 것을 누리되 불안하게 살아가는 사람이 있는가 하면 세상의 가치관으로 보아 가진 것은 없으나 편안하게 살아가는 사람도 있다. 우리의 속담에 "맞은 놈은 발 뻗고 잔다."라고 하지 않는가. 설사 남들보다 더 착하게 살되 더 고통 받는 삶을 살더라도 그 원인은 스스로가 잘 못 살아서 그렇게 된 것이 아니라 전생의 업보에 의해 현세에서 과보를 받는 것이라는 가르침을 이 장면에서 보여주고 있다. 지금 나의 이 고통〔병〕은 다 전생의 어리석은 망상에 의한 것이거나 번뇌로 인해 생겨난 것이며, 그렇다고 하여 불행한 것은 아니라는 것이다. 이러한 도리를 알기만 한다면 설사 육신은 고통스러울지 모르지만 결코 불행하다고 느끼지는 않는다는 가르침이 이 장면의 요지다.

【5-21】　병든 보살은 마땅히 이러한 생각을 하셔야 합니다. '나의 이와 같은 병은 진실한 것도 아니요, 있는 것도 아니다. 중생의 병 또한 진실한 것도 아니요, 있는 것도 아니다.' 이렇게 관하였을 때, 뭇 중생에 있어서 만약 애견愛見의 대비심[184]이 일어난다면, 바로 〔그 생각을〕 버리고, 그로

---

184 대승불교에서 중생을 구제하는 것이 깨달음을 증득하는 것과 함께 수행의 목적이지만, 중생 구제라 하여 그 행위에 연민의 정을 가지거나 애착을 가지면 그것은 보살행이 아니라는 것이다. 구마라습에 의하면, 아직 깊은 진여실상의 경계에 들어가지 못하고 보살이 중생을 구제함에 마음으로 애착이 일어나 그것으로 인해서 자비심이 일어나는 것을 애견대비심이라고 한다고 하였다. "什曰: 謂未能 深入實相, 見有衆生, 心生愛著. 因此生悲, 名爲 愛見大悲." 승조僧肇 찬撰, 『주유마힐경注維摩詰經』, 『대정장大正藏』 vol. 38, p. 378.

부터 벗어나야 합니다. 왜냐하면 보살이 객진번뇌를 끊어 없애고 〔그런 후에〕 대비심을 일으켜야 합니다. 애견愛見의 비悲라는 것은 즉 생사에 있어서 피곤해 하고 싫어하는 마음이 있는 것입니다. 만약 이것〔애견愛見〕을 여읠 수 있다면 〔생사에 있어서〕 피곤해 하거나 싫어하는 일은 없을 것입니다.

彼有疾菩薩, 應復作是念. 如我此病, 非眞非有. 衆生病亦, 非眞非有. 作是觀時, 於諸衆生, 若起 愛見大悲, 即應捨離. 所以者何, 菩薩斷除, 客塵煩惱, 而起大悲. 愛見悲者, 則於生死, 有疲厭心. 若能離此, 無有疲厭.

【5-22】 태어나는 곳마다 애견愛見으로 쌓여 있는 곳은 아닙니다. 태어나는 곳에 속박이 없다면 중생을 위하여 법을 설하여 속박을 벗겨줄 수 있을 것입니다. 마치 붓다가 '스스로 속박에 있으면서 타인의 속박을 풀어줄 수 있는 일은 없느니라. 만약 스스로 속박이 없다면, 타인의 속박을 풀어줄 수 있는 일은 있느니라.'라고 설한 바와 같습니다.

그러므로 보살은 마땅히 속박을 일으켜서는 안 됩니다. 무엇이 속박이며 무엇이 해탈입니까? 선미禪味에 탐착하는 것이 보살의 속박입니다.[185] 방편으로써 〔사바세계에 다시〕 태어나는 것이 보살의 해탈입니다.

在在所生, 不爲愛見, 之所覆也. 所生無縛, 能爲衆生, 說法解縛. 如佛所說. 若

---

185 산스크리트어 사본의 일본어 번역에 의하면, 선미禪味에 탐착한다는 의미는 적절하지 못한 방편〔수단〕으로써 윤회를 벗어날 수 없는 중생계를 파악하는 것이라고 한다. 이는 능력도 없으면서 중생을 구제하겠다고 하는 것은 집착이요, 속박이라는 것이다. 우에키 마사토시植木雅俊 역譯, Ibid. p. 203 참조.
구마라습에 의하면 선미에 탐착함에는 두 가지의 장애가 있으니, 열반과 보살도의 장애라고 한다. "什曰: 貪著禪味, 有二障. 障涅槃 及菩薩道也." 이 의미는 선정에서 깨어나지 않으면 〔열반에 들면〕 중생 교화는 있을 수 없으며, 보살행을 하자면 사바세계에 머물러야 하니 열반에 들 수 없다는 뜻. 『주유마힐경注維摩詰經』Ibid.

自有縛, 能解彼縛, 無有是處. 若自無縛, 能解彼縛, 斯有是處. 是故 菩薩, 不應起縛. 何謂縛, 何謂解? 貪著禪味, 是菩薩縛. 以方便生, 是菩薩解.

【5-23】 또 방편이 없는 지혜는 속박이며, 방편이 있는 지혜는 해탈입니다. 지혜가 없는 방편은 속박이며, 지혜가 있는 방편은 해탈입니다.[186] 무엇을 방편이 없는 지혜는 속박이라고 합니까? 말하자면, 보살이 애견심愛見心으로써 불국토를 장엄하고, 중생의 〔깨달음을〕 성취시키며, 공·무상·무작의 법에 있어서 스스로 조복 받았다고 하는, 이것을 이름하여, 방편이 없는 지혜는 속박이라고 하는 것입니다.

又無方便慧縛, 有方便慧解. 無慧方便縛, 有慧方便解. 何謂 無方便慧縛? 謂菩薩 以愛見心, 莊嚴佛土, 成就衆生, 於空·無相·無作法中, 而自調伏, 是名 無方便慧縛.

【5-24】 무엇을 방편이 있는 지혜는 해탈이라고 합니까? 말하자면, 〔보살이〕 애견심愛見心으로써 불국토를 장엄하며, 중생의 〔깨달음을〕 성취하게 하지 않고, 공·무상·무작의 법에 있어서 스스로 조복 받아 피곤하다거나 싫어하지 않는 것, 이것을 이름하여, 방편이 있는 지혜는 해탈이라고 합니다.

何謂 有方便慧解? 謂 不以愛見心, 莊嚴佛土, 成就衆生, 於空·無相·無作法中, 以自調伏, 而不疲厭, 是名 有方便慧解.

---

186 방편과 지혜의 함수관계를 나타내는 구절로서, 지혜 없는 방편은 방편이 아니라 거짓이며 허위에 속한다. 또한 방편 없는 지혜는 쓰임이 없으니 그러한 지혜는 무용지물이다. 그러므로 지혜와 방편은 부즉불리不卽不離의 관계에 있다. 이 둘의 관계를 속박과 해탈로 표현한 것이 본문이다.

【5-25】　무엇을 지혜가 없는 방편은 속박이라고 합니까? 말하자면, 보살이 탐욕·진에·사견 등의 여러 가지 번뇌에 머물면서 뭇 덕의 근본을 심는다고 하는 것, 이것을 이름하여 지혜가 없는 방편은 속박이라고 합니다.

何謂 無慧方便縛? 謂 菩薩住, 貪欲·瞋恚·邪見, 等 諸煩惱, 而植衆德本, 是名 無慧方便縛.

【5-26】　무엇을 지혜가 있는 방편은 해(脫)라고 합니까. 말하자면, 모든 탐착·진에·사견 등의 여러 번뇌를 여의고 뭇 덕의 근본을 심어, 아뇩다라삼먁삼보리로 회향하는 것, 이것을 이름하여 지혜가 있는 방편은 해(脫)라고 합니다.

何謂 有慧方便解? 謂 離諸貪欲·瞋恚·邪見, 等 諸煩惱, 而植衆德本, 迴向阿耨多羅三藐三菩提, 是名 有慧方便解.

방편과 지혜의 함수관계

　병든 보살이 이젠 병의 실체가 진실한 것이 아니라는 것을 알아 스스로의 병은 통제가 되었으며, 아픈 중생 또한 그들의 병이 진실된 것이 아니라는 것을 알았지만, 그들이 고통스러워하는 모습을 보면 연민의 정을 느끼게 마련이다. 그런데 보살이 고통스러워하는 중생을 구제함에 동정심으로 대자비심을 일으켜서는 안 된다고 한다. 그 까닭은 병든 보살이 객진번뇌를 끊기 전에는 아픈 사람을 불쌍하게 보면 그것은 보살이 생사에 있어서 아직 피곤해 하고 싫어하는 마음이 남아 있기 때문이라는 것이다. 자기가 아플 때는 스스로 아픔을 참고 견디면 되지만, 가족이나 주변의 지인이 고통스러워하는 것을 보면 그때는 육신의 아픔이 아니라 마음의 고통을 느낀다. 그 까닭이 병든 보살의 마음에 아직 생사에 대한 염세주의적인 요소가 남아 있기 때문이라는 것이다.

자비심에는 흔히 세 가지가 있다고 한다. 첫째는 중생연衆生緣의 자비요, 둘째는 법연法緣의 자비며, 셋째는 무연無緣의 자비를 말한다.[187] 중생연의 자비란 생사고해에서 허덕이는 중생을 보고 연민의 정을 느껴 그들을 제도하여 생사고해에서 벗어나게 해야겠다는 마음을 지니는 것을 말한다. 이러한 자비는 대승보살이 행해야 할 자비가 아니라는 것이다. 아직 세간의 모든 가치관을 그대로 지닌 견해에 떨어져 있어 이원론적인 모습이 남아 있기 때문이다.

예를 들면, 연약한 사슴을 잡아먹는 사자나 늑대를 자비스러운(?) 사람들은 나쁜 놈들이라고 한다. 설사 그렇게 보지 않는다 하더라도 잡아먹히는 사슴을 보고 연민의 아픔을 느낀다. 그런데 사자나 늑대가 먹을 것을 구하지 못하여 굶주린 어린 새끼들을 먹이지 못하고 굶어 죽어가는 것을 보면 또한 그 연민의 아픔은 더 크게 느껴진다. 이율배반적인 이러한 자비는 참된 자비가 아니라며 유마경에서는 애견대비愛見大悲라고 비판하고 있다.

애견의 속박에서 벗어나면 염세를 극복할 수 있고, 중생을 위하여 법을 설하여 그들의 속박을 벗겨줄 수 있다고 한다. 아픈 보살 스스로가 속박 속에 있으면서 중생의 속박을 풀어준다는 것은 어불성설이다. 이를 유마 거사는 선미禪味에 탐착하는 것은 보살의 속박이라

---

187 무소 소세끼夢窓疎石(1275~1351),『몽중문답夢中問答』, 제13문답問答에서 발췌.

고 표현하고 있다. 유마 거사는 이러한 경우를 방편이 없는 지혜로써 그 지혜가 오히려 사람을 속박하는 것이라고 한다. 마치 이를 잘 설명하고 있는 고사가 있다.

시골에 사는 어느 선비가 한 달 후 중요한 일로 서울의 한 다리 밑에서 친구를 만나기로 하였다. 중요한 일이기도 하지만 약속이란 반드시 지켜야 하는 것이라는 신념을 지닌 선비였다. 약속 날짜가 다가오자 혹 서울로 올라가는 도중 무슨 일이라도 벌어지면 큰일이라 생각하고 일찌감치 길을 나섰다. 예상치 않게 상경의 길은 무사하였고, 해서 약속한 날보다 일찍 도착하였다. 혹 친구가 무슨 일이 생겨 일찍 나타날 지도 모른다는 생각에 그 전날부터 다리 밑에서 기다렸다. 하늘도 무심하게 억수같이 퍼붓는 비로 강물이 불어났다. 약속시간이 되기도 전에 강물은 점점 불어 약속장소에서 기다리고 있던 우직한 선비는 물과 함께 둥둥 떠내려가고 말았다. 시간이 되어 약속을 지키지 못한 사람은 오히려 약속을 지키려 했던 선비였다.

유마 거사는 이렇게 지혜는 있으나 그 지혜를 시의 적절하게 쓰지 못하는 것을 마음만으로 불국토를 장엄한다고 하고, 중생을 교화한다고 하며, 불법의 요체인 공·무상·무작에 있어서 스스로 조복 받았다고 하는 것을 이름하여, 방편이 없는 지혜는 속박이라고 말한다고 정의를 내린다.

법연의 자비란 연緣(조건)에 의해 생겨난 일체만물은 유정무정 할 것 없이 모두가 다 허깨비와 같은 것이니, 보살이 허깨비와 같이 대비심을 일으켜 허깨비와 같이 법을 설하며, 허깨비와 같이 중생을 구제하는 것이라고 한다. 이러한 자비가 대승보살의 자비라고 한다. 그러나 허깨비와 같은 모습이라 할지라도 허깨비라는 것이 남아 있으니 진실한 자비라고는 할 수 없다는 것이다.

그러므로 무연의 자비야말로 진실한 자비라고 한다. 완전한 깨달음을 증득한 후 본래의 덕성으로서의 자비가 나타나 중생을 교화하겠다는 마음이 일어나는 것도 아님에도 불구하고 자연히 중생을 제도하는 것을 말한다. 법을 설함에 있어서도 설說·불설不說의 상도 없고, 중생을 제도함에 있어서도 요익·무익의 차별도 없다. 이러한 자비행이야말로 진실한 자비라고 할 수 있다.

아픈 사람을 대할 때는 그 어떠한 고정관념 즉 속박을 가져서는 안 된다는 것이 이 장면의 요지다. 앞에서의 다리 밑 사람의 고사와 같이 방편이 없는 지혜는 오히려 속박이다. 방편이 있는 지혜야말로 어떠한 경우든 중생을 해탈로 이끌 수 있는 길이다. 또 지혜가 없는 방편은 속박이라는 말은, 지혜가 없으니 당연히 번뇌망념에서 벗어나지 못하였을 것이고, 번뇌망념으로써 방편이라고 하니 그 방편은 중생을 제도하기 위한 것이 아니라 자기를 위한 거짓이거나 변명에 불과한 것이다.

보살의 방편은 오직 중생을 위하는 것이며 중생이 중심이 되어야지 보살이 중심이 된 방편은 진정한 방편이 아니다. 역으로, 지혜란 모든 탐착·진에·사견 등의 번뇌를 여의지 않고서는 증득할 수 없는 것이다. 뭇 덕의 근본을 심어 아뇩다라삼먁삼보리로 회향함으로써 지혜를 근본으로 하여 어떤 고정된 사고에 의한 것이 아니라 시의 적절하게 방편으로써 중생을 해탈에 이르게 하는 것이다. 이를 지혜가 있는 방편은 해탈이라는 것이다.

【5-27】 문수사리여, 병이 있는 보살은 마땅히 이와 같이 제법을 관해야

합니다. 또 다시 몸은 무상하며, 고苦요, 공하며, 비아非我라고 관하면, 이것을 이름하여 지혜라 합니다. 비록 몸에 병이 있고, 언제나 생사에 있지만, 일체(중생)를 요익하게 하고 싫어하거나 피곤해 하지 않습니다. 이것을 이름하여 방편이라 합니다.

文殊師利, 彼有疾菩薩, 應如是觀 諸法. 又復觀身, 無常·苦·空·非我, 是名爲慧. 雖身有疾, 常在生死, 饒益一切, 而不厭倦, 是名方便.

【5-28】 또 다시 몸을 관하기를 몸은 병을 떠나지 않고, 병은 몸을 떠나지 않으며, 이 병과 이 몸 새롭지도 않으며, 오래지도 않은 것이라고 하면 이것을 이름하여 지혜라고 합니다. 설사 몸에 병이 있다 하더라도 오랫동안 멸하지 않는 이것을 이름하여 방편이라고 합니다.

又復觀身, 身不離病, 病不離身, 是病是身, 非新非故, 是名爲慧. 設身有疾, 而不永滅, 是名方便.

【5-29】 문수사리여, 병이 있는 보살은 응당히 이와 같이 마음을 조복 받아, 거기에 머무르지 않고, 또 다시 조복 받지 않은 마음에도 머무르지 않아야 합니다. 왜냐하면, 만약 조복 받지 않은 마음에 머무르면 이것은 어리석은 사람의 법이며, 만약 조복 받은 마음에 머무르면, 이것은 성문의 법입니다.

文殊師利, 有疾菩薩, 應如是 調伏其心, 不住其中, 亦復不住, 不調伏心. 所以者何, 若住不調伏心, 是愚人法. 若住調伏心, 是聲聞法.

【5-30】 이러한 까닭으로 보살은 마땅히 조복과 조복 받지 않은 마음에 머물러 있으면 안 됩니다. 이 두 법으로부터 벗어난 것을 보살행이라 합니

다. 생사에 있어서 잘못을 저지르지 않고, 열반에 있어서 영원히 멸도를 얻지 않으면, 이것이 보살행입니다. 범부의 행도 아니요 성현의 행도 아닌 이것이 보살행입니다. 더럽다거나 깨끗하다고 〔구별하지〕 않는 행 이것이 보살행입니다.

是故, 菩薩不當, 住於調伏, 不調伏心. 離此二法, 是菩薩行. 在於生死, 不爲汚行, 住於涅槃, 不永滅度, 是菩薩行. 非凡夫行, 非賢聖行, 是菩薩行. 非垢行, 非淨行, 是菩薩行.

【5-31】 비록 과거에 악마의 행을 하였지만 현재 마군을 항복받으면 이것이 보살행입니다. 일체〔종〕지를 구하나 비시非時[188]에 구함이 없는 이것이 보살행입니다. 비록 제법은 불생不生이라 관하지만 그러나 정위正(定)位에 들지 않는 이것이 보살행입니다. 비록 십이연기를 관한다고 하지만 그러나 모든 사견에 들어가는 이것이 보살행입니다. 비록 일체중생을 수습한

---

188 비시非時란 비시식非時食의 약자. 일반적으로 비시란 식사를 해서는 안 되는 시간, 즉 정오 이후를 말한다. 그러나 여기서는 정해져 있는 시간 이외는 지혜〔일체종지一切種智〕를 구하지 않는 행위라는 뜻. 승조의 『주유마힐경注維摩詰經』에 의하면 구일체지 무비시구求一切智 無非時求란, "什曰: 功行未足 而求至足之果 名非時求也"라 하여, 구마라습은 수행이 아직 이루어지지 않았으나 그것을 끝까지 이루고자 하는 것을 때가 아닐 때 구하는 것이라 하였다. 참선 수행을 하는 선사들 중에는 시간을 정해두고 용맹정진을 하는 경우가 있다. 기어이 깨달음을 얻고서야 자리에서 일어나겠다는 마음의 맹세(?)를 하는 것도 잊지 않는다. 도중에 병이 들어 수행 자체가 불가능한 상태에서 자리를 지키려는 의지를 보인다. 이 경우도 비시非時에 도를 구하고자 하는 것과 다를 바 없다.
여기에 승조 스스로 부연설명을 하고 있지만 크게 다른 점은 없어 보인다. 그는 "一切智未成 而中道求證 名非時求也"라 하여 일체종지를 아직 이루지 못하였지만 그러나 중도에 증득하고자 하는 것을 때가 아닐 때 구하는 것이라 하였다. 양자의 의미를 요약하면 非時란 수행자로서 일체종지를 구하려 함에 노력을 해야 하지만 억지로 구하려 해서는 안 된다고 한다. 승조僧肇 찬撰, 『주유마힐경注維摩詰經』, 『대정장大正藏』 vol. 38, p. 380.

다고 하나 그러나 애착하지 않는 이것이 보살행입니다.

雖過魔行, 而現降衆魔, 是菩薩行. 求一切智, 無非時求, 是菩薩行. 雖觀 諸法不生, 而不入正位, 是菩薩行. 雖觀 十二緣起, 而入諸邪見, 是菩薩行. 雖攝 一切衆生, 而不愛著, 是菩薩行.

【5-32】 비록 〔전도를〕 멀리 여읨을 즐긴다고 하나[189] 그러나 몸과 마음의 멸진에 의지하지 않는 이것이 보살행입니다. 비록 삼계에서 행한다고 하지만 그러나 법성을 파괴하지 않는 이것이 보살행입니다. 비록 공을 행한다고 하지만 그러나 여러 덕행의 근본을 심는 이것이 보살행입니다. 비록 무상을 행하지만, 그러나 중생을 제도하는 이것이 보살행입니다. 비록 무작無作〔이루려는 바가 없는 행〕을 하지만, 그러나 수신受身〔중생의 세계에 몸〕을 나타내는 이것이 보살행입니다.

雖樂遠離, 而不依身心盡, 是菩薩行. 雖行三界, 而不壞法性, 是菩薩行. 雖行於空, 而植衆德本, 是菩薩行. 雖行無相, 而度衆生, 是菩薩行. 雖行無作, 而現受身, 是菩薩行.

【5-33】 비록 일으킴이 없는 행을 한다고 하나 그러나 일체선행을 일으키는 이것이 보살행입니다. 비록 6바라밀을 행하나 그러나 두루 중생의 마음〔心〕과 마음속에 있는 것〔대상對象〕을 아는 이것이 보살행입니다. 비록 6신통을 행한다고 하나 그러나 번뇌를 멸진하지 않는 이것이 보살행입니다. 비록 4무량심을 행한다고 하나 그러나 범천의 세계에 태어나는 것을

---

189 구마라습에 의하면 원리遠離란 심식작용〔번뇌망념〕이 멸진한 상태라고 한다. 그러므로 원리遠離는 즉 공의 의미라고 한다. "什曰: 心識滅盡, 名爲遠離. 遠離即空義也." 승조 찬, 『주유마힐경注維摩詰經』 Ibid.

탐착하지 않는 이것이 보살행입니다.

雖行無起, 而起一切善行, 是菩薩行. 雖行六波羅蜜, 而遍知衆生心・心數法,
是菩薩行. 雖行六通, 而不盡漏, 是菩薩行. 雖行四無量心, 而不貪著, 生於梵世,
是菩薩行.

【5-34】 비록 선정과 해탈과 삼매를 행한다고 하나 그러나 선정에 따라서
태어나지 않는 이것이 보살행입니다. 비록 사념처를 행한다고 하나 그러
나 영원히 신身・수受・심心・법法을 여의지 않는 이것이 보살행입니다.
비록 4정근을 행한다고 하지만 그러나 심신心身의 정진[190]을 버리지 않
는 이것이 보살행입니다. 비록 4여의족如意足[191]을 행한다고 하나 그러나
[자연히] 자재신통을 증득하는 이것이 보살행입니다.

雖行禪定・解脫三昧, 而不隨禪生, 是菩薩行. 雖行四念處, 而不永離, 身受心
法, 是菩薩行. 雖行四正勤, 而不捨 身心精進, 是菩薩行. 雖行四如意足, 而得自
在神通, 是菩薩行.

【5-35】 비록 5근[192]을 행하지만, 그러나 모든 중생의 근기가 뛰어나고 둔
함을 분별하는 이것이 보살행입니다. 비록 5력[193]을 행하지만 그러나 붓

---

190 4정근正勤이 비록 깨달음을 얻기 위해서는 악을 버리고 선을 향해 올바른 노력을 하는
    것이지만 선이다 악이다 하는 이원론적인 분별을 하지 않는 노력.
191 4신족神足이라고도 하며, 37품보리분법품菩提分法의 제삼. 삼명육통三明六通을 증
    득하고 무루지無漏智에 이르는 수행의 정도를 4단계로 나눈 것. 욕여의족欲如意足・
    정진여의족精進如意足・심여의족心如意足・사유여의족思惟如意足의 넷을 일컬음.
    제1막 각주 42 참조.
192 5근이란 두 가지 뜻이 있으니; 1) 다섯 감각기관의 활동, 즉 안근・이근・비근・설
    근・신근과 2) 깨달음을 이루기 위한 다섯 가지의 작용, 즉 신근信根・근근(정진精進)
    근根・염근念根・정근定根・혜근慧根을 말함. 여기서는 후자의 경우에 해당함.
193 5력이란 깨달음을 이루게 하는 다섯 가지의 힘, 즉 신력信力・근근(정진精進)력力・

다의 10력을 구하고자 하는 이것이 보살행입니다. 비록 7각분을 행한다고 하나 그러나 붓다의 지혜를 분별하는 이것이 보살행입니다. 비록 8정도를 행하지만, 그러나 무량한 불도를 기꺼이 행하는 이것이 보살행입니다.[194]

雖行五根, 而分別衆生, 諸根利鈍, 是菩薩行. 雖行五力, 而樂求佛十力, 是菩薩行. 雖行七覺分, 而分別 佛之智慧, 是菩薩行. 雖行八聖道, 而樂行 無量佛道, 是菩薩行.

【5-36】 비록 지止〔마음의 적멸, 정정〕와 관觀〔마음의 관찰, 혜慧〕의 조도助道〔수행〕법[195]을 행하지만, 그러나 필경에는 적멸에 떨어지지 않는 이것이 보살행입니다. 비록 제법의 불생불멸을 행한다고 하지만 그러나 32상相 80종호種好로써 그 몸을 장엄하는 이것이 보살행입니다. 비록 성문과 벽지불의 위의를 나타낸다고 하지만 그러나 붓다의 법〔대승〕을 버리지 않는 이것이 보살행입니다.

雖行止·觀·助道之法, 而不畢竟, 墮於寂滅, 是菩薩行. 雖行諸法, 不生不滅, 而以相好, 莊嚴其身, 是菩薩行. 雖現聲聞·辟支佛 威儀, 而不捨佛法, 是菩薩行.

염력念力·정력定力·혜력慧力을 말함. 37조도품에 속하므로, 제1막 각주 42 참조.

194 위의 4념처부터 8정도까지의 수행덕목은 37조도품의 내용임. 제1막 각주 42 참조.

195 길장吉藏의 『유마경의소維摩經義疏』에 의하면, 지관과 정혜는 다른 것이며, 정혜定慧는 과果에 해당하고 지止·관觀은 인因에 해당한다. 처음, 마음이 세연世緣에 걸려 있는 것을 지止라 하고, 깊이 통달하여 헤아리게 되는 것을 관觀이라고 한다. 이 두 〔수행법〕이 열반에 이르는 것을 돕는 법이라고 한다. "止·觀與定慧異者. 定慧爲果, 止·觀爲因也. 初繫心在緣, 名爲止. 深達分別, 稱爲觀. 此二是助, 涅槃之法." 길장吉藏 찬撰, 『유마경의소維摩經義疏』, 『대정장大正藏』 vol. 38, p. 961.

【5-37】 비록 제법의 궁극적인 청정淸淨한 성상性相에 따른다고 하지만, 그러나 〔중생의〕 응하는 바에 따라서 그 몸을 나타내는 이것이 보살행입니다. 비록 제불의 국토가 영원히 적정하여 공한 것과 같이 관한다고 하지만, 그러나 갖가지 청정한 불국토를 나타내는 이것이 보살행입니다. 비록 불도를 증득하여 법륜을 굴리고 열반에 든다 하지만, 그러나 보살의 도를 버리지 않는 이것이 보살행입니다."
이 말을 설했을 때 문수사리와 함께 온 대중들 중 8천의 천자가 모두 아뇩다라삼먁삼보리를 향한 마음을 일으켰다.

雖隨諸法, 究竟淨相, 而隨所應, 爲現其身, 是菩薩行. 雖觀 諸佛國土, 永寂如空, 而現種種, 淸淨佛土, 是菩薩行. 雖得佛道, 轉于法輪, 入於涅槃, 而不捨於, 菩薩之道, 是菩薩行. 說是語時, 文殊師利, 所將大衆, 其中 八千天子, 皆發 阿耨多羅三藐三菩提心.

보살행의 정의

이 장면에서 명확한 부분은 성문과 벽지불이 아무리 위의를 갖추고 수행을 잘한다 하더라도 보살행에는 미치지 못한다고 역설하고 있다. 보살행이 어떠한 것인지 정의를 내리는 장면이다. 이 장면에서 보살행이 무엇인지 장구하게 한가득 늘어놓았지만 이 모든 보살행을 한마디로 요약하면, 현상세계의 이원론적인 가치관에서 벗어난 행동으로써 깨달음을 증득하기 위해 아무리 좋은 수행이라 하더라도 그 수행에 집착하지 않으며, 행하되 반드시 중생을 위하는 마음이 바탕에 깔려 있는 행동이 바로 보살행이라는 것이다.

출가하여 승려가 된 목적이 깨달아 부처가 되겠다는 것이라 하더라도, 그리고 또 그 목적을 조금 늦추더라도, 나의 이 한 몸을 필요로 하는 곳이면 그곳이 설사 지옥이라 하더라도 나타내는 것이 보살행이라고 유마 거사는 역설하고 있다. 단지 중생의 근기에 응해서 이 세상 어디에서나 나타나 그들에게 필요한 것을 하지만, 자기 스스로는 그곳이 중생계건 천상계건 막론하고 그곳에 빠지지 말아야 하며, 반드시 그 언젠가는 초발심의 깨달음을 향한 그 마음은 항상 갖고 있어야 한다는 것이다.

상기 본문의 보살행 중에는 종교에서는 이해가 되지만 사회법에서는 결코 간과할 수 없는 내용이 포함되어 있다. "비록 과거에 악마의 행을 하였지만 현재 마군을 항복 받으면 이것이 보살행입니다."라는 대목인데, 이 의미는 과거에 악행을 일삼던 사람이 이제 불법을 만나 아뇩다라삼먁삼보리를 향해 마음을 일으키고 지혜의 완성을 이루어 마군을 항복 받는다는 것이 보살행이라는 뜻이다.

그러나 마군을 항복 받을 지혜를 증득하였다고 해서 과거에 지은 업이 사라진다는 의미는 아니다. 지혜를 증득하였으니 더 이상 무거운 과보를 받을 업은 짓지 않게 될 뿐이다. 설사 완전한 깨달음을 얻지 못했다 하더라도 보살도를 향한 수행으로 개과천선하여 선행을 베풀어 다른 사람들을 도와준다는 의미지 그렇다고 하여 과거의 잘못이 없어진다는 것은 아니다.

종교의 법이건 사회의 법이건 과거의 악행에 의한 그 과보는 반드시 치러야 한다는 것이며 이것을 불교에서는 인과응보의 법칙이라고 한다. 깨닫기 이전의 행위에 대한 과보는 설사 깨달아 부처가 된다고 하더라도 사라지는 것이 아니라고 보는 것이 불교의 인과법이다. 사회법을 적용한다고 하더라도 개과천선하여 설사 현재 성인이 되었다고 하더라도 그 죗값은 반드시 치러야 한다. 죄에 따라서는 감옥에도 들어가야 하며, 사형을 당하는 수도 있을 것이다. 나라에 따라서는 시효라는 것이 있어 죄를 범하여 일정한 시간이 지나면 그 죗값을 물을 수 없다는 것이 있다고는 하나, 그렇다고는 하더라도 불교에서는 시효라는 것은 있을 수 없다. 언제가 되건 때가 되면 반드시 그 죄의 과보가 나타나게 된다는 것이 불교의 인과응보의 법칙이다.

이 장면에 부합하는 선종의 일화가 있다. 『무문관無門關』 제2칙 「백장야호百丈野狐」라는 공안에 등장하는 스토리다. 중국의 선종을 체계화한 스님으로 이름이 나 있는 백장 스님이 대중들에게 설법을 할 때 노인 한 분이 스님들의 뒤편에서 조용히 경청을 하였다. 어느 날, 설법이 끝났지만 노인이 돌아가지 않고 할 말이 있는 듯 머뭇거리자 백장 스님이 괴이쩍게 여겨 그 연유를 물었다. 그러자 노인이 말하기를 자기는 사람이 아니라고 한다.

과거칠불 중 여섯 번째인 가섭불의 시대 때 이 절의 주지를 지내던 승려라는 것이다. 그때 한 학인이 "수행을 잘하여 확철대오한 사람은 인과율의 제약을 받습니까, 받지 않습니까?"라고 물었다고 한다. 그때 답하기를 불락인과不落因果 – 인과의 제약을 받지 않는다 – 라고 하여, 500생 동안 여우의 몸으로 태어나는 과보를 받았다고 한다. 그리고는 자기를 불쌍히 여겨 올바른 가르침을 내려달라고 한다. 그리고는 그 학인이 자기에게 물었던 그 질문을 백장 스님께 물었다. "수행을 잘하여 확철대오한 사람은 인과율의 제약을 받습니까, 받지 않습니까?" 백장 스님은 즉시에 불매인과不昧因果 – 인과에 어둡지 않다 – 라고 답했다. 순간 그 노인은 여우의 몸에서 벗어났다는 스토리다.[196] 여기서도 지혜가 없는 방편(설법)은 속박임을 여실히 나타내고 있다. 깨닫지 않은(지혜가 없는) 사람이 깨달음의 세계를 무지한 학인에게 잘못 가르쳤으니(방편을 썼으니) 그 과보(속박)가 여실히 드러난 것이다.

196 종소宗紹 편編, 『무문관無門關』, 『대정장大正藏』 vol. 48, p. 229, 참조.

제2장 겨자 속의 수미산
부사의 품不思議品 제6

어리석음의 극치

어쩌면 이 시대 이 현상계에서 필요로 하는 것은 붓다의 교법이나 성현의 가르침이 아니라, 일시적이거나 미신적이라 하더라도 나에게 당장 필요한 것 즉 어려움에서 빠져 나오는 방법, 고통에서 벗어나는 방법, 힘들이지 않고 남보다 잘 살 수 있는 법 등 요행을 일러주는 흔히 기적이라거나 혹은 신통일 것이다. 그러기에 21세기를 살아가고 있는 이 시대에도 점을 친다는 둥 무당굿을 한다는 둥, 하여 어떤 요행을 바라는 사람들이 허다하다. 혹 일시적이라도 고통에서 벗어날 수 있는 다른 방법이라고 한다면 마약의 유혹에 빠져 들어가는 것일 것이다.

나라를 짊어지겠다는 둥 백성의 고통을 나누겠다는 정치인들이 선거철만 되면 소위 용하다는 점쟁이들을 찾아다닌다. 입시철만 되면 종교는 종교대로, 무당은 무당대로, 산천의 유명한 기도처는 기도

처대로 사람들로 북적인다. 앞날의 행운을 위하여, 집안의 액운을 떨치기 위하여 점을 치거나 굿을 하겠다는 사람들이 과학의 첨단을 가는 이 시대에도 끊이지 않는다.

오히려 무속인들이 과학의 힘을 빌려 점을 쳐 준다고 한다. 유명하다는 장소나 과거 위대한 사람의 영혼이 깃든 곳이라고 하면 반드시 그곳에는 무당들이 진을 치고 있다. 일예로, 경주 감포의 문무왕의 수중릉이 있다는 곳, 일명 대왕바위라는 곳은 무당 굿하는 소리가 끊이지 않는다. 얼마나 많은 사람들이 점이나 굿을 통해 그들이 원하는 것을 이루었을까? 왜 그들은 스스로의 인생을 남의 의견에 좌지우지하게 할까?

그 '남'이라고 불리는 사람들이 성현이거나 위대한 철학자여서 뭇사람들에게 인생의 길잡이가 될 수 있는 지혜가 있다거나 그러한 삶을 살고 있다면 이야기는 달라진다. 그러나 그들 스스로의 삶이나 행동은 어리석기 짝이 없는데 어찌 남의 아픔이나 앞날의 삶을 점친단 말인가. 그럴 수 있다면 어찌 스스로의 앞날을 점쳐 좀 더 나은 삶, 좀 더 어리석지 않은 행동을 보이지 않을까? 나라의 앞날을 책임지겠다는 정치인들이 자기의 앞날도 제대로 보지 못해 어리석게 살아가는 점쟁이에게 선거의 당락을 점치고 있다면 그 나라의 앞날은 어떻게 책임진다는 것인가. 자기의 운명을 스스로가 운전해 갈 수 없는 사람이라면 나라는커녕 한 집안도 이루어서는 안 될 사람이라는 것을 일깨우는 가르침이 여기에 있다.

혹자는 점이라거나 굿을 하는 이유는 꼭 이루기 위해서라기보다 심리적 위안이 되기 때문에 나쁘다고만 할 수 없다고 한다. 심리적 위안이 된다면 남에게 어떤 피해가 될지, 주변 환경에 어떤 영향을 줄지, 나의 기분이 풀리는 짓이면 악행이라도 해야 한다는 것같이 들리는 것은, 현대인들이 범죄 행위를 별 생각 없이 저지르는 것을 보면 무리는 아닌 것 같다.

왜 인간은 일시적인 것을 영원한 것처럼 집착하며, 어리석은 짓이라는 것을 알면서도 그것으로 위안을 삼으려 할까? 이 장면에서는 붓다의 교단 내에서도 가장 똑똑하다는 사리불을 어리석은 짓을 하는 사람의 대표적 인물로 묘사하고 있다. 그렇다고 하여 사리불이 정말 어리석기 때문에 어리석은 사람의 대표로 등장하는 것은 아니다. 단지 어리석은 사람을 일깨우기 위해 대리인이 필요했을 뿐이다. 이러한 대리인은 똑똑한 사람이 제격이기 때문에 유마경이라는 드라마에 사리불이 피에로[어릿광대] 역할로 등장한 것이다.

불교는 흔히 깨달음의 종교라고 한다. 불교인이라고 한다면 깨달음을 향한 마음만큼은 지니고 있어야 한다고 본다. 이 의미는 불자라면 점이라든가 굿이라는 황당무계한 어리석은 짓으로부터 벗어나야 하며, 또 그들의 유혹으로부터 스스로가 극복하여야 한다는 것이다. 초기의 불제자들이 카스트 제도의 악습에서 허덕이던 민중을 구제하려 했던 이유를 생각해 보면 사람들이 잘못 판단하여 일어나는 폐해가 얼마나 무서운 결과를 초래하는 것인가를 잘 알 수 있을 것이다.

이 단락은 유마 거사가 불가사의 해탈이라고 하는 대승보살로서의 깨달음의 경지를 논하는 곳이다. 유마경의 마지막 장에서도 논하고 있지만, 불가사의 해탈법문이라고 유마경의 별칭으로 불리는 까닭도 이 단락에 의한 것이다. 불가사의라는 단어는 일상적으로 사용되고 있지만 그 의미가 때로는 기적이라거나 신비한 일을 표현할 때

주로 사용하고 있다. 비록 사바세계에서 고통스럽게 살아가고 있지만 유마경에서 설하는 가르침에 따라 수행하면 기적같이 고통에서 벗어나서 해탈의 세계에서 노니는 법열의 맛을 느낄 수 있다고 하여 불가사의 해탈법문이라는 것이다.

그러나 이 단락에서 불가사의 해탈에 대해 설한다고 하여 기적이라는 초자연적인 힘에 의해서 일어나는 것에 중점을 두고 있는 것은 아니다. 유마 거사를 위시해서 대승보살들의 수행의 경지가 가히 불가사의한 사건들로 표현되고 있을 뿐이다. 유마 거사 주변에서 불가사의한 일들이 벌어진다고 해서 그런 불가사의한 일들이 현실세계에서 어떤 의미가 있다는 것은 아니다. 다시 말하면 기적이 일어나서 병자를 낫게 한다든지 불가사의한 일을 일으켜 죽은 사람을 살아나게 한다는 등의 비현실적인 일은 없다.

【6-1】 이때 사리불이 그 방에 앉을 자리가 없는 것을 보고 이러한 생각을 하였다. '이곳의 모든 보살들, 대 제자들, 뭇 사람들이 어디에 앉아야 하지.'
장자 유마힐이 그의 마음을 읽고 사리불에게 말하기를: "어떠하십니까, 스님[仁者]은 법을 위해 오셨습니까, [아니면] 자리를 위해 오셨습니까?"
사리불이 말하기를: "저는 법을 위해 왔지 자리를 위한 것이 아닙니다."
爾時 舍利弗, 見此室中, 無有床座, 作是念. 斯諸菩薩, 大弟子衆, 當於何坐. 長者 維摩詰知 其意, 語舍利弗言: 云何仁者, 爲法來耶, 求床座耶? 舍利弗言: 我 爲法來, 非爲床座.

【6-2】 유마힐이 말하기를: "사리불이여, 법을 구한다는 것은 신명을 탐하지 않는 것입니다. [그런데] 어찌 자리를 탓하십니까. 법을 구하는 자는

색 · 수 · 상 · 행 · 식을 구함에 있지 않고, 〔18〕계界와 〔12〕입入을 구함에
도 있지 않으며, 욕계와 색계, 무색계를 구함에도 있지 않습니다.
維摩詰言: 唯舍利弗, 夫求法者, 不貪軀命, 何況床座. 夫求法者, 非有色·受·
想·行·識之求, 非有界·入之求, 非有欲色, 無色之求.

【6-3】 사리불이여, 구법자는 붓다에 집착하여 구해도 안 되고, 법에 집착
하여 구해도 안 되며, 중생에 집착하여 구해도 안 됩니다. 구법자는 고苦
〔제諦〕를 볼 것이 없고, 집集〔제諦〕을 끊을 것도 없으며, 멸진滅盡의 증득과
도道〔제諦〕를 닦을 것이 없습니다.[197] 왜냐하면, 법에는 희론戱論〔무익한 말
장난〕이 없기 때문입니다. 만약 제가 마땅히 고苦를 보고, 집착을 끊으며,
멸滅〔진盡〕을 증득하고, 도를 수행한다고 말하면, 이것이 희론戱論〔말장난〕
이며 법을 구하는 것이 아닙니다.
唯舍利弗, 夫求法者, 不著佛求, 不著法求, 不著衆求. 夫求法者, 無見苦求, 無
斷集求, 無造盡證, 修道之求. 所以者何, 法無戱論. 若言我當, 見苦斷集, 證滅
修道, 是則戱論, 非求法也.

【6-4】 사리불이여, 법을 적멸이라고 합니다. 만약 생멸을 행하면, 이는 생
멸을 구하는 것이지 법을 구하는 것이 아닙니다. 법을 무염無染이라 합니
다. 만약 법에 물들었다면, 열반에 이르기까지, 그것은 잘못된 집착이지
법을 구하는 것이 아닙니다. 법은 행할 것이 없습니다. 만약 법을 행한다
고 하면, 이것은 행한다고 하는 것이지 법을 구하는 것은 아닙니다.

---

197 보살이 법을 구하는 이유가 고·집·멸·도의 사제라는 진리에 의해, 삶은 고라는 것
    을 알기 때문에 법을 구하는 것도 아니요, 고통의 근원을 끊기 위한 것도, 번뇌를 멸하
    기 위한 것도, 팔정도를 수행하기 위해 법을 구하는 것이 아니라는 뜻.

唯舍利弗, 法名寂滅. 若行生滅, 是求生滅, 非求法也, 法名無染. 若染於法, 乃
至涅槃, 是則染著, 非求法也. 法無行處, 若行於法, 是則行處, 非求法也.

【6-5】 법에는 취사取捨가 없습니다. 만약 법을 취사한다면, 이것은 취사며
법을 구하는 것이 아닙니다. 법은 처소가 없습니다. 만약 처소에 집착한
다면, 이것은 장소에 집착함이요, 법을 구하는 것은 아닙니다. 법을 무상
이라 합니다. 만약 상相의 식識(별別)을 따른다면, 이는 상을 구하는 것이
지 법을 구하는 것은 아닙니다. 법은 머무를 수 없는 것입니다. 만약 법에
머문다면, 이것은 법에 머무는 것이지 법을 구하는 것은 아닙니다.

法無取捨, 若取捨法, 是則取捨, 非求法也. 法無處所, 若著處所, 是則著處, 非
求法也. 法名無相. 若隨相識, 是則求相, 非求法也. 法不可住, 若住於法, 是則
住法, 非求法也.

【6-6】 법은 보고, 듣고, 느껴서 알 수 있는 것이 아닙니다. 만약 견見·문
聞·각覺·지知를 행한다면, 이것은 견·문·각·지며 법을 구하는 것이
아닙니다. 법을 무위라 합니다. 만약 유위를 행한다면, 이는 유위를 구하
는 것이지 법을 구하는 것은 아닙니다. 그러므로 사리불이여, 만약 구법
자는 일체법에 있어서 구할 바가 없는 것입니다." 이런 말(법)을 설하자 5
백의 천자들이 여러 법 가운데서도 법안정을 증득하였다.

法不可見·聞·覺·知, 若行見·聞·覺·知, 是則見·聞·覺·知, 非求法
也. 法名無爲. 若行有爲, 是求有爲, 非求法也. 是故 舍利弗, 若求法者, 於一切
法, 應無所求. 說是語時, 五百天子, 於諸法中, 得法眼淨.

구법자의 자세

이 장면에서 법이란 어떠한 것이며 어떻게 구하는 것인지에 대해 한가득 늘어놓고 있다. 법에 대하여 그렇게 늘어놓는 이유가 무엇이며 어디에 있는지에 대해서 유마경은 한 마디도 하지 않지만, 그 늘어놓은 내용을 보면 한 가지 피할 수 없는 역사적 사실이 있다. 여기서 역사적 사실이라고 하는 의미는 대승불교가 일어나기 전에 많은 승려들이 수행의 과정으로 행해 왔던 것 중 법에 대한 연구 즉 아비달마 논사들의 교리 연구를 비판하는 내용으로 가득 차 있다. 유마경에서 논하는 법이란 아비달마 논사들이 밝혀온 법만 피하면 법을 구함에 크게 문제가 없어 보인다. 이 장면은 암암리에 법을 교리적으로 접근하는 성문승을 비판하는 것에 역점을 두고 있다고 해서 과언이 아닐 것이다.

문수보살의 일행이 유마 거사의 집에 도착하여 지금까지 두 사람의 이야기가 계속 이어져 왔다. 아무리 병문안이지만 손님이 왔으니 마실 차를 내 오는 것도 아니요, 앉으라고 권하기를 하나, 그렇다고 하여 앉을 자리가 있는 것도 아니다. 이 장면을 연상해 보면 분명 사리불이 방 주위를 두리번거렸을 것이다. 이러한 낌새를 눈치 챈 것이 유마 거사며, 그는 해야 할 말을 주저하는 사람이 아니다. 법을 논하는 자리에서 딴 짓을 하는 사람에게 예의 그 날카로운 질타가 어김없이 내려졌다. 그런데 사람이 어리석으면 무엇을 어떻게 해야 하는지 때와 장소를 구별하지 못한다.

진리를 구하는 사람이 진리를 논하는 자리에서 정신을 집중해도 얻을 것이 있을까 말까 한데 자기가 해야 할 걱정도 아닌, 있어도 그만이요, 없어도 그만인 앉을 좌석을 걱정하고 있으니, 사리불은 어리석어도 한참 어리석은 사람의 대역으로 여기에 등장한 것이다. 그런 어리석은 사람에게 어리석지 않게 사는 법[진리]이란 어떤 것인지를 유마 거사가 일러주는 장면이다.

법을 구한다는 것은 목숨을 바쳐도 얻을 수 있을까 말까 한 것이라고 한다. 그러면 사람은 왜 신명을 바쳐가며 진리를 찾지 않으면 안 된다는 것인가? 진리를 증득한다는 것은 어리석음에서 벗어난다는 의미며, 어리석다는 것은 그 삶이 고통스럽다는 것이다. 고통스런 삶을 바라는 사람은 없기 때문에 진리를 구하고자 하는 것이다. 단지 중생은 고통스런 삶은 싫지만 그렇다고 하여 고통에서 벗어날 수 있는 진리는 터득하기 어려우니 습관대로, 주어진 그대로 살아갈 뿐이다. 진리를 터득한다는 것은 우리의 삶과 어떤 함수관계가 있을까?

첫째 진리란 오온五蘊, 12처處, 18계界 등 외부의 그 어떠한 것으로부터도, 설사 부처라고 하더라도, 구할 수 없다고 한다. 이 말은 즉 어리석은 사람의 행동이란 외부에 신경을 빼앗김으로써 일어나는 것이라는 것을 알 수 있다. 꼭 진리라고 하지 않더라도 현실세계를 잘 살아가는 사람들의 행동을 보면 남이나 외부의 조건으로부터 자유로운 사람들이다. 현실세계를 잘 살아가는 사람이란, 태어나면서부터 많이 가졌거나 - 재벌 집에서 태어나는 것과 같은 경우 - 천재 또는 건장한 장부거나 미인으로 태어나는 것과는 무관한 것이다. 재벌 집안을 배경으로 한 것으로 인해서 도리어 비극적 말로를 피할 수 없었던 사람들, 미인으로 태어났음으로 인해 인생 역경을 겪어야 하는 사람들이 이를 증명해 주고 있다.

나의 능력이 어떠한 것인지 알고 그 능력을 개발하여 그 위치에서 최선을 다하는 사람들의 아름다움이 뭇 사람들의 사랑을 한 몸에 받는다는 사실도 이를 증명하는 좋은 예다. 인생의 비극은 비교로부터 시작한다고 한다. 뭇사람들로부터 사랑받고 한눈에 드러나는 장미꽃이 되기를 원하는 사람은 있으나, 이름 없고 볼품없는 풀꽃이 되기를 원하는 사람이 없다는 의미는 비교에 의해 가치관을 형성하기 때문일 것이다. 장미라 하여 모든 곳에서 모든 사람에게 사랑받는 것이 아니듯 이름 없는 풀꽃이라 하여 제 역할이 없는 것도 아니다. 만물은 각각 서로의 할 일과 그 역할이 다 다를 뿐이다. 그 일과 역할이라는 것은 비교되어질 수 없는 것이며 비교하여 그 가치가 우열이 가려지는 것도 아니다.

둘째, 법(진리)이란 말장난으로 얻어지는 것이 아니며, 유위법으로는 가까이 할 수 없다고 한다. 그러므로 그 법을 증득하고자 하면 오히려 구할 것이 없다고 한다. 옛 선사가 별무공부別無工夫라고 하는 까닭이 바로 여기에 있다. 법을 구하기 위해 달리 애쓸 필요가 없다는 것이다. 법을 구하는 자로서 반드시 지켜야 할 마음자세로는 그 어떠한 것에서도 집착에서 벗어나야 한다는 것이다.

선종에서 수행자가 좀처럼 깨뜨리지 못하는 철벽 같은 것이 있다. 붓다의 가르침이니 지켜야 하고 조사의 가르침이니 그 길로 나아가야 한다는 고정관념이다. 그래서 임제臨濟 스님은 제자들에게 부처를 만나면 부처를 죽이고, 조사를 만나면 조사를 죽이라고 가르쳤다.[198] 이 말이 살생하라는 말이 아님을 누구나가 다 알 수 있을 것이다. 그 어디에도 집착하지 말고 스스로의 고정관념을 깨뜨리라는 다

---

198 "逢佛殺佛, 逢祖殺祖, 逢羅漢, 殺羅漢, 逢父母, 殺父母, 逢親眷, 殺親眷, 始得解脫." 『임제록』, 『대정장』 vol. 47, p. 500.

른 표현이다. 깨달음이란 달리 말하면, 스스로를 괴롭혀 왔던 경험이나 지식을 바탕으로 한 고정관념을 깨뜨리는 것이다.

【6-7】 이때 장자 유마힐이 문수사리께 여쭙기를: "보살이여, 〔보살은〕 한량없는 천만억 아삼카asaṃkhya(아승지阿僧祇)의 나라에서 노니셨습니다. 어떤 불국토에서 좋은 일을 하시어 최상의 미묘한 공덕을 성취하시고 사자좌에 오르셨습니까?"

爾時 長者 維摩詰問, 文殊師利: 仁者, 遊於無量 千萬億 阿僧祇國. 何等佛土, 有好上妙, 功德成就, 師子之座?

【6-8】 문수사리가 말하기를: "거사여, 동쪽으로 36항하사의 나라를 지나면 수미상須彌相이라는 세계가 있습니다. 그곳의 부처님은 수미등왕須彌燈王이라고 하며 지금 현존하시는 분[199]입니다. 그 부처님의 신장은 8만 4천 유순이며, 그 사자좌의 높이는 8만 4천 유순으로 장엄이 제일입니다."

文殊師利言: 居士 東方度 三十六恒河沙國, 有世界 名須彌相. 其佛號 須彌燈王, 今現在. 彼佛身, 長八萬四千由旬, 其師子座, 高八萬四千由旬, 嚴飾第一.

---

199 '今現在'에 해당하는 티벳어 번역본의 英譯과 산스크리트어 사본의 일본어역에 의하면; "현재 실재하시며, 살아 계시고, 존재하시는…"−It is there that at present the Tathāgata Sugandhakūṭa is to be found (tiṣṭhati), lives (dhriyate) and exists (yāpayati).−(The Teaching of Vimalakīrti, Etienne Lamotte, trans. in English by Sara Boin, the Pali Text Society, Oxford, 1994, pp. 204−205); "지금 체재하시고, 존재하시며, 시간을 보내고 계십니다."−今, 滯在し, 存在し, 時を過ごしておられる−(우에키 마사토시植木雅俊, Ibid. p. 431). 그러므로 구마라습의 '今現在'의 의미는 오늘날 우리가 사용하는 의미로 '지금 현재'라는 시간을 나타내는 의미만 있는 것이 아니라 공간적 의미가 내포되어 있는 今·現·在 한 자 한 자에 의미를 두고 있다고 볼 수 있다.

【6-9】 여기서 장자 유마힐이 신통력을 보였다. 즉시 그 부처님은 높고 넓은, 엄정嚴淨을 한 3만 2천의 사자좌를 유마힐의 방으로 보낸다. 모든 보살들, 대 제자들, 제석천, 범천, 사천왕 등이 예전에 보지 못했었던 것이다. 그 방안은 넓고 넓어 3만 2천의 사자좌를 모두 포용하되 아무런 어려움이 없었다. 바이샤리 성 및 염부제閻浮提(줌부드파Jumbūdūpa)의 사천하에도 또한 방해하지 않았으며, 모두 다 옛날부터 그랬던 것처럼 보였다.

於是 長者維摩詰, 現神通力, 即時彼佛, 遣三萬二千師子座, 高廣嚴淨, 來入維摩詰室. 諸菩薩 · 大弟子 · 釋 · 梵 · 四天王 等, 昔所未見. 其室廣博, 悉皆包容, 三萬二千師子座, 無所妨礙. 於毘耶離城, 及閻浮提, 四天下, 亦不迫迮, 悉見如故.

아삼캬Asaṃkhya의 세계의 의미

문수보살은 과거 아삼캬asaṃkhya(아승지阿僧祇)[200]의 나라를 거쳐 이제 샤캬무니 붓다의 사바세계에서 중생을 교화하고 있다. 그러한 나라들 중 동쪽으로 한량없이 가면 수미상이라는 나라가 있다고 한다. 이 장면에서 인도 사람들의 수에 대한 개념을 객관적이나마 엿볼 수 있다. "동쪽으로 36항하사의 나라"라는 표현인데, 말이야 무엇인들 못할까만, 항하사恒河沙란 갠지스 강의 모래라는 말인데, 즉 갠지스 강의 모래알의 수, 그러면 36항하사란 36×갠지스 강의 모래알의 수라는 말이다. 그만큼 많은 나라라는 말이다.

---

200 아삼캬란 인도인들이 무량한 수를 나타내는 표현의 하나로서 혹자는 10^{56}이라거나 혹은 10^{64}이라고 하지만, 이러한 정의는 무의미한 것이라고 할 수 있다.

미국 대학의 통계학과에 재학하고 있는 대학원생들 중 인도학생이 가장 많고 그 다음이 중국 학생이라고 한다. 이 현상은 분명 그들의 수에 대한 사고방식 혹은 상상력과 무엇인가 연관이 있거나, 혹은 그들의 상상력이 타의 추종을 불허하는 탁월한 점이 있을 것이다. 야납이 미국 유학 중 수없이 들었던 말 중, 거짓말을 가장 잘하는 나라 학생은 인도 학생이라는 것이다. 어떤 특정 국가나 그 나라의 사람들을 비하하기 위해 하는 말이 아니다. 그만큼 그들의 일상생활에 남이 이해하지 못할 상상상想像上의 세계를 현실세계 속에 그대로 반영한다는 뜻일 것이다. 불교경전에 나오는 수에 대해서는 이 점을 미리 염두에 두고 이해하지 않으면 도저히 경전의 요체를 파악하기 힘들다.

한국인은 영원의 시간을 의미하는 표현으로 '동해물과 백두산이 마르고 닳도록'이라 하여 나라를 사랑하는 마음을 노래하고 있다. 긴 시간이라지만 인도인들이 생각하는 길다는 의미와 한국인이 생각하는 길다는 시간과는 그 표현의 차원이 다르다. 인도인들은 시간의 표현으로 칼파kalpa(겁劫)를 사용하는데, 닳아서 없어지는 표현을 비교하자면 그 격이 다르다. 1겁은 사방 40리의 돌산(혹은 수미산)을 천녀가 잠자리 날개 같은 옷을 입고 백 년에 한 번 하늘나라에서 내려와 돌산(수미산)을 스쳐 지나가면서 그 돌산(수미산)이 닳아 없어질 때까지의 시간이라고 한다. 거기에 수식되는 수가 또한 가관이다. 항하사겁이라고 하니 갠지스 강의 모래 수×칼파=(?)라는 등식이 그들이 사용하는 수의 개념이다. 보살(수행자)이 10년, 20년이란 세월을 수행한다거나 한 생을 바쳐 도를 닦는 것이 아니라 수 억 겁의 생을 거쳐 이루는 것이 깨달음이요, 부처가 된다는 것이다. 조급증세를 지니고 있는 한국인으로서는 가히 참을 수 없는 시간을 요하는 결과다.

그러면 이와 같이 헤아릴 수 없는 나라를 문수보살은 다 경험했다는 것인데, 이를 어떻게 이해하란 말인가. 사람은 일생을 통해 얼마나 많은 세계와 국토를 만들어 낼까? 사실 세계는 하나인 것 같으나 내가 보는 세계와 남이 보는 세계는 별개의 것이다. 내가 보는 세계조차도 시시각각으로 다른 세계며 한시도 같은 세계로 존재하지 않는다. 우리는 잠을 자면서 악몽이건 선몽이건 희로애락하며 자기의 세계를 구축하고 있다. 깨어나서는 그것이 꿈이어서 실망 또는 다행이라고 생각함과 동시에 깨어나서부터 시작되는 또 다른 세계를 설계한다.

창문을 열어젖히는 순간 바깥의 경계에 따라 나의 세계는 설계한 세계와는 다른 현실을 맞게 되고, 이렇게 하여 인간은 하루 동안에도 헤아릴 수 없이 많은 세계를 창조한다. 때로는 평생 잊지 못할 세계를 창조하기도 하지만 대부분은 그저 지나가는 은하계처럼 사라지는 세계다. 그러한 나날들 속에서, 지옥이던 세계가 한 순간 천당으로 변한다. 그런가 하면 천당이던 세계가 한 순간 지옥으로 변한다. 천당에서 사는 것처럼 평화로운 가정에서, 가장이 살인자가 되고 믿었던 사업에 실패하는 순간 그 가족은 지옥의 나락으로 떨어진다. 가족의 일원들은 뿔뿔이 흩어지거나 아니면 스스로 목숨을 끊지 않고서는 견딜 수 없는 순간순간들이 지나간다. 이렇게 나 스스로가 하루에도 헤아릴 수 없는 세계를 창조한다.

매 순간순간을 아뇩다라삼먁삼보리를 향한 마음을 근본으로 한 외부와의 연기緣起는 직심直心과 심심深心 그리고 보리심, 4무량심과 사섭법, 육바라밀과 팔정도가 펼쳐질 때마다 하나의 불국토가 현현顯現한다. 찰나에 멸하며 찰나에 생겨나니 찰나 찰나에 불국토가 출현하는 것이다. 그 중 문수보살과 같이 수미상의 세계에서 수미등왕불을 뵙게 되는 잊지 못할 경험이 있듯이, 일체의 중생 또한 지혜의 완성을 향한 마음을 잊지 않는다면 찰나 찰나의 불국토에서 잊지 못할 여래를 만나게 되어 있다. 이것이 현상세계 속의 신통이요, 현상세계 속의 이상세계다.

【6-10】 이때 유마힐이 문수사리께 말하기를: "사자좌로 가서서 모든 보살들, 스님[上人]들 다 함께 자리에 앉으십시오. 마땅히 스스로의 입신立身을 마치 저기에 앉아 계신 [수미등왕불須彌燈王佛]의 모습과 같이 하십시오." 그들 중 신통을 얻은 보살들은 즉시 스스로의 형상을 바꾸어 4만 2천 유순이나 되는 사자좌에 앉았다. 새로이 보살도에 뜻을 일으킨 사람, 대제자 등은 모두 자리에 오를 수 없었다.

爾時 維摩詰語, 文殊師利: 就師子座, 與諸菩薩, 上人俱坐. 當自立身, 如彼座像. 其得 神通菩薩, 即自變形, 爲四萬二千由旬, 坐師子座. 諸新發意, 菩薩及大弟子, 皆不能昇.

【6-11】 이때 유마힐이 사리불에게 말하기를: "사리불이여, 자리에 앉으십시오." 사리불이 말하기를: "거사님, 이 좌석은 높고 커서 나는 오를 수가 없습니다."

유마힐이 말하기를: "사리불이여, 수미등왕여래須彌燈王如來께 예를 올리면 앉으실 수 있습니다." 이에, 새로이 보살도에 뜻을 일으킨 사람, 대 제자들이 수미등왕여래께 예를 올리고 사자좌에 앉을 수 있었다.

爾時 維摩詰語, 舍利弗: 就師子座. 舍利弗言: 居士, 此座高廣, 吾不能昇. 維摩
詰言: 唯舍利弗, 爲須彌燈王如來作禮, 乃可得坐. 於是 新發意 菩薩及大弟子,
即爲須彌燈王如來作禮, 便得 坐師子座.

【6-12】 사리불이 말하기를: "거사님, 미증유합니다. 이와 같이 조그만 방
에 저런 큼지막한 좌석을 수용하고도, 바이샤리 성에 어떤 장애도 생기지
않고, 또 염부제의 마을 · 성 · 읍 및 사천하의 모든 천룡왕이나 귀신의 궁
전에도 장애가 되지 않습니다."

舍利弗言: 居士 未曾有也. 如是小室, 乃容受此, 高廣之座, 於毗耶離城, 無所妨
礙, 又於閻浮提, 聚落 · 城邑, 及四天下, 諸天 · 龍王 · 鬼神宮殿, 亦不迫迮.

현실 세계의 신통

이 장면에서 신통의 세계를 현상세계와 다를 바 없는 행위로 출입
이 가능한 모습을 보여주고 있다. 즉 웃는 얼굴에 침 뱉지 않는다는
말처럼 좌석의 주인에게 인사[아첨] 한번 하고 신통이 있어야 앉을 수
있는 자리에 오를 수 있으니 하는 말이다. 부처의 세계에 있어서도
이러할진대 인간사에서야 오죽할까. 그것도 깨달음을 얻었다고 하
는 유마 거사가 이러한 제안을 하였다는 것은 진리를 논하는 이상의
세계에서는 사물을 있는 그대로 보아야 할 지혜가 중요하지만, 현실
세계에 있어서는 현실에 통하는 예법이 적용되어야 한다는 좋은 예
가 아닐 수 없다.

많은 외국인들이 한국인의 특성에 대해 하는 말 중에 '정情'이라

는 단어가 빈도 있게 회자된다. 즉 한국인은 이성적이기보다 감성적이라는 말이다. 좋은 말로 하니 감성적이지 다시 말하면 동물적이라는 표현이 이해하기 더 빠를 것이다. 동물적이라는 것은 집착이 강하다는 뜻과 일맥상통한다. 한국인은 감성적이라 전제하고 우리 스스로를 한번 생각해 볼 필요가 있을 것이다.

이성적으로 보면 도저히 일어날 수 없는 현상이 한국에서는 종종 일어난다. 국제통화기금(IMF)사태 때의 금 모으기 운동, 88올림픽 또는 월드컵 축구 경기 등의 '붉은 악마'의 응원, 미국산 수입 쇠고기 파동의 촛불집회 등 수많은 집단적 움직임이 있었다. 집단생활을 하는 동물들의 세계를 보면, 고요히 휴식을 취하거나 물을 마시다가도 그 중 한 마리가 별안간 움직이면 모든 무리가 동시에 행동을 같이한다. 이성적인 행동이라기보다는 감성적으로 움직이는 현상이다. 달리 말하면 이것은 개인의 이성이 행동에 앞서 사물(사건)을 사리 분별하려 하지 않고 내 편이라고 믿는 대중의 흐름에 감정이 격해 행동으로 옮기는 아집 현상이다.

불교에서 깨달음을 얻는 데 가장 장애가 되는 것이 집착이라고 한다. 달리 표현하면 집착이란 고정관념에 사로잡히는 것이다. 즉 한국인의 보편적인 사고를 바탕으로 하면, 가장 깨닫기 어려운 사람들이라는 뜻이다. 유마 거사가 신통의 세계에 자유자재하기에는 아직 역량이 부족한 사람들에게, 예를 다하여 부탁하면 신통의 세계에서 노닐 수 있도록 해 주겠다고 한다. 그런데, 한국인의 성정에 비추어 본다면 내가 믿거나 내 편이 아니면 설사 붓다가 되게 해 주겠다고 해도 마다할지도 모른다. 흔히 요즈음 사람들(기독교인)이 하는 이야기로 한국 사람들은 자기가 싫으면 천당도 마다한다고 한다. 깨달음이나 신통의 세계를 노님에는 자격이 많이 떨어지는 문화를 지녔다고 할 수 있다.

국적을 바꾸건 이민을 가건 한국인이라는 것이 어디로 가는 것은 아니겠지만, 불자가 된다는 것은 지금까지 살아왔던 나의 삶[고정관념]을 불교화하겠다는 선언이다. 지금까지의 나의 삶의 태도를 그대로 유지하면서 불교에 입문하여 종교를 불교라고 한다는 의미의 불자가 아니다. 종교를 불교라고 하건 하지 않건 불문하고 나의 삶의 방향을 붓다의 가르침 쪽으로 돌려서 생활 자체를 불교적으로 한다는 것이다. 이것을 '생활의 불교화'라고 야납은 부른다. 한국불교가 '불교의 생활화'라는 캐치프레이즈를 내건 지는 오래 되었다. 말장난에 지나지 않는 것 같으나 지금까지의 잘못된 생활은 그대로 두고 그 속에 불교라는 이름만 하나 더 받아들이니 타성에 젖은 고정관념은 조금도 불교화하지 못한 느낌이다. 성현의 가르침은 실행할 때 처음으로 현실세계가 수행자[실천자]가 바라는 이상세계로 나타난다.

【6-13】 유마힐이 말하기를: "사리불이여, 제불보살이 해탈함을 이름하여 불가사의라 합니다. 만약 보살이 이 해탈에 머무르면, 높고 광대한 수미산이 겨자 속에 들어가더라도 증감하는 바 없습니다. 수미산왕의 본래 모습이 옛 그대로입니다. 그러나 사천왕과 도리(忉利)의 모든 천계의 〔중생들은〕 수미산이 들어가 있는지 알아차리지도 못합니다. 오직 마땅히 득도한 자만이 즉 수미산이 겨자 속에 들어감을 봅니다. 이것을 이름하여 불가사의 해탈법문에 머무는 것이라고 합니다.

維摩詰言: 唯舍利弗, 諸佛菩薩, 有解脫名, 不可思議. 若菩薩住, 是解脫者, 以

須彌之高廣, 內芥子中, 無所增減. 須彌山王, 本相如故. 而四天王, 忉利諸天, 不
覺不知, 己之所入. 唯應度者, 乃見須彌, 入芥子中. 是名 住不思議, 解脫法門.

【6-14】 또 사대해四大海의 물이 한 터럭의 구멍에 들어가더라도 물고기,
자라, 거북〔원鼉〕, 악어〔타鼉〕의 물에 사는 권속들은 번거롭지 않고, 그 대
해의 본래의 모습은 옛 그대로입니다. 모든 용, 귀신, 아수라 등이 모르는
사이에 물은 들어가 있습니다. 이러한 중생 또한 번거로움이 없습니다.

又以四大海水, 入一毛孔, 不嬈魚·鼈·黿·鼉, 水性之屬, 而彼大海, 本相如
故. 諸龍·鬼神·阿修羅 等, 不覺不知, 已之所入. 於此衆生, 亦無所嬈.

【6-15】 또 사리불이여, 불가사의한 해탈에 머무는 보살은 삼천대천세계를
버리고 취함이 마치 도예가의 물레와 같습니다. 오른손으로〔삼천대천세
계〕를 잡아서 항하사의 세계를 지나 그 밖으로 던져도, 그 속에 있는 중
생들은 깨닫지를 못하며, 자기가 그곳에 갔다는 것을 모릅니다. 또 다시
본래의 곳으로 돌려놓아도 도저히 사람들로 하여금 왕래의 생각이 들지
않게 합니다. 그러고도 이 세계의 본래의 모습은 옛 그대로입니다.

又舍利弗, 住不可思議, 解脫菩薩, 斷取 三千大千世界, 如陶家輪著. 右掌中, 擲
過 恒河沙世界之外, 其中衆生, 不覺不知, 已之所往. 又復 還置本處, 都不使人,
有往來想. 而此世界, 本相如故.

【6-16】 또 사리불이여, 혹 어떤 중생이 세상에 오래 머물기를 원하며, 그
래서〔오랜 세월을 거쳐〕제도할 수 있는 자가 있다면, 보살은 즉시 7일
로써 연장하여 1겁으로 만들어 그 중생으로 하여금 그것〔7일〕을 1겁이라
고 생각하게 합니다. 혹 어떤 중생이 오래 머물기를 원하지 않으며, 그래

서 〔단기간의 시간을 거쳐〕 제도할 수 있는 자가 있다면, 보살은 즉시 1겁을 단축하여 7일로 만들어 그 중생으로 하여금 그것〔1겁〕을 7일이라 생각하게 합니다.

又舍利弗, 或有衆生, 樂久住世, 而可度者, 菩薩 即延七日, 以爲一劫, 令彼衆生, 謂之一劫. 或有衆生, 不樂久住, 而可度者, 菩薩 即促一劫, 以爲七日, 令彼衆生, 謂之七日.

【6-17】 또 사리불이여, 불가사의한 해탈에 머무는 보살은 일체의 불국토를 장식하는 일을 한 나라에 모두 있게 하여 중생에게 보입니다. 또 보살은 한 불국토의 중생을 오른손에 올려두고, 〔그들을〕 날려서 시방에 이르게 하여 일체를 두루 보이나, 그러나 본래의 장소는 움직이지 않습니다.

又舍利弗, 住不可思議, 解脫菩薩, 以一切佛土, 嚴飾之事, 集在一國, 示於衆生.
又菩薩 以一佛土衆生, 置之右掌, 飛到十方, 遍示一切, 而不動本處.

【6-18】 또 사리불이여, 시방의 중생들이 제불에 공양하기 위해 갖춘 것을, 보살은 하나의 털구멍에 모두 다 보이게 합니다. 또 시방의 국토에 있는 해와 달과 별들을 하나의 털구멍에서 두루 그것들을 보이게 합니다. 또 사리불이여, 시방세계의 모든 바람을 보살은 다 입 속으로 흡입하여도 몸에는 아무런 손상이 없고, 외부의 모든 수목 또한 부러지지 않습니다.

又舍利弗, 十方衆生, 供養 諸佛之具, 菩薩 於一毛孔, 皆令得見. 又十方國土, 所有日・月・星宿 於一毛孔, 普使見之. 又舍利弗, 十方世界, 所有諸風, 菩薩 悉能, 吸著口中, 而身無損, 外諸樹木, 亦不摧折.

【6-19】 또 시방세계의 겁〔수명〕이 다하여 탈 때, 일체의 불을 뱃속에 넣어

도 불은 옛 모습 그대로이나 상해를 입지 않습니다. 또 하방으로 갠지스 강의 모래알만큼 많은 모든 붓다의 세계를 지나, 한 불국토를 취하여 상방으로 집어 들어 갠지스 강의 모래알만큼 많은 무한한 세계를 지나더라도, 마치 침봉으로 대추나무 이파리 하나를 들어 올리는 것과 같이 아무런 번거로움이 없습니다.

又十方世界, 劫盡燒時, 以一切火, 內於腹中, 火事如故, 而不爲害. 又於下方, 過恒河沙 等, 諸佛世界, 取一佛土, 擧著上方, 過恒河沙, 無數世界, 如持鍼鋒, 擧一棗葉, 而無所嬈.

【6-20】 또 사리불이여, 불가사의한 해탈에 머무는 보살은 신통으로 불신을 나타낼 수 있습니다. 혹은 벽지불의 몸으로, 혹은 성문의 몸으로, 혹은 제석천왕의 몸으로, 혹은 범왕의 몸으로, 혹은 세상 주인의 몸으로, 혹은 전륜성왕의 몸으로 나타낼 수 있습니다.

又舍利弗, 住不可思議, 解脫菩薩, 能以神通, 現作佛身. 或現辟支佛身, 或現聲聞身, 或現帝釋身, 或現梵王身, 或現世主身, 或現轉輪王身.

【6-21】 또 시방세계의 뭇 소리, 상중하의 음성, 모두를 변화시켜, 그것으로 하여금 부처가 만든 소리로 하여, 〔일체의 모든 것은〕 무상·고·공·무아의 음성으로 연출합니다. 뿐만 아니라, 시방의 제불이 설한 바 갖가지의 법이 다 그 속에 있으며, 두루 들리게 합니다. 사리불이여, 내가 지금 보살의 불가사의 해탈의 힘을 간략하게 설명하였는데, 만약 널리 설명하면 겁이 다한다 하더라도 끝나지 않습니다."

又十方世界, 所有衆聲, 上中下音, 皆能變之, 令作佛聲, 演出 無常·苦·空·無我之音. 及十方 諸佛所說, 種種之法, 皆於其中, 普令得聞. 舍利弗, 我今 略說菩薩, 不可思議, 解脫之力, 若廣說者, 窮劫不盡.

이상세계의 현상現象

여기서 현상계의 마술사가 입으로 불을 토하는 장면이 연상되는
까닭은 무엇일까? 마술사 입장에서야 불을 토하는 것쯤이야 아무 일
도 아닌 것인지 모르지만 마술과 무관한 사람은 신기하기 짝이 없는
모습이다. 이와 같이 제불보살의 해탈세계는 중생이 볼 때 불가사의
하다고 한다. 설사 제불보살과 같이 깨달은 사람이 아니라 하더라도,
한 시대를 앞서가는 자유분방한 사람들의 행동을 바라보는 보수적
인 사람들은 그들의 자유분방한 행동을 전통적 가치관의 파괴로 보
거나, 개개인의 고정관념에 사로잡힌 사람들은 아예 그들의 행동을
이해하려 하지 않을 것이다.

그런데 불가사의 해탈의 세계를 설명하는 부분에서, 조그마한 겨
자 속에 이 우주가 들어 있다거나, 한 방울의 물 속에 대해가 그대로
존재하고, 한 사람의 몸으로서 마음대로 변화시켜 나타내고자 하는
그 어떠한 사람, 설사 붓다라 하더라도 화신으로 나타낼 수 있으며,
짧은 시간을 길게 또는 역으로 긴 시간을 짧게도 할 수 있다고 한다.
이러한 일련의 불가사의 해탈의 세계를 크게 나누어 두 가지로 이
해할 수 있을 것이다. 첫째, 제법실상諸法實相[201]이나 법계연기法界緣

---

[201] 제법실상諸法實相이란 이 현실세계에 갖가지의 모습으로 나타나고 있는 모든 현상
이 그대로 궁극의 진실이라는 의미다. 이 말의 어원은 나까무라 하지메中村元 선생
에 의하면, 구마라습이 『마하반야바라밀경摩訶般若波羅蜜經』이나 『묘법연화경』을 번

起[202]의 관점에서 불가사의 해탈의 세계를 보는 견해와 둘째, 유식론唯識論[203]적 현실세계에서 불가사의 해탈의 세계를 보는 견해다.

첫째, 제법실상의 관점에서의 불가사의 해탈 세계란 어떤 것일까? 화엄경에서 논하는 무애법계無碍法界는 중생이 알고 있는 차별상의 현실세계와 그 이면의 실상법계가 서로 장애 없이 완전한 조화를 이루고 있다. 의상 스님의 법성게에서 한 티끌 속에 시방세계가 들어 있다(일미진중함시방一微塵中含十方)거나 한 순간이 헤아릴 수 없는 시간(일념즉시무량겁一念卽時無量劫)이라는 사상은 이러한 무애법계를 노래한 구절이다.

한 알의 겨자 씨앗은 단순히 겨자가 땅에서 자라나 적당한 시간이 흐른 뒤 꽃이 피고 열매를 맺어 씨앗이 생겨났다고 할는지 모른다. 그러나 아무리 조그마한 겨자 씨앗이라 하더라도 그 씨앗의 실상(본

역함에 사용된 단어로서, 여기에 해당하는 원어는 다르마타dharmatā(법성法性), 살바다르마―타타타sarvadharma-tathatā-체법진여切法眞如, 다르마-스바바바dharma-svabhava(자성自性), 실체實體, 프라크리티prakriti(체질, 물질 원리), 이외 두 단어를 포함해서 여섯 단어에 포괄적으로 사용하였으며, 이러한 단어들은 근본적으로 동의어로 본다. 깨달음의 입장에서 삼라만상은 있는 그대로 진실의 모습이라는 것이다. 이 말은 법계연기法界緣起―모든 현상이 끊임없이 인연에 의해서 일어난다는 것―를 표현하는 용어라고 볼 수 있다. 그런데 종파에 따라 제법실상의 이해는 조금씩 달리한다. 예를 들면 삼론종에서는 공의 이법理法으로서, 천태종에서는 중도제일의제中道第一義諦의 이법理法으로서, 선종에서는 삼라만상의 본래면목으로서 이해하고 있다.

202 법계연기法界緣起란 화엄종에서 바라보는 일체 만물의 존재관으로서, 개개의 사건·사물 속에 우주에 존재하는 일체가 함축되어 있으며, 이러한 모든 존재가 서로서로 연관되어 일어난다는 화엄학의 우주관을 표현한 말이다. 이러한 연기관은 기본적으로 아함경 또는 남방불교의 소부경전小部經典 『자설경自說經(우다나Udana)』에서 설하는 "이것이 있으면 저것이 있고, 이것이 없으면 저것도 없다. 이것이 생겨나면 저것도 생겨나고, 이것이 멸하면 저것도 멸한다."는 연기관을 근간으로 하여 발전된 것이라고 보아 크게 틀리지 않는다.

203 유식론을 간단히 요약하면, 현실세계의 존재를 구성하고 있는 모든 만상은 실재하는 것이 아니라 식識에 의해 나타나는 것일 뿐이라고 보는 견해.

질)은 태양과 관계가 있고, 달과도 관계가 있으며, 천왕성 · 명왕성 · 물 · 불 · 바람 · 흙 등 이 우주에 존재하는 모든 것들로부터 도움을 받아 생겨난 것이다. 그리고 그 태양 · 달 · 천왕성 · 명왕성 · 물 · 불 등은 한 톨의 겨자 씨앗과 같이 또 다른 존재로부터 도움을 받아 생겨난 것들이다. 한 톨의 겨자 씨앗은 이 우주에 존재하는 뭇 요소들이 다 조화를 이루어 생겨난 것이며, 그것은 결코 단순히 한 그루의 겨자가 꽃을 피워 씨앗을 만들어 낸 것은 아니다.

그것은 마치 중중무진重重無盡의 제망帝網(제석천帝釋天의 그물, Indra net)과 같아, 시작도 끝도 없는 무한의 세계를 뒤덮은 제망의 마디마디마다 달려 있는 밝게 빛나는 보주寶珠로부터 시방十方으로 발산되는 무수한 빛으로 결합하여 짜여진 것이다. 그 보주의 하나하나에는 제망의 다른 모든 보주들이 비치고 있어 서로서로 제각기 다른 모습을 비춰 조화를 이루고 있다. 하나의 보주가 모든 보주와 연관을 가지며 모든 보주는 하나의 보주 속에 그 모습을 나타내고 있다. 이렇게 한 톨의 겨자 씨앗은 우주의 모든 존재를 그 속에 간직하고 있다.

둘째, 유식론의 관점에서 불가사의 해탈의 세계란 무엇을 말하는 것일까? 불보살의 깨달음의 세계를 중생은 볼 수 없다고 한다. 중생이 볼 수 있는 세계는 차별의 세계요, 이원론적인 세계다. 즉 중생이 보는 눈으로 보지 않으면 불보살의 불가사의 해탈세계를 볼 수 있다는 것이다. 중생이 보는 세계란 있는 그대로 보지 않고 고정관념으로 가치관을 갖고서 세상을 보니 현상세계의 실상을 보지 못하고 좁은 소견으로 가치 판단하여 세상을 좁게 본다는 것이다. 그러니 겨자의 씨앗 속에 우주가 들어 있는 것을 보지 못하고, 한 방울의 물 속에 대해大海가 조금도 변함없이 그대로 존재하는 것을 이해 못하며, 보살이 변신하여 여러 모습으로 이 세상에 나타난 것도 모르고 살아간다는 것이다. 유식학에서 일체유심조一切唯心造라고 한다. 화엄경의 "약인욕요지若人欲了知 삼세일체불三世一切佛 응관법계성應觀法界性 일체유심조一切唯心造 – 만약 어떤 사람이 삼세의 모든 부처님을 알려고 한다면 마땅히 삼라만상의 본성을 단지 마음이 만들어낸 것에 지나지 않는다는 것을 보라–"에서 유래한 것이지만, 현상세계는 마음에서 조작한 것이니 보살의 불가사의 해탈세계도 이 마음에서 조작한 것에 지나지 않는다.

일체유심조 또는 심외무법心外無法 – 마음 이외에 달리 법[사물·사건]이 없다–라고도 하지만, 중생이 보는 관점만 바꾼다면 현상세계에서 바로 불보살의 불가사의 해탈세계를 볼 수 있다는 것이다. 무한히 넓은 마음으로 좁게 바라보니 좁은 가치관의 세계가 보이며, 작은 눈이라고 하더라도 넓게 바라보니 넓은 가치관의 세계가 펼쳐진다. 바늘구멍으로도 이 세상을 있는 그대로 볼 수 있고, 막힌 곳이 아무 것도 없는 허허벌판에서도 개미 한 마리를 볼 수 없을 수도 있다. 마음의 주인공이 세상을 어떻게 보느냐에 따라 이 현상세계가 바로 불보살의 불가사의 해탈세계로 나타난다.

요즈음 비싼 돈 들여가며 눈 키우겠다고 칼로 눈 찢느라고 야단법석이다. 큰 눈을 가진 사람이 보기에 좋아서 그런지 모르지만 눈을 키우기 위해 눈을 아래위로 또는 옆으로 찢는 성형이 대세라고 한다. 세상을 보는 가치관의 무게가 외형에 있다는 증거다. 그런데, 찢은 큰 눈으로써 세상을 좁게 보니 가까이에 있는 것조차, 아니 자기가 갖고 있는 것조차 보지를 못한다. 작은 눈으로라도 큰 세상을 보면 그의 세계는 보이지 않는 것이 없을 텐데. 세상을 보는 눈에 관한 이야기라 눈에 얽힌 유학생 가족의 이야기를 소개하려 한다.

한국에서 유학 온 학생이 이 곳 교포 여학생을 만나 사내아이를 낳았다. 즉 미국 국적의 아이를 생산한 것이다. 아빠 일자리 따라 한국으로 이민(?)을 떠났던 아이가 초등학교 들어갈 때쯤 다시 가족과 함께 미국으로 역 이민을 왔다. 갓난아기 때 보고 5~6년 지나 처음으로 그 아이를 만난 외가 식구들은 모두들 의아해 했다. 아빠나 엄마 또는 외가 식구들이 한국인의 보통 정도는 되는 눈 사이즈의 소유자들인 데 비해, 이 아이는 눈 큰 사람들이 대부분인 미국에서 태어났으면서도 와이셔츠 단추 구멍 같은 눈 사이즈를 하고 있었기 때문이다.

그렇다고 하여 밉살스럽게 생긴 것이 아니라, 어느 쪽이냐 하면 오히려 꽤 귀여운 쪽이다. 한국에서 못 먹다 와서 그런지(그렇지는 않지만) 웬 아이가 3~4인 분의 고기를 매 끼니때마다 먹어 치웠다. 즉 소를 몇 마리 잡았다는 이야기다. 집안에 아이라고는 이 녀석뿐이니 그렇게 잘 먹어 치우는 녀석이 얼마나 귀여웠겠는가. 학교 입학하기도 전에 늘어나느니 배때기요, 불어나느니 볼때기니 그렇잖아도 보일락 말락 하던 눈이 아예 붙어버린 양 웃을라치면, "그 곳에 눈이 있었다."는 자국만 남는다. 익살스럽고 위트가 있으며 애교스럽기까지 한 아이가 생각이 깊기는 가히 어른들을 깜짝 놀라게 하는 일이 한 두 번이 아니다. 어느 한가한 날, 개교하기 전에 필요한 이것저것을 마련할 겸 할머니랑 이모가 동행, 가족들이 나들이를 했다. 예나 다름없이 깔깔거리고 웃는 녀석을 보고 그 이모가 순간 느끼는 대로 망설이지 않고 일격을 가했다.

"야, 임마! 넌 큰일 났어."

"뭐가?"

"여기 애들은 다 눈이 큰데, 넌 단추 구멍만 하니 학교 가서 애들이 놀리면 어떻게 하냐?"

"이모는 바보야."

"내가 왜?"

"눈 크다고 세상 다 보는 건 아냐!"

"그럼, 넌?"

"이 작은 눈으로 못 보는 것 없어! 다 봐! 못 보는 놈이 바보지!"

사실 그 아이는 세상에 못 보는 것이 없는 양 학교 다니기 시작하여 학교뿐 아니라 주변의 뭇사람들을 놀라게 하는 인재였다.

【6-22】 이때 가섭 존자가 보살의 불가사의한 해탈의 〔세계에 대한〕 법문을 듣고, 미증유하다고 감탄하여 사리불에게 말하기를: "비유컨대 마치 어떤 사람이 맹인 앞에서 뭇 색상을 보이나 그는 보지 못함과 같이, 일체성문이 이 불가사의 해탈 법문을 들어도 알아들을 수 없는 것은 이와 같습니다.

是時, 大迦葉, 聞說菩薩, 不可思議 解脫法門, 歎未曾有, 謂舍利弗: 譬如, 有人 於盲者前, 現衆色像, 非彼所見, 一切聲聞, 聞是 不可思議 解脫法門, 不能解了, 爲若此也.

【6-23】 지혜로운 사람이 이 〔법문〕을 들으면, 누가 아뇩다라삼먁삼보리를 향해 마음을 일으키지 않겠습니까. 우리들은 웬일인지 오랫동안 그 근본이 끊어져, 이 대승에 있어서는 이미 썩은 종자와 같습니다. 일체성문들이 이 불가사의한 해탈법문을 듣고서, 모두 울부짖어 그 소리가 삼천대천

세계를 진동합니다.

智者聞是, 其誰不發, 阿耨多羅三藐三菩提心. 我等何爲, 永絶其根, 於此大乘, 已如敗種. 一切聲聞, 聞是 不可思議 解脫法門, 皆應號泣聲, 震三千大千世界.

【6-24】 일체의 보살은 응당히 크게 기뻐하며 이 법을 받들어 모십니다. 만약 어떤 보살이 불가사의한 해탈의 법문을 믿는 자가 있다면, 일체의 마의 무리는 이것을 어쩌지 못할 것입니다." 가섭 존자가 이 말을 하자, 3만 2천의 천자들이 모두 아뇩다라삼먁삼보리를 향해 마음을 일으켰다.

一切菩薩, 應大欣慶, 頂受此法. 若有菩薩, 信解 不可思議解脫法門者, 一切魔衆, 無如之何. 大迦葉, 說是語時, 三萬二千天子, 皆發阿耨多羅三藐三菩提心.

【6-25】 이때 유마힐이 가섭 존자에게 말하기를: "스님, 시방의 무량한 아삼캬asaṃkhya(아승지阿僧祇) 세계 중, 마왕이 되는 자는 다분히 이 불가사의 해탈에 머무르는 보살입니다. 방편력으로 중생을 교화하려고 마왕이 되어 나타난 것입니다.

爾時 維摩詰語, 大迦葉: 仁者, 十方無量, 阿僧祇世界中, 作魔王者, 多是住 不可思議, 解脫菩薩. 以方便力, 敎化衆生, 現作魔王.

【6-26】 또 가섭이여, 시방의 무량한 보살에게, 혹 어떤 사람이 손·발·귀·코·머리·눈·골수·뇌·피·고기·가죽·뼈·마을·도시·처자·노비·코끼리·말·수레·금·은·유리·자거車磲·마노馬瑙·산호·호박·진주·가패珂貝·의복·음식을 비는, 이와 같은 걸인은 다분히 불가사의 해탈에 머무는 보살입니다.

又迦葉, 十方 無量菩薩, 或有人 從乞, 手·足·耳·鼻·頭·目·髓·腦·

血・肉・皮・骨・聚落・城邑・妻子・奴婢・象・馬・車乘・金・銀・琉璃・車磲・馬瑙・珊瑚・琥珀・眞珠・珂貝・衣服・飮食, 如此乞者, 多是 住不可思議解脫 菩薩.

【6-27】 방편력으로 왕생하여 보살들을 시험하고, 그들의 〔마음을〕 견고하게 하려는 것입니다. 왜냐하면, 불가사의 해탈에 머무르는 보살은 위엄과 덕망의 힘이 있기 때문에, 현재 핍박逼迫〔어려운 일〕을 행하여 모든 중생에게 이와 같은 어려운 일을 보이는 것입니다.

以方便力, 而往試之, 令其堅固. 所以者何, 住不可思議解脫 菩薩, 有威德力故, 現行逼迫, 示諸衆生, 如是難事.

【6-28】 범부는 근기가 약해 힘이 없어 이와 같이 보살을 핍박할 수 없습니다. 비유컨대, 용과 코끼리를 차거나 밟는 일은 당나귀가 할 수 있는 일은 아닙니다. 이것을 이름하여 불가사의 해탈에 주하는 보살의 지혜방편의 문이라 합니다."

凡夫下劣, 無有力勢, 不能如是, 逼迫菩薩. 譬如 龍象蹴踏, 非驢所堪. 是名 住不可思議解脫, 菩薩智慧, 方便之門.

성문성聲聞聖의 비애

이 장면에서 어릴 때 보았던 엿기름〔맥아〕이 떠오른다. 필자는 어릴 때 무엇에 쓰이는지는 모르고, 보리를 싹을 틔워 씨눈이 나면 말리는 것을 보았다. 새로운 생명의 싹이 솟아나고 뿌리가 돋는 모습이 너무나 아름다워 보였다. 그런데, 더 이상 물을 주지 않고 햇볕에 말리는 것을 본 것이다. 그때의 느낌은 많은 생명을 죽이는 것 같은 아픔이었다. 이제 자라려고 하는 보리의 싹을 말려버리니, 다시 땅에 뿌린다고 해도 그 보리는 두 번 다시 싹이 트지 않는다.

가섭 존자가 슬퍼하는 원인이 마치 말라버린 맥아 같아 어릴 때 느꼈던 그 아픔이 느껴지는 대목이다. 왜 사람은 한 번 알아버린(경험한) 세계는 잊지 못하고 경험하기 전의 세계로 돌아갈 수 없을까? 대승보살들이 법 거래를 하는 기연을 만나 성문성이 경험한 세계가 대승불교에서 얻을 수 있는 지혜의 완성이 아니라는 것을 머리로는 알고 있지만, 한 번 안주한 아라한과阿羅漢果에서는 위로도 아래로도 갈 수 없다는 것을 깨달은 것이다.

대승사상에서는 실지로 그럴 수는 없지만, 유마경의 저자는 성문 승들의 폐쇄적인 수행과 은둔적인 교리 연구로써는 지혜의 완성을 이룰 수 없다는 점을 가섭 존자를 등장시켜 강조하고 있다. 여래의 명호로 10호號가 있는데, 그 중 아라한이 포함되어 있지만 유마경에서는 아라한과를 얻은 성문성聲聞聖을 붓다의 경지 아래로 보고 있음을 알 수 있는 대목이다.

제3장 허깨비의 깨달음
관중생 품觀衆生品 제7

사바세계의 주인

나라마다 그 나라를 다스리는 군주나 통치자가 있고 그들의 통치를 받는 백성이 있다. 나라나 지역에 따라 차이는 있지만, 통치자가 인륜을 저버리는 짓을 범하면 하늘이 노하여 백성들로 하여금 통치자를 징벌하게 한다는 것이 우상화偶像化되지 않은 존재로서 하늘[천天]의 신앙이 민중에게 있다. 이럴 경우, 민중[백성]이 그 나라의 주인이다. 그러면 우리가 사는 이 사바세계의 주인은 누구일까? 샤캬무니 붓다가 사바세계에 불국佛國이라는 나라를 세운 이래로 불국토에서 삶을 영위하는 중생이 이 사바세계의 주인이 되었다. 까닭은 번뇌망념을 씨앗으로 하여 깨달음이라는 과정을 거쳐 모든 고뇌로부터 해탈하여 열반적정의 열매를 거둬들이니, 그 열매의 주인이 중생이기 때문이다. 다만 깨닫기 이전에는 스스로가 주인의 자식인지도 모르고 가상의 주인으로부터 명령을 받아 노예노릇을 해 왔기에 고통을 감수하며 참고 견디었던 것이다. 사바세계에 뿌리를 내린 중생을 어떻게 하여 불국佛國에 들어가게 하며, 그들을 고뇌의 세계에서 열반의 세계로 인도하느냐는 문제가 보살에게 주어진 임무다. 그렇다고 하더라도 보살이 이러한 중생을 구제한다는 사명감에 중생에게 집착하여 일을 그르치면 안 되니, 보살의 마음가짐을 어떻게 하느냐를 보이는 것이 이 장의 가르침이다.

【7-1】 이때 문수사리가 유마힐에게 묻기를: "보살이여, 중생을 어떻게 관해야 합니까."

爾時 文殊師利問 維摩詰言: 菩薩云何, 觀於衆生?

【7-2】 유마힐이 말하기를: "비유컨대 마술사가 환인幻人〔허깨비〕을 보듯이 보살은 중생을 관하기를 이와 같이 합니다. 마치 지혜 있는 사람은 물속의 달을 보듯, 마치 거울 속의 형상을 보듯, 폭염 때의 아지랑이같이, 소리의 메아리같이, 허공중의 구름같이, 물〔속의〕 포말같이, 수면 위의 물방울같이, 파초의 핵심과 같이, 번개의 머무름과 같이, 제5의 사대四大와 같이, 제6의 음陰〔오온五蘊〕과 같이, 제7의 정情〔육식六識〕과 같이, 13의 12입入과 같이, 19의 18계界와 같이, 보살은 중생을 관함에 이와 같이 하여야 합니다.

維摩詰言: 譬如, 幻師見所幻人, 菩薩觀衆生, 爲若此. 如智者 見水中月, 如鏡中, 見其面像, 如熱時焰, 如呼聲響, 如空中雲, 如水聚沫, 如水上泡, 如芭蕉堅, 如電久住, 如第五大, 如第六陰, 如第七情, 如十三入, 如十九界, 菩薩觀衆生, 爲若此.

【7-3】 〔또, 마치〕 무색계의 색과 같이, 태운 곡식의 씨눈과 같이, 수다원須

陀洹[204]의 신견身見과 같이, 아나함阿那含[205]이 〔다시〕 태어나는 것과 같이, 아라한阿羅漢[206]에게 3독毒이 있는 것과 같이, 무생법인無生法忍[207]을 증득한 보살의 탐욕·진에·훼금毀禁〔파계破戒〕과 같이, 부처에게 번뇌의 습習이 남아 있는 것과 같이, 맹인盲人이 사물을 보는 것과 같이, 멸진정滅盡定에 든 자의 출입出入하는 호흡과 같이, 공중空中에 날아간 새의 흔적과 같이, 석녀의 아이와 같이, 허깨비가 일으키는 번뇌와 같이, 꿈에서 보는 것을 이미 깨어 있는 것과 같이, 멸도滅度한 자가 수신受身하는 것과 같이, 연기 없는 불과 같이, 보살은 중생을 관함에 이와 같이 하여야 합니다."

如無色界色, 如焦穀牙, 如須陀洹身見, 如阿那含入胎, 如阿羅漢三毒, 如得忍菩薩, 貪恚毀禁, 如佛煩惱習, 如盲者見色, 如入滅盡定, 出入息, 如空中鳥迹, 如石女兒, 如化人起煩惱, 如夢所見已寤, 如滅度者受身, 如無烟之火, 菩薩觀衆生, 爲若此.

무집착의 본보기

이 장면은 보살의 활동무대인 사바세계에서 고통 받는 중생을 구

---

204 수다원이란 예류預流라고도 하며, 스로타 아판나srota-āpanna의 음사. 성문승의 사과四果의 제1위에 해당함. 삼계의 견혹〔유식견有身見〕을 끊어야 성자聖者의 위치〔류流〕에 들어갈 수 있는 경지. 그러므로 수다원은 색신이 있을 수 없음.

205 불환과不還果라고도 하며, 안아가민anāgāmin의 음사로서 성문승의 사과四果의 제3위에 해당함. 욕계의 번뇌를 끊고 두 번 다시 욕계에 태어나지 않는 경지. 그러므로 여인의 태에 다시 들어간다는 일은 있을 수 없음.

206 아라한은 아르핫arhat의 주격 아르한arhan의 음사로서 붓다의 10호 중 하나이며 응공應供, 복전福田, 무학無學이라고도 한다. 일체의 번뇌를 단멸하고 해야 할 일을 완전히 마친 수행자로서 불제자-성문-의 최고위에 오른 성자라는 의미.

207 무생법인에 대해 제1막 각주 8 참조.

제하되 그 대상을 어떻게 볼 것인가를 논하는 것이 그 요점이다. 불보살이 중생을 보기를 이제 갓 낳은 아기처럼 본다고 한다. 보살은 중생을 구제하기 위해서는 스스로의 깨달음조차도 뒤로 미루고 고통 받는 중생을 먼저 돌본다고 한다. 그런데 유마 거사는 중생을 보기를 실체가 없는 허깨비처럼 보라고 한다. 마치 존재하지 않는 존재로 보라는 것이다. 여기서 존재하지 않는 존재의 예를 한가득 늘어놓고 있지만, 간단히 말해 토끼의 뿔처럼, 거북의 털처럼 중생을 이 세상에 존재하지 않는 듯이 보라고 한다. 토끼는 존재하니 그 토끼의 어려움은 덜어주되 그 구제의 대상으로서는 마치 실체가 없는 무엇을 향하여 구원의 손길을 내밀듯이 하라는 것이다.

다시 말하면 중생의 고통을 덜어주기 위해 보살행을 하되 그 중생에게는 일말의 집착도, 티끌만한 사적인 감정도 가져서는 안 된다는 것이다. 그저 보살이 해야 할 일만 하라는 것이다. 집착한다는 의미는 주·객이 존재할 때 가능해진다. 만약 보살이 중생을 교화의 대상으로 하되 허깨비를 구제하는 것처럼 할 수 있다면, 보살이 구제의 주체가 되고 허깨비가 구제의 객이 되니 보살이 허깨비에게 마음을 줄 필요도 없겠거니와 줄 수도 없는 것이다. 보살이 설사 허깨비에게 집착을 하거나 사적인 감정을 나눈다고 하여 그 허깨비가 받아들일수 있는 관계도 아닌 것으로 중생 구제는 이루어져야 한다는 것이다.

마치 산길을 걷던 사람(보살)이 계곡을 만나 쉬어가던 참에, 물 위에 떠 있는 조그마한 나뭇가지에 수없이 많은 개미가 우왕좌왕하는 모습을 보고 문득 그 나뭇가지를 땅 위에 올려놓는 것과 같다. 그렇다고 하여 그 사람(보살)에게는 개미의 존재에 대해 나뭇가지를 땅 위에 올려놓기 전이나 그 이후가 달라질 조그마한 마음의 변화도 없다. 개미에게는 불가항력의 일이지만 보살에게는 조그마한 나뭇가지를 땅 위로 옮겨 놓는 일은 마음 쓸 일도 없는 간단한 일이다. 단지 여기서 중요한 부분은, 그 사람에게는 힘들지 않은 간단한 일이지만 그 결과는 뭇 개미의 생명을 구제한 것이요, 그 간단(그러나 개미에게는 중요)한 일을 무심히 할 수 있는 그 근본은 보살행을 향한 마음이라는 것이다. 이렇게 보살도를 근본으로 한 마음의 소유자는, 행주좌와 어묵동정의 언제나 어디서나 기본적으로 자비희사의 무량한 마음을 바탕으로 깔고 있으므로, 무심히 하는 행위라 하더라도 구원의 손길이 필요한 수없이 많은 중생에게는 생명의 은인이 되는 보살이라는 것이다.

【7-4】 문수사리가 말하기를: "만약 보살이 이렇게(중생을 허깨비처럼) 관한다면, 어떻게 자비를 행해야 합니까?"

유마힐이 말하기를: "보살이 이미 그렇게 관하였다면, '나는 마땅히 중생을 위하여 그와 같이 법을 설할 것이다.'[208]라고 생각하여야 합니다. 이것이 즉 진실한 자비행입니다.

文殊師利言: 若菩薩 作是觀者, 云何行慈? 維摩詰言: 菩薩作是, 觀已自念, 我當爲衆生, 說如斯法. 是卽眞實慈也.

【7-5】 적멸(寂滅)의 자비를 행함은 〔마음을〕 일으키는 바가 없기 때문입니

---

208 여기서 '설여사법說如斯法'의 사斯에 해당하는 내용은 위 단락에서 문수보살이 중생을 어떻게 관해야 하느냐에 대한 질문에 유마 거사가 한가득 예를 들어 답한 내용을 가리키는 것으로서, 요약하면 중생을 허깨비처럼 보라는 그 내용이다. 즉 유마 거사의 설법처럼 중생을 위하여 그렇게 설하는 것이 진실한 자비행이라는 것이다.

다. 불열不熱의 자비를 행함은 번뇌가 없기 때문입니다.[209] 평등의 자비를 행함은 삼세에 걸쳐 평등한 까닭입니다. 다툼이 없는 자비를 행함은 일어나는 바가 없기 때문입니다. 둘이 아닌 자비를 행함은 내內〔아我〕와 외外〔아소我所〕가 〔혼混〕합合하지 않기 때문입니다. 불괴不壞의 자비를 행함은 필경에는 다해 마칠 수 있기 때문입니다. 견고한 자비를 행함은 마음에 흠이 없기 때문입니다.

行寂滅慈, 無所生故. 行不熱慈, 無煩惱故. 行等之慈, 等三世故. 行無諍慈, 無所起故. 行不二慈, 內外不合故. 行不壞慈, 畢竟盡故. 行堅固慈, 心無毀故.

【7-6】 청정한 자비를 행함은 모든 법성이 청정한 까닭입니다. 무변한 자비를 행함은 마치 허공과 같기 때문입니다. 아라한의 자비를 행함은 번뇌의 도둑을 쳐부수기 때문입니다.[210] 보살의 자비를 행함은 중생을 편안히 하기 때문입니다. 여래의 자비를 행함은 있는 그대로의 상相을 얻기 때문입니다. 부처의 자비를 행함은 중생을 깨닫게 하기 때문입니다. 자연[211]〔있는 그대로〕의 자비를 행함은 무인無因〔자연히〕 얻기 때문입니다.

---

209 불열不熱의 자비란 승조에 의하면, 번뇌의 흥기興起는 애견愛見으로부터 나오는 것이니, 자비에는 애견이 없으므로 맹렬한 번민이 없다고 한다. "煩惱之興, 出于愛見. 慈無愛見故, 無熱惱也." 승조僧肇 찬撰, 『주유마힐경注維摩詰經』, 『대정장大正藏』 vol. 38, p. 384.

210 결적結賊이란, 구마라습에 의하면, 번뇌의 중국말이며, 번뇌라는 도둑을 제거한다는 의미에서 생겨난 이름이라고 한다. "什曰: 秦言, 殺結使賊也. 此從 除結中生. 因以爲名." 승조僧肇 찬撰, 『주유마힐경注維摩詰經』 Ibid.
여기서 '결사結使'란 번뇌의 이명異名으로서, '결結'이란 심신이 결박되어 고뇌의 세계를 번뇌가 현성한 것이라고 보는 것이며, '사使'는 번뇌가 사람을 치닫게 한다는 의미다. 이러한 의미로 번뇌를 박박縛 또는 계繫로써 표현하기도 한다.

211 구마라습에 의하면, 원인이 없는 것을 자연이라 하며, 자연스럽다는 것은 즉 스승이 없다는 의미라고 하였다. "什曰 無因即自然, 自然即無師義也." 승조僧肇 찬, 『주유마힐경注維摩詰經』 Ibid.

行淸淨慈, 諸法性淨故. 行無邊慈, 如虛空故. 行阿羅漢慈, 破結賊故. 行菩薩慈,

安衆生故. 行如來慈, 得如相故. 行佛之慈, 覺衆生故. 行自然慈, 無因得故.

【7-7】 보리의 자비를 행함은 일미一味와 같기 때문입니다. 같음(평등)이 없

는 자비를 행함은 모든 애착을 끊기 때문입니다.[212] 대비의 자비를 행함

은 대승으로써 인도하기 때문입니다. 무염無厭의 자비를 행함은 공空, 무

아無我를 관觀하기 때문입니다.

行菩提慈, 等一味故. 行無等慈, 斷諸愛故. 行大悲慈, 導以大乘故. 行無厭慈,

觀空無我故.

【7-8】 법시法施의 자비를 행함은 남김이 없는 까닭입니다.[213] 지계의 자비

를 행함은 파계한 사람을 교화敎化하기 때문입니다. 인욕의 자비를 행함은

상대와 나를 지키기 때문입니다. 정진의 자비를 행함은 중생을 등에 업기

---

212 무등無等의 자애慈愛행이란 평등이라거나 등일미等一味라는 모든 개념에서 벗어나
   있는 경지다. 구마라습에 의하면, 번뇌가 남아 있는 범부가 자애를 행하면 평등이라는
   것이 있으나, 번뇌를 끊은 사람이 자애를 행하면 평등이랄 것도 없다고 한다. "什曰:
   凡夫 有愛結, 而行慈, 則可與等. 愛斷 行慈者, 無能等也." 승조 찬, 『주유마힐경注維
   摩詰經』 Ibid.

213 행법시자行法施慈, 무유석고無遺惜故란 붓다의 말씀으로서 초기불전에 "나는 교사敎
   師로서 감추어두고 가르치지 않은 법이 없다"라고 하신 말씀이 기록되어 있다. 이것은
   브라만이 마음에 드는 제자에게만 따로 전수해 주었던 비전의 오의奧義를, 붓다 스스
   로는 비밀히 감추어 두고 제자들에게 가르치지 않은 법이 없다고 밝히는 내용이다. 붓
   다가 열반에 들기 전에 아난이 최후의 가르침을 청함에 붓다가 하신 말씀으로서 "아난
   아! 수행승들이 나에게 무엇을 기대하고 있는가? 나는 안팎으로 아무런 격도 없이 일
   체의 이법理法을 설하였다. 완전한 스승의 가르침에는 어떠한 법이라도 제자들에게 감
   추어두는 교사의 오의는 없느니라."라고 하여 열반시에 조금도 남김없이 법을 설해 마
   쳤다는 것을 분명히 하는 장면이 이 부분이다. 우에키 마사토시植木雅俊, Ibid. p. 324,
   footnote 76 참조.

때문입니다. 선정의 자비를 행함은 맛을 받아들이지 않기 때문입니다.[214] 지혜의 자비를 행함은 때를 알지 못함이 없기 때문입니다.[215]

行法施慈, 無遺惜故. 行持戒慈, 化毀禁故. 行忍辱慈, 護彼我故. 行精進慈, 荷負衆生故. 行禪定慈, 不受味故. 行智慧慈, 無不知時故.

【7-9】 방편의 자비를 행함은 모든 것을 보이기 때문입니다. 감춤이 없는 자비를 행함은 직심이 청정하기 때문입니다. 심심深心의 자비를 행함은 잡행이 없기 때문입니다. 거짓이 없는 자비를 행함은 허황함이 없기 때문입니다. 안락의 자비를 행함은 부처의 안락을 얻게 하기 때문입니다. 보살의 자비는 이와 같이 행하셔야 합니다."

行方便慈, 一切示現故. 行無隱慈, 直心淸淨故. 行深心慈, 無雜行故. 行無誑慈, 不虛假故. 行安樂慈, 令得佛樂故. 菩薩之慈, 爲若此也.

허깨비를 향한 자애행

이 장면에서 보살이 허깨비 같은 중생을 위해 보살도를 어떻게 행해야 하는지를 논하고 있다. 위에서 중생을 보기를 허깨비처럼 보라고 하고선 그 허깨비에게 보살행을 할 때는 우선 생각부터 중생을

---

214 불수미不受味 즉 맛을 받아들이지 않는다 함은 선정에 들어 마음이 고요한 자는 오욕락이나 선정삼매의 열락의 맛에 주하지 않는다는 뜻.

215 부지시不知時 즉 때를 알지 못한다 함은 수행이 아직 이루어지지 않았음에도 불구하고 그 과보를 기대하는 것을 말한다. 수행자가 아직 지혜의 완성을 이루지도 못한 상태에서 오해하여 이룬 것으로 착각하고 수행을 멈추거나 죽음을 맞이하는 우를 범하는 까닭에 이 문제는 아주 중요하게 다루어 졌음.

위해 법을 설하되, 그 법을 듣는 중생으로 하여금 그들 스스로가 아끼고 집착해야 할 실체가 없는 것이며, 그것은 마치 허깨비 같은 것이라는 것을 깨닫게 하려는 마음가짐이 바로 보살행이라고 한다. 여기서 환인幻人 즉 허깨비에게 무슨 보살행인가라는 의문이 일어나지 않을 수 없다.

기본적으로 보살행을 수행함에는 나와 남을 구별하지 않고 그 어떠한 중생이건 도움이 필요하면 물불을 가리지 않고 구제한다는 것이 보살이 지녀야 할 마음 자세다. 원수거나 그의 아들이라 하여 곤란을 겪고 있는 것을 보고도 모르는 척하면 그것은 보살로서는 자격이 없다. 보살이 아니라 보통사람이라고 하더라도 우선 위험에 처한 사람을 구제해 놓은 후에 원수의 자식 놈이라고 하건, 도로 원수를 갚건 그것은 차후의 일이라고 보는 것이 보편적인 가치관이다. 하물며 보살행을 하는 불자가 중생 구제에 어떤 가치관을 갖고 상대를 판단한다는 것은 중생 교화가 아니다.

오래된 종교극작(소설)이지만, 렛싱Gotthold Ephraim Lessing(1729~1781)의 『현자賢者의 나탄(Nathan The Wise)』이라는 작품이 있다. 교회의 압력으로 그의 생애에는 공연이 된 적이 없지만, 소설의 주인공인 나탄은 독실한 유태교인으로서 충실한 삶을 살아가는 사람으로 등장한다. 제 3차 십자군전쟁을 배경으로 유태교, 이슬람 그리고 기독교가 활약한다. 줄거리는 전쟁참화 속에서 이교도들에 의해 가족을 모두 잃은 나탄이 사업가로서 성장하여 복수를 다짐한다. 전쟁의 참화가 한창 기승을 부릴 때 전신에 상처를 입어 목숨이 경각에 달한 병사가 이교도인 원수의 아들을 안고 다가왔다. 이 난리 통에 아이를 돌볼 수 있는 사람은 경제력이 있는 당신뿐이라는 것이다. 나탄은 복수를 하겠다고 맹세를 한 사람이다. 그런데 자기 가족을 죽인 이교도의 원수의 아들을 키워달라고 한다. 아이를 건네주자 죽어가던 병사는 할 일을 다 하였다는 듯 눈을 감는다. 원수의 아들을 받아 든 나탄은 하늘을 우러러 부르짖는다. "신이여, 한 아이를 더 주소서!" 그는 죽어가는 병사가 무엇을 하고자 하였는지를 문득 깨달은 것이다. 오로지 죽음만이 산재해 있던 곳으로부터 하나의 생명을 건지겠다는 숭고한 정신이었다. 거기에는 유태교도 이슬람교도 그리고 기독교도 없었다. 오직 도움이 필요한, 돕지 않고서는 살릴 수 없는, 나와 같은 생명을 지닌 연약한 갓난아이가 있었을 뿐이다. 나탄은 너와 내가 둘이 아닌 생명의 고귀함을 깨달은 것이다.

이 작품에서 일러주고자 하는 것은 진정한 종교란 어떤 것인지에 대한 물음에 답을 찾고자 하는 것이다. 스토리의 요점은 언젠가부터 전해 내려오는 반지의 비유에 있다. 신의 은총을 받은 자에게 주어지는 마력을 지닌 반지다. 그 반지는 대대로 이어져 세 아들을 둔 사람에게 전해졌다. 세 아들을 똑같이 사랑하는 아버지는 자식들이 반지로 인해 서로 싸울 것을 염려하여 마력을 지닌 반지와 꼭 같은 반지를 두 개 더 만들어 세 아들들에게 하나씩 유물로 나누어 주었다. 아버지는 돌아가시고 세 아들은 아버지의 의지와는 달리 진짜 반지는 자기가 가졌다고 서로 싸운다.

지혜가 있는 재판관은 진짜 반지를 가릴 수 있는 방법은 지금으로서는 없고, 어쩌면 세 개의 반지가 다 가짜일 수도 있다는 것이다. 언젠가 먼 옛날 진짜를 잃어버렸을 수 있다는 것이다. 또 어쩌면 세 사람 중 그 반지의 마력이 진실된 것이라는 증명을 할 수 있는 삶을 사는 사람이 진짜 반지를 갖고 있는 것이라고 한다. 그 삶이란 신의 은

총을 받으며 인류의 사랑을 받는 것이지 반지의 마력을 기대하는 삶은 아니라고 한다. 세 반지는 다름 아닌 한 뿌리에서 파생된 유태교와 이슬람 그리고 기독교의 비유였다.

구제해야 할 중생을 허깨비와 같이 보라는 말은 그 중생이 허깨비 같다는 것이 아니라 중생을 바라보는 나의 가치관을 허물어뜨리라는 다른 표현에 지나지 않는다. 이렇게 보살의 중생을 바라보는 고정관념을 깨뜨리고 나면 일상생활에서 일어나는 모든 행위에 중생을 위하는 마음을 바탕에 깔아두고 자애의 행을 일으키는 것이 보살의 중생에 대한 자애행이다. 보통 발심을 하여 출가하면, 오늘 아니면 내일 어떻게 될 것 마냥 물불을 가리지 않고 수행하는 경우가 있다. 이를 보고 산중의 어르신들은 가끔 "수행이란 불과 같이 하면 안 된다. 물과 같이 해야 하느니라."라고 일러 주셨던 것이 바로 이곳에서 말하는 불열不熱의 자慈를 행함은 번뇌가 없기 때문(행불열자무번뇌고行不熱慈無煩惱故)이라는 가르침과 다를 바 없는 것 같다.

【7-10】 문수사리가 다시 묻기를: "무엇을 비悲라고 하는 것입니까?"

〔유마힐이〕 답하기를: "보살이 지은 바 공덕을 일체중생과 더불어 그것을 함께하는 것입니다."

〔문수사리〕: "무엇을 희喜라고 하는 것입니까?"

〔유마힐〕: "〔중생에게〕 요익한 바 있어 환희할지언정 후회하지 않는 것입니다."[216]

---

216 구마라습의 제자 도생道生에 의하면 자비란 원래 중생에게 요익한 것이거늘 오직 기뻐할지언정 후회하지 않는 것이라고 한다. "生曰: 慈悲既以益之, 唯喜而無悔也." 승조 찬, 『주유마힐경注維摩詰經』, 『대정장大正藏』 vol. 38, p. 384.

〔문수사리〕: "무엇을 사捨라고 하는 것입니까?"

〔유마힐〕: "지은 바 복덕에 바라는 바가 없는 것입니다."

文殊師利又問: 何謂爲悲? 答曰: 菩薩 所作功德 皆與一切, 衆生共之. 何謂爲喜? 答曰: 有所饒益, 歡喜無悔. 何謂爲捨? 答曰: 所作福祐, 無所悕望.

【7-11】 문수사리: "생사에 두려움이 있는 보살은 마땅히 무엇을 의지처로 삼아야 합니까?"

유마힐: "보살은 생사의 두려움 속에서는 당연히 여래의 공덕의 힘에 의지해야 합니다."

문수사리: "보살이 여래의 공덕의 힘에 의지하려면 마땅히 어디에 머물러야 합니까?"

〔유마힐〕: "보살이 여래의 공덕의 힘에 의지하고자 하는 자는 마땅히 일체 중생을 제도하여 해탈케 하는 곳에 머물러야 합니다."

文殊師利又問: 生死有畏, 菩薩 當何所依? 維摩詰言: 菩薩 於生死畏中, 當依如來, 功德之力. 文殊師利又問: 菩薩欲依, 如來 功德之力, 當於何住? 答曰: 菩薩 欲依, 如來 功德力者, 當住度脫, 一切衆生.

【7-12】 〔문수사리〕: "중생을 제도하려면 무엇을 제거해야 합니까?"

〔유마힐〕: "중생을 제도하려면 그들의 번뇌를 제거해야 합니다."

〔문수사리〕: "번뇌를 제거하려면 당연히 무엇을 행하여야 합니까?"

〔유마힐〕: "마땅히 정념正念을 행하여야 합니다."

〔문수사리〕: "무엇이 정념을 행하는 것입니까?"

〔유마힐〕: "당연히 불생불멸을 행하는 것입니다."

〔문수사리〕: "어떠한 법이 불생이며, 어떠한 법이 불멸입니까?"

〔유마힐〕: "선법善法이 아닌 것이 불생不生이요, 선법이 불멸不滅입니다."

〔문수사리〕: "선과 불선은 무엇을 근본으로 합니까?"

〔유마힐〕: "몸을 근본으로 합니다."

又問: 欲度衆生, 當何所除? 答曰: 欲度衆生, 除其煩惱. 又問: 欲除煩惱, 當何所行? 答曰: 當行正念. 又問: 云何 行於正念? 答曰: 當行 不生不滅. 又問: 何法不生, 何法不滅? 答曰: 不善不生, 善法不滅. 又問: 善·不善 孰爲本? 答曰: 身爲本.

【7-13】 〔문수사리〕: "몸은 무엇을 근본으로 삼는 것입니까?"

〔유마힐〕: "욕탐欲貪을 근본으로 합니다."

〔문수사리〕: "욕탐은 무엇을 근본으로 합니까?"

〔유마힐〕: "허망분별虛妄分別을 근본으로 합니다."

〔문수사리〕: "허망분별은 무엇을 근본으로 합니까?"

〔유마힐〕: "전도망상을 근본으로 합니다."

〔문수사리〕: "전도망상은 무엇을 근본으로 합니까?"

〔유마힐〕: "머무는 바 없는 것을 근본으로 합니다."

〔문수사리〕: "머무는 바 없는 것은 무엇을 근본으로 합니까?"

〔유마힐〕: "머무는 바 없음은 즉 근본이 없다는 것입니다. 문수사리여, 머무는 바 없는 근본으로부터 일체의 법을 세우는 것입니다."

又問: 身 孰爲本? 答曰: 欲貪爲本. 又問: 欲貪 孰爲本? 答曰: 虛妄分別爲本. 又問: 虛妄分別 孰爲本? 答曰: 顚倒想爲本. 又問: 顚倒想 孰爲本? 答曰: 無住爲本. 又問: 無住 孰爲本? 答曰: 無住則無本. 文殊師利, 從無住本, 立一切法.

보살승과 성문승의 수행

이 장면에서 유마 거사의 입을 통해 출가자 즉 성문의 제자들이 행해야 할 기본 수행을 보살이라는 이름으로 그 덕목을 나열하고 있다. 소위 보수적 수행을 고집하는 출가자와 진보적 수행을 주장하는 보살행은 차원이 다른 것으로 알고 있으나 문수보살과 유마 거사가 논하고 있는 불자의 수행은 조금도 차이가 없어 보인다. 다만, 수행의 중점을 어디에 두고 있나 하는 점이 차이라면 차이다. 행함에 있어서는 다를 바가 없다는 것이다. 오직 보살도를 수행함에 그 수행덕목이 4무량심이건 8정도건 또는 10선법이건 그 목적하는 바가 전자는 스스로의 깨달음을 향한 수행이요, 후자는 자기의 깨달음보다 오히려 중생을 위한 것에 머물러 있다는 것이 차이점이라고 볼 수 있다.

보살은 오로지 중생 구제라는 이타의 행을 실천하지만, 그렇다고 하여 스스로에게 아무런 공덕이 쌓이지 않는 것은 아니다. 단지 스스로가 그 공덕을 원해서 쌓고 있는 것은 아니다. 그 쌓인 공덕을 보살은 스스로의 것으로 하는 것이 아니라 그 공덕을 회향하여 일체중생과 더불어 나눈다는 것이다. 이러한 실천의 근거가 바로 자비라는 것이다. 슬픔이면 슬픔, 기쁨이면 기쁨을, 집착함 없이 슬퍼하고 기뻐하는 중생과 같은 위치에서(공감하며), 함께 나누는(공생하는) 것이 보살행이라고 유마 거사는 일러주고 있다.

이타의 행을 실천함에 어찌 후회되는 일이 없을 것이며 위험한 일이 없을까? 도움을 주었던 중생으로부터 돌아오는 것이 어찌 한결같을까만, 보살은 그 어떠한 보답도 바라지 않는다는 것이 기본 마음 자세다. 단지 이타행의 실천에 생사의 갈림길에 처할 경우가 생긴다.

이러한 때 두려움이 있는 보살은 여래의 공덕[중생 구제의 힘]을 의지처로 삼아 모든 중생을 제도하여 해탈케 하는 데 힘써야 한다는 것이다. 중생 제도란 궁극적으로 그들이 중생일 수밖에 없는 원인을 제거하는 것 즉 번뇌를 제거하는 것이 바로 중생 구제라고 한다. 생사의 두려움이 있는 보살[대승사상을 실천하고자 하는 수행자]이 중생 구제를 하기 위해서는 우선 스스로 번뇌망념에서 벗어나 정념에 머물러야 하며, 그럼으로 해서 선이라거나 불선이라는 이원론적인 차별상이 없어진다는 것이다.

이원론적인 차별상은 육신을 배경으로 해서 일어나는 것이니, 육신의 집착을 끊음으로써 욕망을 제어하고, 욕망을 제어하니 허망분별의 마음이 일어나지 않고 잘못된 생각을 일으키지 않게 되는 것이다. 잘못된 생각이 끊어지니 무위자연의 행위로써 제법을 대하게 되고 현실세계 속에서 제법의 실상을 여실히 드러내고 있다. 이러한 경지에 이르는 과정을 이 장면에서 유마 거사와 문수보살이 문답으로 유추해 내고 있는 것이다.

【7-14】 이때, 유마힐의 방에 한 천녀가 있었는데, 모든 대인들을 보고, 설하는 바를 들어 문득 그녀가 몸을 나타내었다. 그리고 천상의 꽃으로써 모든 보살들과 대제자들의 위에 뿌렸다. 꽃은 모든 보살들에게 다다르자 다 떨어졌지만, 대제자들에게 다다르자 붙어서 떨어지지 않았다. 모든 제자들은 신통력으로 떼어내려 하였으나 떼어낼 수 없었다.

時 維摩詰室, 有一天女, 見諸大人, 聞所說法, 便現其身. 即以天華, 散諸菩薩, 大弟子上. 華至諸菩薩, 即皆墮落, 至大弟子, 便著不墮. 一切弟子, 神力去華, 不能令去.

【7-15】 그때 천녀가 사리불에게 묻기를: "왜 꽃을 떼어내려 하십니까?"

답하기를: "이 꽃은 〔승려에게〕 여법하지 않기 때문에 그것을 떼어내려는 것입니다."

천녀가 말하기를: "이 꽃이 여법하지 않은 것이라고는 말하지 마십시오. 왜냐하면, 이 꽃은 〔여법하지 않다는〕 분별하는 바가 없기 때문입니다. 스님 스스로가 분별하여 〔그러한〕 생각을 일으켰을 뿐입니다. 만약 불법에 출가한 자가 분별하는 바가 있다면, 그것이 여법하지 않은 것이 됩니다. 만약 분별하는 바가 없다면, 그것이 여법한 것입니다. 모든 보살들을 보시면 꽃이 붙어 있지 않습니다. 그것은 이미 일체의 분별하는 마음을 끊었기 때문입니다.

爾時 天女問, 舍利弗: 何故去華? 答曰: 此華 不如法, 是以去之. 天曰: 勿謂此華, 爲不如法. 所以者何, 是華 無所分別. 仁者, 自生分別想耳. 若於 佛法出家, 有所分別, 爲不如法. 若無所分別, 是則如法. 觀諸菩薩, 華不著者, 已斷一切 分別想故.

【7-16】 말하자면, 마치 사람들이 두려워할 때, 사람 아닌 자〔귀신〕들이 그 순간을 노리는 것과 같습니다. 이와 같이 〔성문〕 제자들도 생사를 두려워하기 때문입니다. 색·성·향·미·촉〔오감〕도 그 틈을 노리는 것입니다. 이미 두려움을 여읜 자는 일체의 오욕이 할 수 있는 것은 없습니다. 〔오욕의〕 습이 아직 다하지 않아 꽃이 몸에서 떨어지지 않을 뿐입니다. 번뇌의 훈습〔결습結習〕²¹⁷을 멸진한 사람은 꽃이 붙지 않습니다."

---

217 이 문단에서 '結'이란 번뇌의 다른 이름이며, 결습이란 번뇌를 끊었으나 아직 육신으로 익힌 훈습이 남아 있다는 의미. 마치 고요한 수면 위로 바람이 불어 파문이 일었으나, 바람은 잠잠해 졌는데도 파문은 쉽게 잠잠해 지지 않는 것과 같이 번뇌의 원인을 알고 끊었다고 하더라도 아직 습이 남아 있는 모습을 말함.

譬如 人畏時, 非人得其便. 如是弟子, 畏生死故. 色·聲·香·味·觸, 得其便也. 已離畏者, 一切五欲, 無能爲也. 結習未盡, 華著身耳. 結習盡者, 華不著也.

여법如法과 집착

천녀와 사리불의 대담은 모든 행위는 철저하게 마음에 그 근본이 있지 외부의 경계에 있지 않다는 것을 보이고 있다. 승려에게 여법한 행위란 무엇일까? 승려가 꽃으로 장식한 모습이 사리불로서는 부당하다고 여긴 것이니 그 꽃을 떼어내려 하였던 것이고, 그러한 모습을 본 천녀는 사리불의 마음속에 승려는 꽃으로 장식해서는 안 된다는 고정관념을 지닌 것을 질타한 것이다. 두 사람 사이의 실랑이는 승려가 지켜야 할 것이 없다는 것이 아니라 지켜야 할 덕목을 어떻게 지켜야 하는지를 보여주는 장면이다. 꽃으로 장식하여 스스로의 내면에 드리워져 있는 진면목을 감추려 하였다면 그것은 꽃이 문제가 아니라 꽃으로 감추어야 할 지저분한 내면의 무엇인가가 문제인 것이다.

천녀가 말한 바와 같이 꽃에는 법다운 것이건 법답지 않은 것이건 아무런 분별심이 없다. 단지 사리불이 승려란 이러한 모습이어야 한다고 하는 고정관념에 집착하고 있는 것이 문제라는 것이다. 어느 수행을 잘한 노승과 계행을 청정히 잘 지키는 젊은 스님이 여행길에 올랐다. 외나무다리를 만나 건너려는데 저쪽에서 젊은 아가씨가 건너오고 있다. 한 사람밖에 건널 수 없는 좁은 외나무다리라 맞은편에서는 기다려야 한다. 그런데 이 노승, 맞은편 아가씨를 기다려 주지 않고 그냥 외나무다리를 건너간다. 젊은 스님이 할 수 없이 따라 건너는데, 다리 위에서 아가씨를 마주친 노승은 비켜설 여유가 없으니 그 아가씨를 덥석 안고서는 뺑 돌아선다. 그러니 서로가 갈 길을 갈 수 있게 되었다. 젊은 스님은 감히 아가씨를 안고 돌아설 수 없어 개울물로 뛰어들었다. 물에 빠진 생쥐가 되어 투덜거리며 노승의 뒤를 쫓아가다 참지 못하고 내뱉었다.

젊은 스님: "도력이 높으신 스님께서 어찌 여자를 안을 수 있습니까?"
노승: "아니, 이 놈아! 아직도 그 처자를 안고 있냐?"

집착이 어떤 것인지 확연해 지는 부분이다. 그러나 종종 선사들 사이에서는 행동의 자유가 오히려 마음의 걸림이 되는 경우가 흔히 있다.

선문답에는 말로써도 막힘이 없지만 행동에서도 막힘이 없는 무애자재無碍自在의 모습을 당연시 하는 경향이 있다. 진정한 선문답에 있어서야 당연히 생사에 한 점 군더더기가 없어야 한다. 당대唐代의 선승으로서 임제종의 종조인 임제臨濟 스님은 그의 스승 황벽黃檗 스님과의 선문답에서 몽둥이를 사용한 적이 있었다. 세속의 가르침 특히 유가의 가르침에 있어서는 있을 수 없는 사건이다. 이것이 잘 못 전통이 되어 흉내를 내는 후진들이 생기니 스승과 제자, 선배와 후배 사이에 갈등이 생기고 교단 전반에 문제가 되기도 한다. 이렇게 흉내를 내는 것을 야호선野狐禪이라고 하며, 이와 같은 승려를 한마디로 사이비 선승이라고 말한다.

고정관념이라고 하면 유교의 가르침을 제외하고서 논한다는 것은 그다지 의미가 없어 보인다. 유교에서는 인간의 행동거지를 규범화시켜 그 규범에서 벗어나는 행동을 하는 사람은 그 사회에서 인간대접을 받지 못하거나 아예 그 사회에서 발을 붙이지 못한다. 조선시대 500년 간의 문화는 유교의 가르침을 근본으로 한 획일적인 색채를 띠었으며, 그 영향은 아직도 한국 사람들에게는 강하게 남아 있다. 남자는 이래야 하며, 여인은 조신해야 하고, 옷은 어떻게 입는 것이며, 예의범절은 이렇게 해야 하고, 무엇은 제사음식으로 올릴 수 있으나 무엇은 안 되며, 걸을 때는 어쩌고, 앉을 때는 어쩌며, 어른 앞에서 술을 마실 때 어떻게 하고, …… 등 일거수일투족에 규범을 두어 '사람다운 모습'이라는 고정관념을 지니고 있었으며, 현대화와 함께 핵가족으로 분화된 지금도 많은 부분에서 조선시대의 유령처럼 그 흔적을 남기고 있다.

이에 반하여 도가道家 내지는 죽림칠현竹林七賢[218]과 같은 사상가들은 세속의 모든 규범을 앞세운 위정자들의 악의와 위선, 오만을 강개慷慨하였으며 그들이 내세운 유가의 가르침을 오히려 백안시 내지는 죄악시하였다. 특히 죽림칠현의 행동은 자유분방하였으며 속세를 피해서 죽림에 모여 술, 노래와 함께 청담淸談을 즐겼다 하여 후세 사람들이 이들을 죽림칠현이라 한 것이다. 당시의 험악한 시대에 자유분방한 언행은 자칫 그들의 생명에 위협이 가해졌음에도 불구하고 그들은 언행이 일치하는 모습을 보였다.

---

218 죽림칠현이란 중국의 삼국시대 말경(3C.), 천하는 어지럽고 영웅을 자처하는 많은 혁명가들이 처처에서 일어나 전쟁을 일삼던 시대를 분개하여 속세를 등지고 혜강의 고향〔산양山陽〕에 있던 죽림에 모여 도를 논하고 청담淸談으로 그들의 속마음을 숨기며 살았던 7인의 사상가들: 완적阮籍, 혜강嵆康, 산도山濤, 유령劉伶, 완함阮咸, 상수向秀, 왕융王戎의 7인을 일컫는 말.

실지로 이들 중 혜강嵆康은 당시의 위정자들의 타락상을 풍자, 자유분방한 사상 속에서 격식에 얽매이지 않는 행동으로 참언讒言을 당하여 사형에 처해진 사람이었다. 하나의 예로, 그는 유생들의 획일적인 위선적 행동을 고쟁이 속의 이[슬蝨]들이 줄을 맞춰 기어가는 모습이라고 빈정거리기도 하였다. 옛날이야 바느질을 손으로 하였으니 고쟁이를 기운 실밥 모양이 마치 이들이 일렬로 나란히 기어가는 형상과 같다 하여 유생들의 획일적이요, 일률적인 행동거지를 이에 비유한 것이다.

또 다른 예로, 일상적 생활 속에서 유가적 예의범절의 가식적 규범으로부터 철두철미하게 벗어나 자유분방의 극치를 보였던 유령劉伶은 나신으로 생활한 것으로 잘 알려져 있다. 유생들이 그의 소문을 듣고 확인 차 찾아오면 나신 그대로 사람들을 맞이하였으며, 의관을 갖추지 않고 객을 대하는 무례를 탓하는 유생들에게는 오히려 그들의 무례를 탓하였다. 그는 "천지는 나의 집이요, 이 울타리 안은 나의 속옷이니 귀하는 아무런 예고도 없이 남의 속옷 속에 들어와서 무슨 헛소리를 하느냐!"고 질타하여 현실세계의 가치관을 바닥부터 흔들어 놓았던 것이다. 이러한 행위를 질타하는 사람들의 입장에서는 사회의 풍습을 어지럽힌다고 하여 퇴폐문화로 치부하기도 한다.

야납이 한국에 돌아와서(2009년) 안 일이지만, 마을에서는 "야! 자! 놀이"라는 것이 있다고 한다. 한국문화에서 어른이나 상대에 대한 존칭어는 어려운 사이일수록 민감하게 작용한다. 그런데 이러한 사회의 규범이나 예의범절에서 벗어나는 말투로써, 즉 서로간의 나이나 사회적 지위 등을 무시하고 친구와 같은 말투로써, 악의 없는 놀이를 만들어 서로간의 껄끄러운 사이를 좁혀 주는 역할을 한다고 한다. 그런데 이 놀이가 악용되는 경우에는 그 사이가 더 껄끄럽게 되니, 놀이라는 미명하에 내면에 감추어져 있던 상대에 대한 악감정을 그렇지 않은 것처럼 앙갚음을 하는 잘못된 놀이로 변한다는 것이다. 깨달음을 향한 진리의 세계에 있어서나 현실세계에 있어서나 마음의 진정성이 문제다. 꽃이거나 몽둥이거나 야자놀이거나 이러한 대상에 문제가 있는 것이 아니라 그 대상을 어떠한 마음으로 어떻게 할 것인가가 과제라는 것을 천녀는 보이고 있다.

【7-17】 사리불이 말하기를: "천녀여, 이 방에 머문 지 오래되었습니까?"

　　답하기를: "제가 이 방에 머문 지는 스님이 해탈에 이르신 시간과 같습니다."

　　사리불이 말하기를: "여기〔집〕에서 머문〔사신〕 지 오래 되었습니까?"

　　천녀가 말하기를: "스님이 해탈을 얻은 것은 또한 얼마나 오래 되셨습니까?"

　　사리불이 묵묵히 답하지 않자, 천녀가 말하기를: "얼마나 오래 되었는지〔말하지 않고〕, 지혜가 있으신 분이 묵묵히 계십니까?"

　　답하기를: "해탈이란 말로써 설명할 수 없는 것입니다. 그러므로 나는 여기서 뭐라고 말해야 할지 모르겠습니다."

　　舍利弗言: 天, 止此室 其已久如? 答曰: 我止此室, 如耆年解脫. 舍利弗言: 止此久耶? 天曰: 耆年解脫, 亦何如久? 舍利弗, 默然不答. 天曰: 如何 耆舊, 大智而默? 答曰: 解脫者, 無所言說故, 吾於是 不知所云.

【7-18】 천녀가 말하기를: "언설 문자는 다 해탈의 모습입니다. 왜냐하면, 해탈이란〔마음〕속에 있는 것도 아니요, 외부〔경계〕에 있는 것도 아니며,

둘 사이에 있는 것도 아닙니다. 문자 또한 〔말 뜻〕 속에 있는 것도 아니요, 외부에 있는 것도 아니며, 둘 사이에 있는 것도 아닙니다. 그러므로 사리불이여, 문자를 여의고서 해탈을 설할 수 없습니다. 왜냐하면, 일체 제법이 바로 해탈의 모습이기 때문입니다."

天曰: 言說文字, 皆解脫相. 所以者何, 解脫者, 不內不外, 不在兩間, 文字亦 不內不外, 不在兩間. 是故, 舍利弗, 無離文字, 說解脫也. 所以者何, 一切諸法, 是解脫相.

【7-19】 사리불이 말하기를: "음욕淫慾·분노憤怒·우치愚癡를 여임으로써 해탈한다고 하는 것 아닙니까?"

천녀가 말하기를: "붓다는 증상만增上慢[219]인 사람을 위해 음욕·분노·어리석음을 여의라고 설하셨을 뿐입니다. 만약 증상만이 없는 사람에게는 붓다는 음욕·분노·우치의 〔본〕성 그대로가 해탈이라고 설하십니다."

舍利弗言: 不復 以離婬·怒·癡, 爲解脫乎?

天曰: 佛爲 增上慢人, 說離婬·怒·癡, 爲解脫耳. 若無增上慢者, 佛說 婬·怒·癡性, 卽是解脫.

【7-20】 사리불이 말하기를: "훌륭하십니다. 훌륭하십니다. 천녀여, 당신은 어디에서 얻은 것이 있으며, 무엇을 깨달으셨기에 이와 같이 변재하십니까?"

천녀가 말하기를: "저는 얻은 것도 깨달은 것도 없는 까닭으로 이와 같이 변재한 것입니다. 왜냐하면, 만약 증득한 것이 있다고 하면 〔그것은〕 즉 불법에 있어서 증상만인 것입니다."

---

219 증상만增上慢이란 칠만七慢 중의 하나로서 아직 완전히 깨달음을 증득하지 못한 사람이 스스로 깨달았다고 생각하고 교만에 빠져 뻐기는 것.

舍利弗言: 善哉善哉. 天女, 汝何所得, 以何爲證, 辯乃如是?

天曰: 我無得 無證故, 辯如是. 所以者何, 若有得 有證者, 即於佛法, 爲增上慢.

【7-21】 사리불이 천녀에게 묻기를: "당신은 삼승〔성문승·연각승·보살승〕에서 어떤 쪽에서 〔법을〕 구하십니까?"

천녀가 말하기를: "성문의 법으로써 중생을 교화하므로 저는 성문입니다. 인연법으로써 중생을 교화하므로 저는 벽지불〔연각승〕입니다. 대비의 법으로써 중생을 교화하므로 저는 대승〔보살승〕입니다.

舍利弗 問天: 汝於三乘, 爲何志求? 天曰: 以聲聞法, 化衆生故, 我爲聲聞. 以因緣法, 化衆生故, 我爲辟支佛. 以大悲法, 化衆生故, 我爲大乘.

【7-22】 사리불이여, 어떤 사람이 참파카champaka(첨복瞻蔔)[220] 숲에 들어가면 다만 참파카의 〔향기를〕 맡지, 다른 향기를 맡지 않습니다. 이와 같이 만약 이 방에 들어서서 단지 붓다의 공덕의 향기를 맡아야지, 성문과 벽지불의 공덕의 향기를 맡기를 원하겠습니까?

舍利弗, 如人 入瞻蔔林, 唯嗅瞻蔔, 不嗅餘香. 如是 若入此室, 但聞 佛功德之香, 不樂聞 聲聞, 辟支佛, 功德香也.

【7-23】 사리불이여, 제석천·범천·사천왕·모든 천룡과 귀신 등이 있습니다만, 이 방에 들어 온 이들은 저 상인〔유마 거사〕의 정법〔대승〕에 대한 설법을 듣고 모두 붓다의 공덕의 향기를 맡기 위해 발심하여 나오신 것입니다.

舍利弗, 其有釋·梵·四天王, 諸天龍·鬼神 等, 入此室者, 聞斯上人, 講說正

---

220 첨복瞻蔔이란 첨복화瞻蔔華로서 산스크리트어로 참파카champaka의 음사며, 금색화金色華라고 한역하기도 한다. 강한 향기가 나는 꽃이라고 알려져 있다.

法, 皆樂 佛功德之香, 發心而出.

【7-24】 사리불이여, 저도 이 방에 들어 온 지 12년이 되었습니다. 처음부
터 성문과 벽지불의 법을 설하는 것을 듣지 않았습니다. 단지 보살의 대
자대비하며 불가사의한 모든 부처의 법을 들었을 뿐입니다."

舍利弗, 吾止此室, 十有二年. 初不聞說, 聲聞・辟支佛法. 但聞菩薩, 大慈大
悲, 不可思議, 諸佛之法.

【7-25】 "사리불이여, 이 방은 언제나 여덟 가지의 미증유하고 얻기 어려
운 법을 나타냅니다. 무엇이 여덟 가지냐 하면:
이 방은 항시 금색의 광명으로써 비추나 주야로 다름이 없습니다. 해와
달이 비춰 밝은 것이 아닙니다. 이것이 첫째로 미증유하고 얻기 어려운
법입니다. 이 방에 들어온 자는 모든 더러움으로부터 괴로워하지 않습니
다. 이것이 둘째로 미증유하고 얻기 어려운 법입니다.

舍利弗, 此室常現, 八未曾有, 難得之法. 何等爲八: 此室常以, 金色光照, 晝夜
無異. 不以日月, 所照爲明. 是爲 一未曾有, 難得之法. 此室入者, 不爲 諸垢之
所惱也. 是爲 二未曾有, 難得之法.

【7-26】 이 방에는 항상 제석천・범천・사천왕・타방의 보살들의 내왕이
끊이지 않습니다. 이것이 셋째로 미증유하고 얻기 어려운 법입니다. 이
방은 항시 육바라밀과 불퇴전[221]의 법을 설하고 있습니다. 이것이 넷째로
미증유하고 얻기 어려운 법입니다.

---

221 불퇴전이라 함은 보살이 육바라밀을 수행함에 어떠한 경우라도 물러섬이 없어야 한다
는 의미.

此室常有, 釋・梵・四天王・他方菩薩, 來會不絶. 是爲 三未曾有, 難得之法.
此室常說, 六波羅蜜, 不退轉法. 是爲 四未曾有, 難得之法.

【7-27】 이 방은 언제나 천인 제일의 음악이 연주되며, 현으로부터 한량없는 법문으로 화한〔설법의〕소리가 나옵니다. 이것이 다섯째로 미증유하고 얻기 어려운 법입니다.

이 방에는 네 개의 큰 창고[222]가 있는데, 뭇 보배로 가득 쌓여 있어, 어려운〔사람들에게〕베풀고, 가난한〔사람을〕구제함에 쓰고도 다함이 없습니다. 이것이 여섯째로 미증유하고 얻기 어려운 법입니다.

此室常作, 天人 第一之樂, 絃出無量, 法化之聲. 是爲 五未曾有, 難得之法. 此室有 四大藏, 衆寶積滿, 賙窮濟乏, 求得無盡. 是爲 六未曾有, 難得之法.

【7-28】 이 방에는 샤카무니불・아미타불・아촉불・보덕・보염・보월・보엄・난승・사자향・일체이성,[223] 이와 같은 시방의 한량없는 모든 부처님들이 이 상인〔유마 거사〕이 생각하면〔생각하는〕그때 즉각 그를 위해 내왕하시며, 모든 부처님들의 비요祕要의 법장法藏〔오의奧義의 법문〕을 널리 설하시며, 끝나시면 다시 돌아가십니다. 이것이 일곱째로 미증유하고 얻기 어려운 법입니다.

此室, 釋迦牟尼佛・阿彌陀佛・阿閦佛・寶德・寶炎・寶月・寶嚴・難勝・師子響・一切利成, 如是等 十方無量諸佛, 是上人念時, 即皆爲來, 廣說諸佛, 秘要法藏, 說已還去. 是爲 七未曾有, 難得之法.

---

222 네 개의 큰 창고는 자・비・희・사의 4무량심의 비유. 보살이 자・비・희・사의 마음으로 중생 구제를 하되 그 마음은 무궁무진하여 결코 다함이 없다는 비유.
223 보덕 이하 일체이성에는 '佛'자가 없으나, 모두 붓다의 명호임.

【7-29】 이 방에는 일체의 모든 천계의 장식된 궁전과 제불의 정토를 다 나타냅니다. 이것이 여덟째로 미증유하고 얻기 어려운 법입니다. 사리불이여, 이 방은 언제나 여덟 가지의 미증유하고 얻기 어려운 법을 나타냅니다. 누가 이 불가사의한 일을 보고도 성문법을 원하는 사람이 있겠습니까."

此室 一切諸天, 嚴飾宮殿, 諸佛淨土, 皆於中現. 是爲 八未曾有, 難得之法. 舍利弗, 此室常現, 八未曾有, 難得之法. 誰有見斯, 不思議事, 而復樂於, 聲聞法乎?

해탈과 무위

이 장면에서는 사람이 어떤 자리에서 무슨 일을 할 것인가가 중요한 것이 아니라, 어떻게 할 것인가가 중요하다는 것을 보여 주고 있다. 출가자건 재가자건 불자라면 그 어디에 소속이 되었든 해야 할 일은 교법의 수행이요, 그것은 중생 교화에 있다는 것이다. 참파카의 숲에 들어가는 이유는 오직 참파카의 향기를 맡기 위한 것이지 다른 이유로 참파카의 숲에 들어가는 것이 아니듯, 보살이 사바세계에 출현한 이유는 오직 중생 구제를 위한 것이지 다른 목적이 있을 수 없다는 것이다. 물론 참파카 향기를 맡기 위해서는 스스로가 숲으로 들어가야 하는 것처럼, 스스로가 번뇌로부터 자유로워지는 것을 우선으로 함에는 틀림없다.

흔히 탐·진·치 삼독의 번뇌로부터 자유로워지는 것이 해탈이며, 해탈의 세계는 언어도단이요, 심행처멸心行處滅 ─ 마음으로는 헤아릴 수 없는 ─ 이라고 한다. 그러나 천녀는 해탈은 말로써 표현할 수 없는 것이 아니라 언설 문자가 다 그대로 해탈의 모습이라고 한다. 이 의미는, 언설 문자를 사용하는 사람이 그 어떠한 집착으로부터도 자유로우며, 번뇌로부터 해탈하였는데, 어찌 번뇌망념의 본질을 가지고 있지 않은 언설 문자를 사용하였다고 하여 해탈의 경지가 아니라고 할 것인가. 뿐만 아니라 일체제법이 다 해탈의 모습이라고 한다. 일체제법의 실상을 있는 그대로 보고, 행하며, 느끼는 인간행위의 모든 것이 해탈이다. 행위자가 번뇌로부터 해탈한 사람이라면 그 어떠한 대상(일체제법一切諸法)이라 하더라도 다 해탈의 모습이다. 일체제법에도 번뇌망념의 성상이 없기 때문이다. 해탈의 모습이란 내외의 모든 것에서 자유로운 것이라는 것을 천녀는 보이고 있다.

흔히 음욕 · 분노 · 우치를 삼독이라고 한다. 증상만增上慢이 없는 사람에게는 붓다는 음욕 · 분노 · 우치의 본성 그대로가 해탈이라고 설한다고 하니, 삼독이 문제가 아니라 삼독의 행을 하는 사람의 마음이 문제라는 것이다. 증상만인 사람, 즉 깨닫지도 않았음에도 불구하고 깨달았다고 뻐기거나 허영에 빠진 사람에게는 삼독이 독으로 작용하여 생사의 고해에서 헤어 나오지 못하게 할 뿐이다.

하긴 깨달은 사람이 육신을 지녔는데 어찌 욕정이 작동하지 않을 것이며, 굶주렸음에 어찌 배가 고프다는 느낌이 없을 수 있고, 불의를 보고도 분노하지 않을 수 있을까. 정상적인 정신과 육신을 지니고서 이성을 대하고도 욕정이 일어나지 않는다면 그것은 마음을 딴 곳에 두고 있을 때거나 아니면 병적인 이유(성 불구자)일 것이요, 굶주려서 배고픔을 느끼지 못한다면 구태여 성가시게 탁발하러 길을 나서지 않아도 될 것이며, 불의를 보고서도 분노하지 않는다면 깨닫지 않는 것이 오히려 중생을 돕는 길이다. 한마디로 인간이라면 누구에게

나 일어날 수 있는 자연스런 현상은 바로 그 자체로써 해탈의 모습이라는 것이다. 단지 행위자가 해탈한 사람이 아니면, 그로부터 일어나는 모든 현상은 해탈의 모습이 아닐 뿐이다.

자연스런 현상이란 어떠한 상태를 말하는 것일까? 흔히 도가에서는 무위자연이라는 말을 한다. 무위란 자연스런 것으로서 인위적이지 않다는 말이다. 우리의 행위는 어디까지가 유위며, 어떠한 행위를 무위라 하는 것일까? 행위의 주체는 의식이다. 경험이나 지식을 근본으로 한 그 어떠한 가치판단도 배제한 행위를 무위라고 말한다. 굶주려 죽어가는 사람을 보고 슬픔을 느끼지만, 살인마의 죽음을 보고 슬픔을 느끼지 않는다면, 그것은 개개인이 지닌 '살인마'라는 가치관에 의한 판단이니, 이것을 인위적이라는 것이다. 무위라 하여 아무런 감각도 느낌도 의식도 없는 상태를 말하는 것은 아니다. 그렇다면 무의식 중의 행위는 어떻게 이해할 것인가? 무의식의 행위 또한 그 주체는 의식이다. 그러나 무의식이라고는 하나 가치판단을 지닌 의식에 지나지 않는다. 무의식의 행위는 업식業識[224]에 의한 잠재의식의 행위이기 때문이다.

그런데 해탈의 세계는 언어도단이요, 심행처멸이라 하여 정의를 내릴 수 없다는 말을 무색하게 만드는 말을 천녀는 하고 있다. 천녀의 말대로라면 해탈이란 또는 무위자연이란 배고프면 먹고, 졸리면 자고, 성욕이 일어나면 풀고, 아프면 아파하는 등 모든 자연계에서

---

224 업식이란 업業(번뇌煩惱)을 연緣(조건)으로 일어난 식識이라는 의미로서 요점은 악업의 인식작용이라는 것이다. 인간은 번뇌에 의해 가치관을 띤 인식작용을 일으키고, 그것에 의해 더욱 오염된 인식작용이 일어나며, 이렇게 하여 무한히 번뇌에 사로잡혀 살아가게 되는 것이다.

일어날 수 있는 행위가 다 해탈의 세계라고 한다. 행위자가 번뇌망념에서 벗어나 있는 대 자유인이었을 때의 경지를 말하는 것이다. 언어도단의 언어란 말을 할 수 없다는 뜻이 아니라, 언설자가 해탈한 경지가 아니라면, 어떠한 경험이나 지식을 동원하더라도 그것은 가치관을 띤 오염된 의식을 근본으로 한 인식작용이니, 이러한 의식으로는 무위자연의 해탈경계를 표현할 수 없다는 것이다. 심행처멸 또한 마음과 행동이 정지된 고목 같은 경지를 말하는 것이 아니라 오염된 의식으로써는 해탈경계를 인식할 수 없다는 뜻이다. 그러므로 일체제법이 바로 해탈의 모습이라고 한 까닭도 일체제법의 실상實相이 해탈의 모습이니, 있는 그대로 말하고, 듣고, 행동하는 모습이 무위자연이다. 그러니 천녀가 문자를 여의고서는 해탈을 설할 수 없다고 하는 것이다.

【7-30】 사리불이 말하기를: "당신은 왜 여인의 몸을 〔남자로〕 바꾸지 않습니까?"

천녀가 말하기를: "저는 12년을 지내면서 여인의 성상性相을 찾았으나 찾지 못하였습니다. 마땅히 무엇을 바꾸어야 합니까? 비유컨대, 마치 마법사가 환녀幻女〔여자 허깨비〕를 변화시켜 〔남자로〕 만드는 것과 같습니다. 만약 어떤 사람이 왜 여인〔환녀幻女〕의 몸을 바꾸지 않느냐고 묻는다면, 이 사람은 올바른 질문을 하였습니까, 아닙니까?"

舍利弗言: 汝何以不轉女身? 天曰: 我從 十二年來, 求女人相, 了不可得. 當何所轉? 譬如 幻師, 化作幻女. 若有人問, 何以 不轉女身, 是人 爲正問不?

【7-31】 사리불이 말하기를: "아닙니다. 환녀幻女는 정해진 자성이 없으므

로 당연히 무엇으로 바꿀 수 있겠습니까."

천녀가 말하기를: "일체제법 또한 이와 같이 정해진 자성이 있는 것은 없습니다. 어찌 여인의 몸을 바꾸라고 물을 수 있습니까?"

그리고는 천녀가 신통력으로써 사리불을 변화시켜 천녀와 같게 하였다. 천녀 스스로는 사리불의 모습으로 몸을 변화시켰다. 그리고서 말하기를: "왜 여인의 몸을 바꾸지 않습니까?"

舍利弗言: 不也 幻無定相, 當何所轉. 天曰: 一切諸法, 亦復如是, 無有定相. 云何乃問, 不轉女身? 即時 天女, 以神通力, 變舍利弗, 令如天女. 天自化身, 如舍利弗. 而問言: 何以 不轉女身?

【7-32】　사리불이 천녀의 모습으로 답하기를: "나는 지금 어떻게 바뀌었는지 모르는 사이에 여인의 몸으로 변하였습니다."

천녀가 말하기를: "사리불이여, 만약 이 여인의 몸을 바꿀 수 있다면, 즉 일체의 여인들도 또한 당연히 바꿀 수 있습니다. 마치 사리불이 여인이 아님에도 여인의 몸으로 나타나는 것과 같습니다. 모든 여인들도 또한 이와 같습니다. 비록 여인의 몸으로 나타내지만 그러나 여인이 아닙니다.

舍利弗, 以天女像, 而答言: 我今不知, 何轉而變, 爲女身. 天曰: 舍利弗, 若能轉此女身, 則一切女人, 亦當能轉. 如舍利弗, 非女 而現女身. 一切女人, 亦復如是. 雖現女身, 而非女也.

【7-33】　이런 까닭으로 붓다는 일체의 모든 법은 남자도 아니요, 여인도 아니라고 설하셨습니다." 〔그리고는〕 즉시 천녀로 돌아가며 신통력을 거두었다. 사리불의 몸도 원래와 같이 다시 돌아갔다.

是故 佛說, 一切諸法, 非男 非女. 即時天女, 還攝神力. 舍利弗身, 還復如故.

변신남녀

이 장면은 요즈음 같으면 성차별이라고 할 요지가 많은 곳이다. 특히 여인이 남자보다 못하다는 뉘앙스를 숨기지 않는 곳이기도 하다. 왜 천녀의 몸으로 산다는 것이 남자의 몸으로 사는 것보다 못하다고 할까? 요즈음은 가치관의 변화와 함께 의학의 발달에 의해서인지는 모르지만 성전환자가 심심찮게 회자되고 있다. 문제는 여인이 남자로 전환하는 것보다 남자가 여인으로 전환하는 사람이 비교가 되지 않을 만큼 많다는 것이다. 이 말은 현대에 들어서 남자가 오히려 여인보다 못하다는 뉘앙스를 풍기고 있다. 불전에 나타나는 남녀 우위관계의 표현과는 사뭇 다른 가치관을 현대사회는 보이고 있다.

유마경이 출현할 당시에는 남성 중심의 문화였기에 이와 같은 남성 우위의 배경을 한 차별상을 근거로 하여, 교법[실상법]에 있어서는 남녀 간에 무차별이라는 것을 설파하고 있다. 만약 유마경이 오늘날의 여성 우위적 문화를 배경으로 한다면, 아마도 사리불과 천녀 간의 대화는 서로의 역할이 바뀌었을 지도 모른다. 이 뜻은 유마경에서 남녀의 차별상을 논하는 것은 여성 비하를 배경으로 하는 것은 아니라는 것이다. 남녀 우위를 막론하고 차별상은 없다는 것을 이 장면에서 논하고 있을 뿐이다.

아무튼 샤캬무니 붓다의 생존시에 그를 키워주었던 이모 마하프라자파티가 출가를 하려 하자 여인의 몸으로서는 출가수행에 알맞지 않다며 허락하지 않았던 사실이 있었다. 후에 출가를 허락하였지만 조건을 붙인 것으로 보아 여인이 출가수행 함에는 장애가 있는 것은 틀림없을 것이다. 불교에서뿐만 아니라 인도[브라만교 - 힌두교]의 사주기[225]에 의하면, 학생기學生期, 가주기家住期, 임서기林棲期, 유랑기流浪期로 나누어, 학생기 때에 아이가 성장하여 우리의 소학교에 들어갈 나이가 되면 스승의 집으로 가서 인도인들의 성전인 베다Veda를 익히고(이때 크샤트리야는 무술을, 바이샤는 상술을 익히기도 한다고 함), 가주기 때에 가업을 이어 받을 준비를 하며 결혼하여 대를 잇는 시기다. 임서기는 가업을 자식에게 물려주고 손자가 생길 때쯤이다. 자연으로 돌아갈 준비를 하는 시기로서, 집 가까운 숲속에서 명상수행을 하며, 가주기 때 익힌 세속적 습을 하나씩 버리고 해탈의 세계를 향하는 시기다. 마지막 단계인 유랑기에 접어들어서는 완전히 세속의 인연을 끊고, 인위적으로 익혔던 모든 습관으로부터 벗어나 무위자연으로 돌아가는, 즉 고향을 등져 발 닿는 대로 편력유행하며 걸식, 고행하는 시기다.

샤캬무니 붓다가 29세에 출가하였다는 의미는 이 사주기의 전통에 따른 것이라고는 볼 수 없다. 여인의 출가를 금지한 문제는 여인의 능력이 남자의 능력보다 열등하다는 의미는 결코 아니다. 다만 출가한다는 것이 어느 누구도 보호해 주지 않는, 자기 스스로가 자기의 몸을 지켜야 하는 험난한 수행이라는 것을 생각하면, 나이 든 여인의 육신으로 홀로 숲속이거나 대 자연을 편력유행한다는 것은 결코 바람직한 모습은 아니다.

뿐만 아니라 집착이 강하면 도를 얻기 힘들다고 하는 것이 불교의

---

225 사주기는 브라만교(힌두교)의 독특한 인생관으로서 인생설계를 4분하여 최종목표인 해탈을 향해 나아가는 단계적 의무와 역할을 설정한 제도. 이 제도는 모든 인도인들에게 적용되는 것이 아니라 상위 3계급의 부류에게만 해당하며 최하위인 수드라와 여인은 적용하지 않는다.

일반적인 가르침이다. 집착과 여인의 관계는 여러 면에서 검토되어야 하는 문제지만 한 가지 분명한 것은 아이를 낳음으로써 생겨나는 모자간의 애착이라는 것이 큰 역할을 한다고 볼 수 있다. 단순한 생태학적으로도 여인이 남자보다 더 생명에의 집착이 강하다고 한다. 그러나 부·모와 자식과의 인과율적 관계에서는 자식을 향한 사랑〔애착〕이 꼭 여인에게 더 강한 집착이 있다고는 할 수 없을 것이다. 오히려 남아선호 사상을 배경으로 하면 남자(부父) 쪽이 대를 이을 남아에 더 강한 집착을 보였던 역사를, 특히 조선시대의, 한국인은 가지고 있다.

아무튼 불교에서는 남녀차별이란 근본적으로 성립하지 않는다. 『문수사리문경文殊師利問經』에 의하면, 보살이 마음으로라도 남·녀 혹은 비남非男·비녀非女 차별을 한다는 것은 바라이波羅夷 죄를 범하는 것이라고 한다.[226] 바라이죄란 교단으로부터 추방당하는 중죄에 속한다. 즉 보살이 남녀를 차별하는 것은 중죄며, 그 차별의 바탕은 분별하는 마음이라는 것이다.

【7-34】 천녀가 사리불에게 묻기를: 〔조금 전의〕 여인의 몸의 형색과 성상은 어디에 있습니까?"

사리불이 말하기를: "여인의 몸의 형색과 성상은 있는 것도 없으며, 있지 않는 것도 없습니다."

천녀가 말하기를: "일체제법도 또한 이와 같습니다. 있는 것도 없으며, 있지 않는 것도 없습니다. 있는 것도 없으며, 있지 않는 것도 없다는 것은

---

226 "佛告, 文殊師利: 若以心分別, 男·女·非男·非女 等, 是菩薩 犯波羅夷." 승가바라僧伽婆羅 譯, 『문수사리문경文殊師利問經』, 『대정장大正藏』 vol. 14, p. 497.

붓다께서 설한 바입니다."

天問舍利弗: 女身色相今何所在? 舍利弗言: 女身色相無在無不在. 天曰: 一切
諸法, 亦復如是. 無在 無不在, 夫無在 無不在者, 佛所說也.

【7-35】 사리불이 천녀에게 묻기를: "당신은 이곳에서 〔생이〕 다하면 마땅
히 어디에 태어나실 것입니까?"

천녀가 말하기를: "붓다가 화하여 태어나시는 것처럼 저도 그렇게 태어날
것입니다."

〔사리불이〕 말하기를: "붓다가 화하여 태어나는 것은 없어지거나 생겨나
는 것이 아닙니다."

천녀가 말하기를: "중생도 그러하여 없어지거나 생겨남이 없습니다."

舍利弗 問天: 汝於此沒, 當生何所? 天曰: 佛化所生, 吾如彼生. 曰: 佛化所生,
非沒生也. 天曰: 衆生猶然, 無沒生也.

【7-36】 사리불이 천녀에게 묻기를: "당신은 얼마나 지나면 아뇩다라삼먁
삼보리를 증득할 수 있습니까?"

천녀가 말하기를: "마치 사리불이 도리어 범부가 되는 때면, 저도 마땅히
아뇩다라삼먁삼보리를 이룰 수 있을 것입니다."

舍利弗 問天: 汝久如, 當得 阿耨多羅三藐三菩提? 天曰: 如舍利弗, 還爲凡夫,
我乃當成, 阿耨多羅三藐三菩提.

【7-37】 사리불이 말하기를: "〔아라한과를 증득한〕 내가 범부가 되는 그런
일은 있을 수 없는 일입니다."

천녀가 말하기를: "제가 아뇩다라삼먁삼보리를 얻는 것도 또한 그런 일은

없습니다. 왜냐하면, 보리는 머무는 곳이 없기 때문입니다. 그러므로 증득하는 자도 있을 수 없습니다."

舍利弗言: 我作凡夫, 無有是處. 天曰: 我得 阿耨多羅三藐三菩提, 亦無是處. 所以者何, 菩提 無住處, 是故 無有得者.

【7-38】 사리불이 말하기를: "지금 제불이 아뇩다라삼먁삼보리를 증득하며, 이미 증득하였거나 미래에 증득할 〔부처가〕 마치 갠지스 강의 모래알 만큼 많다는 것은 다 무엇을 뜻하는 말입니까?"

천녀가 말하기를: "다 세속의 문자와 숫자로써 〔사량思量하는〕 까닭으로 삼세가 있다고 설하는 것입니다. 깨달음의 〔세계〕에서 과거 · 미래 · 현재가 있다고 하는 것은 아닙니다."

舍利弗言: 今諸佛得, 阿耨多羅三藐三菩提, 已得當得, 如恒河沙, 皆謂何乎? 天曰: 皆以世俗, 文字數故, 說有三世. 非謂菩提, 有去來今.

【7-39】 천녀가 말하기를: "사리불이여, 스님은 아라한도를 증득하셨습니까, 아닙니까?"

〔사리불이〕 말하기를: "증득할 바가 없음으로, 그러므로 증득하였습니다."

천녀가 말하기를: "제불보살도 이와 같습니다. 증득할 바가 없음으로 그러므로 증득하는 것입니다."

天曰: 舍利弗, 汝得 阿羅漢道耶? 曰: 無所得故 而得. 天曰: 諸佛菩薩, 亦復如是. 無所得故 而得.

무소득의 증득

불교에서 깨달음을 이룬다거나 아뇩다라삼먁삼보리를 증득한다는 말은 그 무엇도 얻을 것이 없고 원하는 것이 없는 경지에 이른다는 뜻이다. 이런 의미에서, 불전에 나오는 수없이 많은 보살들이 미래에 깨달음을 얻어 뭇 중생을 교화한다는 것은, 내세에 깨달은 보살들이 출현한 세상에서 중생 구제라는 해야 할 역할을 말하는 것이지 현세에서 없던 지혜를 내세에 증득한다는 것에 의미를 둔 것은 아니다.

그런데 깨달음이라거나 아뇩다라삼먁삼보리라고 하는 얻을 것이 있는 것이라고 한다면, 이것은 잘못된 견해라는 것이다. 본래 지니고 있는 것을 어떤 연유에 의해 지니고 있다는 것을 모르고 있다가, 붓다의 가르침에 의해 스스로의 본래의 모습을 보는 것이지, 없던 것을 다른 곳에서 증득하는 것은 아니기 때문이다. 일반적으로 잃어버렸던 것을 찾았을 때 새로운 것을 얻었다라고 하지 않는 것과 같다. 자기의 있는 그대로의 모습을 보았을 뿐이다.

내가 모르고 있던 것을 알았다고 하여 다른 사람으로 바뀌지 않는 것과 같다. 단지 모르던 것을 알았다는 것은 몰랐을 때 범하던 어리석은 짓을 두 번 다시 같은 실수를 하지 않을 수 있다는 것이며, 그러므로 그 실수에 의해 고통을 받는 일도 없다는 것이다. 이것이 애초부터 얻을 것은 없지만(무소득), 고정관념에서 벗어나 어리석은 짓을 하지 않음으로써 더 이상 고통스런 삶을 살지 않을 수 있는 지혜를 증득하는 것이다.

【7-40】 이때 유마힐이 말하기를: "사리불이여, 이 천녀는 일찍이 92억의 부처님께 공양을 이미 해 마치고, 보살의 신통을 부릴 수 있습니다. 원하는 바를 다 구족하고, 무생인無生忍[227]을 증득하여 불퇴전에 머물고 있습니다. 〔다만 뭇 중생을 교화하려는〕 본원을 〔세웠기〕 때문에, 그녀의 뜻에 따라 〔천녀로〕 나타내어 능히 중생을 교화할 수 있는 것입니다."

爾時 維摩詰語: 舍利弗, 是天女, 已曾供養, 九十二億佛已, 能遊戱, 菩薩神通. 所願具足, 得無生忍, 住不退轉. 以本願故, 隨意能現, 敎化衆生.

천녀의 서원誓願

위에서도 언급하였지만, 인도인들의 수에 관한 개념은 상상을 초월한다. 92억의 부처를 어떻게 이해할 것인가 하는 문제는 숫자의 개념이라기보다 단지 헤아릴 수 없는 많은 생을 통해서 수많은 부처님께 공양을 올렸다는 의미로 받아들이는 것이 이해하기 쉬울 것이다. 한 부처가 출현하여 그 불국토가 다하고 그 다음 부처가 출현하는 기간이 한 스승이 제자에게 법을 전수하는 인간세의 세월이 아니다. 샤캬무니 붓다의 사바세계가 끝나고 미래의 미륵보살 붓다가 출현할 용화세계가 나타난다는 기간이 무려 96억 7천만 년이라고 한다. 여기에 92억의 붓다께 공양을 올렸다는 의미를 숫자 그대로 인식한다는 것은 인간세의 개념으로는 무의미한 것이다. 인간이 살고 있는 지구 자체가 그러한 긴 세월을 견디지 못하기 때문이다.

---

227 무생인이란 무생법인無生法忍을 말함. 제1막 각주 8 참조.

아무튼 천녀는 스스로 서원을 세우되 여인의 몸으로서 중생을 교화하겠다는 것이다. 중생을 교화함에 어찌 성별이 중요할까만, 유마경의 출현 당시에야 여성 비하의 문화였으니, 오히려 여인의 몸이어야 교화할 수 있는 요소가 더 많았을 것이다. 이러한 선대의 노력에 의해서인지는 모르지만, 현대에 와서 확연한 것은 여성 우위 시대가 도래하였다는 것이다. 유마경에 출현한 천녀의 서원은 당시의 모든 여인들의 서원이었을 것이다. 그것이 이 시대에 꽃을 피우기 시작하는 것이라고 천녀의 서원을 이해할 수 있을 것이다. 그렇다고 하더라도 성전환에 의해 남성이 여성으로 변한다는 것은 별개의 문제다.

남녀의 구분과 차별

요즈음은 환생에 의해 생을 바꾸지 않아도 성별을 의학에 의지해 원하는 대로 바꿀 수 있다고 한다. 소위 성전환자transgender 들이다. 그들의 행위가 옳다거나 그르다거나 하는 문제를 여기서 거론하고자 하는 것은 아니다. 다만 그들의 행위가 그들의 욕망에 의한 것일 때 그 파장은 결코 가볍지 않다는 것이다. 그 욕망은 실체가 없는 것이어서 언제든지 또 변하기 마련이다. 그럴 때마다 성전환을 할 수 있는 것은 아니지 않는가.

시대의 변천에 따라 여인의 몸으로 전환하는 것이 현실적으로 서서히 받아들여지고 있지만, 성전환을 한다고 하여 삶에 있어서 근본적인 문제가 바뀌는 것 또한 아니다. 스스로 감당할 수 없는 욕구가 행동으로 연결되고 그 결과는 또 다른 욕구를 낳는 우를 범하는 행위가 될 수도 있기 때문이다. 육신의 욕구를 통제할 수 있는 의식의 전환을 하기 전에는 남녀 변신은 아무런 의미가 없다는 것을 천녀는 이「관중생품觀衆生品」에서 역설하고 있다. 이렇게 본다면, 유마경은 성전환에 대해 확실한 답을 가지고 있다. 즉 신체상의 유전적 결함에 의해 성전환이 불가피한 경우를 제외하고는 유마경에서는 성전환이란 무의미하다는 것을 보여주고 있다. 즉 불교에서는 신체적 결함에 의한 경우 이외의 성전환은 근본적으로 개인의 욕망에 근거한 것으로 보고 불허하는 입장이다.

요즈음은 '성소수자'라고 하여 성전환은 아니더라도 동성의 결합〔결혼〕문제가 사회적 이슈로 등장하였다. 동성의 문제를 종교 내지는 사회법 차원에서 허·불허를 이 자리에서 논하고자 하는 것은 아니다. 문제는 다수인 사회가 이들을 소수자로서 차별한다고 보는 시선이다. 물론 이러한 시선조차도 성소수자라고 불리는 동성애자들의 견해가 대부분이다. '대부분'이라고 한 뜻은 그들의 견해에 동조하는 다수자들도 없지 않다는 말이다. 그러나 그들이 주장하는 차별이란 어떠한 것인지에 대해서는 심사숙고할 문제가 내재되어 있다. 차별이란 무엇인지, 어떠한 경우가 차별인지에 대한 해답은 어떠한 위치에서 보더라도 쉽게 정의를 내릴 수 있는 질문은 아니다.

유마경에서 논하고 있는 남녀의 변신에는 그 바탕에 '남녀차별문제'가 깔려 있다. 유마경에서는 분명 남녀의 성상性相에 남자라거나 여자라는 본질이 없다고 하니 남녀를 차별하지 않는다는 입장이다. 그런데, 천녀는 천녀로, 사리불은 사리불로 구분하는 것으로 보아, 남자와 여자로 분별하는 것은 틀림없다. 분별한다는 의미는 차별은 아니나 남자와 여자는 서로 다르다는 것이다. 남녀는 별개의 존재라는 의미다. 이 의미는 꼭 남녀의 관계뿐만이 아니라 일체 만물이 모두 다 개개의 개체로 서로 다르다는 것이다. 남자와 여자가 서로 다르다는 의미지만, 다르다고 하여 차별한다는 의미는 아니다. 서로 다르다는 것만으로 어느 한쪽이 다른 한쪽에게 피해를 주는 것은 아니라는 뜻이다. 불교(유마경)에서는 만물이 평등하다는 것을 주장한다.

차별은 인위적인 가치관을 바탕으로 하는 한 어떠한 경우에도 시공을 초월하여 존재한다. 인위적인 가치관을 달리 표현하면 현실세계의 분별이다. 그러므로 불교에서는 사물을 있는 그대로 바라보기 위해서는 분별심을 버리라고 한다. 이러한 차별은 반드시 다수가 소수를, 지배자가 피지배자를 차별하는 것은 아니다. 그 역의 경우도 차별은 항상 일어난다. 남녀가 다르듯, 성소수자 또한 사회의 다수자들과 성적인 면에서 다르다. 그 다른 점으로 인해 일어나는 다방면의 사건들 속에서, 그들이 보아 불이익을 당한다고 하여 차별이라고 하는 견해는 편견일 수 있다. 그들이 원하는 것을, 남에게 피해를 주지 않는 범위에서, 자유롭게 행할 권리가 있듯, 다수자 또한 소수자에 의해 피해를 받지 않을 권리가 있다는 것을 말하는 것이다. 성소수자가 권리를 주장하는 그 점이 사회에 피해를 주는 경우, 다수는 성소수자들로부터 스스로를 보호할 것이며, 이 행동이 차별로 나타나게 되는 것이다.

차별이 사회의 곳곳에 존재한다고 하지만, 어느 한쪽이 일방적으로 불이익을 당할 때, 차별문제로서 사회에 이슈화되는 것이 일반적이다. 인도의 카스트 제도에 의한 수드라와 불가촉천민, 유럽인들에 의한 아프리카인들의 노예화, 일본의 식민지화에 의한 조선인의 억압 등 시공을 뛰어넘어 사회의 각 분야, 곳곳에서 크고 작은 차별이 이슈화되고 있다. 이러한 차별 문제의 공통점은 권위와 이익을 추구하기 위해 다수가 소수에게, 지배자가 피지배인에게, 권력자(남자)가 비권력자(여자)에게 일방적으로 피해를 입힌다는 것이다. 그러나 오늘날 사회적 이슈가 되고 있는 성소수자의 차별이라는 문제는 이 카테고리에서 벗어난다고 생각한다. 한 시대의 가치관은 변하는 것이라는 점에서, 미래의 성소수자가 어떠한 위치에 놓일지는 미지수다.

제4장 무간지옥에서 피는 연꽃
불도품佛道品 제8

지도자의 길

한 가정의 가장이 어떻게 가족을 인도하느냐에 따라 재산의 유무와는 상관없이 그 가족 구성원들의 행·불행이 좌우되는 경우가 허다하다. 물질적인 유산은 물려주지 않았으나 무에서 유를 창조할 수 있는 씨앗을 틔우는 방법을 물려주었다면 그 후손은 어떠한 환경에서도 살아남아 스스로가 지닌 씨앗의 싹을 틔울 것이다. 그러나 오늘날 많은 부모들이 그들의 자식에게 그 씨앗의 싹을 틔우는 법을 물려주지 않고 스스로 자식을 위해 어려운 일을 도맡아 하고 그 결실〔다 익은 과일=억만금의 재산〕을 남겨주어 곧 탕진해버리게 하는 어리석은 부모가 태반이다. 이 장에서는 중생이 지닌 불성이라는 씨앗을 부모〔지도자〕로서의 보살이 어떻게 싹 틔우게 할 것인가에 대한 그들의 능력을 점검하는 장면이다. 잘못 인도하여 후에 붓다가 될 재목을 성문승에 머물게 하는 우를 범하면 대승으로 향할 씨앗의 눈을 아예 제거해 버리는 꼴이 되기 때문이다.

출가하여 행자생활을 시작하면 제일 먼저 배우는 것이 나쁜 사람을 멀리하고 어질고 착한 사람을 가까이하라고 가르친다.[228] 나쁜 사람과 좋은 사람으로 차별하라는 의미가 아니다. 초심자는 지혜의 완성을 이루기 위해 아뇩다라삼먁삼보리를 향한 마음을 일으킨 지금부터라도 선현을 가까이 하여 좋은 업을 쌓아야 한다는 것이다. 그렇게 하여 언제부터인지도 모르게 쌓아올린 나쁜 습관을 좋은 업으로 바꾸는 것이 우선되어야 한다. 사바세계의 주인이 중생인데 그 중생들이 잠깐 무엇인가에 홀려 가야 할 길을 가지 않고 가서는 안 될 길만 골라서 찾아다니는 것이다. 가야 할 길인지 가지 말아야 할 길인지를 모르는 보살(지도자)이 잘못 인도하면 오히려 중생의 길에서 헤어나지 못하게 하는 꼴이 되고 만다. 보살이 어떻게 불도를 수행하면 중생을 올바른 길로 인도할 수 있는 능력을 기를 수 있는지를 문수보살은 유마 거사에게 그 해답을 찾고 있다.

【8-1】 이때 문수사리가 유마힐에게 묻기를: "보살은 어떻게 불도를 통달합니까?"

유마힐이 말하기를: "만약 보살이 도가 아닌 일이라도 행하면, 이것을 불도에 통달하는 것이라 합니다."

爾時 文殊師利問, 維摩詰言: 菩薩云何, 通達佛道? 維摩詰言: 若菩薩 行於非道 是爲 通達佛道.

---

228 "初心之人, 須遠離惡友, 親近賢善." 보조지눌 저, 『계초심학인문誡初心學人文』, 『대정장大正藏』, vol. 48.

【8-2】 〔문수사리가〕 다시 묻기를: "어떻게 보살은 도가 아닌 일을 행한다는 것입니까?"

〔유마힐이〕 답하기를: "설사 보살이 오무간五無間229을 행하더라도 번민하거나 화내는 일이 없습니다. 지옥에 떨어져도 어떠한 죄와 허물도 없고, 축생도에 떨어져도 무지하고 교만한 행위 등의 과오가 없으며, 아귀도에 떨어져도 오히려 공덕〔중생 구제의 힘〕을 다 갖추고 있습니다. 색계와 무색계의 도를 행하지만, 수승한 〔가르침으로〕 삼지 않습니다.

又問: 云何菩薩, 行於非道? 答曰: 若菩薩 行五無間, 而無惱恚. 至于地獄, 無諸罪垢, 至于畜生, 無有無明, 憍慢等過, 至于餓鬼, 而具足功德, 行色·無色界道, 不以爲勝.

【8-3】 탐욕의 행을 보이지만 모든 잘못된 집착에서 벗어나 있으며, 진에의 행을 보이지만 모든 중생에게 화내는 일은 없고, 우치의 행을 보이지만 지혜로써 그 마음을 조복 받습니다. 탐욕스런 모습을 보이지만 그러나 〔심신〕 내외로 지닌 것을 버리고 신명을 아끼지 않으며, 파계하는 모습을 보이나 그러나 청정한 계행을 지키며, 내지는 조그만 죄에도 오히려 큰 두려움을 품습니다.

示行貪欲, 離諸染著, 示行瞋恚, 於諸衆生, 無有恚閡, 示行愚癡, 而以智慧, 調伏其心. 示行慳貪, 而捨內外所有, 不惜身命, 示行毁禁, 而安住淨戒, 乃至小罪, 猶懷大懼.

---

229 5무간이란 5무간업無間業 또는 5역죄逆罪라고도 하며, 다섯 가지의 중죄를 지어 무간지옥에 떨어진다는 의미로서, 그 다섯 가지 중죄란: 살모殺母, 살부殺父, 살아라한殺阿羅漢, 파화합승破和合僧(교단의 화합을 깨뜨리는 것), 출혈불신出血佛身(부처의 몸에 피를 흘리게 하는 것)을 말함.

【8-4】 화난 모습을 보이지만 언제나 자애롭게 인내하며, 게으른 행을 보이나 그러나 공덕을 부지런히 닦고, 마음이 어지러운 행동을 보이지만 언제나 마음은 선정에 있으며, 어리석은 행동을 보이나 그러나 세간과 출세간의 지혜에 통달하였습니다. 아첨이나 위선의 행을 보이지만 그러나 방편을 잘 쓰는 것이며 모든 경전의 뜻에 따르는 것입니다.

示行瞋恚, 而常慈忍, 示行懈怠, 而勤修功德, 示行亂意, 而常念定. 示行愚癡, 而通達 世間・出世間慧. 示行諂偽, 而善方便, 隨諸經義.

【8-5】 교만의 행을 보이나 그러나 중생에게는 마치 〔그들과의 소통의〕 교량橋梁과 같으며, 모든 번뇌의 행을 보이지만 마음은 언제나 청정합니다. 악마의 〔무리〕에 들어가는 행을 보이지만 붓다의 지혜는 따를지언정 타의 가르침에는 따르지 않는 것입니다. 성문승에 들어가는 행을 보이지만 중생을 위해서 아직 들어보지 못한 법을 설하고, 벽지불에 들어가는 행을 보이나 대비를 성취하여 중생을 교화하는 것입니다.

示行憍慢, 而於衆生, 猶如橋梁, 示行諸煩惱, 而心常淸淨. 示入於魔, 而順佛智慧, 不隨他敎. 示入聲聞, 而爲衆生, 說未聞法, 示入辟支佛, 而成就大悲, 敎化衆生.

【8-6】 빈곤한 〔삶의 모습을〕 보이지만 보배로운 손이 있어 공덕을 〔베풀어도〕 없어지지 않고, 형잔刑殘〔육신의 불구〕의 모습을 보이나 모든 〔32〕상 〔80〕종호를 갖추어서 스스로를 장엄하는 것입니다. 하천민230의 모습을

---

230 하천민의 모습이 불가촉천민을 의미하는 것인지는 확실하지는 않으나, 수드라와 같이 신분이 낮은 사람은 수행하여 도를 얻을 수 없다고 보는 브라만교에 대한 불교의 입장을 밝히고 있는 장면이라고 볼 수 있을 것이다. 제1막 각주 154 참조.

보이지만 부처의 종성[종족]으로 태어나 뭇 공덕을 갖춥니다. 허약하고 보잘것없는 육신(이열추루贏劣醜陋)의 모습을 보이나, 나라연那羅延[231]의 몸을 얻어 일체중생이 즐겁게 바라보는 바가 되는 것입니다.

示入貧窮, 而有寶手, 功德無盡, 示入刑殘, 而具諸相好, 以自莊嚴. 示入下賤, 而生 佛種姓中, 具諸功德. 示入贏劣醜陋, 而得那羅延身, 一切衆生, 之所樂見.

【8-7】 늙고 병들어가는 모습을 보이지만 오랜 병의 근원을 끊어서 죽음의 두려움을 초월합니다. 재산財産[자생資生]이 있음을 보이나 언제나 무상을 관하여 진실로 탐착함은 없는 것입니다. 처첩과 채녀采女[관녀, 궁녀]가 있음을 보이지만 언제나 5욕의 진탕으로부터 멀리 벗어나 있고, 어눌함(눌둔訥鈍)을 나타내지만 변재를 이루어서 총지[다라니]를 잃어버림이 없는 것입니다.

示入老病, 而永斷病根, 超越死畏. 示有資生, 而恒觀無常, 實無所貪. 示有妻妾采女, 而常遠離, 五欲淤泥, 現於訥鈍, 而成就辯才, 總持無失.

【8-8】 삿된 곳[사제邪濟][232]에 들어가는 것을 보이나 올바른 곳으로써 모든 중생을 제도하며, 두루 모든 도에 들어가는 모습을 나타내지만 도에 [들어가는] 인연을 끊고, 열반을 나타내지만 생사를 끊지 않습니다.[233] 문수사리여, 보살은 능히 이와 같이 비도를 행하는 이것을 불도에 통달한다고

---

231 나라연那羅延이란 나라연금강那羅延金剛의 약자로서 나라야나Nārāyaṇa를 음사한 말이며, 괴력을 지닌 신으로서 흔히 금강역사라고도 함.

232 사제邪濟란 삿된 제도의 방법. 구마라습에 의하면 '제濟'란 건너는 곳이라고 하였다. "什曰: 渡處名爲 濟也." 승조 찬, 『주유마힐경』 『대정장』 vol. 38, p. 391.

233 "생사를 끊지 않는다."는 의미는 중생 구제를 위해 중생이 태어나는 생사윤회의 세계에 태어남을 마다하지 않는다는 뜻.

하는 것입니다."

示入邪濟, 而以正濟度 諸衆生, 現遍入諸道, 而斷其因緣, 現於涅槃, 而不斷生
死. 文殊師利, 菩薩能如是, 行於非道, 是爲 通達佛道.

불도의 다양성

이 장면에서 불도에 관한 정의를 내리고 있는데, 지루할 정도로
역설적인 예를 한가득 나열하고 있다. 보살이 행해야 할 도라고는 하
지만 나열하고 있는 예들의 요지를 파악할 수 있다면 도란 무엇인가
에 대한 정의를 내리는 것이 될 것이다. 도라고 하면 도가道家의 도를
모른 체하고 불도의 도를 논한다는 것도 우스운 꼴이 되지 싶다. 노
자 도덕경 제 1장에 도에 관한 정의를 내리고 있는데, "도가도 비상
도道可道 非常道; 도를 도라고 할 수는 있지만, 그 도는 항상 하는 도는
아니다."라는 정도로 해석이 가능할 것이다.

무엇을 말하고자 하는가 하면, 여기서 꼭 어떤 도 즉 진리를 말하
고자 한다기보다, 어떤 사건과 사물에 대해 시간과 공간 즉 때와 장
소에 따라 그 사건과 사물에 대한 이해가 옳을 수는 있지만, 그러나
언제나 – 미래 또는 과거에도 – 그 이해가 옳다고 할 수 없다는 뜻이
며, 또 어느 곳에서나 그 이해가 통하는 것은 아니라는 의미다. 그 사
건 · 사물에 대처한 방법이나 방편이 그 시기, 그 장소에서 받아들여
지거나 좋은 결과를 가져왔다고 하여 그 방법 · 방편이 언제나 옳은
것이라고 고집하지 말라는 뜻이다.

다시 말하면 나 스스로가 경험한 사건이나 사물에 대하여 어떤 고

정관념을 가지지 말라는 경고이기도 하다. 고정관념을 가지면 사건이나 사물을 있는 그대로 볼 수 없을 뿐만 아니라, 그 고정관념에 의하여 또 다른 사건이나 사물에 대처할 수 있는 지혜가 발동하지 않고 오히려 왜곡된 사리판단을 일으키며, 그로 인해 인생의 고통은 시작하기 마련이다. 그러므로 불교에서 말하는, 특히 반야경의 문구를 빌리자면 무유정법無有定法이 아뇩다라삼먁삼보리 즉 지혜의 완성이라고 하는 것이다.

보살이 도가 아닌 일(비도非道)에도 아무런 거리낌 없이 행하면 그것이 불도에 통달하는 것이라고 한다. 그리고는 이 장면에서 비도非道에 관한 예를 한가득 내보이고 있다. 도와 거리가 먼 행위를 저지르는 사람이 보살이라는 뜻이 아니라 보살이 중생을 구제함에 도道·비도非道라는 이원론적 사고로써 임해서는 안 된다는 것이다. 중생을 교화함에 '이것이 도다'라는 고정관념에 사로잡히지 말고 도움이 필요한 중생에게는 언제라도 신명을 아끼지 말고 구원의 손을 내밀어야 한다는 것을 역설적으로 표현하고 있다.

『삼국유사』에 의하면 한국이 외적으로부터 침략을 당한 것이 약 천 번에 이른다고 한다. 때에 따라 승려들이 전쟁에 나섰으며, 그 중 몽골이 경주 황룡사의 9층탑을 불태우고 고려의 전토를 짓밟고 돌아갈 때 적장을 화살로써 사살한 사람이 승려였다. 임진왜란 때의 승병들의 활약은 유명한 사건이었으며, 이를 어떻게 이해할 것인가를 이 장면에서 여실히 보여주고 있다.

설사 보살이 5무간업無間業을 지어 지옥에 떨어질 행위를 하더라도 번뇌와 진에가 없다고 한다. 5무간업이라 하면 부모를 죽이거나 아라한을 죽이고, 승단의 화합을 깨뜨리는 등 사람으로서는 해서는 안 될 악행이다. 꼭 이러한 악행을 한다는 데에 의미가 있는 것이 아니라, 어떠한 행위를 하더라도 그 행위의 뜻하는 바는 반드시 중생 구제에 있으니 보살의 행위의 배경에 번뇌라거나 진에가 있을 리 없다는 것이다.

한편 5무간업이란 도움을 받는 입장에서는 10선업도일 수도 있고, 10선업도를 악귀들이 바라볼 때는 5무간업일 수 있다. 불보살의 중생 구제가 브라만교도나 외도들 입장에서는 악행에 해당할 수 있다. 단지 유마경에서 5무간업이라고 지칭함은 보살도를 행하는 보살은 원천적으로 선악의 이원론적인 개념으로부터 벗어난 자애를 근본으로 한 중생 구제를 이행하는 수행자여야 한다는 것을 강조하는 표현일 것이다. 유마경에서 논하는 수행 덕목이나 악업 등은 단지 명칭에 지나지 않는다. 설사 보살이 행해야 할 덕목이 4무량심이라 하더라도, 그것을 이행하는 바탕에 자애를 근본으로 한 중생 구제여야 한다. 만일 그게 아니라 보살이 행해야 할 수행 덕목이라고 하니 어쩔 수 없이 고통을 감내하면서 자·비·희·사를 행하는 것이라면, 그 수행은 보살도라 할 수 없다는 것이다.

중동의 아랍 문화권의 사람들은 일부다처라는 결혼제도를 허용하고 있다. 타종교나 타 문화권에서는 이해하기 힘든 부분이 없지 않을 것이다. 이 장면에서 보살이 설사 처첩과 채녀采女[官女, 宮女]를 거느리고 있다 하더라도 그것은 5욕의 진탕에 허덕이는 모습이 아니라는 표현과 일맥상통하는 느낌이다. 이슬람 문화권의 지역에서는 오랫동안 부족 간의 전쟁을 치러왔다. 결과적으로 수많은 남자들이 전쟁터에서 사라졌다. 그들이 부양해야 했던 남겨진 가족들은 처절한 참화 속에 희망을 잃고 내버려졌다. 이들을 구제한다는 것은 윤리와 도덕의 관념보다도 더 앞서 굶주림과 싸워야 하는 생사의 현실적인 문제를 직시해야 하는 아픔이 깔려 있다.

전쟁의 희생이 된 형 또는 아우의 가족을 어떤 법적인 제도나 문화에 의해서가 아니라 자연스레 인륜적 차원에서 보살펴야 했던 경우거나, 또는 의지가지 할 곳 없는 희생자 가족을 이웃이 또는 여유가 있는 사람이 자연스럽게 돕는 문화가 일부다처의 형태로 발전할수밖에 없었을 것이다. 이러한 문화가 타성이 되어 악습으로까지 발전되는 것은 그 사회와 인류가 풀어야 할 또 다른 성격의 문제다. 보살이 처첩을 거느리는 목적이 5욕락에 있지 않다는 것은 다른 의미로는 그들을 구제하는 하나의 방편이다. 유마 거사가 거느린 처첩과채녀란 이렇게 이해할 수 있을 것이다.

【8-9】 여기서 유마힐이 문수사리께 묻기를: "어떠한 부류가 여래의 종족이 됩니까?"

문수사리가 말하기를: "육신을 가지는 것이 〔여래의〕 종족이 되며,[234] 무명과 애착이 있음이 종족이 되고, 탐욕과 화냄, 어리석음이 〔붓다의〕 종족이며, 4전도顚倒[235]를 종족으로 삼고, 5개蓋[236]를 종족으로 하

---

234 유신위종有身爲種—육신이 여래의 종족이 된다는 의미는, 구마라습에 의하면 유신위有身謂, 유루오수음야有漏五受陰也라 하여 유신有身을 번뇌에 쌓여 있는 5온蘊 즉 번뇌망념에 헤매는 육신을 지닌 인간을 뜻하고 있다. 승조 찬, 『주유마힐경』, 『대정장』 vol. 38, p. 391.

235 4전도란, 상락아정常樂我淨의 전도된 망상. 무상을 상常이라고 보며, 고를 락으로, 무아를 아我로, 부정을 청정으로 보는 망상 또는 사견.

236 5개蓋란 다섯 가지의 본심을 덮는 장애로서 탐욕, 진에, 수면, 도회悼悔〔우울증〕, 의疑〔우유부단〕의 다섯 가지 장애를 말함.

며, 6입을 종족으로 삼고, 7식의 안주처[237]를 종족으로 하며, 8사법
邪法[238]을 종족으로 삼고, 9뇌처惱處[239]를 종족으로 하며, 10불선도不善
道[240]를 종족으로 삼고, 요약하여 이것을 말하면 62견 및 일체의 번뇌가
다 이 불종자佛種子가 됩니다."

【8-10】 〔유마힐이〕 말하기를: "무슨 말씀이신지?"

於是 維摩詰問, 文殊師利: 何等 爲如來種? 文殊師利言: 有身爲種, 無明·有愛
爲種, 貪·恚·癡爲種, 四顚倒爲種, 五蓋爲種, 六入爲種, 七識處爲種, 八邪法
爲種, 九惱處爲種, 十不善道 爲種, 以要言之, 六十二見及, 一切煩惱, 皆是佛
種. 曰: 何謂也?

---

237 7식주識住란 색계色界(초선初禪에서 제사선第四禪까지)와 무색계無色界(공무변
　　 처空無邊處·식무변처識無邊處·무소유처無所有處)의 7단계의 의식세계를 총칭
　　 하는 말.
238 8사법邪法은 8정도의 반대 되는 사도邪道의 행위.
239 9뇌처惱處란 붓다가 경험한 아홉 가지의 고난으로서;
　　 1) 바라문의 딸 수드리Sudri(손타리孫陀利)-음녀-로부터 500명의 아라한과 함께 비
　　　 방을 받은 것.
　　 2) 선자바라문旋遮婆羅門의 딸을 시켜 복대 속에 발우를 넣어 붓다의 아이를 임신하
　　　 였다고 비방하였던 것.
　　 3) 붓다의 사촌 데바닷타Devadatta가 바위로 붓다를 압사시키려 하였을 때 발가락을
　　　 다쳤던 일.
　　 4) 날카로운 나뭇가지에 다리를 찔렸던 일.
　　 5) 코사라Kosala 국의 비두다바Vidūdabha 왕이 군대를 일으켜 샤캬 족을 침입하였을
　　　 때, 붓다가 두통을 일으켰던 일.
　　 6) 앗기닷타Aggidatta 바라문婆羅門의 공양 청을 받아 말의 사료를 드셨던 일.
　　 7) 겨울에 냉풍에 의해 등에 병을 일으킨 일.
　　 8) 대각을 이루기 전 6년 간 고행하였던 일.
　　 9) 어떤 바라문의 마을에서 탁발을 하였으나 빈 발우를 들고 나왔던 일.
240 10불선도不善道란 10불선업도不善業道를 말하며, 소위 신身·구口·의意 삼업으로
　　 지은 열 가지 악행.

〔문수사리가〕 답하기를: "만약 무위를 깨달아 정위〔안심입명〕[241]에 들어가는 자는, 다시는 아뇩다라삼먁삼보리를 향해 마음을 일으킬 수 없습니다. 비유컨대 마치 고원의 육지에는 연꽃이 생겨나지 않고, 진흙탕 속에서 이 꽃이 자라는 것과 같습니다.

答曰: 若見無爲, 入正位者, 不能復發, 阿耨多羅三藐三菩提心. 譬如 高原陸地, 不生蓮華, 卑濕淤泥, 乃生此華.

【8-11】 이와 같이 무위의 법을 보고 정위에 들어가는 자는 기어이 다시는 불법을 일으킬 수 없으며, 번뇌의 진탕 속에 들어 있는 중생만이, 불법을 일으킬 수 있습니다. 또 마치 허공중에 갖가지 종자를 심어도 끝내는 생겨나지 못하나, 거름덩이의 땅에는 무성히 자랄 수 있는 것과 같습니다.

如是 見無爲法, 入正位者, 終不復能, 生於佛法, 煩惱泥中, 乃有衆生, 起佛法耳. 又如 殖種於空, 終不得生, 糞壤之地, 乃能滋茂.

【8-12】 이와 같이 무위로써 정위에 들어가는 자는 불법을 일으킬 수 없습니다. 아견〔아만심〕을 일으키는 것을 마치 수미산같이 〔아만심이 높다〕 하더라도, 더욱 아뇩다라삼먁삼보리를 향해 마음을 일으켜 불법을 이룹니다. 이러한 까닭으로 마땅히 아십시오. 일체번뇌가 여래의 종족이 되는 것입니다. 비유컨대 마치 거해의 〔바닥에〕 내려가지 않으면 가치를 헤아

---

241 정정위를 말하며 올바른 삶이 확정된 상태. 즉 성문승들이 이미 아라한과를 얻어 더 이상의 완전한 지혜의 증득, 깨달음을 향해 마음을 일으키지 않는 경지.
구마라습에 의하면, 고법인苦法忍(고 · 집 · 멸 · 도의 사법인 중 첫째) 경지는 아라한과에 이르며, 무생無生의 경지는 불과佛果에 이른다. 이러한 경지를 정위라고 한다고 하였다. 什曰: 苦法忍至羅漢, 無生至佛. 皆名正位也. 승조 찬, 『주유마힐경』, Ibid. p. 392.

릴 수 없는 보주(무가보주無價寶珠)를 얻을 수 없는 것과 같습니다. 이와 같이 번뇌의 대해에 들어가지 않으면 즉 일체의 지혜의 보배를 얻을 수 없습니다."

如是 入無爲 正位者, 不生佛法. 起於我見, 如須彌山, 猶能發于, 阿耨多羅三藐三菩提心, 生佛法矣. 是故當知, 一切煩惱, 爲如來種. 譬如 不下巨海, 不能得, 無價寶珠. 如是 不入 煩惱大海, 則不能得, 一切智寶.

여래의 종족

이 장면에서 부처가 될 수 있는 조건으로 번뇌망념에 사로잡힌 육신을 지닌 중생이면 된다고 한다. 그리고 그 중생과 연관하는 현실세계의 모든 사건과 사물이 다 부처의 종자가 아님이 없다는 것을 나타내고 있다. 결국 중생이 지니고 있는 모든 장애가 사라지면 그 중생은 더 이상 중생이 아니라 깨달은 자가 되는 것이니, 모든 장애가 바로 여래가 될 수 있는 씨앗이라는 것이다.

장애가 없다면 붓다 또한 없는 것이니, 중생이 번뇌로부터 벗어나 아뇩다라삼먁삼보리를 향하여 발심하여 지혜의 완성을 이루면 즉 현실세계가 그대로 이상세계라는 말이 된다. 여기서도 아라한이나 벽지불과 같이 번뇌가 사라지고 그 자리에 안주하면 더 이상 지혜의 완성을 이루겠다는 마음을 일으킬 수 없다는 것을 강조하고 있다. 번뇌망념이 오히려 지혜의 완성을 이루는 씨앗임을 보이며 유마 거사의 저자는 홀로 고요히 은둔생활을 하는 것은 결코 바람직한 수행이 아니라는 것을 에둘러 비판하고 있다.

이 장면에서의 요지는 설사 수행을 잘해 번뇌망념을 끊고, 무위의 세계에 안주하더라도 그것으로써는 완전한 깨달음을 얻을 수 있는 여래의 종족이 될 수 없다는 것이다. 다시 말하면 아라한과에 머물러 홀로 적정의 세계에 안주한다는 것은, 대자대비를 근본으로 하는 붓다의 경지에 도달할 수 없다는 것을 유마경의 저자는 설파하고 있다. 세상과 인연을 끊고 홀로 고요한 삶을 살아가는 것은 진정한 깨달음의 세계에서 오는 적정의 세계가 아니라는 것이다. 당시의 아비달마 논사들의 은둔적이요, 교리적 연구에 몰두한 폐쇄적인 수행이 결코 붓다 본연의 가르침이 아니라는 것을 주장하는 것이리라. 사실 홀로 고요히 수행하던 자가 완전한 지혜를 얻지도 못한 상태에서 세속의 고통 받는 중생을 대했을 때 무엇을 어떻게 해 줄 수 있을까? 그 고통의 원인이 기존 세력의 인종차별적 인위적 고통이라고 한다면 중생의 관심사에서 벗어난 그들이 무엇을 할 수 있을까? 무위의 세계에 안주한다는 것은 여래의 종족이 될 수 없다는 말이 무엇을 말하고자 하는 것인지 확연히 드러나는 부분이다.

보살이 뭇 중생의 고통과 더불어 그들과 함께하며 인간의 고통 – 위정자들에 의한 인위적 고통이건 본인의 무지에 의한 자연 발생적인 고통이건 불문하고 – 을 느끼고 아파하며, 그 고통으로부터 벗어남으로써 자리이타의 완전한 깨달음을 얻을 수 있다는 것이 유마경의 주장이다. 즉 유마경은 불교의 사회참여를 강하게 요구하고 있다. 그렇다고 하여 정치 경제 등 세속의 모든 분야에 뛰어들어야 한다는 것을 주장하는 것은 아니다. 오히려 정치를 배경으로 한 지배계급으로부터 벗어날 수 있게 민중운동을 전개한 것이 중생 구제라는 캐치프레이즈를 선두에 내세운 불교라는 것을 감안하면, 불교는 비정치적이다. 그럼에도 불구하고 이타의 보살행을 내세워 고요히 어두운 곳을 밝히라고 하고 있다. 이 장면은 불교의 다양성 중에서도 불교의 사회관이 어떤 모습이어야 한다는 정의를 내리고 있다고 하여 크게 어긋나지는 않을 것이다.

【8-13】 이때 가섭 존자가 감탄하여 말하기를: "훌륭하십니다! 훌륭하십니다, 문수사리여, 시원하게 그러한 말씀을 해 주셨습니다. 참으로 말씀하신 바와 같습니다. 갖가지의 번뇌(진로塵勞)를 여래의 종족으로 삼으시다니.

爾時 大迦葉歎言: 善哉善哉, 文殊師利, 快說此語. 誠如所言. 塵勞之疇, 爲如來種.

【8-14】 지금의 우리들(성문승)이 어찌 다시 감히 아뇩다라삼먁삼보리를 향해 마음을 일으킬 수 있겠습니까. 오히려 다섯 가지의 무간죄를 [지은 사람들이] 더욱 [아뇩다라삼먁삼보리를 향한] 마음을 일으켜 불법을 이룹니다. 그러나 이제 우리들은 영원히 [아뇩다라삼먁삼보리를 향한 마음을] 일으킬 수 없게 되었습니다. 비유컨대 근본이 부패한 수행자가 오욕[락]에 빠져 있어 다시는 이득을 취할 수 없는 것과 같습니다.[242]

我等 今者, 不復堪任, 發阿耨多羅三藐三菩提心. 乃至 五無間罪, 猶能 發意 生於佛法. 而今我等, 永不能發. 譬如 根敗之士, 其於五欲, 不能復利.

---

242 근패지사根敗之士의 '근根'이란 육근을 말하며 '사士'란 성문을 지칭하고, 5욕은 색·수·상·행·식의 오온을 지칭하는 말이다. 여기서 근패지사란, 안·이·비·설·신·의의 6근이 부패한 수행자는 색·성·향·미·촉·법의 6경으로 인해 일어나는 색·수·상·행·식의 모든 행위에서 도움이 되는 일을 할 수 없다는 비유다. 즉 다음의 문구에서 논하는 바와 같이 번뇌를 타파한 성문은 고요한 삶에 안주하여 대승 보살도의 중생 구제에는 더 이상 도움을 줄 수 없다는 것을 은유하는 부분이다.

【8-15】 이와 같이 성문으로서 모든 번뇌(결結)[243]를 끊은 자는 불법[대승 보살도]에 도리어 요익[중생 구제]하는 일 없고, 영원히 [대승을] 원하는 의지도 없습니다. 이러한 까닭으로 문수사리여, 범부는 불법으로 다시 돌아갈 수 있지만, 그러나 성문은 [다시 돌아갈 수] 없습니다. 왜냐하면 범부는 불법을 듣고 무상의 도심을 일으켜 [불·법·승] 삼보를 끊어지지 않게 할 수 있습니다. 하지만, 성문들은 종신토록 불법의 [10]력과 [4]무외 등을 들어도, 영원히 지혜의 완성을 향하여 마음을 일으킬 수 없습니다.”

如是 聲聞, 諸結斷者, 於佛法中, 無所復益, 永不志願. 是故 文殊師利, 凡夫於佛法, 有返復, 而聲聞無也. 所以者何, 凡夫聞佛法, 能起 無上道心, 不斷三寶. 正使 聲聞終身, 聞佛法 力·無畏 等, 永不能發, 無上道意.

【8-16】 이때 회중에 있던 보현색신이라 부르는 보살이 유마힐에게 묻기를: “거사여, 부모·처자·친척·권속·사민·지식인은 다 어떠한 사람들이며, 노비·동복·코끼리·말·수레는 다 어디에 있습니까?” 그러자 유마힐은 게송으로써 답하기를:

爾時 會中有菩薩, 名普現色身, 問 維摩詰言: 居士, 父母·妻子·親戚·眷屬·吏民·知識, 悉爲是誰, 奴婢·僮僕·象·馬·車乘, 皆何所在? 於是 維摩詰, 以偈答曰:

【8-17】 “지혜바라밀은 보살의 어머니요, 방편으로써 아버지로 삼고, 일체

---

243 결結에 대해서는 제2막 각주 210 참조.

중생의 도사(불·보살)는 이것(지혜와 방편)으로 유래하지 않음이 없네. 법희로써 처로 삼고, 자비심은 딸이며, 선심·성실이 아들이니 필경 공적은 집이로다. 제자들은 모든 번뇌니 마음을 굴리는 바(교화)에 따르며,[244] (37조)도품이 선지식이니 이로 인해 정각을 이루도다. 뭇 도법(6바라밀)은 도반이요, 4섭법은 기녀니 노래로써 법문을 낭송하여 이로써 음악을 연주하네. 다라니의 화원에는 무루법(진여)의 수림이 있고, 깨달음에 이르는 정묘화와 해탈 지혜의 열매를 맺는구나.

(1)智度菩薩母, 方便以爲父, 一切衆導師, 無不由是生. (2)法喜以爲妻, 慈悲心爲女, 善心誠實男, 畢竟空寂舍. (3)弟子衆塵勞, 隨意之所轉, 道品善知識, 由是成正覺. (4)諸度法等侶, 四攝爲伎女, 歌詠誦法言, 以此爲音樂. (5)總持之園苑, 無漏法林樹, 覺意淨妙華, 解脫智慧果.

【8-18】 8해탈[245]의 욕탕에는 선정禪定의 물이 고요히 채워져 있고, 수건은

---

244 구마라습에 의하면 '전轉'이란 자기를 따르게 하여 교화하는 것이라고 한다. 什曰: 轉令從己化也. 승조 찬, 『주유마힐경』, 『대정장』 vol. 38, p. 393.

245 8해解 혹은 8해탈解脫: 8가지 정력定力 즉 정신통일(삼매)로써 번뇌망념을 끊는 수행덕목. 8가지란: ①색관색色觀色(색이나 형상에 대한 생각을 마음으로부터 제거하기 위해 부정관不淨觀을 수행하는 것). ②내무색상관외색內無色想觀外色(마음에 형색이 사라지더라도 한층 더 부정관을 수행하는 것). ③정해탈淨解脫(부정관의 수행을 멈추고 외부의 경계세계 중 청정한 면을 관하여 탐착하는 마음을 일으키지 않는 수행). ④도색상멸진에상주공처해탈度色想滅瞋恚想住空處解脫(모든 물질적인 생각을 멸하여 공무변처정空無邊處定-공의 상태가 무한히 펼쳐지는 선정의 경지)에 들어가는 수행. ⑤도공처주식처度空處住識處(공무변空無邊의 마음을 버리고 식무변처정識無邊處定-심식이 무한함을 관하는 선정의 경지)에 들어가는 수행. ⑥도식처주불용처度識處住不用處(식무변識無邊의 마음을 버리고 무소유처정無所有處定-그 무엇도 존재하지 않는다고 관하는 선정의 경지)에 들어가는 수행. ⑦도불용처주유상무상처度不用處住有想無想處(무소유無所有의 마음을 비우고 비상비비상처정非想非非想處定-마음의 표상 작용이 있는 것도 아니고 없는 것도 아닌 선정의 경지)에 들어가는 수행. ⑧도유상무상처주상지멸度有想無想處住想知滅(수受·상想 등의 감각세계로부터 벗어

7정화[246]로서, 이곳에서 목욕하는 자는 허물이 없는 사람이로다.

코끼리와 말은 5통通으로 내달리며, 대승은 수레가 되고, 마부(조어調御)는 일심으로써 팔정도에서 노니는 구나.[247]

32상으로써 용모를 엄히 갖추고, 80종호로써 그의 모습을 장식하네. 부끄러움은 윗옷이요, 깊은 마음은 머리장식이로다.

부유함은 일곱 가지의 보물[248]이며, 가르침으로써 생장하게 하고,[247] 설한 바대로 수행하니, 회향은 크게 이롭도다.[249]

네 가지의 선정[250]은 침대며 좌복이요, 바른 생활에 따라서 살아가고, 많이 들어 지혜를 증장시킴으로써 자각의 법음으로 삼는구나.

(6)八解之浴池, 定水湛然滿, 布以七淨華, 浴此無垢人.

나 마음과 마음의 대상(심심心心과 심소心所) 모든 것을 멸하는 수행. 불타야사역佛陀耶舍
譯 축불념竺佛念 역譯,『장아함경長阿含經』,『대정장大正藏』vol. 1.

246 7정화淨華란: ①계정戒淨, ②심정心淨, ③견정見淨, ④도의정度疑淨, ⑤분별도정分別道淨, ⑥지견정知見淨, ⑦열반정涅槃淨.

247 구마라습에 의하면 대승의 수레를 타고 시방으로 유랑함에 자유자재하며, 뭇 중생을 함께 태우고 다 같이 불국토에 이른다고 한다. "什曰: 駕大乘車, 遊於十方, 自在無閡. 兼運衆生, 俱至道場也." 승조 찬,『주유마힐경』,『대정장』vol. 38, p. 394.

248 7재보財寶란 7성재聖財라고도 하며, 구마라습에 의하면; 신信·계戒·문聞·사捨·혜慧·참慚·괴愧라고 한다. 이 일곱 가지 재보의 관계는; 세속에 있으면 재물을 여읠 수 있으나, 출가하면 오욕과 번뇌에서 벗어날 수 있다. 잘 믿음으로써 계를 지키게 된다. 계를 지키면 악을 멈출 수 있고, 악을 멈추면 갖가지 선행을 할 수 있고, 선행을 이루려면, 많이 들어야 한다. 법문을 많이 들음으로써 번뇌를 여읠 수 있고, 번뇌를 여읠 수 있음으로 지혜가 생겨난다. 그러므로 이 다섯 가지를 차례로 설하는 것이다. 이 다섯 가지가 보배니 참慚·괴愧로 지키는 사람으로 삼고, 지키는 사람이 재보의 주인이니 또한 보배다. 이 일곱 가지를 통합해서 7성재라고 한다. 什曰: 信·戒·聞·捨·慧·慚·愧也. 處家則 能捨財, 出家則 能捨五欲, 及煩惱也. 由信善故 持戒. 持戒則止惡, 止惡已則, 進行衆善. 進行衆善, 要由多聞. 聞法故能捨, 能捨則慧生. 故五事次第說也. 五事爲寶, 慚愧爲守人. 守人於財主, 亦是財. 故七事通名財也.『주유마힐경』Ibid.

249 자식滋息이란 번식 또는 증장增長한다는 의미.

250 4선이란 욕계를 벗어난 색계에서의 사단계의 선禪, 즉 초선, 제2선, 제3선, 제4선.

(7)象・馬五通馳, 大乘以爲車, 調御以一心, 遊於八正路.

(8)相具以嚴容, 衆好飾其姿. 慚愧之上服, 深心爲華鬘.

(9)富有七財寶, 教授以滋息, 如所說修行, 迴向爲大利.

(10)四禪爲床座, 從於淨命生, 多聞增智慧, 以爲自覺音.

【8-19】 감로의 법은 음식이며, 해탈의 맛을 장으로 삼아, 마음을 청정히 함을 목욕으로 하고 계를 지킴을 향수를 바르는 것으로 삼네.

번뇌의 적을 무찌르니, 〔그〕 용맹과 건장함은 뛰어넘을 수 없으며, 네 부류의 마군[251]을 항복받아 승리의 번을 도량에 세우는구나.

비록 멸할 것조차도 없음을 알지만, 저것을 보이는 까닭으로 〔이것이〕 생함이 있으며, 일일이 모든 국토에서 나타나는 것이 마치 태양 〔아래〕 보이지 않는 것이 없는 것과 같네.

시방에 계신 무량한 억만의 여래께 공양을 올리지만 제불과 자기를 분별하는 마음을 지니지 않는구나.

비록 모든 불국토 및 중생과 더불어 공함을 알지만, 그러나 언제나 정토를 수행하여 뭇 중생을 교화하네.

(11)甘露法之食, 解脫味爲漿, 淨心以澡浴, 戒品爲塗香.

(12)摧滅煩惱賊, 勇健無能踰, 降伏四種魔, 勝幡建道場.

(13)雖知無起滅, 示彼故有生, 悉現諸國土, 如日無不見.

(14)供養於十方, 無量億如來, 諸佛及己身, 無有分別想.

(15)雖知諸佛國, 及與衆生空, 而常修淨土, 敎化於群生.

【8-20】 모든 중생의 부류와 형상, 음성 및 위의를 두려움 없는 보살은 일

---

251 4종마種魔란 5음마陰魔(5온마蘊魔) · 사마死魔 · 번뇌마煩惱魔 · 천마天魔를 말함.

시에 다 보일 수 있도다.

어떠한 마귀들의 일이라도 알아차려 그들의 행위에 따르고 있음을 보이지만, 좋은 방편의 지혜로써 뜻대로 다 나타낼 수 있는구나.

혹은 노老, 병病, 사死를 보여 모든 중생들을 [지혜를] 성취시켜 [육신의] 허깨비와 같음을 숙지하고 통달하여 막힘이 없네.

혹은 겁이 다하여 [세계가] 소멸하고, 천지가 다 텅 빔을 나타내어 [세상은] 영원하다고 생각하는 사람들에게 [그렇지 않음을] 비추어 무상한 것임을 알게 하네.

무수한 억만의 중생들과 함께 와서 보살께 청하면 일시에 그들의 집에 다다라 교화하여 불도로 향하게 하네.

(16)諸有衆生類, 形聲及威儀, 無畏力菩薩, 一時能盡現.

(17)覺知衆魔事, 而示隨其行, 以善方便智, 隨意皆能現.

(18)或示老病死, 成就諸群生, 了知如幻化, 通達無有礙.

(19)或現劫盡燒, 天地皆洞然, 衆人有常想, 照令知無常.

(20)無數億衆生, 俱來請菩薩, 一時到其舍, 化令向佛道.

【8-21】 경서, 금욕의 주술, 기술, 여러 가지 기예, 빠짐없이 이러한 일들을 실현하여 모든 중생을 요익케 하네.

세간(외도)의 뭇 도법들, 낱낱이 그 속에 들어가 출가하여 그로 인해서 사람들의 의혹을 풀고 사견에 떨어지지 않게 하네.

혹은 일·월·천, 범천왕, 세계의 주인이 되고, 혹은 때로는 땅과 물이 되며, 혹은 다시 바람과 불이 되기도 하는구나.

(21)經書禁呪術, 工巧諸伎藝, 盡現行此事, 饒盆諸群生.

(22)世間衆道法, 悉於中出家, 因以解人惑, 而不墮邪見.

(23)或作日‧月‧天, 梵王世界主, 或時作地水, 或復作風火.

【8-22】 겁중〔세상〕에 유행병이 퍼지면 모든 약초가 되어 나타나서 만약 그
약초를 복용하는 자 있으면 병을 낫게 하고 뭇 독을 제거하네.

겁중〔세상〕에 기근이 들면 몸은 음식이 되어 나타나서 우선 그들의 기갈을
구하고, 그리고 법으로써 사람들에게 일러주도다.

겁중〔세상〕에 도병刀兵〔의 난〕이 일어나면 그들을 위해 자비심을 일으켜 그
들을 교화하여 뭇 중생으로 하여금 다툼이 없는 곳에 머물게 하는구나.

(24)劫中有疾疫, 現作諸藥草, 若有服之者, 除病消衆毒.

(25)劫中有飢饉, 現身作飲食, 先救彼飢渴, 却以法語人.

(26)劫中有刀兵, 爲之起慈心, 化彼諸衆生, 令住無諍地.

【8-23】 만약 큰 전쟁이 일어나면 그들의 입장을 동등하게 대하고 보살의
위세를 나타내어 항복시켜 화평하게 하네.

일체의 국토 중 어떠한 지옥이라 하더라도 즉각 가서 그곳에 이르러 부지
런히 그들의 고뇌를 제도하도다.

일체의 국토 중 축생이 서로 잡아먹는 곳이면, 다 그곳에 태어나는 〔원인〕
을 나타내어 그들을 위해 이익이 되게 하네.

오욕에 있어서 받아들임을 보이거나 또는 다시 선을 수행함을 나타내어
마귀들의 마음을 어지럽히어 그들에게 편승할 수 없게 하는구나.

(27)若有大戰陣, 立之以等力, 菩薩現威勢, 降伏使和安.

(28)一切國土中, 諸有地獄處, 輒往到于彼, 勉濟其苦惱.

(29)一切國土中, 畜生相食噉, 皆現生於彼, 爲之作利益.

(30)示受於五欲, 亦復現行禪, 令魔心憒亂, 不能得其便.

【8-24】 불 속에서 연꽃을 피우면 이것을 희유하다고 할 수 있으니, 욕망에 젖어 있으면서 선을 행하는 희유함 또한 이와 같네.

혹 음녀가 되어 나타나서 모든 호색한을 유인하여 우선 욕망의 고리로써 끌어들인 후에 불도에 들게 하네.

혹 마을의 어른으로, 혹은 상인의 인도자로, 국사 또는 대신이 되어 중생을 도와 이롭게 하네.

(31)火中生蓮華, 是可謂希有, 在欲而行禪, 希有亦如是.

(32)或現作婬女, 引諸好色者, 先以欲鉤牽, 後令入佛道.

(33)或爲邑中主, 或作商人導, 國師及大臣, 以祐利衆生.

【8-25】 모든 빈궁자에게는 무진장을 만들어내어 그것으로써 그들에게 권하고 인도하여 보리를 향한 마음을 일으키게 하네.

나의 마음이 교만한 자에게는 〔그들을〕 위해 대 역사로 나타나서 모든 뻐기는 마음을 소멸ㆍ굴복시켜 보리를 향한 마음을 일으키게 하네.

두려움이 있는 중생에게는 〔그들의〕 곁에 거주하여 위안이 되게 하고 우선 두려움이 없게 함으로써 베풀고 후에 도심을 일으키게 하는구나.

(34)諸有貧窮者, 現作無盡藏, 因以勸導之, 令發菩提心.

(35)我心憍慢者, 爲現大力士, 消伏諸貢高, 令住無上道.

(36)其有恐懼衆, 居前而慰安, 先施以無畏, 後令發道心.

【8-26】 혹 음욕을 여읨을 나타내어 오신통의 선인이 되어 모든 군생들을 계도하여 계율과 인욕과 자비〔행〕에 머물게 하네.

일꾼을 받들이는 자를 보면 하인이 되어 벌써 그들의 마음을 기쁘게 만들어 즉 도심을 일으키게 하네.

그들이 받아들이는 바에 따라서 불도에 들어서게 하고 좋은 방편력으로써 모두 그것에 만족할 수 있게 하네.

(37)或現離婬欲, 爲五通仙人, 開導諸群生, 令住戒忍慈.

(38)見須供事者, 現爲作僮僕, 旣悅可其意, 乃發以道心

(39)隨彼之所須, 得入於佛道, 以善方便力, 皆能給足之.

【8-27】 이와 같은 도는 무량하며 행하는 바에는 장애가 없고 지혜는 끝이 없어 무수한 중생을 제도하여 해탈케 하도다.

가령 일체의 붓다가 무량한 억겁에 있어서 그들의 공덕을 찬탄하더라도 오히려 다할 수 없구나.

누가 이와 같은 법문을 듣고 보리심을 일으키지 않을까? 저 불초한 사람, 우둔한 사람[치명癡冥]과 무지無智한 사람을 제하고."

(40)如是道無量, 所行無有涯, 智慧無邊際, 度脫無數衆.

(41)假令一切佛, 於無量億劫, 讚歎其功德, 猶尙不能盡.

(42)誰聞如是法, 不發菩提心, 除彼不肖人, 癡冥無智者.

보살의 역량

가섭 존자는 성문승聲聞乘들이 아라한과에 안주해 있는 모습을 근본이 부패한 수행자에 비유하고 있다. 스스로가 배웠다는 아만심과 일천한 지식의 테두리에서 벗어나지 못하는 것과 같이 성문승 또한 아라한과에 머물러 지혜의 완성을 향하여 발심하지 못하는 것을 한탄하는 것이다. 이러한 가섭 존자를 보면 한국의 판검사를 목표로 한, 학력이나 집안 환경 등 무엇 하나 빠지지 않는 배경을 지닌 한 고시생이 그 배경에 안주하여 더 이상 점수가 오르지 않고 매번 좌절의 맛을 본 후 최종적으로 스스로의 능력이 한계에 봉착하였다는 것을 깨달아 좌절하는 모습이 연상된다. 반면, 환경이 누구보다도 열등하여 어떤 미래의 목표를 정한다는 것은 사치에 지나지 않는, 매일매일의 삶이 전쟁인 사람이 있다. 그러나 살기 위해 노력하는 모습을 지켜본 사람들은 어느 누가 봐도 그는 가까운 미래에 성공할 것이라고 남들이 먼저 인정하는 경우가 있다. 무명의 보살행을 하는 사람들의 유형이 아마 이러한 사람들일 것이다.

이처럼 유마경에서도 전반에 걸쳐 고행을 밥 먹듯이 하고 자리이타를 숨 쉬듯이 하는 보살도의 수행이 성문승이나 연각승의 수행법보다 수승하다는 것을 틈만 나면 강조하고 있다. 이 장면은 환경이 열악한 사람이 어떻게 그 환경을 극복하고 남들이 이루지 못하는 소위 성공이라는 위치에 도달하는지를 보여주는 장면이 연상되는 곳이다. 환경이 열악하다는 것은 본인 스스로의 처지가 그러하다는 것일 수 있지만, 한편 주변 사람들이 그러한 환경을 만드는 경우가 허다하다.

붓다의 교단이 출발부터 승승장구한 것은 아니다. 붓다의 교법을 전파하기 위해 제자들이 편력유행을 하였지만, 유형을 달리하는 수행법과 카스트 제도라는 기존 사회의 가치관을 파괴하는 불교이념은 결코 기존 사회에 달갑게 받아들여졌던 것은 아니다. 유마 거사의 게송에서도 붓다의 재세시에 바라문들과의 사이에서 벌어지는 사건들을 엿볼 수 있는 장면이 나타난다. 붓다의 깨달음에 의해 그를 따르는 많은 출가자 혹은 추종자들이 생겨났지만, 그 가운데는 바라문과 샤캬 족의 젊은이들이 다수를 이루어, 그들의 행위나 모습이 소위 집단 방랑자 내지는 무위도식꾼들로 비춰졌을 지도 모를 일이다. 바라문 계급의 기득권자 입장에서는 이러한 사회적 현상을 간과하지는 않았을 것이다.

종교사회학적 관점에서 보면 그 당시의 불교도들의 활약은 꼭 종교 활동으로 받아들일 수 있는 것은 아니었을 것이다. 바라문교도들과 불교도 사이에 일어난 일들을 유추해 볼 때, 소수집단으로서의 불교교단이 기존 인도 사회에 뿌리 내리기가 쉽지 않았음을 엿볼 수 있다. 즉 출가하여 편력유행을 하는 붓다와 그의 젊은 제자들이 걸식으로 연명하는 것은 당시 대중들이 받아들이기 쉽지 않았을 것이다. 경전에 농사일을 하던 바라문으로부터 붓다가 비판당하는 대목이 나타나는 데서도 유추할 수 있다.

농사일을 하던 바라드바자Bhāradvāja(바라두바자婆羅豆婆遮) 바라문이 걸식을 하던 붓다에게 "수행자여! 우리는 스스로 밭을 갈고 씨를 뿌립니다. 그렇게 하여 먹고 삽니다. 수행자여! 당신도 스스로 밭을 갈고 씨를 뿌리며 먹고사는 것이 어떻겠습니까?"

세존이 대답하시길: "바라문이여! 우리들도 밭을 갈고 씨를 뿌립니다. 밭을 갈고 씨를 뿌려서 먹고 삽니다." 하지만 세존은 호미를 갖고 있는 것도 아니요, 소를 모는 것도 아닌데, 그럼에도 불구하고 밭을 갈고 씨를 뿌린다는 의미를 그 바라문은 이해할 수 없었다. "수행자여! 당신은 밭을 갈고 씨를 뿌린다고 하시지만 우리는 지금까지 당신이 밭을 가는 모습을 본 적이 없습니다. 당신의 호미는 어디에 있으며, 소는 또 어디에 있나요?"라고 힐문을 당하자 세존이 말

씀하시길: "바라문이여! 신심은 내가 뿌릴 씨앗이요, 고행은 때에 맞춰 내리는 비며, 지혜는 나의 밭을 갈 호미입니다.…… 신身·구口·의意로써 악업을 짓지 않는 것은 나의 밭에 풀이 나지 않게 하는 것이요,……정진은 나의 소며, 나아가되 물러섬이 없고, 나아가되 결코 슬퍼할 일이 없습니다. 이와 같이 나는 밭을 갈고 씨를 뿌립니다. 그렇게 하여 감로의 열매를 수확하는 것입니다."[252]

이 대화에서, 붓다의 교단이 기존 사회로부터 백안시당했다는 점을 알 수 있다. 실제로 출가 집단이라고는 하지만, 사회와 떼려야 뗄 수 없는 연관성을 보여주는 것 또한 간과할 수 없다. 교단의 수행방법은 탁발로 연명하는 고행이 기본이요, 중생 구제를 위한 민중과의 접촉을 통해 자리이타를 행하는 편력유행이 일상이다. 출가교단이 현실세계와 부즉불리의 관계에 있다는 것을 여실히 보여주는 장면이다.

수행하여 나 스스로의 마음이 고요해졌다 하더라도, 위정자들이 인종차별정책으로 수많은 사람들을 학대하여 고통받는 사람들이 주변에 널려 있으면 수행자의 마음이 결코 편안할 리 없다. 전쟁에 의해 수없이 많은 사람들이 살상을 당하고, 그 남겨진 가족이 슬퍼하더

---

252 "時, 耕田 婆羅豆婆遮 婆羅門, 遙見世尊, 白言: 瞿曇, 我今耕田下種, 以供飲食. 沙門瞿曇, 亦應 耕田下種, 以供飲食. 佛告 婆羅門: 我亦 耕田下種, 以供飲食. 婆羅門白佛: 我都不見. 沙門瞿曇, 若犁·若軛·若鞅·若糜·若鑱·若鞭, 而今瞿曇說言: 我亦耕田下種, 以供飲食. 爾時 耕田 婆羅豆婆遮 婆羅門, 即說偈言: 自說耕田者, 而不見其耕. 爲我說耕田, 令我知耕法. 爾時 世尊, 說偈答言: 信心爲種子, 苦行爲時雨, 智慧爲時軛, 慚愧心爲轅, 正念自守護, 是則善御者, 包藏身口業, 知食處內藏, 眞實爲眞乘, 樂住爲懈息, 精進爲廢荒, 安隱而速進, 直往不轉還, 得到無憂處. 如是耕田者, 逮得甘露果." 구나발타라求那跋陀羅 역譯, 『잡아함경雜阿含經』, 『대정장大正藏』 vol. 2, p. 27.

라도, 세속과의 연을 끊고 수행의 길로 들어섰다고 하여 그들과 아무런 관계가 없다고 할 수행자는 아무도 없다. 굶주림에 죽어가는 아이들을 보고도 고요히 수행함으로써 모든 고통으로부터 자유로울 수 있다고 믿는 수행자는 없다. 그러한 수행자는 이 사회가 필요로 하지 않을 것이다. 오히려 깨달은 자이기에, 수행자이기에 더 고통 받는 사람들에게 마음을 쓰는 것이고 그들을 고통에서 벗어나게 하기 위한 사업에 일생을 바치는 것이리라.

　이는 샤캬무니 붓다 스스로가 실천해 보였던 모습이기도 하다. 코사라 국왕이 샤캬 족을 섬멸하려 한다는 소식을 들은 붓다가 뙤약볕 아래의 대로에서 기다리고 있었다. 그 대로는 코사라 국왕의 대군이 지나갈 국경의 길목이었던 것이다. 인도의 뙤약볕 아래 장시간 노출한다는 것은 자칫 목숨이 위태로울 수 있다는 것을 의미한다. 붓다의 위명을 익히 알고 있던 코사라 국왕이 붓다가 뙤약볕에서 수행하시는 것을 보고 코사라 국의 보리수 나무숲을 가리키며, "어찌하여 나무 그늘 아래에서 수행하시지 않고 뙤약볕에서……"라고 말씀드렸다. 이에 대한 붓다의 답변은, "보리수나무 그늘 아래가 좋다고 하지만, 내 고향 나무 그늘 아래만 같겠느냐?"라는 것이었다.[253]

　붓다는 모든 애착에서 벗어난 경지에 이른 사람이라고 한다. 샤캬무니 붓다가 샤캬 족에 애착이 남아 있기에 자기의 민족을 구하려고 하였는지, 또는 단지 전쟁의 참화에서 죽어야 할 사람들을 구하기 위해 스스로가 코사라 국왕의 진군을 막으려고 나섰는지에 대해 밝혀야 할 이유는 없어 보인다. 여기서의 중요한 포인트는 수행자로서 혹

---

253 이 일화에 관해서는 본서 제1막 제3장 〈살신성인〉 항 참조.

은 깨달은 성자로서의 위치가 출가한 사람이라 하여 사회의 대소사와 무관하지 않다는 것을 보이는 것이다. 이때 붓다가 뙤약볕에 서 있다 얻은 두통이 붓다가 일생을 통해 겪은 아홉 가지의 고난(구뇌처九惱處) 중의 하나라고 한다.[254]

　대승불교에서의 중생 구제란 반드시 중생으로 하여금 아뇩다라삼먁삼보리를 향하여 마음을 일으켜 위없는 지혜의 완성을 이루게 하려는 것에만 목적을 둔 것은 아니다. 중생을 해탈케 한다는 것은 오히려 세속의 삶에 깊숙이 두 발을 내딛게 하되 세상의 갖가지 어려움을 지혜롭게 헤쳐 나가게 하는 것에 더 큰 역점을 두었을 것이다. 출가사문에게 필요한 것은 재물의 부가 아니요, 권력의 힘이 아니라 지혜의 증득이다. 또한 스스로가 깨달아 열반에 드는 것이 아니라 세상의 어두운 곳으로 나아가 밝은 지혜로써 이끌어 주는 중생 구제의 활동인 것이다. 유마 거사의 게송은 여기에 역점을 두고 있을 것이다.

254　붓다의 두통에 관해서는 제1막 각주 239 참조. 구뇌처 중 다섯 번째 참조.

제5장 이원론적 대립의 초월
입불이법문품入不二法門品 제9

사바세계와 이원론의 세계

드디어 유마경의 가르침 속에서도 핵심 부분에 이르렀다. 제1장에서 52보살이 등장하였으나 대부분 무명의 보살들이었으며 수억 겁 년을 거쳐 공덕을 쌓은 훌륭한 보살들이라는 것을 보였을 뿐, 그들이 중생 구제를 위한 특별한 활동을 구체적으로 내보이지는 않았다.

이제 다시 32명의 보살들을 내세워 각자 지닌 바 그 능력을 유마 거사가 테스트하는 장면이다. 과연 이 사바세계에서 중생들 간의 시기와 질투, 중상과 모략, 사기와 거짓, 공갈과 협박, 강도와 살인, 투쟁과 전쟁의 세계로부터 벗어나게 할 능력이 있는지 없는지의 테스트다.

사바세계에 화신으로 출현한 샤캬무니 붓다는 중생 교화를 위해 지옥을 보이시고 온갖 험악한 차별상을 보임으로써 오히려 중생들

에게 아뇩다라삼먁삼보리를 향한 마음을 일으키게 하였다.[255] 현실
세계 속에서 보살도를 행하는 보살들이 어떠한 방법으로 중생이 중
생일 수밖에 없는 삶에서 차별상의 현실세계가 바로 평등상의 이상
세계라는 것을 실현할 수 있는지 그 예를 낱낱이 보이는 장면이다.

현실세계란 이원론적인 가치관에 의해 형성된 차별세계라는 말
과 다르지 않다. 이 차별이라는 것 또한 지성에 의해 분별되는 세계
에 지나지 않는다. 그러기에 예로부터 성현들이 배웠다는 분별심만
끊을 수 있다면 인생에 근심이 없을 것이라고 강조하였던 것이다.[256]
이원론적 세계관의 근저에는 자기중심적 사고가 깔려 있다. 이 자기
중심적 사고를 버릴 수만 있다면, 사바세계를 스스로가 바라는 이상
세계로 실현 가능하다는 것이다. 이러한 가르침이 불교의 삼법인 중
제법무아라는 교법이다. 제법무아라는 가르침은 자기중심적 사고에
서 벗어난 세계관이라는 말과 동의어라고 해서 다르지 않을 것이다.
집착이 강하지 않은 사람들이 사바세계 속에서도, 그 어떠한 환경에
처해 있다 하더라도, 그렇지 않는 사람보다 덜 고통 받으며 삶을 잘
영위한다는 것만 보아도 이 가르침은 현실세계에서 유효하다. 그렇
다고 하여 사바세계에 사는 모든 사람이 자기중심적 차별관에 사로
잡혀 스스로의 고뇌를 스스로가 일으키며 살아가는 것은 아니다. 보

---

255 이 내용에 대해서는 「향적불품香積佛品 제10」〈중생교화법〉 참조.
256 노자의 『도덕경』에 의하면, 인간이 인간답게 살아갈 수 있는 최적의 환경은 절성기지絶
聖棄智하고 절인기의絶仁棄義하는 것이며, 절학무우絶學無憂하는 것이라고 한다. 즉
인위적으로 어떠한 모습이 성스러우며, 그러기 위해 익히는 고정된 가르침(지혜)을 버
리고, 인위적인 질서를 유지하기 위한 인의仁義를 버리면 오히려 사람이 사람답게 살
수 있다고 한다. 사람이 잘 살기 위해 배웠던 지식이나 경험이 오히려 분별심을 일으켜
차별을 일삼으니 인생의 고뇌는 그로부터 일어난다는 것이 노자의 생각이다. 『도덕경
道德經』19~20장 참조.

이지 않는 어두운 곳에서 각자 이름을 내세우지 않고 보살행을 하는 사람들이 스스로의 존재 자체로써 어두움을 깨뜨리는 등불임을 보이며, 그 살아가는 모습이 어떠한지 일일이 드러내는 장면이 이 「입불이법문품入不二法門品」이다.

【9-1】 이때 유마힐이 뭇 보살들에게 말하기를: "여러분! 보살은 어떻게 불이법문(이원론적 대립의 초월)을 이해하십니까? 각자 원하시는 대로 그것에 대해 설명해 보시기 바랍니다."

爾時 維摩詰, 謂衆菩薩言: 諸仁者, 云何菩薩, 入不二法門? 各隨所樂說之.

【9-2】 모임에 있던 법자재法自在라 부르는 보살이 설명하기를: "여러분, 생과 멸은 둘입니다. 법은 본래 생겨나지 않으니 즉 이제라도 소멸할 것이 없습니다. 이 무생법인無生法忍[257]의 증득이 바로 불이법문에 들어가는 것입니다."

(1)會中有菩薩名 法自在 說言: 諸仁者 生·滅 爲二. 法本不生, 今則無滅. 得此 無生法忍, 是爲 入不二法門.

【9-3】 덕수보살이 말하기를: "나와 내가 가진 것이 둘입니다. 내가 있음으로 하여 내가 가진 것이 있게 됩니다. 만약 나도 없고 내가 가진 것도 없다면, 이것이 바로 불이법문에 들어가는 것입니다."

(2)德守菩薩曰: 我·我所 爲二. 因有我故, 便有我所. 若無有我, 則無我所, 是爲 入不二法門.

---

257 무생법인이란 생사윤회를 벗어난 불퇴전의 경지를 증득한 안심입명을 말하나, 여기서는 생멸의 분별이 없는 경지를 증득한 것을 의미함. 제1막 각주 8 참조.

【9-4】 불현보살이 말하기를: "느낌과 느끼지 않음이 둘입니다. 만약 법法
〔무엇〕을 느끼지 않는다면, 즉 얻을 것〔인식〕이 있을 수 없습니다. 인식할 수
없는 까닭으로 취할 것도 없고, 버릴 것도 없으며, 조작할 것도 없고, 실
행할 것도 없습니다. 이것이 바로 불이법문에 들어가는 것입니다."

(3)不眴菩薩曰: 受・不受爲二. 若法不受, 則不可得. 以不可得故, 無取・無
捨・無作・無行. 是爲 入不二法門.

【9-5】 덕정보살이 말하기를: "더럽고 깨끗함이 둘입니다. 더러움의 실성實
性을 보면 즉 깨끗함〔무구無垢〕의 성상性相이 없는,[258] 멸상滅相에 순응하
는 이것이 바로 불이법문에 들어가는 것입니다."

(4)德頂菩薩曰: 垢・淨 爲二. 見垢實性, 則無淨相, 順於滅相, 是爲 入不二法
門.

【9-6】 선숙보살이 말하기를: "이것이 〔마음의〕 움직임이고 이것이 생각〔마
음의 대상〕이라는 것이 둘입니다. 〔마음이〕 동하지 않으면 생각이 없고, 생
각이 없는 즉 분별이 없습니다. 이것에 통달하면 그것이 바로 불이법문에
들어가는 것입니다."

(5)善宿菩薩曰: 是動・是念 爲二. 不動則無念, 無念則 無分別, 通達此者, 是爲
入不二法門.

【9-7】 선안보살이 말하기를: "일상一相〔하나의 특징, 평등〕과 무상無相〔특징이

---

258 더러움이 멸한 상태가 정淨이니, 무정상無淨相이란 더러움이 멸한 것 또한 멸하였다
는 멸상을 말함. 그 멸상이 불이법문이라는 것.

없는 것)이 둘입니다. 만약 일상一相이 즉 이 무상無相이라면 또한 무상도 취할 것이 없으니, 평등의 경지입니다.[259] 이것이 바로 불이법문에 들어 가는 것입니다."

(6)善眼菩薩曰: 一相・無相 爲二. 若知 一相即 是無相, 亦不取無相, 入於平等. 是爲 入不二法門.

【9-8】 묘비보살이 말하기를: "보살심과 성문심이 둘입니다. 마음의 형상 (심상心相)은 공해서 마치 허깨비와 같다고 관하면, 보살심도 없고 성문심 도 없습니다. 이것이 바로 불이법문에 들어가는 것입니다."

(7)妙臂菩薩曰: 菩薩心・聲聞心 爲二. 觀心相空, 如幻化者, 無菩薩心, 無聲聞 心. 是爲 入不二法門.

【9-9】 불사보살이 말하기를: "선善과 불선不善(악惡)이 둘입니다. 만약 선 과 악을 일으키지 않으면, 성상性相이 없는 경계(무상제無相際)에 들어가 통달하면 이것이 바로 불이법문에 들어가는 것입니다."

(8)弗沙菩薩曰: 善・不善 爲二. 若不起 善・不善, 入無相際. 而通達者, 是爲 入 不二法門.

【9-10】 사자보살이 말하기를: "죄와 복이 둘입니다. 만약 죄의 성품이 즉 복의 그것과 더불어 다름이 없음을 통달하여, 금강의 지혜로써 이러한 (죄와 복의) 본성을 완전히 깨달아 얽매인 것도 없고 풀 것도 없는, 이것 이 바로 불이법문에 들어가는 것입니다."

---

259 일체만물은 그 본성이 공함으로써 평등하니, 이 평등으로써 일상一相이다. 이 일상이 즉 공상空相이니 무상이라고 하는 것이다.

(9)師子菩薩曰: 罪・福 爲二. 若達 罪性則, 與福無異, 以金剛慧, 決了此相, 無縛無解者, 是爲 入不二法門.

【9-11】 사자의보살이 말하기를: "유루有漏와 무루無漏[번뇌의 있고 없음]이 둘입니다. 만약 모든 법이 평등하여 즉 번뇌[루漏]라거나 번뇌가 아니라는 생각이 일어나지 않으면, 어떤 형상[또는 성상性相]에도 집착하지 않고 또 형상이 없음에도 머물지 않습니다. 이것이 바로 불이법문에 들어가는 것입니다."

(10)師子意菩薩曰: 有漏・無漏 爲二. 若得諸法, 等則不起, 漏・不漏想, 不著於相, 亦不住無相. 是爲 入不二法門.

【9-12】 정해보살이 말하기를: "유루有爲와 무루無爲가 둘입니다. 만약 일체의 사량분별[수數]을 여의면 즉 마음이 허공과 같아집니다. 청정한 지혜로써 장애되는 바가 없는 것, 이것이 바로 불이법문에 들어가는 것입니다."

(11)淨解菩薩曰: 有爲・無爲 爲二. 若離一切數, 則心如虛空. 以淸淨慧, 無所礙者, 是爲 入不二法門.

【9-13】 나라연[260]보살이 말하기를: "세간世間과 출세간出世間이 둘입니다. 세간의 성상이 공한 즉 이것이 출세간입니다. 그[세간의 상이 공한] 속에서는 들어가지도 않고, 나오지도 않으며, 넘치지도 않고, 흩어지지도 않습니다. 이것이 바로 불이법문에 들어가는 것입니다."

---

260 나라연은 불전에서 흔히 금강역사로 등장한다. 여기서 나라연보살이 금강역사를 지칭하는지는 불분명하다. 나라연에 관해서는 제1막 각주 231 참조.

(12)那羅延菩薩曰: 世間・出世間 爲二. 世間性空, 即是出世間. 於其中 不入・不出・不溢・不散. 是爲 入不二法門.

【9-14】 선의보살이 말하기를: "생사와 열반이 둘입니다. 만약 생사의 성품을 찾아보면 즉 〔그곳에는〕 생사가 없습니다. 얽힘도 없고, 풀 것도 없으며, 생겨나는 것도 아니고, 소멸하는 것도 아닙니다. 이것이 바로 불이법문에 들어가는 것이 됩니다."

(13)善意菩薩曰: 生死・涅槃 爲二. 若見生死性, 則無生死. 無縛無解, 不生不滅, 如是解者. 是爲 入不二法門.

【9-15】 현견보살이 말하기를: "〔궁극에까지〕 다함과 다하지 않음이 둘입니다. 법에 대해 구경에까지 〔추궁해〕 가거나, 〔추궁해〕 가지 않는다 하더라도, 이것이 〔둘〕 다 〔추궁해〕 갈 것이 없는〔무진無盡〕의 성상〔性〕相입니다. 무진無盡의 성상性相이 즉 이 공입니다. 공한 즉 다함과 다하지 않는 성상性相이 있을 수 없습니다. 이와 같이 들어가는 것, 이것이 바로 불이법문에 들어가는 것입니다."

(14)現見菩薩曰: 盡・不盡 爲二. 法若究竟盡, 若不盡, 皆是無盡相. 無盡相 即是空, 空則無有, 盡不盡相. 如是入者, 是爲 入不二法門.

【9-16】 보수보살이 말하기를: "아我와 무아無我가 둘입니다. 자아는 오히려 얻을 수 없는 것이므로 자아가 아니면 무엇을 얻을 수 있습니까? 자아의 진실한 성품을 보면 또다시 둘이 일어나지 않습니다. 이것이 바로 불이법문에 들어가는 것입니다."

(15)普守菩薩曰: 我・無我 爲二. 我尚不可得, 非我何可得. 見我實性者, 不復起二. 是爲 入不二法門.

【9-17】 전천보살이 말하기를: "명明과 무명無明이 둘입니다. 무명의 진실한 성품이 바로 명明입니다. 명明 또한 취할 수 없으며 일체의 사량분별을 여읜 것입니다. 〔무명無明의 본성이 명明한〕 그 속에는 평등하여 둘이 없습니다. 이것이 바로 불이법문에 들어가는 것입니다."

(16)電天菩薩曰: 明·無明 爲二. 無明實性, 卽是明. 明亦不可取, 離一切數. 於其中, 平等無二者. 是爲 入不二法門.

【9-18】 희견보살이 말하기를: "형색形色과 형색의 공함이 둘입니다. 형색이 즉 공261이므로 형색이 소멸하여 공하지 않으며, 형색의 본성은 스스로 공한 것입니다. 이와 같이 수受〔감수작용〕· 상想〔표상작용〕· 행行〔의지작용〕· 식識〔인식작용〕과 식의 공이 둘입니다. 식이 즉 공한 것이며, 식이 멸하여 공한 것이 아니므로 식의 본성은 스스로 공한 것입니다. 〔식의 본성

---

261 색즉시공色卽是空은 전통적으로 반야경의 구절로 잘 알려져 있다. 유마경이 반야경의 영향을 받은 경전으로서 색즉시공이라는 구절이 나타나는 것은 이상하다 할 것은 없다. 우에키 마사토시植木雅俊에 의하면, 유마경이나 반야경에 나타나는 산스크리트어 원문은 각각 rūpam eva hi śūnyatā(色こそがまさに空の本性なのである: 색이야말로 당연히 공의 본성이다)와 yad rūpaṃ sā śūnyatā yā śūnyatā tad rūpam(色なるもの, それわ空の本性である: 空の本性なるもの, それわ色である.: 색이라는 것은, 그것은 공의 본성이다. 공의 본성이라는 것은, 그것은 색이다.)라고 하고 있다. 원문에서 śūnyatā는 형용사로서 rūpam 즉 색을 수식하는 단어다. 그리고 '공의 본성'이라는 말의 의미가 있을 수 있을까? 공이란 본성이 없다는 뜻이다. 공은 비었다는 뜻이니 공에는 본성이 있을 수 없다. '공의 본성'이란 말 자체가 모순을 안고 있다. 그러므로 "색이야말로 당연히 공의 본성이다."라는 표현은 "색이야말로 당연히 공이 본성이다." 또는 주제를 서로 바꾸어서 "공이야말로 당연히 색의 본성이다."라는 뜻으로 이해되어야 할 것이다. 그러므로 "공의 본성이라는 것"은 "공이 본성이라는 것"으로 이해되어야 한다. 우에키 마사토시植木雅俊, Ibid. pp. 411~412, footnote 54 참조.

이 스스로 공한〕 그 이치를 통달하는 것, 이것이 바로 불이법문에 들어가는 것입니다."

(17)喜見菩薩曰: 色·色空 爲二. 色即是空 非色滅空 色性自空. 如是 受·想·行·識·識空 爲二. 識即是空, 非識滅空, 識性自空. 於其中 而通達者, 是爲入不二法門.

【9-19】 명상보살이 말하기를: "4종種〔4대大: 지·수·화·풍〕의 다름〔이異〕과 공종空種〔공대空大〕²⁶²의 다름〔이異〕이 둘입니다. 사종의 성품은 즉 이 공종의 성품입니다. 마치 과거와 미래의 〔본성〕이 공한 까닭으로 중간〔현재〕 또한 공한 것입니다. 만약 이와 같이 모든 〔삼세의〕 종의 본성을 알 수 있다면 이것이 바로 불이법문에 들어가는 것입니다."

(18)明相菩薩曰: 四種異·空種異 爲二. 四種性即, 是空種性. 如前際 後際空故, 中際亦空. 若能如是, 知諸種性者, 是爲 入不二法門.

【9-20】 묘의보살이 말하기를: "눈〔안식眼識〕과 형색이 둘입니다. 만약 눈〔안식〕의 본성이 〔공함〕을 알면, 형색을 탐하지 않고 화내지 않으며 어리석지도 않습니다. 이것을 이름하여 적멸이라 합니다. 이와 같이 귀〔이식耳識〕와 소리·코〔비식鼻識〕와 향기·혀〔설식舌識〕와 맛·몸〔신식身識〕과 접촉·마음〔의식〕과 사물〔법〕이 둘입니다. 만약 마음의 본성을 알면 사물〔법〕에 있어서 탐하지 않고, 화내지 않으며, 어리석지도 않습니다. 이것을 이름하여 적멸이라 합니다. 이 〔적멸〕 속에 머물면 이것이 바로 불이법문에 들어가는

---

262 사대와 공대의 '대大'의 의미는 지·수·화·풍과 공의 쓰임〔용用〕 즉 하는 일이 무한하므로, '대大'라고 묘사한 것이다. 사대나 공대의 체體 즉 본성이 무한하거나 크다는 의미는 아니다. 사대의 본성은 공하기 때문이다.

것입니다."

(19)妙意菩薩曰: 眼·色 爲二. 若知眼性, 於色不貪·不恚·不癡, 是名寂滅. 如是 耳·聲·鼻·香·舌·味·身·觸·意·法, 爲二. 若知意性, 於法不貪·不恚·不癡. 是名 寂滅. 安住其中, 是爲 入不二法門.

【9-21】 무진의보살이 말하기를: "보시와 일체의 지혜로 회향하는 것이 둘입니다.[263] 보시의 본성은 즉 일체의 지혜로 회향하는 것입니다. 이와 같이 지계·인욕·정진·선정·지혜도 일체의 지혜로 회향하는 것이 둘입니다. 지혜의 본성은 즉 일체의 지혜의 본성으로 회향하는 것입니다. 이〔일체의 지혜로 회향하는〕 속에서 일상으로 들어가는 이것이 바로 불이법문에 들어가는 것입니다."

(20)無盡意菩薩曰: 布施 迴向, 一切智 爲二. 布施性 即是迴向, 一切智性. 如是持戒·忍辱·精進·禪定·智慧 迴向, 一切智 爲二. 智慧性, 即是迴向, 一切智性. 於其中 入一相者, 是爲 入不二法門.

【9-22】 심혜보살이 말하기를: "이것이 공이요, 이것이 무상이며, 이것이 무작임이 둘입니다.[264] 공한 즉 상(본질)이 없고, 상(본질)이 없는 즉 작위(作爲(원하는 바)가 없습니다. 만약 공·무상·무작이라면 즉 심·의·식〔또

---

263 회향에 관해서는 제1막 각주 43 혹은 48 참조.

264 공·무상·무작의 세 가지를 논하면서 어찌 둘이라고 하느냐는 의문이 일어날 수 있으나, 공은 공에 대한 대립-〔공·유〕, 무상은 무상에 대한 대립-〔무상·유상〕, 무작은 무작에 대한 대립-〔무작(무원無願)·유작有作(유원有願)〕이 있어 각자 둘이라고 하는 것이다. 이 세 덕목은 공무상무작삼매空無相無作三昧(3삼매三昧)라고 하여, 공해탈문空解脫門·무상해탈문無相解脫門·무작해탈문無作解脫門을 의미한다. 그러나 해탈에 둘이 있는 것이 아니니 3해탈문이〔하나의〕해탈문과 둘이 아니라는 것이다.

한] 없습니다.[265] 하나의 해탈문에 있어서 그것이 삼[공空·무상無相·무작無作] 해탈문이라는 것, 이것이 바로 불이법문에 들어가는 것입니다."[266]

(21)深慧菩薩曰: 是空·是無相·是無作 爲二. 空即無相, 無相即無作. 若空·無相·無作, 則無心·意·識. 於一解脫門, 即是 三解脫門者. 是爲 入不二法門.

【9-23】 적근보살이 말하기를: "불佛·법法·승衆[승려僧侶]이 둘입니다.[267] 붓다가 즉 바로 법이요, 법이 즉 이 중생입니다. 이 삼보가 다 무위의 상[본질]으로서 허공과 같습니다. 일체의 법 또한 그러합니다. 이러한 수행을 따를 수만 있다면 이것이 바로 불이법문에 들어가는 것입니다."

(22)寂根菩薩曰: 佛·法·衆 爲二. 佛即是法, 法即是衆. 是三寶, 皆無爲相, 與虛空等. 一切法亦爾, 能隨此行者, 是爲 入不二法門.

【9-24】 심무애보살이 말하기를: "육신과 육신의 소멸이 둘입니다. 육신 즉이 육신은 소멸하는 것입니다. 왜냐하면 육신의 실상을 보면, [그 실상은 공하니] 육신을 본다는 것과 육신의 소멸을 보는 것은 일어나지 않습니다. 육신과 육신의 소멸에는 둘이 없으며 분별이 없습니다. 이러한 가운데에도 놀라거나 두려워하지 않는 것, 이것이 바로 불이법문에 들어가는 것입니다."

---

265 일체개공一切皆空하여 실체가 없으니 마음이 있을 리 없고, 마음이 없으니 그 작용[의意]과 작용의 대상[식識]이 있을 리 없다.

266 모든 존재하는 것이 실체가 없으니[공空] 비교할 그 무엇이 있을 리 없고[무상無相], 아무 것도 없는데 바랄 것이 있을 리 없다[무원無願]라고 하는 명상을 통해 해탈하여 열반에 이른다는 3가지 방법을 3해탈문이라고 한다.

267 불佛·법法·승僧 삼보를 둘이라고 하는 까닭은, 불·법·승으로 나눈 유위의 상과 불·법·승 삼보의 체가 무위라는 것이 둘이라는 의미다.

(23)心無礙菩薩曰: 身・身滅 爲二. 身卽是身滅. 所以者何, 見身實相者, 不起見身, 及見滅身. 身與滅身, 無二無分別. 於其中, 不驚不懼者, 是爲 入不二法門.

【9-25】 상선보살이 말하기를: "신身・구口・의意의 업이 둘입니다.[268] 이세 가지 업은 다 조작[업]의 성상性相[본질]이 없습니다. 몸이 조작의 성상性相이 없는 즉 입도 조작의 본질이 없습니다. 입이 조작의 성상이 없는 즉 마음도 조작의 본질이 없습니다. 이 삼업이 조작의 성상이 없는 즉 일체의 법도 조작의 성상이 없습니다. 이와 같이 조작이 없는 지혜를 따를수 있는 것, 이것이 바로 불이법문에 들어가는 것입니다."

(24)上善菩薩曰: 身・口・意業 爲二. 是三業, 皆無作相. 身無作相, 卽口無作相, 口無作相, 卽意無作相. 是三業, 無作相卽, 一切法, 無作相. 能如是, 隨無作慧者, 是爲 入不二法門.

【9-26】 복전보살이 말하기를: "복행福行과 죄행罪行과 부동행不動行이 둘입니다. 세 가지의 행의 실성은 즉 공입니다.[269] 공한 즉 복행도 없고, 죄행도 없으며, 부동행도 없습니다. 여기서 세 가지 행이 일어나지 않는다는 것, 이것이 바로 불이법문에 들어가는 것입니다."

(25)福田菩薩曰: 福行・罪行・不動行 爲二. 三行實性, 卽是空. 空則無福行, 無罪行, 無不動行. 於此三行, 而不起者. 是爲 入不二法門.

【9-27】 화엄보살이 말하기를: "자아로부터 둘[아我・아소我所]을 일으키는

---

268 신身・구口・의意의 삼업과 선행으로 이끌기 위한 삼업의 행위를 정한 규율과의 관계가 이원론적 대립으로서 둘이라는 의미.
269 세 가지가 둘이 아니라는 의미에 관해서는 제1막 각주 264 참조.

것이 둘입니다. 자아의 실상(공空)을 본다는 것은 이법二法을 일으키는 것이 아닙니다. 만약 이법二法에 머무르지 않는다면 즉 인식이 있을 수 없습니다. 인식하는 바가 없다는 것, 이것이 바로 불이법문에 들어가는 것입니다."

(26)華嚴菩薩曰: 從我起二 爲二. 見我實相者, 不起二法. 若不住二法, 則無有識. 無所識者, 是爲 入不二法門.

【9-28】 덕장보살이 말하기를: "(무소득에 대한) 유소득有所得의 상相(아상我相과 피상彼相)이 둘입니다. 만약 무소득이라면 즉 취할 것도 버릴 것도 없습니다. 취할 것도 버릴 것도 없다는 것, 이것이 바로 불이법문에 들어가는 것입니다."

(27)德藏菩薩曰: 有所得相 爲二. 若無所得, 則無取捨. 無取捨者, 是爲 入不二法門.

【9-29】 월상보살이 말하기를: "어두움과 밝음이 둘입니다. 어두움도 없고 밝음도 없는 즉 둘이 있을 수 없습니다. 왜냐하면 마치 느낌과 상념이 소멸한 경지(멸수상정滅受想定)[270]에 들면 어두움도 없고 밝음도 없는 것과 같습니다. 일체법상도 또한 이와 같습니다. 이(일체법상) 속에서 평등에 들어가면 이것이 바로 불이법문에 들어가는 것입니다."

(28)月上菩薩曰: 闇與明 爲二. 無闇·無明, 則無有二. 所以者何, 如入滅受想定, 無闇無明. 一切法相, 亦復如是. 於其中, 平等入者, 是爲 入不二法門.

---

270 멸수상정滅受想定이란 멸진정滅盡定을 말하는 것이며, 이 선정의 경지에 들어서면 감수작용(수受)과 표상작용(상想)이 소멸하여 마음의 동요가 일어나지 않음.

【9-30】 보인수보살이 말하기를: "열반을 원하고 세간을 원하지 않는 것이 둘입니다. 만약 열반을 원치 않는다면 세간을 싫어하지 않을 것이니, 즉 둘이 있을 수 없습니다. 왜냐하면 얽힌 것이 있다면 풀 것이 있다는 것입니다. 만약 본래 얽힌 것이 없다면 그 누가 풀 것을 구하겠습니까. 얽힌 것도 없고 풀 것도 없는, 즉 원하고 싫어하는 것이 없습니다. 이것이 바로 불이법문에 들어가는 것입니다."

(29)寶印手菩薩曰: 樂涅槃·不樂世間 爲二. 若不樂涅槃, 不厭世間, 則無有二. 所以者何, 若有縛, 則有解. 若本無縛, 其誰求解. 無縛無解, 則無樂厭. 是爲 入 不二法門.

【9-31】 주정왕보살이 말하기를: "정도와 사도가 둘입니다. 정도에 머무는 자는, 즉 이것이 삿된 것이라거나 이것이 옳다고 분별하지 않습니다. 이 둘을 여의었으므로 이것이 바로 불이법문에 들어가는 것입니다."

(30)珠頂王菩薩曰: 正道·邪道 爲二. 住正道者, 則不分別, 是邪是正. 離此二 者, 是爲 入不二法門.

【9-32】 낙실보살이 말하기를: "실實과 부실不實이 둘입니다. 진실 되게 본 다는 것이 오히려 진실 되게 보는 것이 아니니 하물며 진실이 아닌 것이 랴. 왜냐하면 [실견實見이란] 육안으로 보는 바가 아니라 혜안으로 볼 수 있는 것입니다. 그러나 혜안은 보는 것도 없고 보지 않는 것도 없습니다. 이것이 바로 불이법문에 들어가는 것입니다."

(31)樂實菩薩曰: 實·不實 爲二. 實見者 尚不見實, 何況非實. 所以者何, 非肉 眼所見, 慧眼乃能見. 而此慧眼, 無見無不見. 是爲 入不二法門.

【9-33】 이와 같이 모든 보살이 각각 설명을 마치자 〔유마 거사가〕 문수사
리께 묻기를: "무엇이 보살의 불이법문에 들어가는 것입니까?"

如是 諸菩薩, 各各說已, 問文殊師利: 何等 是菩薩, 入不二法門?

【9-34】 문수사리가 말하기를: "내가 생각하기에는 일체 법에 있어서 말할
수도 설명할 수도 없는, 볼 수도 알 수도 없는, 모든 문답을 여읜 이것이
바로 불이법문에 든다는 것입니다." 여기서 문수사리가 유마힐에게 묻기
를: "우리는 각자 설명을 마쳤습니다.

(32)文殊師利曰: 如我意者, 於一切法, 無言無說, 無示無識, 離諸問答. 是爲 入
不二法門. 於是 文殊師利, 問維摩詰: 我等 各自說已.

【9-35】 거사가 설하신다면 마땅히 무엇이 보살의 불이법문에 들어가는 것
입니까?" 그때 유마힐은 묵묵히 말이 없었다.

仁者 當說, 何等是, 菩薩入, 不二法門? 時維摩詰, 默然無言.

【9-36】 문수사리가 감탄하여 말하기를: "훌륭하십니다. 훌륭하십니다. 문
자와 언어가 없는 이것이야말로 진정한 불이법문에 들어가는 것입니다."
이 불이법문품을 설하였을 때, 그곳의 대중 가운데 5천 명의 보살들이 다
불이법문에 들어 무생법인을 증득하였다.

文殊師利歎曰: 善哉善哉. 乃至無有, 文字語言, 是眞入, 不
二法門品時, 於此衆中, 五千菩薩, 皆入 不二法門, 得無生法忍.

무언과 불이 세계

이 장면에서 유마 거사가 뭇 보살들에게 현상세계 속에서 이상세계를 구축한다는 것은 무엇을 뜻하며, 어떠한 예가 있는지를 불이의 법문 즉 이원론적 대립의 초월이라는 표현으로 묻고 있다. 유마 거사의 질문에 32명의 보살들이 각자 깨달은 바, 현실세계 속의 이원론적 가치관은, 실상세계에서는 둘이 아님을 설파하고 있다.

최종적으로 문수보살이 불이의 세계란 깨달음의 세계 또는 무위자연의 세계와 같이 언어도단이요, 심행처멸이어서 일체 제법에 있어서 말할 수도 없고 설명할 수도 없고, 볼 수도 없으며, 알 수도 없는, 모든 언설 문답을 여읜 경지라고 설명하고 있다. 그리고 문수보살이 유마 거사에게 어떻게 보살이 현실세계 속에서 이상의 세계에 들어가는 것인지 즉 불이의 세계에 들어가는 것인지를 묻고 있다.

유마 거사는 그의 질문이 끝났음에도 불구하고 묵묵부답으로 아무런 대응을 하지 않는다. 이러한 유마 거사의 의중을 꿰뚫어 본 문수보살이 그의 묵묵부답으로 응수한 그 경지가 최상의 불이법문에 들어가는 것이라고 찬탄하고 있다. 한마디로 유마 거사가 묵묵부답으로써 불이법문이 무엇인지 행동으로 보여준 것을 문수보살이 꿰뚫어 본 것이다. 유마 거사의 묵묵부답의 의중에는 성문승들이 붓다의 교법을 아무리 능숙하게 언설로써 풀고 논리정연하게 철학적 체계를 갖추어서 교학 연구를 하더라도 그러한 수행은 최상의 수행이 아니라는 것을 은연중에 비판하는 것이다. 진정한 수행은 언설로써 논하는 것이 아니라 실천행동으로 이루는 것이라는 것을 무언으로 보여주고 있다.

그런데, 과연 묵묵부답이 불이법문이라고 할 수 있을까? 유마 거사의 묵묵부답이 불이의 법문일 수 있었던 것은 단지 문수보살의 언어로써 불이법문을 설함으로써 그것에 대한 무언이 불이법문이라는 것이지 단지 무언이 불이법문이 될 수는 없다. 진정한 불이의 세계를 문수보살은 말로써 표현한 것이고, 유마 거사는 문수보살의 말을 행동으로 보인 것이다. 무언이 불이의 법문이 될 수 있는 길은 제법의 경계에 대해 어떠한 사리분별도 하지 않는, 이원론적 가치관으로 제법을 판단하지 않는 상태에서의 무언의 대응이 바로 이러한 경우 일 것이다. 그러므로 말이 없다 하여 불이의 세계에 들어가는 것이 아니라, 사리분별에서 벗어나고 이원론적 가치관을 초월한 경지에서의 답변이 참된 불이의 세계에 들어가는 것이다.

이러한 경지에서의 답변은 꼭 묵묵부답이어야 하는 것은 아니다. 행주좌와 어묵동정에서 언제나 불이의 법문이 될 수 있으며, 주체인 내가 보이는 것뿐만 아니라, 객체인 제법의 세계 모든 것이 다 무정설법으로써 불이의 법문을 하고 있는 것이다. 진정한 불이의 세계일 수 있는 것은 오직 그 세계에 들어갈 주체인 나의 의식세계가 이원론적인 전도망상에서 벗어나 있고 사리분별로써 제법을 판단하지 않을 때다. 이러한 경지가 바로 현실세계가 이상세계일 수 있는 경지라고 할 수 있다. 그러므로 이상세계가 달리 존재하는 것이 아니라 나의 마음이 바로 이상세계를 만들어 내는 것이다.

현실세계에 태어난 이상 죽음은 피할 수 없는 것이다. 즉 현실세계에서는 생사라는 이원론적인 가치관에서 벗어날 수 없다는 것이다. 그런데 자연적인 현상인 생로병사를 네 가지의 고통이라 하여 여기에서 벗어나는 것이 열반이며 수행자가 추구하고자 하는 이상세계다. 태어나면 죽는다는 것은 피할 수 없는 것이라면, 생과 사의 필연을 고통으로 받아들여야 할 아무런 이유가 없다. 단지 자연현상을 자연스럽게 받아들이지 않음으로써 없던 고통이 일어나는 것이다.

그런데 생과 사의 필연을 자연스럽게 받아들임으로써 오히려 죽음이라는 두려움에서 벗어나는 길이 있다는 것을 성자들이 일찍이 깨달은 것이다. 삶이라는 것, 육신이 나의 것이라는 집착에 의해 자연스런 현상인 죽음이라는 것을 싫어하는 인위적인 마음이 일어나니, 이 마음을 나에 대한 또는 육신에 대한 집착에서 벗어나게 함으로써 생과 사의 고통이라는 것도 초월할 수 있다는 진리를 증득하는 것이다. 이러한 성자들의 가르침이 자칫 교리 연구에 몰두한 성문승들에 의해 단절될 것을 염려하는 듯 많은 보살들이 현실세계에서의 차별상을 일일이 깨뜨리고 있다.

이렇게 생과 사가 현실세계에서 차별상을 보이지만 실상에서는 둘이 아님을 보이듯 나와 나의 소유, 깨끗함과 깨끗하지 않음, 어두움과 밝음, 열반과 사바, 유언과 무언 등 모든 이원론적 가치관이 실상에서 둘이 아니라는 것을 32 보살들과 유마 거사가 입증하고 있다. 즉 이원론적인 가치관에서 벗어나면 이 사바세계에서 바로 불국토의 청정함을 가질 수 있다는 것이 이 장의 요점이다.

그런데 현실세계를 살아가는 중생에게는 종교 아니 불교에서 실상을 아무리 논한다 하더라도 이원론적인 가치관에서 벗어나서는 실질적 삶이 불가능하다. 오직 실상의 교법이 필요한 것은 이원론의 가치관에서 어느 한쪽으로 집착하여 문제가 일어났을 때, 그 문제의 해결책으로 생과 사가 둘이 아니라는 실상법은 그 역할을 다하는 것이다. 까닭은 현실세계에서 생과 사가 둘이 아니며, 악과 선이 둘이 아니고, 남녀가 둘이 아니라고 한다면 삶의 기준이 사라지고 말기 때문이다. 생과 사가 둘이 아니라면 생을 취한다 하여 나쁠 것이 없어야 하며, 생을 포기하고 죽음을 택한다 하여 잘못된 것이라고 할 수 없어야 한다.

현실세계에서 분명 생과 사는 다르기 때문에 어느 한쪽을 택하려 하고, 선과 악이 구별되어야 하기 때문에 교육이라는 것을 필요로 하는 것이다. 남녀가 엄연히 구별됨으로써 평등이라는 원칙이 생기는 것이지 남녀가 둘이 아니라고 한다면 평등이라는 사상은 남녀 사이에 존재할 수 없는 것이다.

사람은 반드시 언젠가는 죽음을 맞이한다는 진리를 알고는 있으나 스스로 받아들이려 하지 않는다. 죽어야 하는데 죽지 않으려고 발버둥치니 그러한 삶에 고통이 따른다는 것이다. 어느 한쪽으로 치우쳐 집착할 때, 그로부터 벗어날 수 있는 약이 불이법문이다. 삶이 아무리 고달프다고 하더라도 노력하여 그 어려움을 극복해야 할 사람이 삶에 염증을 느껴 생을 포기하는 것은, 당연히 참고 견디며 받아들여야 할 것을 회피함으로써 죽음이라는 더 큰 고통을 야기하는 것이다. 단지 어느 한쪽을 선택하는 것이 탐ㆍ진ㆍ치 삼독에 중독된 마음을 바탕으로 한 것이어서 잘못된 선택을 하게 되며, 그것이 남은 사람들에게 안타까움을 안겨주니 병든 자에게 약을 주듯 방편으로 생과 사가 둘이 아니라는 불이법문이라는 약을 쓰는 것이다.

그러나 약이 아무리 좋은 것이라고 하더라도 병든 사람에게 필요한 것이지 병이 들지 않은 사람이 '약은 좋은 것'이라는 선입관으로 그 약을 복용하면 오히려 역작용이 일어나기 마련이다. 이와 같이 세속에서 열심히 일해야 할 사람이 불교〔종교〕의 교리를 익혀 이원론적인 가치관은 잘못된 것이라는 선입관에 빠져 세속의 삶에 의미를 두지 않고 허황되게 진리를 추구한다면서 가족 또는 사회의 일원으로서 해야 할 일을 마다한다면, 그것이야말로 이원론적인 가치관에 빠져 있다는 증거 이외 그 무엇도 아니다. 즉 세간(세속)과 출세간이 다르다는 이원론적 삶에 집착하는 것이 되기 때문이다.

그러므로 이원론적인 가치관을 가지고 출세간의 세계를 선택한다면 그것은 이름이 출세간이지 세간의 삶조차도 기피하는 가식에 지나지 않는다. 세간(현실세계)의 삶에 충실하되 나아가는 방향은 출세간(이상세계)으로 한 발 한 발 다가서는 삶이 현실세계가 바로 이상세계라는 것을 실현하는 유일한 길인지도 모른다.

제6장 사바세계의 향연
향적불품香積佛品 제10

이상세계

　인간이 바라는 이상세계란 어떠한 세계일까? 사시장철 얼음으로
덮여 있거나 무더워서 사람이 살기 힘든 곳에서는 사계절이 뚜렷하
고 언제나 시원한 바람이 불고, 때에 따라 물이 필요하면 적당히 비
를 내려주는 곳이 이상세계일 것이다. 매연으로 눈을 뜨기가 힘들
고 호흡이 곤란한 세계에서 살아가는 사람들은 청량한 공기에 산천
초목이 푸름을 자랑하고 기화요초가 만발하며 맑은 물이 흐르는 곳
이 이상세계일 것이다. 기아에 허덕이며 보이느니 굶어 죽어가는 사
람들로 가득한 곳에서는 사시장철 먹고 싶은 것을 손만 뻗으면 구할
수 있는 세계가 바로 이상세계일 것이다. 지금의 인도 사회를 보더라
도 유마경이 출현할 당시의 인도가 기아에서 자유로운 나라는 아니
었을 것이다. 그래서 그러한지 유마경의 저자는 이상세계의 한 모습
으로서 향기롭기 그지없는 음식을 언제든지 먹을 수 있는 세계를 보

여줘 이상세계가 어떠한 곳인지 방편(신통)으로 사바세계의 중생들에게 보이고 있다. 그러나 유마경에서 논하는 이상세계란 그러한 일시적이요, 차별적 이상세계를 말하는 것은 아니다.

진정 우리가 살아가는 이 세계가 사바세계라면, 그리고 사바세계란 참고 견디지 않으면 살아갈 수 없는 세계라고 정의한 것이 틀리지 않다면, 인간이 어떠한 곳에서 어떠한 환경에서 삶을 시작하건 반드시 고통스럽게 살아야 한다는 것이 전제되어 있다. 사바세계에 뿌리를 내린 인간은 이러한 업을 지니고 있다는 뜻이다. 그럼에도 불구하고 참고 견디지 않고도 살아갈 수 있는 세계가 인간이 바라는 이상세계다. 참고 견디지 않고 쉽게 스스로가 생각하는 이상세계를 이루려고 한다. 이러한 인간이 바라는 이상세계는 욕망에 기인한 허상으로서 결코 일어나지 않는 세계다. 아이러니하게도 이러한 욕망을 지니고 있는 한, 그러한 인간은 고통에서 빠져나와 스스로가 정한 허상의 이상세계를 구축하고자 하면 할수록 더한 고통의 세계로 빠져든다는 것이 자연법이自然法爾다. 이 장에서 잠시나마 중향국으로써 인간이 바라는 이상세계가 어떠한 곳이라는 것을 보이는 까닭은, 인간이 바라는 이상세계가 중향국과 같은 환상적인 세계지만, 샤캬무니 붓다의 교법을 이행함으로써 현실세계(사바세계)에서 이룰 수 있는 이상세계는 중향국을 초월하는 곳이라는 것을 암시하고 있다.

【10-1】 여기서 사리불이 속으로 생각하기를: ¹[공양] 시간²⁷¹이 다 되어 가

---

271 '공양 시간'에 해당하는 한역은 '일시日時'이나, 이 단어는 지금도 사용되고 있지만, 보통 '날과 시간'이란 뜻이거나 해가 떠 있는 동안의 '주간晝間'이란 의미로 쓰인다. 그러나 여기서 사용된 의미는 그런 뜻이 아니라 인도의 출가사문의 식사 시간과 관련된 단어다. 전통적으로 출가사문은 오전 이전에 탁발한 공양을 다 마쳐야 하므로 오후불식

는데 이 모든 보살들이 어디에서 식사를 하지?'

그때 유마힐이 그의 생각을 알고 말하기를: "붓다는 8해탈[272]을 설하시니 스님은 받들어 행하셔야 합니다. 어찌 먹을 생각을 하면서 법문을 듣는단 말입니까. 만약 드시고 싶으시다면 잠시만 기다리시기 바랍니다. 마땅히 스님께 아직 한 번도 드셔보지 못한 음식을 대접하겠습니다."

於是 舍利弗心念. 日時欲至, 此諸菩薩, 當於何食? 時 維摩詰, 知其意 而語言: 佛說八解脫, 仁者受行. 豈雜欲食, 而聞法乎. 若欲食者, 且待須臾. 當令汝得, 未曾有食.

【10-2】 그리고는 유마힐이 삼매에 들어 신통력으로써 모든 대중에게 보였다. 상방세계 쪽으로 42항하사의 불국토를 지나 한 나라가 있는데 이름이 중향이며, 붓다의 이름은 향적으로서 지금 현존하시는 분이었다.

時 維摩詰, 卽入三昧, 以神通力, 示諸大衆. 上方界分, 過四十二 恒河沙佛土, 有國名衆香, 佛號香積, 今現在.

【10-3】 그 나라의 향기는 시방의 모든 붓다의 세계와 인간세계 그리고 천상의 세계의 향기와 비교하여 최고로 제일가는 나라였다. 그 국토에는 성문이나 벽지불이라는 이름은 없고 오직 청정한 대 보살들만 있었으며, 붓다께서 법을 설하고 계셨다. 그 세계에는 일체의 모든 것을 향기로써 누각을 만들었으며, 경행經行[273]의 길과 화원도 향으로 만들어졌다. 그곳의

으로 되어 있다. 그러므로 오전 중에 공양을 하지 못하면 그날은 식사를 할 수 없게 된다. 사리불이 식사 시간을 걱정하게 된 동기는 바로 시간의 제약 속에 있는 성문승이었기 때문이다.

272 8해탈에 관해서는 제1막 각주 245 참조.

273 경행이란 식후 또는 수행시간 중의 쉬는 시간에 가벼운 운동으로 일정한 거리를 천천

음식의 향기가 시방으로 무량한 세계로 두루 퍼져 나갔다.

其國香氣, 比於十方, 諸佛世界, 人・天之香, 最爲第一. 彼土無有, 聲聞・辟支佛名, 唯有淸淨, 大菩薩衆, 佛爲說法. 其界一切, 皆以 香作樓閣, 經行香地, 苑園皆香. 其食香氣, 周流十方, 無量世界.

【10-4】 마침 그곳의 붓다께서 바로 여러 보살들과 함께 앉아 식사를 하고 계셨다. 여러 천신의 아들들이 있었는데 다 향엄香嚴이라고 불렸다.[274] 〔그들은〕 모두 아뇩다라삼먁삼보리를 향해 마음을 일으켜 그 붓다와 여러 보살들께 공양을 올리고 있었다. 그곳의 모든 대중들은 〔그러한 풍경을〕 눈으로 보지 못하는 것이 없었다.

時 彼佛, 與諸菩薩, 方共坐食. 有諸天子, 皆號香嚴. 悉發 阿耨多羅三藐三菩提心, 供養彼佛, 及諸菩薩. 此諸大衆, 莫不目見.

【10-5】 그때 유마힐이 뭇 보살들에게 묻기를: "모든 보살들이시여, 누가 저 붓다의 공양을 받으러 가시겠습니까?" 〔그러나〕 문수사리가 신통을 부렸던 까닭으로 모두가 다 묵묵히 있었다.

유마힐이 말하기를: "〔문수사리〕보살이시여, 이 대중들이 부끄러워해야 할 일은 없습니까?"

문수사리가 말하기를: "붓다가 말씀하신 바와 같이 배우지 못한 자를 경멸하지 말라고 하셨지 않았습니까?"

時 維摩詰問, 衆菩薩言: 諸仁者, 誰能致彼佛飯? 以文殊師利, 威神力故, 咸皆

히 걸으면서 수행하는 것.

274 향엄香嚴이라 불리는 천신天神의 아들(천자天子)들이므로 그들의 성姓이 다 향엄이라 불리었다는 의미.

默然. 維摩詰言: 仁, 此大衆, 無乃可恥? 文殊師利曰: 如佛所言, 勿輕未學?

【10-6】 그러자 유마힐은 앉은 자리에서 일어서지 않고 대중들 앞에서 화
술化術로써 〔허깨비의〕 보살을 만들어, 그의 모습이나 〔몸으로부터〕 광명
이 비춰 그 위덕威德의 수승함이 회중을 덮었다. 그리고 그에게 말하기
를: "네가 상방의 세계 쪽으로 42항하사와 같이 〔많은〕 불국토를 지나면
한 나라가 있는데, 이름을 중향이라 하며, 명호를 향적이라 하는 붓다를
뵈어라.

於是 維摩詰, 不起于座, 居衆會前, 化作菩薩, 相好光明, 威德殊勝, 蔽於衆會.
而告之曰: 汝往上方界, 分度 如四十二 恒河沙佛土, 有國名衆香, 佛號香積.

【10-7】 지금 여러 보살들과 함께 공양을 드시고 계시니, 네가 그곳에 이
르러 내가 말한 바와 같이 말씀드려라. '유마힐은 세존의 발에 계수례로
써 예를 올립니다. 공경하기 한량없습니다. 기거하심이 어떠하신지 여쭙
니다. 작은 병이거나 걱정거리는 없으신지, 기력은 편안하신지 어떤지 바
라건대 세존께서 드시고 남은 음식을 얻어 마땅히 사바세계에서 불사佛事
를 베풀고자 합니다. 이 소법小法을 원하는 자들로서 대승의 도를 홍포할
수 있게 해 주시고 또 여래의 명성을 널리 들리게 해 주십시오'라고 하여
라."

與諸菩薩, 方共坐食, 汝往到彼, 如我辭曰. 維摩詰 稽首世尊足下. 致敬無量. 問
訊起居. 少病少惱, 氣力安不. 願得世尊, 所食之餘, 當於 娑婆世界, 施作佛事.
令此樂小法者, 得弘大道, 亦使如來, 名聲普聞.

향기의 세계

여기서도 역시 인도인들의 상상을 초월하는 헤아릴 수 없는 불국토의 예가 나타난다. 42항하사의 불국토를 지나서 중향이라는 나라가 있는데, 그 나라는 모든 것이 향기로 이루어졌다고 한다. 그 향기라는 것도 사바세계는 물론 그 어떠한 불국토에 있는 향기보다 우수한 것이라고 하니 사바세계의 중생은 가히 상상할 수 없는 향기임에 틀림없다. 인도인들의 세계관과 이상향이 엿보이는 장면이다. 그런데 왜 하필이면 맛있는 음식을 향기로 묘사하였을까? 유마경의 저자가 맛있는 음식은 향기가 좋은 것으로 인식한 까닭은 인도 음식의 강한 향신료와 깊은 연관이 있을 것이다.

이 사바세계에도 맛있는 음식이 없는 것은 아니나, 아무리 맛없는 음식이라도 먹고 사는 문제를 해결할 수 있다는 것만으로도 만족하며 살아야 하는 중생들이 있는 곳이다. 사바세계에서 현세의 삶은 고통이나 고행을 통해 내세에는 먹고 사는 데 아무런 문제가 없는, 항시 맛있는 음식을 원하기만 한다면 언제든지 먹을 수 있고 필요로 하는 것이면 무엇이든지 구할 수 있는 이상향을 성취하고자 하는 것이다. 그러한 이상향의 하나가 바로 중향국이라는 것을 신통으로 보임으로써 내세를 위해 사바세계의 중생들이 고행을 감내하며 보살행을 성취하고자 하는 것이다.

그러한 이상향의 음식으로써 유마 거사는 사바세계에서 불사를 하겠다고 한다. 다시 말하면, 유마 거사가 중향국을 관장하는 향적여래의 덕망으로써 사바세계의 중생들을 깨우치게 할 불사를 하겠다는 것이다. 흔히 불사라고 하면 하드웨어적인 면에서 사원 건립이라거나 탑 또는 불상을 조성하는 등의 불교 활동 전반에 걸쳐 외형적인 업무가 이에 속하며, 소프트웨어적인 면에서 법회라거나 연등행사 등 내형적인 업무가 이에 속할 것이다. 중향국의 음식으로써 불사를 한다는 것은 후자에 속할 것이다.

　유마 거사가 중향국의 음식으로써 불사를 하듯 오늘날 승려들도 불사를 한다고 하면 스스로의 덕망으로는 불사를 이루기 힘드니 고승대덕의 힘을 빌려 불사를 이루기도 한다. 때로는 고승대덕의 서화 등을 전시물로 하여 불자들의 동참으로 사원 건립을 이루기도 한다. 전자건 후자건 그 목적은 어디까지나 붓다의 교법 홍포와 중생 교화에 있다. 구마라습에 의하면, 여기서 불사라고 한 의중은 중생을 교화하는 것이라고 한다.[275] 이러한 불사의 의미가 오늘날에도 전해지고 있지만 그 목적이 중생 교화라기보다는 사원 건립이라는 하드웨어적인 면으로 치우치고 있다. 물론 사원 건립도 간접적인 중생 교화라고 볼 수 있을 것이다.

　중향국에서 중생들(천신의 아들들)이 향기로써 불보살에게 공양을 올리고 아뇩다라삼먁삼보리를 향하여 마음을 일으키듯 사바세계에서도 붓다의 교법을 이루고자 하는 수행자가 반드시 닦아야 할 다섯 가지 수행덕목이 있다. 즉 계·정·혜 3학과 해탈·해탈지견解脫知見의 5분법신分法身[276]을 말하며, 이 오분법신을 이룬 자가 바로 여래라는 것이다.

　동물이면 동물마다 독특한 냄새가 나듯, 사람이라 하더라도 그 몸에서 나는 냄새는 각자 다르다. 무엇을 먹고 어떤 짓을 하였는지에

---

275 "什曰: 佛事 謂化衆生." 승조 찬, 『주유마힐경』, 『대정장』 vol. 38, p. 400.
276 오분법신향이라고도 하며 이에 대해서는 제1막 각주 71 참조.

따라서 몸에서 나는 향도 다르다. 이와 같이 코로 맡을 수 있는 향이 있는가 하면 코로 맡지 못하는 향이 있다. 사람이 어떠한 생각을 바탕으로 하여 어떠한 행위를 하느냐에 따라 그 사람에게서 풍기는 향취는 각자 다르게 마련이다.

지혜의 완성의 경지에 다다른 수행자에게 구비되는 다섯 가지의 향 즉 계향戒香, 정향定香, 혜향慧香, 해탈향解脫香, 해탈지견향解脫知見香을 5분법신향分法身香이라고 한다. 계행을 잘 지키는 수행자의 모습에서 풍기는 향취는 바람을 타고 전달되는 것이 아니라 마음과 마음으로 전달되는 것이다. 이것을 5분법신향이라고 한다.

언제나 몸과 마음이 청정하고 뭇 중생을 위해 인욕 정진하는 그의 법의法衣에서 풍겨져 나오는 아름다운 향기가 사방으로 퍼져 뭇사람이 칭송하니 이것을 계향이라고 한다. 그의 마음은 언제나 고요하여 어떠한 상태 속에서도 마음이 흔들리는 법 없이 만물을 있는 그대로 비추니 그로부터 풍겨져 나오는 향을 정향이라고 한다. 마음에 장애가 없으니 언제나 지혜로써 스스로의 모습을 지켜보며 악을 멀리하고 선을 가까이하지만 마음에 집착하는 바 없고, 뭇 사람을 대하되 남녀노소에 그 어떠한 차별상도 없고 자애로써 고통 받는 중생을 도우니 중생을 향한 그의 마음에서 풍기는 향이 혜향이다.

전자의 세 가지 수행 덕목을 이룸으로써 스스로의 마음이 어떠한 경계대상으로부터도 장애를 받지 않고, 번뇌망념에서 벗어난 무애자재 한 모습에서 방향芳香이 풍겨져 나오니 이를 해탈향이라고 한다. 이와 같이 스스로가 계 · 정 · 혜 3학을 지녀 탐 · 진 · 치 3독으로부터 벗어나서 해탈한 스스로의 모습을 자각함으로써 보살의 일거수 일투족에서 신통묘유의 향이 시방으로 흩날려 일체중생을 이롭게 하니 이것을 해탈지견향이라고 한다.

이와 같이 중향국의 향기와는 비교가 안 되는 것이겠지만 사바세계에도 오분법신향이 있으며, 구원의 손길이 닿지 않는 어두운 구석에서 고통 받는 중생들이 구원의 손길을 기다리고 있으니, 보살들은 이 오분법신향으로써 불사를 하여 중생들을 고해의 세계에서 이상향으로 나아가게 하는 것이다.

【10-8】 그러자 허깨비보살이 즉각 모인 사람들 앞에서 상방의 세계로 올라갔다. 대중들 모두 그가 사라져서 중향계衆香界에 이르러 그 부처님의 발에 예를 올리는 것을 보고, 또 그가 말하는 것을 들었다.

時化菩薩, 即於會前, 昇于上方. 擧衆皆見, 其去到 衆香界, 禮彼佛足, 又聞其言.

【10-9】 "유마힐은 세존의 발에 계수로써 예를 올립니다. 공경하기 한량없습니다. 기거하심이 어떠하신지, 잔병이나 번거로운 일은 없으신지, 기력은 편안하신지 어떤지를 여쭙니다. 바라건대 세존께서 드시고 남은 음식을 얻어 마땅히 사바세계에서 불사佛事를 베풀고자 합니다. 이 소법을 원하는 자[277]로서 대승의 도를 홍포할 수 있게 해 주시고 또 여래의 명성이 널리 들리게 해 주십시오."

維摩詰 稽首, 世尊足下. 致敬無量. 問訊起居, 少病少惱, 氣力安不. 願得世尊, 所食之餘, 欲於娑婆世界, 施作佛事. 使此 樂小法者, 得弘大道, 亦使如來, 名聲普聞.

---

277 낙소법자樂小法者란 스스로 부정한 것을 싫어하며 깨끗한 것만을 고집하는 사람을 말한다. 대승보살행을 하는 보살은 일체만물의 본질은 청정하다거나 부정하다는 것이 없다는 것을 깨닫고, 스스로를 부정한 것으로부터 멀리하지 않고, 오히려 중생 구제의 목적으로 그 속에 있으나, 스스로는 물들지 않는다는 것을 유마경은 설파하고 있다.

【10-10】 그곳〔중향계衆香界〕의 모든 대사大士들이 허깨비보살을 보고 미증유함을 찬탄하였다. "지금 이분은 어디에서 오셨으며, 사바세계란 어떠한 곳에 있는 것인지, 무엇을 이름하여 소법을 원하는 것이라 하는지를" 〔그곳의〕 붓다께 여쭈었다.

〔향적〕여래가 말씀하시기를: "하방에서 42항하사와 같이 〔많은〕 불국토를 건너면 한 세계가 있는데, 이름하여 사바라 하며 붓다의 이름을 샤캬무니라 하느니라. 지금 현재 오탁악세[278]에 있기에 소법을 원하는 중생들을 위해 진리의 가르침을 내리고 있느니라.

彼諸大士, 見化菩薩, 歎未增有, 今此上人, 從何所來, 娑婆世界, 爲在何許, 云何名身, 樂小法者, 卽以問佛.

佛告之曰: 下方度如, 四十二 恒河沙佛土, 有世界 名娑婆, 佛號 釋迦牟尼. 今現在 於五濁惡世, 爲樂 小法衆生, 敷演道敎.

【10-11】 그곳에 한 사람의 보살이 있는데 이름을 유마힐이라 하느니라. 불가사의 해탈에 머물며 모든 보살들을 위해 설법을 하느니라. 그러므로 허깨비보살을 보내 나의 명호를 칭양하게 하고 아울러 이 국토를 찬탄하게 하여 그곳의 보살들의 공덕을 증익케 하고자 하느니라."

---

278 5탁악세濁惡世란 붓다의 교법은 사라지고 말세가 되어 사람들의 생명은 점점 짧아지며 온갖 나쁜 일들이 일어나는 세상으로 5가지가 있다 하여 5탁이라 함.
　1) 겁탁劫濁; 말세의 특징으로 온갖 나쁜 일들, 기아, 전쟁, 역병, 천재天災 등이 창궐하는 세상.
　2) 견탁見濁; 사악한 견해나 사상이 만연하는 세상.
　3) 번뇌탁; 탐 · 진 · 치 3독에 의한 온갖 악덕한 일들이 일어나는 세상.
　4) 중생탁; 사람들의 질이 점점 떨어져 신체는 쇠약해지고 복덕은 사라지며 고통은 증장하는 세상.
　5) 명탁命濁; 사람들의 생명이 짧아지는 세상.

彼有菩薩, 名維摩詰. 住不可思議解脫, 爲諸菩薩說法. 故遣化來, 稱揚我名, 并讚此土, 令彼菩薩, 增益功德.

【10-12】 그〔곳의〕 보살이 말하기를: "그 사람〔유마힐〕은 어떻게 이 허깨비〔보살을〕 만들었기에, 〔그의〕 덕망의 힘과 무외와 신통이 이와 같습니까?" 붓다〔향적여래〕께서 말씀하시기를: "심히 크니라. 일체의 시방세계 모든〔곳에〕 허깨비 〔보살〕을 보내어 불사를 베풀어 중생을 요익케 하느니라." 여기서 향적여래가 중향국의 발우에 중향의 음식을 가득 담아 허깨비보살에게 주었다.

彼菩薩言: 其人何如, 乃作是化, 德力無畏, 神足若斯? 佛言: 甚大. 一切十方, 皆遣化往, 施作佛事, 饒益衆生. 於是 香積如來, 以衆香鉢, 盛滿香飯, 與化菩薩.

【10-13】 그때 그곳의 9백만 보살들이 다 소리를 내어 "나도 사바세계에 가서, 샤캬무니 붓다께 공양을 올리고 또 유마힐 등 여러 보살 대중을 친견하기를 원합니다."
붓다가 말씀하시길: "가거라. 〔그러나〕 너희들의 향기를 수습하여 그곳의 모든 중생들로 하여금 의혹을 일으켜 마음에 걸림이 없도록 하여라. 또 당연히 너희들의 본래의 형상을 버려야 하느니라. 그 국토에서 보살도를 구하고자 하는 사람들에게 스스로를 미천하다 부끄러움을 느끼게 하지 말라.

時彼九百萬, 菩薩俱發聲言, 我欲 詣娑婆世界, 供養 釋迦牟尼佛, 并欲 見維摩詰等, 諸菩薩衆. 佛言: 可往. 攝汝身香, 無令 彼諸衆生, 起惑著心. 又當 捨汝本形. 勿使彼國, 求菩薩者. 而自鄙恥.

【10-14】 또 너희들이 그곳에서 업신여기거나 미천하다는 마음을 품어 마음에 장애를 일으키지 말라. 왜냐하면 시방의 국토는 모두 허공과 같으니라. 또 모든 부처는 모든 소법을 원하는 자를 교화하기 위해 그들의 청정 국토를 다 나타내지 않을 뿐이니라."

又汝於彼, 莫懷輕賤, 而作礙想. 所以者何, 十方國土, 皆如虛空. 又諸佛 爲欲化, 諸樂小法者, 不盡現, 其淸淨土耳.

【10-15】 그때 허깨비보살은 이미 발우의 음식을 받고, 더불어 그곳의 9백만 보살들과 함께, 붓다의 위신 및 유마힐의 힘을 받아 그 세계에서 홀연히 사라져 순식간에 유마힐의 집에 이르렀다.

時化菩薩, 旣受鉢飯, 與彼九百萬 菩薩俱, 承佛威神, 及維摩詰力, 於彼世界, 忽然不現, 須臾之間, 至維摩詰舍.

능력자의 수행

화술로 만들어진 허깨비보살의 출현으로 중향국의 뭇 보살들이 지금까지 보지 못한 이방인이 어떠한 배경을 지닌 중생인지 궁금해졌다. 중향국의 보살들은 대승 수행을 하는 사람들이라 소승법을 원하는 사람들은 어떠한 수행을 하는지 사바세계에서 왔다는 허깨비보살을 따라나서겠다고 한다. 마치 문수보살과 유마 거사가 만난다고 하니 그동안 유마 거사의 병문안을 가기를 꺼려하던 뭇 성문성聲聞聖과 보살들이 문수보살을 따라나서서 그들의 대화를 듣고자 했던 것과 유사한 풍경이다.

단지 사바세계의 중생들이 중향국의 보살들과 비교하여 열등한 환경과 능력을 걱정하고 있다. 즉 중향국의 보살들의 월등한 능력을 보면 스스로를 비관하여 오히려 그들에게 좌절감을 안겨줄 수 있다는 것을 경계하고 있는 것이다. 이것은 비단 사바세계와 중향국의 비교로 끝날 것이 아니다. 사바세계에서 일어나는 일들 중에 가진 자와 가지지 못한 자, 능력이 있는 자와 없는 자의 비교 등에서, 비교 우위에 있는 자들에게 몸과 마음을 어떻게 다스려야 하는지를 일러주는 장면이라 할 수 있기 때문이다. 이러한 비교 우위에 있는 사람들이 열등한 위치에 있는 사람들을 생각하여 스스로의 능력을 감추는 것 자체가 보살행임을 이 장면에서 보여주고 있다.

현 사회에서 경제적 '로열패밀리'라는 말을 만들어 내는 것으로 보아 가진 자와 가지지 못한 자의 차별은 오히려 옛날 진정한 로열패밀리의 계급이 있던 시절보다 더 심각한 현상을 드러내고 있다. 가진 자는 그렇지 못한 사람들을 위해 그들의 능력을 드러내기보다는 감춘다거나 혹은 능력을 나누는 것으로써 그들이 교만해질 수 있는 스스로의 마음의 장애를 다스리게 하는 장면이다.

현실세계의 가진 자들이 가졌다는 것을 소위 명품이라는 것으로 나타내니, 가지지 못한 자들이 스스로의 처지를 숨기기 위하여 명품으로 가진 자의 흉내를 내어 '명품족'이라는 새로운 말까지 생겨났다. 이로 보아 향적여래가 그곳의 보살들에게 주의를 주는 이유가 이해되지 않는 바는 아니다.

【10-16】 그때 유마힐이 9백 만의 사자좌를 화술化術로써 만들었다. 장엄은 이전과 같았으며, 모든 보살들이 다 그 위에 앉았다. 그 허깨비보살이

발우에 가득 담은 향기로운 음식을 유마힐에게 드렸다. 음식의 향기는 바이샤리 성 및 삼천대천세계에 두루 퍼졌다.

時 維摩詰, 即化作, 九百萬 師子之座. 嚴好如前, 諸菩薩, 皆坐其上. 是化菩薩, 以滿鉢香飯, 與維摩詰. 飯香普熏, 毘耶離城, 及三千大千世界.

【10-17】 그때 바이샤리의 바라문과 거사 등이 이 향기를 맡고,[279] 몸과 마음이 상쾌하여 미증유하다며 감탄하였다. 그곳의 장자들의 주主,[280] 월개月蓋가 8만 4천의 사람들을 따라 유마힐의 집에 들어왔다.

時 毘耶離, 婆羅門居士等, 聞是香氣, 身意快然, 歎未曾有. 於是 長者主 月蓋, 從八萬四千人來, 入維摩詰舍.

【10-18】 그의 방안에는 보살들이 많이 있었으며, 모든 사자좌가 높고 크며 장엄이 잘 된 것을 보고 모두 크게 환희하였다. 뭇 보살들 및 대 제자

---

279 한역의 원문은 '문시향기聞是香氣'라 하여 마치 향기를 듣는 것처럼 되어 있으나, 번역은 "향기를 맡는다"는 것이 어법에 맞지만, 왜 '문聞'이라 표현하였는지에 대해서는 알 수 없다. 단지 산스크리트어 사본의 일본어 번역에는 역시 향기를 맡는다는 표현을 쓰고 있다. 우에키 마사토시植木雅俊, Ibid. p. 441.

280 여기서 장자라 함은 릿챠비Licchavi 족을 말하며 그들의 주主라는 말은 릿챠비 족의 수장首長을 말한다. 즉 릿챠비 족은 바이샤리에 살았던 종족이며 바이샤리가 밧지Vrijji 국의 수도였으니 장자주長者主라는 말은 릿챠비 족의 족장 또는 밧지 국의 국왕에 해당하는 표현일 것이다. 그리고 유마경이 출현할 당시의 밧지 국의 통치자가 월개月蓋였다는 것이다. 중촌원中村元Nakamura hajime에 의하면 붓다의 재세시 밧지 국은 공화정책을 폈던 나라라고 하니 공화국 위원회의 위원장 즉 수장에 해당하는 사람일 것이다.
이를 뒷받침할 연구서로서 구마라습의 제자로 알려져 있는 승조 찬,『주유마힐경』에 의하면 '주主'라고 말하는 것은 뭇 사람들의 추천한 바의 사람이라고 하였으니 당시의 릿챠비 족은 오늘날의 선거제도에 해당하는 추천 제도를 행하고 있었을 것이다. "彼國無王, 唯五百居士, 共治國政, 今言主, 衆所推也."『주유마힐경』『대정장』vol. 38, p. 401.

들께 예를 올리고 한 쪽으로 물러났다. 모든 지신地神과 허공신虛空神 및 욕계와 색계의 모든 천계에서 이 향기를 맡았다. 〔그들〕 또한 다 유마힐의 집으로 들어왔다.

見其室中 菩薩甚多, 諸師子座, 高廣嚴好, 皆大歡喜. 禮衆菩薩, 及大弟子, 却住一面. 諸地神 · 虛空神, 及欲 · 色界 諸天, 聞此香氣. 亦皆來入, 維摩詰舍.

【10-19】 그때 유마힐이 사리불 등 대 성문들에게 말하기를: "스님들은 여래의 감로미의 음식을 드실 수 있습니다. 대자비로 훈습된 바〔음식〕이니 한정된〔소심한〕 마음으로 음식을 먹고 소화가 안 되게 하지는 마십시오." 〔그곳에〕 있던 다른 성문이 생각하기를: '이 조그마한 발우의 음식을 이 대중들이 사람마다 다 먹을 수 있을까?'

時 維摩詰語, 舍利弗等, 諸大聲聞: 仁者, 可食如來, 甘露味飯. 大悲所熏, 無以限意食之, 使不消也. 有異聲聞念, 是飯少, 而此大衆, 人人當食?

【10-20】 허깨비보살이 말하기를: "성문의 조그마한 덕과 지혜로써 여래의 한량없는 복덕과 지혜를 헤아리려 하지 마십시오. 사해四海281가 마를지언정 이 음식은 다함이 없습니다. 모든 사람들이 먹게 하되, 가져다 〔먹기를〕 마치 수미산만큼 하여 1겁 동안 하더라도 오히려 다 먹을 수 없습니다. 왜냐하면 다함이 없는 계 · 정 · 지혜 · 해탈 · 해탈지견282의 공덕을 구족한 자〔여래〕의 먹다 남은 음식일지라도, 그 음식은 끝내 다 먹을 수 없었습니다."

---

281 인도인들이 생각했던 우주관으로서, 중앙에 수미산이 있고 그 주변의 바다를 지칭하는 말. 염부제 등 사대주를 에워싸고 있다고 함.
282 계향 · 정향 · 혜향 · 해탈향 · 해탈지견향(5분향)을 말한다. 제1막 각주 71 참조.

化菩薩曰: 勿以聲聞, 小德小智, 稱量如來, 無量福慧. 四海有竭, 此飯無盡. 使一切人, 食揣若須彌, 乃至一劫, 猶不能盡. 所以者何, 無盡 戒·定·智慧·解脫·解脫知見, 功德具足者, 所食之餘, 終不可盡.

【10-21】 이러하여 발우의 음식은 모인 대중들이 다 배부르게 하고도 오히려 본래와 같았으며 없어지지 않았다. 그곳의 모든 보살과 성문, 천상의 신들과 사람들, 이 음식을 먹은 자는 몸이 편안하고 쾌락하였다. 비유컨대 마치 1겁의 쾌락으로 장엄한 나라의 모든 보살들과 같았고, 또 〔그들의〕 모든 모공에서 갖가지의 묘한 향이 나왔다. 또 〔그것은〕 마치 중향국토의 모든 나무의 향과 같았다.

於是鉢飯, 悉飽眾會, 猶故不盡. 其諸菩薩·聲聞·天·人, 食此飯者, 身安快樂. 譬如 一切 樂莊嚴國, 諸菩薩也, 又諸毛孔, 皆出妙香. 亦如 眾香國土, 諸樹之香.

기적

이 장면에서 영화 '10계戒'의 한 장면이 겹쳐지는 이유는 종교에서 일어나는 일이라 그러한지는 모르지만, 현상세계에서 표현 그대로는 절대로 일어날 수 없다. 성경에 나오는 빵 다섯 개와 생선 두 마리로 굶주린 수많은 유민 – 여인과 아이들을 제하고 남자들만 5000명 – 들이 배불리 나눠 먹고도 남는 기적의 한 장면과, 중향국眾香國의 음식 한 사발로 수많은 청중이 식사를 할 수 있다는 것과는 정말 닮은 점이 많다.

하기야 콩 한 알로 열 명이 나눠 먹고도 배가 부를 수 있다는 격언처럼, 이것이 다 마음에서 일어나는 현실이니, 발우 한가득의 음식으로써 나눠 먹어, 먹는 사람의 숫자가 많다 하여 어찌 배불리 먹을 수 없다고 할 수 있을까? 이 장면에서는 중생의 입장에서 이렇게 이해할 수 있다는 것이지, 이러한 해석만이 가능하다는 것은 아니다.

어쩌면 예수의 12제자들이 군중을 위해 아낌없이 내놓은 다섯 개의 빵과 두 마리의 생선이 모여 있는 수많은 굶주린 군중들을 위한 전부라는 것을 알았을 때, 군중들 속에서 스스로를 위해 숨기고 있던 빵(음식)을 군중을 위해 내놓았을지도 모르는 일이다. 남들을 향해 닫아 놓았던 마음을 여니 뭇 사람들의 닫혀 있던 마음도 열려, 현실세계에서 기적 같은 일들이 일어나는 것이다.

그렇게 하여 수많은 군중이 배불리 먹고도 열두 바구니의 빵조각이 남았다고 하니, 이러한 현상을 예수의 신통력으로 다섯 개의 빵이 수천 수만의 군중이 먹고도 남을 빵으로 만들었다고 한다는 것은 군중의 순수한 마음을 전혀 계산에 넣지 않은 종교적 관점에서의 시각이라고 볼 수 있을 것이다. 기적이라는 사건을 어떤 제3의 힘에 의해 일어나는 현상으로 보기보다는 군중들의 마음을 움직여 다 함께 고난을 이길 수 있는 보살 정신의 발로로 본다면 좀 더 현실적인 이해가 가능할 것이다.

【10-22】 이때 유마힐이 중향국의 보살에게 묻기를: "향적여래는 무엇으로써 설법을 하십니까?"

그 보살이 말하기를: "우리 국토의 여래는 문자로써 설법함이 없습니다. 단지 뭇 향으로써 모든 천인들에게 율행에 들어갈 수 있게 합니다. 보살

들은 각각 향나무 아래에 앉아 그 묘향을 맡으면 즉시 일체덕장삼매[283]를 획득합니다. 이 삼매를 얻은 자는 보살이 가지는 바 공덕을 모두 다 구족합니다."

爾時 維摩詰問, 衆香菩薩: 香積如來, 以何說法? 彼菩薩曰: 我土如來, 無文字說. 但以衆香, 令諸天人, 得入律行. 菩薩各各, 坐香樹下, 聞斯妙香, 即獲 一切德藏三昧. 得是三昧者, 菩薩 所有功德, 皆悉具足.

【10-23】 그 〔중향국의〕 모든 보살들이 유마힐에게 묻기를: "이곳에서는 세존 샤캬무니께서 무엇으로써 설법하십니까?"

유마힐이 말하기를: "이 국토의 중생들은 완강하여 교화하기 어려운 까닭으로, 붓다는 강경한 말로써 설법하시어 그들을 조복시킵니다. 말하자면, '이것이 지옥이요, 축생이며, 아귀니라. 이러한 곳이 모두 〔교화하기〕 어려운 곳이다.

彼諸菩薩, 問維摩詰: 今世尊 釋迦牟尼, 以何說法? 維摩詰言: 此土衆生, 剛强難化故, 佛爲說 剛强之語, 以調伏之. 言 是地獄, 是畜生, 是餓鬼. 是諸難處.

【10-24】 이곳은 어리석은 사람이 태어나는 곳이다. 이것이 육신으로 짓는 사행이며, 이것이 육신으로 짓는 사행의 과보다. 이것이 입으로 짓는 사행이며, 이것이 입으로 짓는 사행의 과보다. 이것이 뜻으로 짓는 사행이며, 이것이 뜻으로 짓는 사행의 과보다. 이것이 살생이며, 이것이 살생의 과보다. 이것이 주지 않는 것을 취하는 것이요, 이것이 주지 않는 것을 취한 과보다.

---

283 일체덕장삼매란 일체의 공덕을 저장할 수 있는 삼매로서, 보살의 여러 공덕을 나타내는 원천이다.

是愚人生處, 是身邪行, 是身邪行報. 是口邪行, 是口邪行報. 是意邪行, 是意邪
行報. 是殺生, 是殺生報. 是不與取, 是不與取報.

【10-25】 이것이 사음이요, 이것이 사음의 과보다. 이것이 망어요, 이것이
망어의 과보다. 이것이 양설이요, 이것이 양설의 과보다. 이것이 악구요,
이것이 악구의 과보다. 이것이 무의어無義語〔기어綺語〕[284]요, 이것이 무의
어의 과보다. 이것이 탐욕과 질투요, 이것이 탐욕과 질투의 과보다. 이것
이 진뇌瞋惱요, 이것이 진뇌의 과보다.

是邪婬, 是邪婬報. 是妄語, 是妄語報. 是兩舌, 是兩舌報. 是惡口, 是惡口報.
是無義語, 是無義語報. 是貪嫉, 是貪嫉報. 是瞋惱, 是瞋惱報.

【10-26】 이것이 사견이요, 이것이 사견의 과보다. 이것이 구두쇠(간린慳吝)
요, 이것이 구두쇠의 과보다. 이것이 파계요, 이것이 파계의 과보다. 이것
이 진에요, 이것이 진에의 과보다. 이것이 게으름이요, 이것이 게으름의
과보다. 이것이 난의亂意요, 이것이 난의의 과보다. 이것이 어리석음이요,
이것이 어리석음의 과보다. 이것이 결계요, 이것이 지계며, 이것이 계를
범하는 것이다. 이것이 마땅히 해야 하는 것이요, 이것이 마땅히 하지 말
아야 하는 것이다.

是邪見, 是邪見報. 是慳悋, 是慳悋報. 是毀戒, 是毀戒報. 是瞋恚, 是瞋恚報.

---

284 구마라습에 의하면, 산스크리트어 사본에는 〔무의어〕란 '잡설'이라고 하였다. 〔잡설이
란〕 수행에 도움이 되지 않거나 열반에 이를 수 없는, 오히려 마음으로 구업을 짓는 것
을 모두 잡설이라고 한다고 하였다. "什曰: 梵本云, 雜説也. 凡不爲善 及涅槃, 而起
心口業, 悉名雜説也."
그의 제자 승조는 여기에 덧붙여, 미사여구로 사람의 마음을 잠시 홀리는 것을 무의어
라고 하였다. "肇曰: 華飾美言, 苟悦人意, 名無義語." 『주유마힐경』, 『대정장』 vol. 38,
p. 401.

是懈怠, 是懈怠報. 是亂意, 是亂意報. 是愚癡, 是愚癡報. 是結戒, 是持戒, 是犯戒. 是應作, 是不應作.

【10-27】 이것이 장애요, 이것이 장애가 아닌 것이다. 이것이 죄를 짓는 것이요, 이것이 죄를 여의는 것이다. 이것이 깨끗함이요, 이것이 허물이다. 이것이 번뇌가 남아 있는 것(有漏)이요, 이것이 번뇌가 남아 있지 않는 것(무루無漏)이다. 이것이 사도邪道요, 이것이 정도正道다. 이것이 유위有爲요, 이것이 무위無爲다. 이것이 세간이요, 이것이 열반이다.'라고 〔붓다는 설하십니다〕.

是障礙, 是不障礙. 是得罪, 是離罪. 是淨, 是垢. 是有漏, 是無漏. 是邪道, 是正道. 是有爲, 是無爲. 是世間, 是涅槃.

【10-28】 교화하기 힘든 사람의 마음은 마치 원숭이 같으므로, 몇 가지의 법으로써 그들의 마음을 제어하여 〔그런 후에〕 조복할 수 있습니다. 비유컨대 코끼리나 말이 울부짖으며 말을 듣지 않으면, 채찍을 가하거나 하여 뼈에 사무치도록 한 후에 조복시키는 것과 같습니다. 이와 같이 완강하고 교화하기 어려운 중생이기 때문에 일체의 고절苦切한 말로써 즉 조율에 들 수 있게 합니다."

以難化之人, 心如猨猴故, 以若干種法, 制御其心, 乃可調伏. 譬如 象・馬, 瀧[285]悷不調, 加諸楚毒, 乃至徹骨, 然後調伏. 如是 剛強難化, 衆生故, 以一切, 苦切之言, 乃可入律.

---

285 『The SAT Daizōkyō Text Database』에 의하면 '롱瀧'은 용懺으로 되어 있으나 옥편에 나타나지 않는 글자로서 그 의미가 불분명함. 그러나 롱瀧으로 대체하여 의미가 통할 수 있으며, 여기서 용懺의 진위를 가리는 작업은 생략함.

중생 교화법

이 장면에는 사바세계의 중생을 어떻게 교화하느냐라는 과제로서 샤카무니 붓다의 교화법에 대해 논하고 있다. 그 교화법에 관해서 사바세계의 중생을 교화하기 위해 수많은 방법을 설하고 있지만, 한 가지 간과할 수 없는 점은, 인간은 교화하기 힘들다는 사실이다. 불교에서뿐만 아니라 어떠한 종교나 사상, 철학을 막론하고 그 성립의 중심에는 인간의 교화 즉 교육에 있다.

예를 들면, 유교에 있어서 순자의 성악설과 맹자의 성선설 또한 사바세계의 인간성을 분석하여 인간의 근본적인 성품을 이원론적으로 논하고 있지만, 그 중심에는 인간의 성품을 논하고자 하는 것이 아니라 즉 인간의 교육에 있다. 인간의 근본 성품이 어떠하건 그것이 문제가 아니라 교육을 중시해야 하는 이유를 피력하기 위한 부연 설명으로서 성악설이라거나 성선설이라는 인간성을 논하게 된 것일 뿐이다.

유마경에서 사바세계의 중생[인간] 교화에 필요한 내용들을 열거하고 있는데, 여기서 중요한 점은 모두 이원론적인 비교에 의한 교화법이다. 인간 이외의 중생[코끼리, 말]에게는 육신에 고통을 가함으로써 교화한다고 한다. 역시 유마경의 저자가 코끼리를 부리는 인도인이라 인도인다운 발상이라 할 아이디어라고 할 수 있을 것이다. 야생의 코끼리를 길들이기 위해서는, 그들이 오랜 세월 경험한 바에 의해, 역시 채찍이 최고라는 지식을 지녔을 것이다. 여기서의 메시지는 인간은 채찍으로 교화되지 않는다는 것이다. 육신의 고통을 가함으로써 인간을 교화하려 함은 임시로 혹은 가식으로 지배자의 명령을 듣게 할 수는 있을지언정 피지배인의 심성을 진정 교화하는 것은 아니다.

　요즈음 학교교육의 문제점으로 이슈화되고 있는 것 중 체벌에 관한 찬반의 견해가 쟁점화되고 있다. 유마경에 의하면 말을 잘 듣지 않고 집착이 강한 인간에게는 체벌은 아니라 하더라도 그에 준하는 험악한 소리로써 교화한다고 한다. 인간을 교화한다는 것은 기본적으로 체벌을 통해 이루어지는 것이 아니라 강경한 말을 통해 어떠한 행위에는 어떠한 결과를 초래할 것이라는 가르침으로 스스로 자기의 행위에 책임을 질 수 있도록 하는 것이다. 무력을 사용하는 집단일수록 험악한 말투는 하나의 필요불가결한 통제 방법이 될 수 있을 것이다.

　야납이 어릴 때 어머니를 따라 자주 절에 간 적이 있다. 조그마한 지역 포교당이었는데, 대중들이 식사를 하기도 하고 거처로 사용되었던 가장 큰방에 여러 가지 액자가 걸려 있었다. 그중 지금도 기억에 남는 것은 한 장의 지옥도였다. 그 그림을 보고서는 이 세상에서 죄를 지어서는 안 되겠다는 마음이 저절로 일어나게끔 지옥의 모습이 적나라하게 묘사되어 있었던 것을 기억하고 있다.

　한눈에도 무시무시한 내용의 그림이라는 것을 알 수 있었다. 혓바닥이 길게 뽑혀 그 위를 쟁기로 밭을 갈 듯 갈아엎는 장면도 있었는데 쟁기가 지나간 자리에는 혈흔이 낭자하다. 살아있을 당시에 구업을 지은 자가 지옥에서 받는 고통이 그러하다는 것이었다. 깊고 큰 가마솥 속에 알몸으로 들어가 있는데 밖에서는 옥졸들이 긴 창을 들고 뜨거운 가마솥 밖으로 빠져나오려는 지옥중생을 찔러 도로 가마솥 안으로 빠뜨리거나, 활활 타오르는 불을 살피고 있는 그림도 있었다. 칼날이 위로 숫구치게 꽂혀 있는 칼의 산을 알몸으로 온몸이 피투성이가 되어 기어오르는 중생 등, 참혹하기 이를 데 없는 그림들이 구역 구역마다 죄의 질에 따라 받아야 할 죄값으로 표현되어 있었다.

이에 비슷한 내용이 바티칸에 있는 시스티나Sistina 예배당에도 있다. 성격이 괴팍하다고 알려진 미켈란젤로가 최후의 심판의 벽화를 의뢰 받았을 때, 처음에는 거절하였으나 우여곡절 끝에 그림이 완성될 때까지 장막을 치고서 아무도 엿보지 않을 것을 조건으로 승낙하였다. 사람들의 출입을 통제한 상태에서 그림을 시작하였으나, 교황청의 의전장으로 있던 비아죠 다 체제나Biagio da Cesena가 그의 궁금증을 어쩌지 못하고 약속을 어겨 작업 도중에 장막을 들춰 엿보았던 것이다.

당시에는 르네상스의 전성기이기도 하여 신神 중심의 중세문화로부터 어느 정도 인간미가 풍겨 나오는 자유로운 창작이 이루어지던 시절이었으므로, 최후의 심판은 미켈란젤로의 말년의 작품으로 손색이 없는, 그의 사상과 예술의 모든 표현이 동원된 것으로 여겨지는 작품이기도 하다. 최후의 심판에 등장하는, 천상과 지옥을 막론하고 너무나 많은 인물들이 나신으로 묘사되어 있는 것을 보고 의전장은 이를 묵과하지 못하고 당시의 교황에게 고자질을 하고 말았다.(우여곡절 끝에, 결국 후대의 교황의 명령으로 나신의 그림에 옷을 입히는 작업이 이루어지기도 하였다.) 아무튼 의전장이 몰래 훔쳐본 행위를 괘씸하게 여긴 미켈란젤로는 최후의 심판에 등장하는 미노스Minosse 왕의 얼굴로 비아죠 다 체제나의 얼굴을 그려 넣었다.

미노스는 명부의 재판관으로서 지옥의 입구에서 죄를 지어 지옥으로 떨어질 영혼들을 배당하는 역할을 하는 지옥 중생이다. 미켈란젤로는 약속을 어기고 자기의 작업을 엿본 의전장을 지옥에 떨어뜨려 그 곳에서도 못된 짓을 하는 인물로 등장시키고 있는 것이다. 더더욱 아이러니컬하게도 그가 장막을 들춰 엿보는 모습이 한 귀퉁이에서 일어난 것처럼 최후의 심판에서도 그림을 향하여 오른쪽 하단 귀퉁이에 자리하였으며, 그의 얼굴은 마치 마귀의 형상처럼 귀를 비정상적으로 크게 그려 넣고 있다.

아무튼 최후의 심판에서도 죄를 지은 자들의 참혹한 모습이 적나라하게 묘사되어 있다. 그 참상은 불교에서의 지옥도라는 것과 대동소이하게 묘사되어 있으며, 한마디로 현세에서 죄를 짓지 말라는 교훈적인 벽화라고 할 수 있을 것이다.

【10-29】 그 〔중향국의〕 모든 보살들이 이러한 설명을 듣자 모두 말하기를: "미증유합니다. 마치 세존 샤캬무니 붓다는 그러한 한량없는 자재의 힘을 감추고, 즉 불쌍한 이들의 원하는 바 법으로써 중생을 제도하시는 것과 같습니다. 여기의 여러 보살들 또한 노고를 서슴지 않고 〔스스로를〕 낮출 수 있는 분들이며, 한량없는 대 자비심으로써 이 불국토에 태어나십니다."

彼諸菩薩, 聞說是已, 皆曰: 未曾有也. 如世尊 釋迦牟尼佛, 隱其無量, 自在之力, 乃以貧所樂法, 度脫衆生. 斯諸菩薩, 亦能勞謙, 以無量大悲, 生是佛土.

【10-30】 유마힐이 말하기를: "이 땅의 보살들은 모든 중생에 대한 대비심의 견고함은 정말 말씀하신 바와 같습니다. 그리고 그들의 한 생 〔동안〕 중생을 요익케 하는 것은 저 국토〔중향국〕의 백 천의 겁 동안 행하시는 것보다 많습니다. 왜냐하면, 이 사바세계에는 10사事의 선법善法이 있습니다. 모든 나머지 정토에서는 있을 수 없는 것입니다.

維摩詰言: 此土菩薩, 於諸衆生, 大悲堅固, 誠如所言. 然其一世, 饒益衆生, 多
於彼國. 百千劫行. 所以者何, 此娑婆世界. 有十事善法. 諸餘淨土, 之所無有.

【10-31】 무엇이 열 가지냐 하면: 1)보시로써 빈궁자를 섭수하고, 2)깨끗
이 계율을 지킴으로써 금기의 훼손(파계)을 수습하며, 3)인욕으로써 화냄
을 수습하고, 4)정진으로써 게으름을 수습하며, 5)선정으로써 들뜬 마음
을 수습하고, 6)지혜로써 어리석음을 수습하며, 7)어려움을 극복할 수 있
는 법을 설하여 8난을 만난 자를 제도하고, 8)대승법으로써 소승에 안주
하는 자를 제도하며, 9)모든 선근으로써 덕이 없는 자를 제도하고, 10)언
제나 4섭법으로써 중생을 성취케 하는 이것이 열 가지입니다."

何等爲十, 以布施 攝貧窮, 以淨戒 攝毀禁, 以忍辱 攝瞋恚, 以精進 攝懈怠, 以
禪定 攝亂意, 以智慧 攝愚癡, 說除難法, 度八難者, 以大乘法度, 樂小乘者, 以
諸善根, 濟無德者, 常以四攝, 成就衆生, 是爲十.

사바세계의 장점

중향국의 보살들이 사바세계의 샤캬무니 붓다와 보살들이 중생
을 위하여 얼마나 스스로를 희생하는지를 알고 감탄을 금치 못하고
있다. 아무리 착한 사람이라고 하더라도 혼자서 착하다는 것은 아
무런 의미가 없다. 착하다거나 악하다는 것은 타인이나 다른 생명체
를 대했을 때만 의미가 있는 것이다. 착한 사람이라는 것은, 악한 사
람이나 어떤 사람이 스스로의 마음을 제어할 수 없어 고통스러워할
때, 착한 성품이 그대로 드러나 그것이 그들에게 감동을 주고, 그들

도 스스로의 본래의 모습으로 돌아가게 할 때 착한 사람으로서 의미가 있는 것이다. 즉 대인관계에 의해서만이 착하다는(역으로 악하다는) 표현이 의미를 가진다.

중향국의 보살들은 스스로가 지닌 능력으로 지혜의 완성을 이룰 수 있는 사람들이지만 그들이 교화할 대상인 고통받는 중생을 대할 기회가 없으니 자기희생을 할 수 있는 방법이 없는 사람들이다. 보살로서 보살도를 행할 수 있는 사바세계의 보살들이 부러울 수밖에 없다. 가진 자가 가진 자로서 좋은 점은 주변에 가지지 못한 자가 있기 때문이다. 그러므로 가진 자가 가진 것으로써 가지지 못한 사람들에게 베풀 때 처음으로 가진 자의 좋은 점을 느낄 수 있는 것이다. 역으로 베풀지 못하는 가진 자는 그들이 가진 것을 오히려 빼앗길까 두려워하게 되는 것이다.

이 장면에서 사바세계의 보살이 행하는 10선법善法의 1)~6)까지는 스스로를 제어하는 수행법 즉 상구보리上求菩提에 속하며, 1)과 7)~10)까지는 중생 교화에 대한 내용으로 하화중생下化衆生에 해당한다. 첫 번째 덕목인 보시는 빈궁자를 섭수하는 하화중생의 수행임과 동시에 보시자 스스로의 욕망을 제어하는 수행이기 때문에 상구보리에도 속하는 것이다.

이와 같이 사바세계에서 이루어야 할 수행이 하나같이 쉬운 것은 없지만, 사바세계에서 일세에 이룰 수 있는 것은 중향국의 보살들이 백 천의 겁 동안 수행하는 것보다 많다고 한다. 시간의 개념에 있어서도 고통스러운 때의 시간은 즐거운 때의 시간과 단순비교는 할 수 없다. 고통스러운 시간이 상대적으로 훨씬 더 오랜 시간을 보내는 것 같은 느낌을 받는 것과 같이 사바세계에서의 시간은 중향국의 시간과 비교하여 비교할 수 없을 정도로 길게 느껴질 것이다. 그러나 여기서 논하는 시간의 개념은 단순히 장단의 개념이 아니라 수행의 성취도와 난이도를 근본으로 한 개념이다. 다시 말하면 어린아이를 기준으로 해서 이룰 수 있는 일의 성취는 어른이 이룰 수 있는 일의 성취와 단순히 시간의 흐름만으로는 비교할 수 없다. 또 일의 난이도에 있어서 바닥이 모래밭인 곳에 물을 받아 두는 일과 바위로 된 곳에 물을 받아 두는 일이 같은 양의 물을 받는다 하더라도 걸리는 시간은 결코 같을 수 없음을 나타내는 장면이다.

사바세계에서 이루는 수행 덕목은 그만큼 다른 정토세계에서 이룰 수 있는 것보다 힘들지만 가치 있고, 짧은 시간에 이룰 수 있다는 것을 논하고 있다. 즉 지혜의 완성을 이루기 위해서는 고통스럽지만 사바세계에 태어나야만 다른 세계에 태어나는 것보다 빠른 시간에 아뇩다라삼먁삼보리를 향하여 마음을 일으키고, 십선법 등을 행하여 스스로는 지혜의 완성을 이루며, 중생들을 붓다의 가르침으로 인도하여 제도할 수 있다는 것을 이 장면에서 보이고 있다.

5온으로 뭉쳐진 육신을 갖고 사바세계에 태어난 것이 불행이 아니라 오히려 깨달음을 빠른 시간에 이룰 수 있는 절호의 기회라는 것을 보여주고 있다. 유마경의 저자는 사바세계에 사는 인간이라면 누구나가 다 바람직한 타방의 황홀한 세계(중향국)의 예를 들어, 처음에는 그곳의 보살들이 수승해 보이도록 하였으나, 결국 그들조차도 사바세계의 위대성, 즉 깨달음을 얻을 수 있는 유일한 세계라는 것을 역설적으로 보이고 있다. 그럼으로써 사바세계의 중생들이 생을 마치기 전에 아뇩다라삼먁삼보리를 향한 마음을 일으켜, 설사 다겁의 생을 거치더라도 기어이 지혜의 완성을 이룰 수 있는 근거를 마련하게 하려는 의도가 내포된 장면이다.

【10-32】 그 〔중향국의〕 보살들이 말하기를: "〔이곳의〕 보살들이 얼마나 많은 법을 성취하여야 이 세계에서 상처〔창우瘡疣〕 없이 〔즉 무사히〕 정토에 태어나십니까?"

유마힐이 말하기를: "〔이곳의〕 보살은 여덟 가지의 법을 성취하여야 이 세계에서 무사히〔무창우無瘡疣〕 정토에 태어납니다.

彼菩薩曰: 菩薩 成就幾法, 於此世界, 行無瘡疣, 生于淨土? 維摩詰言: 菩薩 成就八法, 於此世界, 行無瘡疣, 生于淨土.

【10-33】 무엇이 여덟 가지냐 하면, 1)중생을 요익케 하되 보답을 바라지 않고, 2)일체중생을 대신하여 모든 고뇌를 받으며, 공덕을 지은 것은 그들에게 배풂으로써 다하고, 3)중생과 대등한 마음으로 겸하하여 장애가 없으며, 4)여러 보살들에 있어서 그들을 보기를 마치 붓다와 같이 하고, 5)아직 들어보지 못한 경전을 듣고 의심치 않으며, 6)성문과 함께하되 서로 위배하지 않고, 그들의 동반자를 시기하지 않으며 나의 이로움을 높이지 않으며, 그러면서 그들 속에서 그 마음을 조복받고, 7)언제나 자기 스스로를 반성하여 그들의 단점을 말하지 않고, 8)항상 일심으로써 모든 공덕을 구하는 이것이 여덟 가지의 법입니다."

何等爲八: 饒益衆生, 而不望報; 代一切衆生, 受諸苦惱, 所作功德, 盡以施之, 等心衆生, 謙下無礙; 於諸菩薩, 視之如佛; 所未聞經, 聞之不疑; 不與聲聞, 而相違背, 不嫉彼供, 不高己利, 而於其中, 調伏其心, 常省己過, 不訟彼短, 恒以一心, 求諸功德, 是爲八法.

【10-34】 유마힐과 문수사리가 대중 속에서 이러한 법을 설하였을 때, 백천의 천인이 모두 아뇩다라삼먁삼보리를 향해 마음을 일으켰고, 십 수 천의 보살들은 무생법인을 증득하였다.

維摩詰 文殊師利, 於大衆中, 說是法時, 百千天人, 皆發阿耨多羅三藐三菩提心, 十千菩薩, 得無生法忍.

왕생정토의 조건

이 장면은 보살이 정토에 태어나기 위해서는 반드시 행하지 않으면 안 되는 8가지를 제시하고 있다. 여기서 특이한 점은 다섯 번째의 경전의 말씀을 의심하지 말라는 대목인데, 그 외의 모든 덕목은 보살이 수행해야 할 타인과의 관계거나 타인을 위해서 이루어야 하는 덕목들이다. 다섯 번째의 덕목은 오직 자기 스스로의 문제로서 마음에 의심이 들면 수행할 수 없다는 뜻을 함유하고 있다. 즉 무조건 경전의 말씀을 믿으라는 강압이 들어 있다. 경전의 말씀을 믿고 의심치 않으며, 그대로 수행함으로써 정토에 날 수 있다는 길을 제시하고 있다.

이 덕목을 모세의 10계명誡命과 잠시 비교해 보면, 10계명 중 첫 번째에서 네 번째까지의 계명은 개인과 종교 간의 문제로서 스스로 그 계를 지키건 지키지 않건 아무런 사회적 변화는 일어나지 않는다. 그러나 다섯 번째부터 열 번째까지의 계명은 스스로 지키지 않으면 종교와는 상관없이 사회적 문제가 야기된다. 즉 살인이라거나 거짓말 또는 도둑질 등과 같은 종교와는 상관없이 사회적 도덕과 연관된 개인의 수행에 의해서만이 지켜질 수 있는 덕목이다. 말로써 또는 생각만으로 믿는다거나 하겠다는 것으로는 이룰 수 없고 사람과 사람 사이에서 만들어진 약속을 지킴으로써 이룰 수 있는 사항이다. 보살이 정토에 나기 위해서는 생각만으로 믿는 수행이 아니라 반드시 육신으로 움직이지 않고서는 이룰 수 없고, 혼자서 이루는 것이 아니라 타인과 결부되어야만이 성취할 수 있는 덕목들로 이루어져 있다.

그러나 8항목 중, 다섯째의 항목은 10계명의 첫째에서 넷째까지의 계명과 같이 스스로가 경전의 가르침을 믿고 따르느냐 아니냐의 문제며 사회나 타인과의 관계와는 아무런 연관성이 없다.

그런데 문제는 경전의 내용을 어떻게 이해하느냐에 따라 그 성취도는 천차만별이다. 같은 경전의 가르침을 이해함에 있어서도 개개인의 능력이나 취향에 따라 올바른 수행의 길로 들어서는가 하면 오히려 사도의 길로 접어드는 경우를 무시할 수는 없다. 단순히 아직까지 들어보지 못한 경전의 가르침이라고 하여 의심 없이 그대로 실천할 경우 자칫 지혜의 완성은커녕 사도에 빠져 목숨을 잃을 위험성도 있다는 것이다. 이유는 '들어보지 못한 경전'을 어떻게 규정하느냐에 따라, 그리고 그 내용을 어떻게 이해하느냐에 따라 그 결과는 달라지기 때문이다.

불교의 중국 유입과 함께 불전의 중국어 번역은 일찍이 시작되었다. 그러나 인도의 형이상학적이요, 철학적 사고가 중국인들에 의해 제대로 이해되지 못했고, 또 그 표현에 있어서도 한정된 역어의 선택으로 불교 고유의 사고가 중국적 사고로 변질되는 과정을 거치지 않을 수 없었다. 예를 들면, 공空의 개념을 허虛의 개념으로 받아들인다거나, 붓다(불佛)를 선仙의 개념으로 이해하는 등이 이에 속한다. 이와 같은 한역 불전에 의해 왜곡된 불교를 격의格義불교라고 하며, 이러한 경전을 어떻게 받아들이느냐에 따라 그 믿음 또한 정正과 사邪의 길로 나뉠 수 있다.

그리고 또 하나의 문제는 중국인들에 의해 조작된 경전 즉 위경의 문제를 어떻게 구분할 것인가라는 것이다. 경전이라고는 하나 그 내용을 의심치 않으면 어떻게 이 한역경전이 위경인지 아닌지를 판가름할 수 있으며, 그 경전에 나타나는 언설을 그대로 믿어야 한다면, 어떻게 그 보살이 정토에 태어난다는 것을 보장한단 말인가. 유마경에서 논하는 "아직 들어보지 못한 경전을 듣고 의심치 말라."는 문제는 위에서 논한 바와 같이 경전을 어떻게 이해하느냐에 따라 그 결과는 정과 사로 나뉠 수 있는 커다란 차이가 생길 수 있을 것이다.

제 **3** 막

붓다와의 만남

제1장 마음의 향기
보살행 품菩薩行品 제11

붓다의 증명

3막극인 유마경의 마지막 막의 무대는 다시 붓다가 아난을 위시하여 남아 있던 제자들과 같은 장소(암라수원)에서 설법을 하는 장면으로 시작한다. 문수보살과 유마 거사의 만남은 일반적인 병이라는 매개체를 중심으로 이루어졌지만 그들의 대화는 초기경전에서는 만날 수 없는 상상을 초월하는 내용을 담고 있다. 그러한 내용을 그곳에 모인 보살들과 그 외의 사람들만으로 마무리한다는 것은 마치 허가를 받아서 지은 건물을 마지막 단계인 검사를 하지 않는 것과 같은 것이니 그곳에 모인 사람들이 모두 다 붓다가 계신 곳으로 장소를 옮겨 지금까지 있었던 일을 붓다께 증명을 받으려는 것이다.

수많은 보살들과 하늘의 중생들 또는 다른 많은 부류의 중생들이 함께 움직이니 그 정황이 평범하지 않음을 서기로 나타내고 있다. 이것은 마치 영화나 극에서 어떠한 극적인 반전을 나타낼 때 효과음으로써 극대화시키는 것과 유사하다고 할 수 있을 것이다.

유마경의 저자는 이러한 장면을 연출함으로써 대승경전 혹은 대승사상이 픽션fiction으로 끝나는 것이 아니라 초기경전과 다름없는 붓다의 말씀이라는 것을 증명하려는 의도가 다분히 보인다. 붓다의 교법은 육성으로 전해지지 않은 이심전심의 법도 있고, 언설로 묘사할 수 없는 언어도단이요, 심행처멸의 세계도 있다. 초기경전에 나타나는 말씀이 붓다의 교법의 전부라고 생각하는 것은 붓다의 무한한 깨달음의 세계를 인간이 만든 하나의 약속의 방편으로 사용하는 언어라는 지극히 불완전한 도구로 한정짓는 우를 범하는 짓이다.

【11-1】 이때 붓다가 암라수원에서 법을 설하고 계셨는데, 그 땅이 홀연히 넓어지며 장엄이 되어 일체의 뭇 모인 사람들이 다 금색으로 되었다.

是時 佛說法, 於菴羅樹園, 其地忽然, 廣博嚴事, 一切衆會, 皆作金色.

【11-2】 아난이 붓다께 말하기를: "세존이시여, 무슨 인연으로 이런 서기瑞氣의 감응이 있고, 이곳이 홀연히 넓어지며 장엄이 되어 일체의 모든 사람들이 다 금색으로 되는 것입니까?"

붓다께서 아난에게 말씀하시기를: "이것은 유마힐과 문수사리가 모든 대중들로 더불어 에워싸여 〔이곳에〕 오려고 하는 뜻을 일으킨 까닭으로 우선 이런 서기로 응하는 것이니라."

阿難 白佛言: 世尊, 以何因緣, 有此瑞應, 是處忽然, 廣博嚴事, 一切衆會, 皆作金色? 佛告 阿難: 是維摩詰, 文殊師利, 與諸大衆, 恭敬圍繞, 發意欲來故, 先爲此瑞應.

【11-3】 여기서 유마힐이 문수사리에게 말하기를: "함께 붓다를 뵙고 여러
보살들과 예를 드리고 공양을 올릴 수 있겠습니까?"
문수사리가 말하기를: "좋습니다. 가시지요. 지금이 바로 그때입니다."
於是 維摩詰, 語文殊師利: 可共見佛, 與諸菩薩, 禮事供養? 文殊師利言: 善哉,
行矣. 今正是時.

【11-4】 유마힐이 즉각 신력으로써 모든 대중들 및 사자좌를 가져다 오른
손 바닥 위에 올려 놓고 붓다가 계신 곳에 와서, 도착하자마자 〔그들을〕
지면에 내려놓았다. 붓다의 발에 계수로써 〔예를 올리고〕, 오른쪽으로 일
곱 바퀴를 돌아 일심으로 합장하고 한쪽에 서 있었다.
維摩詰 即以神力, 持諸大衆, 并師子座, 置於右掌, 往詣佛所, 到已著地. 稽首
佛足, 右遶七匝, 一心合掌, 在一面立.

【11-5】 그곳의 모든 보살들도 다 자리에서 벗어나 붓다의 발에 계수로써
〔예를 올리고〕, 오른쪽으로 일곱 바퀴를 돌아 한쪽에 서 있었다. 모든 대
제자들, 제석천, 범천, 사천왕 등 또한 다 자리를 벗어나 계수로써 붓다의
발에 〔예를 올리고〕 한쪽에 서 있었다.
其諸菩薩, 即皆避座, 稽首佛足, 亦遶七匝, 於一面立. 諸大弟子, 釋·梵·四天
王 等, 亦皆避座, 稽首佛足, 在一面立.

【11-6】 그러자 세존께서 여법히 여러 보살들을 위문하시고 각자 자리에
다시 앉게 하였다. 모두 가르침을 받아 대중이 자리에 앉았다.
붓다가 사리불에게 말씀하시길: "너는 보살대사의 자재한 신통력을 나타
냄을 보았느냐?"

"그렇습니다. 이미 보았습니다."

"너는 그것에 대해 어떻게 생각하느냐?"

"세존이시여, 저는 그것을 보고 불가사의하다고 생각하였습니다. 마음에 그릴 수 있는 것이 아니며, 헤아릴 수 있는 것이 아닙니다."

於是世尊, 如法慰問, 諸菩薩已, 各令復坐. 即皆受敎, 衆坐已定. 佛語 舍利弗: 汝見 菩薩大士, 自在神力, 之所爲乎? 唯然. 已見. 於汝意云何? 世尊, 我覩其 爲, 不可思議. 非意所圖, 非度所測.

【11-7】 이때 아난이 붓다께 여쭙기를: "세존이시여, 지금 예전에 일찍이 없었던 향기가 납니다. 이것은 무슨 향기입니까?"

붓다가 아난에게 말씀하시길: "이것은 저 보살들의 모공에서 나는 향기다."

그러자 사리불이 아난에게 말하기를: "우리들의 모공에서도 또한 이 향기가 나옵니다."

爾時 阿難, 白佛言: 世尊, 今所聞香, 自昔未有. 是爲何香? 佛告 阿難: 是彼菩 薩, 毛孔之香. 於是 舍利弗語, 阿難言: 我等毛孔, 亦出是香.

【11-8】 아난이 말하기를: "이곳에 와서부터입니까?"

〔사리불이〕 말하기를: "이분 장자 유마힐이 중향국으로부터 〔향적〕여래의 남은 음식을 갖고 와, 집에서 식사를 한 자는 모두 모공에서 다 이와 같은 향기를 냅니다."

阿難言: 此所從來? 曰: 是長者 維摩詰, 從衆香國, 取佛餘飯, 於舍食者, 一切毛 孔, 皆香若此.

아난이 유마힐에게 묻기를: "이 향기는 얼마나 오랫동안 머물 수 있습니까?"

유마힐이 말하기를: "그 음식이 소화될 때까지입니다."

〔아난이〕 말하기를: "그 음식은 얼마나 지나면 소화가 됩니까?"

〔유마힐이〕 말하기를: "그 음식의 영향은 7일에 이른 후에야 소멸됩니다. 또 아난이여, 만약 성문인이 아직 정정위正定位[285]에 들지 않고 이 음식을 먹은 자는 정정위에 든 후에야 소멸됩니다. 이미 정정위에 들어서 이 음식을 먹은 자는 마음의 해탈을 얻은 후에 소멸됩니다.

阿難問 維摩詰: 是香氣 住當久如? 維摩詰言: 至此飯消. 曰: 此飯 久如當消? 曰: 此飯勢力, 至于七日, 然後乃消. 又阿難, 若聲聞人, 未入正位, 食此飯者, 得入正位, 然後乃消. 已入正位, 食此飯者, 得心解脫, 然後乃消.

【11-9】 만약 아직 대승의 뜻을 일으키지 못하고 이 음식을 먹은 자는 뜻을 일으킴에 이르러서 소멸됩니다. 이미 뜻을 일으키고 이 음식을 먹은 자는 무생법인을 증득한 후 소멸됩니다. 이미 무생법인을 얻은 후에 이 음식을 먹은 자는 일생보처[286]에 이른 후에 소멸됩니다.

若未發大乘意, 食此飯者, 至發意乃消. 已發意 食此飯者, 得無生忍, 然後乃消. 已得無生忍, 食此飯者, 至一生補處, 然後乃消.

【11-10】 비유컨대 어떤 약이 있어, 이름을 상미上味라고 하며, 그 약을 복용하는 자는 몸의 모든 독이 소멸한 후에 그 약효가 사라지는 것과 같습니다. 이 음식도 이와 같이 일체의 모든 번뇌와 독소를 멸제한 후에 소멸됩니다."

---

285 정위를 말하며, 이에 대해서는 제1막 각주 132 참조.
286 일생보처一生補處에 관해서는 제1막 각주 133 참조.

譬如有藥, 名曰上味, 其有服者, 身諸毒滅, 然後乃消. 此飯如是, 滅除一切, 諸
煩惱毒, 然後乃消.

음식의 공덕

중향국의 음식을 먹은 모든 사람들의 몸에서 향기가 진동을 하는 것은 어쩌면 당연한 일이다. 불고기를 많이 먹거나 마늘이 몸에 좋다고 하여 장기간 복용을 하면 그 몸에서 고기냄새가 발산되고 마늘냄새가 끊어지지 않는 현상과 다를 바 없다. 다만 중향국의 음식 향기는 사람들을 깨달음의 세계로 인도하지만 사바세계에서 맛있는 음식이라 하여 집착한 나머지 몸에서까지 그 냄새가 풍기면 본인의 건강은 물론 그 냄새로 인하여 타인으로부터 외면 내지는 무시당하는 경우를 면하기 어렵게 된다. 특히 수행자에게 음식은 맛으로서가 아니라 오직 그 음식을 먹음으로써 수행 정진하여 깨달음을 증득하자는 것에 있다.

먹는 것에 관한 이야기로서 「제자품」에서 논한 가섭 존자의 고행과 비견되는 부분이 있어 이 자리를 빌려 잠시 소개할까 한다. 키노 카즈요시紀野一義의 『유마경維摩經』에 이차세계대전을 치룬 후의 어려웠던 시절에 흔히 있을 법한, 그러나 아주 감동적인 사연이 실려 있다. 이를 기억나는 대로 각색하여 이 자리를 빌려 옮기려 한다.

이차세계대전이 끝난 후 살기 힘들었던 어느 날, 어떤 훌륭한 스님이 보건소의 환자들을 위한 법문 요청에 응하였다. 여러 환자들에게 좋은 법문을 마치고 떠나려는 스님을 붙들고는 머뭇거리며 쉽게 말을 끄집어내지 못하는 보건소 소장을 보고 연유를 물으니, "사실 스님을 이곳에 모신 이유는 따로 있습니다."라고 한다. 그 이유란, 13~4세 쯤 되는 소년이 폐결핵 4기로 보건소에서 죽어가고 있다고 한다. 그 소년을 위해 한번 만나보지 않겠느냐는 청이었다. 아무런 망설임 없이 그러겠다고 대답하고는 가운에 마스크며 만반의 준비를 하고 그 아이의 병실로 소장과 함께 들어섰다. 그 순간 소년에게서 세상에 없는 욕설과 함께 이 세상을 저주하는 불타는 듯한 눈빛을 보았다. 스님은 '이놈은 보통 녀석이 아니군' 하는 생각에 혼자 남아 있겠다고 하며 소장을 내보냈다.

사연인즉 일본의 어디에나 있을 법한 소바〔메밀국수〕 가게에 처녀아이가 일하고 있었다. 그곳에 떠꺼머리 총각목수가 일하러 오고, 두 사람 사이에 아이가 생겼다. 겁이 난 목수는 달아나고, 처녀는 산후 얼마 지나지 않아 세상을 달리 하였다. 다행인지 불행인지 소바집 주인에게는 아이가 없었고, 때마침 태어난 아이는 그 가게에서 맡아 기르기로 하였다. 또래의 아이들이 소학교 입학 무렵, 주인집에도 아이가 생기고, 그 갓난아이를 돌보며 언제부터인지는 모르나 가게에서 손님들이 먹다 남은 소바를 먹고 자랐다고 한다.

인간은 묘하게 남이 먹다 남긴 음식을 먹고도 자라더라고 하더란다. 또래의 아이들이 학교에 갈 때면 그것이 부러워 갓난아이를 업고 학교로 따라나섰다고 한다. 교실 밖에서 갓난아이를 업은 아이를 본 선생님이 교실 안으로 데리고 들어가 함께 공부를 할 수 있도록 하였다고 한다. 아이가 우니 모든 학생들에게 폐가 되어 그 짓도 더 이상 못하겠더란다. 우여곡절 끝에 힘든 일을 더 이상 참지 못하고 그 소바집을 뛰쳐나온 것이 3~4년 전이라는 것이다.

집도 절도 없는 아이는 사원의 마루 밑에 몰래 숨어들어가 거적을 깔아 집터로 삼고 불전함을 털어 연명하였다고 한다. 그러던 어느 날 불전함을 털다 경찰에 붙들렸다. 경찰서로 붙들려간 아이의 건강은 이미 정상이 아니었다. 보건소로 보내졌고, 변변치 않은 치료에 죽음만 기다리는 소년이었다. 치료나 소독을 하려 하면, 잡히는 대로 물건을 집어던지고 갖은 욕설로 의사가 접근을 못하게 하였다고 한다.

그러한 아이에게 스님은 말을 걸기 시작했다. 이름이 뭔지, 몇 살인지 등 등 돌아오는 대답은 어디에서도 들어본 적이 없는 욕설뿐이었다. 때가 되어 저녁이 나왔다. 저녁이라고는 하나 멀건 물과 같은 죽이었다고 한다. 떠먹이려고 부축을 하니 조금만 움직여도 심한 통증에 비명을 지른다. 사내아이가 그 정도를 갖고 엄살이냐고 짐짓 나무라는 흉내를 내며 한술 떠먹이니 토하고 만다. 많이 먹으면 삼키지를 못하니 조금씩 천천히 먹이란다. 그나마 몇 술 먹더니 이젠 더 이상 못 먹겠다고 한다. 그릇을 치우는 스님을 물끄러미 쳐다보던 아이는 "아저씨는 왜 안 먹어!"라고 한다. 스님이라는 존칭은 그 아이에겐 존재치 않았다. 나는 내 멋대로 남아 있겠다고 하였으니 내 몫은 없다고 하니 "거기 있잖아!"라고 한다. "뭐가?" "내가 먹다 남은 죽!" 그 순간 청천벽력과 같이 뇌리를 때리더란다.

결핵 말기, 그 환자가 먹다 남은 죽, 숟가락이며 죽 속에는 결핵균으로 가득할 텐데 그것을 먹으라고 한다. 그러고서는 어쩌는지 두고 보겠다는 듯이 이글거리는 눈빛으로 자기를 바라본다. 거부할 수 없는 순간이라는 것을 직감적으로 깨달은 스님은 죽음을 앞둔 사형수의 심정으로 한술 떠서 입으로 가져갔다. 입속으로 들어간 순간 토하려던 것을 억지로 참고 삼켰다. 떨리는 손으로 또 한 모금을 입에 넣고 억지로 삼켰다. '세 번째 숟가락은 그래도 맛이 있었다'고 스님은 술회하였다. 스님이 죽을 다 드시는 것을 바라보던 소년은 "나랑 음식을 나눠 먹은 사람은 아저씨가 두 번째야!"라고 한다. 두 번째라니! 누가 또 이 아이의 음식을 먹을 수 있다는 말인가? 궁금해 하는 눈빛을 알아차린 소년은 지나간 일을 떠올리는 듯 두런두런 털어놓기 시작하였다.

어느 비가 내리는 저녁나절, 그날도 불전함을 털어 얼마 되지 않은 돈으로 찐빵을 두 개 사서 마루 밑으로 들어와 한입 베어 물었는데, 어디선가 어린 여자아이의 흐느끼는 울음소리가 들렸다. 언제나 아무도 없었던 곳의 인기척이라 놀라서 나가보니 낙숫물을 피해 처마 밑에 서서 흐느끼는 예닐곱 살 먹은 소녀가 오들오들 떨며 겁먹은 듯이 쳐다 본다. 하도 불쌍하여 마루 밑 자기의 처소(?)로 데리고 들어와 아직도 온기가 남아 있는 찐빵 하나를 주었더니 "오빠! 정말 나에게 주는 거야!"라며 감동 받은 듯이 받아 먹는다. 하루 종일 아무 것도 먹지 않은 것이 틀림없다. 게 눈 감추듯이 먹어치우고는 그 소년이 손에 들고 있던 먹다 만 빵을 들여다본다. 마저 먹으라고 건네주니 미안한 듯 받아들고는 "오빠가 먹을 것이 없잖아!"라고 한다.

태어나서 단 한번도 '오빠'라는 말을 들어 본 적이 없는 소년이다. 말을 하면서도 흥분하였던지 피를 토한다. 한 순간 오누이가 되어 그들의 슬픈 사연들이 오갔다. 그 여자아이의 사연은, 엄마가 병으로 돌아가시자 두부집을 하는 아빠가 새장가를 갔다. 계모 밑에서 힘든 일을 겪고 집을 뛰쳐나와 정처 없이 걷다 보니 길을 잃었다. 집을 찾아 헤매다 비를 만났고, 소년의 처마 밑에서 비를 피하며 고픈 배를 움켜쥐고 자기의 처지를 슬퍼하며 흐느끼는 소리를 소년이 들었던 것이다. 한동안을 그렇게 지내다 소년은 문득 깨닫는다. 소녀아이를 이렇게 내버려 둘 수는 없다는 것을. 같이 지내면 안 되느냐는 소리를 못 들은 척하며 아이의 집을 찾아 주곤 예의 거처로 돌아오니 "다시 혼자였다."라고 한다.

스님은 흐르는 눈물을 감추기 위하여 소년의 눈길을 피해 발이라도 주물러 주어야겠다는 마음으로 이불을 걷어 올리니, 그곳에 있던 발은 이미 사람의 것이 아니었다고 술회한다. 아이의 두 발은 썩어 문드러져 있었던 것이다. 아프다는 아이를 어르고 달래며 소독을 해 주고 밤을 지새우며 변을 받아내고, 탈장이 되어 종이로 도로 밀어 넣는 등 두 사람은 그렇게 하여 가까워졌다. 소원이 있다는 아이에게 들어주겠다고 하니, "아버지라 불러도 좋겠느냐?"고 한다. "나 같은 사람이라도 좋다면 그렇게 불러라!"라고 하니 나서부터 처음으로 부르는 '아버지'라는 말을 채 마치지도 못하고 흥분하여 피를 몇 번이나 토하였다고 한다.

그때부터 병실을 떠날 때까지 '아버지'라는 말을 입에 달고 있었다고 한다. 이제 네 소원도 들어줬으니 내 부탁도 들어달라고 하며 이제부터라도 남을 도와줄 수 있는 사람이 되라고 하니, 너무 늦었단다. 곧 죽으니 아무것도 할 수 없다는 것이다. 그렇게 스스로를 자조하는 소년이 너무나 가여워 스님은 소년을 달래듯 촛불은 스스로의 몸을 태워 어두운 주변을 밝힌다는 이야기를 해 주었다. 하루를 살더라도 나를 위하여 돌보아 주는 의사나 간호사에게 친절하게 대해주는 것이 바로 남을 돕는 일이라고 일러주니 소년은 얼굴빛을 달리하며 지금부터는 그렇게 하겠다고 한다.

그리고는 혹 어딘가에서 나 또래의 학생들에게 좋은 이야기를 해

쥐야 할 기회가 생기면 자기의 이야기를 해 달라고 한다. 이렇게 살다가 간 불쌍한 사람이 있었노라고. 부모의 꾸지람에 불만이 있는 아이들에게는 그것은 사치라고 일러주라고 한다. 밤이 새고 헤어져야 할 시간이 다가오자 소년은 한 번이라도 더 불러 보려는지 '아버지'라는 말을 되새기고 또 되새긴다.

단장의 고통으로 소년을 뒤로 하고 나서자 보건소 소장도 자기의 부탁으로 스님이 밤을 지새우니, 본인도 집에 돌아가지 않고 기다리고 있다가 아침상을 같이했다. 스님의 노고에 보답이라도 하려는 듯이 진수성찬이다. 그 밥상을 맞이하고서는 스님이 한술도 뜨지 못하자 의아해 하는 소장이 그 연유를 물으니, 소년의 멀건 죽이 생각나서 못 먹겠다는 것이다. 식사 중에 젊은 의사가 허겁지겁 쫓아와서는 방금 그 소년이 세상을 달리 하였다고 한다. 소년의 병실로 가는 도중 젊은 의사가 "참으로 신기한 일도 다 있습니다."라고 한다.

의사가 아침에 소년의 상태를 살피기 위해 병실로 들어서자, 평상시 같으면 물건을 집어던지고 갖은 욕설을 퍼붓던 소년이 만면에 미소를 머금고 있었다고 한다. '불가사의한 일도 다 있다'는 생각과 함께, "너, 오늘 참 기분이 좋은가 보구나. 그럼 소독이라도 해 줄까!"라고 하며 소년이 덮고 있던 이부자리를 걷어 내리자 그 소년은 두 손을 합장하고 운명을 달리 하였다는 것이다. 자기에게 소독을 해 주겠다는 의사에게 혼신의 힘을 다하여 합장으로 보답하고 사바세계를 벗어났던 것이다. 가섭 존자의 분별심을 떠난 걸식이란 어떤 것인지, 폐결핵 말기 환자의 먹다 남은 음식을 먹는데 맛이 있었다는 느낌이 그와 같은 경지일 것이다.

【11-11】 아난이 붓다께 말씀드리기를: "미증유합니다. 세존이시여, 이와 같은 향기의 음식으로써 불사佛事를 이룰 수 있는 것입니까?"

붓다께서 말씀하시길: "그렇고 말고. 그렇고 말고.

阿難 白佛言: 未曾有也. 世尊, 如此香飯, 能作佛事? 佛言: 如是. 如是.

【11-12】 아난아, 혹 어떤 불국토는 부처의 광명으로써 불사佛事를 할 수 있고, 모든 보살로써 불사를 이룰 수 있으며, 붓다의 화술化術로 만든 허깨비로써 불사를 이룰 수 있고, 보리수로써 불사를 이루는 것도 있으며, 붓다의 의복이나 침구로써 불사를 이룰 수도 있고, 음식으로써 불사를 이룰 수 있으며, 숲속의 전망대로써 불사를 이룰 수 있고, 32상相 80종호種好로써 불사를 이룰 수 있으며, 불신으로써 불사를 이룰 수 있고, 허공으로써 불사를 이룰 수 있느니라. 중생은 마땅히 이러한 연으로써 계율 수행을 이루느니라.

阿難, 或有佛土, 以佛光明, 而作佛事, 有以諸菩薩, 而作佛事, 有以佛所化人, 而作佛事, 有以菩提樹, 而作佛事, 有以佛衣服·臥具, 而作佛事, 有以飯食, 而作佛事, 有以園林臺觀, 而作佛事, 有以三十二相, 八十隨形好, 而作佛事, 有以佛身, 而作佛事, 有以虛空, 而作佛事. 衆生 應以此緣, 得入律行.

【11-13】 혹은 꿈(夢)·허깨비(幻)·그림자(影)·메아리(響)·거울 속의 물체·물속의 달·한낮의 아지랑이 등 이와 같은 비유로써도 불사를 이룰 수 있고, 음성·언어·문자로써 불사를 이룰 수 있으며, 혹은 청정한 불국토는 적막하니, 무언無言·무설無說·무시無示·무식無識·무작無作·무위無爲로써 불사를 이룰 수 있느니라.

有以夢·幻·影·響·鏡中像·水中月·熱時炎, 如是等喻, 而作佛事, 有以音聲・語言・文字, 而作佛事, 或有 淸淨佛土 寂寞, 無言・無說・無示・無識・無作・無爲, 而作佛事.

【11-14】 이와 같이 아난아, 모든 붓다의 위의[행·주·좌·와]의 나아가고 멈춤〔등〕모든〔중생을 위한〕베풂이 되는 바 불사가 아닌 것이 없느니라. 아난아, 저 4마魔[287]와 8만 4천의 모든 번뇌의 문이 있어 모든 중생들이 이러한 것에 의하여 피로하니, 모든 붓다는 즉 이러한 법으로써 불사를 이루느니라.

如是 阿難, 諸佛 威儀進止, 諸所施爲, 無非佛事. 阿難, 有此 四魔, 八萬四千 諸煩惱門, 而諸衆生, 爲之疲勞, 諸佛 卽以此法, 而作佛事.

【11-15】 이것을 말하여 '일체제불의 법문에 듦'이라고 하느니라. 보살이 이 문에 드는 자는, 만약 일체의 맑고 좋은 불국토를 본다 하더라도, 〔그것으로써〕즐거워하지 않고, 탐하지 않으며, 고만高慢하지 않느니라. 만약 일체의 부정한 불국토를 본다 하더라도, 〔그것으로써〕우려하지 않고, 장애 받지 않고, 몰락하지도 않느니라. 단지 제불에 있어서 청정심을 일으켜, 환희와 공경을 미증유하게 하느니라. 제불여래의 공덕은 평등하지만 중생을 교화하기 위한 까닭으로 불국토를 같지 않게 나타내는 것이니라.

是名 入一切, 諸佛法門. 菩薩 入此門者, 若見一切, 淨好佛土, 不以爲喜, 不貪不高. 若見一切, 不淨佛土, 不以爲憂, 不礙不沒. 但於諸佛, 生淸淨心, 歡喜恭敬, 未曾有也. 諸佛如來, 功德平等, 爲敎化衆生故, 而現佛土 不同.

---

287 4마란 5음마陰魔・번뇌마煩惱魔・사마死魔・천마天魔를 말함. 이중 5음마란 인간의 육신을 구성하고 있는 색色(신체)・수受(감수작용)・상想(표상작용表象作用)・행行 (의지 등의 심작용)・식識(인식작용)의 5음은 수행에 장애가 되므로 마라고 한 것이다.

【11-16】 아난아, 너는 제불의 국토를 지상에서는 약간 볼 수 있으나 그러
나 허공에서는 조금도 볼 수 없지 않느냐. 이와 같이 제불의 색신을 약간
볼 수 있을 뿐, 그 무애한 지혜는 조금도 볼 수 없지 않느냐.

아난아, 제불의 색신色身 · 위상威相 · 종성種性 · 계 · 정 · 혜 · 해탈 · 해탈
지견 · 10력力 · 4무소외無所畏 · 18불공지법不共之法 · 대자 · 대비 · 위의
소행威儀所行 및 그들의 수명 · 설법 · 교화, 중생의 성취 · 불국토의 청정
(등) 불법을 갖춤에는 모든 것이 다 동등하느니라. 이러한 까닭으로 이름
을 삼먁삼붓다samyaksaṃbuddha라고 하며, 이름하여, 타타가타tathāgata(여래如
來)라고도 하며, 붓다라고 하느니라.

阿難, 汝見 諸佛國土, 地有若干, 而虛空 無若干也. 如是見 諸佛色身, 有若干
耳, 其無礙慧, 無若干也. 阿難, 諸佛色身 · 威相 · 種性 · 戒 · 定 · 智慧 · 解
脫 · 解脫知見 · 力 · 無所畏 · 不共之法, 大慈 · 大悲 · 威儀所行 及其壽命 · 說
法 · 敎化 · 成就衆生 · 淨佛國土, 具諸佛法, 悉皆同等. 是故 名爲, 三藐三佛
陀, 名爲多陀阿伽度, 名爲佛陀.

【11-17】 아난아, 만약 내가 이 세 마디의 말〔삼먁삼붓다, 타타가타, 붓다〕의 뜻
을 길게 설명하면, 너는 1겁의 수명으로써도 다 듣지 못하느니라. 비록
삼천대천세계에 가득한 중생이 다 아난과 같이 다문제일의 기억력과 총
지總持〔다라니dhāraṇī〕를 증득하더라도, 이 모든 사람들 또한 1겁의 수명으
로서도 다 듣지 못하느니라. 이와 같이 아난아, 제불의 아뇩다라삼먁삼보
리는 한량없고 지혜와 변재는 불가사의하느니라."

阿難, 若我廣說, 此三句義, 汝以劫壽, 不能盡受. 正使, 三千大千世界, 滿中衆
生, 皆如 阿難 多聞第一, 得念總持, 此諸人等, 以劫之壽, 亦不能受. 如是 阿難,
諸佛 阿耨多羅三藐三菩提, 無有限量, 智慧辯才, 不可思議.

【11-18】 아난이 붓다께 말씀드리기를: "저는 지금까지 과거에 스스로 다문이라 하였던 것이 감당이 안 됩니다."[288]

붓다께서 아난에게 말씀하시기를: "의기소침하지 마라. 왜냐하면 내가 너를 성문들 중에서는 최고로 다문이라 하는 것이지, 보살들〔중에서라고〕하지 않느니라. 이제 그만 하여라.

阿難 白佛言: 我 從今已往, 不敢自謂, 以爲多聞.

佛告 阿難: 勿起退意. 所以者何, 我說汝, 於聲聞中, 爲最多聞, 非謂菩薩. 且止.

【11-19】 아난아, 저 지혜가 있는 자는 마땅히 모든 보살들의 능력을 한정하지 않느니라. 일체의 바다의 깊이를 오히려 측량할 수 있을지언정, 보살의 선정·지혜·총지總持〔다라니〕·변재와 일체의 공덕은 헤아릴 수 없느니라.

阿難, 其有智者, 不應限量, 諸菩薩也. 一切海淵, 尚可測量, 菩薩 禪定·智慧·總持·辯才, 一切功德, 不可量也.

【11-20】 아난아, 너희들은 보살이 행하는 바에 대해서는 잊어버려라. 이

---

288 우에키 마사토시植木雅俊은 '종금이왕從今已往'의 이왕已往을 이후已後로 읽어야 한다고 하지만, 그러나 이 문장에서 아난은 과거에 자기 스스로 자만하여 본인이 뭇 제자들 가운데에서 붓다의 교법을 가장 많이 들었다고 자부하고 있었는데, 붓다의 설법을 들은 이후 그의 생각이 잘못되었다는 것을 알고 후회하는 부분이다. 앞으로 어떻게 하겠다는 것이 아니라, 지금까지 잘못을 저질렀던 것이 감당이 안 된다는, 스스로가 부끄러워하는 장면이라고 볼 수 있다. 그러므로 본문대로, 그때부터 지금까지라는 의미를 지닌, 종금이왕從今已往으로 읽어서 문맥이 통하지 않는 것이 아니다. 만약 이 장면을 문제로 삼는다면, 단지 '종금從今'을 어떻게 읽느냐에 따라 그 의미가 달라진다. '지금부터'로 읽을 것인지, 아니면 '지금까지'로 읽을 것인지의 차이다. 우에키 마사토시植木雅俊처럼 이후已後로 읽기 위해서는 '지금부터'라고 해야 하며, '지금부터'에 해당하는 한문은 '자금自今' 또는 '종금從今'이라 표현하는 것이 무난하다. 우에키 마사토시植木雅俊, Ibid. p. 514, footnote 93 참조.

유마힐이 한때 나타낸 바, 신통의 힘은, 일체의 성문과 벽지불이 백 천 겁에 있어서 힘을 다하여 변화하더라도 성취할 수 있는 바가 아니니라."

阿難, 汝等捨置, 菩薩所行. 是維摩詰, 一時所現, 神通之力, 一切聲聞·辟支佛, 於百千劫, 盡力變化, 所不能作.

불사의 소재

아난은 다문제일이라는 별명이 있듯 문수보살이 유마 거사의 병문안을 간다고 하였을 때 따라가지 않고 붓다의 곁을 떠나지 않았다. 그러므로 문수보살이 유마 거사와 만나 법담을 나눈 내용을 모르는 아난에게 중향국으로부터 가지고 왔던 음식으로 유마 거사가 불사를 하게 된 연유를 붓다가 자상하게 일러주는 장면이다.

그 어떠한 세계의 향기보다 더 뛰어난 중향국의 음식으로 불사를 하였으니 그 불사가 잘 될 것은 의심의 여지가 없으나 내용을 모르는 아난은 음식으로써 불사를 할 수 있다는 것에 놀랄 수밖에 없다. 그러한 아난에게 비단 음식뿐만 아니라 이 세상의 모든 것으로써 불사를 할 수 있다는 것을 일러주고 있다. 하기야 요즈음 잘 먹고 잘사는 일이 커다란 사회의 이슈가 되어 있는 이때, 사찰음식이라 하여 곳곳에서 유행병처럼 전통 산중음식으로써 불사를 하고 있다. 즉 중생에게 장애가 되는 모든 것이 다 불사를 할 수 있는 소재가 된다는 것이다. 이러한 의미에서 불사가 중생을 아뇩다라삼먁삼보리를 향하게 하고 지혜의 완성을 이루게 하는 요인이 되는 것이라면 그러한 일들이 바로 불사다. 그러니 중생들의 깨달음을 방해하는 요소인 모든 번뇌망념과 사마외도들이 다 불사의 소재라고 하는 것이다.

이러한 경우는 세속에서의 삶에서 흔히 일어나는 일이다. 역경을 오히려 기회로 삼고 그 역경을 극복함으로써 성공을 이루는 경우가 바로 이와 같은 것이라고 할 수 있다. 세속에서의 성공이나 수행에서의 지혜의 증득이나 외부의 환경에 의해 결정되는 것이 아니라 어떠한 환경이라 하더라도 어떻게 그 환경을 극복하느냐에 따라 그 결과가 나타난다는 것이다.

즉 얻으려고 하는 결과는 결코 환경에 있는 것이 아니라 그 목적을 향하여 나아가는 마음에 있다는 것이다. 마음이 어디를 향하고 있느냐에 따라서 환경이 아무리 좋은 상태에 있다 하더라도 마음이 목적하는 바와 일치하지 않으면 오히려 그 좋은 환경이 일을 더 크게 망치는 것과 같다. 재물은 물려받았으나 그 재물을 운용할 방법을 물려받지 않은 자식은 오히려 물려받은 재물에 의해서 타락의 길로 들어서는 것을 우리의 주변에서 흔히 볼 수 있다. 역으로 아무것도 물려주지 않았으나 세상을 보는 눈을 물려받은 자식은 어떠한 환경에서도 스스로가 나아가야 할 길을 찾아 기어이 목적하는 곳에 다다르는 사람들을 간혹 주변에서 접할 수 있다.

중향국이라는 좋은 환경에서 수행한다면 더욱 쉽게 지혜의 완성을 이룰 수 있겠지만, 사바세계와 같은 살아가기에 험악하기 짝이 없는 곳이라고 하더라도 마음을 돌이키면 오히려 그러한 역경이 도리어 목적달성에 촉진이 되는 요소라는 것을 이 장면에서 보여주고 있다. 그리고 다문제일이라고 스스로도 자긍심을 갖고 있던 아난이 중향국의 보살들의 위용과 그 보살들의 능력을 붓다로부터 듣고 그의 배움이 일천하다는 것을 깨달아 스스로를 자책하는 아난을 붓다는

자상하게 위로하고 있다. 즉 유마 거사나 중향국의 보살들의 능력과
자기의 능력을 비교하지 말라는 것이다.

　　이 장면에서도 인생의 비극은 비교로부터 온다는 것을 붓다는 일
언지하에 드러내고 있다. 다른 사람의 능력과 스스로의 능력을 비교
하여 열등하다고 하여 해야 할 일을 하지 않는다면 이 세상에서 일
을 해야 할 사람은 오직 한 사람, 최상의 환경과 능력의 소유자 이외
에는 아무도 없을 것이다. 아니 그러한 사람은 존재하지 않는다. 그
까닭은 비교우위는 객관적인 문제라기보다는 주관적인 문제이기 때
문이다. 즉 비교를 어떠한 관점에서 하느냐에 따라 그 무게는 달라진
다는 것이다.

　　비교우위란 개인의 욕망을 근거로 하여 생겨나는 주관적인 것이
지 객관적인 개념으로는 있을 수 없는 망념에 지나지 않는다. 주관적
이라는 것은 개개인이 사물·사건을 어떻게 보느냐에 따라 그 비교
우위의 가치관은 달라지기 때문이다. 그러므로 절대적인 우위에 있
을 수 있는 가치란 존재하지 않는다. 이 뜻은 역으로, 나 스스로가 사
물·사건을 어떻게 하며, 어떻게 볼 것인가에 따라서 오히려 비교우
위의 세계에서 바라는 바의 위치를 점할 수 있다는 의미다.

【11-21】　이때 중향세계에서 오신 보살이 합장하며 붓다께 말씀드리기를:
　　"세존이시여, 우리들은 이 국토를 처음 보았을 때, 보잘것없는 〔국토라고〕
　　생각을 하였습니다. 지금은 스스로 후회하며 이러한 마음을 버렸습니다.
　　왜냐하면 모든 붓다의 방편은 불가사의하며 중생을 제도하기 위한 까닭
　　으로, 그들의 응하는 바에 따라서 불국토도 달리 나타나는 것입니다. 그
　　러니 세존이시여, 원하옵건대 한마디의 가르침을 내려주시기 바랍니다.

저 국토〔중향국〕에 돌아가서도 마땅히 여래〔샤카무니 붓다〕를 기억하게〔해 주십시오〕."

爾時 衆香世界, 菩薩來者, 合掌 白佛言: 世尊, 我等 初見此土, 生下劣想. 今自悔責, 捨離是心. 所以者何, 諸佛方便, 不可思議, 爲度衆生故, 隨其所應, 現佛國異. 唯然世尊, 願賜少法. 還於彼土, 當念如來.

【11-22】 붓다께서 모든 보살들에게 말씀하시기를: "다함〔진盡〕과 다함이 없는〔무진無盡〕해탈법문이 있느니라. 너희들은 마땅히 배워라. 무엇이 진盡이냐 하면, 유위법을 말하느니라. 무엇이 무진無盡이냐 하면, 무위법을 말하느니라. 마치 보살과 같은 자는 유위의〔세계〕를 벗어나지도 않고, 무위의〔세계〕에 머무르지도 않느니라.

佛告, 諸菩薩: 有盡·無盡, 解脫法門. 汝等當學. 何謂爲盡, 謂有爲法. 何謂無盡, 謂無爲法. 如菩薩者, 不盡有爲, 不住無爲.

【11-23】 무엇이 유위를 벗어나지 않는 것이냐 하면, 소위 대자大慈를 여의지 않고, 대비를 버리지 않으며, 일체의 지혜를〔향한〕마음을 깊이 일으켜 잠시도 잊지 않고, 중생을 교화함에 힘들어 하거나 싫어하지 않으며, 4섭법[289]에 있어서 언제나 기억하여 잘 이행하고, 정법을 지킴에 신명을 아끼지 않으며, 모든 선근을 쌓지만 피곤해 하거나 싫증을 내지 않고, 의지는 언제나 방편과 회향에 안주하며, 진리를 구함에 게으르지 않고 법을 설함에 인색하지 않으며, 모든 붓다께 부지런히 공양하는 까닭으로 생사〔윤회〕하지만, 그러나 두려워하는 바가 없느니라.

---

289 사섭법에 관해서는 제1막 각주 41 참조.

何謂 不盡有爲, 謂不離大慈, 不捨大悲, 深發 一切智心, 而不忽忘, 敎化衆生 終不疲厭, 於四攝法, 常念順行, 護持正法, 不惜躯命, 種諸善根, 無有疲厭, 志常安住, 方便迴向, 求法不懈, 說法無恡, 勤供諸佛故, 入生死 而無所畏.

【11-24】 모든 영욕에 있어서 마음에 근심하거나 기뻐함이 없느니라. 배우지 못한 자를 가벼이 하지 않고, 배운 자를 공경하되 마치 부처와 같이 하느니라. 번뇌를 타파한 자는 정념을 일으키게 하고, 〔망념〕을 멀리 여의어 〔적정〕을 원하나 〔그것으로〕써 귀하게〔집착〕 하지는 않느니라. 나의 즐거움에 집착하지 않고 남의 즐거움을 기뻐하느니라. 여러 선정에 있으면서 지옥과 같이 생각하며, 생사 속에서 낙원을 관하듯 생각하고, 찾아와 〔도움을〕 구하는 자를 보면, 〔그 사람을〕 좋은 스승으로 삼고, 소유한 것을 다 버려 일체의 지혜를 구족하고자 하느니라.

於諸榮辱, 心無憂喜. 不輕未學, 敬學如佛. 墮煩惱者, 令發正念, 於遠離樂, 不以爲貴. 不著己樂, 慶於彼樂. 在諸禪定, 如地獄想, 於生死中, 如園觀想, 見來求者, 爲善師想, 捨諸所有具, 一切智想.

【11-25】 계를 범하는 사람을 보면 구할 생각을 일으키고, 모든 바라밀은 부모로 생각하느니라. 37도품道品의 법은 권속으로 생각하느니라. 선근의 수행에는 적당이라는 한도가 있을 수 없느니라. 여러 정토의 나라를 장엄하는 일로써 자기의 불국토로 삼고, 한량없는 보시를 베풀어 〔32〕상 〔80종〕호를 구족하느니라. 일체의 악을 제하고, 신·구·의를 깨끗이 하여, 생과 사를 무수겁 동안 〔윤회하더라도〕 마음에는 오히려 용기가 있느니라.

見毁戒人, 起救護想, 諸波羅蜜, 爲父母想. 道品之法, 爲眷屬想, 發行善根, 無有齊限. 以諸淨國, 嚴飾之事, 成己佛土, 行無限施, 具足相好. 除一切惡, 淨身·口·意, 生·死無數劫, 意而有勇.

【11-26】 붓다의 무량한 덕을 듣고, 뜻을 세우되 게으르지 않느니라. 지혜의 칼로써 번뇌의 적을 타파하고, 〔5〕음陰·〔18〕계界·〔12〕입入²⁹⁰으로부터 빠져나와 중생을 등에 지고 영원히 해탈케 하느니라. 대 정진으로써 마군魔軍을 항복받고, 언제나 무념·실상의 지혜의 행을 구하느니라.

聞佛無量德, 志而不倦. 以智慧劍, 破煩惱賊, 出陰界入, 荷負衆生, 永使解脫. 以大精進, 摧伏魔軍, 常求無念, 實相智慧行.

【11-27】 세간의 법에서 〔중생을 구함에〕 소욕少欲으로 만족함을 알고, 출세간의 〔법〕에서도 그것〔출세간법〕을 구하나 싫어함이 없으며, 그렇다고 하여 세간의 법을 버리지 않느니라.²⁹¹ 위의법〔계율〕을 훼손하지 않고 세속의 법을 따를 수 있느니라. 신통과 지혜를 일으켜 중생을 인도하고, 기억〔하는 법〕과 총지〔다라니〕를 증득하여 들었던 것을 잊지 않느니라.

於世間法, 少欲知足, 於出世間, 求之無厭, 而不捨 世間法. 不壞威儀法, 而能隨俗. 起神通慧, 引導衆生, 得念摠持, 所聞不忘.

【11-28】 모든 근기를 잘 분별하여 중생의 의심을 끊고, 즐겁게 설하는 변

---

290 5온蘊·12처處〔입入〕·18계界, 즉 생사윤회의 세계를 말함. 보살 스스로는 모든 번뇌로부터 해탈하였지만, 중생을 위해 다시 사바세계에 태어나서 중생 구제를 하되 그들을 영원히 해탈에 이르도록 할 때까지 사바세계를 떠나지 않는다는 서원을 세운 것이 보살이라는 것.

291 출세간법이란 완전한 깨달음을 증득하여 붓다가 된다는 의미지만, 그렇다고 하여 세간의 법을 버리는 것은 아니라는 의미.

재로써 법을 펴니 〔뭇 중생들이〕 막힘이 없느니라. 10선도[292]를 밝혀 천상과 인간세의 복덕을 받아 사무량심[293]을 수행하여 범천의 도를 여느니라.[294] 설법을 권하여 청하고 〔그 법을〕 기꺼이 따라 선을 찬양하여, 부처의 음성을 얻어 신·구·의를 잘 〔가다듬어〕 부처의 위의〔행行·주住·좌坐·와臥〕를 얻느니라.

善別諸根, 斷衆生疑, 以樂說辯, 演法無礙. 淨十善道, 受人天福, 修四無量, 開梵天道. 勸請說法, 隨喜讚善, 得佛音聲, 身·口·意善, 得佛威儀.

【11-29】 깊이 선법[295]을 닦아 행하는 바는 수승하게 되느니라. 대승의 가르침으로써 보살승菩薩僧[296]을 이루고, 마음에 방일함이 없으며, 뭇 선善을 잊지 않느니라. 이와 같은 법을 행하는 것을 이름하여 보살이 유위를 다하지 않는 것이라 하느니라."

深修善法, 所行轉勝. 以大乘敎, 成菩薩僧, 心無放逸, 不失衆善. 行如此法, 是名菩薩, 不盡有爲.

유위법有爲法의 응용

종교의 세계에서 일어나는 일이 세속의 현실세계 속의 일과 조금

---

292 10선업도善業道를 말하며, 제1막 각주 39 참조.
293 4무량심無量心에 관해서는 제1막 각주 40 참조.
294 범천의 도를 연다는 의미는 범천에 태어난다는 뜻.
295 여기서 선법善法이라 함은, 6바라밀, 10선업도, 4섭법, 4무량심 등 보살이 수행해야 할 모든 덕목을 총칭하는 말.
296 보살승菩薩僧은 보살승菩薩乘 즉 대승법을 수행하는 출가 사문을 지칭.

도 다를 바 없는 모습을 이 장면에서 보여주고 있다. 중향국의 보살들이 사바세계에 와서 보고 느낀 것이 마치 가진 자가 가지지 못한 사람들의 삶을 보고 느낀 것과 같은 감정을 논하고 있기 때문이다. 중향국의 보살들이 열등한 사바세계의 모습을 보고 비교우위의 감정을 갖고 있다가 사바세계의 붓다와 보살들의 진면목을 알고서 그들이 느끼고 생각했던 것을 후회하고 있는 장면이다.

이것은 바로 현실세계에서 차별상을 가지고 있는 사람들을 일깨우는 가르침이다. 비록 열등한 환경 속에서 가난하게 힘없이 살아가는 사람들이라 할지라도 그들의 능력은 지혜의 완성을 이루는 데 조금도 열등하지 않다는 것을 나타내고 있다. 현실세계의 살인과 절도, 사기, 강간 등이 난무하는 열악한 환경이 오히려 낫다는 것이다. 그러한 곳이야말로 마음을 이상세계를 이루려는 곳으로 향하기만 한다면 미래의 성공을 약속하는 전제가 될 수 있다는 것을 보여주고 있다.

가진 자가 오히려 마음을 잘못 다스려 뜻대로 되지 않는 일을 당하면 그것을 어쩌지 못해 우울증에 걸린다거나 심지어는 자살이라는 극단적인 방법을 취한다. 이러한 것을 보면 사람의 행과 불행 그리고 성공과 실패는 자산의 유무에 있지 않다는 것은 자명한 일이다.

이 장면에서 보살이 유위의 법[세속의 진리]을 한량없이, 그리고 끊임없이 행해야 하는 그 덕목을 지루하리만큼 길게 나열하고 있다. 세속에서 통용되는 말로, 이 세상에서 착한 사람을 흔히 우리는 "부처님 반 토막 같다."라고 한다. 여기에서 나열하고 있는 보살상이 현실세계의 인간상이라면 아마 그와 같은 사람에게는 그 어떠한 법도 존재한다는 자체가 무의미한 것이 될 것이다. 얼마나 세속의 인간사가 살기 힘들면 불도를 이루고자 하는 보살들에게 이와 같은 하기 힘든 일만 찾아서 하라고 할까.

불도를 이룬다는 도의 개념은 종교의 형이상학적인 궁극의 세계, 깨달음이라고 표현되는 무념무상의 세계, 번뇌망념이 끊어진 적멸의 세계, 그러고도 진공묘유의 현묘한 세계를 논하는 것만은 아니다. 현실세계 속에서 살아 있는 만물의 평등, 가진 자와 가지지 못한 자와의 사이에 존재하는 차별상의 극복, 사람과 사람, 사회와 사회, 나라와 나라 사이에 벌어지는 갈등의 해소 등 현실세계 속에서 이상향을 이루는 것이 그 궁극의 자리가 아닐까?

'도道'를 파자하면 수首자와 착辵의 합자다. 수首자는 머리를 뜻하며 착辵자는 어딘가로 나아간다는 뜻이니, 즉 머리가 나아가는 방향, 육신의 욕망을 따라가는 인간이 아니라 지에 의해 나아가는 길, 그 길이 도라는 것이다. 육신이 하고자 하는 것을 행하면 일시의 쾌락이나 영욕은 있을 수 있으나, 그것으로 인해서 오히려 불행한 삶을 초래하고, 머리가 하고자 하는 일을 행하면 육신은 힘들지 모르지만 그것으로 인해서 보람된 삶을 영위할 수 있다.

이 장면에서 말하고 있는 모든 수행 덕목은 머리로는 그렇게 해야 한다는 것들로 가득 채워져 있다. 즉 머리가 나아가고자 하는 곳으로 육신이 따라가면 그곳에는 도라는 것이 있다는 뜻이다. 도덕경의 도에 관한 가르침에서나 반야경의 무유정법이라는 가르침에 의하지 않더라도 삶의 경험에서 "사랑이란 이런 것이다."라고 정의를 내리지 못하듯, "도란 이런 것"이라고 말을 할 수는 없다는 것쯤은 누구나 다 알고 있다. 그러나 그 말로써 표현할 수 없는 도라는 의미가 현실세계의 삶과 동떨어진 것이라면 현실세계를 살아가는 중생에게는 무의미한 것이다. 이 장면에서 유위법을 논하고 있는 까닭은 현실세계 속에서의 마음가짐이 얼마나 중요한가를 일러주는 것이 그 요점이라 할 수 있다.

중향국의 보살들이 그들에게는 불필요한 것 같은 사바세계의 일을 가르쳐 달라고 샤캬무니 붓다에게 청원을 하고 있다. 설사 열등한 가르침이라 하더라도 그 가르침은 중생제도에 있어서는 필요불가결한 것이라는 것을 사바세계의 붓다와 보살들의 희생정신에서 배운 것이다. 중생을 위해 희생하고 인내하는 방편의 가르침을 중향국에 가서도 잊지 않으려고, 배우려는 자의 숭고한 자세를 보이고 있다. 이러한 중향국의 보살들에게 샤캬무니 붓다는 사바세계의 보살들이 어떻게 중생들을 교화하는지 그 사례를 일일이 가르쳐 주고 있다. 마치 가진 자가 가지지 못한 사람들과 어떻게 어울려 살아야 하는지, 어떻게 그들로부터 존경의 대상이 되는지를 여실히 보여주는 장면이다.

그들이 사바세계의 방법일지언정, 배움에 있어서는 "어제영욕於諸榮辱 심무우희心無憂喜(모든 영욕에서 마음으로 근심하거나 기뻐함이 없어야 한다.)"한 자세여야 한다고 일러주고 있다. 예부터 많은 성현이나 사상가들이 사람이 배워야 하는 이유를 찾아 나섰다. 순자에 의하면 배움이란 세상을 살아가는 데 능통하기 위한 것이 아니라, 때로는 궁하더라도 그것 때문에 곤란해 하지 않고, 때로는 근심할 일이 있더라도 마음이 약해지지 않기 위한 것이며, 길흉화복의 끝과 그 시작을 알더라도 당혹하지 않기 위한 것이라고 한다.[297]

---

297 "君子之學, 非為通也. 為窮而不困, 憂而意不衰也. 知禍福終始, 而心不惑也." 『순자荀子』, 「유좌宥坐」 제28.

근래에 한국의 초·중·고학생을 대상으로 한 설문조사에서 그 결과를 보고 당혹하지 않을 수 없는 내용을 접한 일이 있다. 그 설문조사는 "10억이 생긴다면 설사 1년 간 감옥에 가더라도 불법을 저지를 것인가?"라는 것이었다. 그 답변에 44%의 고등학생이 그렇게 할 것이라는 놀라운 결과가 나타난 것이다.[298] 이 조사에서 시사하는 바는 배우면 배울수록 그 배움이 실질적으로 무용지물이 될 확률이 높아진다는 것이다. 오늘날의 우리 교육의 현장이 진리의 추구, 진실의 구현에 중점을 두고 있다기보다는 물질적 풍요를 갖기 위한 기술을 익히는 데에 있다는 것이 드러난 실질적 예라고 할 수 있을 것이다. 이 설문조사 한 가지만을 놓고 보면, 성현의 가르침과는 정반대의 길로 나아가는 현 교육의 실태를 보고 있는 것 같은 느낌이다.

【11-30】 "무엇을 보살이 무위에 머무르지 않는 것이냐 하면, 공空을 수학修學한다고 하지만 공으로써 증득하지 않으며, 무상·무작無作을 수학함에 무상·무작으로써 증득하지 않고, 무연기無(緣)起[299]를 수학함에 무연기無(緣)起로써 증득하지 않느니라.

何謂菩薩, 不住無爲, 謂修學空, 不以空 爲證, 修學 無相·無作, 不以無相·無

---

298 홍사단 투명사회운동본부 윤리연구센터(센터장은 안종배 한세대 교수)가 2012년 12월 21일(금) 투명사회운동본부총회에서 발표한 자료에 따르면 청소년 정직지수가 초등학생 85점(100점 만점), 중학생 72점, 고등학생 67점으로 학년이 높을수록 낮은 것으로 조사되었다. 통신사뉴스와이어(www.newswire.co.kr) 참조.

299 유마경의 주석서 『주유마힐경』에 의하면 무기無起란 어떠한 조건(연緣)도 일어남이 없다는 의미로 해설하고 있다. 참고로 산스크리트어 사본이나 티벳어 번역본 그리고 현장 스님의 번역본에는 무기無起 대신에 무원無願으로 되어 있다. "肇曰: 諸法緣會而有, 緣散而無, 何法先有待緣而起乎 此空觀之別門也." 『주유마힐경』, 『대정장』 vol. 38, p. 408.

作 爲證, 修學 無起, 不以無起 爲證.

【11-31】 무상을 관하지만 선의 근본을 싫어하지 않고, 세간의 고통을 관하지만 생사를 싫어하지 않느니라. 무아를 관하지만 타인을 가르침에 게으르지 않고, 적멸에 있어서 관하지만 영원히 멸하지 않느니라.〔망념을〕 멀리 여읨을 관하지만 심신을 수선修善하고, 돌아갈 곳 없음을 관하지만 선법을 향하여 돌아가느니라.

觀於無常, 而不厭善本, 觀世間苦, 而不惡生死. 觀於無我, 而誨人不倦, 觀於寂滅, 而不永滅. 觀於遠離, 而身心修善, 觀無所歸, 而歸趣善法.

【11-32】 무생無生을 관하지만 생법生法으로써 일체를 짐 지며,[300] 무루無漏를 관하지만 모든 누루〔번뇌〕를 끊지 않느니라. 수행할 것 없음을 관하지만 수행법으로써 중생을 교화하며, 공무空無〔처虛〕를 관하지만 대비를 버리지 않느니라. 정법위正法位[301]를 관하지만 소승을 따르지 않고, 모든 법은 허망하여 무뢰無牢·무인無人·무주無主·무상無相이라 관하지만,[302] 아직 본원本願[303]을 이루지 못하여 복덕·선정·지혜가 허망하다고 하지

---

300 이 의미는, 일체만물이 실체가 없으니 무생이라고 하지만, 그러나 제법이 무생이라고 관하더라도, 보살은 사바세계에 다시 태어나서 중생을 등에 업고 해탈을 향하여 나아간다는 뜻.

301 정법위란 구마라습에 의하면, 생멸법에서 벗어나 (대승의) 법을 깨달아 증득하는 경지. "什曰: 謂無生滅, 取證法也, 而不隨小乘." 승조에 의하면, 무위를 관하여 그것을 깨달아 증득하는 경지. "肇曰: 正法位者, 觀無爲 取證之地也."『주유마힐경』Ibid. p. 409.

302 이 의미는 만물이 실체가 없으니 지옥도 없고, 천당도 없고, 실체라고 할 주인도 없으며, 주인의 대상도 없다는 의미.

303 본원本願이란 불보살이 세운 원. 특히 아미타불이 일체중생을 구하고자 세운 서원. 흔히 보살이 스스로 깨달음을 얻어 부처가 되기 전에 모든 중생을 교화하여 그들이 깨달음을 얻게 하겠다는 발원.

않느니라.[304]

觀於無生, 而以生法, 荷負一切, 觀於無漏, 而不斷諸漏. 觀無所行, 而以行法, 教化衆生, 觀於空無, 而不捨大悲. 觀正法位, 而不隨小乘, 觀諸法 虛妄 · 無牢 · 無人 · 無主 · 無相, 本願未滿, 而不虛福德, 禪定智慧.

【11-33】 이와 같이 법을 닦는 것을 보살이 무위에 머무르지 않는 것이라 하느니라. 또 복덕을 갖추기 때문에 무위에 머무르지 않고, 지혜를 갖추기 때문에 유위를 다하지 않느니라. 대자비한 까닭으로 무위에 머무르지 않고, 본원을 다 이루는 까닭으로 유위를 다하지 않느니라.

修如此法, 是名菩薩, 不住無爲. 又具福德故, 不住無爲, 具智慧故, 不盡有爲. 大慈悲故, 不住無爲, 滿本願故, 不盡有爲.

【11-34】 법약法藥을 모으는 까닭으로 무위에 머무르지 않고, 약을 주는 대로 따르는 까닭으로 유위를 다하지 않느니라. 중생의 병을 아는 까닭으로 무위에 머무르지 않고, 중생의 병을 소멸하는 까닭으로 유위를 다하지 않느니라. 모든 정사보살正士菩薩[305]들이여, 이 법을 수행함으로써 유위有爲를 다하지 않고 무위無爲에 머무르지 않는다고 하느니라. 이것을 이름하여 진무진해탈법문盡無盡解脫法門 – 다함과 다함이 없는 해탈법문 – 이라 하느니라. 너희들은 마땅히 익혀야 하느니라."

---

304 승조에 의하면, 만물이 인연에 의해 생겨나는 것이니 근본이 없는 허황한 것이다. 무엇으로 실체라 할 것이며, 무엇으로 주체라 할 것인가. 비록 이러한 연유를 알지만 아직 보살의 본원을 이루지 못하여 복덕과 지혜를 허망하다고 하지 않는 것이다. 그러나 복덕과 지혜를 닦는 것은 아니다. "肇曰: 諸法因緣所成, 虛假無本. 以何爲實, 以何爲主. 雖知如此然, 本願未滿. 不以功德 · 定慧 虛假, 而弗修也." 『주유마힐경』 Ibid.

305 정사란 보살의 이명異名으로서 보살을 수식하는 의미로 사용. 예를 들면, 보살을 보살대사菩薩大士라고도 하는 것과 같은 의미다.

集法藥故, 不住無爲, 隨授藥故, 不盡有爲. 知衆生病故, 不住無爲, 滅衆生病故,

不盡有爲. 諸正士菩薩, 以修此法, 不盡有爲, 不住無爲. 是名 盡無盡解脫法門.

汝等當學.

【11-35】 이때 그〔중향국의〕 모든 보살들이 이러한 법을 설하는 것을 듣고 모두 대 환희하여, 여러 가지 묘한 – 갖가지의 색과 갖가지의 향이 나는 – 꽃으로써 삼천대천세계에 두루 뿌려, 붓다 및 이 경의 교법과 아울러 모든 보살들에게 공양을 올렸다. 〔그리고〕 계수로써 붓다의 발에 예를 올리며, 미증유함을 찬탄하여 말하기를: "샤캬무니 붓다시여, 이 선행방편에 있어서 능통하시옵길 바랍니다."라고 말을 하자마자 홀연히 사라져 그들의 나라로 돌아갔다.

爾時 彼諸菩薩, 聞說是法, 皆大歡喜, 以衆妙華, 若干種色, 若干種香, 散遍

三千大千世界, 供養於佛, 及此經法, 并諸菩薩已. 稽首佛足, 歎未曾有言: 釋迦

牟尼佛, 乃能於此, 善行方便, 言已 忽然不現, 還到彼國.

무위법無爲法의 유위법

이 단락은 보살의 형이상학적 수행 덕목을 논하는 것이라면, 전 단락(유위법의 응용)의 보살행은 형이하학적인 면이라고 할 수 있다. 형이상학적 즉 무위를 논하지만 무위에 머물러서 유위법을 저버리는 것이 아니라 오히려 유위법으로써 무위를 증장하는 것을 논하고 있다. 진정한 무위에 있는 보살은 무위건 유위건 차별이 없으며, 깨달음의 세계에 상주하는 것이 아니라 그 지혜로써 유위의 세계에서 유위의 행을 행하되, 그것에 집착하지 않는 모습을 보임으로써 중생을 교화하고 있다.

불교에서 논하는 공의 세계가 현실세계에서의 절대적 존재 내지는 가치관을 부정하는 것임에는 틀림없으나, 그것이 깨달음이라고 하는 것은 삿된 견해다. 그러한 견해를 바탕으로, 현실 도피의 고립된 삶을 생의 목표로 삼고 공관적 수행의 길이라 하는 것은 무위의 세계에 집착한 유위법에 지나지 않는다. 고요한 산속에서 홀로 수행하는 것이 필요한 까닭은 지금까지의 번잡한 세속의 삶에 의해서 사물을 있는 그대로 보지 못하여 고통스러우니, 세속의 삶에서 벗어나 고요한 곳에서 고통의 원인이 무엇인지 바로 보고자 하는 것이지 그것이 삶의 목적이 되어서는 안 된다는 것이다. 그렇게 고립된 수행에서 증득한 공의 도리를 현실세계로 되돌아와 인연한 주변의 중생들을 교화하는 것이 진정한 깨달음을 증득한 보살의 삶이라고 항변하는 것이 바로 이 장면이다.

요즈음 너무 잘 먹기 때문에 병이 든다는 말을 자주 듣는다. 혓바닥이 하자는 대로 좋은 음식만 찾아 많이 먹고는 살이 찌니 살을 빼느라고 야단들이다. 살을 빼기 위해 운동을 시작하지만 작심삼일로 끝나는 경우가 태반이다. 그 중에는 간혹 어떠한 운동이건 시작하여 몇 년 간을 지속하다 보면 그 운동에 의해서 건강을 유지하는 사람도 있다. 그러나 운동을 하는 도중 건강을 유지하기 위해서는 운동이 중요하다기보다는 어떻게 식단을 짜야 하는지를 깨닫게 된다. 즉 혓바닥이 하자는 대로 따라갈 것이 아니라 검소한 식생활로 건강을 유지하는 것이 올바른 길이라는 것을 깨닫는 것이다.

그러므로 이러한 차원에 있는 사람은 혓바닥의 욕망을 제어할 수 있는 수행으로 아무리 맛있는 음식이라도 절제를 하고 맛있는 음식만을 탐내는 편식을 그만두는 것으로 발전시킨다. 깨달음 이후에도 습관처럼, 운동하는 시간을 늘려가며 운동에 목적을 두는 것 같은 삶은 운동에 중독된 것이며 오히려 건강을 해치는 결과를 초래할 수도 있다. 이와 같이 아무리 좋은 것이라 하더라도 그것에 빠져 있으면 좋은 것이 오히려 독이 된다는 가르침을 이 장면에서 보여주고 있다.

사바세계의 보살들이 고행으로써 수행으로 삼아 아뇩다라삼먁삼보리를 증득하고 중생 구제를 위해서는 자기희생을 수반하는 모습을 보고 중향국의 보살들은 지금까지 너무나 안일하게 수행하고 있었던 스스로의 모습이 부끄러워졌다. 보살이 수행함에는 깨달음을 얻기 위해서만이 아니라 오히려 중생 구제에 힘을 싣고 있다는 것을 보았던 것이다.

이제 중향국에 돌아가서도 아무리 수행하기에 좋은 환경이라고 하더라도 보살로서 어떻게 수행하며, 무엇을 위해 깨달음을 얻어야 하는지, 중생을 위해서는 어떻게 해야 하는지, 진무진해탈법문을 듣고 비록 중향국이라 하더라도 향후 보살로서 행해야 할 바를 확연히 깨달았던 것이다. 그들이 사바세계에서 얻은 바 가르침에 보답하기 위해 중향국의 갖가지의 묘한 향과 묘한 형색을 한 꽃을 온 세상에 두루 뿌려 공양을 올리고는 그들이 가야 할 곳으로 사라졌다. 그들의 이러한 공양을 올린 공덕으로 이 사바세계에 갖가지 아름다운 꽃들이 시시때때로 좋은 향기와 아름다운 빛으로 상처받은 중생들을 어루만져 주는지도 모를 일이다.

유마경의 보살행품은 현실세계에서 좋은 부모를 만났거나 좋은 환경에서 자라고 배울 수 있는 기회를 가져 아무런 고통 없이 살아 갈 수 있는 사람들이 이 세상을 어떻게 살아야 하는지를 중향국의 보살들을 등장시켜 일러주고 있는 장면이라고 해도 어긋나는 말은 아닐 것이다. 사실 사바세계를 살아가는 사람에게는 중향국이 어떠한 나라건, 있건 없건 아무런 상관이 없다. 단지 중향국의 보살들을 사바세계의 로열패밀리 정도로 생각하고 그들이 주변의 고통받는 사람들을 위해 어떻게 생각하고 행동해야 하는지를 중향국의 보살들이 느끼고 행하는 것으로 그 본보기가 되게 하는 것이리라. 가진 자가 가지지 않은 자를 생각하는 것이 보살이 무위에 있으되 그 곳에 머무르지 않고 유위법을 행하는 것과 비견되는 부분이다.

제2장 사바세계에서 만나는 여래
견아촉불품見阿閦佛品 제12

여래와 붓다의 육신

불교경전을 접하다 보면 어떤 때는 여래라고 했다가 어떤 때는 붓다라는 용어가 불규칙하게 등장하는 것을 볼 수 있다. 유마경에서도 여래如來와 불佛이라는 용어가 빈번히 나타난다. 그렇다고 하여 특별히 구별하여 사용하는 것 같지도 않다. 여래란 산스크리트어 타타가타tathāgata의 의역이며, 이 원어를 어떻게 떼어 읽느냐에 따라 여거如去라고도 한다. 여래와 여거는 문자만 보아서는 완전히 반대되는 의미로 볼 수 있으나, 진여眞如(타타tathā)로부터 오는 것 혹은 진여를 향해 나아가는 것이라는 의미니, 여래건 여거건 그것이 진여眞如라는 것에 의미가 있는 것이지 오고 가는 것에 의미가 있는 것은 아니다.

진여란 '있는 그대로의 것'이라는 의미로서 '진眞'은 허망 분별을 여읜 제법의 체성體性을 말하니 진실이라 하고, '여如'는 상주불변하는 모습을 말하는 것이니 항상한다는 것이다. 그러므로 진여의 동의

어로서 법성法性, 법신法身, 법계法界, 자성청정심自性清淨心, 불성佛性, 원성실성圓成實性, 실상實相, 여래장如來藏, 여실지견如實知見 등 무엇을 중심으로 이해하느냐에 따라 그 표현 방법이 다를 뿐 진여와 동체이명同體異名이라고 할 수 있다. 이와 같이 진여실상을 깨달은 자를 붓다buddha라고 하니 여래와 붓다와의 함수관계 또한 동체이명에 지나지 않는다. 결국 보살과 중생이 붓다의 교법을 따른다는 것은 지혜의 완성을 이루어 붓다[여래]가 되겠다는 것이니 무엇을 어떻게 하여 여래가 되겠다는 것인지, 여래를 제대로 이해하고 있는 것인지를 이 장에서 논하고 있다.

【12-1】 이때 세존이 유마힐에게 묻기를: "네가 여래를 보려 한다면, 무엇으로써 여래를 관한다고 할 것이냐?"

유마힐이 말하기를: "스스로가 육신의 실상을 관함과 같이 부처를 관함 또한 그러합니다. 제가 여래를 관함은 과거에 오지 않았고, 미래에 가지 않을 것이며, 현재에도 머물지 않습니다. 색을 관하지 않고 색의 있는 그대로도 관하지 않습니다. 색의 성품도 관하지 않고 수·상·행·식도 관하지 않습니다.

爾時 世尊, 問維摩詰: 汝 欲見如來, 爲以何等, 觀如來乎?

維摩詰言: 如自 觀身實相, 觀佛亦然. 我觀如來, 前際不來, 後際不去, 今則不住. 不觀色, 不觀色如, 不觀色性, 不觀受·想·行·識.

【12-2】 인식[식識]의 주체[진여]도 관하지 않고, 인식의 성상性相[역할]도 관하지 않습니다. 4대의 [원소]로부터 일어나지 않으니, [성품이] 허공과 같습니다. 6입[여섯 개의 감각기관]에는 받아들인 것이 없고, 안·이·비·설·

신과 심[의식意識]은 이미 [경계대상을] 초월해 삼계에 있지 않습니다. 세 가지의 허물[삼독]을 이미 여의었고, 3해탈문[공·무상·무원][306]에 순응하나, [그러나] 3명明[307]과 더불어 무명을 같이 구족하고 있습니다.[308] 일상이 아니요, 이상異相도 아닙니다. 자상自相이 아니요, 타상他相도 아닙니다. 상相이 없는 것도 아니요, 상相을 취하는 것도 아닙니다. 차안此岸도 아니요, 피안彼岸도 아니며 중류中流도 아니지만 그러나 중생을 교화합니다.[309]

不觀識如, 不觀識性. 非四大起, 同於虛空. 六入無積, 眼·耳·鼻·舌·身·心, 已過 不在三界. 三垢已離, 順三脫門, 具足三明, 與無明等. 不一相, 不異相. 不自相, 不他相. 非無相, 非取相. 不此岸, 不彼岸, 不中流, 而化衆生.

【12-3】 적멸寂滅을 관하지만 그러나 영원히 멸하는 것은 아닙니다. 이것도 아니며, 저것도 아닙니다. 이것을 가진 것도 아니요, 저것을 가진 것도 아닙니다. 지식으로 알 수 있는 것이 아니며, 경험으로 알 수 있는 것도 아닙니다. 어두움도 없고, 밝음도 없으며, 이름도 없고, 모습도 없습니다.

---

306 3탈문脫門은 3해탈문解脫門의 약어로서 무루의 세 가지 삼매를 말함. 해탈을 얻어 열반에 들기 위한 세 가지 법문: 1) 일체제법을 공이라고 관하는 공空해탈문, 2) 공인 까닭으로 차별상이 없다고 관하는 무상無相해탈문, 3) 무상無相이므로 구할 바가 없다고 관하는 무원無願(무작無作)해탈문.

307 3명明이란 숙명통(명): 현세의 육신에 있어서 숙세의 인연을 아는 지혜, 천안통(명): 현세의 업에 있어서 미래의 과보를 아는 지혜, 누진통(명): 번뇌가 소멸함으로서 얻는 지혜.

308 "3명과 더불어 무명을 같이 구족하고 있다."는 역설적으로 표현하는 까닭은: 여래란 삼독으로부터 벗어나고 3해탈문과 3명을 구족하였지만 여래의 화신으로서의 붓다는 색신을 지녔으니, 색신을 지닌 것이 무명이다. 그러니 무명 또한 구족하였다고 하는 것이다.

309 붓다가 비록 사바세계에서 중생을 구제하고 있지만, 붓다의 체상體相은 여래니, 여래란 그 어떠한 곳에도 주하는 바 없다는 것을 표현하는 구절이다.

강함도 없고, 약함도 없으며, 깨끗함도 아니요, 더러움도 아닙니다.

觀於寂滅, 亦不永滅. 不此不彼, 不以此, 不以彼. 不可以智知, 不可以識識. 無晦·無明·無名·無相. 無强·無弱·非淨·非穢.

【12-4】 방위에 있는 것도 아니요, 방위를 여읜 것도 아닙니다. 유위도 아니요, 무위도 아닙니다. 보는 것도 없고, 설하는 것도 없습니다. 베풂도 아니요, 아낌도 아닙니다. 계戒도 아니요, 범犯하는 것도 아닙니다. 참는 것도 아니요, 화냄도 아닙니다. 정진도 아니요, 태만도 아닙니다. 정定도 아니요, 난亂도 아닙니다. 지智도 아니요, 우愚도 아닙니다. 성실함도 아니요, 속임도 아닙니다. 오는 것도 아니요, 가는 것도 아닙니다. 나가는 것도 아니요, 들어오는 것도 아닙니다.

不在方, 不離方. 非有爲, 非無爲, 無示·無說. 不施·不慳·不戒·不犯·不忍·不恚. 不進·不怠·不定·不亂·不智·不愚. 不誠·不欺·不來·不去·不出·不入.

【12-5】 일체의 언어가 끊어졌으며, 복전福田도 아니요 복전이 아닌 것도 아닙니다. 공양에 응함도 아니요 공양에 응하지 않음도 아닙니다. 취하는 것도 아니요, 버리는 것도 아닙니다. 유상有相도 아니요, 무상無相도 아닙니다. 진제眞際〔진여의 실제〕와 같고, 법성法性〔제법의 실성; 진여〕과도 같습니다. 말할 수 있는 것도 아니고 헤아릴 수 있는 것도 아니며, 모든 칭량稱量〔사량분별〕을 초월한 것입니다. 대大도 아니요, 소小도 아닙니다. 견見도 아니요, 문聞도 아니며, 각覺도 아니요, 지知도 아닙니다. 뭇 결박結縛〔번뇌〕으로부터 벗어났습니다. 모든 지자智者와 동등하며 중생과도 동등합니다. 제법諸法에 있어서 분별이 없습니다.

一切 言語道斷, 非福田, 非不福田. 非應供養, 非不應供養. 非取·非捨·非有相·非無相. 同眞際, 等法性. 不可稱, 不可量, 過諸稱量. 非大·非小. 非見·非聞·非覺·非知. 離衆結縛, 等諸智, 同衆生. 於諸法 無分別.

【12-6】 일체一切에 잃음도 없고, 탁濁함도 없고, 번뇌도 없고, 조작造作도 없고, 일어남도 없고, 생함도 없고, 멸함도 없고, 두려움도 없고, 근심도 없으며, 기쁨도 없고, 싫음도 없고 집착도 없습니다. 과거에 있음도 없고 미래에 있음도 없고 현재에 있음도 없습니다. 일체의 언설로써 분별하고 나타내어 보일 수 없습니다.

一切無失·無濁·無惱·無作·無起·無生·無滅·無畏·無憂·無喜·無厭·無著. 無已有, 無當有, 無今有. 不可 以一切言說, 分別顯示.

【12-7】 세존이시여, 여래의 몸은 이와 같습니다. 이와 같이 관하고 그렇게 관하는 자로서 이름하여 정관正觀이라 합니다. 만약 달리 관하는 자면 이름 하여 사관邪觀이라 합니다."

世尊, 如來身, 爲若此. 作如是觀, 以斯觀者, 名爲正觀. 若他觀者, 名爲邪觀.

여래를 만나는 법

무엇으로 여래를 관하는가라는 질문은 도대체 무슨 뜻일까? 이 질문에 대한 답변을 한가득 늘어놓은 것이 정의할 수 없는 여래에 대해 정의를 내리려는 작업이라고 보아 무리가 없을 것이다. 이 장면에서 여래를 어떻게 관할 것인가를 왜 논하는지는 유마경 출현 당시의 인도 불자들의 스투파 신앙이나 불상을 향한 기복사상, 그리고 오늘날 불자들이 수험생에게 또는 사업에 용한 부처님이 계신다는 곳을 찾아다니는 과정을 살펴보면 이해가 되지 않는 것도 아니다. 신통한 붓다(불상)가 있다는 것을 믿는 불자가 있다는 사실은 가히 충격적이다. 더더욱 놀랄 일은 출가 사문들 중에서도 그렇게 믿고 또 신자들에게 그렇게 일러주고 있다는 것이다.

유마경이 출현하던 시기와 오늘날을 비교한다면, 물질적 삶의 수준은 물론, 여타 형이 상·하학적인 면에서 그 무엇이건 비교가 안 되겠지만, 사람들이 살아가는 태도에 있어서는 동서를 막론하고 뭐 그렇게 다를 것이 있을까. 유마경이 출현할 당시에 얼마나 많은 사람들이 불상 또는 신앙의 물질적 대상에 빠져 있었으면 신앙의 올바른 태도에 관해서조차 경전에서 논하고 있을까. 옛날이야 종교가 이성적으로 받아들여지지 않았고 또 과학이 그다지 발달하지 않았으니 미신적 사고로 불상을 숭배하였을 수도 있다. 그러나 오늘에 와서도 많은 불자가 옛날의 그들과 다름없이 불상이나 성현들의 성상聖像, 또는 기이하고 괴이하게 생긴 사물에 신비한 힘이 있을 것이라고 믿고 경외敬畏의 감정을 지우지 못하는 것이 현실이니 놀라지 않을 수 없다.

경주 남산의 수 없이 많은 불상 또는 불탑을 보고 신라시대에 불교의 꽃을 피웠다고 하는 학자나 불교인들을 보면 불교를 미신적 사고로 믿거나 알고 있는 것이지 교법의 진리적 차원에서 수행하거나 이해하는 수준이 아니라는 것이다. 다시 말하면, 불상의 번창은 문화사적 관점에서는 불교의 꽃을 피웠다고 할 수 있을지는 모르지만, 교법의 차원에서는 불교의 꽃이 아니라 올바른 불교를 하지 않았다고 밖에 말할 수 없다. 붓다 이후에 생긴 교리지만 불교의 상태를 정법正法, 상법像法, 말법末法으로 분류하여, 정법시대(불멸후 500년 혹은 1000년)에는 붓다의 가르침이 그대로 살아 있고, 그 교법에 의지하여 깨닫는 사람이 있다고 하는 시대라고 한다. 상법시대는 정법 이후의 500 내지는 1000년 후에 해당하며, 교법은 존재하지만 진실한 수행은 없고, 그러므로 깨닫는 사람도 없다고 한다. 즉 신라시대는 불상을 믿었던 시대로서 상법에 속한다고 할 수 있다. 말법시대는 상법이 지난 후부터 만년 동안에 해당하며 붓다의 가르침이 쇠락하고 수행하는 사람도 깨닫는 사람도 없다고 한다. 단지 교법만이 전해지는 시대로서 오늘날 불교가 처한 시대가 이에 속한다. 신라시대에 불상을 많이 조성했다는 뜻은 즉 정법은 사라지고, 상법像法 즉 유사類似(가짜) 불교를 하였다는 뜻이다. 누가 정하였는지는 모르지만, 여기서 정법·상법·말법의 시간적 정의는 그다지 중요하지 않다. 다만 붓다의 가르침을 이행한다고 하는 제자들이 어떠한 마음으로 교법을 대하느냐가 진정한 정법·상법·말법의 구분에 의미가 있다고 할 것이다.

금강경의 유명한 문구 중에 "약이색견아 이음성구아 시인행사도 불능견여래(若以色見我 以音聲求我 是人行邪道 不能見如來 - 만약 형상으로써 나를 찾으려 하거나 소리로써 나를 구하려 한다면, 이러한 사람의 수행은 사도요, 결코 여래를 볼 수 없느니라.)"라는 말이 나온다. 여기서 '아我'란 당연히 여래를 지칭하는 말이지만, 그 여래가 타인으로서의 여래가 아니라 바로 나 자신이라는 말로 바꾸어서 이해하면 진정한 여래가 무엇이며 누가 여래인지를 찾는 것은 그렇게 어려운 일이 아닐 것이다.

중국 당나라 시대의 선승으로서 단하丹霞 스님이 계셨다. 하루는 추운 겨울 밤늦게 객승으로서 낙양의 혜림사에 머물게 되었다. 밤늦게 찾아온 객승이 미워서인지 원주는 불을 지피지도 않은 방으로 단하 스님을 안내했다. 유독 추운 겨울밤이라 단하 스님은 잠을 이루지 못하고 땔감을 찾아 나섰다. 어디에서도 땔감을 찾지 못한 단하 스님은 법당으로 들어섰다. 마침 그곳에 힘들이지 않고도 불을 지필 수 있는 땔감이 있었다.

다음날 아침, 불을 잘 지펴 따뜻해진 방에서 잘 자고 일어나 기지개를 켜며 밖으로 나섰다. 원주는 간밤의 추위에 얄미운 객승이 동태가 되었을 것이라고 고소하게 여길 참으로 어떻게 되었는지 살피려던 중 단하 스님이 하품을 하며 방문을 나서는 모습과 맞닥뜨렸다. 의아해서 어떻게 된 일인지 물어보니 간밤에 하도 추워서 그냥은 잘 수 없어 불을 지폈더니 너무 따뜻하게 잘 잤다는 것이다. 땔감이 없었을 텐데 어디서 땔감을 구해 불을 지폈느냐고 물으니 법당에 아주 좋은 땔감이 있었다고 한다.

마침 아침 예불하러 법당에 들어갔던 젊은 스님이 쫓아 나와 큰일 났다고 원주스님께 이른다. 무슨 일이냐고 하니 법당에 부처님이 안 계신다는 것이다. 단하 스님이 나무로 조성한 법당의 부처님을 땔감으로 사용한 것이다. 노발대발한 원주 스님은 어떻게 부처님을 불태울 수 있느냐고 하니 단하 스님은 허겁지겁 아궁이로 가서 타고 남은 재를 뒤적인다. 그 모습이 하도 천연덕스러워 무슨 짓이냐고 따지니, 부처님을 다비하였으니 사리를 거두려고 한다는 것이다. 나무로 만든 부처에게 무슨 사리가 나오느냐고 하니 그렇다면 나무를 땔감으로 사용하였는데 무엇 때문에 나를 그렇게 나무라느냐고 도리어 원주를 힐난하였다고 한다. 이러한 단하 스님의 법명이 마조도일 스

님으로부터 받은 천연天然이었다. 진정한 부처란 무엇인지 행동으로
보여준 일화다.

【12-8】 이때 사리불이 유마힐에게 묻기를: "거사님은 어디서 돌아가셔서
이곳(사바세계)에 태어나신 것입니까?"

유마힐이 말하기를: "스님은 증득한 바 법이 사라지고 생기기도 합니까?"

사리불이 말하기를: "사라지거나 생기는 일은 없습니다."

"만약 모든 법이 사라지거나 생기는 성상性相이 없다면 어찌 물으시기를
내가 어디에서 죽어서 이곳(사바세계)에 태어난 것이냐고 하십니까? 왜냐
하면 비유컨대 마치 마술사가 마술로써 남녀를 만든 것과 같습니다. 어떻
게 〔그들이〕 사라지거나 생기는 것이겠습니까?"

사리불이 말하기를: "사라지거나 생기는 일은 없습니다."

爾時 舍利弗問 維摩詰: 汝於何沒, 而來生此? 維摩詰言: 汝所得法, 有沒生乎?

舍利弗言: 無沒生也. 若諸法 無沒生相, 云何問言, 汝於何沒, 而來生此? 於意

云何, 譬如幻師, 幻作男女, 寧沒生耶? 舍利弗言: 無沒生也.

【12-9】 "스님은 어찌 붓다의 설법을 듣지 못하였습니까. 모든 법은 마치
환과 같은 성상性相이라는 것을."

〔사리불이〕 답하기를: "그와 같습니다."

"만약 일체의 법이 마치 환과 같은 성상性相이라면, 어떻게 스님은 〔내가〕
어디에서 죽어서 이곳에 태어난 것이냐고 물으십니까?

汝豈不聞, 佛說諸法, 如幻相乎. 答曰: 如是. 若一切法, 如幻相者, 云何問言, 汝

於何沒, 而來生此?

【12-10】 사리불이여, 사라진다는 것은 허황虛荒하고 거짓으로 된 법의 썩고 부서지는 성상性相이며, 생긴다는 것은 허황하고 거짓으로 된 법의 상속相續의 성상性相이라는 것입니다. 보살은 비록 돌아가시지만 선善의 근본을 다하지 않고, 비록 태어나지만 모든 악을 증장하지 않습니다."

舍利弗, 沒者 爲虛誑法, 敗壞之相, 生者 爲虛誑法, 相續之相. 菩薩, 雖沒 不盡善本, 雖生 不長諸惡.

【12-11】 이때 붓다가 사리불에게 말씀하시기를: "이름이 묘희라는 나라가 있는데 붓다의 명호는 무동이라 하느니라. 이분, 유마힐은 그 나라에서 돌아가셔서 이곳에 태어나신 것이니라."

是時 佛告 舍利弗: 有國名 妙喜. 佛號無動. 是維摩詰, 於彼國沒, 而來生此.

【12-12】 사리불이 말하기를: "들어본 적이 없습니다, 세존이시여. 이 분은 즉 청정 국토를 버리고 이 분노와 상해가 많은 곳에 원하여 오신 것입니까?"

유마힐이 사리불에게 말하기를: "어떻습니까? 해가 뜰 때 어두움과 함께 합니까?"

답하기를: "아닙니다. 해가 뜨면 모든 어두움은 없어집니다."

舍利弗言: 未曾有也. 世尊, 是人乃能, 捨淸淨土. 而來樂此, 多怒害處? 維摩詰語, 舍利弗: 於意云何, 日光出時, 與冥合乎? 答曰: 不也. 日光出時, 即無衆冥.

【12-13】 유마힐이 말하기를: "해는 어찌하여 염부제에 뜨고 지는 것입니까?"

답하기를: "밝게 비춤으로써 그곳의 어두움을 제거하고자 하는 것입니

다."

유마힐이 말하기를: "보살도 이와 같습니다. 비록 부정不淨한 불국토佛國土에 태어나지만 중생을 교화하기 위한 까닭입니다. 어리석고 어두운 것과 더불어 함께하려는 것이 아닙니다. 다만 중생의 번뇌의 어두움을 소멸하려는 것일 뿐입니다."

維摩詰言: 夫日何故, 行閻浮提? 答曰: 欲以明照, 爲之除冥. 維摩詰言: 菩薩如是, 雖生 不淨佛土, 爲化衆生故. 不與愚闇, 而共合也. 但滅衆生, 煩惱闇耳.

유마 거사의 서원

유마 거사가 "무엇으로 여래를 관하느냐?"는 붓다의 질문에 막힘없이 답변을 늘어놓자 그의 능력이 어느 정도인지 도무지 짐작이 안 되니 사리불이 기어이 유마 거사에게 질문을 하고 만다. 한마디로 "당신의 정체는 무엇이냐?"는 것이다. 사바세계에서 유일하게 깨달음을 얻었다고 하는 샤캬무니 붓다의 10대 제자로서 아라한과를 얻었다고 하는 성문성聲門聖들이나 대승불도를 닦는다는 보살들도 유마 거사의 능력 앞에서는 빛을 발하지 못하고 모두 힐난을 받았으니 유마 거사가 전생에 어디에서 어떤 수행을 하였기에 사바세계에서 그와 같은 지혜로써 뭇 중생을 교화하는지 궁금해졌다.

사리불의 [우매한?] 질문에 또 한 번 유마 거사의 지혜는 번뜩인다. 한 번 증득한 지혜가 사라지거나 새로이 생겨나지 않는 것과 같이 스스로도 오고감에 나라고 하는 주인공이 사라지거나 새로이 생겨나지 않는다는 실상법에 입각한 원칙론적 답변으로 사리불의 유위

법적 질문을 무색하게 하고 있다. 반야심경에서 설하는 부증불감不
增不減[310] – 늘지도 줄지도 않는다 – 이라는 가르침이 여기에 해당할
것이다. 그러자 샤캬무니 붓다가 그의 제자가 또 당하는 것 같아 그
러한지 유위법적 답변을 대신하고 있다. 유마 거사는 전생에 묘희라
는 나라에서 열반에 들어 다시 이 사바세계에 태어났다고 한다.

유마 거사가 전생에 도를 얻어 다시는 세상에 나타나야 할 이유가
없는데 묘희세계도 아닌 극악무도한 중생들로 득실거리는 사바세계
에 인간의 몸으로 출현하였다는 것은 붓다의 교법으로는 도무지 이
해가 되지 않는 사건이다. 깨달았으면 열반에 들어 다시는 육신을 받
아 생로병사하는 윤회의 굴레에 떨어지지 않아야 하거늘 어찌 육신
을 받아 윤회하되 이러한 사바세계에 태어나느냐는 의문으로부터
사리불은 벗어날 수 없었다.

깨달음을 얻은 자로서 윤회의 굴레에서 벗어날 수 있다는 것은 스
스로는 번뇌망념에서 자유로워졌다는 의미다. 하지만 한편 스스로
는 고해에서 벗어났으나 중생들이 아직 고통을 받고 있다는 사실을
알고서 열반의 세계에 상주한다는 것은 보살로서 중생 구제라는 과
제를 이행하지 않는 것에 지나지 않는다. 깨달음을 얻어 무애 자재
하니 어떠한 세계에 어떤 모습으로든 다시 나타나기도 하고 사라지
기도 하는 것에 어떤 장애가 있을 리 없다. 그렇지만 가진 자가 할 일
없으니 이곳에도 가보고 저곳에도 가보는 듯이 무위도식하는 삶으
로 이 사바세계에 출현한 것은 아니라는 것이다. 윤회의 세계에서 벗
어났으나 이 사바세계의 고통 받는 중생들을 두고서는 홀로 고요히

---

310 부증불감이란 일체만물은 각각 본질적으로 '이것'이라고 할 실체가 없는 공한 것이어서
  늘어날 것도 없고 줄어들 것도 없다는 공관론적 견해.

지낼 수 없다는 것이다. 이러한 대자비심의 발로로 다시 육신을 지닌 중생의 모습으로 나타나 다른 중생들을 구제하기 위한 동사섭을 수행하는 것이야말로 유마 거사가 이 사바세계에 출현한 이유였다.

이 장면은 마치 힘 있고 재물을 많이 가진 자가 스스로 쓰고도 남을 만큼 지니고서도 그 여력으로 고통받는 사람들을 위하여 아무것도 하지 않는 사람들을 간접적으로 비판하고 있는 것 같다. 내가 가졌다고 하여 나 홀로 잘살 수 있는 세계는 없다. 내 주변이 어려운 사람들로 가득 차 있으면 그들에 의해서도 내 삶이 불편해지기 마련이다. 우선 가까운 사람들부터 가진 것을 나누어 베풂으로써 그 불편함을 극복할 수 있다는 것이 보시의 개념이다. 가졌거나 힘이 있다고 하여 세상의 모든 고통받는 사람들을 다 구제하라는 것은 아니다. 그렇게 할 수 있는 사람도 그리고 그렇게 할 수 있는 방법도 없다. 단지 내가 태어나서 나의 주변을 살펴볼 능력이 있으니 손을 뻗어 닿는 곳만이라도 그 여력을 아끼지 말고 베풀어야 한다는 가르침을 이 장면에서 암시하고 있는 것이다.

멀리 있는 눈에 보이지 않는 가족을 생각하기보다는 가까이에서 고통받는 이웃을 구제하는 것이 사바세계를 이상세계로 실현할 수 있는 길이다. 공허한 구호로 세계평화를 부르짖고 세계일화라는 이상론적 이론을 펴는 것보다, 그 힘을 고통받는 단 한 사람의 이웃에게라도 베풂으로써 더 이상 고통받는 이웃이 없는 세계를 이루는 것이 사바세계에 다시 태어나는 보살의 염원일 것이다. 이 염원을 실현하기 위해 이름 없는 보살들이 세상의 어두운 곳에서 하나의 조그마한 등불을 밝히는 것이다. 이것이 일등조우一燈照隅라고 하는 보살행이다.

단지 이 장면에서 한 가지 부적절한 비유가 거슬리는 부분이 있다. 태양이 염부제에 뜨고 지는 것은 어떤 목적이 있어서 그렇게 하는 것은 아니다. 사실 과학적인 사고를 여기에 적용하지 않는다고 하더라도 태양의 존재는 자연의 있는 그대로의 모습이지 밝게 비추어 어두움을 제거한다는 등의 목적이 있을 수 없다. 태양이 설사 어두움을 제거하기 위해 동쪽에서 떠오른다고 하자. 먹구름에 의해 태양의 빛이 차단되면 공중에 떠오른 태양의 의미는 사라지고 만다. 보살이 이 사바세계에 다시 출현하는 까닭은 태양이 아침에 동쪽에서 떠오르는 것과 비견되어질 수 없는 것이다. 전자는 중생 교화라는 목적이 있어 사바세계에 출현하는 것이요, 후자는 아무런 목적이 없는 자연현상에 지나지 않는다. 누군가가 원하든 원하지 않든 태양은 어제의 모습으로 오늘 또한 그렇게 떠오를 것이다. 그 현상을 아전인수적인 가치관을 갖고 비유법에 적용한다는 것은 그렇게 지혜로운 태도는 아니다. 보살이 사바세계에 출현하는 것은 자연현상이라고 할 수 없는 보살 개개인의 인위적 사건에 속하는 일이다. 그것이 보살정신이다.

【12-14】 이때 대중이 갈앙하여 묘희세계와 무동여래 및 그곳의 보살들과 성문들을 보고자 하였다. 붓다께서 일체의 모인 대중들의 뜻을 아시고 유마힐에게 말씀하시기를: "선남자여, 여기 모인 대중들을 위해 묘희국과 무동여래 및 그곳의 보살들과 성문들을 나타나게 하십시오. 대중들 모두가 보고자 합니다."

是時 大衆渴仰, 欲見妙喜世界, 無動如來, 及其菩薩·聲聞之衆. 佛知 一切衆會所念, 告維摩詰言: 善男子, 爲此衆會, 現妙喜國, 無動如來, 及諸菩薩·聲聞之衆, 衆皆欲見.

【12-15】　여기서 유마힐이 속으로 생각하기를: '나는 마땅히 일어서지 않고 앉아서 묘희국을 접해야 한다. 철위[311]의 산천 · 계곡 · 강하 · 대해 · 샘〔천원泉源〕 · 모든 수미산, 그리고 해 · 달 · 별 · 천룡 · 귀신 · 범천 등의 궁전, 아울러 모든 보살들 · 성문들 · 도시와 마을의 남녀노소,

於是 維摩詰心念, 吾當 不起于座, 接妙喜國. 鐵圍山 · 川 · 溪谷 · 江河 · 大海 · 泉源, 須彌諸山, 及日 · 月 · 星宿 · 天龍 · 鬼神 · 梵天, 等宮, 幷諸 菩薩 · 聲聞之衆, 城邑 · 聚落, 男女大小,

【12-16】　내지 무동여래 및 보리수, 모든 묘련화의 시방에서 불사를 할 수 있는 자, 3도道의 보배로 된 계단은 줌부드비파Jumbūdvīpa(이하 염부제閻浮提)[312]로부터 도리천에 이르고, 이 보배로 된 계단으로 모든 천天에서 내려와, 모두 무동여래께 예경을 올리고 경법을 청하며,

乃至 無動如來, 及菩提樹, 諸妙蓮華, 能於十方 作佛事者, 三道寶階, 從閻浮提, 至忉利天, 以此寶階, 諸天來下, 悉爲禮敬, 無動如來, 聽受經法,

【12-17】　염부제의 사람들이 또한 그 계단을 따라 도리천에 올라, 그곳의 모든 천계를 보는, 묘희세계의 이와 같은 무량공덕의 성취, 위로는 아카니스타akaniṣṭha(아가니타천阿迦膩吒天)[313]에서 아래로는 수륜제水(輪)際[314]에 이르기까지를 오른손으로써 휘어잡기를 마치 도자陶瓷의 물레와 같이하

---

311 철위산이란 수미산을 중심으로 사대주의 남쪽에 위치한 남섬부주의 높은 산 이름.
312 줌부드비파란 고대 인도의 바라문교, 자이나교 또는 불교의 세계관에 있어서 인간이 사는 대륙을 말하는 것이다. 바라문교나 자이나교에서는 세계의 중심에 위치한다는 원형의 대륙이며, 불교에서는 수미산 주위에 있다는 4대륙 중의 하나다.
313 아가니타천이란 색구경천色究竟天으로 4선禪, 4선정禪定 또는 4선천禪天 중 제 사선천에 속하는 세계로서 아나함과를 얻은 자가 태어나는 곳.
314 수륜제水輪際란 삼륜세계의 하나로서 풍륜風輪과 금륜金輪 사이에 있다고 함.

여, 이 세계에 들여오되 마치 화환을 가진 듯이 일체의 대중들에게 보여야겠구나.'

閻浮提人, 亦登其階, 上昇忉利, 見彼諸天, 妙喜世界, 成就如是, 無量功德, 上至阿迦膩吒天, 下至水際, 以右手斷, 取如陶家輪, 入此世界, 猶持華鬘, 示一切衆.

【12-18】 이와 같이 생각을 마치자 삼매에 들어 신통력을 나타내었다. 그의 오른손으로써 묘희세계를 끊어 잡고 이 땅에 내려놓았다. 그곳(묘희국 妙喜國)의 신통을 얻은 보살 및 성문들과 아울러 나머지 천인들이 다 소리를 내어 말하기를: "아! 세존이시여, 누군가가 나를 데리고 가려 합니다. 구해 주시기 바랍니다."

무동불이 말씀하시길: "내가 한 바가 아니니라. 유마힐의 신통력으로 일어난 일이니라."

作是念已, 入於三昧, 現神通力. 以其右手, 斷取 妙喜世界, 置於此土. 彼得神通, 菩薩及聲聞衆, 并餘天人, 俱發聲言: 唯然世尊, 誰取我去, 願見救護. 無動佛言: 非我所爲, 是維摩詰, 神力所作.

【12-19】 그 외에 신통을 아직 얻지 못한 자들은 자기가 가고 있는 바를 알지 못했다. 묘희세계가 비록 이 땅에 들어왔지만 그러나 증감하지 않았다. 이 세계에 있어서도 또한 협소하지 않았고 본래와 같이 다를 바 없었다.

其餘 未得神通者, 不覺不知, 己之所往. 妙喜世界, 雖入此土, 而不增減. 於是世界, 亦不迫隘, 如本無異.

유마 거사의 능력

유마 거사가 묘희국을 사바세계에 끌어다 뭇 대중들에게 보이는 장면이다. 타방세계를 끌어다 사바세계 중생들이 다 볼 수 있도록 한다는 의미는 무엇을 뜻하는 것일까? 논리적으로나 이성적으로는 실현 불가능한 일을 유마경의 저자는 사실적으로 묘사하고 있다. 여기에 함축되어 있는 의미는 결코 신통이라는 이야기 거리로 끝나지 않는 중요한 메시지가 담겨 있기 때문일 것이다. 고정관념을 버리고 모든 속박(번뇌)에서 벗어난 해탈의 세계, 자유로운 삶이 얼마나 아름답고 즐거운 것인가를 보여주고 있다. 일반 민중들에게 붓다의 교법에 의지하여 카스트 제도의 타성에서 벗어나 지금까지의 생활 태도를 버리고 깨달음을 증득하기 위한 아뇩다라삼먁삼보리를 향한 마음을 일으키라는 강렬한 메시지를 담고 있다.

한편으로는 중생들이 비록 사바세계에 몸을 담고 있지만 의식세계가 아뇩다라삼먁삼보리를 향하는 한 묘희국뿐만 아니라 중생들이 바라는 바 이상세계를 현실세계에서 실현할 수 있다는 것을 신통이라는 방편을 통하여 보여주고 있는 것이리라. 반면, 신통을 얻지 못한 자들이 유마 거사에 의해 자기가 어디를 가고 있는지도 모르는 체 사바세계로 끌려가고 있다는 의미가 현실세계에서 개화되지 못한 어리석은 국민들이 위정자들에 의해 돌이킬 수 없는 지경에 빠뜨려지는 경우와 비견되어지는 부분이다.

현실세계에서 어리석은 자들은 위정자들이 국민을 위해 어떠한 정책을 쓰는지도 모르고 그저 먹을 것만 있다면 마냥 그 정책에 아무런 비판의식 없이 따라가기만 하다가 급기야 스스로가 돌이킬 수 없는 지경에 빠지고 만다는 것 또한 암시하고 있다. 어리석은 자들은 그때 가서 자기의 운명을 탓할지언정 그 역경을 헤쳐 나오려 하지 못하지만, 신통을 얻은 자들은 누군가에 의해 어디론가 끌려가고 있다는 것을 알기에 역경에서 벗어나려는 의지를 보일 것이다. 즉 개화가 된 사람들은 위정자들이 사욕을 채우려 하는지 또는 국민들을 도탄에 빠뜨릴 정책을 펴는지 아니면 국민들을 기만하는지 어떤지에 대한 비판의식을 갖고 백성들의 불행을 미연에 방지하고자 하는 행동을 취해야 한다는 것을 암시하고 있다. 현실세계에서 지혜 있는 자들은 개화되지 못한 사람들을 위해 위험을 무릅쓰고라도 권력에 저항해야 한다는 것이 즉 보살들이 자기희생을 감수하면서도 중생을 제도하려는 것과 비견되는 부분이다.

【12-20】 이때 샤캬무니 붓다가 모든 대중에게 말씀하시기를: "너희들은 묘희세계妙喜世界와 무동여래無動如來 그리고 그 국토의 장엄을 관찰하여라. 〔그곳의〕 보살들의 행은 깨끗할 것이며, 제자들은 청렴결백할 것이니라."
모두가 말하기를: "아! 그렇습니다. 이미 보았습니다."
爾時 釋迦牟尼佛, 告諸大衆: 汝等, 且觀 妙喜世界, 無動如來, 其國嚴飾. 菩薩行淨, 弟子淸白. 皆曰: 唯然. 已見.

【12-21】 붓다가 말씀하시기를: "만약 보살이 이와 같은 청정 불국토를 얻으려 한다면, 마땅히 무동여래의 행하는 바의 도를 익혀야 하느니라."
이 묘희국이 나타났을 때, 사바세계의 14나유타[315]의 사람들이 아눗다라

---

315 나유타nayuta那由他는 헤아릴 수 없는 한량없는 수를 말하며, 아삼캬보다 한 단계 더 많은 수를 나타내는 수. 제1막 각주 200 참조.

삼먁삼보리를 향한 마음을 일으켜 모두 묘희불토에 나기를 원하였다.

佛言: 若菩薩 欲得如是, 淸淨佛土, 當學 無動如來, 所行之道. 現此妙喜國時, 娑婆世界, 十四那由他人, 發阿耨多羅三藐三菩提心, 皆願生於, 妙喜佛土.

【12-22】　샤캬무니 붓다가 그들에게 수기하며 말씀하시기를: "마땅히 그 나라에 태어날 것이니라."

그러자 묘희세계는 이 〔사바〕 국토에서 응당히 요익한 바 그 일을 마치고 다시 본래의 곳으로 돌아가는 것을 대중들은 다 보았다.

釋迦牟尼佛, 卽記之曰: 當生彼國. 時 妙喜世界, 於此國土, 所應饒益, 其事訖已, 還復本處, 擧衆皆見.

【12-23】　붓다가 사리불에게 말씀하시기를: "너는 묘희세계 및 무동불을 보았느냐, 아니냐?"

"네, 그렇습니다. 보았습니다. 세존이시여, 원하옵건대 일체중생으로 하여금 청정세계를 얻기를 마치 무동불과 같이, 신통력을 획득하기를 마치 유마힐처럼 되게 하소서.

佛告 舍利弗: 汝見此 妙喜世界, 及無動佛, 不? 唯然. 已見. 世尊, 願使 一切衆生, 得淸淨土, 如無動佛, 獲神通力, 如維摩詰.

【12-24】　세존이시여, 우리들도 아주 요익한〔선리善利〕 것을 얻었습니다. 이 분을 뵙고 가까워졌으며, 공양을 받기도 하였습니다. 저 모든 중생들이, 만약 현재 또는 불멸후, 이 경을 듣는 자 또한 요익한 것을 얻을 것입니다. 하물며, 이미 듣고서, 믿고 따르며 독송하고 해설하여 여법히 수행하는 〔자야 어떠하겠습니까〕.

世尊, 我等 快得善利, 得見是人, 親近供養. 其諸衆生, 若今現在, 若佛滅後, 聞
此經者, 亦得善利. 況復聞已, 信解受持, 讀誦解說, 如法修行.

【12-25】　만약 이 경전을 입수한 자 있으면 이미 법보의 창고를 얻은 것
이 됩니다. 만약 독송하고 해석하여 그 뜻을 설함과 같이 수행하는 사람
이 있으면 제불이 그를 지켜주는 바가 될 것입니다. 이와 같은 사람을 공
양하는 그 사람은 마땅히 부처를 공양하는 것으로 알겠습니다. 이 경권을
써서 가지는 자 있으면 그 사람은 당연히 그의 방에 여래가 계신 것으로
알겠습니다.

若有手得, 是經典者, 便爲已得, 法寶之藏. 若有讀誦, 解釋其義, 如說修行, 即
爲諸佛, 之所護念. 其有供養, 如是人者, 當知即爲, 供養於佛. 其有書持, 此經
卷者, 當知其室, 即有如來.

【12-26】　만약 이 경을 듣고 기꺼이 수행(수희隨喜)할 수 있는 자는, 그 사
람은 즉 일체의 지혜를 취할 것입니다. 만약 이 경 내지는 하나의 사구게
四句偈[316]만이라도 믿고 타인을 위해 설하는 자 있으면, 당연히 이 사람은
즉 아뇩다라삼먁삼보리의 수기를 받을 것으로 알겠습니다."

若聞是經, 能隨喜者, 斯人即爲, 取一切智. 若能信解, 此經乃至, 一四句偈, 爲
他說者, 當知此人, 即是 受阿耨多羅三藐三菩提記.

---

316 사구게란 일반적으로 16음절의 2행[8음절의 4행]을 말하지만, 한역경전에 나타나는
　　하나의 완성된 문장이라 볼 수 있을 것이다. 여기서는 어떤 특정한 문장을 지칭하는 것
　　이 아니라 경전상의 한 문장이라는 뜻으로 이해하여 무리는 없을 것이다.

유마경 수지 독송의 공덕

　유마 거사가 신통으로 보여준 묘희세계의 청정국토를 보고 지혜의 완성을 이루지 못한 뭇 중생들은 사바세계에서 벌어지는 아비규환과 같은 환경에서 벗어나려는 의지를 일으키게 되었다. 신통에 의해 임시로 나타난 환상과 같은 세계를 보고서는 자기들이 살아가고 있는 사바세계가 얼마나 열악한 환경인지 깨달은 것이다. 유마경의 가르침을 믿고 따르며 수지하고 독송함으로써 묘희세계와 같은 청정국토에 태어날 수 있다는 것을 붓다의 면전에서 재차 확인하는 장면이다. 이러한 장면은 대승경전의 말미에 흔히 나타나는 풍경이다.

제3장 계체수문繼體守文
법공양품法供養品 제13

교단과 제행무상

붓다의 교법 중에서도 가장 근본적인 가르침이 3법인 – 제행무상, 제법무아, 열반적정 – 이라고 함에 이의를 제기할 사람은 흔치 않을 것이다. 이 중에서 제행무상이란 일체만물이 조금도 한곳에 머물지 않고 변하고 있다는 가르침이다. 설사 그것이 붓다의 가르침이라고 하더라도 변하고 있으며, 그 변화와 함께 가르침을 이행하는 교단의 존속 또한 한시도 가만히 있지 않고 변한다. 특히 유마경이 출현할 당시에는 이미 불교교단은 사분오열하여 초기의 불교 고유의 특색이 인도의 기존 종교와 문화에 희석된 상태였다. 교단 내부의 단결이 이루어지지 않으면 않을수록 외부의 영향은 더욱 크게 작용하기 마련이다. 그러면 그럴수록 정법을 수호하여 일시적인 편리를 도모하거나 이익을 추구해서는 안 된다는 가르침이 이 장에서 내려지고 있다.

정법을 수호하고자 하는 수행자가 있다면 힌두의 신들이라 불리는 교단의 호법신장들이 어떠한 경우가 있더라도 그 수행자를 보호하며, 정법이 끊어지지 않게 하고, 그들 또한 정법을 따를 것을 맹세하고 있다. 이러한 힌두의 신들에게 교법이 끊어지지 않게 법보시를 하는 수행자를 잘 보필할 것을 샤카무니 붓다가 그들을 찬탄하여 마지않는 장면이다. 아이러니하게도 불교를 공격하기 시작한 집단은 대승경전에 출현하는 호법신장을 그들의 신으로 모시는 힌두교도들이었다. 유마경의 출현 당시 교단 내에 힌두의 영향이 커지는 것을 염려한 나머지 경전상에 힌두의 신들을 등장시켜 교단을 지키려 하였을 것이다. 그러나 불교도의 이러한 노력에도 불구하고 오히려 힌두의 영향과 그들의 공격으로 인하여 불교는 그 모태로부터 자취를 감추었으며, 이젠 화석이 되어 그 땅을 지키고 있을 뿐이다.

【13-1】 이때 석제환인釋提桓因〔샤크라Sakra, 이하 제석천帝釋天〕이 대중들 속에서 붓다께 말하기를: "세존이시여, 저는 비록 붓다와 문수사리를 따르며 백 천의 경을 들었지만, 아직 이런 불가사의하고 자재신통하며 결정적인 실상實相의 경전을 들은 적이 일찍이 없습니다.

爾時 釋提桓因, 於大衆中 白佛言: 世尊, 我雖從佛, 及文殊師利, 聞百千經, 未曾聞此, 不可思議, 自在神通, 決定實相 經典.

【13-2】 마치 제가 부처님의 설하는 바 의취를 아는 바로는, 만약 어떤 중생이 이 경의 가르침을 듣고, 믿고 따르며 독송하는 자가 있다면 반드시 이 법을 증득할 것을 의심치 않습니다. 하물며 설하는 바와 같이 수행함이야 〔어떻겠습니까〕. 그 사람은 즉 모든 악취〔세계〕를 닫고, 모든 선문善

門을 열 것입니다.

如我解佛, 所說義趣, 若有衆生, 聞是經法, 信解受持, 讀誦之者, 必得是法 不疑. 何況 如說修行. 斯人即爲, 閉衆惡趣, 開諸善門.

【13-3】 언제나 제불의 보호를 받을 것이며, 외도를 익힌 자를 항복받고, 마귀들의 원적을 소멸하며, 지혜를 닦아 도량에 안처하여 여래의 행하시는 바의 행적을 실천할 것입니다.

常爲諸佛之所護念, 降伏外學, 摧滅魔怨, 修治菩提, 安處道場, 履踐如來, 所行之迹.

【13-4】 세존이시여, 만약 〔이 경을〕 지니고 독송하여 설하는 대로 수행하는 자가 있으면, 저는 당연히 모든 권속들과 더불어 공양을 올리며 시중을 들겠습니다. 마을과 도시 그리고 산림이나 광야에 있으면서 이 경이 있는 곳이면 저는 또한 모든 권속들과 더불어 법을 듣기 위한 까닭으로 함께 그곳에 이를 것입니다. 아직 믿지 못하는 자는 마땅히 믿음을 일으키게 할 것이며, 이미 믿는 자는 당연히 〔이 경을〕 지키게 할 것입니다."

世尊, 若有 受持讀誦, 如說修行者, 我當 與諸眷屬, 供養給事. 所在 聚落·城邑·山林·曠野, 有是經處, 我亦與 諸眷屬, 聽受法故, 共到其所. 其未信者, 當令生信, 其已信者, 當爲作護.

【13-5】 붓다가 말씀하시기를: "훌륭하구나. 훌륭하구나. 천제여, 네가 말한 바와 같으니라. 내가 너의 환희를 도와주마. 이 경은 과거·미래·현재의 모든 붓다의 불가사의한 아뇩다라삼먁삼보리를 널리 설한 것이니라. 이런 까닭으로 천제여, 만약 선남자 선여인으로 이 경을 지니고 독송하여 공양

하는 자는 즉 과거와 미래와 현재의 붓다에게 공양하는 것이니라.

佛言: 善哉善哉. 天帝, 如汝所說, 吾助爾喜. 此經廣說, 過去・未來・現在, 諸

佛 不可思議, 阿耨多羅三藐三菩提. 是故 天帝, 若善男子 善女人, 受持讀誦,

供養是經者, 即爲供養, 去來今佛.

【13-6】　제석천이여, 가령 삼천대천세계에 여래로 그 속을 채우기를 비유

컨대 사탕수수〔甘蔗〕・대나무・갈대・벼〔도稻〕・마麻・총림叢林과 같이 하

더라도, 만약 선남자와 선여인이 있어 혹 1겁, 혹은 1겁이 지나도록 공

경・존중・찬탄・공양하여 모든 안전한 곳에 봉안하였다가, 모든 붓다의

멸후에 이르러 하나하나의 전신사리로써 칠보탑을 세우되, 하나의 4천하

〔대륙〕의 넓이와 높이는 범천에 이르게 하여, 찰제〔깃대〕[317]로써 〔사리탑〕의

앞쪽을 장엄하고,[318] 일체의 화華・향香・영락瓔珞・당번幢幡・기악伎樂

의 미묘微妙함이 제일가는 것으로써, 만약 1겁 또는 만약 1겁이 지나도록

거기에 공양하면 천제의 생각으로는 어떤가? 그 사람의 복덕은 많은가,

아닌가?"

天帝, 正使 三千大千世界, 如來滿中, 譬如 甘蔗・竹・葦・稻・麻・叢林, 若有

善男子 善女人, 或一劫, 或減一劫, 恭敬尊重, 讚歎供養, 奉諸所安, 至諸佛滅

後, 以―― 全身舍利, 起七寶塔, 縱廣 一四天下, 高至梵天, 表刹莊嚴, 以一切

---

317 찰제의 산스크리트 원어로서 크셰트라kṣetra와 야슈티yaṣṭi의 두 단어가 있다. 전자는
국토라는 의미가 있으나, 이 문장에서는 문맥상 맞지 않으며―서막 각주 8 참조, 후자
는 봉봉棒 또는 기간旗竿의 의미로서 흔히 사원에서 찰간刹竿대-깃대-라고 하는 것에
속할 것이다. 주로 불탑이나 법당 앞 또는 사원의 표식으로 세워두는 깃대로서 둥근 구
슬에 화염이 이글거리는 형상〔보주화염형寶珠火炎形 또는 화염보주형火炎寶珠形〕의
장식을 깃대의 꼭대기에 달고 있다.
318 이 장면은 불전의 변상도變相圖(불교회화佛教絵画)를 연상하게 하는 부분으로써 화
엄경변상도거나 묘법연화경변상도 등에서 볼 수 있는 장엄의 형식이다.

華・香・瓔珞・幢幡・伎樂, 微妙第一, 若一劫, 若減一劫, 而供養之, 於天帝 意云何? 其人植福, 寧爲多不?

【13-7】 제석천이 말씀드리기를: "많습니다. 세존이시여, 그의 복덕을 만약 백천억 겁 동안 설한다 하더라도 다할 수 없습니다."

붓다가 제석천에게 말씀하시기를: "마땅히 알라! 이런 선남자와 선여인은 불가사의한 해탈의 경전을 믿고 따르며 독송하여 수행하면 복은 그것보 다 더 많으니라. 왜냐하면 제불 보살은 다 이것(교법)으로부터 생기느니라. 보리의 성상性相은 한계를 지을 수 있는 것이 아니니라. 이런 인연으로써 복도 헤아릴 수 있는 것이 아니니라."

釋提桓因言: 多矣. 世尊, 彼之福德, 若以百千億劫說, 不能盡.

佛告天帝: 當知 是善男子, 善女人, 聞是 不可思議, 解脫經典, 信解受持, 讀誦 修行, 福多於彼. 所以者何, 諸佛菩提, 皆從是生, 菩提之相, 不可限量. 以是因 緣, 福不可量.

성주괴공의 자연법이

이 장면에서 왜 우리 선대의 조사들은 돈황敦煌에 그토록 많은 열 정을 쏟았을까 하는 의문이 저절로 풀리는 느낌이 든다. 붓다가 이와 같이 설하는 까닭은 인도에서도 그의 후손들이 다 겪었던 일을 예 견하였기 때문일까? 인도의 나란다Nālandā 대학[319]이나 비크라마시라

---

319 5C 초에 왕사성(라자그리하Rājagrha) 근교에 창건된 오늘날의 대학에 해당하는 학문을 전문으로 하는 사원. 현장도 여기서 공부를 하였다고 함. 1861년 커닝엄Coningham에

Vikramaśira 대사원의 유적을 보면 불교가 전 인도는 물론 이웃의 나라에까지 전파되어 당시에는 세계 최대의 종교로 성장했었다는 것을 알 수 있다. 그러나 어떠한 이유에 의해서건 그렇게 장대한 수행처가 힌두교의 공격과 이슬람교의 습격으로 13C경에 그 운명은 끝이 나고 불교는 서서히 인도에서 자취를 감추었다. 현대에 들어 다시 조금씩이나마 불교인들이 늘어난다고 하니 언젠가 다시 전 인도인들이 불자가 되는 날이 올지 아무도 모르는 일이다.

세상이 어지러울 때면 그 어지러운 세상을 다스리려는 영웅들이 출몰하고 그 가운데에서 뛰어난 자가 혁명을 성취하여 나라를 평정하면 다음세대에서는 체제를 유지하는 일에 힘을 쏟기 마련이다. 이시대가 되면 문화면 문화로써 그 꽃을 피우고, 종교면 종교로써 사회의 각 분야마다 그 영향을 미치게 마련이다. 이렇게 한동안 태평성대가 이어지면 그것에 타성이 생기며, 사람들의 마음이 자연스럽게 해이해지게 되고, 따라서 나라가 문란해지기 시작한다. 나라가 문란해지면 문화가 폐쇄적으로 변하고 도덕이 무너져 변방의 곳곳에서 난리가 일어나며, 종교는 제 역할을 하지 못하고 타락하게 되는 것이 순리다. 그리하여 또다시 영웅들이 일어나 사방에서 전쟁이 일어나며 영웅들은 혁명을 부르짖게 되는 것이 자연의 법칙이다.

붓다의 가르침이 전 인도를 통일한 군주들에 의해 급성장을 하는가 하면, 다른 한편으론 그렇기 때문에 위정자나 타종교로부터 탄압을 받게 되었으며, 힌두와 이슬람의 침공은 결국 불교를 그 모태로부터 축출하기에 이르렀다. 이러한 과정을 알아서일까, 대승불전에서

의해 발견되어 나란다의 존재가 세상에 알려졌음.

는 힌두의 신들이 불교의 호법신장으로 등장하는 일이 비일비재하게 나타난다. 아이러니하게도 힌두의 신들이 불교의 호법신장으로 활동함에도 불구하고 힌두교도들에 의해 불교가 박해를 받았으니 당시의 대승경전 편집자들도 힌두의 위협을 알고 있었다는 것을 엿볼 수 있는 장면이다. 그들은 힌두의 신들을 대승경전에 등장시킴으로써 불교는 힌두교를 배척하지 않는다는 것을 보이고 싶었는지도 모를 일이다. 역으로 이러한 점이 불교가 불교만의 특색을 살리지 못하고 오히려 힌두교의 한 일파 정도로 인식되는 빌미를 주었다. 급기야 붓다는 힌두의 신들 중의 한 분으로 둔갑하는 처지에 놓이고, 교단은 점차적으로 힌두교에 흡수되는 운명의 길로 스스로가 들어섰던 꼴이 되고만 것이다.

다른 대승경전에도 흔히 나타나는 내용이지만 물질로서의 보시는 아무리 오랫동안 많은 물량을 보시하더라도 그 복덕은 한마디 경전의 법을 믿고 익혀서 따르는 복덕보다 못하다고 한다. 유마경의 저자는 물론 대승경전의 편집자들은 유한한 물질로써 공양하는 공덕은 마치 하늘을 향하여 활을 쏘는 것과 같은 것으로 보고 있다. 아무리 힘센 사람이 허공으로 화살을 쏘아 올려도 그 힘이 다하면 그 화살은 언젠가는 다시 쏘아 올렸던 곳으로 도로 떨어지기 마련이라는 것이다. 이와 같이 물질로써 공덕을 많이 쌓은 사람은 그 공덕으로써 천상에 태어나는 과보를 받아 고통 없는 삶을 살 수 있다고는 한다. 그러나 그 공덕이 유한한 것이어서 언젠가는 다할 날이 온다는 것이다. 그 날이 오면, 마치 화살이 하늘을 오르던 힘이 다하면 도로 지상으로 내려오듯, 공덕이 다하여 천상의 생에서 다시 사바세계로 내려와서 또 다시 수행을 처음부터 시작해야 한다는 것이다. 하기야 대기

권 밖으로까지 쏘아 올릴 수 있는 공덕의 힘이라면 도로 지상〔사바세계〕으로 떨어지는 일은 없겠지만(단, 사바세계를 지구로 한정할 때). 그러므로 무한한 진리로써 공덕을 쌓는 것은 그 진리가 사람들에게 시간과 공간을 격해 전해져서 무한히 이어지니, 유마경을 지니고 독송할 것을 강조하고 있다.

【13-8】 붓다가 제석천에게 말씀하시기를: "과거 무량한 아승지겁 때, 세상에 붓다가 계셨는데, 붓다의 명호를, 약왕여래·응공·정변지·명행족·선서·세간해·무상사·조어장부·천인사³²⁰·불·세존이라 하였느니라. 세계의 이름은 대장엄이며, 〔그〕 겁劫〔세월〕을 장엄이라고 하느니라. 붓다의 수명은 20소겁小劫³²¹이며, 그곳의 성문승은 36억 나유타³²²고 보살승은 12억이나 있었느니라.

佛告 天帝: 過去 無量 阿僧祇劫時, 世有佛號曰, 藥王如來, 應供·正遍知·明行足·善逝·世間解·無上士·調御丈夫·天人師·佛·世尊. 世界名 大莊嚴, 劫曰莊嚴. 佛壽 二十小劫, 其聲聞僧, 三十六億 那由他, 菩薩僧 有十二億.

---

320 여래의 10호 중, 응공이란 아라한이라고도 하며 번뇌를 여의어 공양을 받아 마땅한 존경할 사람: 정변지란 일체의 지혜를 구비하여 제법에 달통한 사람으로서 우주에 산재해 있는 사물이나 현상에 대해 바로 알고 있는 사람: 명행족이란 계정혜 삼학을 통해 깨달음을 증득한 사람: 선서란 지혜로써 모든 번뇌를 끊고 세간을 벗어난 사람: 세간해란 세간世間과 출세간出世間에 있어서 인과의 이치를 깨달은 사람: 무상사란 중생들 중에서 가장 존경할 사람으로서 그 위에 더 큰 스승이 없다는 사람: 조어장부란 마부가 말을 모는 것과 같이 중생을 조복 받아 깨달음에 이르게 하는 사람: 천인사란 인간과 천상의 중생을 교화하는 사람.
321 소겁이란 시간을 나타내는 용어로서, 일 소겁은 일겁(20소겁은 중겁, 20중겁은 대겁).
322 나유타那由他란 수의 한 단위로서 인도인들이 흔히 사용하는 항하사, 아삼캬(아승지阿僧祇), 나유타, 불가사의, 무량대수의 차례로 수의 단위를 표기함.

【13-9】 제석천이여, 그때 전륜성왕이 있었는데 이름을 보개라 하였고, 칠 보를 구족한 사천하四天下의 주인이었느니라. 왕은 천 명의 아들들이 있 었고, 단정하고 용감하며, 건장하여 능히 원적을 항복시켰느니라.

天帝, 是時 有轉輪聖王, 名曰寶蓋, 七寶具足, 主四天下. 王有千子, 端正勇健,
能伏怨敵.

【13-10】 그때 보개(왕)가 그의 권속들과 더불어 약왕여래께 공양하고 여 러 안전한 곳을 베풀기를 5겁을 채움에 이르렀느니라. 5겁을 이미 지나 자 그의 천 명의 아들들에게 말하기를, 너희들 또한 마땅히 나와 같이 심 심深心으로써 붓다께 공양하여야 한다고 하였느니라. 그러자 천 명의 아 들들이 부왕의 명을 받들어 약왕여래께 공양하기를 다시 5겁을 채우도록 일체의 안락한 바를 베풀었느니라.

爾時 寶蓋與其眷屬, 供養 藥王如來, 施諸所安, 至滿五劫. 過五劫已, 告其千子,
汝等 亦當如我, 以深心 供養於佛. 於是 千子, 受父王命, 供養 藥王如來, 復滿
五劫, 一切施安.

【13-11】 그 왕의 한 아들의 이름이 월개라 하였는데, 홀로 앉아 사유하기 를, '어떤 공양이 이보다 더 수승할 수 있을까?' 붓다(약왕여래)가 신통력으 로써 공중에 천신이 있게 하여 말하기를: '선남자야, 법의 공양이 모든 공 양보다 수승하다'고 하였느니라.

其王一子, 名曰月蓋, 獨坐思惟, 寧有供養, 殊過此者. 以佛神力, 空中有天, 曰:
善男子 法之供養, 勝諸供養.

【13-12】 〔그가〕 묻기를: '무엇이 법의 공양입니까?'라고 하자,

천신이 말하기를: '네가 약왕여래께 가서 여쭤볼 수 있으며, 당연히 너를 위해 법의 공양에 대해 널리 설해 주실 것'이라고 하였느니라. 즉시 월개 왕자는 약왕여래가 계신 곳에 참예하여 계수로써 붓다의 발에 예를 올리고 한쪽에 물러서서 붓다께 여쭈었느니라: '세존이시여, 모든 공양 중에서 법공양이 수승하다고 하니 무엇이 법공양이 되는 것입니까?'

即問: 何謂 法之供養? 天曰: 汝可往 問藥王如來, 當廣爲汝, 說法之供養. 即時 月蓋王子, 行詣藥王如來, 稽首佛足, 却住一面, 白佛言: 世尊, 諸供養中, 法供養勝, 云何爲, 法供養?

가훈의 전승

이 장면에서 옛날 우리 조상들도 후손들에게 "사람이 사람답게 살려면 어떻게 해야 하느니라."라고 일러 주시던 모습이 생각난다. 여기서 붓다의 이름을 빌려 사람이 잘 사는 것이 어떤 것인지 간접적으로 일러 주는 대목이다. 요즘 사람들은 윗사람이 한마디 하면, 무엇을 말하고자 하는지, 그 의미가 무엇인지, 특히 도덕적이거나 윤리, 또는 정직한 삶·올바른 삶 등에 관한 이야기라면, 몰라서 행하지 않는 것은 아니다.

이율배반적인 사회와 주변 환경 등이 배운 대로 살면 살아갈 수 없는 세상이라는 것을 더 잘 알기 때문에 알면서도 행하지 않는 경우가 대부분이다. 결국 그렇게 행동함으로써 그 결과는 본인의 고통과 불행으로 이어지지만, 또 그렇게 되리라는 것을 예견하고 있을 것이다. 그러나 그 결과가 너무 늦게 찾아온다는 것이 사람들로 하여금 당장 이익이 되는 쪽으로 행동을 하게끔 하는 것일 것이다. 즉 비윤리적이요, 비도덕적이며, 올바르고 정직한 것과는 상관없이 하고 싶은 대로 행동하게 되는 것이리라.

대승경전이건 초기경전이건 막론하고 수행자가 뜻하는 바를 이루기 위해 헤아릴 수 없는 긴 시간을 들여 똑같은 수행을 반복적으로 이행하는 장면이 수없이 나온다. 붓다가 깨달음을 이룬 후에도 그 깨달음이 확실한 것인지 회향하는 장면을 보면 반복적으로 며칠을 두고 장소를 옮겨가며 거듭 확인하고 있다. 이 장면에서도 국왕의 아들들이 부왕의 유언을 받들어 유구한 세월 동안 보시행을 지켜나가고 있다. 반복적인 수행을 오랜 세월 해 오는 동안 더 나은 보시행은 없을까라고 생각하며, 국왕의 아들들 중 한 왕자가 수행에 박차를 가하려는 때에 보시 중에는 법보시가 최고라는 것을 깨닫게 된다.

이러한 오랜 시간 동안의 반복적인 수행은 종교에서만 필요한 것이 아니라 학문이건 운동이건 최상의 성취도를 이루기 위해서는 머리로써 계산되어 나타나는 것이 아니라 몸에 익어 자연스럽게 나타남으로써 보다 나은 방법과 효과를 얻을 수 있는 것과 같다. 이성적으로 생각하면 어리석을 정도의 반복적인 그리고도 아무런 대가가 없는 행위[고행]가 인간의 육신이 지닌 오감과 육감의 모든 기능을 극단적으로까지 열어 놓아 궁극의 진리를 그대로 드러내는 길이라는 것을 보여주고 있다.

그러나 수행자들 중에서 머리로 계산된, 논리적이요 과학적인 수행이 아니면 수행 자체를 거부하는 사람들이 있다. 예를 들면 뜻도 모르는 염불을 하면 무엇 하며 존재하지도 않는 부처에게 예불을 하면 무엇 하느냐는 수행자가 있다. 이러한 수행자는 뜻도 모르고 염불을 외우기만 하는 어리석은 사람이라며 염불수행자를 업신여기기까지 한다. 염불의 내용의 의미를 알아야 염불을 하더라도 염불의 의미가 있다는 것이다. 이 말은 염불의 뜻을 알면 염불수행을 하겠다는 것이며, 붓다가 살아 있다면 그 붓다에게 예를 올리겠다는 것이다.

스스로가 알고 있는 것은 행하고 있다는 의미인데, 그렇다면 거짓말을 하지 말라는 가르침은 어릴 때부터 부모건 이웃이건 어디에서건 가르친다. 사람이 거짓말을 하는 까닭은 거짓말을 해서는 안 된다는 도덕률을 몰라서 거짓말을 하는 것일까? 설사 염불의 내용을 모른다고 하더라도 염불을 하고자 하는 마음의 상태 즉 번뇌망념으로부터 벗어나거나 정신통일을 이루고자 하는 등 수행자가 뜻하는 바의 마음이 중요한 것이다. 염불이나 예불이 그러한 염원을 이루기 위한 하나의 방편이라는 것을 모르기 때문에 일어나는 우매한 생각이거나 아니면 수행의 어려움을 피해 가기 위한 게으름의 핑계에 지나지 않는다.

【13-13】 붓다(약왕여래)가 말씀하시기를: '선남자야, 법공양이라는 것은 모든 붓다가 설하는 바 의미심장한 경이니, 일체의 세간은 믿기 어렵고, 받아들이기 어려우니라. 미묘하여 보기 어렵고, 청정하여 물듦이 없느니라. 다만 분별·사유로 얻을 수 있는 바가 아니니라. 보살의 법장(진리의 창고)에 섭수攝受(저장)된 바며, 다라니의 인印으로써 그곳(창고)을 봉인하였으며, 불퇴전에 이르러 육도(바라밀)를 성취하여, 뜻을 잘 분별하여 보리의 법에 순응하느니라.

佛言, 善男子: 法供養者, 諸佛 所說深經, 一切世間, 難信難受. 微妙難見, 淸淨

無染. 非但 分別思惟, 之所能得. 菩薩 法藏所攝, 陀羅尼印, 印之, 至不退轉, 成
就六度, 善分別義, 順菩提法.

【13-14】 뭇 경전의 위에 있으며 대자비에 드느니라. 뭇 마귀들이 일으키
는 짓이나 사견으로부터 벗어나 인연법에 순응하느니라. 무아·무인·무
중생·무수명이며, 공·무상·무작·무기로써 능히 중생으로 하여금 도
량에 안좌하게 하여 법륜을 굴리게 하느니라.

衆經之上, 入大慈悲. 離衆魔事, 及諸邪見, 順因緣法. 無我·無人·無衆生·
無壽命, 空·無相·無作·無起, 能令衆生, 坐於道場, 而轉法輪.

【13-15】 모든 천·용신·건달바 등이 찬탄하며 칭찬하는 바니라. 능히 중
생으로 하여금 불법佛法의 저장고(장藏)에 들게 하여 모든 성현의 일체의
지혜를 섭수하게 하며, 뭇 보살의 행하는 바 도를 설하게 하느니라. 제법
실상의 뜻에 의지하고, 분명히 무상·고·공·무아·적멸의 법을 선양하
느니라.

諸天·龍神·乾闥婆 等, 所共歡譽. 能令衆生, 入佛法藏, 攝諸賢聖, 一切智慧,
說衆菩薩, 所行之道. 依於諸法, 實相之義, 明宣 無常·苦·空·無我, 寂滅之法.

【13-16】 능히 일체의 훼금毁禁(파계)한 중생을 구제하고, 모든 악마·외도
및 탐착하는 자를 능히 두려워하게 하느니라. 〔그러므로〕 모든 붓다와 성
현들이 함께 찬탄하는 바니라. 생사의 고를 등지고 열반의 즐거움을 보이
며, 시방삼세의 제불이 설하는 바니라. 만약 이와 같은 여러 가지의 경을
받들어 믿고 익혀서 따르며 독송하고, 방편력으로써 모든 중생을 위하여
분별·해설을 보임을 분명히 하며, 법을 수호하는 까닭으로 이것을 이름

하여 법공양이라 하느니라.'

能救一切, 毁禁衆生, 諸魔外道, 及貪著者, 能使怖畏. 諸佛賢聖, 所共稱歎. 背
生死苦, 示涅槃樂, 十方三世, 諸佛所說. 若聞 如是等經, 信解 受持 讀誦, 以方
便力, 爲諸衆生, 分別解說, 顯示分明, 守護法故, 是名 法之供養.

최상의 공양

불자들 사이에서는 법공양이라는 말을 흔히 쓴다. 집안에 49재를
지내거나 혹은 어르신들의 생신 또는 여러 가지 기념이 될 만한 길
일을 택해 불서를 공양물로 보시하는 경우에 사용하는 말로 쓰이는
것이 일상적이다. 이러한 경우 책 말미에 법공양의 연기緣起를 첨부
하는 것이 대부분이다.

이와 같이 법공양이라고는 하나 이것은 어디까지나 법공양일 수
있는 내용{교법}이 그 불서에 있다는 의미이지 그 보시물 자체로 법공
양이 될 수는 없다. 이 장면은 약왕여래의 이름을 빌어 법공양이 무
엇을 의미하는지 그 정의를 내리고 있다. 유마경에 의하면, 법공양이
라는 것은 제불이 설하는 바 심오한 교법을 말하는 것이라고 한다.
경전에 설해져 있는 진리에 의지하여 고통받는 중생이 구원을 받을
수 있기 때문이다.

경전에 설해져 있는 교법 즉 진리에 의지한다는 의미는 십이연기
법 등의 교법을 믿는다는 것으로 끝나지 않고 육바라밀이나 사무량
심, 사섭법 등의 수행을 실천함으로써 지금까지의 번민의 원인이었
던 탐 · 진 · 치 3독을 제어하고 타인에 대한 자비행의 대원을 이룬

다는 말이다. 그럼으로써 생사의 고통을 등지고 열반의 즐거움을 보이는 것이니 이것이 시방삼세의 모든 붓다가 설하는 법공양이라는 것이다.

이와 같은 법공양이라 하더라도 아무나 받을 수 있는 것이 아니라 받을 수 있는 사람의 자격이 있다고 한다. 법공양은 미묘하고 청정하여 세간의 잣대로는 보이지도 않고 믿기도 어렵기 때문이라는 것이다. 그러니 사량 분별로써는 주어도 얻을 수 없으니 세속에서 잔머리를 굴려 남을 괴롭히며 자기만 잘 살겠다는 마음으로는 법공양을 받을 수 없다. 스스로의 고통의 원인이 어디에 있는지, 그 고통을 제거하기 위해 노력을 하지만 교법을 만나지 못해 수고로움만 쌓이는 중생들에게 고해에서 벗어나 열반에 이를 수 있는 길로써 뭇 불보살들이 제시하는 것이 법공양이다. 그러니 법공양을 받는다고 하더라도 실천하여 대자비의 원을 이루지 못하면 이 생에 인간으로 태어나 불법을 만난 것이 무용지물이 되고 만다는 것이다.

교법에 따라 수행한다는 의미는 단순히 붓다의 가르침을 익혀 고해에서 벗어난다는 것이 아니다. 스스로는 불완전한 인간으로부터 탈피하여 인간의 완성을 이루고, 나아가서는 뭇 사람들의 부족한 부분이 되어 그들을 완전한 인간으로 만드는 데 그 의미가 있다. 부족한 음식을 나누어 주어 목숨을 구하는 일이 중요하지만, 왜 스스로 자기의 음식을 구하지 못하는 삶을 살아야 하는지 그 원인을 깨우치게 하여 부지런히 일하여 부족한 음식을 스스로 구할 수 있게 하는 것이야말로 법공양이라 할 수 있다. 어떠한 경우건, 어느 곳 어느 때라 하더라도 스스로 살아갈 수 있게 하는 가르침이야말로 단순한 음식을 베푸는 공양보다 최상의 법공양이라고 할 것이다.

【13-17】 또 제법에 있어서, 설하는 것과 같이 수행하고, 십이인연[323]의 법칙에 따라 모든 사견을 여의어 무생법인을 증득하느니라. 결단코 무아요, 중생이 있다는 것도 없고, 그러나 인연과 과보에 있어서 틀림없고 논쟁도 없으며, 나의 것이라는 모든 것으로부터 벗어나느니라. 뜻〔진리〕에 의지하되 말〔문자〕에 의지〔구속〕하지 않고, 지혜에 의지하되 식〔지식〕에 의지하지 않으며, 요의경[324]에 의지하되 불요의경에 의지하지 않고, 법에 의지하되 사람에 의지하지 않느니라.

又於諸法, 如說修行, 隨順 十二因緣, 離諸邪見, 得無生忍. 決定無我, 無有衆生, 而於 因緣果報, 無違無諍, 離諸我所. 依於義, 不依語, 依於智, 不依識, 依了義經, 不依不了義經, 依於法 不依人.

【13-18】 법상의〔진리에〕따라 들어가는 바도 없고 돌아가는 바도 없으며, 무명은 필경 소멸하는 까닭으로 제행 또한 필경 소멸하며, 내지 생도 필경 소멸하는 까닭으로 노사도 또한 필경에는 소멸하느니라. 이와 같이 관하여 십이인연의〔법〕은 다하지도 않고, 또〔사〕견을 일으키지도 않으니, 이것을 이름하여 최상의 법공양이라 한다고 하였느니라."

隨順 法相無所, 入無所歸, 無明 畢竟滅故, 諸行 亦畢竟滅, 乃至 生畢竟滅故, 老死 亦畢竟滅. 作如是觀, 十二因緣, 無有盡相, 不復起見, 是名 最上法之供養.

---

323 십이인연十二因緣이란 십이연기를 말하며, 이에 관해서는 제1막 각주 143 참조.
324 요의경了義經이란 붓다의 진실의 교의를 분명하고 완전하게 드러내는 대승의 경전을 말함.

법공양의 진수

이 장면은 미래의 불교가 어떻게 될 것이라는 것을 미리 알고 단속하고 있는 부분이다. 열반경에도 의법불의인依法不依人이라는 말이 나오는데, 여기서 그 말투는 다르나 의미로 보아 의법불의인依法不依人과 다를 바 없는 말을 거듭하고 또 거듭하는 것을 보면 얼마나 사람들이 자기가 사랑하고 좋아하는 것에 집착하는가를 여실히 보여주고 있다. 즉 의어의불의어依於義不依語나 의어지불의식依於智不依識, 의료의경불의불요의경依了義經不依不了義經이 다 의법불의인依法不依人의 의미와 다를 바 없다는 뜻이다.

오늘날의 불교신자들을 보면 내가 다니는 절, 내가 신봉하거나 또는 알고 있는 스님이면 그 절이 무엇을 위해 어떻게 세워졌는지, 그 스님이 어떤 짓을 하고 어떤 사상을 지녔는지 상관하지 않고 맹목적으로 존경하거나 따르고 있다. 나를 중심으로 세상을 판단하고 정법에 입각한 판단은 뒷전이기 때문에 일어나는 현상이다. 뿐만 아니라 내편이냐 네편[325]이냐가 중요하지 올바른 쪽이 무엇인지에는 관심이 없다. 그 증세가 확실히 말법은 틀림없는 말법이다.

요즈음 현대인들은 이기주의 또는 집단이기주의를 조금도 부끄러워하는 기색 없이 당당하게 피력한다. 인터넷상의 신문 기사지만 현대인을 이해하는 데 흥미 있는 조사가 실렸다. 게리 로크Gary Locke 주중 미대사가 작성했다는 중국인에 대한 평가로서 중국인(한족漢族)의 기질적 특성을 12가지로 정리한 것이다. 그 중 "불공평한 것은 문

---

325 이편저편의 표현이 옳지만 '내편 네편'이라는 표현이 아소我所의 의미를 확실히 드러내는 것 같아 한글 맞춤법에 어긋나지만 여기서 그대로 사용함.

제 삼지 않고 자기가 이익을 못 보면 따진다"거나 "걸핏하면 외부를 비판하지만 스스로 반성하는 일은 거의 없다"는 것이다.[326] 어찌 중국인에 한해서 이러한 현상이 일어날까만 우리 사회의 곳곳에서 개인 혹은 소수 집단이 이와 같은 특성을 보이고 있는 것 또한 심심찮게 볼 수 있다. 이러한 특성은 산업화하고 도시화한 곳이라면 어디에서나 볼 수 있는, 어쩌면 세계적 현상이라고 해도 과언이 아닐 것이다.

【13-19】 〔샤캬무니〕 붓다가 제석천에게 말씀하시기를: "왕자 월개는 약왕불을 따라 이와 같은 법을 듣고 유순인柔順忍[327]을 증득하였느니라. 즉 보의寶衣로 몸을 장엄한 장신구를 벗어 그것으로써 〔약왕여래〕 붓다께 공양하며 붓다께 말하기를: '세존이시여, 여래 멸후 저는 당연히 법공양을 행하여 정법을 수호하겠습니다. 원하옵건대 위신력으로써 불쌍히 여기시어 이룰 수 있게 해 주십시오. 저로 하여금 악마의 원적을 항복케 하고 보살행을 닦을 수 있게 해 주십시오.'

佛告 天帝: 王子月蓋, 從藥王佛, 聞如是法, 得柔順忍. 即解寶衣, 嚴身之具, 以供養佛, 白佛言: 世尊, 如來滅後, 我當行 法供養, 守護正法. 願以威神, 加哀建立. 令我得 降魔怨, 修菩薩行.

【13-20】 〔약왕여래〕 붓다는 그의 심심深心과 생각하는 바를 아시고 수기〔예언〕하며 말씀하시기를: '너는 불멸후에 법성法城을 수호할 것이다'고 하였느니라. 제석천이여, 때에 왕자 월개는 법의 청정함을 보고 붓다의 수기〔예언〕를 듣고 믿음으로써 출가하였느니라. 선법善法을 모아 수행하여

---

326 〔Why〕〔여시동의 차이나 인사이드 아웃〕 chosun.com, 2013.03.02 03:05 입력.
327 유순인柔順忍이란 수순인隨順忍을 말하며, 수순에 따라 진리를 인정하는 지혜.

정진한 지 오래지 않아 오신통을 증득하고 보살도를 지켜, 다라니를 증득하며 변재는 끊어짐이 없었느니라.

佛知 其深心所念, 而記之曰: 汝於末後, 守護法城. 天帝, 時王子 月蓋, 見法淸淨, 聞佛授記, 以信出家. 修集善法, 精進不久, 得五神通, 逮菩薩道, 得陀羅尼, 無斷辯才.

【13-21】 불멸후에 있어서 그의 얻은 바 신통·총지〔다라니〕·변재辯才의 힘으로써, 10소겁小劫을 채워 약왕여래가 굴리는 바 법륜을 따라 〔법을〕 분포하였느니라. 월개 비구는 법을 수호하고 부지런히 닦고 정진하여 그 몸으로써 〔한 생에〕 백만 억의 사람들을 교화하여, 아뇩다라삼먁삼보리에 있어서 불퇴전不退轉을 확립하였느니라. 14나유타의 사람들은 깊이 성문과 벽지불의 마음을 일으켜 한량없는 중생들을 천상에 나게 하였느니라.

於佛滅後, 以其所得, 神通總持, 辯才之力, 滿十小劫, 藥王如來, 所轉法輪, 隨而分布. 月蓋比丘, 以守護法, 勤行精進, 即於此身, 化百萬億人, 於阿耨多羅三藐三菩提, 立不退轉. 十四那由他, 人深發 聲聞·辟支佛心, 無量衆生, 得生天上.

【13-22】 제석천이여, 때에 왕 보개는 어찌 다른 사람이었겠느냐. 지금 현재의 붓다를 이루어 호가 보염여래며 그 왕의 천 명의 아들들은 즉 현겁賢劫[328] 중의 천불이 이들이니라. 크라쿳찬다Krakucchanda(가라구손타迦羅鳩孫馱)로부터 시작하여 붓다가 되어 최후의 여래의 명호는 로차Roca(누지樓至)라 하느니라. 월개 비구란 즉 내가 바로 그 〔사람〕이니라.

---

328 현겁賢劫(바드라 칼파bhādra-kalpa)이란 현재의 4겁—성·주·괴·공—중 주겁住劫을 말함. 이 기간 동안 천 명의 붓다가 출현하여 중생을 구제한다고 하여, 많은 성현이 출현하는 겁이라는 뜻에서 현겁賢劫이라고 한다.

天帝, 時王寶蓋, 豈異人乎. 今現得佛號, 寶炎如來, 其王千子, 即賢劫中, 千佛
是也. 從迦羅鳩孫馱, 爲始得佛, 最後如來, 號曰樓至. 月蓋比丘, 即我身是.

【13-23】　이와 같이 제석천이여, 마땅히 이 요지를 알지니, 법공양이 모든
공양에 있어서 으뜸이 되느니, 최고의 제일가며 비교할 수 없느니라. 이
러한 까닭으로 제석천이여, 마땅히 법공양으로써 붓다에게 공양할지니
라."

如是 天帝, 當知此要, 以法供養, 於諸供養 爲上, 爲最第一 無比. 是故 天帝, 當
以法之供養, 供養於佛.

자타카

이 장면에서 샤캬무니 붓다의 본생담[자타카]의 전형적인 스토리
가 나타난다. 자타카의 전형은 붓다가 계시지 않는 시대에 태어난 수
행자가 지혜의 완성을 이루기 위해 대원을 발하기를 누구든 지혜의
완성을 이룰 수 있는 방법을 알려 준다면 그 대가로 목숨조차 아끼
지 않고 바치겠다고 한다. 그의 의지가 굳은 것을 안 제석천은 그에
게 지혜의 완성을 이룰 수 있는 교법을 알고 있는 보살이 어디 어디
에 있으니 가보라고 한다. 그 길은 험하기 이를 데 없는 고난의 길이
다. 이와 같은 굳은 서원으로써 지혜의 완성을 이룰 수 있는 교법을
설하는 보살이 계신 곳에 이르러 보살의 교법을 듣고 지혜의 완성을
이룬다는 스토리가 전형적인 자타카의 내용이다.

한 예로 과거의 어느 나라의 왕자가 지혜의 완성을 찾아 보살행을

하였고, 보살행의 완성을 이루기 위해 육바라밀행을 닦았다. 그 나라에는 전쟁에서 백전백승을 할 수 있는 흰 코끼리가 있었는데, 왕자는 이웃나라의 꾐에 빠져 그 흰 코끼리를 이웃나라에 주어 버리고 말았다. 이 사실을 안 국왕과 백성들은 왕자를 그 나라에서 추방시켰다. 그에게는 어린 두 아들과 젊고 어여쁜 부인이 있었는데 모두 그를 따라나섰다.

길을 나서는 동안에도 그는 지니고 있는 것을 필요로 하는 가난한 사람을 만나면 아낌없이 베풀었다. 마침내 더 이상 베풀 수 있는 그 무엇도 남아 있지 않았다. 그때 왕자는 깊은 산속에 움막을 짓고 야생과일 등으로 연명하며 바라밀행을 조금도 멈추지 않았다. 그의 수행을 시험하기 위해 제석천은 바라문으로 화하여 그에게 지니고 있는 것을 요구하였다. 그는 지니고 있는 모든 것, 심지어는 자식을 원하는 늙은 바라문에게는 자식들을 넘겨주고, 부인을 원하는 젊은 바라문에게는 부인조차 양보하여 보시행을 완성하였다. 바라문으로 화하여 나타난 제석천은 본색을 드러내어 왕자의 수행의 견실함을 시험하기 위한 것이었다고 사실을 밝혔다. 그리고 지금까지 그가 베풀었던 모든 가족이나 코끼리 등을 도로 찾게 하였으며, 고국으로 돌아가 나라를 다시 일으켜 세웠다는 스토리다.

물론 그 왕자는 전생의 샤캬무니 붓다였다는 전형에서 벗어나지 않는다. 법공양의 중요성은 자타카 스토리에서 절대적이다. 아무리 지혜의 완성을 이루고자 하는 마음이 굳다고 하더라도 법을 모르고서는 아무것도 이룰 수 없다. 특히 무불시대의 교법의 전승과 법공양의 중요성은 대승불교의 근간이라고 할 수 있다.

제4장 미래세의 불교
촉루품 囑累品 제14

삶의 흔적

사람이 생을 다할 때가 되면 무엇인가 스스로 살다가는 곳에 자취를 남기고 싶어 하는 것이 인지상정인 것 같다. 심지어 모든 집착에서 벗어나 대 자유인이 되셨다는 샤카무니 붓다조차 후대를 위해 무엇인가 남기려 한다. 유마경의 3막 14장으로 이루어진 드라마, 그 대미를 장식하는 장면이 바로 불교의 미래를 염려한 붓다의 말씀으로 시작하는 것으로 보아 크게 틀린 말은 아닐 것이다. 그 남기고자 하는 것이 샤카무니 붓다 스스로가 과거의 붓다로부터 이어받은 아뇩다라삼먁삼보리의 가르침이다. 즉 사바세계의 고해에서 벗어날 수 있는 지혜의 완성을 미래에 붓다가 되어 그 미래의 세계에서도 이용하여 중생을 교화하라고 남기시는 것이다.

세속에서는, 특히 한국인은, 부모 된 입장에서 가능한 한 많은 것을 자손들에게 남겨주려 한다. 그 남기려는 것이 물질적인 것이라는 데에서 선대의 비극이 후대에 대물림되는 것이다. 물질은 어디까지나 한정된 것이어서, 그 물질을 운용하는 주인공에 따라 순간적으로 혹은 몇 대를 이어서 유지될 수도 있다. 그러나 물질적 유산은 꽃을 피우고 열매를 맺을 수 있는 생명이 있는 것이 아니다. 씨앗이 성장하여 수확한 곡물처럼 많든 적든 불문하고 수확한 곡물이 다하면 더 이상 거둬들일 것이 없는 유산에 지나지 않는다. 성장을 멈춘 물질적 유산이 아닌, 이제부터 성장에 필요한 것이라면 무엇이든지 생산해 낼 수 있는 씨앗, 그것도 만능의 씨앗을 유산으로 남긴다면 그 후손은 또한 그 후손에게 그 씨앗을 남겨 대가 끊어지지 않게 할 수 있을 것이다.

붓다의 아뇩다라삼먁삼보리는 바로 시공에 맞춰 어디서나 언제나 필요한 물질을 생산할 수 있는 그런 씨앗이다. 샤캬무니 붓다는 그 씨앗을 유마경의 대미를 장식하는 장면에서 남기려는 것이다.

【14-1】 여기서 붓다가 미륵보살에게 말씀하시기를: "미륵이여, 내가 지금 이 한량없는 수억의 아승지겁 동안 수집한 바 아뇩다라삼먁삼보리의 법으로써 너에게 부촉하느니라.

於是 佛告, 彌勒菩薩言: 彌勒, 我今以是, 無量億 阿僧祇劫, 所集 阿耨多羅三藐三菩提法, 付囑於汝.

【14-2】 이와 같은 종류의 경은 불멸후, 말세 중에 너희들이 마땅히 신통력으로써 널리 설하여 유포하고, 염부제에 단절됨이 없게 하여라. 왜냐하면 미래세 중에 마땅히 선남자와 선여인 및 천룡 · 귀신 · 건달바 · 나찰 등, 아뇩다라삼먁삼보리를 향하여 마음을 일으키고 대법을 원할 것이니라.

如是 輩經, 於佛滅後, 末世之中, 汝等 當以神力, 廣宣流布, 於閻浮提, 無令斷絕. 所以者何, 未來世中, 當有 善男子 善女人, 及天龍·鬼神·乾闥婆·羅刹等, 發阿耨多羅三藐三菩提心, 樂于大法.

【14-3】 만약 이러한 경을 듣지 못하게 되면 즉 아주 도움이 되는 것〔선리善利〕를 잃게 되나니, 이와 같은 유의 사람들은 이러한 경을 듣고 반드시 믿고 좋아하는 사람이 많을 것이며, 희유한 마음을 일으키느니라. 마땅히 최상의 예〔정례頂禮〕로서 받들어 모든 중생들이 응하는 바에 따라 이익을 얻게 널리 설하여라.

若使不聞, 如是等經, 則失善利, 如此輩人, 聞是等經, 必多信樂, 發希有心. 當以頂受, 隨諸衆生, 所應得利, 而爲廣說.

【14-4】 미륵이여, 마땅히 알지니, 보살에는 두 가지의 성상性相이 있느니라. 무엇이 둘이냐 하면; 첫째, 잡다한 어구와 글로써 수식〔문식文飾〕하는 일을 좋아하는 〔보살〕이니라. 둘째, 심의深義를 두려워하지 않고 있는 그대로의 〔세계에〕 들어갈 수 있는 〔보살〕이니라. 만약, 잡다한 어구와 글로써 수식〔文飾〕하는 일을 좋아하는 자는, 마땅히 알지니, 이들은 새로이 배우는 보살이니라.

彌勒 當知, 菩薩 有二相. 何謂爲二; 一者, 好於雜句, 文飾之事. 二者, 不畏深義, 如實能入. 若好雜句, 文飾事者, 當知是爲, 新學菩薩.

【14-5】 만약 이〔둘째〕와 같이 무염·무착·심심 경전에 있어서 두려워함이 없다면 능히 그 〔가르침〕 속에 들어갈 수 있으며, 〔이러한 경전을〕 이미 들었다면, 마음을 깨끗이 하여, 수지하고 독송하여 설하는 바와 같이

수행을 하는 [보살이라면], 마땅히 알지니, 이것은 오랫동안 도행을 닦은 [보살]이니라.

若於如是, 無染·無著·甚深經典, 無有恐畏, 能入其中, 聞已心淨, 受持讀誦, 如說修行, 當知是爲, 久修道行.

【14-6】 미륵이여, 다시 두 가지 법이 있으니, 신학新學이라 이름하는 것은 심심법甚深法에 [마음을] 굳게 결정할 수 없느니라. 무엇이 둘이냐 하면; 첫째, 아직 들어보지 못한 심오한 경전(심경深經)이니, 그 [경]을 들으면 놀라고 두려워하여 의심을 일으켜 따를 수 없느니라. 훼방하거나 믿지 않고 말을 하기를, 나는 애초에 [이 경이] 무엇으로부터 어디서 왔는지 들어본 적이 없다고 하느니라.

彌勒, 復有二法, 名新學者, 不能決定, 於甚深法. 何等爲二; 一者, 所未聞深經, 聞之 驚怖生疑, 不能隨順. 毁謗不信, 而作是言, 我初不聞, 從何所來.

【14-7】 둘째, 만약 이와 같은 심경深經을 지니고(호지護持) 해설하는 자가 있다면, [이러한 자를] 친근·공양·공경하려 하지 않고(수긍하지 않고), 혹 때로는 그들과 함께 있으면서 그들의 과오를 말하느니라. 이 이법二法(두 부류)을 지니고 있으면, 마땅히 알지니, [그들은] 갓 입문한 보살들이니라. [그들은] 스스로를 비방하고 상처 입히는 것이며, 심오한 법(심법深法) 중에서 그들의 마음을 조복 받을 수 없느니라.

二者, 若有護持解說, 如是深經者, 不肯親近, 供養恭敬, 或時於中, 說其過惡. 有此二法, 當知 是爲, 新學菩薩. 爲自毁傷, 不能 於深法中, 調伏其心.

【14-8】 미륵이여, 다시 두 가지 법이 있으니, 보살은 비록 심오한 법(심법

深法) 을 믿지만, 오히려 스스로 비방하고 상처를 내어 무생법인을 증득할 수 없느니라. 무엇이 둘이냐 하면; 첫째, 갓 입문한 보살을 업신여겨 가르치지 않는 것이니라. 둘째는 비록 심오한 법(심법深法)을 이해하나 그러나 형상에 빠져 분별하느니라. 이러한 (자를) 이법二法(두 부류)이라 하느니라."

彌勒, 復有二法, 菩薩 雖信解深法, 猶自毀傷, 而不能得, 無生法忍. 何等爲二; 一者, 輕慢 新學菩薩, 而不敎誨. 二者, 雖解深法, 而取相分別. 是爲二法.

보살의 성상性相

중생을 교화하기 위해 자기희생을 하는 대승보살에게도 성품에는 차이점이 있다고 한다. 잡다한 어구와 글로써 수식하는 일을 좋아하는 자는 배움이 일천한 보살이라고 하는 대목에서 남송시대의 고사가 이 가르침과 무관하지 않으리라 싶다. 대혜종고大慧宗杲 선사가 그의 스승 원오극근圜悟[329]克勤 선사의 저서인 『벽암록碧巖錄』을 태워 버린 사건을 말한다.

---

329 '圜悟'는 한국어 음으로 '환오'지만 전통적으로 '원오'로 읽히고 있다. '환圜'이 둥글다는 의미가 있지만 둥글다는 의미의 '원圓'과는 다른 글자며, 중국어 음으로 원오라고 한다면 다른 한자음을 한국어식 음운을 붙이는 경우와 일관성이 없다. 야납의 일천한 학문에 의해 환오圜悟를 왜 원오라고 읽는지 그 이유를 찾고 있는 중이다. 일본어식 발음으로 '圜'을 えん(앤)이라고 읽으니 えん에 해당하는 한국어식 발음이 원이다. 이것이 원인이라고 한다면 원오를 환오로 고쳐 읽는 것이 옳다는 견해. 여담이지만, 극근 선사의 이름이 한 둘이 아니다. 자字를 무착無着이라 하며, 불과佛果 선사 또는 진각眞覺 선사라고도 한다. 이름이 몇 개나 된다는 의미는 그 배경에 이름에 부여하는 실질적인 사회적 무게가 있을 것이다. 즉 이름은 그저 이름에 불과한 것이라고 보는 것이 불교요, 도가의 사상인데, 그 이름에 사회적 의미를 부여하게 된 것은 중국문화 특히 유교문화가 크게 작용한 것이라고 볼 수 있다.

대혜종고 선사의 입장에서는 조국의 운명이 풍전등화 같은데 나라의 앞날을 걱정해야 할 사람들이 잡다한 글 놀이나 하고 있으니 그것이 잘못되었다는 것이다. 그렇다고 하여 원오극근 선사가 학문이 일천하여 잡다한 글 놀이를 하였다는 의미는 아니다. 오히려 그 역으로서 원오극근 선사는 학문이 매우 깊어 스스로 조사들의 일상을 메모하듯 그려놓은 『설두백칙송고雪竇百則頌古』에 해설과 비평을 첨가한 것이 『벽암록』이다. 벽암이라는 이름도 원오극근 선사가 호남湖南의 예주澧州에 있는 영천원靈泉院에 벽암碧巖이라는 액자가 걸려 있는 방에 머물고 있었던 것이 계기가 되어 그의 해설이 실린 『설두백칙송고』가 『벽암록』으로 알려진 것이다.

원오극근 선사가 유마경에서 논하는 잡다한 어구와 글로 수식하기를 좋아하는 성문승에 해당하는지 어떤지는 모르나, 단지 그의 제자 대혜종고 선사의 행동만을 놓고 보면 유마경의 표현대로 그의 스승은 갓 입문한 보살(신학보살新學菩薩)에 해당하는지도 모를 일이다. 단지 『벽암록』을 탄생시킨 중국에서는 『벽암록』은 그 후 뚜렷한 존재감 없이 대중들로부터 잊혀졌다. 그러나 일본으로 전해진 이후 그 존재감이 부각되어 일본의 정신문화의 근간을 이루는 초석으로 인식되고 있다.

유마경의 마지막 장에서 신학보살에 대한 정의를 내리고 있는 것에는 이유가 있어 보인다. 대승경전이 출현하는 데 큰 원인을 제공하는 것이 아비달마 논사들의 논리적이요, 철학적인 교리 연구였다. 다시 말하면, 일반 신자들이 알아듣지 못할 문구와 실천할 수 없는 분석적이요, 전문적인 교리 연구는 승려들의 은둔적이며 폐쇄적인 수행으로 이어졌다. 이러한 현상은 다수에 속하는 민중들의 이탈을 초래하였으며 그리하여 대승불교라고 하는 새로운 불교운동으로 전개되는 원인이 되기도 하였다. 대승불전의 유포가 시간의 흐름과 함께 대승불교를 수행하는 보살들이 아비달마 논사들의 전철을 밟지 말라는 법은 없다는 것을 대승불전의 편집자들은 염려하였을 것이다. 이제 갓 대승불교에 입문한 보살이나 보살도의 실천행에 어려움이나 싫증을 내고 아비달마 논사들처럼 은둔적인 삶과 대승경전에 잡다한 어구와 글로써 수식하는 일을 좋아하는 사태가 일어날 것을 경계한 것이리라.

신학보살들의 특성으로 스스로가 일찍이 접하지 못한 대승경전의 가르침은 믿으려 하지 않고, 또 대승경전의 가르침에 통달한 수행자를 따르지 않는다는 것을 밝히고 있다. 중국을 위시하여 대승불교국가에서 분파불교가 발전함에 따라 각 교파의 소의경전을 최상의 가르침〔원교圓敎 또는 돈교頓敎〕으로 여기며 다른 교파의 소의경전을 열등한 가르침〔별교別敎 또는 점교漸敎〕 등으로 격하시키는 교상판석敎相判釋이 일어났다. 각 교파의 소의경전의 내용을 고高 · 저低 또는 천淺 · 심深의 차별상을 두어 판정하는 사태가 일어나는 것만 보더라도 유마경에서 신학보살들의 특성을 정의하여 미연에 방지하고자 하는 연유가 뚜렷해졌다.

뿐만 아니라 대승불전을 깊이 이해하는 보살이라 하더라도 그렇지 못한 신학의 수행자를 업신여기는 보살은 무생법인을 얻을 수 없다고 정의하고 있다. 더더욱 위에서 논한 바와 같이 교상판석의 차별상을 두는 보살 또한 올바른 태도가 아니라는 것을 유마경에서는 분명히 하고 있다.

중국에 불전이 무작위로 유입되었던 것을 계기로 승려들이 일찍이 접했던 경전에 집착을 하게 되고 접하지 못하였던 다른 경전의 가르침을 의심하거나 보지 못한 것이라 믿을 수 없다는 고집을 부리는 사태를 유마경의 저자는 예견이라도 하였던 것인지 보살도를 수행하는 자라고 하더라도 그들의 성상에는 차별이 있음을 보이는 장면이다.

【14-9】 미륵보살은 이러한 말씀을 듣고서 붓다께 말씀드리기를: "세존이시여, 미증유합니다. 붓다께서 설하신 바와 같이 저는 당연히 이와 같은 악으로부터 멀리 여의고, 여래의 무수한 아승지겁 동안 수집한 아뇩다라삼먁삼보리의 법을 받들어 지니겠습니다.

　　彌勒菩薩, 聞說是已, 白佛言: 世尊, 未曾有也. 如佛所說, 我當遠離, 如斯之惡,
　　奉持如來, 無數 阿僧祇劫, 所集 阿耨多羅三藐三菩提法.

【14-10】 만약 미래세에 선남자와 선여인이 대승을 구하는 자라면, 이러한 것과 같은 경전을 손에 얻게 하겠습니다. 더불어 그들의 염력에 〔이러한 경을〕 지니고 독송하여 타인에게 널리 설하도록 하겠습니다. 세존이시여, 만약 후대의 말세에 〔이 경을〕 지니고 독송하여 타인을 위하여 설하는 자가 있다면, 당연히 그것은 다 이 미륵의 신통력으로 이루어진 것이라고 아시기 바랍니다."

　　若未來世, 善男子 善女人, 求大乘者, 當令手得, 如是等經. 與其念力, 使受持
　　讀誦, 爲他廣說. 世尊, 若後末世, 有能 受持讀誦, 爲他說者. 當知 皆是, 彌勒神
　　力, 之所建立.

【14-11】 붓다께서 말씀하시기를: "훌륭하다, 훌륭하다, 미륵이여. 네가 설

한 바와 같으니라. 붓다가 너의 기쁨을 도울 것이니라."

이러자 일체의 보살들이 합장하여 붓다께 말씀드리기를: "저희들도 또한 여래의 멸후에 시방의 국토에 아뇩다라삼먁삼보리의 법을 널리 설하고 유포하겠습니다. 또 당연히 여러 설법자들의 눈을 뜨게 하고 인도하여 이 경을 얻게끔 하겠습니다."

佛言: 善哉善哉. 彌勒, 如汝所說, 佛助爾喜. 於是 一切菩薩, 合掌白佛: 我等亦於, 如來滅後, 十方國土, 廣宣流布, 阿耨多羅三藐三菩提法. 復當 開導, 諸說法者, 令得是經.

【14-12】 이때 사천왕이 붓다께 말씀드리기를: "세존이시여, 도시 · 마을 · 산림 · 광야의 어떠한 곳에서건 이 경전을 독송하고 해설하는 자 있으면, 저는 당연히 모든 관속들을 이끌고 법을 청하기 위해서 그곳에 참예하며, 그 사람을 옹호하겠습니다. 면전에서 백유순百由旬에[이르기까지 그를 보호하여] 틈[수행자의 결점]을 엿보아 그들의 편리를 보려는 자 없게 하겠습니다."

爾時 四天王, 白佛言: 世尊, 在在處處, 城邑 · 聚落 · 山林 · 曠野, 有是經卷, 讀誦解說者, 我當 率諸官屬, 爲聽法故, 往詣其所, 擁護其人. 面百由旬, 令無伺求, 得其便者.

교법의 영원성

미륵보살이란 미래세에 중생을 아뇩다라삼먁삼보리를 향하게 하여 지혜의 완성을 이루게 할 미래의 붓다다. 이 보살이 유마경으로써 미래의 중생들에게 발보리심하게 하겠다고 한다. 마치 이 장면은 부모가 돌아가시기 전에 자식들에게 가훈을 지킬 것과 어버이가 계시지 않는 세상에 어떻게 행동해야 하는지 노파심으로 일일이 일러주는 모습과 조금도 다를 바 없다. 샤캬무니 붓다가 미래의 무불시대에 어떻게 교법을 유지할 것이며, 후대에 전달할 것인지에 대해 유언을 남기는 듯한 모습이다.

그뿐만 아니라 미래세에 유마경을 익히는 자가 사원이 아닌 그 어떠한 곳이라 하더라도 사천왕이 보호를 하겠다고 한다. 사천왕이라면 큰절에서 일주문을 지나 처음으로 맞닥뜨리는 건물 속에 두 눈을 부릅뜨고 양손에는 무기를 들고, 발밑에는 마귀를 짓밟고 서 있는 네 호법신장을 말한다. 인도 신화에서 제석천을 외호하는 신장으로서 위로는 제석천을 모시고 아래로는 천룡팔부[330]를 지배하며 나라를 수호하는 신으로 등장하지만, 불교에서는 범천, 제석천과 함께 불법의 수호신으로서 경전에 등장한다. 이 또한 불교교단이 인도 사회에 살아남기 위한 노력의 한 일면이다. 그 사천왕이 사원에서만이 아니라 그 어떠한 곳에서도 불법을 행하는 자를 옹호하며, 그의 권속들과 함께 법을 청할 것이라고 한다.

【14-13】 이때 붓다께서 아난에게 말씀하시기를: "이 경을 수지하여 널리 유포하여라."

---

330 불법佛法을 수호守護하는 천신天神과 여덟 종류의 다른 모습의 신들로서 팔부중八部衆이라고 함. ①천天(천계天界의 신), ②용(뱀 형태의 귀신), ③야차(악인을 잡아먹는 귀신), ④건달바乾闥婆(제석천의 부림을 받으며 악기를 연주하는 악신樂神. 흔히 건달이라고 하는 말은 여기서 파생된 것임), ⑤아수라阿修羅(투쟁을 일삼는 악신), ⑥가루라迦樓羅(금색金色의 날개를 가진 대조大鳥), ⑦긴나라緊那羅(천계의 악신樂神), ⑧마후라가摩睺羅伽(뱀 형태의 신).

아난이 말씀드리기를: "그렇게 하겠습니다. 이미 〔이 경의〕 요의는 수지하였습니다. 세존이시여, 마땅히 이 경을 무엇이라 이름합니까?"

是時, 佛告阿難: 受持是經, 廣宣流布. 阿難言: 唯然. 我已受持要者. 世尊, 當何名斯經?

【14-14】 붓다께서 아난에게 말씀하시기를: "이 경의 이름은 유마힐소설 Vimalakīrti-nirdeśa이니라. 또 이름을 불가사의해탈법문이라 하느니라. 이와 같이 수지하여라."

붓다가 이 경을 설해 마치자, 장자 유마 거사와 문수사리 · 사리불 · 아난 등 모든 천 · 인 · 아수라, 일체의 대중이 붓다의 설하는 바를 듣고 모두 다 크게 환희하였다.

佛言, 阿難: 是經名爲, 維摩詰所說. 亦名 不可思議解脫法門. 如是受持. 佛說是經已, 長者 維摩詰, 文殊師利, 舍利弗, 阿難 等, 及諸天人 阿修羅, 一切大衆, 聞佛所說, 皆大歡喜.

인도불교의 미래

대승경전의 전형으로 경전의 첫머리에서 아난 존자가 "나는 이렇게 들었다"고 시작하여 마지막에는 이 경의 이름을 무엇이라고 하여야 하는지를 묻는 것으로 마무리를 한다. 이 경의 이름을 유마힐소설이라 하여 경이라는 이름은 붙이지 않았으며 별칭으로 불가사의해탈법문이라 하였다. 따라서 유마경의 가르침은 현실세계에서의 고통에서 벗어날 수 있는 상상을 초월하는 뛰어난 가르침이라는 것을

보여주고 있다. 구마라습이 『유마힐소설경維摩詰所說經』이라는 제명
으로 번역을 하였지만 산스크리트어 사본의 제명에는 '경sūtra'이라고
하지 않았다. 유마경의 저자가 왜 경이라고 하지 않았는지는 알 수
없으나 별칭으로 이 법문法門dharma paryāya을 '불가사의 해탈不可思議 解
脫의 장章'이라 하였으니 붓다의 교법을 전하는 것임에는 틀림없다.
어쩌면 유마경의 저자가 설사 붓다의 교법을 드라마화하여 펼친 것
이라고 하더라도 스스로의 작품을 붓다의 설법 즉 '경'이라고 하기에
는 꺼려졌는지도 모를 일이다. 이와는 달리 중국에서는 위경의 출현
이나 또는 선종의 제6대 조사인 혜능 스님의 설법을 기록한 것을 '육
조단경'이라고 칭하고 있다. 이는 자칫 '경'이라는 이름을 붙인 것만
으로도 타 인도 출현의 경전과 구별할 수 없는 오해의 여지를 내포
하고 있다. 아무튼 유마경을 중생 교화를 위한 가르침으로써 후대에
까지 전해지도록 할 것을 미래세에는 미륵보살에게, 현세에서는 아
난에게 부촉하는 것으로 유마경의 대단원의 막은 내려졌다.

참고로 포타라 궁에서 발견된 산스크리트어 사본은 경전의 내용
이외에 고파라Gopāla 왕 12년(761)에 찬도카Caṇḍoka에 의해 서사書寫
한 것이라는 부연 설명이 붙어 있다.[331] 구마라습의 『유마힐소설경維
摩詰所說經』에는 그가 사용한 원본은 누구에 의해 서사된 것인지, 또
는 그와 같은 부연 설명이 있었는지는 알 수 없으나, 이에 대한 아무
런 설명이 없다. 단지 8C경에 찬도카가 유마경을 서사하였다는 것은

---

331 우에키 마사토시植木雅俊, Ibid. p. 611 참조.
　　고파라Gopāla(r. 750~770) 왕은 8C.~13C. 경에 인도를 통치한 파라Pāla 왕조를 일으
　　킨 초대 국왕이었으며, 제 2대 국왕은 1203년 무슬림의 습격으로 파괴된 비크라마시
　　라 대사원을 세운 왕으로 알려져 있다.

불교가 인도에서 힌두의 영향을 받아들여 밀교가 성하기 시작한 시기에도 초기의 대승경전이 인도인들에 의해 서사되고 있었다는 것을 알 수 있다. 또 이 사실은 힌두가 불교에 끼친 영향이 지대하다는 것은 사실이지만, 반면 그만큼 불교도에 있어서는 순수 대승불교로의 회귀를 시도하던 불자가 있었다는 것을 말해 준다.

이러한 노력에도 불구하고 1203년 이슬람교도의 습격에 의해 동인도의 벵갈Bengal(지금의 방글라데시) 지방에 있던 비크라마시라Vikramaśīra 대사원이 파괴된 것을 시점으로 인도불교는 그 모태로부터 사라지게 된 것이다. 이 시기에 나란다 대학을 위시해서 다른 많은 대사원들이 파괴되고 수많은 승려들이 살해당했다는 것이 역사가들에 의해 밝혀졌다.

근대에 들어서서 불가촉천민不可觸賤民 출신인 암베드칼Bhīmrāo Rāmji Ambedkar(1891~1956)에 의해 신불교운동이 일어났으며, 이에 힘입어 현재까지 세계 각국의 불교도들의 노력에 의해 미세한 움직임이기는 하나 점차 불교도가 늘어나고 있는 추세라고 한다. 암베드칼은 말기에 불교로 전향하였으며, 간디와는 달리 인도의 계급사회 철폐, 특히 불가촉천민제의 철폐 운동에 전심하였으니 그의 사상적 배경에는 제행무상이요, 제법무아라는 불교의 근본사상이 작용하였을 것이다. 그의 영향인지는 모르나, 근래에 불교로 전향하는 많은 인도인들 중에는 불가촉천민이나 수드라 계급에 속하는 사람들이라고 한다. 즉 불교가 그들에게는 인종차별적 카스트 제도에서 보호받을 수 있는 울타리가 되기 때문일 것이다.

참고문헌

誡初心學人文, 大正藏, vol. 48.

金剛般若波羅蜜經, 鳩摩羅什譯, 大正藏, vol. 8.

六祖壇經, 法海集, 大正藏, vol. 48.

南海寄歸內法傳 – 緣起法頌, 義淨撰, 大正藏, vol. 54.

大般涅槃經 – 梵行品, 曇無讖譯, 大正藏, vol. 12.

大乘とは何か, 三枝充悳, 法藏館, 京都, 2001.

大乘義章, 二卷, 慧遠述, 大正藏, vol. 44.

大日經疏妙印鈔, 宥範紀, 大正藏, vol. 58.

大慧普覺禪師語錄, 九卷, 大正藏, vol. 47.

道德經, 老子.

望月佛教大辭典, 望月信亨, 塚本善隆, 世界聖典刊行協会, 1960.

夢中問答 – 現代語譯, 第13問答, 中村文峰, 春秋社, 2000.

無門關, 宗紹編, 大正藏, vol. 48.

文殊師利問經, 僧伽婆羅譯, 大正藏, vol. 14.

文殊師利般涅槃経, 聶道眞譯, 大正藏, vol. 14.

妙法蓮華經, 鳩摩羅什譯, 大正藏, vol. 9.

法句経, 大正藏, vol. 04.

本生經類の思想史的研究, 干潟龍祥, 山喜房佛書林, 東京, 1978.

佛教語大辞典, 中村元, 東京書籍, 東京, 1981.

佛祖統紀, 志磐撰, 大正藏, vol. 49.

山家学生式, 最澄, 大正藏, vol. 74.

山谷集－醉古堂劍掃, 安岡正篤, PHP文庫.

禪學大辭典－新版, 駒澤大學禪學大辭典編纂所, 大修館書店, 東京, 2000.

小學－外篇, 嘉言(誡子書), 諸葛 孔明.

荀子－大略篇, 勤學篇, 儒效篇, 宥坐. 荀子.

阿毘達磨大毘婆沙論, 大正藏, vol. 27.

維摩經－梵漢和對照・現代語譯, 植木雅俊譯, 岩波書店, 東京, 2011.

維摩經－佛典講座 紀野一義, 大藏出版株式會社, 2004.

維摩經 勝鬘經－現代語譯大乘佛典 3, 中村元, 東京書籍, 東京, 2004.

維摩經講話－改訂新版, 道辺照宏, 大法輪閣, 東京, 1982.

維摩經講話, 鎌田茂雄, 講談社學術文庫, 東京, 2009.

維摩經義疏, 吉藏撰, 大正藏, vol. 38.

維摩詰所説經, 大正藏, vol. 14.

雜阿含經, 求那跋陀羅譯, 大正藏, vol. 2.

長阿含經, 佛陀耶舍譯 竺佛念譯, 大正藏, vol. 1.

莊子－外篇, 秋水, 第十七, 莊子.

伝習録, 卷上, 陸原静所録, 王陽明.

箭喩経, 大正藏, vol. 1.

注維摩詰經, 僧肇撰, 大正藏, vol. 38.

增一阿含經, 大正藏, vol. 02.

鎮州臨濟慧照禪師語録, 慧然集, 大正藏, vol. 47.

통신사뉴스와이어(www.newswire.co.kr)

韓非子－雜言, 韓非子.

ドラマ維摩經, 菅沼晃, 佼成出版社, 東京, 2004.

Great Disciples of the Buddha: Their Lives, Their Works, Their Legacy, Nyanaponika
    Thera & Hellmuth Hecker, ed. Bhikkhu Bodhi, Ma, USA, 2003.

Holy Bible – Revised Standard Version, Thomas Nelson & Sons, New York, 1959.

"I Have a Dream" Martin Luther King, Jr. delivered 28 August 1963, at the Lincoln
    Memorial, Washington D.C.

The Holly Teaching of the Vimalakīrti: A Mahāyāna Schripture, trans. Robert A. F.
    Thurman, Penn State Press, PA, USA, 2003.

사바에서 부르는 불이不二의 노래
유마경과 이상향

초판 1쇄 발행	2014년 5월 30일
초판 2쇄 발행	2015년 9월 20일
지은이	화공 스님
펴낸이	윤재승
주간	사기순
기획편집	사기순, 허연정
영업관리	이승순, 공진희
펴낸곳	민족사
출판등록	1980년 5월 9일 제1-149호
주소	서울 종로구 삼봉로 81 두산위브파빌리온 1131호
전화	02-732-2403, 2404
팩스	02-739-7565
홈페이지	www.minjoksa.org
페이스북	www.facebook.com/minjoksa
이메일	minjoksabook@naver.com

ⓒ 화공, 2014. Printed in Seoul, Korea

ISBN   978-89-98742-25-6   03220